清華大学史料選编

第六卷

（第四分册）

建设多科性工业大学时期

（1952年10月至1966年6月）

清华大学校史研究室

清华大学出版社
北 京

图书在版编目（CIP）数据

清华大学史料选编. 第六卷. 第四分册/清华大学校史研究室编. —北京：清华大学出版社，2018

ISBN 978-7-302-49458-4

Ⅰ. ①清… Ⅱ. ①清… Ⅲ. ①清华大学—校史—史料 Ⅳ. ①G649. 281

中国版本图书馆 CIP 数据核字（2018）第 020923 号

责任编辑：纪海虹 李 莹
封面设计：傅瑞学
责任校对：王荣静
责任印制：李红英

出版发行：清华大学出版社
网 址：http://www.tup.com.cn，http://www.wqbook.com
地 址：北京清华大学学研大厦 A 座 **邮 编**：100084
社 总 机：010-62770175 **邮 购**：010-62786544
投稿与读者服务：010-62776969，c-service@tup.tsinghua.edu.cn
质量反馈：010-62772015，zhiliang@tup.tsinghua.edu.cn
印 装 者：三河市春园印刷有限公司
经 销：全国新华书店
开 本：140mm×203mm **印 张**：27.375 **字 数**：661 千字
版 次：2018 年 6 月第 1 版 **印 次**：2018 年 6 月第 1 次印刷
定 价：85.00 元

产品编号：064114-01

《清华大学史料选编》第六卷（第四分册）编审人员

执 行 主 编　王向田　徐振明

执行副主编　金富军　刘惠莉　冯　茵　李　珍

主　　　审　方惠坚　贺美英　张再兴

清华大学试验化工厂鸟瞰

清华大学屏蔽试验反应堆

1958年，蒋南翔校长（右3）陪同国务院副总理、国家科委主任聂荣臻同志（右2）参观交流计算台

张光斗教授（右3）在辅导学生作水库设计（清华大学档案馆提供）

清华师生检查安装在石景山的球墨铸铁车轨

工程物理系研制的高压加速器

机械制造系、自动控制系、电机系和北京第一机床厂合作研制的计算机程序控制铣床

无线电电子学系研制的工业电视

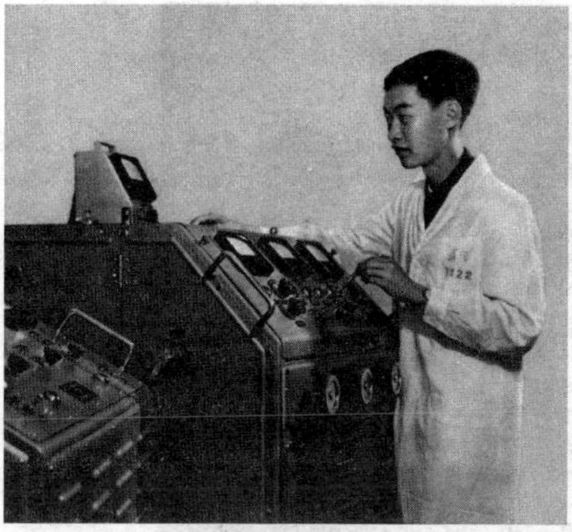

无线电电子学系与沈阳教学仪器厂合作试制的质谱探漏仪，获得国家工业新产品一等奖

工程化学系研制的浮动喷射塔板

工程化学系在进行溶剂萃取法核燃料后处理研究

无线电电子学系研制的天文望远镜

自动控制系在研制电子模拟计算机

科学讨论会会场

高景德教授（右 2）在动态模型实验室指导研究生进行科学研究工作

张维教授（左）在指导研究生

郭永怀教授给第一届力学研究班部分学员答疑

吴仲华教授（右）在燃汽轮机实验室

水力学实验室

高压实验室

化学分析实验室

材料力学实验室

章名涛教授（中）在辅导电机实验

1956 年 9 月，刘仙洲副校长（左 2）在意大利参加第八届国际科学史会议，与李约瑟教授（左 3）等合影

1956年冬，钱伟长教授（中）在波兰驻华使馆接受波兰科学院院士证书后与郭沫若（左）、波兰大使（右）在一起（清华大学档案馆提供）

1957年，黄文熙教授（前排左4）参加意大利国际会议（清华大学水利水电工程系提供）

在清华学习的外国留学生

（图片凡未注明出处的均为清华大学校史研究室所藏）

前　言

1991年，为纪念清华大学建校八十周年，在清华大学校史编辑委员会组织指导下，校史研究室选辑并陆续出版了《清华大学史料选编》四卷六册，即汇编了清华大学建校至中华人民共和国成立前各个历史时期的有关校史资料。这段时间的史料，按清华大学经历的四个时期各辑一卷，其中：清华学校时期（1911—1928）一卷一册，国立清华大学时期（1928—1937）一卷两册，抗日战争时期的清华大学（1937—1946）一卷两册，解放战争时期的清华大学（1946—1948）一卷一册。《清华大学史料选编》受到广大校友和关心清华的各界人士的关注和赞许，认为“该书为了解清华、研究清华，提供了切实可信的史料”。

在百余年历史进程中，清华大学与国家的命运紧密相连，由一所留美预备学校发展为如今举世闻名的中国高等学府。她的历史，反映着我国近代教育发展的进程，记录着我国高等教育走向成熟的行程，为世人所瞩目。目前，清华大学肩负着为实现中华民族的伟大复兴，而创建世界一流大学的重要历史使命。

要了解、研究一个学校的历史，必须查阅、掌握切实的历史记载，言有所据，论有所依，方成信史。“没有史料，便无史学”。清华大学校史编辑委员会据此，决定继续选编出版《清华大学史料选编》，并议定了本书的选编方针原则。力求编选的相关档案和史料，能反映清华大学的历史面貌，能对研究清华大学校史和中国近现代教育史提供依据与参考。

中华人民共和国成立后，清华大学又经历了如下几个历史阶段：解放接管与院系调整（1948 年 12 月—1952 年 10 月），积极探索、建设新清华——建设多科性工业大学（1952 年 10 月—1966 年 6 月）、“文化大革命”与拨乱反正（1966 年 6 月—1978 年 6 月），建设世界一流大学（1978 年 6 月至今）。清华大学九十周年校庆之后，启动了中华人民共和国成立后各个历史时期《清华大学史料选编》的编辑工作。按计划，先选编出版前两个时期，即《清华大学史料选编》第五卷（1948 年 12 月—1952 年 10 月）和第六卷（1952 年 10 月—1966 年 6 月）。其中，第五卷分上下两册，于 2005 年 11 月出版发行。

《清华大学史料选编》第六卷的编选工作于 2002 年上半年启动，前期工作由时任校史研究室主任叶宏开和副主任徐振明主持；2004 年 5 月后，校史研究室主任田芊和副主任徐振明继续主持编辑工作。2007 年、2008 年、2009 年，第六卷第一、二、三分册先后出版发行。此后由于开始筹备清华大学百年校庆，《清华大学史料选编》第六卷编选工作暂停。2011 年百年校庆后，在校史研究室主任顾良飞和副主任金富军主持下，本卷的编辑工作继续进行。2015 年，范宝龙接任校史研究室主任后，进一步加快了编选工作。今天，第六卷第四分册终于与读者见面。

《清华大学史料选编》第六卷第四分册的主要内容有：科学研究、研究生教育、实验室建设、生产工作、进修人员培养、对外交流与合作。

《清华大学史料选编》第六卷第四分册的执行主编为王向田、徐振明。贺崇铃、陈秉中、徐心坦、刘文渊、孙敦恒、田彩凤、金富军、刘惠莉、冯茵、李珍、薛建团、孟然、冯翠红、朱俊鹏、张利、薛四新、沙俊平、李运峰、代红等也参与了第六卷各分册的相关编选工作。叶宏开、田芊、顾良飞等校史研究室历任主任，在先后主持第六卷各分册的编辑出版工作中，花费了很多心血。本分册的主审是先后担任校史编辑委员会主任的方惠坚、贺美英、张再兴。

《清华大学史料选编》第六卷第四分册的史料主要选自清华大学档案、《清华大学一览》、《清华公报》、《新清华》、《新清华双月刊》、《新清华月报》以及《人民日报》等。在本书编选过程中还得到了清华大学图书馆等许多单位的大力支持与帮助，谨致以谢意。

由于我们的水平所限，本书的选编疏误之处难免，尚望读者不吝赐教。

清华大学校史研究室

2017年12月

第六卷编辑凡例

一、本书以辩证唯物主义与历史唯物主义为指导，实事求是，尊重史实，力求客观、全面、真切，保持史料原貌，以达“存史、资治”之目的。

二、本书是《清华大学史料选编》的第六卷。所收文献，大部分选自从1952年10月至1966年6月的各类文件和档案。主要内容涵盖如下专题：综述，领导体制与行政管理，院系设置，办学思想与教育方针，共产党组织，民主党派与群众组织，教学工作，科学研究，研究生教育，实验室建设，生产工作，进修人员培养，对外交流与合作，教职工，学生，图书、档案、出版物，经费，校园建设与管理，后勤及医疗卫生，文化体育，附属单位。

由于第六卷中所收文献的时间跨度较大，内容较多，因此将相关专题编辑成分册，每个专题按时间先后为序编排，分册出版。

三、本书是历史文献资料汇编，由于当时的书写习惯，文献中一些词语、称谓、使用单位、文章格式等，与目前不尽相同，本书基本上保持原貌。其中，关于数字和时间的表示，依据1956年10月国务院颁布《关于国家机关的公文、电报和机关刊物横排横写以后采用阿拉伯数码的通知》的基本精神，凡1957年前的文献中涉及之处均保持原貌，此后文献中涉及之处尽可能按上述要求处理。

四、文献中出现的异体字、不规范字，依据国家颁布的简化字表，全部改为通行字；原文字迹模糊难以辨识的，用□号表示；正式公文中的错字、漏字、衍字，分别在〈〉号、[ ]号、〔〕号内校正。文献中其他的明显错别字，则直接改正，不再一一注明。

五、原文无标点的，由选编者重新加注标点。原文已有标点的，基本遵照原有标点，若有明显错误，则加以改正。为了清楚表达文意，文中的标点符号有的按现时用法做了改动和增加，如书名号、引号、顿号等。

六、本书收录的文献，原来部分系直排繁体、部分系横排简体，本书一律统一为横排简体。

七、原文中的层次序号与标题，一律未改，不作全书格式统一。

八、本书文章的标题，已在报刊公开发表的文章以及会议报告和演讲，均采纳原始标题。其中，部分布告、通知等档案文献，或无标题，或有标题但主题、指谓不明，选编者均依据文意作了修改，重新拟订了标题，标题上为※号者为编者修改过，或新加之标题。编者补充了文章撰写（或发表）的时间，补充的时间在括号内用阿拉伯数字表示。

九、本书所收文献，尽可能涵盖学校各个时期的重要工作内容。但因部分文献档案收录不全，个别内容有可能出现不连续性。

十、本书所收文献，一般全文照录，部分文献因过长或其他原因作了删节，删节处均以（略）或省略号标出。节选或摘要的文献，均在标题上注明。

文中部分人名未实录，以×××、××表示。

十一、在各种代表大会“届”与“次”的使用上，由于当时未严格区分，混用现象较多，对此编者没有作全书的统一。

十二、为便于读者阅读和理解，对部分文献加了注释。如为文献中的原注，编者则在文章中加以说明。

十三、本书收录文献，主要选自清华大学档案、《清华公报》、《清华大学一览》、《新清华》、学校各部门汇编的资料文献等。在文末注明了档案号及材料出处，以便读者查阅。其中，本卷收录的部分会议决议、工作报告等文献，因档案中所存只有草稿或文件草案，故只好以草稿或草案形式收录。

编　者

2017 年 12 月

目　　录

一、科学研究工作

（一）科研工作综合情况

（二）科研管理

（三）科研项目及成果

（四）与外单位协作

（五）科学讨论会

二、研究生教育

（一）研究生工作综合情况

（二）研究生教育管理

（三）研究生名单

（四）工程力学研究班、自动化进修班

三、实验室工作

（一）实验室工作概况

（二）实验室管理

（三）实验室有关人员名单

四、生 产 工 作

五、进修人员培养

六、对外交流与合作

（一）接受外国留学生工作

（二）出国留学人员

（三）友好往来

一、科学研究工作

（一）科研工作综合情况

清华大学科学研究工作的情况及一九五四—一九五五年度工作计划（草案）（节选）

（1954 年）

科学研究科

本校在一九五二年京津高等学校院系调整清华大学筹备委员会期间即提出将来要成立研究部，认为这是本校将来一定要做的工作。但筹备终了开学以后，因教学任务感到很忙，就没有提起这一项工作。

但并不是没有做一些科学研究工作，例如：

1. 水利工程系为水利部做的几种模型试验，如官厅水库模型试验，引黄济卫模型试验，某地分洪溢洪道模型试验。水工结构教研组和水力学教研组研究水电总局提出的三六六工程的坝下冲刷消能试验，水力学教研组代水电总局进行的三〇一和四〇一工程的部分试验。

2. 机械制造系王遵明教授对于球墨铸铁的研究。

3. 电机工程系为电业总局做的变压器避雷的试验。

4. 动力机械系代军委后勤部做的“用间歇汽缸的办法节省汽车燃料消耗”的试验。

5. 力学教研组叶开沅对于“超轴五百公里作业法”的研究，陈志达对于“反围盘”的理论分析等。

6. 土壤力学实验室为各产业部门基本建设所做的土壤实验。

7. 土木工程系材料实验室为各产业部门做的材料实验。

8. 协助高等教育部审查论文，协助中国科学院审定名词。

9. 编译苏联教科书。

10. 编辑专业俄文。

在过去二年多以来，虽然说也做了上面所说的一些科学研究工作，但是总没有明确的把它重视起来。最近一年来，一方面由于学校教学改革本身提出的要求，另一方面由于上级领导的几次指示，我们学校就在结合实施教学工作量的同时，明确的提出科学研究工作计划。先在教务处成立一个科学研究科，十月间又成立一个科学研究委员会，帮助推动工作。

科学研究工作委员会第一次开会，明确了科学研究是提高学校教学水平的根本办法，是实现教学改革全面计划中的重要组成部分，并决定“本校开展科学研究工作的精神”是：根据本校的实际情况，稳步前进，实事求是的进行，不搭空架子，不提目前做不到的大题目大计划，但是一定在可能范围内坚决的积极前进。

我们确定的目前本校科学研究工作的方针是：

1. 结合教学：在这一方面主要的是提高教师的业务水平和教学质量，提高学生的科学研究兴趣并培养他们的独立学习能力。

2. 联系实际：在这一方面主要的是协助各产业部门研究解决实际对国民经济有关的工程技术问题。

这两项方针当然是统一的。就是说，联系实际当然也有益于教学，结合教学也有益于实际。

又根据第一项方针，实际工作有下列七方面：

(1) 进行科学上与所任课程内容有关的理论或实验的研究。

如数学教研组、材料力学教研组等的研究是。

（2）进行中国古代工程发明史料的搜集和编订。如张子高先生对于中国化学发明史，梁思成、刘致平、赵正之等数位先生对于中国建筑史，刘仙洲先生对于中国在农业机械工程方面的发明的编辑等是。

（3）协助科学院审定科学和工程名词的工作，这学期有十四人参加，审定名词有四种。

（4）继续翻译苏联教科书，采取苏联教材编订讲义，翻译苏联工程期刊中的重要论文。

（5）各教研组组织的专题阅读报告。

（6）编辑专业俄文，供专业俄文学习之用。

（7）组织并推动各教研组的科学研究小组。

根据第二项方针，实际的工作有下列六方面：

（1）接受国家各产业部门的委托，做模型试验，如水利工程系所做的工作。

（2）与产业部门合作，订立合同，共同研究某种有关工程的问题。

（3）为各产业部门审查工程计划。

（4）为各产业部门的基本建设做土壤试验。

（5）为各产业部门做材料试验。

（6）师生由生产实习带回来的题目，加以研究，如卢谦的大型砌块施工法等。

在以上二方面的具体研究计划如附表所列。

各项科学研究工作的统计情况如下：

1. 教师参加科学研究工作的人数：

教授	28 人
副教授	22 人

讲师　　　　29 人

助教　　　　88 人

共计 167 人　　占全体教师人数的 24.5%。

2. 有科学研究计划的教研组共 30 个，占全部教研组的 65.7%。

3. 研究题目的性质：

模型试验或合作研究	14 个	占研究题目总数的 9.9%
专题研究	36 个	占研究题目总数的 25.6%
专题阅读报告	91 个	占研究题目总数的 64.5%
	共计 141 个	

4. 学生科学研究小组有十一个教研组已经建立。题目共 62 个，参加的同学共 270 人。

本校对于科学研究工作具备的条件：

1. 本校有一部分对于科学研究工作有基础的教师。

2. 本校各实验室有一部分新添置的设备。

3. 本校与各系有若干英国、美国、德国的整套工程期刊。

4. 教师们一般能勉强阅读本行的专业俄文参考书和俄文期刊。

5. 有十几位苏联专家可以请教。

6. 已与少数产业部门订立合作合同，少数科学研究机关也开始进行合作。

但同时具有下列的困难：

1. 绝大部分的教师过去还没有科学研究的基础。

2. 新设备的添置方才开始，可供给教师做科学研究工作的设备仍嫌太少。

3. 苏联科学和工程方面的期刊只有最近二三年的，过去整套苏联的期刊都没有，不足做科学研究参考之用。

4. 教师阅读俄文参考资料的能力还很不够，一部分青年教师参考英文德文资料的能力也不够。

5. 忙于教学工作的准备，能分出足够的时间来做科学研究的较少。

6. 由各产业部门获得实际参考资料常受保密制度的限制。

为展开科学研究工作，本校今后应有的措施：

1. 各系应加紧争取专家的帮助，依次建立必要的实验室，并明确规定，其中一部分设备是为做科学研究用的。并请教专家如何进行。

2. 通过中苏科学技术合作委员会，或通过政府，或采取其他有效办法，搜集本校必要的苏联参考资料，尤其是过去整套的重要期刊（如仅能得到一套，则采用翻印法，作必要的推广并需多订必要的新期刊）。

3. 提倡并协助各系加强并扩大与各产业部门的联系与合作。

4. 提倡教师继续进修俄文。

5. 定期举行科学研究报告会，并计划年度评奖办法。

6. 建议学校，将来教师的升级、评薪及授予学衔等，要以科学研究的成绩为主要参考条件之一。

7. 对参加科学研究小组的学生制定根据研究成绩给予奖励的制度。

8. 计划自明年上学期或暑期后开始刊印《新清华学报》。主要登载本校科学研究的结果。

…………

清华大学档案，全宗号 2　目录号 校 4，案卷号 54001

各教研组订出科学研究工作计划

（1954 年 12 月 17 日）

随着教学改革的发展，为了进一步提高教师水平，加强理论与实际相结合，本校的科学研究工作在学习苏联、为教学为生产服务的方针下，正逐步展开中。到目前为止，三十七个教研组都提出了科学研究计划，包括产业部门委托和合作的研究工作十七项，专题研究三十七项，专题阅读八十七项，翻译十一本书，编写整理讲义十八种。目前大部分教研组已开始工作，有一部分教研组正在拟定具体工作计划。

本学期所订的科学研究工作计划有下列几个特点：一、密切与教学相结合。本学年学校工作计划大纲中首先提出要完成毕业设计和提高教学质量，因此专业教研组就订了一些专题报告，而这些报告的内容正是为了解决毕业设计中的一些问题。如机械制造工学教研组就订了如流水线作业、装配流水线和工艺、无屑加工、冲孔、检验夹具等十四个题目，分别准备进行专题报告。其他教研组也围绕本门课程中的一项主要问题做专题阅读。如材料力学教研组订立了薄板理论、塑性理论的阅读计划。基础电工教研组的每个教师都挑选了一个题目，如长线的稳态、介质中的电磁波，并规定了专题阅读的要求。机械零件教研组制定了凸轮、轮系效率方面的几个专题报告。二、与生产部门合作，解决生产中的某些问题。本学期计划中有八个题目是产业机关提供我们做的，如水利工程系接受了三个工程的模型试验，工程材料教研组和北京砖瓦公司合作试验砖的标号和质量的改进，又和北京市第三建筑公司合作研究楠竹的物理机械性质，汽车教研组和军委后勤部研究化油器省油的问题等。现在已有四个题目全部或部分完成。这些问题的解决对目前的生产建设是有很大帮助的。此外，目前还有一部分教研组正在和产业部门商订合作计划。三、为开展科学研究工作准备条件。由于科学研究工作对我们来说，还是个新的问题，我校大部分是年青教师，缺少科学研究的经验，因此，很多教研组首先一方面通过一些问题的收集资料，阅读资料，获得一定的经验；另一方面积极筹建实验室，为科学研究创造充分的物质条件。如物理教研组有四个教师订立了金属物理方面的专题报告，有金属导电性、铁磁性物质及其磁性的测定等，中国革命史教研组订了收集广州起义和中国共产党第二次代表大会的材料等六个专题阅读。四、直接为教学服务，如翻译、编写、整理一部分课程的讲义。五、整理研究中国古代的科学工程发明史。现在刘仙洲副校长正在研究中国机械工程方面的历史，张子高教授在研究中国古代化学的成就，梁思成、刘致平、赵正之等教授正在研究中国建筑史。

本学期制订科学研究工作计划是和贯彻教师工作日及教学工作量制度密切结合起来的。所有教研组都仔细研究了教师的负担，慎重地制订。有一部分教研组（如机械制造工学、给水排水等教研组）考虑到本学期教学工作较重，而下学期较少，为争取专家在校时能了解进行科学研究进行的方法与内容，准备在下学期进行些科学研究工作。

《新清华》第70期，1954年12月17日

本校科学研究工作按计划进行

（1955年4月23日）

目前，各教研组的科学研究工作正按计划进行。与产业部门合作的计划中已有六个完成了，有的结果已被产业部门所采用。

水利系的三项工程模型试验都在五四年底前按期完成。土木系关于砖标号的决定与砖质量的改进和竹材的研究都在积极进行。砖的研究已进入整理分析试验结果的阶段。动力机械系汽车教研组进行的用间歇汽缸的办法节省燃料消耗的研究，鉴定了目前全国所用的省油方法是否合于科学，并提出了应该进一步省油的方向。

在专题研究方面，进行得比较有计划的是水力学教研组所进行的水位衔接的研究。在专家科惹夫尼柯夫指导下，收集资料进行了初步试验，现已写出了今后具体工作计划。在机械制造工学教研组中，杰门节夫专家正指导着一个研究生研究铸件的加工变形问题，教研组也有教师参加这一工作。

在专题报告方面，部分已经结束的，已在教研组会上作了报告。电器、机械制造工学、水力学等教研组还请了有关的苏联专家参加。专家在教师报告以后指出了其中的问题和今后进一步的努力的方向。在研究生方面，上学期有施工教研组、发电厂教研组、工程结构教研组的研究生做了专题报告。到现在为止，已完成了六十篇左右。本学期将有更多的研究生进行这项工作。现教务处已准备把每篇专题报告印成书面材料，供有关同志参考。

此外，本学期各教研组还编写了十一种讲义，其中《建筑施工技术与施工机械》《普通水力学》的专家讲义已由教研组整理编写出版。已翻译和正在翻译中的专业书籍有十三种。

科学研究工作的展开，对提高教师的水平有很大帮助，并已初步摸索到了一些展开科学研究工作的方向和方法。

《新清华》第 88 期，1955 年 4 月 23 日

积极开展科学研究，为教学为生产服务
各教研组定出科学研究题目
184人参加工作

（1955年11月29日）

最近，大部分教研组都根据自己的情况和今后发展的要求，决定了本年度科学研究的题目，已完成毕业设计任务的十一个专业教研组都已定出科学研究的具体计划，各系都有几个范围较广的对生产技术上意义较大的题目。到目前为止，已确定的科学研究题目共有五十三个，专题阅读四十六个。参加科学研究工作的共有一百八十四人，其中教授二十八人，副教授十三人，讲师四十一人，助教八十四人，研究生十八人。另外，还有进修教师三人。

在本年度的科学研究题目中，有二十一项是接受产业部门委托结合当前生产需要进行的。如金属切削机床及刀具教研组和机械制造工学教研组与第一机械工业部合作研究的题目是：车削与铣削中各种冷却润滑液对几种钢加工性能的影响，这是根据生产上的要求和教研组的力量决定的。在本学期开学时，各教研组纷纷与产业部门联系，研究题目的选择问题。因为题目决定着教研组科学研究方向，所以各教研组都经过慎重的考虑。在本年度研究的题目中，有很多是在有经验的教授领导下，组织一批教师集体合作进行的。这样一方面可以发挥有经验的教授的力量，并使他们得到一批积极的助手，另一方面也在研究的过程中培养着年青的教师。如电力机械教研组的研究工作，就是在系主任、科学院学部委员章名涛和教研组主任艾维超领导下，由六位讲师、助教参加进行的。科学研究的成果决定于参加工作的干部，因此各教研组在订计划时都慎重地挑选教师，并在一些重点的题目配备政治上业务上较强的干部。

在上学期有很多教研组都进行了专题阅读，并在教研组会上作了报告。这项工作对教师的提高是有很大作用的，作专题阅读的教师整理分析了很多资料，教研组的全体成员也通过报告会掌握了基本内容。因此，本年度各教研组都继续进行了这方面的工作。

此外，还有部分教研组和教师正在和产业部门交换意见，以便确定题目将来展开研究。如输配电及高电压教研组目前已选出了一些题目，准备下学期开始研究。

由于三年来的教学改革工作，我们已对苏联新的教学制度学过一遍，教学质量有了一定保证，师资水平也有了提高，因此，在今天新的情况下，应该而且可以提出新的要求：逐步向科学研究进军！今后各教研组将进一步全面规划，一方面继续提高教学质量，一方面积极地开展科学研究工作。

《新清华》第 114 期，1955 年 11 月 29 日

清华大学 1955 年度科学研究工作初步总结

（1956 年）

科学研究科①

清华大学自 1952 年暑假院系调整以后，因为开始全面的向苏联学习，教学任务感到异常紧张，故除对于各企业部门必要的帮助，如：官厅水库模型试验，引黄济卫模型试验，石头庄溢洪

---

① 撰文单位系根据归档案卷号判断。

道模型试验，366工程的坝下冲刷消能试验，超轴五百公里作业法的研究，反围盘的理论分析，球墨铸铁的研究，变压器避雷试验等以外，没有能有计划地进行其他方面的科学研究工作。1954年二月杨部长同首席顾问列别捷夫来校视察及同年五月间高教部部务会议上讨论清华大学工作，都指出："应开展科学研究工作"。我校在1954年暑假后就设立科学研究科和科学研究工作委员会，负责推动这一工作。当年，即1954—1955年度各系教师即提出研究项目三十九个。其中十五个是和企业部门合作的。此外还有一部分青年教师做专题研究报告。参加的教师共计一百五十一人。因为在1954—1955年度完成了教学法改革第一阶段，在1955—1956年度科学研究工作就有了较大开展。进行的项目增加到一百〇六个，其中四十三个是与企业部门合作进行的。参加研究工作的教师，也从1954—1955年度的一百五十一人增加到1955—1956年度的二百五十四人，其中教授四十一人，占全体在校教授的82%，副教授三十三人，占全体在校副教授的75%；未进行科学研究工作的教授九人，多半是由于转换专业正在准备新课；参加科学研究工作的讲师有六十六人，占全体在校讲师的42%，助教一百一十四人，占全体助教的20%。已进行科学研究的教研组共四十八个，占全校教研组的90%。在本年度中，并开始了学位论文工作，到目前为止，陆续开始和准备开始的有数十人，其中有一人1956年即可答辩。在科学研究工作中与产业部门合作的范围颇广，共计有三十二个单位，签订了三十九项合同。我校还与科学院合办动力研究室、水工研究室及材料力学试验室。我校的全体苏联专家，都正在指导教研组开展科学研究工作。在教师开展科学研究基础上，本校出版了第一期《清华学报》，举行了"竹材研究科学报告会"以及"建筑思想的批判讨论会"，并订于1956年4月举行全校性的科学讨论会。各教研组的科学报告会也已陆续进行。同时，学生的科学技术小组也有很大发展，参加小组的学生人数在1955年下学期达到六百余人，而1956年上学期已增加到一千余人。

本年度科学研究工作的开展，是与学习苏联、初步完成教学改革和提高教师水平分不开的。今年科学研究工作的特点是：初步学习了苏联先进科学技术和科学研究工作的经验；贯彻了结合教学联系生产实际的方针；发挥了有经验教师的作用并成长了一批新的青年科学力量。通过一年来的工作，我们初步体会到有下列两点收获：

一、明确了在学校中开展科学研究工作的方针：主要是明确了科学研究与教学工作的关系和科学研究与生产实践的关系。

学校的主要任务是教学工作；对全国科学研究工作，除一般贡献外，最根本的贡献还应当是输送大批优秀的青年科学技术干部；而教师本身的科学研究工作则正是提高干部培养质量的重要方式。如果学校不及时开展科学研究工作，教学质量就不能得到提高；相反，如果不恰当地强调了科学研究工作，以致把它与教学任务对立起来，则也不能完成学校的主要任务，不能为全国的科学技术部门输送优秀的干部。

科学研究与教学改革二者间的关系怎样呢？我们认为教学改革为科学研究工作创造了条件，而又必须通过科学研究才能最后完成教学改革的任务，使毕业生水平达到苏联水平。

过去几年的经验证明，学校将主要力量放在教学改革工作上是正确的；有些教师认为应该把主要力量放在科学研究工作上，轻视教学改革工作，这种看法是不全面的。教学改革的完成，为开展科学研究工作创造了以下三方面条件：

(1) 提高了教师政治理论与科学知识水平，增加了生产实际经验，并且补充了许多最新科学部门的知识。这些都是开展科学研究工作的良好基础。

通过教学改革工作，我校教师们学习了苏联先进的、以马克思列宁主义理论为指导的、理论联系实际的科学技术知识，并且学习了政治理论书籍。尽管目前科学世界观和方法论的建立还是初步的，但对于科学研究，已经起了显著的主导作用，例如材料力学教研组杜庆华教授等学习了马克思列宁主义理论以后，对于材料力学中研究方面的选择和研究方法的确定有很多新的体会。在新技术方面，教师们通过几年来的学习苏联，不仅熟悉了新的科学理论和设计原理，如工程结构中的极限设计原理等等；而且尤其重要的，是许多教师学习了过去国内根本没有的新学科，例如电子管、电视、电器、继电保护自动化、高压工程、企业电气化、焊接、压力加工、铸工、土木施工、暖气通风、水能利用等等，这些都是目前开展科学研究的主要方向。同时，由于国家建设事业的发展和苏联教学制度中理论联系实际的特点，使教师们熟悉了先进的工业企业，丰富了生产知识，大大加强了教师理论联系实际的观点。有了以上的基础，就为学校大规模开展科学研究创造了条件，并能使学校的科学研究方向不会离开正确的道路。

(2) 培养了大批青年师资，同时也就培养了大批青年科学工作人员；他们不仅能负担讲课、指导毕业设计等工作，分担了年长教师的繁重教学任务，使年长教师有时间进行科学研究，而且青年教师已成为年长教师的科学助手，为集体地进行较大规模的科学研究创造了必要条件。例如水工结构教研组原来只有张光斗和张任两位教授，但专业课则有六门，每年指导毕业设计的任务达到一千小时左右，现在全组已有十位年青教师能讲课或指导毕业设计，因而张光斗教授就能抽出很多时间去从事科学院规划工作、指导水工研究室工作和进行其他科学研究工作；同时，该教研组已有青年教师三、四人能比较独立地进行巨型水力枢纽的试验研究工作，在一年中为企业部门完成了403工程等三项科学研究工作。又例如杜庆华教授所在的材料力学教研组，三年来培养了原由二年级抽调的青年教师二十余人，现在已有四人在他指导下完成了“空心坝的应力计算及实验”等科学报告，另有十余人开始了专题阅读工作，该组并与中国科学院合作在校内建立着“材料力学试验室”。

(3) 建立了实验室、充实了新的实验设备、提高了教师进行实验工作的能力并培养了一定数量的实验员，这些都是开展科学研究的必要条件。在去年一年中，我校实验室由四十一个扩充到五十四个，特别是建立了电视、调节原理自动装置等新技术的实验室。设计新实验的过程往往就是科学研究工作的初步训练，有些本身也就是科学研究工作，没有这些实验室的建立，大规模开展科学研究工作是不可能的。

以上说明了教学改革与科学研究工作的关系。但这不是说科学研究工作必须等待教学改革工作完成后才能开始进行，而是一边进行一边创造条件。可是大规模地进行科学研究，则必然要在每一教研组初步掌握了全套苏联教学经验之后。过去两年中我校赵访熊、张光斗教授也做了十几项科学研究工作和专题试验，在《清华学报》第一期发表的即有七篇，但规模远远比不上1954—1955年度，而1955—1956年度的研究计划则又比这一年度扩大了几倍。

学校进行科学研究工作究竟如何与教学结合呢？根据教研组一年来工作中的初步体会，我们认为有以下几点：

(1) 专业教研组的科学研究方向，一般就是该专业学生的培养方向；这样就使研究工作成果可以直接用于教学工作，而学生的学习过程，也与教师的科学研究有一定的联系。专门化课程和选修课程、毕业设计题目、学生科学小组等，都是与教研组科学研究密切结合的，培养学生的水平将会因此而大大提高。例如无线电系的研究方向之一是电视，则在这一方面开设电视设备等专门化课程，并吸收学生参加电视的专题实验工作，和做有关电视的毕业论文或毕业设计。土木系把将来毕业设计题目按各教师科学研究方向加以分配，并要求教师通过科学研究开出选修课和指导毕业设计中这方面的专题。此外，技术基础课甚至基础课的科学方向也尽量是与专业相结合的，这样就直接加强了教学工作。

(2) 科学研究工作与提高教师水平工作密切结合。科学研究工作大大提高教师在科学工作上的创造性，扩大教师的科学眼界和生产实际知识；具备一定基础的青年教师参加研究工作，可以有效地发展他们的独立工作能力。采取学位论文形式的科学研究工作是提高教师水平的有效方法，我校自 1956 年初起已订出计划，开始培养第一批副博士数十人。此外，作为科学研究工作的准备或初级形式的专题读书报告及专题实验，是比较多数青年教师都可以参加的，我校 1955 年已大量进行了这方面的工作。

(3) 科学研究工作为教师增加新的教学内容，编写专门参考书，最后为编写较高质量的教科书创造条件。特别是专业课程，教学内容随着科学技术的进步每年都应当有一定的改进，依靠旧的教科书是不行的。我校许多教研组，都计划在科学研究基础上，陆续编写专门参考书或教科书。如土木系 1960 年前后要编出竹结构及竹筋砼等参考书，然后在这个基础上，编写质量较高的教科书。编写这些书籍本身，也就是科学研究的一种总结性工作，我校认为这种步骤是比较合适的。

(4) 科学研究工作不断提高了学校的实验设备，学生实验课程的质量也随之提高。例如无线电系，规定每年每位教师设计或改进一套新实验并制造相应的设备，这样可以保证无线电专业实验逐步赶上世界科学技术发展的水平。

从以上几方面看来，科学研究的开展，是与提高教学质量密切联系、不可分割的。

我校科学研究工作与生产实践的关系是很密切的，重大的研究题目大部由产业部门提出，例如竹材研究，钢芯铝线研究等；也有我校教师根据科学技术发展的方向提出，而对生产具有相当价值的，如脉冲温度调节器等。现在教师一般都已重视研究工作与生产实际的联系；但也发生过轻视实验工作、轻视为产业部门解决实际问题的偏向。另一方面，教研组对生产中提出的具体问题也要有所选择，要符合教研组发展的方向，和学校工作的特点；像竹材研究这种综合性的、具有实际和理论价值、并有广阔发展前途的题目，事实证明是很合适的。

由于进行系统的科学研究工作所需经费、设备和人力往往很浩大，学校在科学研究上与企业部门和科学研究部门密切合作是很必要的。这一方面的工作还要继续开展。

二、初步明确了开展科学研究的正确方法：要正确的选择科学方向和研究题目；要有计划的进行科学研究工作——特别是要有研究大纲；要开展学术讨论和批评自我批评；要加强科学研究的组织工作。

选择方向和题目是很重要的问题。选择题目时要考虑：

(1) 结合本教研组的科学方向，这样才能在做完一个题目以后继续深入或扩展研究工作；

(2) 结合提高教师水平的工作，题目的范围和分量应使参加的各级教师都能提高实验水平或理论水平；

(3) 要估计解决这一问题在科学技术上的可能性和教研组教师主客观条件上的可能性。

根据以上的条件审查，本年度所选题目大部分是恰当的。例如竹材研究工作，不仅对国民经济意义较大，而且参加工作的工程结构、工程材料等教研组教师水平都得到提高，同时又为今后学生毕业设计和专题选修课程创造了条件。如发电教研组结合研究生和进修教师的结业工作，为464工厂进行了复式励磁装置的研究；又如电机教研组结合本组今后研究大型电机的科学方向，选择了10 000kW电机参量测定作为第一个题目，通过它来掌握资料、熟悉实验方法、制造仪器设备，同时也可以对我国自制大型电机的产业部门提供有价值的资料，这种题目进行得是有成效的。

有计划的进行研究工作，是苏联经验的特点。每一项具体的科学研究工作，在正式开始以前，都需要有详细的科学研究大纲。苏联专家不止一次强调它的重要性，我们初步体会大纲的作用是：

(1) 制订大纲的本身，就总结了研究工作的探索阶段和初步准备的成果，指出研究方向、方法和步骤，尽可能预计到工作中可能发生的问题，这样才能保证用科学的方法进行研究工作；

(2) 制订大纲要经过教研组集体讨论，可以吸取各方面意见，避免偏差；

(3) 将研究大纲交给领导部门，请提出修正意见，使学校的科学研究能与全国科学研究工作取得具体配合。

过去教师们进行研究往往没有计划，因而发生了工作忙乱、数据不全、精密度不符要求以致返工或浪费的情况。制订科学研究大纲的经验，我们已在全校介绍推广。

开展学术讨论，是推动科学研究工作的重要方法。我们在本年度举行了“竹材研究科学报告会”，在会上不仅报告了本校科学研究工作的成果，交流了产业部门实验工作的经验，提出了许多实验中发生的问题，而且大家共同讨论了进一步研究的可能方向，提出工作方法上的建议，还指出了本校在实验工作上的缺点。这次会议对于竹材研究的下一阶段工作有很大帮助。

开展思想批判，是学术讨论的重要任务。本年度建筑系教师进行了建筑思想的讨论与学习，对于教学和科学研究方向上都起了很大作用。在学习中教师仍分别检查了自己过去的建筑思想，结合专题报告，开展自我批评与批评，形成了良好的学术讨论风气。

科学研究的组织工作，也是保证研究工作进行的重要问题之一。首先，每一项比较复杂的重要科学研究工作，必须配备政治水平较高、行政能力较强的教师，才能很好的组织有关教师、实验员和技工以及各方面的力量，来保证研究计划的完成。其次，许多综合性的题目，需要若干教研组合作完成，这就要求有很好的配合。这次竹材研究中施工和工程技术方面配合还不够密切，也影响到工作进行的效果。再次，在工作进行中，物质准备工作往往要占去整个工作量一半以上，这些工作既繁杂、又琐细，如果组织的不好，将使研究工作陷于停顿，一般教师初次进行科学研究工作，往往对此估计不足，思想上容易忽视，需要及时纠正。

我校在科学研究工作中感到有以下一些困难，请高教部帮助解决：

一、指导力量问题：目前青年教师大规模进行科学研究和学位论文等工作，感到指导力量不够，特别是一些新的专业，更加困难。我们采取的办法是：争取中国科学院（如与数学研究所订合同指导数学教研组的研究工作）、产业部门（如水利系请水电局等处有经验的工程师指导副博士论文）以及兄弟学校的中国专家协助指导及苏联专家帮助。但某些专业方面国内缺乏专家（如机械制造工序自动化、画法几何、企业电气化与自动装置等等），我们希望能与苏联若干学校及教研组取得直接联系，经常能请教科学研究上的问题。

二、教师不足，负担过重问题：学校认为教师的科学研究工作原则上应在满足教学工作量的条件下进行。但当前有些教研组由于师资补充不足，长期超过工作量（例如：化学、物理、工程画、机器零件等），教师没有时间提高自己的水平，既无法开展科学研究，也无法提高教学质量。今后新专业加多，夜校函授等任务加重，希望能按工作量计算结果来补充必要的师资，保证这些教研组科学上的成长和教学质量的提高。

为了开展大规模的研究工作，成立研究室和配备专职的研究员，是完全必要的；我校正根据高教部指示拟订这一方面的初步计划。

三、科学研究经费需要增加，支付办法也要较有灵活性。本年度科学研究题目尚不多，经费已在全校经费中自行解决。但上年度的科学研究费的指标规定为六万元，根据各教研组初步提出的一百多个题目所需的预算已经超过这一指标数字。对于科学研究经费，我们一方面要求各教研组尽量争取与企业部门合作解决，但另一方面许多消耗器材，特别是许多重要的基本设备，如电机系提出的交流计算台（已连续提出三年都未购到，价格约二十余万元）等，仍然需要由学校经费内拨付，因此今后科学研究的费用仍需增加。另一方面由于科学研究工作有很大的探索性，经费支出不可能有很准确的预算，因而需要有一定的机动费用。并且在经费的使用上，在尽量确切地制定计划的总要求下，要有一定的灵活性。

四、部分物质设备参考书籍资料尚感缺乏。科学研究中自行设计制造的仪器较多，需要学校自己有设备制造厂（已在筹备），而且材料的供给也需要及时，但计划性的执行不可能过于机械，（研究工作进行中往往要变更计划），因而物资供应的尺度必须放宽。参考资料方面，苏联、人民民主国家以及资本主义国家的历年期刊和各国科学院、学校出版的论文集较为缺乏，希望有关部门协助及早解决来源问题，并请高教部批准增加图书经费。

五、缺乏熟练的实验员。科学研究中具体工作的大部分将由他们完成，因此必须及早培养。目前实验员在来源（中技或高中学生）及编制上都感到有些困难，希望领导协助解决。

清华大学档案，全宗号 2　目录号 校 4　案卷号 56001

对本校一九五六——一九五七年度开展科学研究工作几点意见

（1956 年 8 月）

科学研究处

本校在初步完成教学改革的基础上，已经普遍开始进行了科学研究工作。但从国家对我们的要求和本校现有的科学力量看来，科学研究工作的开展还是不够的。目前无论在制定与执行科学研究计划、培养科学干部、保证研究工作的条件等各方面，都存在不少问题需要解决。目前国家科学规划已初步确定，科学院与企业部门的各项重要措施也陆续开始实行；有关保证科学研究条件的问题也正由各级领导部门逐步研究解决。加上我校教师对科学研究工作已经有了一年多的初步摸索的经验，因此，在下一年中我校有计划地大规模进行科学研究工作是有条件的。全校必须在不断提高教学质量、创造中国化的教学工作经验的同时，以更多的力量来大力开展科学研究、提高师资水平。

一、一九五六—一九五七年度科学研究工作的任务

（具体项目及数字由各系、组提出具体计划后，最后确定）

下一年度本校在科学研究工作上要完成以下六项任务：

（一）制定各个科学研究中心问题的长远研究计划，并进行××个题目的科学研究工作。计划在一九五七年底完成其中××项工作，在一九五七年四月科学报告会上提出××篇报告。

（二）制定在本校建立一些研究室的长远计划，并在本年度内重点建立××个研究室，和着手计划与筹建××个研究室。

（三）制定与校外各部门进行科学合作的长远计划，并在本年度内重点建立与科学院及企业部门合作组织的×个研究（试验）室。

（四）有计划地培养科学研究人员。要求本年度内在教授和副教授指导下：

1. 组织大部分教学效果较好、有一定业务水平的讲师参加科学研究工作；

2. 组织一部分教学效果较好、有一定业务水平的助教参加科学研究工作；

3. 培养××名副博士研究生并在本校教师中培养××名不脱产副博士研究生；

4. 为科学研究工作培养辅助人员××人。

（五）组织并扩建本校综合性仪器设备制造工厂。计划在一九五七年底以前约扩大至现有生产能力的二至三倍，争取尽速完成厂址的基本建设、设备装备和培养干部及技工的工作。

（六）继续提高教材质量，使之逐渐能够编写成符合于祖国实际情况的大学课本。

二、关于进行科学研究工作的几个问题

（一）教学与科学研究工作的安排问题

教学任务是学校的主要任务。但从中国目前科学力量大部分集中在高等学校的情况看（例如我校有学部委员七人，兼任研究所负责工作的若干人，以及有科学工作经验的教授数十人等等），我校在国家科学研究工作中将负担的任务是异常重大的。因此，积极准备条件、开展研究工作，以完成国家交予的科学研究计划，也是学校的一项主要任务。而且科学研究工作又是提高教学质量和教师水平的重要手段。因此，在学校工作的安排上，需要能保证同时很好地完成这两项任务。自然，这是就全校范围而言的。各系与各教研组按其性质和发展阶段的不同，这两项任务的比重和先后次序都有区别，而每位教师更要按情况不同分担不同的工作任务，这些都需要由系和教研组根据实际情况研究并决定具体的工作步骤。为了保证教学质量不断提高，并推动科学研究工作有效的开展，学校在工作安排上确定以下原则：

1. 有教学和科学研究经验的教授、副教授，应该担任最主要的教学任务（如讲课等）。在此以外的时间，尽可能用于组织、领导及进行科学工作上。他们的教学工作量可以由教务处和各系根据工作需要和教研组不同情况，适当予以减少（数量另行决定）。他们的行政工作，应配备助教作秘书并培养职员作为助手协助进行。他们的兼职和各种社会活动可由本人提意见，由学校协助向有关方面反映或解决。

2. 教学效果良好并有一定业务水平的教师，应在工作日内尽可能安排相当数量的科学研究时间。为此，应减少不必要的工作和会议，并明确分工、严格制度、提高工作效率。各教研组可

按照具体情况，适当分配力量，必要时在自愿基础上使一部分教师的教学任务由其他教师分担，以便较迅速地培养科学工作骨干。凡批准作为不脱产副博士研究生的教师，也可根据上述原则，在进行论文的紧张阶段免除全部或部分教学工作。

3. 属于培养科学研究人员的工作时数，可列入教学工作量的时数以内：例如指导副博士研究生、指导不脱产副博士研究生、指导青年教师进行科学研究工作、为教师提高水平及培养辅助人员而进行讲演、辅导或答疑工作等等。

4. 负责本校研究室工作的教师，按教研组主任减免工作量。兼任校外科学机构负责人的教师，按合同的规定减免。

5. 规定一定的工作制度，保证教师有充足的时间进行业务工作（具体办法另定）。在各系的工作领导上，教学与科学工作均应有专人掌管；各系主任中，有一人专管科学研究工作，并另设科学秘书一人，由已参加科学研究工作的青年教师担任。

（二）科学研究题目的选择问题

1. 要根据系或教研组选定的长远方向，结合生产的需要来确定具体题目。这样便于进行长期的系统的研究工作，容易积累经验、打好基础。

2. 科学研究工作中，应包括结合教学进行的专题研究和教科书或参考书的编写工作。

3. 研究生的副博士论文题目，尽可能与教研组研究的方向和具体题目一致。

4. 在教研组或系所选定的主要研究题目以外，也要支持个别教师按照其特长单独选择题目进行研究工作。

（三）科学研究中贯彻“百家争鸣”方针开展学术讨论问题

1. 对于科学问题本身的不同见解，以及对于科学研究工作上的不同看法与做法，都应鼓励教师提出讨论，并给予同等的工作条件，以便在不同的方向上都有机会开展研究工作。

2. 定期组织各系、教研组及全校性的科学讨论会，充分做好会前准备，开展学术讨论。

3. 各系、教研组注意与科学院、企业部门和兄弟学校做同类题目的科学工作者取得密切的联系，经常交换意见，开展学术讨论。

（四）综合性科学研究题目的组织形式问题

科学研究工作应按照题目性质组织必要的力量来进行工作，凡一个教研组不能单独解决的综合问题，都可以由某一个教研组教师为主，邀请有关教研组或教师组织一个专题研究组（或委员会）来共同负责这一工作。各系及教研组应尽量支持其他系及教研组的科学研究工作，充分进行合作，以发挥本校多科性工业大学的特点。

（五）基础课的科学研究工作问题

1. 基础课的研究方向，除了进行本身的理论研究以外，还可以与专业相配合进行研究；各系在研究长远科学计划时应注意提出其中的基础理论问题，邀请基础课教研组参加研究。基础课教研组应与科学院及综合性大学密切联系，取得符合我校特点的研究题目。

2. 基础课教研组教师人数较多而在科学指导力量上相对比较薄弱，因此，除了充分发挥本校基础课教授的指导作用以外，还要努力争取有关的专业课教授和科学院、兄弟学校的科学家与教授协助指导，并尽可能选拔少数较有教学经验的讲师助教到有关科学机构内进修，以便迅速培养科学骨干。

（六）对外合作问题

1. 做好对外合作是大力开展科学研究的关键问题之一。对外合作的形式很多，各系、组要根据不同条件慎重考虑与选择。在对外合作中要贯彻通过合作使双方成长的互利原则，并且使本校教师的力量主要放在学术工作上。本年度对外合作要有重点地进行。除了专题合作以外，争取作好几项重点合作事业。因此，办好几个合办的研究（试验）室作为我校开展科学研究的基地，也是一项重要的任务。由于多数研究（试验）室是双方合办并由我校教授直接领导的，因此这些室的科学工作就可以看作是本校科学研究工作的一个重要组成部分，也是各系科学工作的重要组成部分。它们的科学研究计划就可以作为我校科学研究计划的一部分，而经过双方领导批准执行。在下年度中要研究与总结通过合作事业来开展科学研究的经验。

2. 由于校外要求很广泛而学校力量又有限，对外合作工作要制定长远计划，有重点地订立合同进行合作。

3. 在对外合作上要注意争取外援来加速学校的发展：例如争取科学院和外校科学家或教授指导一定数量的我校教师作副博士论文，聘请科学家和工程师来校兼课；争取企业部门指导论文、设计，和通过科学研究上的合作关系协助我校充实校舍及设备，以及争取校外部门协助解决其他物资、资料供应和人员补充等困难。

（七）发挥苏联专家作用，指导进行科学研究工作问题

苏联专家的指导对我校学习苏联先进经验，创造本国经验来大力开展科学研究有很大帮助。各系在制定科学计划、组织科学工作和指导科学工作时都要尽量发挥专家作用，虚心学习他们的经验，充分听取他们的建议。在制定专家工作计划时，应将科学研究工作作为重点之一。

三、关于教师提高水平的几个问题

（一）各类型教师如何分别利用各种方式提高水平

教师提高水平的方式要根据本人的具体条件及客观可能性而定。目前教师水平大体上可以分为以下类：

1. 有教学及科学经验的教授、副教授，他们除担任最主要的教学任务外，应将主要力量放在组织、领导及进行科学研究工作上。

2. 有教学经验但开始做科学工作不久的副教授及少部分讲师，他们应积极进行科学研究工作，并吸引一些青年教师参加共同工作，并给予适当的辅导。

3. 已掌握教学工作的多数讲师及助教中基础比较好的，应立刻选定方向参加科学研究工作，一部分没有学位的教师，在有适当的指导或辅导条件下，经学校审查批准可以正式作为不脱产副博士研究生，进行副博士论文工作。

4. 大体掌握教学工作的助教，应确定比较专门的专业方向，结合教学，通过自学书籍文献，进行实验和生产实习工作，努力提高业务水平。在有适当指导下可以参加部分研究工作。其中有需要补课及补作设计的教师，应按自己专业方向的需要选择最主

要的课目，补足所缺知识。

尚未掌握教学工作的讲师、助教，特别是新助教，应以掌握教学为主，在这个过程中，扩大提高自己的业务知识和实际工作能力。但在提高过程中应有重点、有目的地进行。

（二）关于青年教师补习和扩大基础问题。

从事科学工作要求循序渐进并有良好的基础。但是基础知识的范围和深度随各专业要求不同，补习和扩大基础的方式与步骤也随各人情况而异。目前由于工作和学习条件的限制，一般教师补习和扩大基础可按照有目的有重点的原则，用随缺随补的方式进行，但在必要与可能情况下也应该与系统地学习几门基础课的方式结合起来进行。这样才能收到最大的效果。

我校按高教部副博士研究生条例，逐步选拔本校优秀教师正式作为不脱产副博士研究生，学习时间一般不得超过六年（包括学习预试科目时间在内）。本年度这一选拔工作在九、十月份进行。选拔标准在本校研究生招生委员会上讨论确定。

为了更好地解决指导人的问题，除了在校内外教授及科学家、专家中尽量聘请外，目前有些专业暂时找不到适当指导教师，或有些教授、副教授暂时没有条件接受副博士研究生时，可以在进行论文工作的本人申请和系批准的情况下，在开始阶段暂时聘请几位业务辅导人代替指导人的工作。

四、关于保证科学研究工作的条件问题

（一）科学研究所需经费为数很大，因此主要研究题目的费用应由委托研究的企业部门或科学研究所解决，而且学校可以根据双方协议收取部分费用，作为扩充该方面的研究设备基本建设及训练科学人员之用。各系在对外联系时应注意这一原则。在本

校科学研究经费的分配和使用上，要贯彻重点投资和精简节约的原则，并将经费分配到各系掌握，在加强计划性的同时，也注意增加使用的灵活。

（二）加强设备制造工厂及材料供应的工作。为了保证开展科学研究工作所需要的物质条件，必须大力改进和加强仪器设备制造及器材供应工作。

1. 现有设备制造工厂不论从生产数量或质量上来说都已落后于当前教学及科学工作的需要，加以今后教学任务的增加和科学研究工作的开展，这一供求上的矛盾必定会更加尖锐起来，如不及时加以适当解决，则势必要严重的影响到提高教学质量和开展科学研究的工作。

为了解决这一问题决定在现有各有关车间的基础上健全全校性仪器设备制造工厂，现已开始筹备工作，拟争取在一年到一年半左右的时间将机械制造生产能力提高到现有的 2 至 3 倍，并计划建立电器及电子仪器制造车间，使其具有相应的生产能力，将来再根据实际需要和可能情况作必要的调整。在制造工艺的水平方面也准备采取一些措施来加以提高。

进一步加强和校外各工厂企业的联系，以便争取他们的支持，并拟与北京市有关工厂建立经常性的委托加工关系。

另一方面，在规划科学研究工作时，也必须充分估计到上述各项工作中客观条件的限制，如技术干部和工人的补充、设备器材的供应等都存在很多困难，只能逐步分别地加以适当解决。各系（组）的实验室及机修车间等，亦应在现有的基础上充分挖掘制造设备的潜力，以便更好的为开展科学研究工作服务。

2. 器材设备的供应及管理工作也拟相应地加以改进和加强，过去由于市场供应上的困难重重，而主观上在这方面投的力量又较少，因之存在的问题较多，当前首先是成立实验室科并充实必要的干部来加强这一工作。

要继续贯彻有计划、有步骤地建立实验室的要求，并在“保证教学工作与科学研究需要，厉行节约”的原则下修订和增订各实验室的长期建设计划，以便全面规划逐年投资。

由于科学研究工作对设备器材供应的要求往往具有“规格复杂，类型零星，要求高，需要急”的特点，在现有国内外市场供应的情况下，要来完成这一任务是有困难的，因之一方面要求各实验室还必须在可能条件下大力加强计划性，尽早提出要求。另一方面在实验室科的订货采购等业务方面也拟大力加强，争取做到：

① 及时掌握校内各单位的需要，经常密切了解国外及国内、本市和外埠的市场供应情况，积极争取高教部和有关设备器材供应部门的领导与支持，并加强与各厂矿企业单位的联系。

② 对经常使用的仪器设备及材料进行必要的储备。加强对现有设备的管理及调配使用工作。其他工作也拟相应地加以改进。

③ 本校下一会计年度（一九五七年一月至十二月）共有研究经费 150 万元，现已付出一部分向国外订货，其余经费拟以一部分重点投资到下年度重点设置的研究室和设备工厂的建设上，其余部分分配到各系作为各科学研究题目的辅助费用。

科学研究工作中所需设备的另一特点是“使用期不长”（科学研究题目结束后，往往不能充分利用），因此除去必须添置的设备和器材可由实验室科和制造工厂尽力满足外，对于充分利用现有设备，加强现有设备的保养，并提高它们的利用效率也不能忽视。此外，科学研究工作所需设备，不可避免，要有一部分须由实验室自己制作。由于这些设备的技术条件复杂，制作不易，因此认真提高实验室辅助人员的技术能力和业务水平，给予他们必要的训练，并充分发挥他们的作用，也是大力开展科学研究工作中的一个重要问题。

（三）图书馆工作及资料工作由有关部门另订计划。

五、其他有关科学研究及培养师资工作的问题

（一）做好下年度开始招收的第一批副博士研究生的培养工作，要按高教部规定做好招生、订计划工作并总结指导工作的经验。本校原有以培养师资为目的的研究生，应按高教部规定，尽早完成原订计划内的学习任务，其中个别优秀的，经过结业考试，可批准进行副博士论文工作。

（二）培养外校进修教师仍然是教研组的一项重要任务。本年度在培养工作中应明确目标，制订计划并严格执行，并指定专人经常联系与辅导。

（三）提高学生科学研究小组的质量，进一步培养学生独立研究能力与创造性。三年级以上的班级由各系有计划地加以组织；低年级中有些效果不大的组织可以取消，而加强对学生课外阅读、实验和其他独立工作的指导。

《清华公报》第29期，1956年10月9日

各系订出1957年度科学研究计划 研究题目147项，参加人数311人

（1957年1月17日）

最近，各系已制定出1957年的科学研究计划，学校正对这些计划进行审查。这些计划表明，今年将是我校科学研究向前发展的一年。

在1956年内，我校科学研究有了一定的开展。各系提出的

124 项题目，大部分都进行了研究，并在去年全校的科学报告会上报告了部分研究成果，其中有的在学术上有一定的水平，有的有较大的经济价值。但是，由于经验不足等原因，有相当数量的题目未能进行研究，或者延缓了进度。

1957 年各系提出的题目共有 147 项（包括继续去年做的），参加科研的人数有 311 人，约占全校教师人数 28%左右（进行读书报告等研究准备工作的，未计入）。在全体教师中，教授约有一半，讲师约有 40%，助教约有 22.5%参加科研工作，形成了相当广泛的向科学进军的队伍。各系中以机械系提出的题目最多，有 32 个；水利系参加研究的人数有 55 人，占全系教师的 83%。

本年度的科学研究题目有几个特点：第一，有相当数量的题目有较大的经济意义。这些题目中各包含着一系列的具体题目，吸引了大量教师参加。例如机械系的铸铁研究，机械、电机与动力系关于生产自动化及程序控制方面的研究，土木系的竹材的及预应力钢筋混凝土研究，水利系的刘家峡水力枢纽的试验研究和大型水力枢纽的水力学及结构问题的研究，动力系的旋风炉及汽车性能的研究，电机系的大型电机、高压输电的研究等等。

第二，在基本理论性质的许多研究题目中，有些具有较高的学术意义，或者是目前国内及国际上科学上新发展的一部分，如钱伟长教授的抗震结构的理论基础的研究，张维、杨式德等教授所领导进行的板壳的理论、实验及其应用的研究，杜庆华教授所领导的关于塑性的基本条件的问题，刘仙洲、梁思成及张子高等教授所分别进行的关于机械史、建筑史和化学史方面的研究等。

第三，这些题目绝大部分都订得比去年较为具体，一般也比较有把握，因而在进行的步骤及取得成果方面都比 1956 年初订的计划来得有底些。

第四，这些题目是密切和科学院及生产部门的工作相联系的，很多教研组的很多题目是校外委托的专题研究。这样，学校既可完成国家急迫的任务，又可借助于校外人力物力的支援，更好地开展工作和培养新生力量。初步估计：在全部科研经费内，约有25%可以从校外取得。

目前开展科学研究在客观条件方面还有一些困难，所以必须调动和争取校内外一切积极因素，充分发挥校内的潜力，发扬艰苦奋斗的精神，才能胜利地完成本年度的研究任务。

《新清华》第167期，1957年1月17日

1956年科学研究工作的初步总结（节选）
——2月15日1956—1957年度校务委员会第三次（扩大）会议通过*

（1957年2月15日）

科学研究处

1. 1956年科研工作进展情况以及1957年的科研计划

1956年是本校科学研究工作开始发展的一年。在这一年内不仅科学研究工作规模扩大了：研究题目由去年上半年的107增加为下半年的124个，参加教师人数由上半年的250人增加到下半年的300余人。同时还进行了更大规模开展科学研究所必须的准备工作：多数教研组确定了科学方向，制定了研究计划，与有关部门进行联系合作（长期合作的单位6个，专题合同约50个），组织了研究力量，准备了一些物质条件，并初步积累了一些经验和教训，为进一步开展科学研究工作打下了有利的基础。

1956年全校科学研究工作主要活动如下：

①1月到2月，结合教学改革总结提出长远规划的工作，但当时由于主客观条件都不具备，科学规划部分大部未能作出，而有一部分做出的也不十分切合实际，这一项工作只提出了进一步规划科学方向的问题。

②2月到4月准备并进行了第一次全校科学研究讨论会，会上本校提出的报告117篇，内有65篇是水平较高的专题研究报告；这次会议对科学研究起了一定的推动作用，但当时因缺乏经验，对于大规模开展科学研究所必须解决的主客观各方面的问题，没有明确的认识，因此会后科学研究还经过了一段的摸索，没有一下顺利地开展起来。

③3月—6月很多主要教授参加了全国科学规划工作，校内教授也大多致力于了解与收集国内外科学发展水平的资料，具体研究虽然做得不多，但对于确定科学方向却有着重要作用。

④7月—9月，不少教师出外领导实习，扩大了与生产部门的联系，收集了生产中的问题，参加了生产部门召集的选题会议，因而选定了不少具体研究题目，有些还签订了具体合同。

⑤9月以后，多数系及教研组都研究与安排了科学研究工作，制定了1957年研究计划，并初步着手进行新题目的研究工作，同时与有关部门反复进行联系，有些系和教研组已大体上确定了对外合作的方式与规模。学校行政方面成立了科学处，初步研究及总结了对外合作、培养研究生、物质设备的订购、供应、管理与制造，以及1957年度研究计划等问题；并制定了培养研究生的制度与招收了脱产及不脱产研究生47名。

⑥高教部委托我校教师编写大学教科书15套，正在进行编写中。

1956年各教研组科学研究计划完成情况是：全校共提出124个题目，完成了19个（15.3%），继续进行68个（54.8%）。其中不少进行较缓慢，取消的也有37个（29.9%）。在完成的项目中，例如铸工组的薄壳造型研究已经得到了一些初步成果，对节省国家在铸工工厂的投资有着很大的作用；动力系的关于中国煤的分类法，可以节省设计部门大量人力物力，为计划开采需要的煤确定基础；电机系利用学校已有设备装成了脉冲调节器；发送设备教研组关于利用曲线设计他激振荡器的工作情况的研究，大大简化了以往的烦琐的设计方法；测量教研组研究制造成功的环路平差电学仪器，可以大大节省以往计算方法所需的人力，并参加了国际会议进行报告；1956年度内在水利系完成了永定河引水工程，403工程，淮委等等单位的模型试验工作，对推动当前的生产有着直接的帮助；材料力学教研组关于重力坝的应力分析有了一定的成果。由于学校教师努力工作的结果，全国第一次科学奖金评选结果我校有两位教授获得了二等奖。在1957年初第一次全国力学报告会上宣读的论文共有5篇。

但从计划的执行情况看来，还不是十分满意的，因为

① 由于上年度计划是在科学规划尚未确定，教研组科学方向不明确情况下定的，因此有些起初提出的研究题目，后来因方向不合适，放弃未做。

② 由于设备材料供应不足未做。

③ 有的教师因长期兼任校外工作（长期不在校）或教学工作多，时间不足而拖延不进。

④ 也有因为经验不足，题目的提出较为仓促，考虑不成熟而放弃的。

总的说来，由于1956年初提出计划时对很多因素估计不足，计划并没有放在完全可靠的基础上，因此就不能保证大部分题目

的完成，这在今后是值得注意的。

1957 年的科学研究计划的情况有了显著的改变，已提出的题目 167 项，参加研究的人数 338，其中教授 53 人，讲师 87 人，助教 198 人。这些说明今年的科研又有了进一步的发展。

今年科学计划具有以下几个特点：

① 有相当数量的题目是对国民经济有较大作用的。例如铸工教研组的铸铁研究，水利系的刘家峡的水利枢纽研究试验，土木系的竹材研究，电机教研组的大电机的研究等等，每一个系都有类似的题目。一般讲规模都比过去个别地解决生产上的某些问题要来得大些。

② 有相当数量属于基本理论性质的。如机械史、建筑史、化学史的研究，以及抗震结构理论，板壳结构和塑性理论的研究。这些工作是带有普遍意义的，也是生产所需要的。

③ 各系在争取外界支援上也比过去多。能够肯定争取到外界支援的研究经费约有 27 万元，这样一方面可以替生产解决问题，一方面也可利用外界力量推动学校研究。今年学校在国内可以使用的科学研究经费只有 30 万元，因之特别要注意合理使用及精打细算。

④ 现在提出的题目中有 36 个是学位论文题目，有一部分是承继去年的工作，其他新提出的题目大部分都比较具体：有附上详细的设备单的，有详细列出步骤的。估计能正常进行的比例要比去年大得多。

⑤ 从人力配备上来看，组织程度也比过去高，很多都是以有经验的教师为核心来组织青年教师进行的，这也对新生力量的培养能起很大作用的。

2. 几个问题

在过去一年的摸索过程中，初步明确了以下六个对于我校开展科学研究工作较为重要的问题：

一、学校开展科学研究工作的方针和步骤；

二、科学研究与生产的关系；

三、科学研究与教学的关系；

四、科学研究力量的组织、安排与培养；

五、物质条件的准备以及贯彻“勤俭办科学”的增产节约原则；

六、加强组织领导。

现在分述如下：

一、学校中开展科学研究工作的方针和步骤

在一年来的工作中，我们体会到我校科学研究正处于开始发展阶段，主客观条件上有下列几个特点：

① 全国社会主义建设正蓬勃进行，提出了向科学进军的口号，因而国家和人民对高等学校的要求较高，而且校内教师和工作人员的主观要求也较高。

② 由于社会主义建设是以最先进的大工业为基础的，而且当前全世界范围内科学技术发展又面临着原子能的新时代，因此提出的科学问题所要求的水平也是较高的。

③ 但另一方面，国家建设开始不久，特别是科学规划刚刚草拟，因此对于科学研究的具体要求、力量组织安排、物质条件支持等等，都还没有经验，因而准备不足，不免产生种种困难和不够合理的现象。

④ 就校内科学力量说，总起来看是比较薄弱的。有研究经验的老教师人数较少而任务较多，无科学研究经验的新教师人数则较多，且缺乏指导和培养青年科学力量的经验；科学辅助人员也缺乏训练或尚未配备；因此对多数教师说来，在新的科学部门

面前既显得水平和基础不够，在实际工作面前又显得实际经验或实验能力较为缺乏；而对大多数的教研组来说，一般又都缺乏组织科学研究工作的经验。

⑤ 最后，最重要的一点，就是学校还负担着极其繁重的教学任务：去年新增学生2 000多人（比解放前的一所清华大学的学生还多），全校专业中有2/3还没有过毕业生，各项教学任务还不曾开出甚至连教学计划还没有制订，全校59个实验室中过半数没有建成或刚开始筹建，这些任务对于全校900多教师1 000多职工说来是一项非常艰巨的任务，需要长期努力才能完成。已开出课程的教学质量也是有待提高的，学生学习负担过重还要克服，教学计划需要修订，教学大纲和课程内容作业份量都需要研究改进。因此，不仅有些教研组还不能大力开展或完全不能开始科学研究工作，而且多数教研组在大力开展科学研究的同时，也要负担很重的教学任务，这是与专门研究机构的工作性质有很大不同的。

根据上述特点，可以看到如何正确解决主客观要求与主客观实际可能条件之间的矛盾，是我校顺利开展科学研究工作的主要前提。根据一年来的研究及摸索，我们觉得解决这个矛盾的唯一途径是根据“从实际出发，积极创造条件与生长力量”的方针来大力开展科学研究工作。在这一方针之下，应该正确解决下列五个矛盾或关系：①科学研究与教学的关系：要强调妥善安排力量和工作计划，使科学教学相辅相成。②所选题目与教师现有水平之间的关系：要强调实事求是，循序渐进，大处着眼，小处着手。③校内与校外的合作关系：要强调互利原则，既要完成国家任务又要生长本校研究力量。④新老力量之间的关系：要强调充分发挥老教师在教学与科学上的作用、有计划有步骤地大力培养新生力量，并强调新老教师组织起来，统一解决助手与培养问题。⑤物质条件上需要与可能的矛盾：目前应强调贯彻“勤俭办科学”的方针，在这个前提下积极争取创造更有利的物质基础。

这些方针原则都是从去年科学研究开展得较好的系和教研组的经验中总结得到的。例如水利系在努力争取校外合作、强调新老教师组织配合，以及正确选择专题研究及生产实验题目等方面，都做得比较好，而且系内多数教研组教学上已较成熟，因此，去年全系研究工作有 7 项，完成约 50%，按期进行，而今年全系又提出 28 个题目，参加教师达全系 83%，经费 8 万元内有 1/3 是由科学院供给，1/3 由企业部门供给，而本校只需出 1/3。此外，如材料力学教研组在培养新生力量、安排教学与科学工作，选择合宜的研究题目等方面做得也比较好，因此科学与教学工作都能开展，而年青力量也成长较快，有些助教已在科学报告会上提出具有一定水平的报告。又如铸工教研组在选择国民经济中有重要意义的题目，如铸铁、薄壳造型等，并在争取企业部门合作（甚至师生到现场进行研究工作）等方面有一定的成功之处，因此这个教研组在教学任务较紧、人力不甚富裕的条件下，开展了较具规模的研究工作，其中如薄壳造型，且已取得较多成绩。其他各系也有许多类似经验。由此可见，正确执行“从实际出发，积极创造条件与生长力量”的方针，是开展科学研究工作的关键。

根据这一方针，我们认为有些看法是不全面的：首先是脱离实际的思想，这表现在：选题好高骛远、强调研究、忽视教学、要求不切实际的理想物质条件、不肯循序渐进而急于求成等等，这些思想在校内部分教师中是存在的，少数教研组的研究计划也是偏高的，而校外有些同志对学校的要求与看法上也有类似的情况，结果就使学校研究工作反而不能顺利开展起来；另一种思想是把科学研究看成一种“高不可攀”的神秘东西，徘徊不进，议论纷纷；也有对高等学校科学研究的重大意义了解不够的思想，因而对学校科学研究采取消极态度，不打算将学校的科学研究工作逐步发展到应有的地位，也不考虑怎样发挥校内科学力量的最大作用的问题，认为科学研究只能科学院或其他研究部门进行。这种思想对于目前学校科学研究工作的发展也是有妨碍的。

那么，在从实际出发、积极创造条件与生长力量的方针下，学校进行科学研究的速度与规模应该如何呢？在上一年工作中，初步获得了一些比较切合实际的看法：学校科学研究不可能一朝一夕间齐头并进蓬勃开展，而是要经过有经验的教师带徒弟的方式，在实际工作中一步一步的前进，一批一批的培养新的科学研究人员，一点一滴地累积研究经验及各种物质条件。从长远看，学校今后应有相当的科学编制（用不用研究室名义均可），而且对于一个成熟的教研组说来，科学研究与教学都应各占相当比重。但目前重要的问题是通过有效的办法先着手做起来，才能创造出那样的条件。对于新教学任务基本上尚未完成的教研组说，一般还是应该预先准备完成教学任务；对于初步完成了新专业教学任务的教研组，就应该切实地计划开展科学研究。从目前多数教研组现有人力及物质基础出发，再加上从产业部门及科学院可能取得的条件，学校要开展科学研究工作一般说是有条件的（自然不是没有困难）。经过各领导部门支持和全校的努力，再从目前基础上逐步发展本校的科学力量，最后在校内建立相当雄厚的研究力量，使我校能为国家贡献出应该贡献的力量，是完全必要与可能的。

…………

《清华公报》第35期，1957年3月18日

把清华大学建成为先进的教学、生产、科学研究的联合基地

——蒋校长、高沂同志在全校扩大干部会上作报告（节选）

（1958 年 7 月 13 日）

7 月 13 日晚上，本校举行扩大干部会，蒋校长和高沂同志在会上作了报告，号召全校把清华大学建设成为教学、生产、科学研究三者联合的共产主义先进基地。

校长助理高沂同志首先报告了几个月以来我校生产的情况，和今后开展生产的做法。他说，三月间开始的生产劳动，使我们学校和人们的思想起了很大变化。各系制造了电子仪器、精密机床、农业机械以及球墨铸铁等 200 多种产品，在生产上获得了很好的成绩；同时，生产对思想、教学、科学研究也起了推动作用，对学校今后的工作将会发生深远的影响。这些成绩的得来，首先是全校同志在总路线的鼓舞下坚决执行三勤方针的结果，其次是学校有着较好的物质条件。我们应该继续努力，争取更大的成绩。

在谈到今后的生产规划时，高沂同志说，我们应该充分认识教育结合生产的巨大意义，目前全力进行建厂是提起一切的纲，让全校有劳动的阵地。我们建厂应有个“元帅”，这就是机械制造厂，其他如火电站、尖端技术也要搞。此外，各系都要搞工厂，争取一两年后学校有几十个工厂，形成一个工厂网。

在建厂工作中，我们需要解决两个矛盾。第一个矛盾是，各系都要建厂，需要的原材料和投资都不能满足需要，解决这个问题有两种办法，一种是有钱就办，没有钱就不办；一种是有钱也

办，没有钱也办，打穷主意，自力更生，这是共产主义的办法。机械制造厂的规模大，而且要建得快，就需要集中投资，同时也要穷干。其他各系的工厂没有或者只有很少一点投资，就得靠自己“滚”上去。各系应该很好地发动群众，挖掘潜力。同时，全校应该全面节约经费，把每一文钱都用来建厂。譬如可以考虑，调整和建立一些收费制度，收集可以利用的废物，更合理地使用人力，以及调动家属的力量等。建厂所需要解决的第二个矛盾是，各系都要“上马”，但又要有重点。解决的办法就是在统一领导下，全面安排，各尽所能，发挥所长。要反对自顾自的做法，提倡共产主义的协作精神。各系应该“八仙过海，各显神通”，同时要支援机械制造厂。如果都只顾自己快，结果大家慢；反之，协力建成机械制造厂以后，它可以反过来装配各系，结果大家可以前进得更快。

高沂同志还谈到，全校同志思想上要有个大转变，除了教学、科学研究外，在一切工作中还要有生产的观点。

接着蒋南翔校长讲话。他说，我们奋斗的目标是建设共产主义的大学，具体来说，就是把我们学校建设成为教学、生产、科学研究三者联合的共产主义先进基地。今后，学校向工厂靠拢，工厂要向学校靠拢。工厂、合作社都要办学校，搞商业，进行军训，工农兵学商五行俱全，最后消灭脑力劳动与体力劳动的差别，城市和农村的差别。我们学校也要办工厂，搞农业，搞商业，还有国防体育训练，在某种程度上也将如此，这是一个总的趋势。

蒋校长谈到，培养干部是我们学校的中心任务，而当前的一环是建厂。建厂应以自办为主。我们可以与校外协作，到厂矿参加生产，进行实习，但是我们自办工厂就可以更好地围绕教学进行生产。他说我们搞生产与资本主义国家的学校搞生产有本质上的不同，资本主义国家的学校也有搞“勤工俭学”或“半工半读”的，但他们到工厂去做工是被资本家剥削；我们学校搞生产则是通过劳动自觉地改造自己成为共产主义的新人，同时在生产中制造出新的产品，也就反映了我们的业务水平的成长。另外，我们搞生产还需要经济指标，譬如说，第一步可以做到减少国家的开支；第二步做到自给自足；第三步甚至要争取对国家上缴一些利润。

蒋校长最后谈到，我们的方针是共产主义协作和社会主义竞赛。在今后工作中应注意校内外的共产主义协作，对校外的协作应做到有计划有重点……

《新清华》第 322 期，1958 年 7 月 18 日

清华大学党委关于反应堆厂址问题给北京市委刘仁、郑天翔的报告※

（1959 年 3 月 25 日）

（59）委报字第 09 号

刘仁同志、天翔同志：

关于清华反应堆改变厂址的问题，我们遵照市委指示的精神，由工程物理系和土木系派人会同城市规划局在市区以外地区进行了调查，现将初步结果报上。我们希望新的厂址能确定在昌平以西、南口以东的地区，请市委早日批示，以利工程的进行。

由于新的地址离校有 36 公里，所以除了建筑反应堆主体工程（第一期约需修建 5 000 平方米厂房）以外，还需要建筑一部分工作人员和高年级学生的宿舍、食堂、办公室等生活和办公用

房（第一期的约需 3 000 平方米）。此外因为水源缺乏，反应堆的冷却水不便排出，要增建冷却塔一座，因此基建面积扩大很多。距离学校很远，基建问题就成为我们最大的困难，我们希望得到市委的大力支持。将上述基本建设项目列入北京今年上半年的基建项目内，争取八月底以前施工完毕。反应堆所属市管物资的分配和调剂，设备加工，供电和运输工具的分配亦请指示有关部门尽量加以协助和照顾。

此致

敬礼

中共清华大学委员会

1959 年 3 月 25 日

附工程物理系关于厂址问题的报告一份。

抄致

市人委科委　　　　李续纲同志

市委大学科学部　　宋　硕同志

城市规划局　　　　苏　捷同志

党委并转市委：

现将勘察反应堆新的厂址结果及我们的意见报告如下：

工程物理系、土木系及城市规划局共同派人研究与勘察了北京郊区，在距学校 40 余公里的地区内，初步选出了符合反应堆厂址要求的地点两处。情况如下：

一、实地勘察了北京市南郊，长辛店—丰台—南苑迤南规划局建议调查的地点和北京沙河—汤山迤南一带，发现因为地下水位太高，或地质较差，不能满足厂址要求。此外通县以东的地点，根据规划局 1958 年的水文地质资料，情况类似，所以没有再去实地勘察。

二、比较符合厂址要求的有以下两地

1. 昌平以西六公里，南口东北二公里半，虎峪村南一公里处。该地在规划市区西北方 26 公里（直线距离）以外，离将来京密运河很远，在八公里以上，交通便利；地质良好；周围一公里内没有房屋及果树林；地下水埋藏可能太深，但在二公里以内有泉水可用。无论从防护方面或工程方面考虑看来，均较适合。

2. 汤山西北的九里山以北，牛家坟庄附近。在规划市区正北 21 公里（直线距离）以外，离将来京密运河约二公里半。地下水埋藏亦可能太深，目前尚无把握获得可靠水源，从十三陵水库引水亦嫌太远，短期内解决比较困难，因之目前无法开始施工。地质稍差，亦可满足要求，但影响工程质量；附近没有居民点，但有大片果木林，估计卫生区内将损失果树三万株以上；目前交通不便，需从昌平修筑公路九公里以上。故从防护与工程方面的考虑，比上述地点条件较差。在上述两处中，我们意见认为第一方案好，因为：

（1）从与目前规划的市区关系考虑，二个地点相差不多。但第二个方案距离市区及京密运河较近，从防护角度看来，不如第一方案有利。

（2）选择第二方案要损失果树林三万株左右，以平均 80 元一株计，亦需 200 万元以上。同时并需修筑公路专线九公里以上，建筑的投资要增加很多。工期亦将推迟很久。

（3）第一方案地基较好，可以避免反应堆主体的沉降，容易保证工程质量与施工进度。

第一方案与十三陵水库相距七公里（第二方案为五公里），与陵墓亦相去很远，与目前规划中的十三陵游览区的西方边界相距有一公里半。我们认为一公里半的距离已大于反应堆卫生区的半径，并且游览区位于第一方案的东北，而根据气象局历年统计，北京的西南风很少，所以并无妨碍。以上意见是否妥当，请党委报请市委决定，以便能即日开始进行地质钻探，修改土建设计和争取早日开始施工。

清华大学 工程物理系

1959 年 3 月 25 日

清华大学档案，全宗号 2　目录号 党办　案卷号 59095

中共清华大学委员会关于反应堆厂址问题向北京市委书记处的报告※

（1959 年 7 月 11 日）

（59）委报字第 018 号

送：市委书记处

抄送：二机部、科委、市委大学科学部

市委书记处：

清华教学和研究用反应堆的地址问题，前我们曾建议选在南口以东二公里半的地方，但一直未能决定，最近城市规划局苏捷同志与我校何东昌同志等又共同请教了二机部第三设计院的三位苏联专家，他们也认为这个方案是可行的。从学校管理和使用的可能来看，我们仍希望市委能批准这个方案。

附上工程物理系的报告，请批示。

中共清华大学委员会

1959 年 7 月 11 日

党委并报

市委书记处：

我校原子反应堆的地址，去年十一月时原已选定在清河以南防护半径一公里左右的地区，不久因传说原子能研究所反应堆上有五人死亡，决定重行考虑。以后虽然查明并未发生死人事故(只先后有工作人员数人，因不按操作规程操作曾受过射线伤害，但与反应堆并无直接连系)，但根据市委指示精神，我们仍在离市区较远的四郊选择地址。今年三月我们征求了二机部第三设计院苏联专家的同意，提出南口以东二公里半靠山的地方作为堆址。以后规划局又提出坨里附近的地址作为另一方案。并且也征得第三设计院苏联专家的支持。所以堆址至今未能肯定。

为此最近规划局苏捷同志和我校工程物理系何东昌同志又找了第三设计院反应堆和放射化学三个苏联专家请教。专家意见在技术上以上两个地址都可以选择，但安全措施应视具体情况而不同。他们认为过去同意坨里意见主要是因为它近原子能研究所，便于统一进行卫生监督和管理。但坨里附近地下水位高和地下渗漏性强，则是缺点。并且随着原子能事业的发展，事实上放射性工作的单位也不可能限制在一个地区，所以他们又认为只要采取一定安全措施和限制，南口附近的地址也是可以的。因为堆址很久不能肯定，工程的设计和准备工作都受到影响，现将我们的意见报告如下，请转报市委批示。

一、关于反应堆本身问题。根据各位苏联专家历次谈话，一致认为这种类型的反应堆是比较安全的。认为只就堆本身而言，堆址放在哪处都可以。据我们了解莫斯科市区内农业展览会上有同一类型的一个堆，功率为100kW，可表演供人参观，周围自然没有防护区。在第一次日内瓦和平利用原子能会议时，美国也在会上展出了一个同样功率的堆。正因如此，这种堆适宜于教学和科学研究。苏联、美国两国大学均已有或正在建设这种堆。美国麻省理工学院则在市中心区建成了一个功率为1 000kW的堆。

根据二机部苏联科学顾问说，为了防护万一发生重大事故，这种堆功率不大于2 000kW时，只需要有500米的防护半径（他说他在苏联居住的地方只离堆500米左右），在最多的下风方向则延长一倍。在防护区内不要有永久性居住建筑和食用作物。按苏联防护规范规定防护半径也只需一公里，因此南口以东地区是完全符合这个条件的。

二、关于放射化学实验室。一般原子堆都附设有放射学实验室。由于过去原子能研究所个别工作人员曾在从事放射性化学操作时受到伤害。又因为完善的污水处理设备尚未建成，附近又没有大河可以稀释，实验室排出污水放射性一度浓度较高。所以苏联专家对此都比较慎重，一再提醒我们注意。但有关放射化学专家认为只需要有完善的设备和污水处理办法，放射性污染是可以控制的。我校滕藤同志今年四月在莫斯科一个放射化学工厂实习（代号15号实验室）。该厂生产的放射同位素供应苏联和其他社会主义国家，产量相当大，已有十年历史。因系战后不久即建立，是用市中心一个医院改建成的，设备亦较简陋。但是据工厂负责人称，因为监管很严，至今并未出过严重事故。他们的新厂即将落成，但地址仍然位于市区内莫斯科河边。

我们认为放射化学实验室虽然可能产生更多放射性污物，但是并不等于说这些放射性污物都向外排出，与此相反，所有这些污物都经过处理与贮存，不向周围放出；如无这些设备，确易发生事故。而且放射性污物的控制与检查比原子堆要容易得多。只要有必要的检查制度和合格的设备是可以不发生危害的。

按苏联规范，每日处理一居里以下放射物的实验室，周围并不需要防护区。放射性污水的管道和贮存井一般都在地下的混凝土内，内壁装有钢板，一般说不会发生渗漏。即使就污水渗漏这一点而言，南口以东的条件比坨里附近方案要好，因为南口山东的地下水位低至30公尺以下，而坨里方案附近地下水位只有6公尺，万一发生渗漏，地下水位高的是比较容易散布污染的。

三、关于防护规范问题。有的同志怀疑，苏联放射性防护规范有了改变，因此南口不合条件。根据最近这次与三个苏联专家谈话，他们说苏联现在仍是1957年卫生监督机构公布的作为法律依据，并无改变。

根据以上的理由，我们认为南口以东的方案在安全上是合乎要求的，对学校的使用管理都有不少方便。此外目前提出坨里附近的几个具体地址，附近道路很不好，至少要修筑五公里以上的公路后才能施工。供应反应堆必须的深层地下水源的情况不明，没有花相当时间钻探清楚以前，无法最后确定是否合乎建堆条件。而且坨里是全国原子能研究中心，将来发展情况一时不易确定，所以将来可能与这个堆发生相互干扰。至于因为不集中在坨里一个地区而可能使卫生监督方面增加一点不方便，这是很次要的问题，这与以上各点比较起来是容易克服的。学校建立反应堆不能不考虑在教学工作及科学研究工作方面使用上的要求。所以我们希望市委能批准南口以东的方案。至于这个方案所需的安全措施，可以在市委领导下，会同有关方面根据卫生规范加以制定。当否请示。

清华大学工程物理系

一九五九年七月十一日

清华大学档案，全宗号2　目录号 党办　案卷号59095

中共清华大学委员会关于继续建造反应堆向教育部党组、二机部党组、北京市委的报告※

（1959年8月25日）

（59）委报字第24号

教育部党组：
二机部党组：
市　　委：

去年清华大学由二机部投资负责筹建一座试验性原子反应堆。近一年来，在修改设计，订购设备，制造非标准设备等方面已进行了一系列的工作。除了土建工程因为地址未定尚未上马以外，目前设计工作已基本完成，反应堆主体工程的标准设备已基本备齐，非标准设备已由校内和校外八个工厂加工制造。经过一年来的工作锻炼，干部的技术业务水平也有相当的提高。

最近据闻，二机部领导上要重新考虑这个堆是否继续建造的问题。我们认为：建成这个堆对学校保证原子能科学技术干部培养质量和开展科学研究都是很必要的，建造的条件也比较成熟。如果一万平方米左右的土建工程问题能够得到解决，并从国外进口为数不多的不锈钢等材料，那么这个堆的主体工程可以争取在[19]60年内完成，特别是在很多设备和加工将要齐备的情况下，如果骤然下马，也将造成很大的损失浪费。因此，我们希望领导上能够批准并支持这个反应堆的继续建造。

附上我校工程物理系总支报告一份，请加审核。

中共清华大学委员会

关于继续建造屏蔽试验反应堆的报告

党委并报二机部、教育部、北京市委：

我校为了贯彻党中央教育与生产劳动相结合的方针，培养合格的原子能科学技术干部，自去年七月以来，根据领导上的指示，特别得到二机部的大力支持，开始了建立以屏蔽试验反应堆为中心项目的原子能方面的教学实习、科学研究和生产联合基地的工作。在这一年间已基本完成了设计工作，准备了第一期工程所需的大部分标准设备，解决了或初步解决了主要的建造技术问题，大部分非标准设备已开始投入制造，并培训了建堆与运转所需的部分人员。通过这一工作，全校有关专业的师、生、员、工在掌握这门新专业技术上都有显著收获，促进了专业干部的培养质量的提高。到目前为止，虽然建堆地址未最后确定，基建任务今年未能列入计划，但其他一切可能准备的工作均在积极进行。始终参加这一工作的百余师生员工仍以高度热情紧张地进行工作。但最近据闻二机部党组正在重新考虑这一问题，特将我校有关这一工程的准备情况及意见报告如下，请党委审核并转有关领导部门参考。

一、建立以屏蔽试验反应堆为中心项目的原子能方面教学、科学研究和生产基地的必要性

根据近几年来培养新专业干部工作，特别是过去一年来贯彻中央教育方针的经验，并根据领导上指示清华大学应担任的任务，我们认为建立原子反应堆是必要的，而且是迫切的任务。

首先，从教学方面看，我校与原子反应堆直接有关的专业学生，每一年级约有 230 人，其中包括：反应堆专业 50 人；核物理专业的中子物理方面 20 人；剂量防护方面 20 人；金属材料专业 30 人；核燃料工艺专业 30 人；热物理专业 20 人；自动控制

专业关于反应堆控制方面 30 人和给排水及暖气通风方面关于原子能建筑方面 30 人。这些专业的学生除了需在堆上进行生产实习外，还需要在有关实验室内进行教学实验及科学研究工作，在毕业前更需利用堆及附属实验室进行半年多的结业工作，再加上今后逐年招收研究生，这样一来，连教师计算在内，单就本校而言，每年将有 300 人以上在此从事教学实习和科学研究。这不仅说明建设这一基地是完全必要的，同时也说明了党的教育方针的正确性：通过生产劳动和科学研究，调动了学校内相当一部分潜力，可以为国家的科学研究作出一定贡献。反之，如果不建设这个基地，而将这些人挤到有限的其他场所（如 601）去进行实习与研究工作，将因为人数很多，而且都要从基本训练学起，参加工作的时间与种类将有很大限制。那么不仅要影响培养干部的质量，不仅难以充分调动学校科研生产方面的潜力，而且对这些单位的工作也要造成相当的负担，甚至发生妨碍。例如，今年安排 30 个反应堆专业的学生在 601 反应堆上实习 20 天已感到很拥挤，如果再有二、三百人要求参加实习操作和专题研究，估计将有很大的困难。此外，再考虑到其他兄弟学校也需要利用这个反应堆进行教学及科研工作，则建造这种基地的必要性就更大了。

除此以外，建造与运转反应堆不仅对上述与原子能直接有关专业的成长有很大意义，而且对于学校教学与科研水平的提高也有着重大的关系。一方面，从反应堆还可逐步生产一些同位素；另一方面，由于建设原子能工业是一件各专业的综合性科学技术工作，而本校又恰好是一个综合性的多科性工学院，许多专家都可以通过这一方面的工作密切与原子能事业的联系，特别像机械制造各专业，土建各专业，无线电电子学系，控制系，电机系，数学力学系，工程化学系的部分专业，都是与原子能专业发展有关的。这些间接有关的专业人数众多，更不便于都由原子能所来承担与满足其教学与科研的种种要求。

根据以上理由，我们认为建造以反应堆为中心项目的教学生产与科研联合基地的必要性更加明显，而且在目前各新专业已开始有毕业生的情况下，也是更为迫切了。

二、建成屏蔽试验反应堆的可能性

经过二机部、教育部、市委及各有关单位一年来的大力支持和我校前后共五百师生员工的努力，到目前为止，完全具备建成屏蔽试验反应堆的可能性。现将准备工作的情况及问题简述如下。

1. 基本完成了设计工作，并逐步提高了质量，屏蔽反应堆的设计系根据苏联 ирт-1000 型修改而成。设计中堆体部分变动很小，试验孔道与周围实验室与辅助设备变动较多。经过一年来反复修改设计，检查图纸质量，现在工艺系统二千余张图纸已定稿，大部并已投入试制或准备加工；特别对于关键性设备，如控制系统，到目前为止已经过试制与初步试运转，并根据发现的问题修改了设计，业已投入生产。土建电气部分，虽因厂址未最后决定不能最后出图，但也早已作出设计，并经过多次讨论修改，无论总平面布置，结构与施工各方面的考虑都较以前更有把握；只要地址确定，有了地质资料，很快就可以最后完成设计工作。

2. 准备了第一期工作的大部分标准设备，并已开始制造非标准设备。反应堆第一期工程包括堆主体，附属实验室及通风中心，所需的主要标准设备：吊车、水泵、电机、变压器、电器设备、风机等均基本备齐，最关键的铀棒二机部亦已订到。所缺主要器材仅为电讯电线 5 公里，供暖锅炉 2 台。非标准设备 73 项中已有 40 项投入试制或生产，已耗去工时几万小时，其中的几个关键性技术问题，如氩弧焊，精密齿轮加工，精密铸造等也已试验或已初步解决，例如铝的氩弧焊工作，在我校焊接教研组负责下，投入 50 余人，先后进行了自动焊机试制，氩气提纯，铝的清洗，焊接规范的控制，焊缝的X光检验等一系列工作，耗费了价值五千余元的氩气与十余吨钢材。现已初步能开始生产，连续焊制高质量的焊缝，为制造反应堆池底奠定了基础。制造73项非标准设备所需材料除不锈钢尚缺8.5吨外，也已大部备齐。根据目前情况，在各方面支持下，经过学校方面再作一段努力，制造这些设备是完全有条件的。

3. 基建问题：

这一问题因今年建堆地址不定未能排上队，故尚未解决。第一期工程各厂房部分建筑约7 000平方米，生活用房约3 000余平方米，合计10 000平方米。拟请教育部、市委协助解决。另外，建堆所需特殊建筑材料，如重混凝土用的矿石，土铁，铅等已基本解决。只有石墨由于需向国外订货，尚未解决，但并不影响施工。在施工方面也已开展了准备工作，例如重混凝土施工问题，我校土木系已与冶金部合作研究用压力灌浆法施工，有了初步结果。

总上所述，建堆所需条件除基建一项有待安排外，基本属于努一把力即可解决的问题，因此建成的可能性是完全存在的。

三、学校目前对建筑工作的组织与安排

一年来，全校各系先后投入五百余师生参加工作，他们破除迷信，鼓足干劲，同时在各领导部门及有关单位大力支持下，取得了不少进展，特别是取得了不少有用的经验与教训。因此，虽然今年基建难于开始，但群众情绪始终饱满。目前设计工作初步告一段落，设备制造与各方面准备工作，已积极进行，参加工作的仍有六个系师生员工一百余人，学校的科学生产处也将这一重要任务当作全校性重点任务加以保证。在组织上，目前除各专业设计人员外，还配备了设备材料、加工、质量检查、验收运转等人员；最近还与601签订了建堆合作协议书，准备进一步开展具体的制造与施工工作。因之，从技术力量上看，今后继续开展这一工作也是有较好的基础的。

根据上述我校对于建造屏蔽试验反应堆的准备情况，我们认为：目前继续进行并完成这一工程，不仅是必要的，而且是可能的。如果得到领导上的支持，再努一把力，可望于［19］60 年内将主体工程完工，并投入试运转。如果现在中途下马，几年之内不考虑继续建造，则不但将造成已经投入的人力上与器材上的很大浪费，而且必将降低原子能干部的培养质量，影响学校科学研究的发展，挫伤全系师生向科学进军的积极性。因此，我们希望领导上能够继续支持这个堆的建造，并且力争在 1960 年完成原子堆主体工程的建造工作。

工程物理系总支

8 月 25 日

清华大学档案，全宗号 2　目录号 党办 案卷号 59095

高等教育部党组关于 1960 年筹建的实验反应堆第一期工程计划给清华大学党委会文※

（1960 年 1 月）

（60）教党刘字第 3 号

主送机关：清华大学党委会

抄送机关：中共北京市委、市委基建委员会、市委大学科学工作部

事由：

收文机关批办：请各书记及刘校长阅，何东昌同志抓紧办。

南翔　1 月 5 日

12 月 5 日（59）委报字第 037 号函悉。

关于你校 1960 年筹建的实验反应堆第一期工程计划，我部和二机部均同意，并商定其中土建工程厂房部分 7 700 平方米的投资及材料设备由二机部负责解决。属于生活用房 4 550 平方米的投资及其三大材料由我部负责解决，并同意增加你校 1960 年基建投资 45 万元（包括室外工程及土地购置等投资在内）。另外相应所需的三大材料数，请你校根据需要提出计划报部另批。

以上工作请即与有关单位联系抓紧进行安排。

教育部党组（杨秀峰印）

1960 年 1 月 4 日

清华大学档案，全宗号 2　目录号 党办 案卷号 59095

关于清华大学建成原子反应堆及附设的零功率实验反应堆的报告

（1964 年 11 月 20 日）

（64）委报字第 09 号

彭真、定一、康生、林枫同志并转

主席、少奇、恩来、小平同志：

清华大学负责筹建的屏蔽试验用原子反应堆及附设的零功率实验反应堆，业已在 1964 年国庆前夕建成。经二机部派工作组检查后，零功率实验反应堆于 9 月 20 日启动，屏蔽试验反应堆于 9 月 27 日启动，两座反应堆都一次成功地达到“临界”（即实现了原子核分裂连锁反应）。到目前为止，已在低功率状态顺利运行了一个多月，共启动过一百六十七次，工作情况良好。初步运行的结果表明，两座反应堆的质量都达到了国际上公布的同类型反应堆的水平，而且在安全措施方面还比它们更好一些。运行以后，高教部党组全体同志、二机部刘杰同志、北京市委刘仁同志都曾到现场视察过。现将建造反应堆的情况简要报告如下：

一、屏蔽试验反应堆的建设经过

屏蔽试验反应堆是二机部根据十年规划提出的任务，在1958年委托我校筹建，1960年前投资主要由二机部负责，1961年后转由教育部继续投资，全部投资共为一千一百万元。在建设过程中，得到北京市委的不断关心和大力支持，帮助解决了厂址问题（在南口镇东北），安排了施工力量，并组织了技术协作。全国有二百余单位支持过这项工程。

屏蔽试验反应堆功率为两千瓩，是一座供试验用的反应堆。放射线对人有害，必须加以屏蔽，这个反应堆的特殊功能，就是试验屏蔽材料与结构物性能，可以为发展船用反应堆等国防与工业的需要服务，同时还能用以进行其他科学实验与生产放射性同位素；对于设有原子能方面有关专业的学校，则是一个培养干部的基地。整个反应堆包括八个建筑物，面积共约一万余平方米。这个工程是比较复杂的，室内外共有十七种工艺系统，敷设各种管道及电线总计达二十万米，需要综合地进行设计、施工与调试；反应堆上有六十七种专用仪器设备，需要依靠自己力量研究与试制，其中多数在工艺上要求较高，且需要经过长期严格试验；并且还有三十七项技术关键，要依靠自己力量及时加以突破，所以这是一项复杂的综合性的科学技术任务。

根据总理的指示，清华在1955年开始设立国内第一批原子能方面的工科专业，到1958年还没有正规的毕业生，从教师到高年级学生都才转行不久，既缺乏经验，物质条件也很差，按常规说，是没有条件承担这种任务的。但是，当时正好传达了中央成都会议和党的八届二次大会精神，听到了主席关于解放思想、破除迷信和自力更生的指示，不久又公布了党的教育方针，我们就在主席的思想和党的教育方针的鼓舞和指引下，勇敢地上了马。

建造反应堆的队伍，开始时只有一百多青年师生，平均年龄仅为二十三岁半，都是外行，没有一个专家，也没有一个留过洋的。其中除四位教师曾在1956年到坨里的反应堆工地上参观实习过几个月外，其余的人连反应堆都没有见过。年龄最大的是建造反应堆工作的总负责人吕应中同志，三十二岁，1950年清华大学机械系毕业，三年前刚由机械系转行的一位讲师；他是清华党委常委，长期以来一面担任政治思想工作，一面又担任教学工作。他们从二机部拿到一套不很完整的苏联同类反应堆的参考图纸，但没有计算说明书；由于大多数人还根本没有见过反应堆，因此连图纸也看不大懂。但他们政治热情饱满，响应党的号召，敢想敢干，从用纸制作模型入手，一步一步地边干边学，在战斗中成长。他们把复杂的反应堆分解为几十个基本技术环节（理论的、工艺的与器材的），组织校内八个系和十七个专业的联合“大兵团”，分批分期、集中力量加以解决。例如，当时反应堆本体的氩气保护焊接工艺，在国内尚未过关，就组织了焊接与反应堆材料等专业的几十名师生技工集体作战，试验过几百种工艺规范，分析了影响焊接质量的十余种因素，对比了五种结构方案，不到一年时间，完全突破了这个技术关，制成了反应堆外壳。在设计工作中，开展了群众运动，由群众评比方案，设计到现场，由工人、教师、学生三结合进行审查，使设计比较落实。就这样依靠政治挂帅与群众路线，在一年多时间内，通过群众性的科学实验和群众性的设计运动，连续突破了建造反应堆中的十一项技术关键（如反应堆主体部件的加工，反应堆屏蔽层重混凝土的施工技术，反应堆自动控制系统的试制等），并作出了全套设计，完成了建造反应堆的准备工作。

1960 年 4 月开始基本建设，但是不久国家经济上发生了暂时的困难，建造反应堆的物质条件也顿时困难起来；同时，由于前一时期在工作中科学分析不够和缺乏经验，一些返工浪费、教学与劳动安排得不够好等工作上的缺点也暴露出来了。这时有的人就怀疑学校是否能完成这样一个复杂的科学研究任务，发生了反应堆是否下马的一场争论。经过了反复研究以后，我们认为，这座反应堆的建设，不止是国家科学研究与培养干部工作所必须的，而且它还是三面红旗与党的教育方针的产物，我们必须坚持下去。当时听到台湾的伪“清华大学研究所”也在设置反应堆，这就更加强大家完成任务的决心。于是根据中央的八字方针和高等学校六十条的精神，改正了工作中的缺点，坚决缩短了校内科学研究工作的战线，集中力量，继续进行建造反应堆工作。北京市委和刘仁同志也在困难条件下大力支持，协助解决了许多实际问题。1960 年到 1961 年，为了配合施工单位施工，在工地上参加建造反应堆的教师、学生和职工，在经济生活比较困难的情况下，不论寒暑，住在帐棚内，用人力开挖了反应堆基础下的六千多立方米坚硬的卵石，又肩挑手搬地装卸了几千吨器材。负责设计的教师和学生，还通过与工人在一起参加各种施工劳动，把设计代表、施工和质量检查的三方面工作结合起来，保证了工程得以比较顺利地进行。结果，正是在 1961 到 1963 年这段困难时期内，完成了主要的土建与安装工程，基本完成了十八项主要技术关键的研究，工作获得很大的进展。

1964 年，工地学习了大庆经验，群众运动又有进一步发展。工作进度加快，质量也更好。例如在七、八月间，要做反应堆的大铝池内表面防腐蚀处理工作，通常这类处理都是把物件浸在另一个池子内，通上大电流才能进行。但铝池本身容积就有五十立方米，又已固定在混凝土内，所以就很难处理，别处又找不到先例。他们依靠群众，进行了上千次试验，确定了处理的工艺规范，并临时建起三个土车间与工段，通过两次中间试验，想出了化整为零的办法，用塑料膜把铝池分割为几层，分层处理，终于获得成功，顺带还处理了一千多个大小部件。这样，从一月到九月，组织了四次群众运动，顺利完成了十一个工艺系统的安装收尾工作和全部调试工作，按计划于今年国庆前夕投入运行。

这座反应堆除了厂址问题曾应城市规划部门要求，征求过苏联专家意见以外，全部设计、施工、运行和科学试验等工作，没有一个外国人参加。反应堆上各个系统的主要设备，除铀棒一项目前还采用过去由苏联进口的以外，其余一百四十种都采用了国内产品；内由我校与北京市工厂协作自制的有六十七种。最关键的如反应堆主体所用全套设备及自动控制系统全套电子与机械设备，还都是由我校师生及校内工厂自行设计和制造的。在建设过程中，得到全国二百余单位的支援，得到二机部所属各单位及兄弟院校的技术协作，这是这座反应堆得以顺利建成的重要因素。

在建造反应堆的过程中，还锻炼成长了一支青年科学技术队伍。他们积极学习毛主席著作，努力用毛泽东思想来指导自己的工作。破除迷信，集体作战，常住施工现场，与工人同劳动，坚持在现场解决技术问题，从实际情况出发改进自己的设计，这使他们能在缺乏经验的情况下，比较顺利地克服了工作上的各种困难和技术难关。同时，建设过程中先后有二千一百余名师生参加各种体力劳动，有九百六十名毕业生结合这项任务作毕业设计，锻炼了解决实际问题的能力。反应堆上许多仪器设备，都是一届接一届的毕业生，亲手设计、试制与调整的。他们毕业后走上工作岗位，也比较容易胜任工作。经过六年的实践，这支队伍的理论水平和设计能力都有很大提高。其中的党员骨干一直坚持既做政治工作又做业务工作，“两个肩膀挑担子”，政治上和业务上都得到了比较全面的锻炼。我校原子能方面的多数新专业，在建造反应堆过程中成长了起来。其他系的有关专业，也在这项任务带动下开展了科学研究，参加了生产实践，提高了教学质量。因此，这座反应堆的建设，是教学、生产和科学研究工作三结合的产物。

这座原子反应堆的建成，对于我国高等学校培养原子能干部的事业，是一个新的跃进，这是三面红旗与党的教育方针的一个胜利。

二、零功率实验反应堆的建设经过

零功率实验反应堆是发展原子反应堆新技术的重要工具；它的反应堆本体容许灵活变更，能作各种新设计反应堆的模型试验，它的系统虽然较简单，但在自动控制系统上的一些技术指标，比一般定型的实验反应堆要求更高，国外也不发表具体设计资料。过去来我国帮助二机部建造零功率实验反应堆的苏联专家，不仅不让去参观，不教我们，而且还说：“苏联只有院士才能领导建造这种反应堆，还出过许多事故，死过人。”恰好当时南斯拉夫公布了一起零功率实验反应堆事故，死伤四人，更引起人们的担心。但是，我们建造反应堆的青年师生并没有被吓倒，他们认为既然外国人保密，显然零功率反应堆对发展新反应堆是重要的；他们学习了毛主席“战略上藐视敌人，战术上重视敌人”的思想，知难而进，决心上马，我们支持了他们的意见。

从 1959 年起，他们就发动群众，尽可能地收集片断资料，分析矛盾，研究国外产生事故的各种原因，作出各种比较方案，试制了自动控制系统的样机，进行了反复的实验，最后找出了加倍安全的措施。从 1960 年在一座旧马棚中，建起第一套零功率实验装置开始，几经改进，到 1964 年终于建成了一座自动远动化的零功率实验反应堆，设有五重保险装置，其中有一项保险装置，能在将要发生事故的迹象一出现时，就自动安全停止运行，这就较可靠地避免了发生人身事故的可能性。

零功率实验反应堆上的操纵人员，还学习解放军苦练过硬本领，练出了“闭目操纵反应堆”等熟练技巧，以便万一发生意外事故而又无照明的情况下，仍可安全操作。在力求人与设备双过硬的基础上，零功率实验反应堆在 9 月 19 日晚间才领到铀棒，9 月 20 日就一次成功地投入了运行。

三、反应堆的利用与存在的问题

反应堆运行后，即可承担国家科学研究任务，逐步开展六个方面的研究工作，即：屏蔽试验；反应堆的物理、工程和材料实验；辐射化学和放射化学实验；放射生物学实验；放射性水气处理实验；原子核物理实验等。将来还可以生产一定数量的同位素供工农业应用。在培养原子能干部方面，可在此进行生产实习、毕业设计与科学研究。几年来已有各单位九百四十一人进行过生产实习。

利用这座反应堆的基地，现又经国务院十五人专门委员会批准，正在建立一个供中间试验用的实验室，承担了二机部关于用“萃取法”提取另一种原子弹材料“钚”的研究任务。这种方法比苏联过去介绍到我国的“沉淀法”较为先进，清华工程化学系过去已进行了三年的工作。将来如能研究成功，可望有助于更快、更经济地解决提取“钚”的问题。

目前最主要的问题是如何充分利用这两座反应堆，为国家科学研究及国防事业多作出一些成果。我们正在组织校内外力量来加以利用。按已批准的计划，反应堆周围还有少数配套的附属实验室需要续建。另外，目前根据二机部的统一安排，两座反应堆暂时只分配到半套过去进口的铀棒（全功率运行时，一套为768根，目前只分到330根），质量也较差，因此两座反应堆只能有一座在低功率下运行，还要过一段时间，才能得到国产铀棒的补充，更充分地开展工作。

以上报告，如有不当，请指示。

清华大学党委　蒋南翔

1964年11月20日

清华大学档案，全宗号2　目录号 党办 案卷号64040

清华大学1963年科学研究、生产及研究生培养工作要点

——1962—1963年度第七次校务委员会扩大会议通过

（1963年2月27日）

1963年“教育部直属高等学校科学研究工作会议”及“高等学校研究生工作会议”的精神，是做好我校今年科学研究、生产及研究生培养工作的依据。

科学研究工作是高等学校的一项重要任务，我校应该继续在教学为主的前提下，积极开展科学研究工作，努力提高研究生培养质量，以促进学术水平和教学质量的提高；培养高质量的科学技术干部，并为发展国家的科学研究事业作出贡献。为此，今年

要在明确科学研究方向任务的前提下，在重点研究项目上，建立一支稳定的研究队伍，并从各方面创造条件，保证更快地做出成果。特制定我校本年度科学研究、生产及研究生培养工作要点如下：

1. 试行《教育部直属高等学校自然科学研究工作暂行简则(草案)》和《高等学校培养研究生的暂行工作条例（草案)》，从今年3月底起全校在调查研究的基础上，展开讨论，总结科学研究工作的经验，并结合我校具体情况，拟定具体试行办法（主要有参加科学研究工作人员管理办法、科学研究计划及成果管理审批办法、研究生工作通则、精密仪器设备管理办法、实验技术人员考核办法、技工考核办法等)。

2. 确定重点科学研究方向和任务，制定我校科学研究十年规划及研究生五年招生规划。同时审定1963年科学研究、生产年度计划。

规划及计划要求保证重点，讲求实效。

3. 围绕学校重点研究项目，建立和稳定一支有学术领导人，有研究骨干，有全时和部分时间进行科学研究工作的队伍（包括教师、实验员及技工)，队伍要求人员配套，形成梯队，研究力量能有所侧重，并保证在重点项目上有较充分的研究力量。

4. 加强科学研究工作的领导，特别要加强重点研究项目和研究机构的领导，加强现有工厂和实验室的领导，从人力安排、设备供应、加工维修、情报资料等方面，积极为科学研究工作创造条件，确实把成果拿到手。

加强实验技术人员和技工的培训考核工作，今年上半年召开实验室工作会议。

5. 加强对研究生的培养和管理工作。

制定或修订研究生的专业培养方案及课程学习大纲。

总结交流指导研究生的经验，制定指导教师指导研究生的工作规定。

6. 加强科学研究成果审查鉴定工作，全年出版六期学报。

加强学术活动，今年上半年召开第六次科学报告会。

《清华公报》第109期，1963年3月12日

清华大学1963年科学研究工作情况汇报

（1964年）

科学生产处[①]

（64）清办密字第111号

一、1963年科学研究工作执行情况

1. 1963年全校共进行科学研究项目151项，校重点21项，其中科委十年规划项目及国防科委任务共153项，与外单位协作项目22项，自选项目26项。

1963—1972年科学技术发展规划（草案）中要求我校承担的研究课题共780项，现已开展研究工作的研究课题330项。

2. 1963年全校参加科学研究工作的人员共计823人，其中教师655人，实验员及技工168人，折合全时582人。全时进行科学研究的工作人员438人，其中科学编制128人，原学校编制中教师169人，实验员及技工143人（以上均不包括901工程200人专职编制）。

3. 1963年全校科学研究经费共326万元，其中科委十年规

① 撰文单位系根据归档案卷号判断。

划项目经费229万元，教育部一般科研经费52万元，新产品试制费41万元，测试基地费4万元（另有外援款90万元未计入）。全年支出314万元，其中设备费216万元，业务费98万元（不包括外援经费支出数及试验化工厂专款经费165万元）。结余的12万元为新产品试制费8.8万元，科研测试基地经费3.2万元。

在全年经费支出中，主要是保证了全校校重点研究项目和三个研究室的项目，占全校经费总支出的85%。(不计外援经费)。

4. 1963年全校共出版《清华大学学报》6期论文45篇，铅印、油印及校外刊登的论文共260篇，其中已报科委成果的9篇，此外并试制了一批设备仪器和实验装置。

二、主要进行的工作

为了进一步贯彻部1963年初科学研究工作会议的精神，主要做了以下二方面工作：

1. 思想工作

为了进一步提高各级领导骨干和广大教师对高等学校开展科学研究工作的方针原则的思想认识，曾在初步调查研究的基础上，在全体教师中，特别是各级领导骨干和主要以进行科学研究工作的教师中进行了思想讨论。主要讨论和初步明确了以下几个问题。

① 我校科学研究工作应在教学为主的前提下，积极开展科学研究工作。

② 我校科学研究工作应面向我国经济建设和国防建设的需要，立足于国内，以切实解决我国社会主义建设中当前实际需要的问题为主，同时适当兼顾长远需要和基本理论的研究。

③ 我校科学研究工作应立足于校内，从学校的实际条件出发，循序前进，在战斗中成长。

④ 我校科学研究工作应该集中兵力，发挥集体力量，加强协作，保证重点。

通过讨论，大家进一步认识到，我校科学研究工作最主要的，也是最根本的问题在于从实际出发。也就是说，要从国家的需要和国家当前的技术条件出发，要从学校的教学工作情况和开展科学研究的人力、物力出发，要从科学研究工作的客观规律出发。

在讨论过程中前两个问题讨论的比较多，很多教师对这个问题都有了进一步的认识，在此基础上，我们初步拟定了一个《科学研究工作的几点原则规定（草案）》，进一步明确了在我校进行科学研究工作的几点基本要求，目前正在征求意见，拟在校务委员会讨论通过后在 1964 年内试行。

2. 组织管理工作

① 保证重点

在 1963 年进行的 151 项科学研究项目中，根据任务的重要性和进展的程度、取得成果的可能等，确定了 21 项校重点，20 项系重点。学校集中力量主要保证校系重点。无论科学编制、经费的分配、器材设备的配备以及加工力量的安排，各系的相互协作等，首先尽可能保证它们的需要。在这些重点项目中又优先保证：901、911、9003 三个重大建设项目和无线电电子学、水工、电工学三个研究室的重点项目的需要，促进它们更快地取得成果。因而它们都有不同程度的进展和取得一些较好的成果。

② 加强了计划管理

进一步明确了重点，严格了研究项目计划的制定、审查工作，加强了研究项目进展情况的检查，从而对研究项目，特别是重点项目起了推动促进作用。

初步核对了承担国家十年科学发展规划项目的情况，在现有情况下，尽量予以安排和落实。

此外，某些教研组对方向任务又进一步进行了研究，进一步落实了一部分教研组的研究方向和任务。

③ 加强了经济管理

严格了审查批准制度，加强了对重点项目的条件供应工作，加强了执行情况的检查。这样就比较能进一步掌握情况，及时发现问题加以解决，为保证项目的进展创造了条件。

④ 加强了科学研究工作人员的管理

在保证提高教学质量的前提下，各教研组努力挖掘潜力，抽出一部分力量，进行研究工作，特别是集中了一部分人力，以进行科学研究工作为主。

积极解决科学编制的来源落实问题。加强了科学编制人员的管理，建立了科学编制人员审批卡片，以使专职编制集中兵力，保证时间，在重点项目上进行研究工作。此外，还加强了参加科学研究人员的管理。

全时进行科研的人员，实行了上班制。

⑤ 加强了成果管理

建立了学术论文、研究报告、技术总结等的评审办法。对自制设备仪器、试验装置等拟实行技术鉴定。现正试点进行。

在此基础上，初步总结了几年来的管理工作，拟定了《科学研究工作管理办法（草案）》，现正征求意见，拟在校务委员会讨论通过后，在1964年内试行。

三、主要研究项目的进展情况

1. 试验化工厂（代号901）

基本建设工程基本完成，外线工程、电源、水源、通风系统都已完成。完成相当数量的设备制造，主要设备已经安装，为争取 1964 年正式运转打下基础。

此工程得到教育部与国家科委重视与支持，教育部批给的专门编制 200 名，到 1963 年底为止，已全部完成进人计划，建立了组织机构和工作制度。国家科委拨给 15 万元的库存进口仪器，并批准外汇专款 10 万美金，以添置必要的仪器设备，为今后开展科研工作提供了必要的条件。

2. 大型快速数字计算机（代号 911）

这台平均每秒一万次的大型快速计算机的安装工作基本完成。对过去所有约 2 500 个插件的焊接线路进行了逐个检查，虚焊点进行了重焊。由 22 万个磁心中选出 12 万个磁心，穿成了磁心板。完成了输出机、输入机、磁带机的加工与安装，已经投入运转。对电源部分进行了检查，改进了运行方式。到 1963 年底，各部分已分调检查完毕。计算机开始进行总调整。从而保证了 1964 年能开始试解题工作。

3. 无线电电子学研究室

根据承担国家十年规划并结合国防科委十院下达的任务，主要进行了下列工作。

① 周期磁场聚焦行波管（代号 403）

已经完成了设计，初步摸索了各工艺环节，并且试制出能测聚焦的试验样管，在均匀磁场内，已获得 95%的电子流通。

② 雷达数据处理设备（代号 502）

本项目是设计试制的一台设备，它能将雷达发现的单批目标（方位距离等）半自动化地录取传输出去，现已完成运算器和模拟讯号显示器，可以连机试验。

③ 参量放大器（代号 3609）

在雷达上安装参量放大器以后，可以增加雷达的作用距离，已初步完成参量放大器的设计、试制，在我校的雷达上进行了连机试验，效果良好。

④ 陆军用半导体侦察电视

完成了研究、设计、试制及调整，图像质量良好，收发通讯距离可达四公里（已于 1964 年 1 月通过鉴定）。

⑤ 6104 型质谱探漏仪

这是与沈阳教学仪器厂合作进行的，已研究、设计、试制样机成功，灵敏度达到国际同类型产品的先进水平（已于 1964 年 2 月 24 日至 3 月 7 日由教育部组织了鉴定会），成果已报国家科委。

4. 高坝结构及水力学研究室

① 青石岭水电站研究及设计：主要进行了新坝型和高速水流等方面的研究，为 1964 年全面进行青石岭水电站的研究及设计创造了条件。

② 新丰江大坝抗震加固试验研究

这是广东省的一项重大水利工程，地震后坝体发生局部裂缝，水利电力部委托我校进行抗震加固试验研究，经过对新丰江水库的实测地震谱进行了分析，和用 1/200 比例尺的模型进行了试验，对进一步加固提供了数据，研究成果已写出报告，报送水利电力部及国家科委。

③ 三门峡水利枢纽增建泄流排沙底孔方案的试验研究

三门峡水利枢纽蓄水运用以来，水库的泥沙淤积情况比较严重。1962 年水利电力部曾召开座谈会讨论解决办法。会议上曾有人提出打开溢流坝段三个已封堵的施工导流底孔的方案。为了讨论打开底孔的可能性，进行了结构应力模型试验及水工结构试验，写出三份试验研究报告，经水利电力部审查后，采纳了我校的意见，放弃了打开底孔的方案，此项成果已上报国家科委。

5. 电工研究室

① 交流电机参数与损耗的研究

属于十年规划任务，研究工作是与上海电机厂协作，结合汽轮发电机端部附加损耗进行的，除做了大量模型试验、理论分析和计算外，并结合工厂进行了四次现场试验，解决了一种型式的汽轮发电机的损耗计算方法，有一定生产实际价值，与上海电机厂合作写出研究报告两份，学校写出论文两篇，均在全国水冷电机技术会议上报告交流，同时还与哈尔滨电机厂进行了凸极同步电机的参数计算工作，也做出了一定的成果。

② 电力系统稳定及特殊运行的研究

属于十年规划任务，结合 KLT 型调节器的产品鉴定等生产任务，进行了“电机参数，励磁系统及其自动调节的合理配合”课题的研究工作，已进行了一些分析实验，写出论文三篇。

6. 精密机械加工及量测实验室和试验车间（代号 9003）

进行了土建施工及安装所需设备工作，并与有关部门确定落实了中间实验具体内容（包括方向、任务等）。

建立了小型简易恒温室，对精密机床仪器进行了安装调整，开展了标准齿轮及自准直仪的研究工作。

7. 程序控制机床的研究

我校精密仪器与机械制造系和电工研究室共同进行研究。对程序控制铣床加工需要的程序编制、程序输入机、电子计算机、先进电机、电气随动系统、机床精度、液压随动系统等方面进行了较深入的试验研究，在校内的102程序控制铣床上（液压随动系统）进行了有关机床传动精度、滚珠丝杠工作性能，以及液压随动系统静态和动态特性等部件的试验研究，与北京市第一机床厂合作，在161程序控制铣床上（电气随动系统）为部队加工了形状复杂、阴阳模间有较高精度要求的防毒面具的模具，在生产车间条件下，电子计算机一次稳定连续加工时间已达13小时，整套模具总共加工约60小时，加工质量良好。

8. 微型汽车的研究

完成了整车道路试验10 000公里，初步考验了零件的可靠性，对无级传动系统进行了性能试验，最高车速由每小时55公里提高到每小时70公里。通过发动机台架试验，解决了曲轴箱向外喷油的问题。此外，还进行了提高皮带寿命，降低发动机油耗，改善冷却效果等方面的研究试验。在以上研究试验的基础上，对七型的设计作了修改，共完成700张图纸的设计，交付北京汽车修配厂投入试制。

9. 超音速风洞的建造（代号103）

完成了风洞系统的设计及试验基地的规划，筹备了安装所需的设备器材，为今年的安装工作创造了条件。

10. 焊接热裂缝的研究

与上海汽轮机厂合作进行我国第一台6 200千瓦燃气轮机转子焊接的研究试验工作。已试验成功转子焊条ST—6，化学成份、机械性能及工艺性能均良好。焊了试验件，经超声波检验未发现缺陷，证明焊接质量良好，同时对转子焊接变形规律进行了分析，对整个转子焊接的工艺方案进行了论证、设计和试验研究。

四、1964年拟进行的工作

1. 1964年全校进行科学研究项目130项，校重点项目17项，其中科委十年规划项目及国防科委任务共98项，与外单位协作项目15项，自选项目17项。

我校接受科委十年规划项目中负责主持的中心问题25项，其中23项已开展研究工作。负责研究的中心问题106项，其中86项已开展研究工作。

2. 提高思想认识，加强组织管理工作

去年思想讨论中提出的问题，虽然进行了一定的讨论，但还刚刚开始。在实际工作中还要大力加强思想工作，还要不断解决科学研究工作为社会主义建设服务的问题。加强理论联系实际，不断明确保证重点的思想，并在实际工作中进行贯彻。

在组织管理方面着重加强重点项目的队伍组织与条件保证工作，促进它们更快取得成果。

例如原子反应堆、大型计算机等项目1964年预计可投入运行，因此需要尽早组织力量，充分利用这些设备，开展研究工作，取得成果。

1963年草拟的《关于科学研究工作的几点原则规定》和《科学研究工作管理办法》要求能在校务委员会上讨论通过，并在1964年内试行。

清华大学档案，全宗号2　目录号 校4 案卷号63003

清华大学1963、1964年科学研究工作情况汇报（节选）

（1965年）

科学生产处[①]

一、我校科学研究工作进展情况及已取得的研究成果

（一）国家十年科学技术发展规划的安排情况

国家科委下达的《1963—1972年科学技术发展规划（草案)》和《1963—1972年科学技术发展规划中心问题卡片》中列我校负责主持的中心问题共31项（其中属于学科规划的15项、专业规划的11项、测试规划的5项)，负责研究的研究项目共280项（其中属于学科规划的127项、专业规划的110项、测试规划的43项)，参加研究的研究项目共476项（其中属于学科规划的141项、专业规划的335项，测试规划未到全，无法统计)。因此十年规划列我校承担的（包括负责的和参加的）研究项目共750多项，对这些研究项目，我们按照国家科委指示，正在分级分批安排落实，到1964年底为止，负责主持的中心问题已安排落实24项（约占总数77%)，负责研究的研究项目已安排落实215项（约占总数77%)，参加研究的项目也有半数以上安排落实。对尚未安排落实的中心问题和研究项目，将根据实际条件逐步予以安排。

在已安排的项目中大多数与我校已经进行的科学研究方向、

① 撰文单位系根据归档案卷号判断。

科学研究任务相结合。例如“电工学”规划、“电子学”规划、“无线电技术”规划、“水利”规划等规定我校承担的中心问题和研究项目，与我校电工研究室、无线电电子学研究室、高坝结构及水力学研究室已经进行的科学研究工作基本上是结合的。

在负责研究的项目中，有130余项是与我校已有的重点科学研究项目相结合的。

在国重项目中，化学工程学和受激光发射方面，我校所承担的课题，这二年重点配备了人力物力条件，积极进行了安排。

（二）科学研究进展情况

在高教部、国家科委和中共北京市委的领导和关怀下，根据教学为主，积极开展科学研究工作的原则，这二年我校科学研究工作有了较大的进展，建成了几个较大的实验室，取得了一些较好的成果，为今后进一步开展科学研究工作打下了良好的基础。

1964年全校共进行研究项目128项，大部分是十年规划任务，校系重点项目42项，按进展情况可分为三类：

第一类：项目进展较快，有较好成果，有19项，占45%，例如：试验原子反应堆、参量放大器、铝氩弧焊时气孔产生机理的研究等。

第二类：工作基本按计划进行，有一定成果，有20项，占48%，例如：精密机械加工及量测实验室和试验车间、高温快速材料拉伸试验机、大功率行波管等。

第三类：由于各种原因，进展较慢，有3项，占7%，例如水压机因基建条件及经费的困难，进展较少。

此外，在其他项目中，还出现了一批利用现有条件用较少人力和经费，工作进展较快，取得成果较好的项目，例如：利用核辐射对连续铸钢钢水液面自动调节的研究、拖拉机汽缸体铸件表面粘砂结疤的研究、微动同位器等。

现选择下列重点项目，分别写出情况汇报，详见附件1。

1. 试验原子反应堆（本项目对应十年规划专28、技8、技12、基3、基4、基5共11个研究项目）。

2. 中型快速通用电子数字计算机（计算机规划）。

3. 精密机械加工及量测实验室和试验车间（对应十年规划技7、技10、技13、专18、专31、专32、特7等共33个研究项目及国家科委中间试验项目）

4. 无线电研究室（对应十年规划基3、技11、技13、专28、专29、专30、特7等共80个研究项目）。

5. 高坝结构及水力学研究室（对应十年规划技6、专9、专33、专43等共33个研究项目）。

6. 电工研究室（对应十年规划技10、专19、专20、专43等共29个研究项目）。

7. 化学工程学（国重项目，并对应十年规划基5、技3、技9、专15、特5等共13个研究项目）。

8. 受激光发射（国重项目，并对应十年规划技11中两个研究项目）。

9. 抗爆炸结构及技术的研究（对应十年规划技6、技9、基4、专19等共五个研究项目）。

10. 焊接（对应十年规划技7、专18、特6等8个研究项目）。

11. 程序控制机床（对应十年规划技7、技10、技12、专18、专19共18个研究项目）。

（三）取得科学研究成果的情况

1. 已建成重大实验室2个，“试验原子反应堆”已于1964年9月投入试运转，运行情况良好，符合原设计指标，为今后开展原子能科学技术的研究工作和培养原子能干部提供了物质基础，“中型快速通用电子数字计算机”已于1964年4月投入运转，进行解题工作，为学校科学研究工作和教学工作，逐步采用计算技术创造了有利条件。

正在建设重大实验室两个，精密机械加工及量测实验室和试验车间基本建设今年可完成，主要设备大部分已具备，基建完成后，即可为学校科学研究及教学提供精密机械加工条件。超音速风洞的建设工作进展较快，预计今年可以建成进行总调，安装暖气设备后，即可进行研究工作，它是进行空气动力学研究的基本试验工具。

2. 1963—1964两年来，已研究试制新产品87项，在1964年全国工业新产品展览会上，我校提出展品六项，其中有五项展品得奖。

在1964年全国仪器仪表新产品计划会议上，我校提出移交给工厂生产的新产品20项，并在会上举办了小型展览会，其中有13项新产品的成果，工厂表示愿意接过去，准备安排试生产或批量生产。

3. 二年来，我校与外单位合作共同进行的研究课题120多项。此外，我校一些教研组还进行了不少短期直接为校外服务的研究工作和技术工作，如聚四氟乙烯塑料、600千瓦燃汽轮机转子的焊接、超声波切割硅片、合成氨塔内件的传热问题等。

4. 二年中向国家科委上报登记科学技术成果23项，向国家科委申报发明创造4项，已有2项列入了国家发明创造记录。

5. 二年来，我校共印刷出版了科学论文、研究报告、技术总结等共420篇，其中在《高等学校自然科学学报》上发表11篇，在《清华大学学报》上发表72篇，二年来，我校参加校外学术会议，学术活动共 152 次，参加人员 305 人，会上提出报告 283 篇。另外，我校教师还编写和出版了一些专门著作、教科书和教学参考书。

6. 在已经取得的科学研究成果中，现选择下列 20 项分别写出成果介绍，详见附件 2。

（1）试验原子反应堆（见附件 1-①）

（2）中型快速通用数字计算机（见附件 1-②）

（3）参量放大器。

（4）周期磁场聚焦行波管。

（5）半导体化便携式电视发射机。

（6）八路编码通讯设备。

（7）大型汽轮发电机端部损耗及发热的研究（见附件 1-⑥）。

（8）程序控制钻床的研究（见附件 1-⑥）。

（9）新型电压调节器的研究（见附件 1-⑥）。

（10）聚四氟乙烯塑料。

（11）铝及铝合金的氩弧焊接。

（12）大型焊接转子试验和试制。

（13）利用核辐射对连续铸钢钢水液面自动调节的研究。

（14）铸件表面质量的研究试验工作。

（15）提高氨合成塔中氨产量的研究。

（16）利用超声波切割晶体管用硅片。

（17）556 型自动搜索式电子模拟计算机。

（18）小型光速测距仪。

（19）微动同位器。

（20）不描图晒图。

二、科学研究人员的基本情况

（一）科学研究力量安排及队伍组织情况

我校在保证完成教学任务、不断提高教学质量的前提下，积极开展了科学研究工作。除科学编制外，学校原有编制中，全时从事科学研究的教师比过去有所增加，去年有 600 多名教师参加了科学研究工作，其中基本全时从事科学研究的约 100 人。同时也有几百名教师到实验室进行实验技术工作和实验室管理工作，使学校的工作和人力的安排更加合理和有效。参加科学研究的实验员、技工也有所增加，这对科学研究工作的开展起了很大的促进作用。

1.1964 年全校参加科学研究的人员统计：

类别 职别	总人数	全时			兼职		折合全时总人数
		小计	科学编制	学校编制	人数	折合全时	
教师	777	284	174	110	493	220	504
实验员 技工	308	183	143	40	125	50	233
总计	1 085	467	317	150	618	270	737

2. 全校科学编制分配情况：

<table>
<tr><td colspan="3">试验化工厂专门编制</td><td colspan="3"></td><td>306</td></tr>
<tr><td rowspan="13">科研编制</td><td rowspan="7">校重点</td><td>901 项目</td><td>23</td><td rowspan="3">98</td><td rowspan="7">238
66.9%</td><td rowspan="13">356</td></tr>
<tr><td>911 项目</td><td>33</td></tr>
<tr><td>9003 项目</td><td>42</td></tr>
<tr><td>无线电研究室</td><td>52</td><td rowspan="3">110</td></tr>
<tr><td>电工研究室</td><td>24</td></tr>
<tr><td>水工研究室</td><td>34</td></tr>
<tr><td>其他校重点项目</td><td>30</td><td></td></tr>
<tr><td rowspan="2">其他项目</td><td>系重点项目</td><td colspan="2">37</td><td rowspan="2">48
13.4%</td></tr>
<tr><td>一般项目</td><td colspan="2">11</td></tr>
<tr><td rowspan="4">生产行政后勤</td><td>实验技术</td><td colspan="2">7</td><td rowspan="4">70
19.7%</td></tr>
<tr><td>生产</td><td colspan="2">20</td></tr>
<tr><td>行政</td><td colspan="2">15</td></tr>
<tr><td>后勤</td><td colspan="2">28</td></tr>
<tr><td colspan="3">合计</td><td colspan="3"></td><td>662</td></tr>
</table>

注：行政编制中包括教育部高等学报 4 人，十年规划学科组组长秘书 6 人。

…………

三、“科学支出”经费的使用情况

（一）1963 年、1964 年两年的“科学支出”经费分配、使用情况：

1963 年实际使用经费为 239 万元，1964 年实际使用经费为 305 万元，两年合计 534 万元。

“科学支出”经费，主要保证国家重点科学研究项目，国家批准的研究机构开展研究工作的需要及其重点专用科学实验室的建设。两年来，以上方面的投资均占总指标的80%以上。与此同时，对其他规划项目也作了全面安排，尤其是对那些利用现有条件充分挖掘潜力并取得较好进展的科研项目予以了较多的支持。

在科学研究经费的使用管理上，一方面贯彻了勤俭办科学少花钱多办事的精神，充分挖掘潜力，利用校内现有实验室条件开展研究工作，另一方面，加强了计划和审批核算制度，保证了科学研究经费的集中使用，以促进重点科学研究项目的研究工作及专用科学实验室的建设……

（二）“科学支出”的投资效果情况：

1963—1964年的534万元投资，除了保证重点科学研究项目必需的试验研究消耗经费外，大部……用于重点科学研究项目所需仪器设备的建设及产品试制经费，具体情况包括以下几个方面：

1. 重点科学研究项目专用设备的试制：这些设备都是我校重点科学研究项目的基本试验工具，又是自己研究设计试制的。这方面的投资大约为150万元，占全部投资的28%。如超音速风洞安装及其实验室改建，抗爆结构及技术研究的小型、中型爆炸模拟装置，化学工程学的萃取、精馏设备，无线电电子学研究室电真空器件和半导体器件试制的工艺系统等。

2. 新产品试制：投资约80万元，占全部投资的15%，其中大部分又是实验研究基本设备，如程序控制机床的控制计算机及液压传动系统，为改进丰满发电厂发电机的励磁调节系统所研究试制的УБК调节器、电子模拟计算机、微动同位器、质谱探漏仪等。

3．重点科学研究项目专用仪器设备的购置。这方面的投资为 190 万元，占全部投资的 35％。如试验性原子反应堆屏蔽实验室的探测剂量仪器，无线电电子研究室的一些专用测试和量测仪器，精密机械加工及量测实验室和试验车间的机床、机械量测等设备，1 000 吨钢筋混凝土水压机的高压水泵，燃气轮燃烧室研究的风源设备等。

4．一些通用仪器设备的购置，这些仪器设备是根据我校科学研究工作的实际需要及现有条件装备的。主要配备在重点科研项目，并实现全校的通用，以充分发挥仪器设备的作用。例如非电量的电量测仪器、化学分析仪器、电子仪器、电工仪表等。这项投资约为 60 万元，占全部投资的 11％。

现将下列重点专用科学实验室的建设情况作一简单汇报……

① 无线电电子学研究室；

② 试验性原子反应堆附属的科学实验室；

③ 每秒一万通用电子数字计算机；

④ 化学工程学；

⑤ 电工研究室；

⑥ 程序控制机床试制研究；

⑦ 抗爆结构及技术；

⑧ 超音速风洞实验室。

清华大学档案，全宗号 2　目录号 校 4　案卷号 66006

清华大学1965年科学研究工作情况报告（初稿）※（节选）

（1965年6月）

科学生产处①

一、基本情况

1. 今年我校科学研究项目共有119项。其中有102项是结合国家十年规划进行的，占研究项目的85%，相应于十年规划中的研究项目400多个。研究项目中有90项（占76%）是与校外115个（其中工厂51个）单位合作的。

2. 今年我校参加科学研究工作的教师、实验员、技工共1 045人（不包括试验化工厂），其中教师758人，折合全时556人。除科学编制169人外，教师参加科学研究的工作量约占全校教师工作量的17%。此外尚有研究生约300人、毕业班学生约1 700人和长期来我校参加科学研究工作的校外协作人员230人。

3. 今年上半年已取得比较重要的研究成果和阶段成果约100项，例如无线电系的小功率行波管、电机系和锦州电业局合作的气吹隔离开关，工化系、动力系和上海鸿源化工厂合作的聚四氟乙烯等。

二、当前科学研究工作的特点

…………

清华大学档案，全宗号2　目录号 校4 案卷号66006

① 撰文单位系根据归档案卷号判断。

清华大学1965年科学研究工作简要情况※(节选)

(1966年2月)

科学生产处①

1965年科学研究及毕业设计情况：

1965年我校科学研究项目共119项，其中85%是结合国家十年规划进行的，相应于十年规划中的研究项目400余项。研究项目中有76%是与校外139个单位合作的。

1965年是我校科学研究、毕业设计工作获得丰收的一年，全校共取得科学研究成果200项左右。其中：

向国家科委上报登记的58项，其中由国家科委出版的29篇。

通过鉴定的39项。

写出科学论文、技术总结报告227篇。

…………

清华大学档案，全宗号2　目录号 校4 案卷号66006

① 撰文单位系根据归档案卷号判断。

（二）科研管理

清华大学关于增设科学研究科的布告※

（1954 年 7 月 6 日）

本校为了加强教务处对研究生、外校进修教师的学习及教师科学研究工作的领导起见，兹经第廿四次校务行政会议通过①，并经校长批准，在教务处下增设科学研究科。由原该处教学研究科副科长陆大绘同志负责科学研究科副科长。教学研究科副科长一职，由力学教研组讲师庞家驹同志兼任。特此布告。

校长办公室

一九五四年七月六日

清华大学档案，全宗号 2　目录号 校办 1 案卷号 55009

清华大学校务行政会议议决成立科学工作委员会※

（1954 年 8 月 12 日）

第三十二次校务行政会议

时间：八月十二日上午十时

地点：工字厅

① 1954 年 6 月 17 日校务行政会议议决。

出席：蒋南翔、刘仙洲、金涛、史国衡、陈士骅、何东昌、
陈舜瑶、袁永熙、周寿昌、余兴坤、李欧、滕藤

一、报告招生工作情况

二、成立科学研究工作委员会

主　任　刘仙洲

副主任　钱伟长

委　员　陈士骅　陈舜瑶　何东昌　李西山　梁思成
张　任　张　维　庄前鼎　章名涛　孟昭英
金　涛　周寿昌

秘　书　陆大绘

…………

清华大学档案，全宗号 2　目录号 校 1，案卷号 54002

清华大学关于科学研究处与生产办公室合并为科学生产处的布告※（节选）

（1959 年 3 月 14 日）

为了加强行政领导，更好地适应学校发展需要，兹经 3 月 13 日 1958—1959 年度第十二次校务会议决议将行政机构作部分调整并通过如下任免事项：

…………

3. 科学研究处与生产办公室合并成为科学生产处，任命高景德为处长，王震寰为副处长；

…………

校　　长　蒋南翔

第一副校长　刘仙洲

1959年3月14日

《清华公报》第58期，1959年3月18日

加强科学研究工作的领导
本校成立科学研究处
下设四个科室正积极开展工作

（1956年9月18日）

学校为了加强对科学研究工作的领导和改善物质条件的保证，已决定成立科学研究处来专门管理科学研究工作。处内分四个科室：计划科、研究生科、实验室科和设备制造厂。科学研究处成立以后，目前正在积极筹备充实机构和开展业务工作，同时也初步根据各系和教研组情况拟出了对今后如何进一步开展科学研究工作的意见，并已提交校委会讨论。

《新清华》第150期，1956年9月18日

科学生产处的分工※（节选）

（1959年3月16日）

科学生产处

兹将科学生产处同志们的分工列在下面，便于各系联系工作：

处长：高景德——着重科学研究工作方面。（全面负责处的工作）

副处长：王震寰——着重生产建厂工作方面及处内经常工作。(全面负责处的工作)

一、按业务范围分工：共设有科学研究科、研究生科、生产科、实验室科、设备工厂5个单位。

1. 科学研究科：

(1) 科学研究计划管理工作：李志忠

(2) 中苏科学合作工作：王积康

(3) 科研成果鉴定及宣传工作：王积康

(4) 情报、保密及保卫工作：王积康

(5) 机要专业项目：贾继洵

(6) 科学著作及报告编审工作：陈振刚

2. 研究生科：

(1) 研究生工作：陈振刚

(2) 外校进修教师工作：陈振刚

3. 生产科：

(1) 生产建厂工作：朱成功

(2) 计划管理及加工协调工作：林敬煌

(3) 生产安全工作：林敬煌

4. 实验室科：

(1) 设备器材供应及管理工作：俞受稷、姜忠茂

(2) 经济管理工作：蒋景华

(3) 实验室管理工作：蒋景华

5. 设备工厂：

(1) 全面负责：庄前炤、姜锡华

(2) 生产技术工作：徐光裕

(3) 材料物资工作：金志明

(4) 计划调度工作：王占军

二、按系别分工联系人：

1. 机械制造系：王积康

2. 动力机械系：李志忠

3. 电机系：李志忠

4. 土木、水利、建筑系：陈振刚

5. 工程化学系：朱成功

6. 机要专业：贾继洵

7. 公共教研组：陈振刚

三、“五一”“七一”“十一”科研生产献礼项目分工联系人员另行个别通知。

清华大学档案，全宗号 2　目录号 校 4　案卷号 59004

科学研究经费使用办法

——三月十六日 1956—1957 年度校务委员会第四次（扩大）会议通过

（1957 年 3 月 16 日）

为了合理使用科学研究经费，在充分利用现有设备的前提下，及时供应科学研究工作中所需要的仪器设备及器材，特拟订以下办法，希全体教师及实验室工作同志，努力作好计划，本着勤俭办科学的精神，尽量节约国家的物力、财力。

1. 全校科学研究经费按各系、组提出的科学研究题目计划，经校长审批后按分配计划执行。

2. 各系得将已分配的全系经费，根据本系科研题目最后制订出经费方案，报科学处计划科转实验室科成立财务账户具体执行。

执行办法如下：

(1) 如科学研究正在酝酿、摸索、收集资料阶段，购置器材设备应力求审慎，当科研题目负责人将具体研究计划确定后，应将具体计划，经教研组主任批准后，送一份给计划科并将购置计划交实验室科执行。

(2) 在收集资料制订具体科学研究计划阶段，如因收集资料须动用部分经费时，可动用科研经费之最多不超过100元，并到实验室科办理有关请款事宜。

(3) 在具体计划业已确定，着手具体进行研究工作时，请购器材设备可按下述手续办理：

① 凡购买器材设备经费总数在200元以下者，经研究题目负责人签字，盖章并开明清单（同教学经费办法）可直接向实验室科接洽办理。

② 凡超过200元以上者，须由研究负责人签注理由连同清单一并经教研组审查同意（或系主任同意），由系总务员登记并加盖公章后，送实验室科办理。

③ 以上请款及要求供应的事务，须委托研究题目负责人所在实验室财产管理工作同志代为办理，以便凡属设备的项目，都列入该实验室的财产账。

④ 以上购置请款等事宜在一般情况下，尽量按经常费预算办法执行（即季初5—10日，季中20—25日），每年可提八次。如有特殊需要可不受上述规定限制。

⑤ 如因必要，须自己采购，亦需开列清单（卡片），向实验室科办理请款手续，按卡片购买，自购任务完成后须立即来实验室科报销。如报销手续不清，或拖延时间太久，得停止自购请款权利。

3. 实验室科执行时，应严格注意下述情况：

(1) 科学研究经费应和教学设备费严格分开，凡系主要用于科学研究的设备、仪器、器材，应出科学研究经费，凡系主要用于教学的设备、仪器、器材，不得变相使用科学研究经费，若科研题目停止执行，则该题目的经费冻结，待科学处与各系、组统一调整处理。

(2) 必须根据勤俭办科学避免浪费的原则，在市场供应可能的条件下，尽量优先满足科研需要（因为科研计划不可能订的很具体）。

(3) 科研所需的任何设备（零星设备或100元以上的设备）如系实验室常用设备，不论其价值大小，数量多寡，皆应根据充分利用的原则认真研究。

(4) 凡科研所需的关键设备，并非实验室现有，如价值很高（在1 000元以上者）而利用率确实不高（只用一、二次），且该项科研工作结束后，在教学上很难充分利用者，应首先考虑在校内外借用，以免事后造成积压。

(5) 凡属要我处设备工厂制作的仪器设备，经实验室科签注意见后，按设备工厂接收委托加工办法，根据轻重缓急，尽量优先照顾。

(6) 科学研究所用器材，应尽量照顾，但不得浪费。

(7) 因科学研究需要出差收集资料，应根据必要性，对人数严加控制。如确属必要，应首先经教研组主任（或系主任）审核，并由计划科同意后直接向财务科办理领款。

4. 学生科技小组经费原则上由系里在现有的设备及器材的范围内解决，不另拨付专门的费用。但由教研组提出可作为教研组的科研题目者可以考虑单独批准一定的经费。

5. 以上办法经校务行政会议通过后试行，如有未尽事宜得加以修改并报请校务行政会议通过。

《清华公报》第36期，1957年3月28日

关于对我校建立研究机构的一些意见※

（1962年7月23日）

科学生产处

最近，张维副校长召集我校负责科学研究工作的系主任和部分参加国家科学规划的同志开了几次座谈会。到会同志对我校建立研究机构问题发表了一些意见，现整理如下：

1. 大家一致认为，广州会议上提出的在高等学校应该设立研究机构的精神是完全正确的，大家都非常拥护。并认为，我校也有条件设立若干研究机构。

2. 多数同志认为，在我校建立研究机构，还是第一次，应该实事求是，踏实稳步地进行。数量上不宜建立太多。规模上开始也应该小些，逐步发展到一定的规模。应该根据国家需要、学校条件和过去工作基础（最好是过去已进行了一定的研究工作，并取得了一些成果）留有余地地来考虑这一问题。

3. 研究机构的方向应该明确，从我校的特点来看，要从学科考虑也要注意结合生产任务。同时，学科范围宜于专一些，稳定一些，争取经过系统深入地工作后，拿出高质量高水平的研究成果。

4. 研究机构的研究任务应该有重点，不应该过杂，不可能把系的许多研究任务都包括在研究机构内。学校中有一些研究方向目前尚在开创阶段，应该为以后建立研究机构做好准备工作。但即使是从长远看，也不必要每一个研究方向都设立研究

机构。不包括在研究机构内的研究任务同样应该积极开展工作，受到重视和支持，就目前情况看，全校很多研究任务都属于这种类型。

5. 研究机构的形式可分为研究室、研究组和研究点。研究室一般以二三十人左右为宜，研究组一般以10～15人左右为宜，研究点一般以3～5人为宜（人数均折合为全时工作量计算）。

6. 研究机构的大部分工作应由教研组内的工作人员参加进行，但须保证他们一定的工作时间。同时也必须有部分人员全时担任研究机构的工作，并应单独列为研究机构的编制。

7. 研究机构在最近一二年内不宜新增加很多人力、物力，应在教学为主的原则下，主要从校内已有人力、物力中进行调整安排。但同时也应根据实际条件适当地和有重点地增加一些工作人员和仪器设备。

科学生产处 章征文整理

1962年7月23日

清华大学档案，全宗号2　目录号 校4　案卷号66008

清华大学设置科学研究机构初步情况汇总表

（1962年8月）

科学生产处[①]

① 撰文单位系根据归档案卷号判断。

研究机构名称	近一、二年内安排							三年规划						五年规划						十年规划						备注
	教师			中技生、技工			申请经费（万元）	人数总计	大学毕业生		中技生、技工		申请经费（万元）	人数总计	大学毕业生		中技生、技工		申请经费（万元）	人数总计	大学毕业生		中技生、技工		申请经费（万元）	
	现有（折合全时）	申请增加	合计	现有（折合全时）	申请增加	合计			总计	新加	总计	新加			总计	新加	总计	新加			总计	新加	总计	新加		
1. 无线电电子学研究室	22	20	42	20	40	60	40							150	70	50	80	60	150							
2. 原子能研究室	43	27	70	10	16	26	40	105	78	34	27	17		151	112	34	39	12								
3. 电工研究室	18	7	25	7	5	12	3.5	49	34	13	15	7		53	36	15	17	9								高压组是五年规划，其余二组是三年规划。

续表

研究机构名称	近一、二年内安排							三年规划						五年规划						十年规划						备注
	教师			中技生、技工			申请经费(万元)	人数总计	大学毕业生		中技生、技工		申请经费(万元)	人数总计	大学毕业生		中技生、技工		申请经费(万元)	人数总计	大学毕业生		中技生、技工		申请经费(万元)	
	现有(折合全时)	申请增加	合计	现有(折合全时)	申请增加	合计			总计	新加	总计	新加			总计	新加	总计	新加			总计	新加	总计	新加		
4. 自动控制及计算机研究室	31	11	42	10	10	20	47	55	37	5	18	6	47	72	48	11	24	6	50	84	57	9	27	3	150	
5. 水工研究室	15	8	23	14	11	25	12.5	43	22	8	21	8	13.9	58	31	9	27	6	28.6	71	39	8	32	5	40	
6. 弹塑性力学研究室	18	6	24	6	4	10	4	24	18	6	6	4		36	27	9	9	3		48	30	3	18	9		
7. 机床程序控制研究室	15	3	18	8	1	9	2.5	37	26	11	11	3	7.5	44	29	3	15	4	6	56	35	6	21	6	13	

续表

研究机构名称	近一、二年内安排							三年规划						五年规划						十年规划						备注
	教师			中技生、技工			申请经费（万元）	人数总计	大学毕业生		中技生、技工		申请经费（万元）	人数总计	大学毕业生		中技生、技工		申请经费（万元）	人数总计	大学毕业生		中技生、技工		申请经费（万元）	
	现有（折合全时）	申请增加	合计	现有（折合全时）	申请增加	合计			总计	新加	总计	新加			总计	新加	总计	新加			总计	新加	总计	新加		
8. 汽车拖拉机研究室	10	3	13	3	5	8	5	27	17	7	10	7	8	35	23	6	12	2	5	40	25	3	15	3	10	
9. 合金及其工艺强度研究室	13		13	6	5	11	4							30	17	4	13	7	20							
10. 机械学研究室	10		10	9	2	11	17							30	18	4	12	3	25							
11. 工程热物理研究室	20	8	28	7	8	15	8	50	35	15	15	8	10	60	40	5	20	5	5	75	45	5	30	10	20	
小计	215	93	308	100	107	207	183.5							719	451	150	268	117								

续表

研究机构名称	近一、二年内安排							三年规划						五年规划						十年规划						备注
	教师			中技生、技工			申请经费（万元）	人数总计	大学毕业生		中技生、技工		申请经费（万元）	人数总计	大学毕业生		中技生、技工		申请经费（万元）	人数总计	大学毕业生		中技生、技工		申请经费（万元）	
	现有（折合全时）	申请增加	合计	现有（折合全时）	申请增加	合计			总计	新加	总计	新加			总计	新加	总计	新加			总计	新加	总计	新加		
1. 建筑设计理论研究组																										
2. 特种高分子化合物研究组	14	3	17	8	3	11	6							42	25	10	17	9	20							
3. 化工原理研究组	12	6	18	7	5	12	5							40	26	10	14	5	12							
4. 水处理研究组	2	2	4	1	3	4	0.8							9	4	2	5	4	3	14	6	4	8	7		
5. 应用数学研究组	10	4	14											14	14	4										只有一、二年计划

续表

研究机构名称	近一、二年内安排							三年规划						五年规划						十年规划						备注
	教师			中技生、技工			申请经费（万元）	人数总计	大学毕业生		中技生、技工		申请经费（万元）	人数总计	大学毕业生		中技生、技工		申请经费（万元）	人数总计	大学毕业生		中技生、技工		申请经费（万元）	
	现有（折合全时）	申请增加	合计	现有（折合全时）	申请增加	合计			总计	新加	总计	新加			总计	新加	总计	新加			总计	新加	总计	新加		
6. 工程结构研究组	12	4	16	3	9	12	1.5	28	16		12		4	28	16		12									只有三年规划
7. 技术物理研究组	13		13	2		2	4	18	15	2	3	1	1	22	18	3	4	1	6	27	22	4	5	1	15	
小计	63	19	82	21	20	41	17.3							155	103	29	52	19								
1. 中国机械工程史研究点	1	1	2											2	2	1										只有一二年计划
2. 中国化学史研究点	1	1	2											2	2	1										只有一二年计划

续表

研究机构名称	近一、二年内安排							三年规划						五年规划						十年规划						备注
	教师			中技生、技工			申请经费(万元)	人数总计	大学毕业生		中技生、技工		申请经费（万元）	人数总计	大学毕业生		中技生、技工		申请经费（万元）	人数总计	大学毕业生		中技生、技工		申请经费（万元）	
	现有（折合全时）	申请增加	合计	现有（折合全时）	申请增加	合计			总计	新加	总计	新加			总计	新加	总计	新加			总计	新加	总计	新加		
3. 物理测距研究点	1	4	5	1		1	3	6	5	4	1		5	8	6	1	2	1	6	10	7		3	1	18	
4. 玻璃物质结构研究点	4		4				1							13	10	6	3	3								
小计	7	6	13	1			4							25	20	9	5	4								
总计	285	118	403	122	127	249	204.8							899	574	188	325	140								

清华大学档案，全宗号 2　目录号 校 4　案卷号 63005

清华大学为老教师配备科学助手情况致教育部函及报表※

（1962 年 12 月 28 日）

同意报部。

张维

1962 年 12 月 28 日

受文单位：教育部

清工（62）校密　发字第 148 号　1962 年 12 月 28 日封发

你部（62）教二载肖字第 1502 号来函收悉。现将我校已配备科学助手的老教师姓名及配备助手的情况报表一式二份送上，请查收。目前，尚有部分老教师正在进行配备，待配备后，当即补报。

清华大学

1962 年 12 月 21 日

清华大学配备科学助手情况报表①

系别	教授姓名	级别	助手姓名	年龄
机械	金希武	2	张伯鹏	31
			薛祖德	31
			焦正才	31
	邹致圻	2	韩至骏	31
			李春江	28

① 略去助手专业等项。

续表

系别	教授姓名	级别	助手姓名	年龄
			骆君涛	31
电 机	黄 眉	3	沈善德	29
	杨津基	3	边肇祺	29
	高景德	3	郑逢时	32
	唐统一	3	陆瑶海	35
			阎平凡	29
	童诗白	4	李大义	28
	王先冲	5	马信山	29
			俞天音	31
土 建	梁思成	1	徐伯安	32
			郭黛姮	26
	陶葆楷	1	钱 易	26
	吴柳生	2	施岚青	27
工 化	汪家鼎	3	汪成藩	25
数 力	杜庆华	3	陆万明	23
	张 维	1	邵 敏	26
水利系	施嘉炀	1	费祥俊	32
其 他	刘仙洲	1	王旭蕴	27

清华大学档案 全宗号 2 目录号 校 4 案卷号 62004

附件：中华人民共和国教育部关于为老教师配备科学助手的意见

（1962 年 9 月 28 日）

（62）教二载肖字第 1502 号

教育部直属各高等学校：

据了解，在目前进一步调整教育事业和精减教职工的工作中，有的学校在计算教师工作量和教师编制定额时，对某些学科和老教师较多的教学单位的特点与特殊需要注意不够，致使应该给老教师配备的科学助手没有得到配备，甚至已经配备了的科学助手也被精减了。这对发挥老教师作用，培养青年教师和提高教学质量都是不利的。

为了更好地发挥老教师的作用，继承他们的专长，培养一批青年骨干教师，现特就为老教师配备科学助手问题，提出以下意见：

一、凡在本门学科有较高学术水平的老教授，一般都应为之配备科学助手；

二、科学助手的条件，一般应是业务优秀、思想政治比较进步的讲师或助教，个别老专家需要较有经验的人作助手工作，也可以配备条件相当的副教授为其助手；

三、科学助手的选择应尊重老教授本人的意见，同时必须是“两相情愿”，不能勉强，以利建立良好的师徒关系；

四、科学助手一经选定，就不要轻易变动。学校应加强领导检查。助手不一定都脱产，可根据各教研室的具体情况，或者脱产，或者减少教学工作和社会工作，使他们在工作条件和时间上得到必要的保证。

在教师与学生比例已经适当放宽和采取了对某些有真才实学的年老体弱不能担负教学工作的教师，经过批准可以列在编内，不受教师编制定额限制的办法以后，我们认为，只要学校注意到不同学科的特点和不同教师的工作的特殊需要，安排得当，这个问题一般是可以得到合理解决的。请各校重视这一工作，并于年底之前把这个工作的安排情况，配备科学助手的教师和助手姓名、年龄、专业名称、职务、工资等级、专长，党派等项造表（一式二份）报送我部。如果在安排上遇到学校难于解决的困难，可随时向本部提出。

中华人民共和国教育部印

1962年9月28日

抄送：各省、市、自治区高教（教育）厅（局）

有关业务部门

清华大学档案，全宗号2 目录号 校4 案卷号62004

清华大学参加1963—1972年规划的人员名单

（1963年2月）

清华大学科学生产处

我校参加国家科委委托教育部与中国科学院共同制订的1963—1972年技术科学发展规划（学科组）的共23人，参加各部主持的各专业组及各专业分组十年规划的共69人，若除去重复的15人，则参加规划的人数共77人。

1963年3月1日 报市委调查组

清华大学科学生产处

1963年2月

清华大学参加学科组十年规划名单

机械系	李西山	王遵明	沈钊	郑林庆
动力系	吴仲华	王补萱	彭秉璞	
电机系	章名涛	高景德	王先冲	杨秉寿
土建系	杨式德	江作昭		
水利系	夏震寰	李丕济	张光斗	陈樑生
基础课	郑思梁			

力学系　　张　维　　杜庆华　　王和祥

工化系　　汪家鼎

工物系　　李恒德

共 23 人

清华大学参加专业组十年规划名单

机械系　邹致圻　李西山△　沈　钊△　王祖唐　郑林庆△
　　　　金希武　王遵明△　陈南平　潘际銮　李麟谟

动力系　董树屏　吴仲华△　宋镜瀛　刘仙洲　王补萱△　程　宏

电机系　黄　眉　高景德△　章名涛△　唐统一　郑维敏
　　　　王遵华　杨津基

水利系　张光斗　施嘉炀　黄文熙　张　任　陈樑生

土建系　陶葆楷　储钟瑞　佟一哲　梁思成　江作昭△　吴柳生
　　　　杨式德　张　典　吴良镛　吴增菲　王兆霖　杨曾艺
　　　　汪　坦　莫宗江　黄报青　李颂琛　李国鼎

基础课　郑思梁△　周华璋

工物系　余兴坤　吕应中　何东昌　刁会昌

工化系　汪家鼎△　李恒德△

数力系　黄克智　王和祥△　赵访熊　杜庆华△　张　维△

自控系　金　兰　钟士模　唐泽圣

无线电系　陆大绘　李志坚　陈仁怀　张克潜　吴佑寿
　　　　　冯庆延　杨弃疾

注：带下划线者为参加专业组大组规划 21 人，其他系参加分组。

带△者为与学科组重复的共 15 人

共 69 人

清华大学档案，全宗号 2　目录号 校 4　案卷号 63005

清华大学 1962—1963 年度第九次校务委员会讨论通过三个研究室干部名单※（节选）

（1963 年 4 月 12 日）

一、任命：

…………

高坝结构及水力学研究室：

张光斗兼主任及高坝结构研究组组长

夏震寰兼副主任及水力学研究组组长

李丕济兼水力学研究组副组长

蔡安四为秘书

电工研究室：

章名涛兼主任及电机研究组组长

杨津基兼副主任及气体放电研究组组长

杨秉寿兼副主任

高景德兼电力系统研究组组长

张宝霖兼电力系统研究组副组长

童诗白兼生产过程自动化研究组组长

郑维敏兼生产过程自动化研究组副组长

王先冲兼电机研究组副组长

李衍达兼秘书

无线电电子学研究室：

陆大绘兼主任

南德恒兼副主任

李志坚兼 310 研究组组长

冯庆延兼 340 研究组组长

张克潜兼 340 研究组副组长

陆大绘兼 350 研究组组长

杨弃疾兼 350 研究组副组长

吴佑寿兼 360 研究组组长

赵家和、周炳琨为秘书

…………

《清华公报》第 111 期，1963 年 4 月 29 日

清华大学科学论文、研究报告及生产技术总结审查出版办法

——1962—1963 年度第 11 次校务委员会通过

（1963 年 6 月 14 日）

一、为统一审查本校各系及基础课各教研组的科学专著、论文、研究报告和生产技术总结，并加强其出版工作的计划性，特制定本办法。教科书及教学参考书等科学著作的审查出版办法另行制定。

二、全校成立清华大学学报及其他科技著作编审委员会（简称清华大学科技著作编审委员会），由科学生产处、各系及基础课委员会分别推定适当人选，经校务委员会批准组成之。编委会的工作由有关的副校长负责领导。编委会的任务是负责确定本校

学报及其他科技著作出版工作的方针和审定编辑出版计划，并对每期学报内容进行审查。编委会的日常工作由科学生产处负责进行。学报的编校工作另设专职编校人员负责进行。

三、各系及基础课委员会各设一科技著作编审组，由该单位参加科技著作编审委员会的委员担任组长，编审组一般为5～7人，由有关教师组成，负责组织并审查本单位的稿件。编审组的日常工作由系科学生产科负责。

四、凡列入系或教研组科学研究计划的题目，其研究成果（包括科学专著、论文、研究报告和生产技术总结等）均须送交本单位编审组进行审查，并由编审组提出处理意见，报学校审查批准后，再行印刷发表。在校外学术会议上宣读时，也应经同样手续。如由于时间紧迫，来不及全文报学校审查批准时，可由教研组提出申请，经编审组组长审查签字，报学校同意后，先在会议上口头宣读，会后必须整理成文，补行手续后付印。如系两人以上合作的研究成果或有协作单位，应征得有关人员或单位的同意后，方能对外发表。作者对审查结果有意见时，可将意见直接送科学生产处转报科技著作编审委员会。

五、稿件审查应考虑三方面：（一）政治审查；（二）学术审查；（三）保密审查。

作为清华大学科学论文者，在内容上要求：（一）政治上没有错误；（二）学术上有一定的创造性；（三）对国民经济有一定意义；（四）有准确的实验数据，可靠的观测资料或调查根据，结论明确；（五）推理严谨，文字通顺，图表整齐。

对国内外科学技术文献的系统总结，指出本门学科的发展水平和发展方向者，也可以作为科学论文。

凡属科学研究工作的阶段性的研究报告或实验报告，并经系统整理后，有一定参考价值的，可列为研究报告。其中有创造性的研究成果者，亦可作为科学论文。

凡属阶段性的设备仪器的设计、试制、调整使用工作的总结，或工程技术生产任务的总结，并对实际工作有一定参考价值或反映一定的实验技术水平的，可列为生产技术总结。其中有创造性的研究成果者，亦可作为科学论文。

六、科学论文、研究报告、生产技术总结均作为本校科学研究成果，按学术水平分别编号立卡保存。其处理方式分以下几种：

（一）从科学论文中选择一部分对国民经济有一定意义，并具有较高学术水平，又不泄露国家机密的，在清华大学学报上公开发表。清华大学学报刊登的文章，允许在校外刊物上同时发表。

（二）未经学报发表的科学论文、研究报告和生产技术总结，根据其水平及实际参考价值可分别采取铅印、油印、手稿存档三种方式加以处理。铅印及油印者根据不同密别，与国内有关单位交流。

（三）从科学论文、研究报告、生产技术总结中选择一部分水平较高、对国民经济有意义的，转送校外刊物发表或在校外学术会议上宣读。

七、凡经审查合格决定由校内出版的稿件，由各系或基础课委员会科学生产科负责初步编校。编校工作包括文字校对，图表审核，外文校对等。

八、在校内印刷的论文资料，统一由科学生产处与印刷厂按月安排具体印刷、校对计划，印刷厂应按期完成印刷出版任务。

九、凡由本校学报刊登的论文，一律发给作者稿酬，并免费赠送作者单行本20本。如需要更多时，应事先通知科学生产处，并付成本费。

其他内部印发或交换赠送用的资料，一律不给稿酬。

十、本校工作人员在校外刊物或学术会议上发表的文章，作者应将该期刊物或单行本送科学生产处一份。

十一、清华大学学报、本校铅印及油印的资料及本校工作人员在校外刊物或学术会议上发表的文章在大图书馆安排专室，陈列保管。

各系教研组、研究室应将有关的科学论文、研究报告及生产技术总结存放系资料室，妥为保管。

十二、本办法经校务委员会通过后施行。其修改同。

《清华公报》第115期，1963年6月28日

关于科学研究编制的分配及落实情况汇报

（1963年6月17日）

科学生产处

科汇字第3号

张维、高景德同志：

教育部今年分配给我校科学编制80名，连同去年120名共200名。去年分配到系108名。在今年分配时，我们考虑了保证重点、集中使用原则。但已分配到系的108名原则上不再变动。

最近，接教育部通知，要我们上报今年暑假所需中技生人数。据教育部科技办公室同志说来源与户口问题部里可予解决。

与人事处商量，同意报15人。又接科技办公室电话，反应堆所需要25人，不包括在200人内。关于这25人落实的问题，黄辛白司长也与人事司长谈过，并口头同意解决，正在联系中。在落实前，按200人安排。

到现在为止，已进教师71名，实验员15名，共86名。今年暑假可进大学毕业生47名，中技生17名，此外还向教育部申请进毕业研究生16名（其中1名是留苏研究生，15名是本校研究生），中技生15名。这样已进和即将进来的教师有134名，实验员45名，共计179人。分配到系189名，教育部联合学报4名，尚留机动名额7名，共计200名。其中分配到水工、电工、无线电三个研究室与反应堆、电子计算机、精密量测与加工的三项重点项目共114名，占57%，其他各系都在10人左右（基础课2人）。

在已进和即将进来的179名教师和实验员中，教师占75%，实验员占25%，教师比例较大，实验员比例较少，机要专业进的人比非机要专业进的人较多，技工尚未落实，总的比例不够合理，这是由于近两年来中技生来源及户口等问题迟迟没有解决，机要专业有两届毕业生，非机要专业只有一届毕业生等条件所形成。这一不合理情况，拟在明年的科学编制中多留一些技工、实验员，保证重点集中使用的原则，进一步加以调整和平衡。

现将初步分配方案及落实情况送上，请审查批示后退科学生产处。

科学生产处　1963年6月17日

清华大学档案　全宗号2　目录号 校4　案卷号63006

清华大学科学编制按人员类别及年限统计表※

（1964年1月15日）

科学生产处①

年份	人员类别			占比（%）	备注
	类别		数量		
1962—1963	共计		200	100	
	其中	教师	126	63	
		实验员	47	24	
		技工	27	13	
1964	共计		144	100	
	其中	教师	53	36	
		实验员	30	21	
		技工	61	43	
1962—1964	共计		344	100	
	其中	教师	179	52	
		实验员	77	22.5	
		技工	88	25.5	

清华大学档案，全宗号 2　目录号 校 4　案卷号 64004

① 撰文单位系根据归档案卷号判断。

清华大学科学研究工作管理暂行办法（草案）（讨论稿）

（1964年3月）

根据《教育部直属高等学校自然科学研究工作暂行简则（草案）》和我校《关于科学研究工作的几点原则规定（草案）》，在总结我校管理科学研究工作经验的基础上，为了进一步加强我校科学研究管理工作，特制订《清华大学科学研究工作管理暂行办法（草案）》，本办法共包括四个部分，即“科学研究计划管理”；“科学研究经济管理”；“科学研究人员管理”和“科学研究成果管理”，随同本办法共有附表12份。从1964年起我校科学研究工作均按本办法试行。经过实践，待取得进一步经验后，再加以补充和修改。

第一部分　科学研究计划管理

（一）科学研究项目年度工作计划的制定和修改

每年年底由各系负责组织有关人员对本系各教研组下一年度科学研究工作进行全面安排，并由科学研究项目负责人负责制订科学研究项目年度工作计划，并填写“科学研究工作计划表”。计划内容应包括工作进度、预计成果、参加人员和所需工作条件。计划应体现指标明确、落实、重点突出、人力集中等原则，列为校、系、教研组重点的科学研究项目计划表，经教研组主任（或研究组组长）和系（或研究室）主任审查同意，由科学生产处汇总上报校长审查批准后执行。一般科学研究项目计划表经教研组主任（或研究组组长）和系（或研究室）主任审查批准后执行，并报科学生产处备案。科学研究工作计划需作重大变动时，应由项目负责人事先提出申请，说明变动理由，并重新填写“科学研究工作计划表”，经同样手续审查批准后，按新计划进行工作。

（二）科学研究项目进展情况的检查

科学研究项目负责人应在每年年中向学校汇报一次研究项目的进展情况，内容包括计划执行情况和下阶段计划解决的主要问题，经系审查同意后报科学生产处。每年年底应填写本年度“科学研究计划执行情况汇报表”，内容包括计划执行情况，参加人员落实情况，经费使用结算及所取得的主要成果等。经教研组主任（或研究组组长）和系（或研究室）主任审查同意后由科学生产处汇总上报校长审定。

（三）新上科学研究项目的审批

新上科学研究项目，应在项目开始前提出调查研究材料和研究提纲，进行答辩，由项目负责人填写“新上科学研究项目申请表”，内容包括该项目的意义，国家需要情况，国内外发展状况，已有科学工作基础，现有人力、物力条件，预计研究年限和预计成果，以及所需经费总估算，所需重大设备、基本建设等，经教研组主任（或研究组组长）和系（或研究室）主任审查同意，由科学生产处上报校长审查批准后才能开始工作。

（四）科学研究项目的结束、中途取消或暂时停止

科学研究项目结束、中途取消或暂时停止时，应由项目负责人事先填写“科学研究项目结束、中途取消或暂时停止工作申请表”，说明结束、中途取消或暂停工作的原因，过去工作进行情

况和取得的主要成果以及善后处理意见，由教研组主任（或研究组组长）和系（或研究室）主任审查同意，并经科学生产处上报校长审查批准后，才能停止工作。其全部器材设备、文献资料由项目负责人妥善处理，并将处理结果报系。

（五）科学研究项目的校外协作

接受外单位科学研究任务或签订科学研究协议书（或合同）时，应事先提出申请，说明协作的意义、双方承担的义务以及协作期限等，并填写“签订科学研究协议书（或合同）审查表”，如果是新上项目，还要同时填写“新上科学研究项目申请表”，经审查批准后才能签订正式协议书或协作合同。正式协议书或协作合同，学校应留三份，一份存教研组，一份存系，一份报科学生产处。

凡与中央各部或由领导部门批转，协作范围涉及校内两个或两个以上的系，协作时间较长的重大科学研究任务，经教研组主任（或研究组组长）和系（或研究室）主任审查同意，报请校长审查批准后，盖校章生效。

凡与中央各部各局、研究院（所）、解放军部队及各厂矿企业设计院等单位协作，主要依靠本系力量进行的科学研究任务，经教研组主任（或研究组组长）和系（或研究室）主任审查同意，报学校审查批准，盖系章生效。

系或研究室应对协议书或协作合同的执行情况进行定期检查。遇协议书或合同因故需要作较大变动或中止执行时须按同样手续报学校批准后执行。

第二部分　科学研究经济管理

（一）科学研究经费使用计划的编制

科学研究项目每年年底在编制科学研究工作计划的同时编制下年度经费使用计划。其中包括主要设备器材的购置、主要自制设备的加工和主要改建施工计划。计划经科学生产处汇总平衡后，提请校长审查批准。各系根据批准的现金总指标，按保证重点、节约使用的原则提出分配方案报科学生产处，学校根据批准的科学研究工作计划，下达经费指标。

（二）科学研究经费的使用管理及审批

1. 科学研究项目应于每季度初前二周编制季度预算，预算由系科学生产科汇总报科学生产处审查批准后执行。

2. 科学研究项目每使用一笔经费均应填写请款书，按下列手续请款。

① 款项在 500 元以下由系主任审批。

② 款项在 500～3 000 元由系主任审批后交科学生产处处长审批（其中购置仪器、设备、器材还需经行政处处长审批）。

③ 款项在 3 000 元以上由系主任审批后，交科学生产处处长和行政处处长会签后，报请校长审批。

④ 合同订货付款由行政处处长审批。

3. 每系可在科学研究经费中留少量科学研究用机动经费，作为科学研究实验室的小额维修、科学研究出差或直接为科学研究所需要的其他费用。凡属重大科学研究实验室改建任务应单独提出申请，专为某一科学研究项目的出差应由所属项目经费支付，不得动用机动经费。

4. 科学研究资料所需经费由科学生产处科技资料科集中管理，各系所需资料费向科学生产处科技资料科提出申请，按核准数领用。

5. 科学研究外埠出差，所需经费，需经科学生产处审查同意后，方能领用。

凡为科学研究出差，由科学研究科办理。凡参加学术活动出差，由科技资料科办理。凡联系科学研究加工出差由生产科办理。

（三）科学研究仪器设备和器材的购置

1. 科学研究项目应加强仪器设备购置的全面规划。购置价值 3 000 元以上的国内仪器设备及价值 500 元以上的进口仪器设备，都应由科学研究项目负责人和实验室主任联合提出申请，填写“贵重仪器设备购置申请卡片”，说明购置理由、产品质量及使用条件。经校长审查批准后，方能购置。

2. 凡需领用库存仪器、设备或器材，须事先提出申请，根据需要和可能发放。其中价值 3 000 元以上的仪器设备同样须填写“贵重仪器设备购置申请审批卡片”，办理审批手续。

（四）科学研究工作所需的加工制造和修缮施工

1. 科学研究工作所需加工经费应列入科学研究年度经费使用计划之内，每项加工任务由科学研究项目负责人提出申请，经系（或研究室）主任审查同意报科学生产处办理审批手续。

审查批准的加工任务分校内和校外加工两类情况，按科学生产处生产科制订的《清华大学工厂、车间、工间加工和修理任务管理暂行办法（草案）》有关条款所作的规定办理。

2. 科学研究工作所需的修缮施工经费应列入科学研究年度

经费使用计划之内。每项施工任务由科学研究项目负责人提出申请，经系（或研究室）主任审查同意报行政处办理审批手续。审查批准的修缮施工任务，按行政处《关于校内各单位新建、改建、扩建及安装工程管理的规定（草案）》有关条款所作的规定办理。

3. 投资在万元以上的重大设备建造及施工应由科学研究项目负责人和实验室主任联合提出申请，填写“科学研究项目重大设备建造申请审批表”说明建造理由和预期效用，需要条件及设计方案审查答辩情况等，经系（或研究室）主任审查同意报请校长审查批准后，方能开始建造。

（五）科学研究项目的经济管理和经济核算

1. 科学研究项目应经检查经费的使用情况，并建立经费使用账（包括固定资产账和物资消耗账等），年终在填报科学研究计划年度执行情况同时填报经费执行情况。

2. 各科学研究项目应有专人负责经济管理工作，其职责为：

① 负责编制科学研究年度经费使用计划和季度预算；

② 负责建立经费使用账，严格监督经费的使用；

③ 负责填报年度科学研究经费执行情况。

3. 各科学研究项目，在科学研究工作结束时，应提交该项目的经济分析，内容包括总投资、使用情况、决算经费、成效分析以及经济工作经验等。

第三部分　科学研究人员管理

（一）科学研究人员的安排

1. 各系、各教研组应充分挖掘潜力，抽出一部分教师、实验员、技工进行科学研究工作。他们参加科学研究工作的时间在一定时期内应有所侧重，稳定一部分人主要以从事科学研究工作为主。在填报年度科学研究工作计划时应列出参加人员的名单和参加工作时间，经审查批准后，不得任意变动。遇有特殊原因，确需变动，需按同样审批手续办理。

2. 科学研究的人力安排，要集中兵力，保证重点，每个重点研究项目都要求有学术领导人、研究骨干和一个领导核心，核心应包括政治、技术和后勤组织工作骨干。各科学研究项目的学术领导人、科学研究骨干和领导核心，在报年度科学研究工作计划时，应对人选加以慎重安排。经校、系审查批准后，应稳定不变，如需变动时，需按同样审批手续办理。

（二）科学编制的申请和审批

1. 学校重大研究项目及国家批准的研究室所属主要研究项目，可以根据工作需要，申请科学编制。学校批准科学编制的名额，需视科学研究工作进展情况和现有人力使用情况等因素全面考虑后确定。其他校重点项目及部分系重点项目，凡在工作上有较大成绩，可以根据工作需要和现有人力使用情况，申请部分科学研究编制，俟全校平衡后加以安排。不属于学校重点科学研究项目，一般不批给科学研究编制名额，在特殊情况下，可申请少量科学研究编制，俟全校平衡后适当予以安排。

增加下年度科学编制计划应于每年年底提出，经科学生产处、人事处审查同意，报请校长批准后执行。

2. 各系应根据批准的科学编制计划进人，由系科学生产科与人事科负责组织，经系主任审查同意报科学生产处及人事处审查批准后方可进人。

科学编制人员应挑选适合做科学研究工作，有培养前途的人担任。

科学编制人员除一般社会工作外，不得兼任其他工作，他们的业务工作时间，不得少于5/6。

（三）科学研究人员的管理

1. 科学编制人员和基本全时从事科学研究工作的人员，应相对稳定，科学编制人员一般至少稳定3～5年，其他至少稳定2～3年不变。上述人员，经初步确定后，需填写科学研究工作人员登记表，经系主任、科学生产处及人事处审查同意后，报请校长批准。上述人员经批准后，不得任意变动，遇有特殊原因，确需变动，需按同样审备手续办理。

2. 参加科学研究工作的教师，按工作量实行上班制，具体时间及办法由各系安排，年长教师及有特殊情况者，经系主任批准，上班时间可以减免。

3. 科学编制和基本全时从事科学研究工作的人员，应根据科学研究工作计划，完成科学研究任务。每年年底应填报“科学研究人员年度工作总结表”，经系主任审查后送科学生产处备案。

第四部分　科学研究成果管理

（一）科学研究成果的审查

1. 科学研究成果的审查是研究工作的重要环节，是贯彻科学技术责任制的具体手段。研究成果的审查，采取技术鉴定和学术审查两种形式。

研究成果是指对某一科学技术研究课题，经过试验研究、调查考察后，得出具有一定学术意义或实用意义的结论。研究成果包括：新产品、新工艺、新设计、新的实验技术、实验装置、新的计算方法、新的观测数据、技术总结、研究试验报告、学术论文、科学专著等。

2. 凡属科学论文、研究报告、技术总结，按照《清华大学科学论文、研究报告及生产技术总结审查出版办法》，填写“科学论文和研究报告审查表”，经教研组主任（研究组组长）、学术审查人及各系科技著作编审组组长签注审查意见后，上报学校学报及其他科技著作编审委员会审定，并按照水平和密别分别编号立卡，由学校发给“清华大学工作人员科技著作登记卡片”，交资料室保存。

3. 凡属科学研究自制仪器设备，一般由教研组（研究组）组织鉴定小组，对仪器设备的设计、制造、性能等方面进行鉴定，（鉴定时应备有设计计算资料、设计图纸、技术说明书、仪器附件清单等全部资料），写出书面鉴定意见。鉴定合格者经实验室主任验收，作为实验室固定资产保管使用，上报学校并发给“清华大学自制仪器设备验收证书”。

4. 凡属新产品、新工艺先由校内鉴定（一般的由教研组组织鉴定，重要的由学校和系组织鉴定），其中国民经济意义较大和研究成果水平较高的，再报教育部，转请主管业务部门组织鉴定。特别重大的项目，上报国家科学技术委员会，申请组织国家鉴定。

（二）科学研究成果的上报

1. 各项科学技术研究课题在获得具有一定独立意义的阶段性成果或最后成果时，均应由课题负责人及时上报，并按上述办法审查。

2. 研究课题全部完成后，必须整理好全套技术档案，一般由课题负责人签字，经教研组主任（或研究组组长）、系主任

(或研究室主任)审查同意后，交系资料室验收保存。校、系重点项目的技术档案尚需经学校审查。

3. 全校科学技术研究成果的管理工作由科学生产处负责。本校研究成果应及时向教育部、国家科学技术委员会上报。

清华大学档案，全宗号 2　目录号 校 4　案卷号 64024

关于科学研究工作的几点原则规定(讨论用草案)

(1964 年 3 月)

(一) 我校必须在教学为主，不断提高教学质量的前提下，积极开展科学研究工作，以便更好地培养高质量的科学技术人才，为国家做出有较高水平的、有成效的科学研究成果。

1. 我校教师从事科学研究工的总工作量一般可占全校教师工作时间的百分之十到百分之三十，各教研组教学科学的比重应该根据具体情况有所不同。教师参加科学研究工作的时间应该由系和教研组加以安排。讲师以上的教师，在可能的条件下，一般都应该在担满教学工作量的同时，积极挖掘潜力，进行科学研究工作。

2. 教研组在安排科学研究工作量时，人力上应有所侧重，在一定时期内，可以安排一部分教师，全时或大部分时间从事科学研究工作，以保证重点项目较好的开展。

3. 在教研组的领导和骨干力量中，分工也要有所侧重，以保证教学工作和科学研究工作正常的进行。

(二) 在我校科学研究工作中，要坚持为社会主义建设服务的方向，面向我国经济建设和国防建设的需要，立足于国内，立足于校内，从科学研究工作的客观规律出发，正确选择研究方向和研究课题，以切实解决我国社会主义建设中当前实际需要的问题为主，同时适当兼顾长远需要和基本理论的研究。

1. 要经常了解我国的科学技术和生产发展状况，国家的技术政策及国内外科学技术发展趋势，以确定科学研究方向，同时还要深入实际，全面细致的进行调查研究工作，主动与生产单位联系，取得第一手资料，并从中找出真正符合我国实际需要的科学技术课题。

在自然科学和技术科学方面，我校的科学研究工作，基本上可分为六类：

(1) 我校科学研究试验室的建设；

(2) 国家建设和科学发展中，当前需要解决的具体研究任务；

(3) 有具体生产背景的共同规律性的研究课题；

(4) 国家长远需要的研究和基本理论的研究；

(5) 试验技术的研究；

(6) 较高水平的教科书和教学参考书的编写。

根据我校具体情况考虑，应以 (2) (3) 两类研究项目为主。

2. 在选择研究方向及研究课题时还必须结合我校专业设置的特点和教研组科学发展的方向；同时还要考虑本教研组原有的科学工作基础，现有人力、物力条件及校内外协作的可能性。凡与学校重大研究项目有关的教研组，都应该根据学校重大研究项目的需要及其所创造的有利条件，安排自己的研究工作，以形成我校科学研究的特色，同时，也要适当照顾其他方面的需要，全面加以安排。

3. 科学研究方向和课题，一经确定就不要轻易变动。确定新的科学研究项目时，必须在调查研究的基础上，提出选题报告和研究大纲，经校、系审查批准后执行。科学研究项目中途停止或结束时也须办理审查批准手续。

（三）在科学研究工作中，既要有破除迷信，敢想敢干的革命精神，也要有严肃、严格、严密的科学作风，要经常注意理论与实际的联系，要把理论分析与试验工作很好地结合起来。

1. 科学研究项目要按阶段提出明确的工作指标和科学课题。在工作的过程中仍要不断到生产实际中进行调查研究，并具体了解国家需要，以使研究工作与生产实际需要更好地结合起来。

2. 在科学研究工作中，要坚持从小到大，从易到难，从特殊规律到一般规律的工作方法。要从自己的实际水平和条件出发循序前进，不断提高水平。

3. 科学研究项目确定以后，要坚持不懈锲而不舍，要努力钻研技术难关和克服工作条件上的困难。

4. 在科学研究工作中必须重视理论分析和试验工作，要不断提高理论分析能力和试验技术水平，要充分利用校内试验条件，要积极与校外单位协作进行现场试验，要以认真严肃的态度进行理论分析与试验工作，做到数据准确、结论可靠。

（四）在科学研究工作中，应力争高质量地完成研究任务，拿出高水平的研究成果。要按期进行总结和鉴定工作，及时把科学技术成果具体化、系统化。

1. 研究工作应力争做到使生产部门和科学研究部门能将成果接过去，主动交好接力棒，以使研究成果能够尽快用于经济建设和国防建设。

2. 在科学研究工作中应该重视情报资料和技术档案工作，要经常注意积累调查研究和设计试验等资料，并及时整理成技术档案。

3. 研究工作应定期进行检查总结，提出研究成果。研究成果包括新产品、新工艺、新的试验装置等实物以及新设计、科学论文、研究报告、技术总结等理论总结，实物必须经过技术鉴定，论文报告必须经过学术审查。

4. 研究成果应及时上报学校，其中意义较大、水平较高者，经学校审查后，上报教育部、国家科委及有关部门。

（五）在科学研究工作中，要贯彻群众路线，发扬集体主义精神，要贯彻百花齐放、百家争鸣的方针，发挥集体智慧，集思广益，要积极培养和建立一支又红又专的科学研究队伍。

1. 在科学研究的选题、方案选择以及成果评论等各个环节上都要发扬学术民主，鼓励各种人充分发表自己的见解。在充分讨论的基础上，要加强组织领导和实行分级负责制。

2. 在人力上要首先集中力量保证重点，在重点项目上要建立和稳定一支有学术领导人、有研究骨干、有全时和部分时间进行科学研究工作的教师、实验员和技术工人的队伍。特别要注意培养和建立又红又专的领导核心，核心应包括政治、技术和后勤组织工作骨干，逐步做到人员配套，形成梯队。

3. 在科学研究人员中，要坚持又红又专的成长道路，要正确处理政治与业务、理论与实际和个人与集体的关系，首先要努力完成科学研究任务，并在科学实践中扎实成长，同时也应结合工作需要有计划、有目的地加强基础理论和实验技术等基本功的训练。

4. 在科学研究工作中要积极发挥研究生和学生的作用，研究生毕业论文的选题要尽可能结合教研组科学研究工作选择，学生的毕业设计（或毕业论文）工作也要尽可能结合科学研究工作进行。

5. 全时进行科学工作的人员在一定时期内应固定不变，实行上班制要保证他们的业务工作时间不少于六分之五。非全时参加科学工作的人员，一般也应按工作量实行上班制。

（六）在科学研究工作中要贯彻勤俭办科学的方针，要加强仪器设备的管理和经济管理工作，要加强校内外协作。

1. 要集中尽可能多的物质条件，保证学校的重点项目，其他研究项目也要充分挖掘潜力，开展工作。

2. 树立校内、校外两个试验室的思想，既要在校内建立基本的比较系统的试验研究条件，也要加强与校外单位的协作，充分发挥校外试验的有利条件，使校内外工作密切结合。

3. 要加强科学研究的经济管理工作，要制定研究项目的经费使用计划，提交经费使用决算及使用情况分析。

4. 要加强仪器设备的维修和管理工作。要充分发挥仪器设备的作用，互通有无，物尽其用。要指定专人负责使用和保养精密贵重的仪器设备，建立专门的使用档案和严格的保养制度。

（七）加强党对科学研究工作的领导，更好地贯彻党的方针政策，党政密切配合，充分发挥各级行政组织的作用。

1. 各级行政组织都要认真研究本单位科学工作的方向、任务、队伍、基地、条件等重大问题，以明确工作目标和工作部署。

2. 各级行政组织要关心和研究又红又专领导核心的配备健全。重视骨干队伍的使用和培养，要充分调动各种人的积极性，要发挥学术上造诣较深的老教师的专长，使用和培养中层研究骨干和优秀的青年教师，在某些精密仪器的维护使用和精密加工方面要有计划地选拔优秀的实验人员和技术工人进行重点培养。

3. 各级行政组织要结合科学研究工作，在群众中经常进行思想政治工作，贯彻党的方针政策，同时各级行政组织也要加强对科学研究工作的行政领导和经常的管理工作。做好计划管理、经济管理、人员管理和成果管理等工作。

清华大学档案，全宗号 2　目录号 校 4　案卷号 64024

清华大学 1965 年参加科研人员统计表

（1965 年）

科学生产处[①]

① 制表者系根据归档案卷号判断。

清华大学1965年参加科研人员统计表(1965年)

系别	教学编制								科学编制						研究生	学生	备注
	教授	讲师	助教	实验员	技工	总计	教师全时	教师折合全时	教授	讲师	助教	实验员	技工	总计			
机械	5	9	17	11		42	14	25		1	17	12	18	48	9	72	
冶金	7	17	24	19		67	14	38.5		1	8			9	15	90	
动力	3	15	34	19		71	22	38		2	7	2		11	15	80	
电机	14	21	18	3		56	14	27		1	10	11		22	24	104	
土建	15	18	35	14		82	14	$33\frac{2}{3}$			9	3	2	14	15	96	
水利	9	10	8	22		49	11	19	1	1	15	5	5	27	13	12	
基础课	3	14	24	6		47	20	21			2			2	3		
工物		3	27	6	1	37	7	18			10	2	1	13	9	42	
工化	4	6	57	17		84	39	63			12			12	18	210	
工力	6	3	41	10	6	66	17	33			14	2	4	20	7	51	
自控	5	9	53	5	7	79	7	33.5			19	11	1	31	5	125	
无线电	1	14	40	11	12	78	8	33			39	3	1	43	21	134	
总计	72	139	378	143	26	758	187	382.7	1	6	162	51	32	252	154	1014①	

清华大学档案,全宗号2 目录号 校4 案卷号65007

① 档案原件如此。经计算应为1016。

（三）科研项目及成果

刘副校长又完成新著《中国在传动机件方面的发明》

（1954年9月15日）

最近，刘仙洲副校长又完成有关中国机械发明史的论文一篇。题目是：《中国在传动机件方面的发明》，主要内容为："用绳带传动""用链传动""齿轮、齿杆和齿轮系""用凸轮传动""用杆传动"等。在齿轮系传动里边有中国著名的水力天文仪器、指南车、记里鼓车等，在用杆传动里边有张衡创造的候风地动仪等。全文约三万字，附图五十二幅，已在中国科学院出版的《机械工程学报》第二卷第一期上刊出。

《新清华》第57期，1954年9月15日

水利系完成两个工程模型试验

（1956年1月7日）

水工结构教研组在新年前夕基本上完成了某两个工程模型试验。其中一项工程是一个国内的巨型发电站。一学期来，他们与产业部门合作研究了滚水坝泄洪能力、滚水坝泄洪时对航运的影响等四个问题，已得到比较良好的结果。

另一项工程是一个已经建成的进水闸，由于农业发展对于灌

溉需水量的增加，又考虑到原有河床在近几年中淤高，所以有条件增加进水闸的引进水量。一学期来他们进行了最大进水量和下游消能问题的试验，结果证明完全可以满足安全增加进水量的要求。由于原工程设计对水跃消能问题未加注意，试验中曾先后用各种消能物的方案都无法满足闸门在各种开度时的消能要求。最后他们经过试验以控制闸门的开关次序的办法解决了这个问题，为国家节约了改造工程的经费。他们从试验中还发现了临界状况的水流研究这个有意义的科学研究题目。

《新清华》第120期，1956年1月7日

焊接教研组研究自动焊药和杜拉铝焊

（1956年1月7日）

焊接教研组在本学期进行了自动焊药和杜拉铝两个科学研究。自动焊在祖国建设中正日益广泛地应用起来，但自动焊药却一直是国外进口。为此，教研组在上学期就与大连某厂合作对熔化式自动焊药进行了研究，并获得了一定的成果。现正进行非熔化式自动焊药的研究——这种焊药有很多优点，苏联也正在研究中。杜拉铝是航空工业、无线电以及日常用品制造中很重要的原料，但是进行杜拉铝的点焊却需要功率非常大而且构造复杂的机器，因此研究简单的焊接方法具有很大的意义。目前焊药方面已取得几种焊药体系，点焊方面也进行了几种焊接方法的试验。

《新清华》第120期，1956年1月7日

土木系竹材利用科学研究报告会决议（节录）

（1956 年 1 月 7 日）

（一）绪言

在国家进行社会主义建设中，党和政府对建筑专业提出了“实用、经济、可能条件下美观”的指示。竹材按其物理力学性能是一种较好的建筑材料，我国有很大的产量，每年约在 15 000 万担以上。而竹材成长期快，生长三、四年即可利用，且价格极低。如果使竹材能广泛地应用于承重结构和非承重结构上，不但为国家节约大量钢材和木材，并且可以降低建筑造价，对我国国民经济具有极其重大的意义。

在过去一年多的时间内，清华大学土木系在产业部门和研究机关、特别是建筑技术研究所的帮助下，进行了竹材方面的研究工作。

本次会议提出了 11 篇科学研究报告。

（二）研究方面的现状（全略）

（三）会议的初步意见

会议对于目前的研究工作提出下列意见

1．竹材性能及防腐防蛀处理方面

① 毛竹的主要物理力学性能、年龄及临界年龄等验证了前人的成就，并且初步发现外形尺寸的规律。

② 用克鲁苏油端部灌注法防腐处理是一个可能的方向。

2．竹筋混凝土方面

① 竹筋混凝土应用在民用建筑上是可能的，存在的困难如裂缝出现过早、徐变及防水等问题，经过继续研究，是可以克服的。

② 竹筋两端加弯钩，留节膜在混凝土内加氯化钙等办法，

可以改进竹筋混凝土板的刚度。

③ 肋形竹筋混凝土板刚性差，且肋宽有限，无法增加含竹量，不宜采用，没有继续研究的价值。

3. 竹结构方面

① 为了给结构设计和施工提供必要的资料，必须大规模有系统地进行试验，但试验的水平必须提高，一切有关的重要因素，如加荷速度等，必须考虑。

② 为尽量利用竹材的天然优点，目前以采用原材为主。

③ 装配式竹结构要进行示范建筑。

4. 其他：利用竹材作天花板、隔断龙骨、栏杆、暖气炉片罩、混凝土模板等应广泛推行。

会议认为，目前我们研究竹材的时间不长，且研究水平尚低，有待进一步的研究和提高。上述意见是极其初步的。

（四）今后研究方向（全略）

（五）建议

通过这次会议，我们体会到竹材研究的重要意义，因此提出以下几点建议：

首先，我们认为竹材的研究工作是一个具有重大国民经济意义的题目，但竹材利用于建筑事业还存在着不少问题。这些问题的研究决不是一个单位可以完成的，而是需要组织全国内可能组织的力量来共同研究，需要高等学校和企业部门的合作；同时，这样还可以避免研究工作中的重复现象。为此，我们建议国家建设委员会统一组织这一工作，把全国的研究力量加以合理的安排。

其次，以往竹材科学研究工作中缺乏一个研究工作大纲，因此对工作的计划上、研究方法上缺乏科学的系统性，在一定程度上妨碍了科学工作的结果。为了更有系统地完成科学研究工作，每一个研究工作必须有它自己的研究工作大纲和研究方法指示书。

第三，科学研究会议的召开，对交流经验，展开学术讨论，总结科学研究工作成果起着很大的作用。因此，我们建议有关部门（国家建设委员会或中国科学院）在将来能召开全国性的竹材研究会议。

第四，科学研究工作需要搜集和阅读国内外有关的文献。因此，为了今后的研究工作更好地在已有的科学基础上进一步开展，建议有关部门注意出版工作，同时加强交流出版的资料。各研究单位应该更好地搜集资料。

第五，为了使科学研究成果能尽快地大规模应用于实际工程中，建议有关建筑企业部门给予进行试点工程的便利。

《新清华》第 120 期，1956 年 1 月 7 日

中国科学院颁发 1956 年度科学奖金（自然科学部分）通告（节选）

（1957 年 1 月 24 日）

中国科学院科学奖金 1956 年度评奖工作，已进行完毕。现将评定结果公布如下（次序分学科排列，同学科同等奖按姓名笔划排列）：

科学研究论著名称　　作者　作者工作单位　　奖金等次

…………

关于弹性圆薄板大挠度问题　钱伟长　清华大学、中国科学院力学研究所　二等奖　　合作者　胡海昌　叶开沅

…………

燃气轮的研究　吴仲华　清华大学、中国科学院动力研究室二等奖

…………

对以上科学研究论著的作者，由中国科学院授予中国科学院科学奖章、奖状和奖金。奖金一等一万元，二等五千元，三等二千元。对集体工作的奖章、奖状授予和奖金分配，按《中国科学院科学奖金暂行条例》第四条规定处理。对给奖论著的书面评审意见将在《科学通报》刊布。

院长　郭沫若

1957 年 1 月 24 日

…………

《人民日报》1957 年，1 月 25 日

水利系结合生产试验
开展科学研究成绩显著

（1957 年 11 月 23 日）

最近两年来，水利系水工结构和水力学两教研组，在贯彻了为生产服务的基础上，通过生产试验，提高科学水平的理论联系实际的方针，因此在教学之余还进行了国内某几项水利工程的水力方面和结构应力方面的模型试验的科学研究，取得了显著成绩。

永定河引水工程的试验

去年，一进入水力学实验室的大厅，首先看到的是大厅中央占地很大的枢纽整体模型试验。这是在李丕济教授指导下进行的

永定河引水工程试验中的一部分。另外还进行了拦河闸及进水闸的过闸流量、泄流系数、水流下游衔接、闸门启闭次序等问题的模型试验。通过前后历时将近二年的试验工作，一方面解决了生产问题，对生产作出了重要贡献。例如按照施工改流试验的结果所进行的改流工程，实际施工时已经历了施工洪水的考验，证明试验结果是正确的，保证了永定河引水工程正常地、及时地按照计划施工。另一方面，在培养实验员的试验工作能力的同时，提高了教师的科学水平。例如根据此模型试验的结果，冬俊瑞同志在去年本校科学报告会上作了关于《低水头水力枢纽模型试验中的水力学问题》的报告以后，因为感到低水头枢纽有关闸的水力学问题在目前水力学上还是一个弱点；我国解放后在淮河上修建过很多闸，都是在南京水利实验处做了试验，但始终未得出有关闸的最有利型式，进闸流量以及下游衔接问题的普遍的理论解答，因此在李丕济教授指导下，冬俊瑞同志又对这个问题进行了深入的试验研究，希望对闸的基本水力学性能有所掌握。这样可以免得像以前那样每做一个工程就要做一套模型试验，可以节省国家用在试验方面的大量的人力物力。现在这项研究工作已初步得出一些结论，准备在最近本校的科学报告会上提出报告。

列入国家科学研究题目的提出

在露天试验场以及新水利馆实验厅西部，正在紧张进行着的是国内某大型水电站的模型试验，在这个枢纽中几乎是所有的工程需要做的试验工作，都在张任和李丕济二位教授的具体指导下进行，包括各种整体模型和断面模型，包括枢纽布置和施工改流试验问题。在试验过程中提出了一些具体建议，例如建议把坝轴线转一个角度，使溢流水射下去封闭整个河床，以改善水流性能。又建议改变施工改流用的围堰的布置，以安全的泄过施工洪水……，所有这些建议已在实际工程中采用了。

这样一个大规模的多方面的试验，提高了教师的科学水平。在去年本校第一次科学报告会上，吕应三同志曾结合了本工程及其他工程的试验情况，又看了一些文件资料，做了关于《高水头水力枢纽布置中的几个问题》的报告，又经过了一年多的深入试验，吕应三同志又根据本工程的断面模型试验，将在最近的科学报告会上做《关于下游水流衔接及厂房顶板溢洪之脉动压力》的报告。

在量测厂房顶板溢洪的动水压力时又采用了水力试验中的新技术——非电数值的电气量测法。从学习试验方法开始，到设计制作试验设备和仪器，最后终于得到了合乎一定规律的试验成果。这不仅对于我国第一个厂房顶板溢洪的结构设计方面起了指导作用，而且对于掌握水工结构物受脉动水流造成压力的数值方面有很重要的意义。现在生产机关已把溢水坝面脉动水压力的问题列为国家科学研究项目之一。水工结构教研组亦已接受了这一新任务。

进行国内第一个拱坝应力试验

水工结构物的结构应力分析，一直是一个比较困难的问题。因为边界条件太复杂，要用理论来计算是不可能完全解决的，而在这方面的试验技术上，我国也是较落后的。以前一直没有过做结构应力试验的实验室。但是国家水利事业的飞速发展，对从事水利工作者提出了新的要求。去年，国内设计和准备立刻建造二个砼拱坝。这是一种应力情况很复杂的坝型。为了验证坝的设计是否足够安全和充分经济，去年六月水工结构教研组在张光斗教授的指导下，接受了这样两个坝的应力试验的任务。结合生产试验，并且把原订准备在 1957 年才成立的结构试验室提前于 1956

年第二季度即开始工作，并建立了国内第一个水工结构的结构实验室。

经过一年多的试验工作，结构试验已经从无到有，逐渐走上正规。虽然走了不少弯路，碰了不少钉子，但现在已经初步掌握了拱坝应力试验的基本方法，试验的结果虽然还不是很合理想，但已能得出应力变化的一般趋势。目前参加试验工作的同志们正在分析成果和研究改进试验的方法，准备更好的服务于刘家峡这样一个根治黄河水患的巨型水利工程的拱坝模型试验。

× × ×

水工结构和水力学两教研组在上述这几项生产试验方面，曾先后有十多位教师参加了试验工作，不仅保证了生产任务的完成，而且在教师的科学水平方面也起了很重大的影响。结合生产试验，进行科学研究，被证明是一个正确的方向。

（水利系助教　吴媚玲）

《新清华》第 234 期，1957 年 11 月 23 日

水轮机试验台试制成功
自制水轮机节省 6 万余元

（1957 年 12 月 4 日）

水利机械实验室在德国专家欧拉汝同志的指导下所设计制造的水轮机试验台，于八月底正式试水成功，到十一月份已进行了一系列的初步试验，画出了一套转轮的特性曲线。试验台的建立原是供教学和科研两种用途。目前的设备供教学之用已足够精确，但要达到能进行委托试验或科学研究的水平，还有待一些改善。

试验台的水轮机部分是由设备制造工厂制造的，据初步结算，工料费约为6 500元，目前在国内找不到工厂可以接受这项设备的订货，如能订货，价格亦要比自制的高得多。据专家估计，在德国订货要人民币69 000元，一年才能交货。

这项设备的自行设计和制造，由于设备工厂和工程科的支持和协助，及工人同志们的热情劳动（设备工厂部分同志们在八月初的十天休假中还数度来馆工作），为国家节省了大量的资金和外汇。同时参加设计的教员和工作人员亦学到了很多自制设备的经验。事实上，试验台本身的建立已是科学研究的开始。这一阶段的设计原则和经验已在本月的科学报告会上提出专题报告。

（梅祖彦）

《新清华》第236期，1957年12月4日

永定河河水处理已获初步成果

（1957年12月4日）

土木系给排水教研组关于永定河河水处理的科学研究，一年多来，已经获得了一些初步的成果。

1956年3月，给排水教研组接受北京市政工程设计院技术研究所的委托，与他们合作对永定河河水处理进行了二项研究：永定河河水沉砂的模型试验和采用澄清池和双向滤池——苏联先进的净水设备——净治河水的可能性。

这项研究对于国民经济具有很大的意义。永定河河水的合理净治对我们首都的工业建设发展和人民生活水平的提高有很大影响，解决得好，首都的发展就有了一定的保障。由于永定河河水的大量含砂量，对给水净治带来了一定困难。这方面的设计资料

很缺乏，为了合理地净治河水，就必须进行试验和研究。

一年多来，教研组对这二项研究都已有一些结果。河水沉砂的模型试验结果表明，沉砂池的容积可以较初步设计计算的容积减少一半。这项数据最近已在永定河河水进行的某钢厂的沉砂池设计中应用了。

今年四月，澄清池及双向滤池的试验设备竣工了，经过五个半月的试验，初步证明：净治永定河河水是可以利用苏联的先进净水设备，效率比一般的净治设备高一倍。在利用这二种池子进行试验期间，运转并无困难。

试验只是获得了初步结果，缺点及未解决的问题还很多。目前试验还在继续进行中。

通过这项试验，进行试验的同志们感到：首先，在具体的试验过程中，极需教研组的支持。今年给排水教研组暑假的实习任务很重，但仍留下一个助师进行科研试验。因此，科研工作必须列入教研组计划，这样才能有利于完成任务。进行试验的同志也应亲自下现场，前阶段这方面做得不够。其次，应该与生产单位合作，利用他们现有的设备，能节省国家资金。进行沉砂试验的模型是长达 110 公尺、宽 2.4 公尺的钢筋混凝土结构，设备费达六七万元。这项设备若试验完后即行废弃，将造成极大浪费。现在，和北京自来水公司合作，试验完毕，池子即移生产。在澄清模型设计时，也考虑了将来水厂的生产能力，这样不但完成了试验，又能解决生产问题。

（许陈徐）

《新清华》第 236 期，1957 年 12 月 4 日

庄前鼎教授揭开了煤的秘密

（1957年12月16日）

自从动力系庄前鼎教授的科学研究报告《煤的特性的揭露及其在工业上的应用（中国煤分类及国际煤分类新方案的建议）》发表后，不仅在国内引起很多科学研究机关和生产部门的注意，而且在国外，在苏联也获得了热烈重视和好评。最近，在庄前鼎教授前往苏联考察期间，这项科学研究在苏联学者的支持下，得到了进一步的证实，并且有了新发展。苏联科学界认为这是几十年来的新发现。

庄前鼎教授的科学研究，不但在科学上有重大的价值，找到了百年来各国学者尚未找到的结论，并且对我国当前的工业生产起很大作用。通过他的科学研究，找到了代表煤的全部奥秘的“煤的简化特性系数 β'”，利用这个煤的特性系数进行煤的分类，只要有元素分析数据，就可以用庄前鼎教授所建议的双坐标图进行分类，这样可节省好多试验粘结性的实验工作，同时便利于勘测矿产，计划煤的开采与选择适当的煤。如炼焦煤、液化气化煤与动力用煤等，这些在国民经济中，都是有很重大的意义的。

今年五月庄前鼎教授曾代表全国科联中国机械工程学会到罗马尼亚去参加他们的工技科协全国代表大会，在那里，他的论文就受到与会的几个英、德专家的赞扬，归国之前，他又到苏联去进行考察。当他把这个科学研究报告与苏联科学院可燃矿物研究所的煤的特性专家，泰茨煤粘结性试验法的发明人泰茨（Тайэ）讨论时，立刻引起泰茨的兴趣和重视。泰茨高兴地说，这是几十年来的新发现。与此同时，泰茨同志花了很多时间，用顿巴斯和库茨涅兹出产的煤的原始数据，把煤分类法作进一步的核验，结果证实庄先生所建议的煤分类法，不仅适用于中国煤，而且也可将苏联的煤进行分类。在泰茨的推荐下，庄先生在苏联科学院门德列夫俱乐部作了报告，引起听众的很大兴趣与好评。

在庄先生动身到乌克兰科学院去作报告之前，庄先生曾在列宁图书馆作了进一步的研究工作，他以一个月的时间，相继用苏、英、美、德、日和波兰等各国的数据，来对他所建议的煤分类法进行核验，结果证明，这个煤分类法也是完全合用的。在做这些工作的同时，庄先生的科学研究在理论上又有了进一步新发展，这一次，他发现煤的简化特性系数 β' 不仅代表煤的全部特性（煤的粘结性、发挥性、发热量……）同时，还代表了煤分子结构的质量与代表煤的岩相组成的相对数量，这些论点庄先生已经在清华大学正在付印的研究报告内，用最近国际上公布的实验数据，予以理论分析证实了。这对煤化学的科学理论来说，的确是一个重大贡献。

这个对国民经济有很大价值的科学研究成功了，国内外不少同志向庄先生表示庆贺，在今天庆贺成功的同时，回过头来看看庄先生在这次科学研究中所走过的道路是十分必要的。还在 1956 年刚刚开始的时候，庄前鼎教授就已经着手进行中国煤分类的科学研究了。一年多来，庄先生不仅是翻遍了百年间国际上所有有关煤分类法的文献，而且是紧密地与生产部门联系，在一叠叠生产部门为他提供的数据、图表资料中顽强钻研，他经过学术上的论争与答辩，还是受到很多人的怀疑，而这个科学研究工作的本身，更是困难重重，但是，科学研究要为生产服务的强烈愿望，作为一个受党和人民器重的科学家对祖国社会主义建设的责任感，使得他终于排除了这一切困难，最后揭露了煤的秘密，对祖国作出了宝贵的贡献。

（本刊记者　黄鼎模）

《新清华》第 239 期，1957 年 12 月 16 日

土木系主任陶葆楷教授结合城市降雨情况进行研究

（1957 年 12 月 16 日）

土木系主任陶葆楷教授十一月廿八日在第二次科学讨论会土木系分会上所作的关于工业区及城市雨水道设计雨量公式研究的报告，引起了到会的产业部门同志们的重视，大家认为这项研究对我国经济建设有一定的实践意义。

雨量公式研究具有国民经济价值。雨量公式是设计雨水道流量时所用的一个公式。由于暴雨时雨量强度极大、地面径流量所受到多种因素的影响，和它的复杂的变化，确定暴雨量公式一直是采用经验统计方法的。精确地制定雨水道的暴雨量公式，对保证宣泄雨水和决定雨水道管径坡度有直接影响，而雨水道的管径和坡度又直接地决定了工程造价。

在苏联，哥尔巴切夫教授、AKX 研究院等已经制订出了苏联的雨量公式。解放后，我国若干工业区及城市的雨水道设计基本上采用了苏联的公式。

但是，苏联和中国的气候、水文情况很不一样，适合他们的公式不完全适合于我国。从第一个五年计划开始给排水教研组就不断地接到全国各有关单位询问雨量公式，以便使工业区和大城市的雨水道设计既保证生产生活安全，又符合经济原则。

由于我国目前很多地区还缺乏自记雨量计资料，有些地区自记雨量计资料的年期过短，使工业区及城市在雨水道设计中产生了困难，陶葆楷教授利用了苏联的经验，根据中国资料的分析，提出了适合于我国各个地区的参数和图表。同时他还分析了在我国采取苏联方法时存在的问题，并提出了一个适合于我国各地采用的公式：$q_{20}=0.055Hd^{0.75}$。此外，他还指出了根据年降水量来计算是不够正确的，因而提出了根据最大日降水量和最大时降水量的计算方法，以解决在没有自记[雨]量计资料地区的雨水道设计问题。

这项研究，对我国在很多地区还没有多年自动雨量记录的情况下，具有很大的现实意义，但也必须指出，由于资料年份和研究力量的限制，这些初步成果还有待于将来的补充与修正。城市建设部设计局副局长过祖源同志认为，除了缺乏对西北地区分析外，这项研究价值很大。

（黄、徐）

《新清华》第239期，1957年12月16日

铁道科学研究院在王遵明教授帮助下试制球墨铸铁车轮成功（节选）

（1957年12月21日）

由于解放前我国处于半殖民地境地，钢的产量极低，钢制的加工工业极端落后，铁路车辆的车轮一直依靠国外进口。解放后为了发展我国自己的机车车辆工业，曾分别试制冷铸车轮和炭钢轮，但冷铸车轮不能适用于重型货车上，炭钢轮磨损很快，并没有投入生产，国家每年还要花费大量外汇购买碾钢车轮。因此根据我国情况寻求价廉耐用可靠的车轮材料就成为一项迫不及待的任务。

1951—1952年间，王遵明教授曾去东北指导过球墨铸铁在工业上的推广应用等工作，并曾在交通、纺织、兵工、冶金、普运机械制造等三十余工厂推广，使国家获得很大的利益。数年来

他又积累了相当丰富的有关球墨铸铁的知识。1956年铁道科学院进行球墨铸铁车轮的研究，王遵明教授积极给予支持，每周抽出一定时间帮助他们进行研究。教研组在去年毕业实习时派了两位同学参加工作，并作为毕业设计的专题。经过一年多的努力，球墨铸铁车轮已经试制出来，并装车运转，在佳木斯地区气候很冷，温度在−40℃左右，地势陡斜的条件下，已运转了近两万公里，情况良好，准备再运转一定阶段后，作出最后鉴定，然后付诸生产。根据目前情况看，球墨铸铁车轮是一种十分有希望的轮种。

球墨铸铁车轮的研究试制工作，是正确的又是艰巨的任务。世界各国生产车轮的方法很多，但还没有一个国家用球墨铸铁生产车轮。我国科学工作者和工程师们，为了勤俭建国，节省外汇，根据自己的科学知识和生产经验，大胆地创造性地对它进行研究，并运用到工业实践中去，以解决我国目前的实际问题。……

《新清华》第242期，1957年12月21日

“电厂机组蒸汽初参数研究”为生产服务，受到产业部门重视（节选）

（1957年12月21日）

在第二次科学讨论会动力系分会上，热电站教研组主任董树屏教授所作的科学研究报告《发电厂50 000千瓦机组蒸汽初参数选择的研究》，引起了很多产业部门的重视和好评，并展开了热烈的讨论。一机部机械科学研究院胡先约工程师在对这篇报告中某些部分提出意见后说：“我们十分注意这个题目的研究结果，

因为这对制造部门确定产品有重大关系。”

蒸汽初参数是影响热力发电技术站经济最主要的因素之一，无论在发电厂设计或热力发电设备（汽轮机、锅炉等设备）的设计制造时，首先要解决的问题就是蒸汽初参数的选择，由于这个问题在我国经济建设中有最大的现实意义，所以在十二年科学规划中，就曾把这题目列为动力科学今后研究的中心题目之一，并在今年年初召开的产业部门和高等学校协调会上，确定以我校的热电站教研组为研究这题目的主要负责单位。

一年来，教研组的五位同志，在董树屏教授的领导下，大量地收集资料，进行分析、整理，并提出方案比较。他们不仅收集了苏联、捷、美、英、法国的参数标准，更主要的是，他们结合了我国的具体情况，考虑了我国电力工业的发展规模，动力机械制造业的水平，以及钢材与煤价的变化规律，再从社会主义的经济特点出发，提出我国自己的参数标准。在作这项研究工作的过程中，他们始终是和产业部门紧密配合的，研究工作中的很多原始资料，就是煤炭工业部、电力工业部、一机部等生产部门供给的，并且在选择煤种和比较方案时，还先后在电力部开过技术会议，听取生产部门的意见，就这样，在和生产实践紧密结合中完成了这项科学研究。

这篇报告发表后，在国内外都曾得到良好的反应。最近电力部技术委员会已把这篇报告印发该部所属各单位，预备组织讨论会，对这个问题进行专题讨论，并准备把报告的初步结果，考虑在生产上采用。

…………

（黄鼎模）

《新清华》第242期，1957年12月21日

土木系竹材研究有进展

（1958 年 1 月 7 日）

我校土木系的竹材研究，自 1954 年根据苏联专家捷烈文斯柯夫的建议及与北京市第三建筑工程公司合作研究开始的，不久就与建筑部建筑科学研究院签订技术合作，主要是研究竹材物理力学性能、竹结构及竹筋混凝土三个方面。几年来在物理力学性能方面，共计完成和正在进行的北京市用毛竹的物理力学性能，调查及采集湖南耒阳会同地区竹材暂行办法，竹材物理力学试验方法草案，及草案的验证研究。在竹结构方面有基本杆件，竹木钉合工字梁，三角单元装配桁架，人字屋架，预制竹木屋面板，缺口对于受拉及弯曲杆件的影响，压弯杆件，梢结合，热弯结合，小跨竹屋架等研究。在竹筋混凝土方面有整圆竹、半圆竹及矩形、椭圆形空心板，竹筋在混凝土中的粘着力及预应力、竹筋混凝土板的研究，此外还有给排水教研组的竹水管研究，总共完成论文十余篇，除于 1955 年冬组织了一次专门性的竹材利用科学讨论会外，并在历年的校内外的学术活动中进行了多次的报告。

竹材研究是响应党关于在建筑工程中大量节约钢材及木材的一项重要科学研究。几年来全国参加这项研究者不下百来个单位，本校 1955 年在建委负责人和苏联专家指导下举行的竹材利用专门性的科学讨论会，对开展全国性竹材研究起了一定推动作用。我校竹材研究小组某些研究成果如半圆竹混凝土已在某些建筑工程中正式采用，效果良好。关于竹材的力学性能试验方法草案为竹材研究及竹材利用都提供了有价值的结果。

通过几年来竹材研究，提高了教师的科研能力与实验员的工作能力。同时体会到，科研除必须与产业部门与校外研究单位建立技术合作，以使研究题目能结合生产，并互相支援外，在综合性的研究题目中只有基础课配合专业课，组织起来，才能有利于科研的顺利开展。自1954年以来我们的研究就组织了钢筋混凝土、钢木结构及建筑材料三个教研组的力量成立竹材研究小组，几年来一直有4位到7位教师在进行研究。使我们能互相配合，对于选题交流经验，配合校外研究单位的研究工作，解决各种困难等起了重要作用。缺点是我们争取基础教研组的配合帮助不够，例如当前在推广竹筋砼碰到最关键问题之一的竹筋防吸水的问题，未能取得化学教研组的帮助来解决。此外在基本杆件的研究中同样也没有争取材料力学等教研组的指导，兄弟学校在这方面就比我们做得好。

（竹材研究小组通讯）

《新清华》第247期，1958年1月7日

国产高温导热仪即将问世

（1958年3月15日）

动力系热工学教研组试制高温导热仪成功后，已经获得了国家机关的支持。现在外贸部仪器进出口公司已将今年准备向民主德国和日本订购的8台高温导热仪从订货单上撤销，转向我校订货。向国外的订货每台价值8 600元，而热工学教研组自制每台仅需2 000余元。这样就将8台高温导热仪的价钱从70 000元降低到18 000元左右。这批订货将在月底正式投入生产，估计在10月1日以前可以交货。热工学教研组的师生职工们在接受了这批正式订货以后，劲头更加足了，现在他们正在积极准备生产前的工作。

《新清华》第266期，1958年3月15日

无线电系青年教师和职工制成一套电视系统设备（节选）

（1958 年 5 月 24 日）

无线电系新近制成一套电视系统设备。这套设备包括摄像机、同步机、同步监视器立柜、分配放大器立柜和控制台单元，共有 256 个电子管。

18 日晚上，学校和党委负责同志和苏联专家参观了这套电视系统设备。当时除了收看北京电视台的广播节目外，并用这套设备作了表演，当场播送了同学的一些文艺节目。

…………

（无线电系通讯）

《新清华》第 300 期，1958 年 5 月 24 日

试制仿 OK 焊条达国际水平

（1958 年 6 月 27 日）

我校机械系生产工厂焊接车间和外厂合作，仿制瑞典 OK49p，OK50p 焊条，经过十天努力，已在 6 月 23 日下午 5 时试制成功，并达到国际水平。实验结果证明这种焊条在工艺性能上如脱渣、稳弧、成型等，机械性能上如弯曲、冲击等，已分别达到或超过了瑞典焊条。现在他们正准备进一步仿制性能更高的英国钻石牌焊条，并决心要超过它。

目前我国焊条生产还很落后，性能也很差。但是，随着社会主义经济建设的飞跃发展，对焊条的需要量大大增加（它的消耗

量占钢铁消耗量的0.5%)。我国每年用于购买外国焊条的外汇则达数百万美元。今后我国钢铁生产将迅速地以亿吨为计数单位，而对焊条的需要就达几十万吨，甚至几百万吨。因此仿OK焊条试制成功，为我国大量生产高质量的焊条打开了道路，对社会主义建设有极重要的意义。

23日5时45分，焊接车间全体工人高抬喜报，手里捧着他们试制成功的样品，敲锣打鼓地向校党委和校行政报喜。

《新清华》第314期，1958年6月27日

非线性电子计算机试制成功

(1958年7月1日)

电机系已经试制成功两台非线性电子模拟计算机。它综合了苏联 ИПТ—5，ЭМУ—5，МПТ—9，МН—7 等四种型式的计算机的优点，尽量利用我国国产器材，设计制造而成。

这台计算机可用为解决线性及非线性常微分方程；用模拟方法研究及试验自动调节及控制系统；用来控制较复杂的自动调节过程。每台计算机可以解决四阶非线性常微分方程；两台计算机可以并联起来同时工作；在任一台计算机上操作，即可解八阶非线性常微分方程，误差不超过5%。

参加试制工作的主要工作人员都是年青人，其中本校讲师1人，1957年毕业的大学生7人(内包括交通大学、成都电信工程学院进修教师)，实验员4人，技工10余人，他们的平均年岁是23岁。此外，在试制过程中有三、四年级的同学150人参加了装配焊线等工作。这一事实充分说明了科学并不神秘，只要政治挂帅，敢想敢干，青年同志完全可掌握像计算机这样的尖端

技术。

试制工作中充满了革命干劲。1958 年 5 月中旬试制工作正式开始，只有一个半月的时间，两台非线性电子模拟计算机就诞生了。试制过程中，他们敢想、敢干，不怕任何困难，他们说：我们一定要完成这两台机器，作为向党的生日的献礼。

试制工作中也贯彻了勤俭的精神。他们把阴暗的地下室作为试制计算机的厂房，把从某工厂废品中找出来的铁架改为漂亮的机架，机器上不少按钮开关、转换开关信号灯，都是由工厂仓库中找来的废品。

试制工作中得到了校内外有关的单位大力支援。特别是北京理疗器械厂，为我们解决了一些零件，并且派了 6 位同志来直接参加工作，对机器的机架部分提出了宝贵的意见。

《新清华》第 316 期，1958 年 7 月 1 日

球墨铸铁铁轨代替轻型钢轨

（1958 年 7 月 1 日）

最近，机械制造系铸工车间试验用球墨铸铁铁轨代替轻型钢轨获得成功。

球墨铸铁轻型铁轨的试制是从我国当前大办地方工业，县乡之间迫切需要铁路运输的要求出发的。随着工农业的“大跃进”，铺设轻便铁路的铁轨需要量很大，而目前我们压延生产之钢轨远远满足不了需要。用球墨铸铁铁轨代替部分轻型钢轨有四大好处：一是成本低，大概为钢铁之一半左右。估计钢轨每公斤 1.4 元，而球墨铸铁铁轨仅需 0.6～0.7 元。二是设备要求简单，钢轨必须在钢铁联合企业中用专门的轧钢机轧制，而球墨铸铁铁轨

仅需一些砂子和球化处理设备，这是非常简单的，一般县区的机械修配厂均能制作。三是取材方便，钢轨必须向大的工业城市去买，铁路运输远道供应，而球墨铸铁铁轨是就地取材，就地制作，不需要运来运去。四是操作方便，如果铁路碰到弯道时，钢轨必须再来一次加工，而球墨铸铁铁轨能直接铸出。

目前铸工车间已做出四米多长的各种球墨铸铁铁轨，并作了试验。在抗拉强度方面，球墨铁铁轨每平方公分为 60 公斤以上，而轻型钢轨仅 50 公斤。在耐磨性方面，球墨铸铁铁轨并不比钢轨逊色多少。虽然在冲击韧性方面球墨铸铁铁轨比较差一些，但是对于县区间的轻型铁道的要求是完全能满足的。目前正在作进一步的试验。

（朱奕庆）

《新清华》第 316 期，1958 年 7 月 1 日

自制电子加速器成功（节选）

（1958 年 8 月 28 日）

我校自行设计和制造的中国第一台电子感应加速器，已于 8 月 28 日在工程物理系和各单位协作下试制成功了。这台在一个月时间内制成的五百万电子伏特电子感应加速器，是共产主义协作精神放出的一颗卫星。加速器上除少数电子管外，全部器材都是国产。这台加速器使用很灵便，可以专门给学生排出 30 个教学实验。这台加速器建成后，如果器材困难得到解决，则可以具备制造同样类型更高能量和质量的加速器的能力。这台加速器已于 8 月 28 日送往北京展览馆原子能馆参加即将开幕的全国工业

交通展览会。

…………

《新清华》第342期，1958年9月6日

电机系制成我国第一台二百周波交流计算台（节选）

（1958年9月24日）

我国第一台200周波交流计算台在9月24日晚由我校电机系制造成功，经过正式运行性能良好，这是我国电力系统发展中的一件大喜事。

交流计算台是一种电力系统专用的计算机。它是电力系统运行总指挥的得力助手。调度员利用计算台可以迅速地分析分布在广大原野上的各个发电厂、输电线、工业用户的发电、送电、用电的情况，及时地挖掘出电力系统中的潜力，提高运行的效率。它也是建造新电力系统的设计人员、科学工作者强有力的工具。……例如东北系统以前设计院用计算尺算，五、六人算了八个月，但若在交流计算台上进行，仅需二、三人三天时间就够了。这样就极大地加快了计算速度，并且把大量劳动力从繁琐的计算中解放出来。交流计算台的制成对我国已有电力系统的运行和新系统的建设将起巨大的作用。前几个月当交流计算台还在试制时，向他们要求订货的生产、科学研究和学校有十多个单位。

…………

今年暑假，党的教育方针给我们明确了方向。电机系一、二、三年级的二百多同学，二十多个工人和部分教师，在党的领导下，决定自己动手自制交流计算台。“外国人能做的我们也能

做”，他们学习了苏联经验，苦干巧干了二个月，花了十万工时，在群众大发动下，克服了材料缺乏、设备不足、缺乏组织生产的经验等一系列困难。在水利电力技术改进局、天津大学、华中工院、交通大学等单位的大力支持下，终于在“十一”前一个星期，把这个尖端产品制造了出来，作为他们向党的献礼。计算台上 20 000 多个较精密的机械零件，2 500 多个电磁元件，近 20 套电子仪器全部是自己制造的……

《新清华》第 353 期，1958 年 9 月 28 日

程序控制机床试制成功

（1958 年 9 月 29 日）

全部用国产材料自行设计和制造、用电子计算机控制的程序控制立式铣床，已在本校机械制造系、自动控制系、电机系和北京第一机床厂的合作下试制成功。9 月 29 日深夜 11 点，市委第二书记刘仁、书记郑天翔等同志参观了这台铣床的试车。只见根据零件图纸打成的有孔纸带嗒嗒地进到输入装置，铣刀就在一块金属板上按预定程序迅速转动起来。不一会，金属板上出现了一个碗口大的圆圈。顿时掌声沸腾起来，大家欢呼我国机械加工新纪元的开始，欢呼我国赶上世界先进科学技术水平新的里程碑。

电子计算机程序控制机床是世界上近几年才发展起来的尖端技术，只有少数几个国家试制成功过。它是机床发展的新方向，为机械加工的全面高度自动化开辟了道路。不论零件怎样奇形怪状、复杂精密，它不需工人操作就能自动加工。如飞机、火箭上的零件，各种冲模和样板等。它不仅能加工一般机床所不能加工的零件，而且可以提高效率 30～100 倍，降低成本，节省大量熟

练技工。如用仿形铣床制造整体飞机翅膀，要 104.6 小时，用程序控制铣床加工就只要 3.5 小时。一台电子计算机还能同时操纵几台以至十几台各种不同的机床，一个机械加工车间或高度自动化的工厂，此外，它还可以进行远距离操纵，也就是说，在北京就可以自动控制新疆的机床进行生产。因此，程序控制机床具有极其巨大的国民经济意义和国防意义。参加这项工作的教师、工人和学生有 100 人，平均年龄只有 24 岁。他们在资料极少，缺乏经验的情况下，不到三个月就完成了程序控制机床的设计、试制和调整工作，而美国却用了四年，后来英国也用了两年半。他们在党的直接领导下，充分发挥集体智慧，克服了无数意想不到的困难。在试制过程中，刘仁同志四次亲临现场进行指导，给予大家极大鼓舞。很多单位，即使在自己献礼任务非常紧张的情况下，也把机床拆下来让他们观摩，有的厂长亲自帮助找材料。这一切，都是程序控制机床能够高速度制成的基本保证。

《新清华》第 355 期，1958 年 10 月 1 日

机械系总结出土法制造含油轴承的完整经验（节选）

（1958 年 9 月 30 日）

我校金属学热处理及车间设备专业的同学，经过三个月来的刻苦钻研，进行了上百次的试验，制成功了 80 公厘大的含油轴承，总结出了一套完整的土法制造轴承的方法。用这种方法制造轴承，原料来源方便；制造上不需要球磨机、真空烧结炉、油压机等复杂技术设备；不需要切削加工。因此，即使没有技术只要有些简单设备就能制造出来，便于在农村中普遍推广。它是我国

实行轴承化的一件大喜事。

经鉴定，用土法制造的含油轴承质量已超过国际水平……

我校报喜队向教育部、机械部、国家技术委员会、北京市委等单位报喜后，国家技术委员会立即决定把我校制造的含油轴承送全国工业交通展览会展览。现已送去，即将展出。北京市第三地方工业局当即在26日下午，在我校召开了现场会议，决定普遍推广。

…………

《新清华》第354期，1958年9月30日

炼硅晶体纯度达到八个九
年青的半导体教研组制成新产品二十项（节选）

（1958年10月12日）

半导体教研组经过了50天的奋战，取得了科学研究的巨大胜利，截至9月27日止，试制成产品二十多项，放出一颗大卫星，用特殊化学方法直接得到超纯硅棒，电阻率在100欧姆厘米以上，估计纯度在99.999 999%以上。

……半导体专业青年教师解放思想，大胆向尖端技术进军，克服种种困难，自制了提炼设备，经过四十几次的失败，最后掌握了目前世界上最先进的提炼方法，得到了超纯硅，并且直接得到用其他方法不能得到的条形硅，其直径达到世界先进水平。

半导体教研组科学研究的另一特色是百花齐放，它不仅有尖端产品，而且有数目众多的其他产品。这次研究的项目，从半导体的原料到各种晶体管和光电、热电器件，通过这一阶段工作，

教研组不但较全面地掌握了半导体科学技术的几个重要方面，更重要的是这些新产品都是目前国内半导体研究重要项目，这些研究成绩将对我国半导体事业的发展起促进作用。

《新清华》第359期，1958年10月12日

生产大发展促进科学大跃进（节选）

（1958年10月22日）

我校科学研究工作在科学和教学大辩论的基础上，在半工半读大搞生产的基础上，有很大的开展。半年来，已经完成了844项较重大的项目，其中130项达到了国际先进水平，522项达到了国内先进水平，有些项目水平很高，具有重大的国民经济意义。

重要的科研项目有用电子计算机控制的程序控制铣床、球墨铸铁铁轨等的研究、土法制造含油轴承、土电渣焊、燃料综合利用发电厂、微型汽车、200周波交流计算台、电子模拟计算机、射电天文望远镜、特种调制多路通讯设备、超高频技术装备、特种高级电子量测仪器、500万电子伏特感应加速器、线性不过载放大器、300号无掺料石灰烧粘土水泥、过水土坝研究、光电测距仪，中小型摄谱仪、α-α′联砒碇等。此外，还编写了教学大纲、技术资料、教科书等95种。

……

《新清华》第364期，1958年10月22日

汽车拖拉机专业师生工人制成我国第一台无人驾驶拖拉机（节选）

（1958 年 11 月 20 日）

一轮银灰色的自动底盘拖拉机，在清华园里不停地行驶着，时而转弯，时而停止，接着又重新起步。令人奇怪的是，在这辆拖拉机上，你既看不到方向盘，也找不到拖拉机手。“拖拉机手”是在离开拖拉机很远的另一个地方按电钮来操纵并控制这辆拖拉机的。这就是我校汽车拖拉机专业在国庆前夕试制成的我国第一辆无人驾驶的遥控拖拉机。在全国教育与生产劳动相结合展览会上展出期间，它引起了国内外观众极大的兴趣。

整个遥控拖拉机是由一辆自动底盘拖拉机与一套遥控装置组成的。在这辆拖拉机上，装有收报机、继电器、油泵及作用筒。“拖拉机手”只要在远处用发报机发出一个脉冲讯号，拖拉机上的收音机收到这个讯号后就吸动小的继电器，然后又经过电码式中间继电器的放大，并由电磁机构吸动高压液力系统的分配阀，把高压油打到作用筒，将力传到拖拉机的转向系统，离合器机构与农具悬挂机构。这样，拖拉机就能根据拖拉机手发出的不同讯号，自动地转弯，停车与起步和操纵农具。

设计并试制这辆拖拉机，是为了在我国农业中能走机械化自动化的道路，使一个拖拉机手能同时操纵几辆拖拉机，并大大减轻劳动强度。同时，经过改装，这套遥控装置也能用于坦克与军用汽车上，在国防上具有很大意义。

…………

（黄鼎模）

《新清华》第 378 期，1958 年 11 月 20 日

焊接教研组与石景山钢铁厂合作焊成重型轧钢机机架（节选）

（1958年11月22日）

本校焊接教研组与石景山钢铁厂合作，并有冶金部建筑科学研究院及一机部工艺研究院参加，用板极电渣焊的方法焊接成功了800公厘轧梁轧钢机的机架，为轧钢设备供应了大毛坯。这是我国第一次用土办法焊成的最厚最大的工件……

这台800公厘轧梁轧钢机是轧制重型钢轨用的，共六个机架，每个机架约重20吨。由于石景山钢铁厂制造能力有限，铸不出这样大的毛坯，在附近地区也无法解决，决定委托清华大学焊接教研组解决这个困难。经过共同研究，他们决定化大为小，将机架分为7块铸造（每块三吨左右），然后再由小并大，把它用电渣焊的方法併为一个整体。

在所焊接的接头中，最大断面达700公厘×800公厘（有效断面为650公厘×700公厘）。这样大的厚度，国内从来没有焊过，国外的资料也几乎没有，必须自己去摸索、试验……

《新清华》第379期，1958年11月22日

国家技委、一机部召开微型汽车现场会议进行定型工作　我校与首都汽车公司新制两种微型汽车在会上受到鉴定（节选）

（1958年11月25、26日）

11月25、26两日，国家技术委员会和第一机械工业部在北

京召开了全国微型汽车现场会议，进行微型汽车的定型工作。我校设计并与首都汽车公司修理厂共同制造的两种微型汽车，在会上受到了鉴定，参加这次鉴定的还有上海制造的“飞跃”、“沪客-580”、“海燕-250”等几种微型汽车。

会上，国家技术委员会副主任张国坚同志作了指示。他说，微型汽车虽小，意义却很大。我们要用它消灭几千年人抬人、人拉人、人蹬人的不合理现象，解放劳动力，并在国庆十周年以前，使各大城市基本用微型汽车代替三轮车。这次会议的任务是确定一、两种或两、三种微型汽车的基型，以便在全国推广。

在会议前夕，我校根据周总理的指示，对第一辆微型汽车作了改进，同时又设计了双缸、4.00-12 轮胎的新型微型汽车，并与首都汽车公司修理厂合作制造了出来。我校与首都汽车公司在会上介绍了这两种微型汽车的设计、制造过程及其性能，并对微型汽车的设计原则和方案提出了意见。其他单位也同样作了介绍。会议对这些微型汽车进行了试验和讨论，参加会议的司机们、保养使用部门、交通运输部门和公安机关对车速、制动、操纵、离地间隙、面积利用率、保修等方面都提出了意见。会议最后确定采用卧式双缸对置气冷发动、后置驱动、无级变速传动、四个轮子、四个座位等基本方案，并决定立即成立北京、上海两个小组，根据以上原则在现有车型的基础上进行改进，在一个月内做出结果。

…………

《新清华》第 385 期，1958 年 12 月 6 日

建工部在我校召开300号石灰烧粘土水泥技术鉴定会议

（1959年12月15、16日）

本月15、16两日，在我校由建筑工程部主持召开了石灰烧粘土水泥技术鉴定会议。这次会议是在国家科学技术委员会指导下进行的。参加会议的有国家科委，建工部科学局、施工局和水泥局，以及建工部水泥研究院、建筑科学研究院、交通部、教育部，北京市建工局及北京市第二建筑工程公司等单位的有关负责同志。会上，我校土木系研究粘土水泥的同志及北京市第二建筑工程公司的工程师，作了300号石灰烧粘土水泥的生产工艺特点、试验楼施工、建成一年来的观测报告，以及粘土水泥微观理论的探索性研究结果等报告。

生产单位参加会议的工程师认为，石灰烧粘土水泥能大[量]生产稳定300号，并做出各种承重结构构件，盖成楼房，还是第一次。参加会议的同志们还特地到东郊粘土水泥试验楼进行了实地观察和鉴定。以前还以为粘土水泥大气稳定性不好，可能产生早期破坏现象。但看到这座已交付使用了一年的石灰烧粘土水泥的试验楼质量良好，都异口同声认为“百闻不如一见，很好，应当推广”。

会上，认为粘土水泥技术鉴定良好，一致建议大量生产推广使用，并希望我校继续研究如何进一步简化石灰烧粘土水泥生产工艺，深入研究性能以及各种不同地区自然条件下施工工艺问题，使粘土水泥在我国得到更广泛的应用。

《新清华》第491期，1959年12月23日

1963 年校系重点项目确定情况汇报

（1963 年 4 月）

科学生产处

科汇字 2 号

高沂　李寿慈同志：

我校 1963 年科学研究项目经初步汇总共计 154 项，其中大部分项目都是与国家十年学科规划和专业规划任务有关的，也有许多项是与校外单位协作共同进行的。大部分主要项目都是 1958 年以来继续进行的项目。为了保证重点项目取得较好的成果，我们根据以下原则：①方向、任务系重大国民经济任务、国防任务或校内重大实验研究基地；②研究项目的基础；③科学研究队伍的情况；④1963 年阶段指标及成果落实情况等条件，对各系提出建议列为校系重点掌握的项目逐项作了研究，并向张维副校长作了汇报，现将初步确定的校重点项目 16 项的情况及 27 项系重点项目汇报如下（各系原提校重点项目 19 项，系重点项目 32 项）：

校重点项目名称	简要情况	负责系	参加系
1. 901（实验化工厂）	1960 年开始建造以来，几年来是学校重点项目之一，现已完成大部分土建工程，已投资约 640 万元，预计 1963 年完成安装调整，1964 年内正式投入运行。从 1963 年起陆续进行研究工作。	工物	自控 工化 土建

续表

校重点项目名称	简要情况	负责系	参加系
2. 911 （大型、快速通用数字电子计算机的建造）	自1960年开始建设到现在，已投资约150万元，是学校重点投资项目之一。运算控制器已完成分调，电源部分已完成，预计1963年完成总调整。1964年可投入使用。	自控	
3. 9003 （精密机械与精密量测技术的研究）	全校精密加工及精密量测的研究试验基地，今年要求①改善公差实验室及工具车间的条件，保证恒温，以便安装一些精密贵重的仪器设备，②试制出自直准仪，③为试制出一级齿轮进行科学研究，队伍已组成。	机械	
4. 403 （周期磁场聚焦行波管）	已列为国防科委重点项目，主要条件由国防科委供给，任务要求迫切，希望尽快提供成果，今年可得出初样。	无线电	
5. 502 （雷达数据半自动录取）	已列为国防科委重点项目，主要条件由国防科委供给，任务要求迫切，希望尽快提供成果，今年可得出试验模型。	无线电	
6. 电力系统稳定及特殊运行研究	是电工研究室重点项目，利用动态模拟实验基地，完成了结合云峰等电力系统的试验工作，进一步进行电机在饱和情况下电力系统的运行情况及快速励磁调节器对电力系统稳定的影响，进行比较深入的理论研究。	电机	

续表

校重点项目名称	简要情况	负责系	参加系
7. 拱坝合理坝型的研究	砼拱坝是一种很重要的坝型，国内外应用很广泛，自1958年就开始了这一项目的研究工作，取得了一定成果，目前在量测技术、模型试验方面已打下了一定基础，是水工研究室重点项目。	水利	
8. 902（重同位素分离）	任务重要，过去已取得初步成果。	工物	
9. 焊接热裂缝的研究	系提出为系重点，拟改为校重点。过去几年工作成绩较突出，今年任务指标明确，一方面结合一机部部管重点项目“上海汽轮机厂711415材料的燃气轮转子焊接”进行，另一方面结合历年任务中裂缝问题进行系统理论研究，预计这两年内可以做出较好成果。	冶金	
10. 613（高温、快速拉伸试验机）	是国家科委、一机部联合下达的任务，与0038部队订有合同。	冶金	电机 动力
11. 程序控制机床	1958年以来进行的重要项目，市委指定我校与北京一机床厂合作的，目前队伍虽已组成，但思想问题较多，机、电两系合作也不够好，拟仍列为校重点，抓紧解决存在问题，促使程控坚持搞下去。	机械	电机
12. 微型汽车	自1958年以来，已试制过七型，目前已可以初步确定车型。准备1963—1964年进行跑车试验，初步达到连续运行25 000公里指标，1965—1966年进一步提高车的经济性、平顺性及无级传动性，在这几方面逐步形成长远研究课题。市人委交通局抓得很紧，希望能尽快定型。	农机	

续表

校重点项目名称	简要情况	负责系	参加系
13. 0304（抗爆结构计算理论）	本项目是与工程兵科学研究院合作今年新上的研究项目，一方面建立冲击波设备（激波管和大型加载设备），另一方面研究结构受冲击波作用下的动力计算方法，是一个新的方向。	土建	
14. 701（含氟塑料的研究）	1958年以来我校已建立了小型的中间车间和实验基地，已做出产品，某些性能达到一定要求，项目也比较重要，目前正进行深入研究。	工化	
15. 103（超音速风洞的建造）	几年来这项目是处于基本建设阶段，设备建设已投下了很大力量。今年主要解决高压风源，使之配套，逐步能完善开展研究工作。如果房屋问题可以解决，后半年可以安装，明年调整并开始运转。	工力	
16. 606（惯性导航系统）	该任务对带动自动控制、精密机械、一般力学等教研组的成长是有作用的，原单位任务已暂时下马，我校目前是否仍可组织起来，先接受七所当前的另一项现实性较大的任务，这样，可考虑列为学校重点，请领导最后研究决定。	自控	机械 工力

机械系原建议 1 000 吨钢筋混凝土水压机列为校重点，系里要求它今年能完成配套工程，购置配套的泵及大罐，共需 18 万元，但目前对于今后工作安排主要解决的问题和部署尚未落实。

动力系原建议“燃气轮机燃烧室动力及稳定性”列为校重

点，该项目是与哈尔滨汽轮机厂共同合作的，主要试验研究并设计出能直接烧原油的燃烧室，项目本身有重要的国民经济意义，主要考虑工作刚刚开始，拟先列为系重点项目进行一、二年。

土建系原建议中国建筑史及理论列为校重点项目，目前主要是研究宋代营造法，本项目的进展及水平，在一定程度上决定于学术领导人（梁思成同志）的时间及安排，但学术领导人的时间不落实，计划也未落实，研究范围也比较局限，拟不列为校重点项目。

原各系提出列为系重点项目 32 项，现初步研究确定为 26 项①（包括系建议列为校重点项目中拟改为系重点的项目），项目名称如下：

项目名称	负责系
1. 903（加速器原理及技术的研究）	工物
2. 904（金属辐照效应的研究）	工物
3. 704（核燃料的提取精制）	工化
4. 711（轻同位素分离）	工化
5. 212（结构瞬时热应力及热阻研究）	工力
6. 408（两相燃烧的研究）	工力
7. 柱壳与锥壳的强度与稳定	工力
8. 小型模拟机的研究试制	自控
9. 不变性原理	自控
10. 3601（参量放大器的研究）	无线电
11. 3404（大功率速调管的研究试制）	无线电
12. 3501（雷达固定回波消除）	无线电
13. 3101（半导体材料及物理性质研究）	无线电

① 原文如此。实际列出 27 项。

14. 1 000 吨钢筋砼水压机　机械
15. 210（高温合金的研究）　冶金
16. 高强度铸钢　冶金
17. 燃气轮机燃烧室动力及稳定性　动力
18. 电机的参数及损耗　电机
19. 气体放电　电机
20. 砼抗震问题的研究　水利
21. 三家店水库泥沙的研究　水利
22. 泄流建筑物合理布置及高速水流冲刷消能的研究　水利
23. 光速测距仪及其应用　土建
24. 0303（放射性裂变物污染水处理）　土建
25. 中国建筑史及理论　土建
26. 厅堂建筑声学　土建
27. 放射性同位素　基础课

此外，各系原拟将高速轴承的研究（机械），高强度变物性对流换热的研究（动力），高强度水沉淀理论（土建），超声波量测及应用，某种光学材料的合成（基础课），中型模拟机，数字积分机（自控），3605（脉冲编码通讯的研究，无线电系），3103（半导体器件与物理的研究，无线电系）等 9 项列为系重点项目，考虑到系重点项目亦不宜过多，故现在未列入。

以上意见是否妥当，请批示。

科学生产处

1963 年 4 月

清华大学档案，全宗号 2　目录号 校 4　案卷号 63003

无线电电子学系 沈阳教学仪器厂
合作制成质谱探漏仪
经过部级鉴定灵敏度达到同类型产品的国际先进水平（节选）

（1964年4月26日）

我校无线电电子学系结合近两年多来的毕业设计，与沈阳教学仪器厂紧密合作，设计试制成功6104型质谱探漏仪。经过教育部组织的鉴定委员会鉴定，仪器性能良好，最重要的总体指标——灵敏度已经达到单级磁偏转型质谱探漏仪的国际先进水平。

质谱探漏仪是利用质谱的方法，检查真空系统或器件微小漏孔的最灵敏的仪器，是高真空技术不可缺少的工具。早在第二次世界大战期间，由于制造原子弹需要建立大批金属真空系统，推动了第一批质谱探漏仪的设计和试制。它很快就在无线电、电子学、原子能、火箭技术等领域中得到极为广泛的使用。随着我国社会主义经济建设和国防建设的发展，工业部门和研究部门迫切需要使用这种仪器，但前几年主要是依靠国外进口，数量不多，技术指标也比较低。因此，在教育部的领导下，无线电电子学系与沈阳教学仪器厂合作，自1961年11月开始进行国产质谱探漏仪的设计和试制工作。他们以自力更生、奋发图强的革命精神，经过大量的调查研究和设计计算，首先制成性能样机，然后进行一年多的试验研究，于1963年11月制成了生产样机。

…………

2月24日到3月7日，教育部组织鉴定委员会对这台仪器进行了部一级的鉴定。参加鉴定委员会的有国家科委、中国科学院、第一机械工业部、第四机械工业部、教育部以及清华大学、北京大学、南京工学院、东北工学院所属有关单位的20位专家，由教育部副部长刘仰峤任主任委员。鉴定委员会首先约请部分鉴定委员组成工作组，用九天时间对样机的34类54项技术指标进行了全面严格的实验鉴定，然后在北京科学会堂举行三天会议。鉴定委员会一致认为，这台仪器的主要技术指标完全满足设计要求，灵敏度已经达到国际上同类型产品的先进水平，图纸、技术文件也基本齐全，因此可以初步定型，进行小批试制。…………

《新清华》第697期，1964年4月26日

国家计委、国家经委、国家科委授奖一批新产品　我校五项新产品获奖（节选）

（1964年7月6日）

最近在国家计划委员会、国家经济委员会和国家科学技术委员会授奖的1400多项工业新产品中，我校有五项新产品分别获得了一、二、三等奖。高沂副校长和这五项产品研究试制单位的代表出席了授奖仪式，并接受奖状。

在我校受奖的五项新产品中，获得一等奖的是无线电电子学系与沈阳教学仪器厂合作试制的6104型质谱探漏仪；获得二等奖的有：冶金系与上海电焊机厂合作试制的真空电子束焊机，自动控制系试制的555型电子模拟计算机；获得三等奖的有：精密仪器及机械制造系、电机系与北京第一机床厂合作试制的三座标数字程序控制立铣床，无线电电子学系试制的视频扫频仪。

这些产品获奖，反映了我校科学研究水平正在逐步提高。这

五项获奖产品，特别是获得一等奖的6104型质谱探漏仪，代表了一定科学技术水平。获得一等奖和二等奖的三项产品，目前已经或正在进行小批试生产……

6104型质谱探漏仪（一等奖）

质谱探漏仪是利用质谱的方法，测量高真空系统和器件微小漏孔的最灵敏的仪器，是电真空、无线电、原子能、火箭技术等需要真空技术的领域中不可缺少的重要工具。早在第二次世界大战期间，国外就由于原子能工业的需要试制成功，但目前国内只有一种进口的这种仪器。数量不多，而且性能指标比较低，不能满足经济建设和国防建设日益发展的需要。无线电电子学系与沈阳教学仪器厂合作自行设计试制成功的6104型质谱探漏仪，全部采用国产零件部件，经过教育部组织的鉴定委员会鉴定，仪器最重要的总体指标灵敏度，已达到单级磁偏转型质谱探漏仪的国际先进水平（能够直接发现真空系统或真空装置上一千年只漏进3CC空气这样的小孔，而且知道孔的确切位置在哪里），可以初步定型。目前沈阳教学仪器厂正在投入小批生产。与此同时，三四〇教研组还制成白金丝玻璃型标准漏孔，使仪器能够直接校准灵敏度，保证探漏结果的可靠性，并能够在数量级的范围内确定漏孔的大小，这种标准漏孔和校准方法，已被全国真空测试会议和教育部组织的鉴定委员会先后推荐为国家的标准方法。

参加这台仪器设计工作的，有无线电电子学系三四〇教研组查良镇、薛祖庆、申功运等年青教师及三年来以“接力棒”的方式真刀真枪进行毕业设计的毕业班学生10人。

真空电子束焊机（二等奖）

真空电子束焊接是最新的焊接技术之一，它在工业上应用还只有10年左右的历史。目前在世界上还处于研究和发展的阶段。我校冶金系焊接教研组与上海电焊机厂协作并在我校无线电系三四〇教研组的大力支持下，于1960年初开始进行了真空电子束焊机的研究。在没有资料和样机的条件下，经过设计、试制、安装、调整以及焊接工艺试验，于同年6月完成了国内第一台真空电子束焊机的研究任务。它在真空度、最大发射电流、功率及焊接纯钼和不锈钢的质量等方面的指标，都达到一定水平。1960年11月，由第一机械工业部指定，在上海市电机工业局主持和第三机械工业部技术司、上海市科委等全国10个单位参加下进行了鉴定。鉴定委员会一致认为，该焊机已基本成功，能够满足焊接要求，可以投入小批试生产。随后，上海电焊机厂生产了一批这种焊机，已供国内有关单位使用。

真空电子束焊接的特点是：保护良好热源能量密度高，焊缝成型光滑美观，因此焊接质量高，变形少，应力集中小。由于上述优点，这种方法最适用于焊接高熔点或化学活泼性很强的金属，如钽、锆、钼、钛、钨等，也可以用于焊接质量要求较高的不锈钢、铝合金等材料。这种方法在原子能、电真空及航空等新技术领域中，都有广泛的应用前途。

555型电子模拟计算机（二等奖）

电子模拟计算机是一种重要的计算和试验工具，它不仅能求解线性及非线性微分方程、代数方程、线性规划等数学问题，从而大大提高了计算速度，更重要的是能够真实地模拟实际物理系统，从而精确地分析系统的特性、运动规律，以及有效地解决设计新产品的任务，它还能和实际物理系统相连进行联合运行试验或完成某种控制任务。555型电子模拟计算机是一台六阶非线性电子模拟计算机，规模虽小，但职能较完善，同样能解决上述这些问题。

第一台555型机是在1958年开始试制的551型的基础上，经过552、553、554等几种不同类型不断改进，于1960年4月试装成功的。它随即在全国模拟计算机选型定型会上，被确定为定型产品的基础，以后又进行了质量检查和提高，投入了小批生产，已先后供给校内外科研、教学、设计等单位使用。

555型机的试制生产，由自动控制系电子模拟计算机教学小组及自动控制系附属车间共同完成的。目前，他们在党的奋发图强、自力更生的号召下，正鼓足干劲，为试制出高质量的新型计算机而努力。

三座标数字程序控制立铣床（三等奖）

在党的总路线和教育方针的光辉照耀下，1958年国庆节，我校机械系、电机系和北京第一机床厂协作，鼓足干劲，在短短的三个月内初步试制成功我国第一台应用电子计算机控制的程序控制铣床。1960年学校和协作工厂一起对机床加工精度和稳定性进行了初步鉴定，达到了设计要求。

程序控制铣床和普通机床不同，它不再需要工人直接操作，只要把给定的加工程序打在穿孔纸带上，在电子计算机的指挥下，机床就可以自动进行加工操作。这样不仅把生产率提高了几倍到几十倍，而且对一些复杂、人工操作较困难的工件，用这种方法可以迅速加工完毕，并可提高加工精度。

几年来，他们在这台机床上先后加工了许多单位十几种立体形体复杂的工件。1963年又对机床的计算机、拖动系统、机床结构、综合加工精度等问题进行了较为深入的研究和改进，在机床上进行了长时间的加工考验，证明机床初步能够长期稳定运行，每次连续工作可达30余小时。

目前正准备在几年来稳定加工运行的基础上，进一步改进设计，使它运用到生产中去。

视频扫频仪（三等奖）

视频扫频仪是一部自动化的测量仪器，它能将放大器的频率响应曲线，在示波器的荧光屏上直接显示出来。在过去没有扫频仪时，测量这种曲线是很麻烦的，需要用信号发生器和电子管伏特计逐个频率逐点地进行测量，连一个熟练的实验工作者测量一条频应曲线也至少要 5 分钟。利用扫频仪则很方便，并且直观地实时地看出调整的结果。

这一仪器在国内过去仅有一种仿苏产品，其扫频范围为 10 兆赫（改变中心频率可测至 20 兆赫）而且只有固定的频标。这次在实验室中制成的扫频仪，其一次扫频宽度就达到 20 兆赫，并且有固定的和可变的两种频标，使用起来比较方便。仪器的全部材料和零件都是国产的，可以投入生产。

这一仪器是在无线电电子学系三七〇教研组教师指导下，由无三和无二的两位毕业班同学，经过两年时间结合毕业设计中制成的。

《新清华》第 706 期，1964 年 7 月 6 日

科研成果展览会情况汇报（节选）

（1965 年 3 月）

科学生产处

科学研究成果展览会于 3 月 8 日开始，展品分内部和保密两部分，展览方式是以系为单位集中展示。3 月 8—12 日，先后组

织了校系党政干部及科研骨干等100多人，参观了内部和保密部分；自3月15日起，组织各系有关教师、研究生、实验员、职工及部分学生参观内部展览。在此期间，科委副主任韩光同志，政策研究室汪泽同志等8人；国务院文教办公室苏林等3位副组长及国家计委文教局葛副局长等共计14人；国家科委三局邓局长、戴局长等6人；中共中央华北局计划委员会邓霄同志等4人；高教部科技办公室副主任陈金源同志等3人；高教部生产供应局于震局长等5人；市委生产委员会、大学科学工作部王镇武、韩伯平、潘良等同志共9人；北京市机电局刘茵、王震寰、黄英夫副局长等3人，参观了展览会……

展览会内容简介（内部及秘密部分）

1965年3月

系　别	内 容 简 介	地　点
机械、电机系	（内部）：	
	1. 程序控制铣床（102）	程控实验室
	2. 程序控制钻床（103）（晶体管计算机）	
	机械系展览室：	
	1. 瞄准式光电显微镜	
	2. 9003试制的平行光管、精密齿轮、精密丝杠及光学元件等	
	3. 小型及中型动平衡机	
	4. 不描图直接晒图	
	电机系展览室：	
	1. 电力系统KST励磁调节器及动态相角仪等	
	2. 电机端部磁场及损耗物理模型	

续表

系　别	内容简介	地　点
	3. 实心磁极凸极同步电动机参数及启动特性研究	
	4. 空气断路器灭弧室模型，防尘绝缘子	
	5. 宽频带运算放大器等仪器	
动力、农机系	（内部）：	
	1. 提高四川化工厂合成氨产量的传热问题的研究	动力机械馆
	2. 微型汽车：①发动机，②皮带无级传动器	
	3. 锅炉过热器的研究及风机稳定运行问题	
	4. 应用蒸汽嘴助燃器在锅炉上掺烧劣质煤的研究	
	5. 量测装置及量测技术（包括圆球导热仪、皮托管、热电偶电焊设备及量测基准等）	
冶金系	（内部）：	
	1. 6 200千瓦燃气轮机转子焊接	焊接馆二楼
	2. 1 000吨钢筋混凝土水压机	
	3. 真空压缩蠕变机	
	4. 拖拉机汽缸体表面粘砂的研究	
	5. 组合夹具	
	6. 真空电子束焊机	焊接馆一楼
	（秘密）：	
	1. 铝的氩弧焊：①AMГ-6的焊接，②为实验化工厂所做的焊接	焊接馆一楼
	2. ЗИ702合金的研究试制	
	3. 高温抗拉伸试验机真空炉体的研制	

续表

系　别	内容简介	地　点
土木建筑系	内部：	土建系馆
	1. 大片居住建筑的规划、设计及有关方面的研究	
	2. 精密厂房的恒温恒湿及防微振研究	
	3. 工业厂房大面积排水问题研究	
	4. 光速测距仪	
	5. 大型公共建筑研究	
	6. 结构等其他方面的试验研究	
	7. 高精度恒温室	暖通实验室
	机密：	
	1. 放射性污水处理	给排水实验室
水利系	围绕青石岭水利工程设计研究，包括：	旧水利馆
（内部）	1. 水坝模型	
	2. 教学、科研、生产三结合	
	3. 设计革命、现场调研	
	4. 设计方案、研究报告及成果等	
基础课委员会	内部：	
	1. 应用核辐射稳定连续铸钢结晶器内的钢水液位	科学馆
	2. 超声波在工业上的应用：切割硅锗及水听器	
	3. 数理统计在工业中的应用	
	4. 国产铝材阳极氧化的研究	
	5. 利用光弹贴片法研究有孔圆柱壳的应力集中问题	
	6. 10万千瓦汽轮发电机组临界转速的研究	

续表

系　别	内 容 简 介	地　点
工物系	内部：	工物馆加速器实验室
	1. 电子感应加速器	
	2. 高压倍加加速器	
	3. 微波加速器	
	秘密：	
	1. 铀的熔炼及其性质的研究	工物馆
	①电弧炉、单晶炉、真空退火炉、淬火炉及拉丝机、轧机等设备，②弹性模量测量仪，③热膨胀度、粗糙度测定设备及热循环设备等	
	2. 双聚焦磁谱仪	
	3. 堆用电离室、屏栅电离室及G-M计数管等元件制造	
	4. 半导体放大器、进位器、闪烁谱仪、毫微秒示波器等	
工力系	秘密：	
	1. 整体壁板、蜂窝夹层、波纹钣锥壳、柱壳等研究及壳柱液压试验设备	电机馆
	2. 电阻片的研制	
	3. 碘钨白炽石英灯及其制造设备	
	4. 热应力试验设备及尾翼抖动试验设备	
	5. 燃烧室雾化试验设备	
	6. 航行力学电子模拟试验	
自控系	内部：	自控系
	快速通用电子数字计算机	数力系参加

续表

系　别	内 容 简 介	地　点
	秘密：	
	1. 自动搜索式非线性电子模拟计算机	
	2. 微动同位器，直流印刷电动机及磁滞电动机等元件	
	3. 数字测速频仪及闪光测速仪、数字式电压表等仪器	
	4. 高精度稳速系统，交流快速小功率随动系统等自动装置	
	5. 控制锗单晶自动控制系统及玻璃熔炉液位自动控制系统	
无线电系	内部：	
	1. 质谱探漏仪	无线电馆一楼
	2. 超高真空系统	
	3. 三公分微波测试系统	
	4. 天线增益试测仪	
	5. 晶体管化电视系统	
	6. 晶体管化计算器及晶体管电源	
	7. 晶体管化 α 换相测试仪	
	8. 其他仪器，一元概率分布仪等	
	秘密：	
	1. 八路脉冲编码系统	
	2. 小型受激光发射设备（莱塞）	无线电馆一楼

清华大学档案，全宗号 2　目录号 校 4　案卷号 65011

快速通用电子数字计算机投入运行性能良好※（节选）

（1965年4月14日）

自动控制系从1959年开始设计制造的快速通用电子数字计算机，在学校、系的领导和校内外有关方面的积极支援下，已在去年3月调整完毕投入运行。这台自动化的运算工具，每秒钟内能够进行四万次加法，四千次乘法，它的运算速度为每秒一万次以上，可以解决各种复杂的数学题目，完成一般用计算尺、计算机无法完成或很难完成的计算任务。人们只要把工程设计或科学研究中各种类型的数学问题，预先编成程序号码，在纸带上打成小孔，然后按动电钮，机器很快地就会用高速打字机自动送出计算结果，原先由于计算工作量庞大而需要大批人员以几天、几个月甚至几年才能完成的复杂计算，现在只要一两个人用几小时甚至几秒钟就可以完成，而且十分精确，能够避免人工计算所发生的错误。

运行情况表明，这台快速通用电子数字计算机的性能良好，目前每天已能稳定运行十五至二十小时。在工程力学数学系有关师生的直接帮助下，校内外许多单位已利用这台机器完成了四十多项实际任务中的数学课题，正在进行中的还有四十多项……

《新清华》第730期，1965年4月14日

从五五一型到五五六型
电子模拟计算机质量步步提高
新制自动搜索式模拟机投入运行

（1965 年 4 月 14 日）

自动控制系在 1958 年制成第一台 551 型非线性电子模拟计算机以后，以不断革命的精神逐步改进，先后试制了五种不同的型号。其中，553、554、555 三种型号曾在系内进行小批生产，供校内外有关单位使用。今年年初新制成的 556 型自动搜索式电子模拟计算机，也已开始投入运行。

电子模拟计算机是科学研究和工程设计中一项重要的计算实验工具。它在求解微分方程、代数方程时，往往比人工快几十倍，更重要的是可以模拟实际系统，精确地分析系统的运动规律。从 551 型到 556 型，质量步步提高。如在 551 型基础上改进制成的 552 型，曾运往罗马尼亚国际博览会展出。555 型全部用国产小型真空管代替原来的大型电子管，并采用一种新元件，使机器求解非线性问题的能力大大提高，曾获得 1964 年全国工业新产品二等奖。参照 555 型设计制造的北京无线电厂 DMJ 16-B 电子模拟计算机，在莱比锡国际博览会上被认为属于“尖端等级之列”。仅用半年时间制成的 556 型自动搜索式电子模拟计算机，具有更强的逻辑判断能力，主要运算部件的速度比 555 型提高 100 倍左右。它能根据给定的设计要求，自动地不断改进参数，直到算出最佳的设计结果为止，从而大大提高工作效率。

《新清华》第 730 期，1965 年 4 月 14 日

数字程序控制机床开始进入生产阶段（节选）

（1965 年 8 月 2 日）

经过七年来坚持不懈的努力，我校师生与有关部门在 1958 年开始试制的数字程序控制机床，主要性能已经达到较高水平，并在最近通过了科学研究成果鉴定。有关部门已在去年年底开始制造程序控制铣床和程序控制钻床的产品样机，准备投入生产。这就使这项重大的研究工作走出了实验室阶段，开始进入生产阶段。

用数字电子计算机控制的这种自动化机床，是国家建设当前急需的生产工具，也是机床发展的重要方向。例如制造一架飞机，需要先做出几万到十几万个样板，然后根据样板的形状来进行加工。这些样板的形状极其复杂，而且精度要求很高，据国外资料记载，往往需要一两年的生产准备时间。采用程序控制机床，就可以不用样板而直接将各种复杂形状的零件加工出来，大大提高生产效率和加工精度。因此，近几年来，这种机床在国际上发展很快，已经用于各种工业部门，特别是国防工业部门。

…………

从 7 月 15 日到 17 日，由领导机关、研究所和工厂等 15 个单位组成的鉴定委员会，对程序控制机床的科学研究成果，进行了历时三天的鉴定。鉴定表明，在立体锻模进行七小时连续加工的过程中，机床的控制系统是稳定可靠的，典型工件的精度达到 $^{+0.06}_{-0.03}$毫米，满足了设计要求。大家认为，这几台机床的性能能够满足相当一部分工件的加工要求，经过适当改进可以作为产品样机。有些同志还认为，试验中所采用的自制角位移和线位移量测装置，对机床动态性能试验很有价值，建议推广应用。

…………

《新清华》第745期，1965年8月2日

一批重大化工科技成果（节选）

（1966年1月14日）

国家科委研究室①

编者按：最近，国家经委、国家科委、化工部、高教部、中国科学院，在北京联合召开了“化工生产重要科技成果座谈会”。参加座谈会的有生产、教学、科研三方面人员。这是一个大三结合的会议。这次会上就化工方面的16项重要科技成果，交流工作经验。这批成果都十分出色。下面介绍其中的11项。

一、浮动喷射塔。目前我国化学工业吸收和蒸馏等过程，多用古老的填充塔、泡罩塔等，体积大，效率低。1965年清华大学设计成了一种浮动喷射塔，兼具有国外新型的浮阀塔和舌形塔的优点。这是有世界水平的独创性技术。现在他们与兰州合成橡胶厂协作，用于乙苯精馏，精馏能力提高了160%，能量消耗降低了30%，塔的建造费省40%。今年鉴定后，将普遍推广。

…………

三、氨合成塔冷管改造。氮与氢变成合成氨，是放热反应。一般设置若干冷管，将反应热及时带走，使催化剂温度都处在最理想的情况下。但这种冷管传热性差，因此合成率低。清华大学

---

① 本文节选自国家科委研究室1966年1月14日编《科学研究试验动态（第695号）》

与四川化工厂合作，在冷管中加一个套管，改善了冷管传热情况，从而使不同部位的催化剂，基本上都处于最适宜温度，提高了合成率。同时，再加上提高气流速度，增加催化剂填装量等措施，使每塔由日产合成氨100吨，提高到160吨。

…………

十一、“塑料王”的生产和加工。“塑料王”聚四氟乙烯树脂，机械强度高，耐腐蚀，电绝缘性好，摩擦系数小，能在高温（摄氏200度）和低温（零下183度）下使用。现在年产30吨的中间试验已一次试车成功，正常生产。根据这一中间试验结果，已完成了年产100吨的车间的设计。参加这一工作的有：上海合成橡胶所、中国科学院有机化学所、上海化工医药设计院、清华大学、上海塑料所等。

清华大学档案，全宗号2　目录号 校4　案卷号66007

清华大学1965年主要（较重大）研究项目情况简述※（节选）

（1966年2月）

科学生产处[①]

Ⅰ国防建设方面

增殖动力反应堆：

试验性原子反应堆建成后，1965年开始了增殖动力反应堆

---

①　撰文单位系根据归档案卷号判断。

建造的试验研究工作，一年来共攻克了 32 项技术关键，基本完成了总体方案的设计，例如已攻克了自循环、自保压、自装卸等三项先进技术方案设计，研究成功了控制铀棒制造工艺，金属铍生产工艺等关键技术。并试制了潜望镜、组件化仪器等重要设备。目前正在全面研究设计加工，预计 1966 年 5 月基本建成动力反应堆，达到临界，开始发电。

核燃料后处理工艺研究：

工化系与二机部合作的核燃料后处理工艺的研究，1965 年建成了萃取设备性能试验的中型车间，为工厂设备提供了数据，并在 401 所进行了工艺条件的热试验，在此基础上，国家的处理工厂正在边研究边设计边制造，估计能节省投资一亿元，不锈钢材 4 千吨，提前二年建成。与此同时，已基本建成了“热”化学实验室，今年在此“热”化学实验室进行强放射下工艺条件的系统试验，探索先进的工艺流程，并完成钚的生产任务，另外进行设备性能、自动控制等方面的研究。

无线电电子学：

(1) 雷达站自动化方面的三项工作：雷达数据半自动录取设备、数据传输设备和数码显示设备。

目前雷达站的工作都是由人来进行的，观察员在荧光屏上发现敌机后，报出敌机位置的数据，记录员记下这些数据，通过电话、电报报告指挥所，指挥所里标图员在地图上标出报来的这些数据，这样传递数据时间较长，也不精确。在目前飞机速度愈来愈快的情况下，这样的过程是不能满足要求的。

雷达数据半自动录取设备是将充分发挥人的因素与采用新技术结合起来，当观察员发现敌机目标后，发出一个讯号，用一个方框将敌机目标套住，可以自动跟踪目标，并不断将敌机位置变成所需的数据。减轻了观察员的劳动，并保证数据的准确性。

以上数据通过数据传输设备传到计算中心。研制成功每秒能传递 600、1200、2400 数码的三种数据传输设备，特点是速度快（一般电传打字机的传输速度是每秒 50 码），抗干扰性及保密性好。

数码显示器代替了标图员的工作，可以在荧光屏上直接计算出来结果的数据并快速显示出来。

上述三项设备四机部决定在新防空体系 1125 工程中采用。

数据传输设备及数码显示设备在民用通讯、计算技术与自动化方面也可广泛应用。

1966 年结合实战需要，进行移动式雷达站的研究。

(2) 10 公分波长雷达用动目标显示设备。

这是装在防空雷达上用以提高捕捉飞机目标能力的装置。过去在雷达荧光屏上，山岭地物等固定目标、敌机施放的锡箔片干扰与飞机目标一起同时出现，这样就不容易发现飞机。采用此设备后，可将山岭地物等固定目标及敌机施放的锡箔片干扰全部消除，在荧光屏上只显示出活动的飞机目标，非常容易捕捉。曾在南京军区空军部队做过试验，效果较好，南京军区准备采用。

(3) 宽频带周期永磁聚焦行波管。

这种管子可以将防空雷达发出的信号接收过来，加以优化后发送出去，使雷达对飞机位置判断无错误，在雷达干扰设备中有重要用途，系国内首先研制成功，通过鉴定已在飞行中试用，现已移交 775 厂生产。

无线电系还研制成功一路保密电话，已通过鉴定，海军准备使用。

此外，土建、数力、水利、电机等系进行了抗爆炸结构的研究，工化系进行了液氨精馏法浓集氘小型试验研究。

Ⅱ国民经济建设方面

(1) 动力机械系与四川化工厂合作，进行了改造氨合成塔的研究工作，使单塔日产量由不足百吨提高到196吨，增产96%。四川化工厂由于改造了两个塔，1965年增产二万多吨，相当于一个中型化肥厂全年的产量。改造方案简单易行，投资少，目前已有八个化工厂十二个塔已经采用此改造方案。

(2) 工程化学系研究创制了新型塔板——浮动喷射塔板后，1965年8月，与兰州合成橡胶厂合作完成了苯—乙苯精馏塔的改造（用浮动喷射塔板代替了原来的泡罩板）生产试验一次成功，产量提高了1.2倍，能量消耗降低30%，制造成本降低40%。今年年初国家科委组织了国家鉴定。为了进一步提高浮动喷射塔板性能，在石油工业、化学工业中广泛推广，目前继续在兰州合成橡胶厂，进行几类关键精馏塔的技术改造，及在锦西石油五厂进行年产50万吨、塔径为3.8米的石油分馏塔的改造。与此同时在校内进行深入的系统试验，为工业设计提供设计计算方法。

(3) 装配式住宅快速施工：

土建系与北京市建工局、北京市住宅建筑综合装配公司合作，在东郊左家庄正在完成8万平方米的装配式住宅建筑。前后在三幢快速施工试点五层住宅楼工程中，在房屋打完基础后，分别只用了27天（2 400m^2）、32天（4 000m^2）、17天（3 200m^2）即全部完工验收，比一般住宅楼单幢工期快3～6倍，在保证质量的同时，降低了建筑造价，节省了大量人工和材料，使每户投资可低于同标准现砌住宅楼约10%。

(4) 冶金、电机、数力、基础课等系组成了多科性大兵团，与石景山钢铁公司合作，进行氧气顶吹炼钢生产过程自动化的研究。1965 年以来进行了铁水和钢水的重量测定、温度量测、成分分析及炼钢过程自动化的数字模型的研究工作。争取 1966 年内对石钢的 30 吨氧气顶吹转炉（我国第一台）实现用 911 或 112 计算机试控制。

(5) 机械系与电机系合作的程序控制铣床，经过 7 年多系统的研究，改进了结构，提高了稳定性及加工精度，经受了较长期的加工考验，已通过鉴定。程序控制钻床所用计算机已晶体管化，控制系统稳定，也已通过鉴定，已由北京第三机床厂小批生产。

此外，数力系与重庆天然气研究所合作进行了天然气制乙炔用旋焰炉的设计，物理教研组与石景山钢铁公司合作研究试制成功在连续铸钢中利用同位素自动控制钢水液面。

Ⅲ仪器仪表新产品

(1) 自动控制系与数力系合作，用 10 个月的时间，研究试制成功 112 型小型通用晶体管电子数字计算机。该机维护使用方便，便于普及推广，今年可在校内小批生产。自动控制系还研究试制出 556 型自动搜索式非线性电子模拟计算机，已通过鉴定。

(2) 冶金系与电机、动力、自动控制系合作研究试制成功高温拉伸试验机，可以有两种加热方法，用辐射加热时最高温度达 2 200℃，直接通电加热时最高温度达 2 800℃，已通过鉴定。

(3) 工物系研究试制成功闪烁谱仪，已移交营口电子仪器厂生产。

此外，无线电系研制成滤质器，机械系研制成功小动平衡机、光电显微镜，自动控制系研制成微动同位器、石英晶体多级恒速仪等。

Ⅳ技术学科研究

(1) 工程化学系几年来，进行了科学技术十年规划国重项目“化学工程学”中有关萃取和蒸馏两个过程的基本理论及设备的综合研究。就液体与液体、气体与液体两相流体力学规律，两相之间传质速率、设备性能、放大程序等方面进行了较大量的试验研究工作，取得的成果部分已为设计采用。今年将完成新型脉冲萃取柱的研究，它可缩短柱高一倍多，这样使生产效率很高的萃取柱能在原子能工业中广泛采用（目前采用的槽型设备生产效率低）。

(2) 铝及铝镁合金氩弧焊时常产生气孔，严重影响焊缝质量。冶金系对此问题进行了较系统的研究，发现了气孔实际上有两种形式，称之为“散布气孔”及沿剖口的“氧化膜气孔”，弄清了这两类气孔产生的不同原因及不同的形成机理，据此提出了在氩气中加微量 CO_2 的措施以消除散布气孔，用锉掉剖口的氧化膜以消除沿剖口氧化膜气孔。已通过鉴定。有关部门反映，两类气孔的理论符合生产实际，消除气孔的措施简便易行而有效。

此外，水利系结合新丰江大坝进行了水坝抗震课题的研究。

清华大学档案，全宗号 2　目录号 校 4　案卷号 66006

(四) 与外单位协作

清华大学与电业管理总局设计局技术合作协议书

(1954 年)

一、目的

为了加强清华大学（以下简称校方）与电业管理总局设计局

（以下简称局方）双方技术联系，一方面使学校的专业教育更加结合实际并逐步推进学校与企业间科学技术的互助合作；另一方面使学校的先进科学技术理论能推广到工业企业的生产中去，以提高国家工业技术水平，并在不影响双方制度下简化联系手续，特订立此协议书。

二、联系手续

1. 协议双方可直接用本单位具名的公函与对方取得联系。

2. 凡一方提出要求，对方认为须经上级批准者，皆由对方负责办理请示批准手续。

3. 校方指定电机系主任为联系负责人。局方指定技术处处长为联系负责人。

三、技术合作内容

1. 局方在不影响生产和保密情况之下给予校方教师研究和实习的便利。

2. 局方在不违反保密条例情况之下可将实际生产中技术资料供给校方作为学生毕业论文设计参考之用。

3. 一般技术问题双方除特殊客观困难外须尽力协助解决，但事先须由申请方面提出书面具体要求交对方行政同意后，申请方面始得向对方专家、工程师、教授等请求指导。

4. 专题技术须经研究解决者由双方另以专题工作协议书明确拟定之。

5. 相互交流技术参考资料和借用技术资料及设备等。

① 交流技术资料双方做到主动广泛和及时并规定各单位需要资料性质和数量，以便出版单位主动寄发，如有可以让私人订购者则请事前通知征求数量，以便供应（如影印书、翻译书等）。

② 双方规定需要的一般参考资料性质和数量如次：

单　位	资 料 性 质	需要数量
电设局	电机，动力机械，土木建筑及各专业土壤地质等	每件 10～20 份
电机工程系	发电厂配电站送电线路等	2～5 份
土木工程系	结构基础、给下水、暖气、通风、施工	2～5 份
动力机械系	发电站热力设备及设计资料等	2～5 份

③ 保密资料数量由送发单位决定并说明保密程度，使用单位要负责保密。分发单位有权可随时抽查，如未经对方书面同意不得私自翻印。

④ 借用技术资料及图书按双方制度办理手续。

⑤ 在不影响生产和教学条件之下互相可以借用试验及研究设备和仪器等。

6. 局方可以派干部参加校方各专业课程旁听学习，并可邀请校方专家教授作技术报告。

7. 校方可邀请局方工程师参加毕业论文答辩会及作技术报告等。

8. 双方如召开各种技术性座谈会，报告会，经验交流会等互相通知派员参加，如对保密有所要求者，事前提出共同遵守。

四、保密方面

1. 互相交流资料如属保密范围者，由保管单位指定专门部门（二人）负责保管使用，分发单位可以随时检查并提意见。

2. 派往学习的人员必须经双方严格审查，经对方同意后才能派往。

3. 参加学习干部必须严格遵守对方一切制度和保密规定，并在学习后将所有笔记交组织审查，如认为不能私人保留者则由该单位寄给干部组织保管使用。

五、本协议分别呈请各主管机关批准执行

六、本协议自签订之日起以一年为限

七、本协议执行中途有不妥善之处，可提出经双方同意后可作补充协议

签订协议人：

清华大学

校长

副校长

电业管理总局设计局

局长

副局长

副局长

一九五四年　　月　　日

《清华公报》第4期，1954年12月11日

清华大学与中央第一机械工业部电器工业管理局联系合同

（1954年1月）

（一）目的：中央第一机械工业部电器工业管理局（以下称甲方）与清华大学（以下称乙方）为加强联系，使学校的专业教育更结合实际，能更好地为电器制造工业培养高级技术干部，并逐步推进学校与工厂间科学技术的互助合作特订立联系合同。

（二）联系对象：甲方暂以下列所属各厂为主：

沈阳变压器厂，低压开关厂，高压开关厂，哈尔滨电机厂，上海电机厂，佳木斯电机厂，阿城电表仪器厂，湘潭电机厂。

乙方以电机工程系为主。

（三）联系工作内容：

(1) 学生生产实习：乙方学生由高等教育部统一分配到甲方所属各厂做生产实习时，甲方各厂应予以大力协助。

(2) 乙方的教师及甲方的干部进修工作：甲方的干部得事先提出计划得乙方同意后到乙方听专家讲课及做进修工作；乙方有关专业教师得事先提出计划经甲方同意后，到甲方各厂实地工作或进行研究。

(3) 技术资料交流：

甲方及其他所属各厂通过甲方经乙方同意后得向乙方索要或借阅各种技术资料，包括各课讲义、图书杂志、教师及学生科学研究的报告。

乙方得向甲方索要或借阅一般技术资料，包括设计参考资料、典型的产品图纸和工艺规程、图书杂志、产品目录、技术报告及刊物、可作教学模型之样品及废品和少量特殊材料。

(4) 委托实验，研究及加工：

甲方得提出生产上的技术问题委托乙方予以研究，或借用乙方之实验室及仪器进行试验，乙方在不妨碍教学工作之条件下应予协助。乙方得委托甲方进行实验及加工，甲方在不妨碍生产之条件下应予协助。

(5) 其他：

双方视需要得约请对方的技术人员、教师或苏联专家（须征得专家本人同意）作技术报告。

双方如有重要的技术性会议应通知对方列席或出席，听取有关报告或参加讨论。

双方应在编译电工技术书籍的工作中取得联系配合及互助；如出版与对方业务有关的技术书籍时，应通知对方，尽先预约。

（四）保密：对于应保密之资料及委托事项，双方各应建立严格的保密制度，并向对方负责。

（五）费用：委托实验、加工或索取资料等所需费用，按成本由委托方负担。

（六）附则：

（1）本合同经双方签章后呈请第一工程机械工业部及高等教育部备案后生效。

（2）乙方得视需要按本合同精神与甲方所属上列各厂分别订立具体合同经甲方同意后执行。

（3）本合同有效期定为二年，到期再洽议修订。

（4）本合同正本二份，分存甲方及乙方，副本若干份分存甲方所属各厂与有关处及乙方电机工程系。

签订合同人：中央第一机械工业部电器工业管理局

清华大学

一九五四年一月　日

《清华公报》第8期，1955年3月2日

清华大学与哈尔滨工业大学关于互助合作的协议书

（1954年9月）

一、为了加强两校之间的联系及互助合作，交流经验，更好地发挥苏联专家的作用，特订立如下的关于互助合作的协议书，双方保证贯彻执行。

二、为了在聘请苏联专家方面更经济合理，并达到发挥专家作用的目的，两校在聘请苏联专家时，宜事先交换意见。

三、两校聘请的苏联专家在下列方面互相进行帮助：

甲、一校聘请的专家同时兼指导他校相同专业的教研室（组），两校教研室（组）在有关专业的业务问题不能解决时，得互请专家帮助解决。

乙、两校得互派进修教师及研究生向专家学习，准备学位论文的研究生得请专家特别指导，人数及进修办法经双方同意，报请中央高等教育部备案。

丙、在必要及可能时组织两校专家互相讲学。

四、两校互相交流以下各种教学资料：

① 教学计划；

② 教学大纲；

③ 不公开印行的讲义教材；

④ 课程设计及毕业设计指导书及典型设计；

⑤ 各项生产实习大纲；

⑥ 实验指导书；

⑦ 实验设备名单及实验室布置蓝图；

⑧ 各种教学经验总结；

⑨ 苏联专家谈话记录；

⑩ 科学研究刊物及论文；

⑪ 其他有关教学的各种资料。

五、两校相同的系及教研室（组）可直接建立书面联系，经常交流教学经验，但如须派人到校交流经验，须事先提出计划，经双方校方同意。两校可互请教师作短期讲学及担任毕业设计答辩委员会委员，两校举行教学研究会时，可互派代表参加。

六、两校在科学研究方面，应互相交换科学研究题目及进行情况。在工作进行中应互予技术上的协助或指导，在必要时可合作研究。

七、两校多余的仪器设备，可经校长批准及上级领导机关核准，互相价让。

八、两校交换图书目录，建立互借关系，两校互相商订翻译出版及影印书籍之计划。

九、负责联系单位为：两校校长办公室。

十、本协议书经两校校长批准后生效，并呈报中央高等教育部及第一机械工业部。

十一、本协议书有未尽事宜，由双方协议补充与修改之。

十二、本协议书有效期为五年，到期后如经两校同意，可延长有效期限。

清华大学（章）

哈尔滨工业大学（章）

一九五四年九月 日

附：中华人民共和国高等教育部函复清华大学、哈尔滨工业大学互助合作协议书的公文※

事由：函复你两校关于互助合作的协议书，我部准予备案。

发往机关：清华大学、哈尔滨工业大学

抄致机关：第一机械工业部

发文日期：一九五四年十月十四日

字号：(54) 工唐 字第 一二号

地址：北京西单新皮库胡同乙十二号

清华大学九月十三日清工（54）发特合字第〇〇二号公函及所附清华大学与哈尔滨工业大学关于互助合作的协议书均悉。你两校为了加强联系合作，交流经验，更好地发挥苏联专家的作用，经双方协议订定《清华大学与哈尔滨工业大学关于互助合作的协议书》，这样做法是很好的，我部同意并准予备案。惟所订定的协议书内容，我部有如下两点意见，希据以修改后报送我部五份和第一机械工业部二份备查。

一、第三条乙项，规定两校互派研究生向专家学习，应报请高等教育部批准。丙项两校专家互相交换讲学时，须事前报高等教育部批准。

二、第八条两校互相商定翻译出版及影印书之计划，应报高等教育部备查。

中华人民共和国高等教育部印

清华大学档案，全宗号 2　目录号 校 1　案卷号 55012

清华大学、建筑工程部科学技术合作联系合同

（1954 年 11 月）

一、建筑工程部（甲方）与清华大学（乙方）为促进科学技术合作，贯彻理论与实际相结合的教育方针，更好地为国家培养建设人才，特订立科学技术合作联系合同。

二、甲方由学校教育局、乙方由教务处负责经常联系。双方重点联系的单位如下：

（一）甲方

设计总局及所属工业与民用建筑设计院，城市建设局及所属城市规划设计院、给水排水设计院，技术司及所属技术研究所，计划司生产局，金属结构局，机电安装局，建筑机械管理局，地方建筑企业管理局，直属建筑工程公司，东北、华北建筑工程管理局。

（二）乙方

土木工程系：结构力学教研组，施工教研组，工程结构教研组，工程材料教研组，给水排水教研组，暖气通风教研组，测量教研组。

建筑系：建筑设计教研组，城市规划教研组，工程技术教研组，建筑历史教研组，美术教研组，中国建筑史编纂委员会。

水利工程系：工程地质及基础工程教研组。

三、联系内容包括以下四项

（一）甲方干部与乙方教师的进修培养工作

1. 甲方各单位事先提出计划，经乙方同意后，可派遣干部到乙方土木、建筑系旁听或正式进修苏联专家或本校教师所开课程。乙方应给予可能的便利条件。

2. 乙方事先提出计划，经甲方同意后，可派遣教师到甲方有关单位及所属工地参观实习，或进行调查研究工作，甲方应给予可能的便利条件。

（二）乙方学生的培养工作

1. 甲方可根据国家基本建设的需要，提出培养高级土木建筑技术干部的意见，供作乙方参考，以便乙方土木、建筑两系毕业生，能更好地学习苏联并符合我国实际需要。

2. 乙方土木建筑两系学生生产实习，经高等教育部批准后，应在实习前两个月，提出实习人数、地点和要求的详细计划。甲方有关单位应优先考虑并予以大力协助。有关生产实习问题，乙方与甲方有关单位可订立实习合同。

3. 乙方教师在准备课程设计及毕业论文设计题目时，可提请甲方予以协助，并供给必要的参考资料。甲方应尽可能予以协助。乙方在毕业设计工作进行时，如有必要可请求甲方人员参加指导、作专题报告，审查毕业设计的答辩和考试工作。

（三）技术资料交流

1. 甲方所属单位，可向乙方索取或借用各种技术资料，包括讲义、教材、科学研究报告，以及设计资料等。

2. 乙方可向甲方索取或借用进行课程设计、毕业设计、科学研究及其他教学所需之资料，包括可能借予之国内外设计资料及图纸，施工图纸及照片，技术报告，国家标准规范，产品目录、模型、图片、建筑机械、先进工作工具、内部刊物等。

3. 甲方对乙方拟建之建筑展览馆，予以大力协助，尽可能的轮流供给各种模型、图片及先进工作工具等。

（四）科学技术合作与经验交流

1. 甲方各单位在实际工作中所出现之先进经验与技术问题，可委托乙方进行科学研究及试验。乙方应根据条件有计划地予以协助。乙方在必要时，征得甲方同意可委托甲方进行试验或加工。甲方应根据条件有计划地予以协助。

2. 甲方在规划设计工作需要时，可事先提出计划请乙方协助，此项计划应在每年暑假或寒假前提出。乙方应根据条件有计划地予以协助。

3. 双方认为必要时，可共同筹建为双方所需要的试验室，由乙方提出计划，由甲方负担一部分经费或拨给一部分设备。

4. 双方主管机关认为必要并征得专家本人同意后，可邀请对方的苏联专家以及先进工作者、技术人员或教师，解答问题，作技术报告或评图工作。

5. 双方如有重要的技术会议，应尽可能通知对方列席。

6. 双方共同研究的学术论文及生产方面的问题，双方同意时可刊印出版。双方在编译工作中取得联系，配合互助。一方出版与对方有关的业务书籍时，应通知对方优先预约。

四、双方同意在合同执行过程中，遵照以下规定：

（一）为保守国家机密，双方应建立并严格遵守保密制度，机密资料应指定专责机要人员保管，并定期向对方报告保管情况和保管制度。双方可随时对对方的保管情况加以查询。乙方借阅甲方国外设计等绝密性资料，可按照甲方部内单位同等手续办理，乙方对此项绝密资料的保管，按照甲方规定的办法办理。

（二）双方索取资料或委托实验加工之费用，由索取或委托一方负担。

（三）为保证双方完满地执行合同规定，双方有关单位对合同执行情况每半年检查一次。如发现问题，甲方有关单位通知学校教育局，乙方有关单位通知教务处，由上述两单位汇总通知对方。

五、附则

（一）本合同自签订之日起生效，有效期二年，到期由双方洽议修订或延长。

（二）本合同正本二份，分存甲乙双方。并以复印本通知甲方有关局、司、公司、厂及乙方系和教研组，以便遵照执行。

（三）乙方与甲方有关单位，在工作需要时，可根据本合同原则制订具体实施办法。

中华人民共和国建筑工程部部长

清华大学校长

一九五四年十一月　日

《清华公报》第7期，1955年2月1日

清华大学与中国科学院机械电机研究所研究工作合同

（1954年12月）

为结合国家社会主义建设，促进科学事业的发展，清华大学（以下简称甲方）与中国科学院机械电机研究所（以下简称乙方）双方愿在科学研究工作上取得密切联系并同意签订科学技术研究互助合作合同。

一、合作项目

1. 研究计划之拟订：甲方在选择研究题目时，乙方可提供题目以作甲方教师、研究生和学生的研究论文和毕业论文题目之参考；甲方教师、研究生在不妨碍教学原则下与乙方合作进行研究工作。

2. 培养干部：经双方人事部门同意，乙方给予甲方教师、研究生和学生以参观实习的方便并可参加乙方所举办的各种学习会；乙方可派员至甲方请教教师和苏联专家及听苏联专家讲课和进修。

双方在必要时得邀请对方人员作学术性报告，参加学术座谈会、学术评议会或论文审查委员会。

3. 交换资料：双方根据保密的原则，交换有关研究工作的图书文献资料和给予借阅的方便。甲方并供给乙方各项讲义和教学大纲。

二、其他事项

1. 双方对对方研究工作有保密之责，双方参加听讲、实习和联系人员除由本部门负责审查其政治品质外，并将名单及人事材料送交对方审查决定之。

2. 在进行合作之各项工作中，双方必须遵守对方之各项制度。

3. 双方提交之保密资料均由对方专人负责保管。

4. 研究结果须经双方审核经同意后发表。

5. 未尽事项经双方同意得随时修订之。

三、本合同有效日期自签订日期至一九五七年底止。

清华大学校长

副校长

中国科学院机械电机研究所所长

副所长

一九五四年十二月　　日

《清华公报》第7期，1955年2月1日

清华大学与中国科学院数学研究所联合建立固体力学试验室合同

（1954年12月）

为结合国家经济建设工业需要及科学发展，清华大学与中国科学院数学研究所合办固体力学试验室以供双方有关人员（中国科学院数学研究所力学组研究人员及清华大学有关力学教师）进行科学研究使用。

固体力学试验室的设备主要为对金属及非金属之宏观抗力综合试验，在初步建立的试验设备中，将注重综合静力试验、形变计量、动力试验及温度及时间对于固体材料机械性质等。

为此目的双方签订合办合同

（一）清华大学与中国科学院数学研究所合办固体力学试验室由双方共同合聘清华大学材料力学教研组主任杜庆华教授负责

指导。

（二）固体力学试验室之建立的详细三年计划由杜庆华于一九五五年七月底提出，于一九五五年三月底提出初步计划草案。

（三）在三年之内（一九五七年底止）中国科学院数学研究所提供约四十亿建立设备费，以供建立本试验室之基本设备。

（四）清华大学在一九五五年度提供四百平方公尺以供建立本试验室。

（五）清华大学及中国科学院平均分担实验室的经常费用。

（六）在三年内中国科学院指派实验员三人由清华大学材料力学教研组负责培养。

（七）清华大学在五年之内应提供不少于二千工作小时的指导力量建立试验室及培养实验员。

（八）本试验室专供清华大学有关力学教师及中国科学院数学研究所力学研究室人员进行科学研究之用，双方人员进行试验时，必须服从实验室负责人的领导。

（九）清华大学材料力学教研组应于每年年终提出试验室工作总结。

（十）本合同有效期五年（一九五九年底止）。五年后经双方同意可以对有关设备作必要处理。

（十一）未尽事宜可经双方同意随时修订。

附件：

为加强交流经验互相合作双方协议

（一）清华大学与中国科学院数学研究所关于互相使用出借图书的协议，中国科学院数学研究所研究人员可以与清华大学教师同等权利使用清华大学图书馆及借书的权利，由清华大学图书馆发出借书证，清华大学数学、材料力学、理论力学、水力学、结构力学等教研组讲师以上教师可以与中国科学院数学研究所研究人员同等权利使用中国科学院数学研究所图书室及借书权利，由中国科学院数学研究所发出借书证，双方经批准互相利用图书的人员必须严格遵守对方图书机构的规则。

（二）清华大学与中国科学院数学研究所关于互相通知科学活动的协议，中国科学院数学研究所、清华大学有关数学及力学等教研组的科学活动应互相通知尽量互相参加以促进交流。

（三）清华大学教授钱伟长兼任中国科学院数学研究所力学研究室室主任。每星期工作四小时。

清华大学校长（印章）

副校长（印章）

中国科学院数学研究所所长（印章）

一九五四年十二月（清华大学印）

另附：中华人民共和国高等教育部（函）

事由：函复你校与中国科学院数学研究所签订的联合建立固体力学试验合同我部同意并准予备案。

发往机关：清华大学

抄致机关：中国科学院、科学院数学研究所

发文日期：1955年9月17日

字号：（55）工辛字第一七零七号

地址：北京西单新皮库胡同乙十二号

九月五日清工（55）发特合字第〇四五号公函暨附件均悉。所报你校与中国科学院数学研究所签订的联合建立固体力学试验室合同，我部同意并准予备案。

中华人民共和国高等教育部印

清华大学档案，全宗号2　目录号 校1　案卷号56010

中国科学院与清华大学合作设立中国科学院水工研究室

（1955年9月）

中国科学院根据国家建设的需要和苏联专家们的建议，已于今年九月与清华大学合作设立中国科学院水工研究室（地址设在本校），研究我国极为丰富的水利资源利用。

水工研究室目前的任务主要是培养研究力量，积累经验，为以后配合黄河、长江等河流开发计划的研究工作建立基础。为了更有效地培养干部，目前决定通过具体研究工作来提高理论水平和研究能力，同时也可为生产事业解决一些问题。根据这一原则，并结合清华大学的科学研究要求，拟在下列方面开展研究：一、泥沙问题——关于泥沙的基本理论，泥沙冲刷、运行、淤积等规律，以及在实际工程中控制泥沙的措施；二、水利、水力枢纽的布置及下游消能问题——关于枢纽地址的选择，各种水工结构形式、构造及在枢纽中的布置，使水流平顺，满足运用及施工条件的研究；三、水电站水轮机机组段研究——关于水电站中安装机组的布置，包括通水口、输水道、水轮机、尾水管、出水口等，以便提高发电效率，满足运转上的要求。水工研究室现已有若干研究人员开始进行上列三方面的研究工作。

全校同志、特别是水利系的教师和职工同志们，都对水工研究室给予了热情的帮助。本校教授、中国科学院技术科学学部委员张光斗兼任了研究室主任。将来根据需要，我校部分教师可以担任水工研究室的研究工作。另一方面，水工研究室的同志也积极参加了本校新水利馆的建立和工程试验工作。将来根据需要，研究室的工作人员还可担任我校的教学工作。此外，双方都可以互相使用图书及仪器设备。在中国科学院和清华大学的密切合作下，我们相信水利研究室对我国水利建设事业是会起一定作用的。

《新清华》第114期，1955年11月29日

电力工业部与清华大学互助联系合同

（1956年3月16日）

一、目的

电力工业部（以下简称部方）与清华大学（以下简称校方）为了加强科学技术上的互助合作和更好地为社会主义事业培养人才，解决电力工业中所存在的技术问题，特订立本合同。

二、部校双方互助联系内容如下

1. 关于科学技术合作

双方得提出有关生产、基建或教学上的问题，委托对方进行研究或实验，对方得根据实际情况有计划地加以协助。所需研究及实验费用由委托一方负担。

在不影响生产和教学的情况下，经双方协商同意，得互相利用现有实验室或借用对方仪器设备进行试验及研究工作，在互相利用实验室仪器设备时必须遵守双方试验室仪器，设备管理制度。使用设备及仪器如有损坏，由使用一方负责赔偿；试验用品资料费用自行负担。双方在互派使用试验室仪器设备人员应具备一定的技术水平，经双方审查同意。

双方重要的技术性报告或会议应通知对方选派适当人员参加与讨论，双方均应负责保证所派人员的政治质量，对方并有权加以审查。

双方依需要与可能，得互相邀请技术人员、教师或苏联专家（须征得专家同意）作技术报告及介绍科学技术方面及生产基建方面的新成就。

部方协助校方收集教师科学研究工作的题目。

2. 关于技术资料的交流

部方因工作需要，商得校方同意，可向校方索取、借阅或购买各种技术资料，包括各种仪器、图书、杂志、教师及学生的科学技术研究报告等。

校方因教学需要，商得部方同意后，可向部方索取、借阅或购买各种资料、刊物、规程、技术报告、图表等。

以上属于一般性的资料，按双方制度办理索取、借阅或购买手续；属于保密性的资料，按资料保密制度，按双方保密资料索取借阅办法办理（国外设计资料的借阅手续，按国外资料借阅、签记、批准手续办理）。

借阅或索取保密资料的一方并应对资料的保密完全负责。

3. 关于校方教师及部方技术人员的进修与培养

部方得派在职技术人员及所属学校教师到校方听课或作较长时间的进修。

校方得派教师或研究生到部方实习或参加部方所组织的专题研究工作。

双方互派人员听课进修或实习，均应照接受实习进修听课人员办法提供实习进修或听课计划及人事材料，经双方审查同意。

双方对互派的听课、实习、进修等人员为达到学习目的应尽可能予以各种方便及协助。

4. 关于学生生产实习及毕业论文设计

校方学生由高等教育部统一分配来部进行生产实习时，部方在不影响生产与保密的原则下予以协助。

校方选择毕业学生、研究生的毕业论文设计或课程设计题目时，为了配合生产需要，可将选题与部方研究，部方得根据生产、基建、设计等情况及需要提供意见，协助拟定题目。

校方为进行毕业论文设计所需参考资料，部方可协助解决，借用办法照本合同第二项办理。

三、本合同适用范围为电力工业部与清华大学。但为便于联系起见，由部方指定下列各单位（见附表）与校方签订具体合同或协议书

四、本合同经双方签章后生效

五、本合同在执行中遇有不妥之处可经双方协商补充修改

六、本合同有效期二年，到期另行洽订

七、本合同正本二份分存部校双方

附：重点联系单位名单

抚顺发电厂

石景山发电厂

太原热电厂

电力设计院及北京设计分院

北京基本建设局

北京水力发电勘测设计局

技术改进局

北京局中心试验所

沈阳局中心试验所

送变电第二工程局

丰满发电厂

《清华公报》第23期，1956年3月16日

中国科学院、清华大学关于筹建中国科学院动力研究室的协议（草稿）

（1956年3月）

中国科学院与清华大学为了积极开展在热力工程和动力机械方面的研究工作，使能为我国社会主义建设中发电和各种交通运输动力机械的发展作出贡献，双方决定合作筹建中国科学院动力研究室并取得如下的协议：

一、中国科学院动力研究室是中国科学院所属的一个研究机构，由中国科学院技术科学部与清华大学合作筹建，并在今后科学研究工作中取得密切合作。室址现暂设清华大学动力机械系内，在本校秋季迁至中国科学院数学研究所现址（在清华大学校址内）。

二、中国科学院动力研究室的研究计划由该室与清华大学有关方面共同商讨拟订，报中国科学院批准后执行，并报高等教育部备案。所需研究费用全部由中国科学院拨付。

三、中国科学院动力研究室主任由清华大学动力机械系吴仲华教授兼任。此外，研究室聘请清华大学动力机械系其他教师以兼任名义参与研究工作，培养新生力量。清华大学得聘请研究室研究人员也以兼任名义担任清华大学动力系若干课程的教学。兼任人员之酬金计算，可按中国科学院及高等教育部规定办法办理。

四、中国科学院负责向国务院请求分配国外回国留学生及国内大学毕业生以充实动力研究室研究力量。中国科学院亦负责配备得力之行政干部及辅助人员，以保证研究人员能专心从事于研究工作。

五、中国科学院负责在本年度内建造办公室实验研究用的房屋。研究工作所需图书仪器设备等由中国科学院拨款购置。清华大学现有图书仪器设备在可能的情况下，可借予该室使用。

六、动力研究室和清华大学按工作需要可以交流科学资料。该室工作人员并应遵守中国科学院及清华大学所规定的工作制度及保密制度。

七、协议施行后如有未尽事宜，得由双方协商修改及补充规定。

中国科学院

清华大学

清华大学档案，全宗号 2 目录号 校 1 案卷号 56010

与产业部门、科学机构及兄弟学校签订合同和检查合同执行情况办法

——一九五六年五月廿日经校长批准，即日起施行

（1956 年 5 月 20 日）

1. 本校为密切与生产实际的联系、开展科学研究、提高教学质量并协助企业部门解决生产中的问题，同时广泛地与企业部门、科学机构和兄弟学校交流科学上和教学上的经验，改进工作，可与有关的企业部门、科学机构及兄弟学校签订联系合作合同。

2. 本校对外签订联系合同的程序如下：

① 联系合同可由企业部门、科学机构及兄弟学校，或由本校校行政、各系及公共教研组提出。各系属教研组应通过系提

出。系及公共教研组提出要求时应说明签订合同的范围和参加联系的单位（由科学研究科备就格式），对于本校工作及联系单位的作用，本系或教研组执行合同的主观力量可能性，并将申请表交科学研究科，由校行政研究决定。

② 校行政初步研究同意后，应由负主要责任的系或公共教研组拟就合同草案（亦可由对方提出），交科学研究科，转发对方及本校有关部门提出修正意见。

凡牵涉不止一系或一教研组的合同，事先应由负主要责任的系或教研组征求有关单位的意见。

③ 科学研究科协同原提出草案的系或公共教研组将各方面意见进行整理，必要时得召集有关方面共同协商，最后将合同的修正草案提交校长以及对方负责人批准，始能生效。

④ 双方签订的合同正本由校长办公室保存，副本分发有关单位保存。

⑤ 已执行完毕的合同，或到期不再延长的合同由签订单位通知科学研究科，转知有关单位，宣布失效。

⑥ 双方签订的合同，呈请高教部备案。

⑦ 修订合同的程序同上。

3. 合同内容。

合同一般地应包括下列各项（此条仅供参考）

① 签订单位双方的正式名称及简称；

② 签订合同的目的；

③ 主要内容及详细规定；

④ 联系单位或执行合同的具体负责人员或单位；

⑤ 保密问题；

⑥ 由于工作要求，如进行科学研究等所需经费的来源问题；

⑦ 共同购置或非校方购置的备出仪器的保管问题以及合同

期满后，这些财产的处理问题；

⑧ 有效期限及发生效力日期和延续、修订或废止的规定；

⑨ 批准程序及批准权力机关；

⑩ 条文补充或附加条款；

⑪ 缮写份数及保持单位的全称和正副本的规定；

⑫ 签订双方的机构全称及负责签订人的职衔及署名；

⑬ 签订的年月日及地点；

⑭ 其他。

4. 本校检查合同执行情况的办法如下：

① 凡已订合同执行完成的，应由本校负责签订的单位填写“清华大学对外联系合同完成情况表”（由科学研究科备就格式），交科学研究科备案。

② 凡经常性合同，或正在执行中的合同，每半年，即每年六月十日及十二月十日前由本校负责签订的单位填写“清华大学对外联系合同执行情况表”（由科学研究科备就格式）交科学研究科汇总，并由科学研究科做出总结，交校长审阅后呈报高教部，并由科学研究科将执行情况通知签订合同的对方。

5. 合同中有关经费支付和人员审查及住校和保密资料交换及保管等问题的处理办法：

① 合同中有大宗经费支付关系者（不包括平时交流资料及人员往来的饭费），应按原合同规定办法，在一定期限提出预算，并在年终按会计手续报销。大宗经费应通过本校会计科支付。

② 合同中有关人员审查问题，一律由双方人事机关互相联系解决。

③ 合同中有关人员住校等问题须事先与总务处联系，并根据《本校对外合作及接受委托事业有关校外工作人员暂住本校办法》办理。

④ 合同中有关保密资料问题，一律由本校第一科与合同对方有关机构互相联系解决。

6. 本办法由科学研究科提出经校长批准后施行，其修改同。

《清华公报》第 26 期，1955 年 5 月 25 日

本校对外合作事业正蓬勃发展

（1956 年 10 月 27 日）

近年来，本校对外合作事业方面有很大的进展。我校经常联系的兄弟学校有 13 个，与各产业部门订立的技术合作与研究合同有 41 起，长期合作的单位有 5 个。这些合作在交流双方经验，培养干部，共同研究等方面，取得了不少成绩，也为生产解决了一些问题。

最近合作研究项目中比较重要的有：铸工教研组在王遵明教授领导下和第一机械工业部、鞍钢合作研究的球墨铸铁与薄壳造型，这一工作的完成将为国家节约大量钢材。土木系与建委会合作的竹材研究尚在继续进行，也已有了一定成绩。水利系也预备在过去完成了 401、403、501、5531 等工程委托试验的基础上和科学院及水电局合作研究一大型水力发电站设计中的问题，这将对水电站的安定性、经济性、可靠性等方面有很大帮助。其他各系各教研组也有许多有价值的专题与其他单位合作研究，这就可使国家技术力量及设备等集中使用，发挥更大的作用。另外数学与材料力学教研组参与了科学院主办的讨论班，对提高师资水平准备科学研究很有好处。

在长期合作方面，我校与科学院合作建立了水工及动力研究室，力学试验室，与广播事业局建立了电视研究所。以水工室为

例，最近水利系和科学院商谈确定了“长期地从工作上合作”的方针，开始将学校与科学院的研究计划统筹考虑安排，互相帮助。该室研究员钱宁与林秉南同志对作论文的讲师给了很多指导，钱宁还为水利系学生开了“泥沙工程”的选修课，并吸引了很多教师去听课。水利系的教授也都兼任了科学院的研究工作。其他各系的教研组也有很多在联系与校外单位合作的工作。

（周定邦）

《新清华》第156期，1956年10月27日

热烈欢迎全国53个兄弟院校负责同志到校参观并参加三联会议第六次大会

（1960年1月9日）

在教育部主持下，全国53个高等工业院校和河南、四川、湖北、上海等省、市教育厅、局的负责同志共80人左右，于本月7日至10日到我校参观，并参加了我校目前正在召开的教学、科学研究和生产的三联会议第六次大会。听了关于毕业设计的经验交流报告和三联会议的总结报告，还参观了我校举办的教育与生产劳动相结合展览会。

这次在教育部主持下，全国各高等院校领导同志共聚一起交流经验，是一个非常难得的机会，使我们能够很好地学习各兄弟学校在贯彻党的教育方针中所取得的丰富经验。8日，我校党委第一书记、校长蒋南翔同志，和第一副校长刘仙洲同志会见了各单位负责同志，副校长陈士骅、张维同志和党委副书记高沂、陈舜瑶、李寿慈等同志在7日上午曾前往民族饭店拜访了各单位负责同志。

为了表示热烈欢迎，我校学生业余文工团在本月 9 日（星期六）晚上在大礼堂将举行招待演出。

《新清华》第 497 期，1960 年 1 月 9 日

(五) 科学讨论会

清华大学第一次科学讨论会总结

（1956 年）

刘仙洲

清华大学在 4 月 22 日至 4 月 28 日举行了第一次全校科学讨论会。会上共提出科学报告和论文 132 篇，其中本校教师的有 117 篇，校外企业部门 14 篇，苏联专家 1 篇。报告中属于专题研究性的共 65 篇，属于综述或读书报告、实验报告的共 65 篇，其他性质两篇。本校报告中由教授、副教授提出的共 48 篇，讲师 35 篇，助教 24 篇，研究生 9 篇，还有学生科学小组 1 篇。科学讨论会分成 10 个分组举行，共开了 37 次讨论会。参加第一次科学讨论会的，除了本校教师、研究生外，还有兄弟学校、科学院、中央机关和企业部门的同志共计 1 800 余人。高等教育部副部长黄松龄、曾昭抡同志也到会指导。全校苏联专家都参加指导了会议准备工作，并由萨洛夫专家在大会上作了《苏联高等学校的科学研究工作》的报告。在举行科学讨论会的同时，还举办了科学工作展览会，展出了教师研究工作中制造的仪器设备和教师的科学论文。

这次科学讨论会对全校的科学研究工作起了很大的推动作用，并充分反映了本校在教学改革基础上开展科学研究工作的特

点。这次会议主要有以下四点收获：

一、检阅了教学改革以来的科学研究工作成绩，用事实肯定了本校教学改革的步骤是正确的，并指出了今后进一步开展科学研究工作的正确方向。

这次讨论会上本校的117篇报告，比较突出地反映出三个特点：第一，科学研究工作密切结合生产实际和结合教学工作，绝大部分专题都是有实际生产价值的，其中13个还是与产业部门合作进行的，例如竹材研究、汽车行驶速度研究、水轮发电机的特性试验、引黄济卫灌溉工程，等等。另一方面，许多研究工作的结果可以直接用于提高讲课、设计和实验质量，例如他激振荡器的计算方法、重力坝和空心坝的应力分析等等。第二，多数研究工作是在教学改革以后才掌握的新专业，例如在过去学校中从来没有的焊接、自动调节、电视、电器、施工机械化等等专业中进行的，而且都是在教学改革后新建立的实验室中完成的。第三，开展的面比较广，科学研究的队伍已经扩大。参加报告的教研组占总数90%；在老教师的指导下，青年教师提出的报告占全部报告的65%，而很多人反映对他们报告的水平还比较满意，例如材料力学教研组助教杨报昌做了《空心坝的应力计算及实验》的报告，董亚民做了《重力坝应力分析的位移法及实验》的报告，他们都是1952年由二年级学生中抽调出来的助教，在杜庆华教授指导下进行了上述研究工作，得到比较满意的结果。

这次提出的科学论文的水平，虽然总的说来并不算高，但已有十余项研究具有比较大的经济价值或较高的学术水平，得到到会的企业部门、外校同志和本校教师的重视：例如吴柳生教授领导的竹材研究工作、钟士模教授和童诗白、郑维敏副教授进行的脉冲调节器研究、章名涛教授领导的水轮发电机试验研究、庄前鼎教授的中国煤的分类研究、吴仲华教授的燃气的热力性质、宋镜瀛教授的汽车行驶速度研究、常迥教授的他激振荡器设计、王遵明教授的球墨铸铁研究、杜庆华教授领导的重力坝应力分析等研究工作，等等。此外，青年教师所完成的工作中，也有一些比较好的，例如讲师潘际銮的学位论文工作《杜拉铝在小功率设备上点焊问题研究》，得到了较满意的实验结果，并进行了理论上的分析，表现出已初步具有独立研究的能力；讲师谷兆琪进行的《引黄济卫进水闸设计》，研究生张连弟进行的《自动焊药研究》等，已都由产业部门采用，收到了实际效果。另外一些青年讲师和助教在实验室中进行的工作，例如助教伦景光报告的《在汽车拖拉机试验中采用电测量方法》也引起听众的很大兴趣。如果考虑到上面这些工作，多数是在去年暑假做完毕业设计后不久才开始进行的，而且本年度建立实验室和准备五年制课程的教学任务还很重，能够在短期内取得这些成绩，应该说，全校的科学研究工作已经有了一个良好的开始。

从以上的事实中，可以说明两个问题：第一，本校过去三年中首先集中力量初步完成教学改革的步骤是正确的。这样才奠定了基础，使科学研究工作能在短期内沿着正确的方向有了较广泛的开展，并获得一定的成绩，而且这样也才有可能在占本校过半数的新专业方向上开展了科学研究工作。第二，学校的科学研究工作要密切结合生产实践，并与提高教学质量、提高教师水平相结合，这是取得初步成绩和继续开展今后工作的基本保证；因此在今后要继续贯彻执行这一工作方针。

二、这次科学讨论会鼓舞了教师进行科学研究工作的信心，吸引了更多的青年教师参加科学研究工作。

由于在科学讨论会上肯定了成绩，教师们都感到很兴奋，特别是青年教师都是第一次做科学报告，尤其得到很大鼓舞。而另一方面，这次企业部门和兄弟学校对我校讨论会非常重视并提出很多要求，也使本校教师加重了责任感。青年教师参加了科学讨论会后，就打破了过去认为科学研究高不可攀的思想，有些助教反映：像这样的研究工作，我也有能力参加。科学研究工作开展得不够的教研组，也注意了听取别组的经验，准备改进工作。

三、检查了科学研究工作中的缺点和问题，推动了今后工作的改进。通过科学讨论会和会议前的准备过程，特别是通过讨论会的最后几天，多数分组研究了本系、组科学研究工作的情况，进行了总结，就发现了目前工作中存在着不少缺点和问题，例如：全校对科学研究工作的领导不强；规划工作亟待具体化；在对待科学研究工作的态度上有某些急于求成、患得患失等表现；学术讨论和批评与自我批评的风气还不很开展；许多科学研究的水平不高，新的理论和实验技术还不掌握，进行研究的方法也待改进；各教研组科学研究工作的发展还很不平衡，有些教研组教师参加科学工作还不够普遍，没有运用适当的方式广泛吸引青年教师参加到科学工作中来；与中国科学院、企业部门以及兄弟学校合作还不是很有计划地进行，而本校各教研组间互助合作也很不够；进行科学研究的条件，如工作时间、辅助人员、物质设备、图书资料等，还没有得到足够的保证等等。许多系对以上缺点提出了改进工作的措施；科学讨论会在闭幕大会上并针对这些方面作出进一步开展科学研究工作的决议。

四、加强了与企业部门、兄弟学校的联系。这次讨论会来校的有 180 余单位，包括的面很广。从科学讨论会中校外的同志更加了解学校研究工作情况，我们也更了解校外的要求，可以为今后进一步合作打下基础。

这次科学讨论会本身的缺点是很多的，特别反映在两方面：第一，会议的准备工作不充分：一方面题目确定太晚，资料印发和邀请、评阅等工作都不及时，资料的印刷质量也差，使到会听众不能事先研究提出的论文或报告，因而不能准备更多的批评意见。另一方面，各分会虽然事先选择了报告的题目，但也没有充分时间研究报告的内容和报告的方式，以致主持会议的同志难于掌握会场，并且有些教师在报告［时］重点不明确，甚至采用讲课方式，时间超过很多而效果反而不好。

第二，会议的领导不够，讨论进行得不充分。由于全校缺乏经验，对于会议进行的思想和业务上的领导是不够的。事先没有充分研究如何进行讨论的问题，以致各分组每次会议安排报告太多，没有讨论的时间；加以在开展学术讨论中还存在着不愿当面争论等一些顾虑，因此会上发言也不踊跃。各分组会除了个别的以外，多数都讨论得不够好，讨论会还没有起到应有的效果。在各分组会上进行的总结也由于全校事先并没有明确要求，因而缺乏准备，做得很匆忙，总结不够深入。

今后的科学讨论会，要吸取此次经验，提早充分做好准备工作，加强对讨论会的思想上和业务上的领导，更充分开展学术上的批评与自我批评，使它能更好地推动全校科学研究工作前进。

在这次科学讨论会以后，全校的科学研究工作将要在更普遍的范围内开展起来。在大会决议中提出的各个方面，都是很重要的问题，需要在今后工作中加以注意，而目前要解决的各项问题中，以下几点是特别迫切的：

一、要根据国家总的科学规划，做好全校及教研组的规划，以便有计划地、长期地进行系统的科学研究工作，做到真正在某一科学方向上钻深、钻透，改变在开始阶段科学研究工作比较无计划的现象。前一阶段各组已提出了科学方向，但范围还比较大，难以据以拟订具体计划。现在全国科学规划即将完成，各项中心问题与具体措施都将确定。本校应根据全国规划中所指定的任务，重新做好规划，并订出较长远的具体计划。虽然并不要求同一教研组的教师都去做一个中心问题，但集中教研组较多的人力，坚持地长期地进行钻研某一中心问题，是非常必要的。

二、要继续贯彻执行科学研究工作结合提高教学质量和提高教师水平的方针。目前全校已经完成初步教学改革，今后进一步提高教学质量要将取决于全校教师科学水平的提高，而许多新专业的建立也要通过带有科学研究性质的整理资料和建立实验室等工作才能完成，科学研究工作已经成为学校发展的关键问题。当然，学校科学研究的目的之一也是为了教学工作，而教学法工作仍然是学校经常要重视的一项任务，因此，今后仍应防止忽视教学的偏向。从这次科学讨论会中可以看出有些系和教研组，如无线电系等，已经注意把备课、准备新实验和设计中的专题和科学研究有机地结合起来，这样就使更多的教师能经常进行科学研究工作，各系、教研组在今后制订工作计划时，都要更善于把这两方面结合起来，才能把工作做好。

三、要加强与企业部门、科学院和兄弟学校的合作，进一步贯彻理论联系实际的方针。今后学校与企业部门和科学院的联系，根据国家科学规划，不仅要求按照具体研究题目，订立合同，互相配合地进行，而且要求在比较长远的研究计划和人力物力的发展计划上，取得配合，互相合作。学校成立科学研究室和学校及企业部门、科学院工作人员互相支持的问题，也是值得特别注意的。由于我校是多科性工学院，联系范围较广，除了全校要进行这一工作外，各系目前即应主动积极地经常开展对外联系工作。兄弟学校在科学研究工作上有很多优点和经验，应该向他们学习，并加强科学情报的工作。

四、加强对科学研究工作的领导。首先全校的科学研究领导机构要加强，具体方案已送高教部请求批准。学校每学期应在校委会上至少讨论一次科学研究工作的问题。在全校的科学研究机构中，要扩大并改进现有的制造工厂，逐步做到能及时地供应研究工作所必要的许多仪器。同时，系要加强本校各系及各教研组间的相互联系合作。科学研究题目往往是综合性的，即使在某一专业范围内问题的解决也要牵涉到各种其他专业或基础理论的问题，再加上目前青年教师较多，业务基础较仄，因此加强各教研组及各系之间的联系合作，已经成为保证科学研究工作顺利进行的必要条件。过去我校这方面情况并不是很好的，在合作订计划时、争取业务上的辅导以及在人员设备上互相支援有时还遇到一些障碍。今后要加强对综合性研究题目的领导（可以成立专门组织），订立答疑、公开举行小型科学报告会等制度，提倡互助合作的风气。今后还应加强思想领导，注意及时克服不正确的思想作风，解除思想顾虑。目前科学研究开展不久，比较普遍地出现两种问题：一种是部分教师认为自己选的题目没有把握，怕所做的工作水平不够高，不愿意订入教研组计划，不愿意公开讨论，因而失去了教研组集体的支持与帮助，这是对目前科学研究工作有妨碍的。需要提倡实事求是的精神，解除思想顾虑，采用一面工作一面累积经验的办法，更勇敢地前进。另一方面，青年教师中也有些热情很高、急于求成、不是循序渐进的表现。目前在本校普遍开展科学研究是有许多困难的。例如在许多新专业方面不仅本校指导力量缺乏，校外也难以争取到；因此目前开始做副博士论文工作的教师就发生比较大的困难，甚至影响工作信心。这一问题的解决，固然一方面要争取加强指导，另一方面也要强调科学研究工作本身主要是要靠独立工作，不能过分依赖领导教师，目前主要是提倡踏踏实实做工作，不要只想向副博士进军，而要向科学进军，从科学研究的基础步骤做起，在科学研究工作基础上开始副博士论文工作，这样循序渐进，才能收到效果。

五、交流与推广好的经验，采取有效的方式，吸引更多青年教师参加科学工作。目前各系和教研组科学研究工作开展得很不平衡。除了业务性质、设备条件、工作负担等客观原因外，没有交流与推广好的经验、没有广泛采取切实可行的步骤来广泛吸引青年教师参加科学研究工作，也是很主要的因素。在这方面有些教研组已经创造了一些好的经验，例如汽车、高压等许多教研组定期进行的学术报告会，如果逐步提高报告水平，鼓励在会上开展学术讨论，就可以成为系及教研组领导及推动科学研究的一种重要形式。又如材料力学教研组有计划地吸收青年教师参加教授领导的科学研究工作，并对不同水平的青年教师提出了不同的任务和要求；无线电系有70%以上教师结合教学广泛参加科学研究工作；这些经验都可以加以总结和推广。

六、加强系对科学研究工作的领导，指定系主任和秘书一人主要负责领导这一方面工作，并且系务委员会上每学期也至少要讨论一次科学研究工作的问题。

其他如物质设备等问题，在1955—1956年度总结中已经说明，此处不再重复。

总之，从这次科学讨论会的情况看来，在教学改革的基础上，我校有条件也有必要在今后大力开展科学研究工作，这是提高教师水平、提高教学质量的一个关键。全校各行政部门、各系、各教研组和各实验室都要根据第一次科学讨论会的决议，检查工作中存在的问题，订出具体措施，使今后的科学研究工作更加前进一步。

清华大学档案，全宗号2　目录号 校4　案卷号58003

清华大学第二次科学讨论会开幕词
——树立清华大学科学研究工作的社会主义方向（节选）

（1957年11月23日）

蒋南翔

同志们：

清华大学第二次科学讨论会现在开幕了。今天的大会，除了我们全校的教师和同学参加以外，还有高等教育部杨秀峰部长亲临指示，各兄弟学校及有关业务部门的负责同志出席指导。我们谨对杨部长及各位来宾表示热烈的欢迎和感谢！

清华大学自1952年实行院系调整，从旧式的综合性大学改为新型的多科性工业大学，各系第一次设立了专业，采用了新的教材，新的教学制度，新的教学方法；这在我们学校的发展史上，是经历了一次根本性质的变化和巨大跃进。当时对于教学过程中新遇到的一些基本问题，像怎样制订教学计划，怎样领导和组织教研组的工作，怎样开出新的课程和实验，怎样指导生产实习，怎样指导课程设计和毕业设计，过去都没有做过，根本缺乏经验。因此，在教学改革之初，我们不能不首先集中主要力量来学习苏联高等学校的一套先进教学经验，以便使我们学校的工作，能够正常地进行和有效地前进。

从1954年起，我们学校就成立了以刘仙洲副校长为首的科学研究工作委员会，负责筹划全校的科学研究工作。1954年至1955年，各系教师提出的研究项目39个，参加科学研究的教师151人。1956年各系教师提出的研究项目124个，参加科学研究的教师300人。1957年各系教师提出的研究项目215个，参加科学研究的教师 414 人，其中教授、副教授 70 人，占全体在校教授、副教授的 66%，参加科学研究的教研组 56 个，占全校教研组的 83.6%。

上述情况说明：虽然我们学校的科学研究工作还处在开始阶段，还有许多缺点和问题，有待大力改进，但是总的说来，科学研究工作还是逐年在发展和前进。“坚定地学习苏联先进经验，强调理论联系实际和在教学改革的基础上开展科学研究工作”，是我们学校所一贯奉行的基本方针；实践证明，这一方针大体上是符合我们学校的实际情况和客观发展规律的。

…………

新中国的科学研究工作是否不如国民党统治时代的旧中国？周恩来总理今年七月在第一届全国人民代表大会第四次会议上的政府工作报告中，已经作了有力的驳覆。清华大学的科学研究工作是否“今不如昔”？刘仙洲副校长也将在他的报告中提出比较详细的分析和说明，这里不再多说了。但是有一个问题却值得在此特别讲一下，那就是党的领导对于发展科学事业的必要性。共产党是我国社会主义建设事业的领导力量，它胜利地领导人民进行了革命的阶级斗争，它也将胜利地领导人民进行发展生产，征服大自然的斗争。反对剥削者的阶级斗争和征服大自然的生产斗争，是我国现代社会生活中交互影响和彼此联系着的两个最艰巨最根本的斗争，只有依靠集体，依靠工人阶级和全体劳动人民——包括为社会主义服务的全体知识分子——的团结一致和共同奋斗，才能取得胜利。我们要对自然界开展广大规模的有效的斗争，这和进行阶级斗争一样，不但需要战斗队——由忠于社会主义的广大工人、农民、技术人员、工程师、科学家所结成的强大的科学技术队伍，而且需要正确反映自然界和社会发展的一般规律的马克思主义的统一领导……在今天的中国，谁来执行生产斗争和阶级斗争的统一领导的任务？不可能是任何个人——不管他是精通了哪一行业务的专家；不可能是任何别的团体——不管它是学术团体还是政治团体；只能是以马克思列宁主义武装起来的，久经革命斗争和社会主义建设事业的实际考验的，和全国人民建立了血肉联系的，最集中地反映了工人阶级和劳动人民的集体智慧和集体意志的伟大的共产党。党的领导是发展我国社会主义的经济，同样也是发展我国社会主义的科学和文化的最根本的保证……现在中国共产党领导科学技术和对自然界作斗争的经验还是比较少，但是共产党曾在阶级斗争的实际锻炼中学会了领导阶级斗争，它也将在生产斗争的实际锻炼中学会领导对自然界的斗争。苏联在科学技术方面的伟大成就和首先成功地发射人造地球卫星的事实，给我们提供了实际榜样和最雄辩的论证。在阶级斗争同样也在生产斗争中确立共产党的领导地位，这不是决定于任何人的主观要求，这是历史的选择。

不庸讳言，在过去相当一段时期内，关于“如何开展高等学校中的科学研究工作”这一问题，在我们学校的教师中，是有不同的理解的，是存在着原则分歧的。对于我们学校近几年来科学研究工作的估计，对于高等学校开展科学研究的目的，对于进行科学研究工作所抱的态度和所采取的方式、方法，都存在着两条不同路线的斗争。

走资本主义的道路？还是走社会主义的道路？这是科学研究工作进行两条路线斗争的最深刻的本质。

这里所说的科学研究问题上的两条路线的斗争，自然不是说自然科学中真正反映客观规律的某些公式或定理存在着什么两条路线的斗争；而是说在开展科学研究工作的基本方针上，存在着原则性的分歧。如果要从牛顿的力学定理或门德列也夫的元素周期律中去寻找不同的阶级路线，那当然是荒谬的；但是如果在整个科学事业的规划和组织上，在开展科学研究工作的若干基本原则问题上，不能正确地贯彻阶级路线。那么这就将对祖国社会主义的建设，同时也对科学事业本身的发展，带来极为严重的后果。

要正确地开展我们学校的科学研究工作，我们就不能掩盖和回避科学工作上的两条路线斗争。

高等学校开展科学研究工作，究竟是为了什么目的？这是我们必须首先解决的根本问题。

我们学校积极开展科学研究工作，不是提倡科学至上主义。

在我们学校中，有不少人片面地孤立地强调科学研究，认为只有科学研究才是唯一高贵的工作，其余一概不足道。有些人甚至刚刚开始做了一点研究工作，或是发表了几篇文章，就仰首看天，自认为高人一等，看不起劳动人民，看不起从事科学研究工作以外的一切人；看不起实际生产，看不起科学工作以外的一切事。在这种“万般皆下品，唯有科学高”的影响下，有一些教师不但轻视行政工作，轻视政治思想工作，而且不愿意负担教学工作，只愿意进行自己的科学研究工作。他们认为担任教学工作是为别人，是“输出”，是手段；进行科学研究才是为自己，才是“输入”，才是“目的”。他们所一心想望的是：

“学好数理化，什么都好办！”

“两耳不闻窗外事，三年搞个副博士。”

“只要能发表几篇科学论文，就可以奠定自己的学术地位了。”

“有了学术地位，就有了政治资本，就可以待价而沽，有名有利。”

补习基础理论课程，做副博士论文和发表学术论文，当然都是可以的，甚至是值得赞助的。但是如果我们的业务进修和科学研究工作不是同发展生产、建设社会主义相联系，不是首先为了服务于国家和人民的需要，而是仅仅为了给自已镀金镀银，成名得利，那当然就是不正确的了。“学衔学位，心向往之；社会主义，与我无关！”——这不是我们所要走的道路。如果循着这条道路前进，科学研究工作将不是给社会主义事业带来利益，而只是带来损害；科学工作者将不是通过科学研究而更好地为人民服务，而只能愈来愈脱离实际，脱离人民，走进象牙之塔，染上贵族习气。我们当然不能期望社会主义的科学事业可以在这种基础之上得到健康的和有力的发展。因此，正像我们反对为艺术而艺术的“艺术至上主义”，我们同样反对为科学而科学的“科学至上主义”。

不管本人是否承认或是否意识到，在“科学至上”或“艺术至上”的高贵外衣下，事实上是包裹着“兴趣至上”“个人至上”的思想实质。这是脱离现实生活和违反历史规律的唯心主义思想。在历史舞台上，个人的力量是渺小的，只有人民群众，只有革命的集体，才是历史的创造者和推动者。人民至上，集体至上，这是社会主义的原则。“兴趣至上”和“个人至上”，“科学至上”和“艺术至上”，同样都是反科学反马克思主义的资产阶级观点。这种观点违反社会主义的利益和社会主义的原则，不能促进而只能危害社会主义的科学和艺术的真正繁荣。

我们学校积极开展科学研究工作，主要的也是唯一的目的，就是要为祖国的社会主义建设事业服务。

为了使我们学校的科学研究工作最有效地服务于社会主义建设事业，必须正确解决两个问题。一是科学研究工作在高等学校中的位置问题。二是科学研究工作贯彻理论联系实际的方针问题。

科学研究工作在高等学校应该占有怎样的地位呢？

科学研究对于高等学校具有极大的重要性，对它的意义估计不足，采取消极保守的态度是错误的。我们必须充分发挥积极性，利用一切可能，大力开展科学研究工作。对于那些已经熟练地掌握了自己的全部教学工作的教研组和教师，更应把科学研究工作提到重要的日程上来。这样做是完全必要的。但是我们应当把科学研究工作放在一个适当的位置上——不能放低了，也不能放高了。具体地说，高等学校的科学研究工作，应当和教学工作相辅相成，建立起一种正确的互相配合的关系。我们应当明确肯定一个简单明了的事实：对于高等学校和高等学校的教师来说，完成教学任务，培养社会主义建设干部，这是第一位任务。某些教师可以在某一时期以主要力量甚至全时进行某种必要的研究工作，但这是特殊情况，不能也不应成为学校中的主导趋势。高等学校所以必须重视科学研究工作，重要的理由之一，也正在于它是高等学校提高科学水平从而也是不断提高教学质量的必要措施。因此，高等学校的教师，应当在做好教学工作的前提下，积极开展科学研究工作，这样才能把学校的科学研究工作同教学工作正确地结合起来，成为提高教学质量的积极因素，而不是削弱教学工作，成为改进教学工作的障碍。

在我们学校中，有些教师不大乐意做教学工作，他们认为高等学校和高等学校教师的主要任务不是完成教学任务，而是开展科学研究工作。他们不认为一个人民教师，应当在完成自己教学任务的前提下去积极开展科学研究工作，他们借口开展科学研究而牺牲教学工作，对完成自己的教学任务缺乏应有的责任感。在实际生活中，这种轻教学重科学的观点，势将促使他们走进资产阶级的“科学至上”“个人至上”的泥坑。教师对教学工作不负责任，有如工人对生产怠工，这是违反了作为一个社会主义劳动者的基本义务，这是一条歧路。

不错，高等学校应该成为发展科学事业的重要据点。但高等学校对于促进科学事业的贡献，不单是体现在学校本身的科学研究的成果上，而且更基本的，还体现在学校教学工作的成绩上。学校源源不断地为国家培养出政治质量和业务水平都较好的干部，补充和壮大了我国科学技术的队伍，加强了我国的工业战线和科学战线，这也就在更加深远的意义上，对科学事业做了宝贵的贡献。因此，要求高等学校的科学研究工作和教学工作正确结合起来，要求高等学校把不断改进教学质量看作是自己的首要任务，从全局的观点看来，这不但不是忽视科学研究工作，而且恰恰相反，这正是高等学校同研究机关、企业部门实行必要的分工，在最大程度上促进科学事业的发展。

高等学校的科学研究工作，应该怎样贯彻理论联系实际的方针呢？

理论联系实际，就是科学研究工作应当更好地结合实际生产，结合教学工作，使我们学校的科学研究工作，既能不断提高学校的科学水平和教学质量，又能密切配合国家的建设事业。

在选择科学研究的题目时，有人对生产中所提出的问题不感兴趣，认为生产是低级的，没有高深的理论；有人不愿意配合教学工作，认为教学工作只是重复劳动，缺乏创造性。他们一味追求抽象的理论研究，认为这样才有理论价值，才能一鸣惊人。

在科学研究中，理论研究是很重要的。真正从实际经验中总结出来的正确的理论，对于推进实际工作具有重大的指导作用。因此，在科学研究工作中应当十分重视基本理论的研究，忽视和轻视理论的观点是错误的。但是这并不是说，任何人在任何时候，都只应当死死抱住理论研究，无需接触实际。实际是理论的源泉，理论脱离了生动的实际，它就丧失了活泼的生命力。有不少还比较缺乏实际经验的青年同志，一开始就只想钻抽象的理论，只想“攻坚”，一举成名；不愿脚踏实地地进行平凡的劳动，在日常工作中一点一滴地积累实际知识，这是一种不健康的和有害的现象。我们主张理论联系实际，是要同时反对“轻视实际”或“轻视理论”的片面观点。但是就我们学校目前的实际状况来说，克服轻视实际的观点，是具有更为迫切的意义。有些教师能够给学生讲解专业课程的理论，但是却很少甚至完全没有实际经验，这当然是一种缺陷。由于我校近年来的迅速发展，师资的培养和成长需要时间，某些教师特别是青年教师缺乏实际经验的情况是难免的，可以理解的。但是，现在的问题不在于某些教师缺乏实际经验，而在于有些人明明缺乏实际经验，却还看不起实际经验，却还自我满足于自己的缺陷状态。正像一个游泳指导只能大谈游泳理论，而自己却根本不会游泳，下河就得没顶，在此种情况下，如果他还要认为实际“低级”，只有理论高超，那也就未免太迷恋于“理论”了。轻视实际的观点，不但妨碍科学研究的正确开展，而且会在教学工作上造成严重恶果。如果我们学校培养出来的学生都是厌恶和惧怕直接参加实际生产斗争，不想下工地，下工厂，下实验室，只想戴着白手套，坐在温暖的书斋里研究抽象理论，只想做高级专家，不知道任何高级专家都要经过一个实实在在的从低级到高级的发展过程，试问这样能够给我国社会主义事业做出什么贡献呢？对于一个工业大学来说，轻视生产和脱离实际的害处，是更加明显和不可容忍。

社会主义的建设，要求社会主义的教育事业和科学事业与之相适应。在高等学校开展科学研究工作，要求首先明确地树立社会主义的方向。

当然，我们应该正视和承认这样一个事实：在科学事业的建设上，破除资产阶级的旧传统，确立社会主义的新方向，这需要经过相当长期的努力和工作。

…………

我们希望这次科学讨论会，不但能够比较全面地检阅我校科学研究的工作成果，而且还能结合我们学校的整风和社会主义教育，进一步明确我们学校的科学研究的方向。这一点，对于正确有效地开展我们学校今后的科学研究工作，甚至具有更为重要的意义。我们深信，如果能够正确地解决了方向问题，我校的科学研究工作和教学工作，将能比肩并进，获得更加迅速和健康的发展。

我们预祝这次科学讨论会，除了在学术研究方面，取得有益的经验以外，同时对于树立我校科学研究工作中的社会主义方向，能够得到应有的收获！

清华大学档案，全宗号 2　目录号 校 4　案卷号 58004

坚决地沿着社会主义的道路，积极开展我校的科学研究工作（节选）

（1957 年 11 月 23 日）

刘仙洲

同志们：

从去年我校第一次科学讨论会到现在，已经有一年半的时间了。在这一段时间内，随着全国社会主义改造高潮的来到，党向知识分子提出了向科学进军的号召，进行了我国史无前例的十二年科学发展远景规划的工作，同时，并在国务院直接领导之下，设置了永久性的科学规划委员会，领导全国的科学研究工作。在这一阶段内，我校的科学研究工作也有了一定的进展。现在让我利用第二次科学讨论会的机会，代表学校就我校一年半以来的科学研究工作和今后这一工作应该走的道路及应该采取的措施提出一些意见，请同志们讨论。

一、一年半以来我校科学研究工作的情况

自第一次科学讨论会以来，我校教师一方面继续执行着1956及1957年度的科学研究计划，参加了全国科学规划工作，进行了国内外科学合作交流的活动；另一方面，参加了整风反右派运动，取得了巨大的胜利。同时，学校在加强领导、改善科学研究的物质条件方面也做了一些工作。因而这一年半以来，我校科学研究工作不但取得了一些进展，积累了一些开展科学研究工作的经验，而且在整风反右派运动中批判了资产阶级右派的科学纲领，从而进一步明确了社会主义的科学研究方向，为今后继续开展科学研究工作创造了有利的条件。

1957年的科学研究计划中，一共提出研究项目215个，参加人数414人。与1956年比较起来，科学研究题目比去年的124个增加了73.4%，参加人数比去年的300人增加了38%。

从执行情况来看，今年（截至10月底止）已完成的项目26个（12.1%），继续进行的153个（76%），取消的34个（11.9%）；而1956年的情况是：完成项目19个（15.3%），继续进行的68个（54.8%），取消的37个（29.9%）。由此可见，1957年的科学研究题目中取消的数字降低了，完成的数字增加了，由于本年度5月到9月的整风及反右派斗争运动比较忙一些，而本年度11月及12月的工作尚未统计在内，实际工作时间只有六、七个月；所以，总的看来，应该说我校今年的科学研究工作比去年又有了新的进展。

一年半以来完成的项目中，如水利系的永定河引水工程，包头钢铁公司沉砂池，新安江水力枢纽布置等试验研究，对生产设计工作起了一定的作用。动力系庄前鼎教授关于煤的分类的研究

结果，获得了相当高的科学评价及企业部门的重视。热电站教研组董树屏教授等作出了五万瓩汽轮机初参数方案比较，已引起产业部门的注意。土木系给排水教研组进行了永定河给水处理的工作，已有初步结果，对首都用水问题有一定帮助。无线电系电视教研组的青年教师在苏联专家萨普雷金同志的指导下，也进行了电视讯道设备的研究。机械制造系焊接教研组为鞍山钢铁公司解决了焊药的问题。在为生产部门服务方面，土木系做的结构和材料试验，热工教研组做的材料热力性质试验，也都得到了产业部门的欢迎。

现在正在进行的对国民经济意义较大的项目，计有球墨铸铁研究、刘家峡水力枢纽的模型试验、大型电机研究、竹材利用、旋风炉以及结合电力系统动态模拟进行的一系列研究等。还有一些是有关我国发明创造历史的研究工作，如中国建筑史、中国机械史、中国化学史等。此外，从 1956 年起，我校教师接受高教部委托编写着 9 种教科书，同时我校教师还编译了及编译着大量教材。

1956 年初，在党的领导下我国进行了历史上空前未有过的、具有极大意义的全国性十二年科学规划工作。我们学校很荣幸地有四十多位同志正式被邀参加了这一工作。以后又有好多位同志参加了科学规划的协调工作。在这次科学规划工作中，我校教师和全国科学家在一起制订了向科学进军的蓝图。他们在规划过程中进一步体会了社会主义科学研究工作方针，了解了世界科学情况，熟悉了全国生产资源、科学研究力量等；同时还从帮助规划的苏联专家那里学到了宝贵的经验，对我校今后开展科学研究有极重要的意义。许多同志在参加科学规划后，修订了教研组的科学研究内容，因而使我校科学研究工作与全国其他单位的科学研究工作取得了进一步的配合与分工。最近我国赴苏科学代表团出国之前，本校又有许多位教师参加了准备工作，还有二位教师作为代表团成员出国。

一年多来，我校和科学院及产业部门的合作方面也有了发展，例如和产业部门及科学院合作建立着卫生工程研究室、动力研究室等七个研究机构。在这些合作中，虽然还有一些问题值得进一步研究解决，但是对我国整个科学研究事业是有好处的。其他如专题研究合作合同也有了增加，到目前为止，与我校有合同关系共同进行研究的项目共有 66 个。这些项目虽然一般期限较紧，任务较大，在进行的过程中，必须克服一定的困难，但也促进了我校科学研究的开展。

我校除结合教学及科学工作提高教师水平以外，1956 年暑假后，又招收了第一批 12 名四年制研究生，批准了 46 名不脱产研究生，此外还有现在在我校进修的外校教师共 238 名，二年制及三年制研究生 24 名。这是培养科学研究及教学干部方面的情况。

在学报出版工作方面也进行了一些改进，1957 年第一期已出版，第二期正在排印中。估计今年可编出三期。以后决定按季出版，每年四期。但学报的质量还比较粗糙，有待大力改进。

一年多来，我校教师刘仙洲、张维等还参加了国际性的学术会议和学术活动达十三人次。这些活动不但对促进国际间的学术交流和各国人民间的友谊及相互了解方面起了一定的作用，而且对我校教师开扩［阔］眼界方面也很有帮助，同时刘仙洲、储钟瑞、吴柳生等同志还在会上提出了科学报告。梁思成、章名涛、庄前鼎、吴仲华等十几位同志赴苏联、捷克、波兰、罗马尼亚、印度等国家做了学术考察，其中庄前鼎教授在苏联科学院宣读了他的关于煤的分类的论文，得到了很好的反应及友谊的支持。此外，我校派赴苏联、捷克等国进修的六位教授、副教授也先后回国，带回来不少苏联和捷克的先进科学技术经验。

各系及各教研组还举行了许多小型的科学报告会，有些还是与产业部门合办的。

关于科学研究的物质条件方面，一年多来也有了改善。高教部对我校科学研究的开展，给予了极大的注意及支持。首先在经费上给予了支持。1957年我校科学研究经费为1956年的四倍多。在图书资料费方面，也是这样，我校1956年及1957年的图书经费均为1955年的二倍半。其次，学校还加强了仪器设备的自制工作，1956年内仪器设备制造厂增加了设备71%，同时培养了徒工，因而使每月生产能力提高一倍。与此同时，学校也在各系配备了金工间，作为各系仪器设备修配之用，以便及时解决仪器设备的修理工作及零星零件的制造工作。

一年半来学校为了改善器材的供应，成立了中心仓库及五金材料仓库，解决了一部分科学研究临时所需的器材及五金材料的供应问题，这些器材往往是市场上不易采购与时常缺货的物资。同时为了改善供应，增加了采购人员，并且指定了专人对科学研究所需的物资，进行及时的采购，且不受申请日期的限制。1957年第一、二、三三个季度所提出申请卡片的完成率为82.6%，而1956年完成率还不到50%。因而一年来供应的情况也有了改善。在科学研究的物质条件方面当然还存在着不少缺点，但各单位正在积极努力设法改进，以适应科学研究工作开展的需要。

此外，学校也加强了对科学研究的组织领导。在1956年下半年成立了科学研究处，下设有计划科、实验室科、研究生科及仪器设备制造工厂四个单位。并且加强了系的领导机构，各系都推定了一位系主任或副系主任负责领导科学研究工作。

以上这些成绩的取得，是我校广大教职员工同志热烈响应党提出向科学进军的号召而辛勤劳动的结果。这些成绩充分说明了党的领导的正确，及我国社会主义制度的优越性；因为只有这种条件下，我校广大的教职员工同志的积极性，才能获得充分发挥的可能。但是由于学校的迅速发展，以及教学改革才初步完成的关系，我校的科学研究工作，还只是开始阶段、准备阶段，上述成绩当然远远不能满足今天社会主义建设对于我们学校的客观要求。现在大多数系及教研组的研究方向已初步确定，科学研究集体也正在逐步形成及加强。可以肯定地说，我校在最近的将来，在党的领导下，继续学习苏联经验，经过全校教师职工的努力，在科学研究上将会获得更大的进步及成就，在伟大的社会主义建设事业中，一定能够担起它应该担当的科学研究责任。

但是有些同志并没有看到这些成绩与前途，因而产生了一些不正确的看法及不健康的情绪……那么旧清华的科学研究究竟如何呢?

从 1932 年清华大学工学院成立到 1949 年的十七年中间，清华大学教师在工程技术方面共发表过约 150 篇论文（平均每年 8.8 篇)，其中有 7 篇是翻译的，21 篇是用英文写的。(在校外发表者未计入)。这些文章大多是对已有科学成就的介绍或对某些科学理论的综述，其中有实验结果的还不到 10%。这也是自然的，在当时那种社会制度和极端困难的研究条件下，教师们一般只能凭着“一张纸，一枝笔”来做研究。在编写中文教材方面，解放前仅有少数教师，如刘仙洲、施嘉炀、赵访熊等，做过一些工作，但这些工作也得不到官僚买办阶级统治的国家的支持，因此学生所学的主要还是英文教材。有一部分教师甚至还用英语给我国学生讲课。教学改革以来，我校情况有了巨大的转变，仅第一次科学讨论会及本次科学讨论会就提出了报告 215 篇，再加本校学报上发表过，但没有在科学讨论会报告过的 17 篇，一共就有 232 篇（每年平均 46.4 篇)，为过去的五倍多。这只是从数字上来看的，如果从质量上来看，其变化更大。根据前面列举过的例子说明我校现在的研究任务，大多数是与国民经济紧密相关的，是为社会主义建设事业服务的，并且具有一定程度的创造性。而过去的研究题目，往往是从资本主义国家杂志中找出来的，与本国的经济没有多少联系。在教材方面，教学改革后我校立刻全部采用了中文教材，因而翻译编写了大量教材。1946 年清华大学工学院只有 13 个实验室。到 1957 年已增加到 57 个，而且每一个实验室的规模及设备也远非解放前的实验室所能比拟。以机械制造系为例，到 1957 年止，实验室面积已增加到解放前的十倍，像铸工、压力加工、焊接、金相和机床五个专业实验室，完全是从无到有。其他系的类似情况也很多。

解放以前的旧中国，由于半封建半殖民地的社会制度，帝国主义不容许我国发展自己的工业，更谈不上科学研究事业；而反动阶级对它控制下的高等学校，只是希望替它培养一批压迫人民的统治阶级的知识分子或者顺从他们的工具，自然不会重视发展民族工业和开展本国科学研究工作的问题。所以国内学校的各种条件都很落后，即使有少数想在中国进行科学工作的人，也由于学校物质条件很差，进行科学研究是极为困难的。以国民党时期对所有全国高等学校设备购置费来说，根据高教部的统计材料，1937—1945 年期间每年平均只有 257.9 万元（按不变价格折合的人民币值），自然每个学校能够用作科学研究的经费就十分可怜了。例如本校金相热处理实验室在解放前，要积二个月的经费才能买一根 3/4 吋直径的 3 公尺长的铜棒；要积三个月的经费才能买得起一个教学实验用电表。现在则由于党和政府的重视，高教部对高等学校的实验室进行了大量的投资，各产业部门也给予了广泛的支持与合作，这些都是过去所梦想不到的。而且在教学改革的过程中，不但原有教师们提高了自己的政治和业务水平，同时也增加了大批青年教师，通过工作迅速成长起来，壮大了教学及科学研究的队伍，为开展科学研究工作创造了极其有利的物质条件及干部条件。所以，高等学校就可能成为科学研究的广阔基地。今年我校教师中约有三分之一左右的人参加了科学研究工作，而且大多数进行各种对国民经济具有意义的科学研究项目。这样的研究内容与规模，在过去是根本没法想象的。

有人说："学校的学术气氛不浓，政治活动太多"，这是不正确的。如前所述，应该说解放以后我校的学术气氛比解放前强得多。本年度四百多人参加了科学研究工作的事实便不是过去所能想象的。同时还不应脱离我国今天的实际情况来看问题。解放以来我国经历着历史上最伟大的变革；目前则是我国思想上和政治上的社会主义革命时期，这些革命运动根本改变了和改变着我国社会风气和思想面貌。知识分子通过这些运动受到了很大的教育及改造，这不仅对于国家建设是有利的，而且为科学研究的顺利和健康的开展开辟了道路。没有这些运动，就谈不到社会主义，更谈不到社会主义的科学研究工作。今后在社会改造与思想改造的基础上，科学研究工作将沿着正确道路逐步大规模开展起来，社会主义的科学气氛将日益浓厚，是完全可以预料的。

总之，在教学改革以来的短短五年中，我们学校在党的领导下，迅速由过去旧的资产阶级大学转变为今天新型的社会主义工业大学，因而发生了本质上的变化。在旧清华，学生的培养是无计划的，培养目标是为反动统治阶级及帝国主义服务的没有系统的专业训练的工学士，学生数量少，质量不好，淘汰率很高。科学研究只有少数人才能进行，他们在惨淡经营的条件下，虽然也做出某些成绩，但其结果往往也无法在生产上发生作用，同时因为社会条件的限制，科学研究是自生自灭的，也是毫无前途的。在这种条件下，必然是教学水平不高、科学研究少、工作人员成长慢。在新清华则完全相反，学生的培养是按照国家建设的要求而有计划进行着，培养目标是为社会主义建设服务的具有系统的专业训练的工程师，既保证了较多的数量，也保证了较好的质量。科学研究是为社会主义建设服务的集体事业，既有生产的推动，也有开展的条件，因而科学研究在短短的几年中就获得了相当的成就及巨大发展的前途。在这种条件下，只能是教学水平高、科学研究规模大、工作人员成长快。与前边所述事实对比，不但有力的驳斥了右派分子“今不如昔”的谬论，而且也说明了党的领导的必要性、正确性及我国社会主义制度的高度优越性。

二、开展我校科学研究工作中的几个问题

我校科学研究工作在过去一年半中虽然在党的领导及全校教职工同志们的努力下取得了以上这些成绩，但不仅工作的数量和质量上还远远赶不上国家对我们的要求，而且由于学校科学研究还处在大发展的开始，所有工作都在草创时期，缺点和问题是很多的。但在所有这些缺点和问题之中，最重要的是科学研究的道路问题，即科学研究工作中社会主义道路与资本主义道路的斗争问题。就这一方面说，过去工作中对资本主义路线批判得不仅不够有力，而且有些迁就姑息；对社会主义路线则执行得不够坚决，因而正确的方针贯彻得不够彻底；这样就出现了一系列的思想原则问题，并引起各方面工作的缺点，结果阻碍了科学研究工作的开展。

什么是科学研究工作中的两条路线呢？这个问题集中地反映在科学研究的目的性——科学研究为谁服务——的问题上。聂副总理曾经指出：“在发展科学事业中走社会主义道路，就是科学事业要有为社会主义建设服务的明确目标，科学家在选择研究题目时要根据国家建设需要和个人专长相结合、理论和实际相结合

的原则。而走资本主义道路，就是否定科学事业应该为国家社会主义建设服务，提倡为科学而科学，主张科学家可以不顾国家需要单凭个人兴趣来进行研究工作。在发展科学事业中，走社会主义的道路就是要有计划、要有组织、要有领导；这就是说，应该制订发展科学事业的远景计划、年度计划，要有重点同时又要照顾全面；要根据工作需要，该集中人力来做的就要集中，该分散进行的就应该有意识地分散；要加强分工和协作，要有统一的领导。而走资本主义道路，则反对订科学工作的计划，并且认为对科学工作根本不能订计划，主张无条件地分散，认为不需要统一的领导。在发展科学事业中，走社会主义的道路，就是一定要有党对科学工作的领导，而走资本主义道路则反对党对科学工作的领导，认为党不能领导科学工作。”科学研究工作中的两条道路的分歧使我校科学研究工作中产生了一系列的原则分歧：在科学研究的目的性问题上，产生了为社会主义服务，还是为个人名利服务的分歧；在科学研究工作的计划性、组织性及纪律性问题上，产生了集体主义，还是个人主义及自由主义的分歧；在理论联系实际问题上，产生了重视实践，还是鄙视实践，和知识的源泉是实践还是思维的分歧；在教学工作和科学研究工作的关系问题上，产生了教学工作与科学研究工作是相辅相成，还是互相排斥对立的分歧；在干部政策问题上，产生了政治业务并重，还是重业务轻政治的分歧；在勤俭办科学问题上，产生了克勤克俭，还是铺张浪费的分歧。这些原则性的分歧如不解决，那末我们的工作将会迷失方向，得不到健康迅速的发展。

当然，我校科学研究工作中还有很多具体的缺点，都需要改进，但当前最核心的任务，首先是在思想上破除资本主义路线，确立社会主义路线，以便在我校科学研究工作中彻底地贯彻及执行社会主义的科学方针及原则。应该承认，自 1952 年学习苏联进行教学改革以后，全校在大力学习苏联的过程中，对教学工作方面学习得比较多，一些基本方针原则也在多数教师中初步明确，并已大体上贯彻到各方面的工作中；但是在科学研究方面则并非如此，自1955年开始大力发展科学研究工作以来，特别是1956年国家进行科学规划并号召向科学进军之后，我校科学研究工作虽然获得了一定的成绩，但同时资本主义思想作风也借机得到了某些发展……

现在让我就以下六方面来分析一下我校科学研究工作中的两条道路问题：

（一）关于科学研究工作的目的性问题：为社会主义服务还是为个人名利服务

我国科学研究工作的基本任务是发展生产建设社会主义。所以我校科学研究工作的目的必须是解决国家社会主义建设中目前的以及长远的问题。因此，完成一定的国家的科学研究任务是学校义不容辞的责任。我校科学研究的实际情况也充分说明了我们有可能做到这一点。多数教研组接受了国家任务，从生产建设中取得了题目，受到了生产单位的支持，已经对国家做出了贡献。例如：水利系一年半以来所完成的包钢沉砂池试验、永定河引水工程试验等项目，都是直接有利于国家建设的。根据这些试验成果就可以使设计更加合理。前述庄前鼎教授关于煤的分类的研究成果，产业部门已要求作为编制技术规范时的参考。水力学教研组在永定河引水工程试验中，利用了斜坡上的水跃改进了原来的设计，这种研究结果对其他水工设计也有相当的参考价值。铁道部铁道科学研究院正在进行关于球墨铸铁货车车轮的研究，王遵明教授做了部分指导，现已试制成球墨铸铁车轮，在东北一条铁路上试用，已经走了九千多公里尚无问题。这一研究如果成功，就可以每年为国家节约大量的钢材与外汇。不仅如此，这种科学研究工作对培养干部也有巨大意义。如水利系先后有16个讲师助教参加过模型试验工作，通过这些工作，他们不但取得了生产知识，而且也熟悉了科学研究方法。

以上情况不仅说明我们的科学研究工作必须从社会主义建设需要，特别是从生产实际出发来有的放矢地进行，因为只有这样才能为国家做出贡献；而且也说明国家社会主义建设事业的发展，又给科学的进步创造了条件；那就是说：生产是科学的丰富源泉，是推动科学向前发展的巨大动力。当然，科学的发展也将进一步推动生产的发展。

坚持科学为社会主义建设服务与理论联系实际的科学研究方针，还有一个重要意义，就是它不但能提高教师业务水平，提高教学质量；而且把教师吸引到伟大的社会主义建设事业中，不断提高着教师的社会主义觉悟，同时在培养青年学生们的科学态度及方法方面，也具有极其深远的影响。

为了贯彻这一方针，高教部规定编制1958年科学研究计划时，要把研究题目分成甲乙两类：甲类是指属于科学规划以内的题目，乙类是自选及其他题目；并指出应首先保证及支持甲类题目的完成，对乙类题目则在可能条件下给予适当的支持。因之，只有在科学为社会主义建设服务的方针下，坚持国家需要与个人专长相结合的原则时，我校科学研究工作才能为国家贡献应有的力量，并获得无限发展的可能。离开这条道路，我们不但将会遇到很多困难，而且要犯错误。

…………

去年学校曾进行了培养副博士研究生的工作，但由于少数教师中存在着资产阶级的名利思想没有受到批判，以致个人主义思想反而在“副博士”学位的引诱之下得到了某些发展，有人将向科学进军了解为不惜一切手段来取得副博士学位的进军，因而从杂志资料中寻找自己明知与国家建设无关的但能很快写出论文的题目，也有人幻想着一条劳动少速度快的“通向副博士之道”。为了个人提高，有些教师完全不顾教学任务及教研组的计划，不服从教研组的领导，强调个人提高，盲目听课。例如：有的人同时听五、六门课，几乎和一个学生一样。还有些人对应当担负的教学及科学研究任务不负责任，脱离当前工作的需要去搞翻译与写作，以求得他所谓的“一举三得”：既提高业务水平，又能出名，又有大笔稿费。

以上情况说明有些人搞科学研究的目的，不是为了社会主义建设需要，而是将科学研究当作个人求名得利的晋升梯。这些思想在相当一段时期内，在一小部分人中间形成一股歪风。

经验证明，凡是个人主义思想流行的地方，不但教学工作受到影响，而且科学研究工作也得不到正常的开展。因为根据个人利益的要求及不考虑社会主义建设需要而进行研究工作时，往往患得患失，题目反复变动，工作情绪起伏不定，而且遇有困难时，就不易坚持，所以很少能作出结果。纵使作出结果，也未必能符合国家的要求。因此，明确科学研究为社会主义建设服务的目的性，使各教研组的科学研究走上正确方向，是我校开展科学研究工作首先必须解决的问题。

（二）关于科学研究工作的计划性、组织性及纪律性问题：集体主义还是个人主义及自由主义

科学研究既然要为有领导有计划的社会主义建设服务，因而它本身也必须有领导有计划；而进行科学研究的人，就要服从领导并积极执行这一计划，就要有组织性与纪律性，就要在集体中进行工作。

科学研究的计划性与集体性在学校内表现在科学研究工作是在教研组中进行的，而教研组又有一定的研究计划，同时这个计划又是按照国家科学规划和经过学校及各系领导的研究后确定的。科学研究题目又是从全国科学规划及生产实际提出，并经高教部、学校及各系审查批准。因而教研组的科学研究工作就成为全国科学研究工作的一个组成部分，且必须有计划地进行与完成。

从我们取得的经验看来，多数教研组如果确定一定的科学研究方向，然后将人力集中地组织起来进行工作，就能比较迅速地突破困难，将工作向前推进。这种例子是很多的，例如锅炉教研组采取了自己设计改装学校暖气锅炉成为旋风炉的办法来做研究工作，系行政调动了16个人在一暑假中就完成了500多张图纸的设计任务。

然而资产阶级思想却引向另外一条道路。他们强调科学研究不可能由国家统一规划，反对科学院作“火车头”的作用，认为要进行科学研究，就得按各人兴趣“自由自在”地进行，根本不需要计划，也订不出计划。也有一些人怕负责任，怕被动，怕紧张，不愿承担应该承担和能够承担的国家任务；或者有的接受了任务，却因“兴趣”改变，不抓紧工作，或者根本不做此一工作，例如有位教师要作一项研究题目，学校为他争取到了许多有利条件后，他却“兴趣转移”而不愿干了，以致影响工作的开展。

个人主义及自由主义的科学研究态度，在我校工作中起了很坏的影响，反映在少数教师身上还是比较严重的。他们不安心于教研组分配的、国家需要的科学研究任务，而光凭个人兴趣朝三暮四地改变题目。如铸工教研组就有一个年青教师，在短短的一年中就先后搞过好几个研究题目，而且都是搞不多久就扔下了，当然都没有取得最后结果。后来他看到《知识就是力量》杂志上一篇科学幻想小说以后，竟然要搞“地下之舟”，就是利用超声波粉碎岩石，从地下通到美国去。因之他不好好搞教研组分配给他的对于国民经济有重大意义的球墨铸铁科学研究工作。起初他是讨价还价，计较几小时为教研组工作，几小时为他自己工作，最后竟发展到要求停止所有工作一年去研究他的所谓“地下之舟”。这种凭个人“兴趣”不要计划的作风，显然对科学工作有很大的危害。国家对学校的要求是高的，我们只有兢兢业业地工作，加强科学工作中的计划性、组织性及纪律性才能完成这些任务。

……我们在教研组集体中的集体主义关系，其中也包括新的师徒关系，那就是老教师要努力培养工人阶级青年知识分子，而年青教师应不怕困难，虚心学习，在老教师的指导下完成国家的教学及科学研究任务。教研组的组织正是保证完成这种集体事业，促进新的“师徒”关系及同志关系等的最好形式。

个人主义及自由主义的滋长，也使一些人对教研组全面工作和集体成长不关心，各打自己的小算盘，很难真心诚意地合作共事及互相帮助、集体成长。因此在合作关系上也存在着不少问题。例如有的教授在学术上保密，留一手，不愿公开自己的研究方向与内容，唯恐别人学去。也有的教师在进行科学研究工作时，讳莫如深，只愿自己单干，不愿要助手，或者只让助手盲目地做某一项具体工作，而不让助手了解研究工作的主要问题和意图。也有些人不愿当助手，怕做所谓的“杂活”，耽误了自己的念书及提高，因而就对工作消极松懈，毫无责任感。也有的教师在指导别人的研究工作之前，先要商定研究结果发表时，究竟用几个人的名字；斤斤计较，唯恐自己吃亏，干了活没有名份和利益。资本主义个人主义的科学道路还有发展到更加严重的地步的：例如我校某一副教授包揽了几个科学研究题目，他都要搞，不允许别人插手，而且将有关的图书资料都搬到自己家里，以防别人阅读。这种“单干户”不仅不能促进集体工作，而且严重的影响及阻碍着集体的工作。

在各教研组之间也存在着集体合作的问题。我校科学研究工作要能为国家做出应有的贡献，必须充分利用多科性工业大学的特点，即各专业教研组之间、专业教研组与基础课教研组之间要围绕着国家任务密切配合及分工合作。过去学校和各系在组织这一工作上是存在着缺点的，而部分教师中也存在着一些本位主义及个人主义思想，因而更加障碍了集体合作的进行。例如，只愿作主角，不愿做配角，对于其他教研组要求配合，认为是“琐事”、是“负担”，而不是自己光荣的责任。在工科大学中的大部分理论课教研组及技术基础课教研组的教师，如果不设法与专业教研组配合，则必然在科学研究的选题及设备等许多条件方面遇到困难。过去由于思想认识上的问题与具体工作中的缺点，这种配合一直是比较差的。实际上，这些教研组如果与专业教研组能够取得联系及配合，则他们将能获得结合实际来开展科学研究工作的优越条件及无限宽广的发展前途。部分理论课教师感到在工科大学中工作没有科学前途的说法，显然是不正确的。

资产阶级个人主义及自由主义是社会主义科学研究工作的严重障碍。我们只有按国家需要与个人专长相结合的原则把科学研究工作纳入计划性的轨道，集体地、有组织、有纪律地来进行，才能完成国家交给的任务，才能最快地成长我们的社会主义科学力量。教研组的集体工作，丝毫也不抹煞个人的专长和兴趣，它只是更好地将每人的专长、兴趣和社会主义的需要相结合起来，使国家任务得以完成，个人专长也得以发挥。因此，即使有人愿意自己单独作某个对社会主义建设需要而有利的题目，只要教研组同意，仍然可以算作是教研组集体工作的一部分，同样也应该当作一项国家任务来完成。

（三）关于理论联系实际的问题：重视实践还是轻视实践，知识的源泉是实践还是思维

理论和实验在科学研究工作中都是很重要的。但目前工作中存在的问题不是重视理论不够，而是反映出相当大的理论脱离实际的倾向。其原因还不只是由于有人不认为科学要为社会主义建设服务的问题，而是由于知识分子的世界观上存在着资产阶级的唯心观点：即不承认知识的最根本的源泉是人的生产实践和阶级斗争的实践，而认为是抽象的思维。前面第一段里已经提到只有书本中出科学而生产中则不出科学的一些谬论，在这里还要更进一步说明理论脱离实际的一些表现和危害性。

学校科学研究工作中理论脱离实际首先表现在科学研究的选题中：不愿选由生产提出的题目；不愿做结合专业的题目（基础课教研组）；不愿做实验工作为主的题目；不愿做计算工作繁重的题目。在有些人的心目中，“生产”就代表因袭陈规、毫无创造；实验和计算就代表机械、繁琐；“专业课”就是经验主义；实际上，就是说只有脱离实际的“理论”才是高尚的。因而他们宁可到杂志缝里去找题目，宁可闭门读书，也不愿做生产中需要解决的问题；宁可神思玄想，也不愿结合实际替国家贡献力量。也有些教师选了生产实际提出的题目，但是在研究的过程中，不是针对生产实际中的关键问题进行研究，而是有意识地避过这些难题来解决某些次要而易于出论文的枝节问题，或者甚至从自己的头脑中任意想出了研究题目的数据及条件。还有一些教师把数学公式的复杂程度作为理论高深的唯一准则，即把数学在技术科学上的工具作用，当成了最后的目的，以致使研究工作实际上变成了数学游戏。这就使科学研究工作整个失去了依据。

其次，表现在研究工作过程中轻视实践，鄙视劳动。一般说来，我校有不少教研组中的部分教师，对于自己所教授的专业方

面的技能很差，是“四体不勤、五谷不分”的。例如有些教师可以把刀具的理论给学生讲得头头是道，但磨出来的刀连二级技工都不如；有的教研组教师不下实验室，把辅导实验及改实验报告都交给实验员负责，因而自己对好些实验中的实际问题不懂。但这些同志还不觉得有补习的必要，反而觉得心安理得。可是事出意外，电机系某一实验员参加农业生产去了，教研组的一个实验课就无人掌握，开不出来，只好把实验员从乡下请回，教师向他学了三天，才克服了这个“危机”……

再次是，表现在青年教师的“进修”计划上。教师应该不断提高自己的业务水平，学校也应该给他们创造必要的条件；然而在某些青年教师中，存在着一种不良倾向，就是不问实际上是否需要与可能，认为只要是进修，就得补高深的数学物理基础课，认为这是唯一的提高“理论”水平的方法。他们既不认为结合教学工作可以提高，也不承认自己生产经验缺乏是严重缺陷，更不承认到实验室干科学研究的“粗活”有什么好处。这样“进修”的结果，往往是愈进修，思想问题愈多，同时业务并不能得到成长。一般说来，教师主要应该通过自己的实际工作，有的放矢地提高自己，才是唯一正确的途径。当然对某些教师说，适当地补习一些基础理论知识也是应该的，但是应该根据工作需要有目的有步骤地去做。

应该指出，理论性的研究工作也是很重要的，但它所以重要的原因在于推动及指导为社会主义建设的实践，而不是“为理论而理论”。对于有利于社会主义建设的任何科学研究，包括纯理论性的科学研究在内，国家及学校均将给予支持。我校某些教研组，特别是自然科学基础课教研组，部分有条件的教师进行一些纯理论性的研究，当然是很好的。但是在我校教师中，也存在着一种不正确的思想，认为纯理论高于一切，不屑做结合实际的研究工作或实验性的研究工作。专业教研组有不少问题有待于基础课教研组配合解决，而基础课教研组有些教师却不认为这是他们的重要任务，反而认为这些问题的科学水平不高，科学系统性不够，强调自己要独立进行“基本性质”的研究而加以拒绝。我们认为，在多科性工业大学的基础课教研组，在科学研究上加强与专业教研组的合作是很重要的方向性问题。重视理论联系实际并不妨碍理论的发展；相反地，倒是在实际需要的推动下，理论才能获得丰富的源泉及无限的发展。因之，我们觉得，基础课教研组除本身开展一些有关基础科学的研究问题以外，如不妥善解决这一问题，不仅影响着这些教研组的科学研究工作，而且也影响着全校科学研究工作的顺利开展。

…………

理论脱离实际的倾向在我校这样普遍而严重的存在的原因固然很多，但是我校大部分教师十分缺乏生产及实验经验，基础课教师缺乏必要的工程知识是重要原因。另一方面，历史上遗留下来的轻视实践的思想在知识分子中还没有得到克服，也是一个主要原因。理论脱离实际是我校教师的一个根本性的弱点，也是知识分子中存在的一个根深蒂固的恶习。如果不能尽快的加以补救及克服，很难指望在教学的过程中，能够正确的培养起学生的独立解决实际问题的能力；也很难指望在科学研究工作中，能够创造性的解决实际问题及发展理论。要克服这个根本性的弱点，我们必须首先能够在思想上正确地认识理论联系实际的重要性。只有克服了这种轻视实践的不良作风之后，教学质量才能逐步提高起来，科学研究工作才能脚踏实地的开展起来。

（四）关于教学工作与科学研究工作的关系问题：教学工作与科学研究工作是相辅相成还是互相排斥对立

在高等学校中，教学工作是学校的基本任务，而科学研究工作也是国家交予的重要任务。我们的方针是：在完成并保证不断提高教学工作的基础上大力开展科学研究工作。从过去的实践看来，这一方针不仅是恰当的，而且是现实的。目前多数教研组都已能胜任教学任务，具备了有计划、有步骤地大力开展科学研究工作的条件。本年度全校有 414 位教师参加了科学研究工作，就是一个明证。

教学工作和科学研究工作既然都是我校承担的国家任务，因之，就不能把这两种任务看作是互相排斥对立的；相反地，两者倒是相辅相成，缺一不可的。实际存在的只是按照国家利益具体安排的问题。然而，学校中也存在着另外一种议论，有人认为教学是重复性工作，没有意思：他们认为教学为人，科学为己；教学是为了糊口，科学研究才是自己奋斗的目标。因而把教学看成是一种沉重的负担，是“输出”，是吃亏的事情，愈少愈好。其实教学及科学研究都是国家交付的任务，他们所以对科学研究这样心向往之，是因为他们从个人主义的角度来看问题，因而看不见教学与科学研究的相互配合作用及相互依存关系……

在高等学校中，科学研究推动着教学质量的提高。教师在完成科学研究任务的同时，也就提高了自己的业务水平，使他们知识增加、眼界宽广，钻研能力提高，教学质量也就得到提高；另外，科学研究的某些成果，还可以用来充实讲课内容，提高实验水平，改进毕业设计。

此外，教学工作本身也是科学研究的场所；结合教学工作也可进行许多科学研究，如教科书的编写，就是重要的科学研究工作。其他如实验设备的创制及新实验的开出等也是有意义的科学研究工作。热工教研组教师，试制成了一些实验设备，有位德国专家参观后认为很好。

有人认为过去教学改革搞多了，“妨碍”了科学研究工作。

我们知道，教学改革是一个旧型大学转变为新型社会主义大学的必经之途。这不是简单的技术性的改进，而是学校本质的改变，从根本上改变了学校的政治方向。另外，教学改革使我校教师的思想觉悟、业务水平以及实验室物质条件都有提高及增长。没有教学改革就不能设想有今天这些成就。例如，水工结构教研组在教学改革的三年中，在苏联专家指导下进行了从讲课、实验到毕业设计等一系列的教学工作，当时除为产业部门解决若干小问题外，很少开展科学研究，但通过这些工作他们的干部成长了，实验室建立了，同时又从毕业生中补充了许多掌握专业知识的青年干部，因而在 1956 年以来，陆续地开展了一些与生产实际相联系的科学研究工作。学校的许多其他教研组的成长，也都能说明这种关系。因此，必须在教学改革的基础上，才能循着社会主义的方向开展科学研究，否则，无论教学或科学研究都不可能改变资本主义的旧道路。

当然，若从更大范围看，国家科学的发展有赖于生产技术的发展，而我们学校的基本任务正是为国家工业建设提供较高质量的干部，从这个意义上来看，进行了教学改革，完成了教学任务，培养出新型的质量较高的干部，也就是最有利于国家科学发展的事情。

有人认为学校教学任务太重，时间太少，不可能开展科学研究工作。当然，对一个新担任教学工作的教师说，他应该把主要精力放在教学工作上，同时，在教学改革开始时期，大多数教师的教学工作曾经是很繁重的，但是随着教师水平的提高及人数的增长，情况已经起了变化。根据了解，现在除了少数负有行政责任的教师比较忙外，一般教师的教学工作量并不很重，在满了教学工作量以后，他们还是有一定的时间来进行科学研究。对于那些时间上确有很大的实际困难而又有条件开展科学研究工作的少数教师，当然应该设法逐步解决。总之，时间问题已不是今天大多数教师开展科学研究的主要障碍。因之，借口教学工作太忙，不肯积极开展科学研究工作，也是不正确的。因为科学研究工作不仅是我们对国家应负的责任，而且也是提高教学质量的一个极重要的环节；对于那些已经初步完成了教学改革工作的教研组，这一点尤为重要，因为教学工作已经给科学研究工作提出了新的要求；但是要做一个好的教师，不只要求高的科学水平，而且要求具有正确的工作态度和正确的教学思想、教学方法。所以也应该防止借口科学研究的重要性而忽视教学工作的倾向……事实上教学改革是教学上的革命性的改革，单纯科学水平的提高决不可能带来这个革命性的改革。

兼顾科学研究工作和教学工作从时间上看，似乎是有困难的，但这只是两项国家任务如何具体安排的问题，而且这一点只有从国家全面利益出发，而不是从个人名利观点出发，才能得到妥善解决。为了更好的安排教学与科学研究工作，我们就应该根据具体情况来分析。前面已经说过，目前大多数教研组已经具备了进行科学研究工作的一定条件，因之，在进行教学及科学研究工作时就应该根据具体情况分析及决定，应该兼顾到当前的和长远的需要，从对集体最有利的角度出发来安排这些工作。有一些专业的教学工作尚未全部完成，科学研究工作暂时就可不做或少做，应该老老实实的先完成教学任务。有些教师水平不高，教学质量较低，那么就应围绕教学，钻研改进，这样不但可以改进教学工作，而且也给科学研究工作做好了准备，不应好高骛远。有些教师已能胜任教学，则应大力进行科学研究工作，并注意结合科学研究不断提高教学质量。有了条件而畏缩不前，也是不对的。

（五）关于干部政策问题：政治业务并重还是重业务轻政治

培养工人阶级的科学大军和完成具体研究任务一样，也是开展科学研究工作的基本目的之一，而此一目的的影响还更为深远。从学校当前科学研究工作看来，如果没有一批相常数量的、政治业务质量较高的科学研究骨干，要想大力开展科学研究工作是很困难的。

…………

工人阶级也有自己的阶级路线：要培养忠于社会主义的、政治觉悟高的、工人阶级的知识分子。因此培养人必须先问政治，这不是“宗派主义”，而是社会主义。

过去我们在干部政策的执行上是有缺点的。这个缺点并不像有些人所说的“只顾政治”；相反的，倒是注意政治条件不够……

有些教研组在培养本校教师的工作中，也存在着类似的缺点，有的甚至相当严重……

由于不问政治的结果，有些政治上消极疲沓、个人考虑较多的人，既不积极担任教学工作，又不担任行政或社会工作，只顾自己进修，而教研组也就听之任之，不予过问。这是不正常的现象。又据有的教授反映：在他们教研组里政治强的干部太忙，使他们在业务方面没有足够的时间去进修提高；这也是应该解决的一个问题。

因此，针对过去干部政策中的缺点，在当前亟待培养一批科学研究骨干的时机，学校、各系和各教研组必须认真研究、贯彻及执行德才兼备的“又红又专”的干部政策。对于那些少数政治上、思想上缺点较多的教师，最迫切的任务是应该帮助他们自觉地进行思想改造，尽快地让他们变成德才兼备的人民教师。

（六）关于勤俭办科学问题：克勤克俭还是铺张浪费

……我校目前若干教研组的基本物质设备条件（新专业及新建实验室除外），不仅远远超过过去的水平，而且有些已经接近甚至还可能超过了国外相当大学的水平，在这个基础上完全可以开展科学研究工作。这是我校教授到国外了解"国际水平"，以及国外专家来我校参观后的共同结论。对于这些教研组说，现在主要是如何利用这些物质条件的问题。当然，其他一些新建的教研组，继续建设物质基础也是完全必要的。

在上一阶段实验室整改工作中，全校实验室已经揭发出很多积压浪费的现象，并展开了广泛的思想大辩论，初步明确了勤俭办校的思想。简单说来，在科学研究工作上，过去在执行这一方针时是两不够的，就是"勤"不够，"俭"也不够。

"勤"不够主要表现有些教师不愿下实验室，不爱干具体工作，这点在前面已经讲到不少。在创造物质条件方面，他们不愿动手做仪器设备，至于利用毕业生结业工作做仪器设备更少，一般是倾向于订购，特别是向国外订购。买到设备以后，又不勤于利用这些设备，甚至有的设备两三年来连开动都不敢去开动，更不用说对某些设备进行改装，更大地发挥作用了。科学研究工作本身是一种创造性工作，它所用的设备往往也是需要创造性地设计制造的，如果在科学工作中"四体不勤"，最后将一事无成，这是过去工作中严重缺点之一。

"俭"不够反映在不计成本、不爱护公共财物、不顾全局的本位主义等方面。在科学研究工作中，不考虑国家建设需要及不计成本的思想是存在的。有些教师为了个人兴趣或个人目的，不考虑国家科学工作当前或长远的任务，不考虑研究成果对国家社会主义建设有无贡献，而盲目的要经费、要设备、要人。更普遍的现象是为了完成任务，只顾订购最多最新的设备，而丝毫不考虑能不能用比较节省的办法创造性地解决问题。甚至有的人不根据科学研究计划，不经过领导批准，就借口“收集资料”，拿了科学研究经费周游各大城市。当然，科学研究是探索性的工作，可能遭到失败；有些科学研究工作也确实需要利用最新的设备。只要属于国家科学规划任务或真正的对社会主义建设有利和必要的，国家过去、现在、将来都是尽量支持的；但决不等于说，我们工作中可以不问成效，不计成本。至于不爱护公共财物的思想，在上一阶段整改中已经揭露很多，这里不再重复。在利用物质设备上的本位主义、不顾全局的思想，不仅影响到经费的浪费、设备使用率低的问题，而且严重影响着各教研组间互相支援、发挥多科性工业大学的优点。比较重要的科学研究工作常常是综合性的工作，如果不能互相支持，往往要事倍功半，甚至一事无成。因此，克服本位主义思想，对于我校开展科学研究工作也是很重要的。

三、今后应当加强党的领导，坚决地沿着社会主义的道路、积极开展我校的科学研究工作

同志们，前面已经讲过我校科学研究工作的发展情况和一些成绩，同时也提出了存在的缺点及问题，现在我们就应该展望将来并研究如何在已取得的成绩的基础上，克服缺点和解决问题来迎接本校科学研究工作的新发展。

聂副总理指出：“高等学校的科学研究必须积极提倡，教学和科学研究两者不可偏废。高等学校应该努力使自己在某几门或一门科学领域内逐步成为全国科学研究的中心或中心之一。”因之我校科学研究工作的发展前途是极为广阔的，责任也是异常重大的。党和政府一直都是很重视及支持这一工作的，而学校也是

一直在努力开展这一工作中。但是有人说学校“重教学、轻科学”；也有人说“学校对科学研究工作批评得多，支持得少”。这些说法都是不合事实的。教学是我校必须首先完成的重要任务，当然应该加以重视。但是学校并没有因为重视教学而忽视科学。几年来，学校已经在党及政府的领导下以积极的态度来推进这一工作，今后还要继续积极推进这一工作。对于某些不正确的思想及作法的批评，以及对工作中各种缺点的揭发和批评，毫不说明学校对科学研究的忽视。相反地，倒说明对这一工作的积极支持及经常关怀。当然，学校在科学研究的领导方面，除了上述的缺点以外，在其他具体工作中也会有不少缺点及做得不够的地方，希望同志们本着整改的精神，充分地提出批评及建议。

根据以上所说的情况，我们相信在加强党对科学研究的方针政策和政治思想的领导的基础上，彻底改变旧社会带来的资产阶级的科学道路及作风，巩固地树立起新的社会主义的科学方向及作风，我校科学研究工作将会获得迅速及健康的发展。

为了达到这一目的，我们应当进行以下的工作。

(一) 通过社会主义教育的学习，进一步辨明科学上的两条道路，用社会主义的方针、原则和思想来改造和建立我们的科学研究工作的各个具体环节

整风及反右派运动是政治上思想上的社会主义革命，对我国社会主义建设事业将起不可估量的作用。就我校开展科学研究工作的角度来说，它进一步明确了科学研究的方向，创造了今后正确开展科学研究工作的根本前提。对知识分子而言，这一点尤为重要。但是反右派运动主要还只是解决了大的政治方向问题，而在思想方面，我们还有很多问题需要进一步划清界限，不解决这些思想问题，我们的科学研究就会受到很多主观因素的障碍。因

之，进一步开展科学上的两条道路的大辩论，就成为一件极其重要的工作。希望同志们能够积极参加这一辩论，把这个问题彻底搞清。在辩论中，应该结合实际，首先检查及揭露我们科学研究工作中的种种缺点及问题，然后用摆事实、讲道理的方式，进行深入的讨论及辩论。注意防止不联系实际的空洞议论及简单化的批评。因为只有这样才能真正的解决思想问题及实际问题。

在这次讨论过程中，我们要：

（1）反对在科学研究工作中的资产阶级个人主义名利思想；树立一切从集体利益出发的全心全意为人民服务的思想；

（2）反对在科学研究工作中脱离我国实际情况的倾向；反对理论脱离实际、不肯下实验室、不肯接触生产实际的研究思想与工作方法；树立一切为社会主义服务的，理论密切结合实际的研究思想和工作方法；

（3）反对无计划、无组织、无纪律、不负责任的科学研究作风；树立对祖国高度负责的工作态度及有计划有步骤，严肃认真的工作作风；

（4）反对从个人利益出发，把教学及科学研究工作对立起来的思想及行为；树立起一切服从工作需要的思想，把教学及科学研究工作密切地结合起来；

（5）反对干部政策中的忽视政治的思想；树立政治与业务相结合的“又红又专”的干部标准；

（6）反对轻视具体工作，好高骛远，不踏实的科学研究态度；树立热爱劳动，不怕劳累，不怕麻烦，顽强钻研，克服困难的工作态度；

（7）反对缺乏经济观点，不爱护实验室财产设备，和实验室管理中的无人负责现象，反对本位主义；树立精打细算的、充分发挥现有设备潜力的及高度责任感的主人翁态度和全面观点。

(二)加强学习苏联

学习苏联是我们坚定不移的原则,在科学研究上当然也不例外。苏联科学的飞速发展与辉煌成就,充分证明了社会主义科学研究事业的优越性及学习的必要性。由于过去我校科学研究还处于刚开始的阶段,向苏联学习还是很不够的。今后我们应该加强这方面的工作。在学习苏联科学研究方面,我们觉得首先应该进一步认识我们向苏联学习的重要性,彻底认识苏联科学道路的优越性及其科学本身的先进性。具体说来,就是:第一,要学习苏联科学研究为社会主义建设服务的方针、政策及组织等原则及集体主义精神等;其次,应该学习他们在科学研究上的辩证唯物主义世界观及研究方法,以及认真负责、批评及自我批评的科学态度;最后,应该学习他们的具体科学研究成果。当然,我们也要向其他兄弟国家学习。对于有利于我国建设的资本主义国家的具体科学成果,我们当然也要学习。

为了做好这一工作,我们必须充分发挥在校苏联专家在科学研究上的指导作用,经常向他们请教有关科学研究方面的问题,同时还经常交流各系在学习苏联专家方面的经验。另外,还要争取能聘请到苏联专家来校短期讲学或指导科学研究工作。有计划地派遣教师赴苏联进修或考察。对过去五年以来已经向苏联专家学得的经验也应当经常温习,互相交流。此外,还应加强与苏联有关学校及部门的科学工作的联系。

(三)大家动手,克服困难,积极向科学进军

我国第一个五年计划的胜利完成和第二个五年计划的宏伟远景,以及最近苏联科学家在人造卫星等各方面的巨大成就,使我们怀着兴奋的心情,感觉到自己肩上任务的光荣与艰巨,同时也

使我们充分认识到党号召“向科学进军”的重要性和正确性。有着苏联的无私援助和党的正确领导及大力支持，我们相信全体教师职工同志一定会坚决克服现在还存在的许多困难，响应党的号召，群众性地向科学进军。

在沿着社会主义道路向科学进军的路途上，当然存在着许多困难。有人说，现在时间不够、设备不够、没有导师、找不到资料，因而不能动手进行研究。经验证明这些困难都是可以克服的，这些理由都是不能成立的。要开展科学研究就得沿着正确的道路踏踏实实地具体行动起来。无论时间、设备、导师、题目和资料，依靠“等待”都是得不到的。要时间只能从工作中妥善安排；要设备，除了订购外，只能在工作中克勤克俭动手建设；要导师，只能在自己独立工作的基础上尽量争取别人的指导或协助；要题目及资料，只能在生产、教学和探索性的工作过程中去收集与整理。凡是鼓起勇气动手干的教研组，一般是能取得成绩的。因此，在我校已经具备了开展科学研究的一定条件，并且正在大规模向科学进军的时候，发动群众，克服种种害怕困难及因循不前的思想，树立不怕困难，切实动手的风气，是具有非常重要的意义的。

（四）加强科学研究工作的领导

为了保证党的方针政策的正确贯彻，必须加强党与行政系统的领导。因之，党委会将定期地讨论有关开展科学研究工作的方针政策、组织领导及思想工作等问题；同时，各系党总支也将定期研究在科学工作中存在的问题。

为了加强行政系统的领导，首先就要加强教研组的领导，教研组是学校的基本战斗单位，在开展科学研究的工作中，教研组的领导起着决定性的作用。教研组的负责同志必须将本组的教学及科学研究工作加以具体的研究、计划、组织、审查及检查等。每学期至少应该在教研组会上研究及总结科学研究工作一次，保证贯彻及执行科学研究工作的正确方针，重点地保证重要的研究任务，发动大家克服困难，集体地完成任务。研究任务决定后，还要定期检查及协助解决困难等。对执行不力及不执行教研组决定的同志，应该加以批评。同时也应逐步定［订］出教研组科学力量成长的规划，贯彻德才兼备的干部政策，有意识地培养教学及科学研究上的骨干力量。为了提高及加强教师的生产经验及实验技能，可以考虑组织教师轮流下工厂及工地以及实验室等进行工作。具体办法另外研究制定。此外，教研组还应加强自己的科学活动，经常举行科学报告、学术讨论及读书报告等。

各系应负责进行各教研组间的科学协作工作，以及审查及检查教研组科学研究的方针政策，以及方向及执行情况等。最近各系已提出了筹办研究室的计划，我们已经转报上级考虑。这一重要工作将会带来新的问题。希望各系将这一工作列为重点工作之一，配备得力干部，经常加以领导及检查。校一级应该加强对全校科学研究方针、方向的研究及检查，例如，贯彻科学为社会主义建设服务的原则的执行情况，研究室成立问题，干部的配备及培养问题，对外合作问题，实验室的发展原则等等；另外，也要加强与系及教研组的联系，建立一些必要的制度，如教师科学研究及进修制度，实验员工作制度及实验室的各种管理制度等；同时也要加强日常行政领导工作。

（五）改进科学研究工作的物质条件

解放以来党及政府已经采取了许多重大措施来改善科学研究的条件，已在人力、经费、设备、图书资料等方面给以很大的关心及支持。最近国务院颁布的关于图书、资料、仪器、化学试剂等协调和改进方案，又将进一步推动科学研究的开展。

前面我们已经说明，我校科学研究工作的物质条件，近年来已有了显著的改善，已经具备了开展科学研究的基本条件。因此，埋怨和等待的情绪是不对的。目前主要问题在于立即积极行动起来，克服困难，创造条件，开展科学研究工作。但是并不是说我校在科学研究的物质条件方面，已经没有困难，今后当然还要继续改善。在解决物质设备条件的供应方面，我们觉得除了合理分配及使用科学经费，加强对外合作，改进图书资料及设备供应工作以外，特别应该强调以下两个方面：

（一）加强自制仪器设备的工作方面。在科学研究工作中要大力提倡教师、实验室工作人员及某些专业的部分毕业生动手自制设备。在这一工作中各有关的教研组应该尽量给以技术指导及人力物力的支持，另外还要进一步发展本校制造力量，特别是要培养及延聘高级技工。同时也要适当改善各系的修配力量。

（二）充分发挥现有设备的潜力方面。开展仪器设备的互借互换工作，提高仪器设备的使用率及改善实验室的管理工作也是非常重要的。这方面我们已经在整改期间进行了一些讨论，这里不再多说。

同志们，今天我们正面临着一个新的历史时期，毛主席最近指出："国际共产主义的团结，和苏联的两颗人造卫星上了天，这两件事标志了两大阵营力量对比的新的转折点，十月革命产生了新世界，经过四十年，新世界的力量已经超过了旧世界。"当我们回顾已走过的道路，瞻望人类共产主义的伟大前途和进一步征服自然界的新纪元的时候，我们不禁感到无限的骄傲及幸福。

当我们看到国际条件是这样的有利，党的领导是这样的正确，祖国社会主义制度是这样的优越及可爱，我国的科学事业具有那样广阔的发展前途，我们心中更加充满了信心和希望。在这样有利的条件下，我校科学研究工作当然也具有极其光辉的前途的；一年多来的事实也已充分说明了这一可能。现在我校的许多教研组已经初步具备了较大规模开展科学研究工作的物质条件及干部条件，只要我们能够沿着正确的社会主义的科学道路，艰苦奋斗，坚定不移地前进，那么，我们将能为祖国做出更多的贡献。同志们！科学堡垒正等待着我们去攻克，更光辉的前途正在向我们招手。让我们勇敢的前进吧！

（1957 年 11 月 23 日）

清华大学档案，全宗号 2　目录号 校 4　案卷号 58008

清华大学第二次科学讨论会科学报告部分情况（初稿）（节选）

（1957 年 12 月 18 日）

科学研究处[①]

清华大学在 1957 年 11 月 23 日至 12 月 11 日举行了第二次全校科学讨论会。在第一周内举行了科学报告，同时在全体教师中，结合蒋校长的开幕词、杨部长和苏联专家齐斯佳阔夫同志的讲话，以及刘副校长的《坚决地沿着社会主义道路，积极开展我校的科学研究工作》报告，展开了科学研究工作中两条路线的讨论，各

① 撰文单位系根据归档案卷号判断。

教研组普遍地讨论了七、八次，全校举行两次大会发言，最后，高教部杨秀峰部长到会做了指示，蒋南翔校长作了讲话而闭幕。

第二次科学讨论会的科学报告部分的情况如下：

(一) 从 11 月 23 日至 29 日全校 9 个组分别举行了科学报告。这次报告会共提出报告 104 篇，实际报告了 91 篇。(情况见表一)

分组名称	提出报告数			实际报告数		
	本校教师	企业部门及合作单位	总计	本校教师	企业部门及合作单位	总计
1. 机械制造系	14	5	19	11	5	16
2. 动力机械系	11		11	11		11
3. 电机系	6		6	6		6
4. 无线电系	15		15	11		11
5. 土木系	25	5	30	22	3	25
6. 水利系	8		8	7		7
7. 建筑系	6		6	6		6
8. 材料力学教研组	8		8	8		8
9. 化学教研组	1		1	1		1
总计	94	10	104	83	8	91

在 9 个分组的 37 次讨论会上。除了本校教师、研究生及学生参加以外，还有兄弟学校、科学研究机关和企业部门的来宾共计 300 余个单位的 1 000 多人也参加了会议。

今年提出的报告与去年第一次科学讨论会提出的报告比较起来，质量上是有所提高的。去年的报告中，属于专题研究性质的报告约占 50%，而属于技术综述或读书报告性质的报告约占 50%；而在今年的报告中，属于专题研究及生产试验性质的约占 75%，而科学技术综述与评介性质的约占 25%。在今年的报告中，有实验与实际资料的占 62%，以土木系为例，与去年比较起来，技术综述或读书报告的份量从总数的 75%减低到 20%，而专题研究则从总数的25%提高到80%。由于今年的科学报告中，结合生产需要并经过实验工作的报告份量增加的关系，引起了各兄弟学校、科学研究机关和企业部门的兴趣与重视，例如土木系的来宾就有192个单位，483人；另外在报告会上，还有兄弟学校教研组主任、各企业部门的科学研究院的院长、副院长，及总工程师等负责人来参加。

在各分组讨论中，以土木系给排水分组、测量分组，水利系的水力学与水工结构分组，动力系的热能动力分组等讨论得比较认真热烈。在讨论中，大家对科学报告中有价值的部分的肯定对报告人的鼓励很大；同时也针对某些报告的缺点，尤其是脱离实际的思想作风，提出了严肃的批评，是很好的检查与督促。

（二）这次提出的科学报告，虽然总的说来水平并不算高，但已有十余项研究，对国民经济和教学工作有较大的意义或较高的学术水平，得到了到会的企业部门、科学研究机关和校内外的重视。例如机械制造系金希武教授所作的《一种新型的机床消振器》的报告，这是长春第一汽车厂提出的合作项目，研究如何改进金刚石镗床消振器结构及加工光洁度问题。金希武教授所设计的新型机床消振器，根据初步试验结果，对消除镗刀杆振动有比较显著的作用，并且有应用于其他类型机床（如车床、铣床、磨床等）的可能性，这个研究工作直接解决了第一汽车厂生产中所存在的问题。铁道科学研究院王基厚工程师所提出的《球墨铸铁车轮》报告引起了很大重视，这是机械制造系王遵明教授定期参与指导的研究成果，现在试制成功的球墨铸铁车轮已在东北佳木斯地区运行一万多公里，甚至在−40℃的严寒中仍然保持了良好的运行状况。球墨铸铁车轮的采用，将节约大量的钢材与外汇。动力机械系董树屏教授所提出的《50 000瓩机组蒸汽初参数选择的研究》的报告，是我国十二年科学规划中的重要项目，也是电力部、一机部等很关心的。它关系到热力发电设备制造的产品系列化、成本与性能，也关系到发电厂设计的定型化与设计质量、设计成本与发电成本。电力部的同志表示这一工作对他们有重要意义，准备单独召开这一问题的讨论会，以便在这一工作的基础上进一步改进和制定出成套的数据，以供生产上应用。土木系陶葆楷教授的《工业区及城市雨水道设计雨量公式》，大家认为他是利用了苏联的先进经验，结合中国的具体情况，解决了中国的实际问题。化学教研组张子高教授的《六齐别解》报告，对“六齐”提出了正确的解释方法，澄清了对中国化学史上一个重要事实的模糊观念，解决了学术上的分歧，例如科学院考古研究所夏鼐副所长说：“我过去一直把六齐中的‘金’字做合金解释，通过这次报告，愿意采取张先生的意见，即六齐中的‘金’字应做铜来解释。”

在科学技术评介方面，水利系夏震寰教授提出的《苏联在泥沙研究方面的成果》报告，引起了到会者的很大兴趣，他全面地介绍了苏联学者在泥沙研究方面的成就，对我国开展泥沙研究工作有很大参考价值。

在青年讲师与助教所提出的报告中，也有不少是比较好的。例如动力机械系师克宽讲师在苏联专家齐斯佳阔夫同志指导下，以及企业部门大批同志协助下所进行的《锅炉机组的动态特性》的研究，对锅炉调节系统的设计，新的调节方法的确立有很大意义。土木系王雄风讲师的《几种大比例尺测量方法的精度分析》、陈肇元讲师的《竹屋架设计中的几个问题》均被认为是对实际工作很有帮助的。水利系吕应三讲师所做的《溢流厂房的水力学断面模型试验》，受到企业部门重视，他是研究某项大型水电站工程中，溢流厂房房顶水流的脉动压力及溢流□对厂房下游的冲刷作用，他具体应用电测方法测定溢流厂房房顶的脉动压力，过去在国内尚未做过，试验结果直接解决了本项工程提出的问题，并且可供以后类似的工程参考。机械制造系张连弟助教，在苏联专家指示下与鞍山金属结构厂合作进行《陶质焊药的试制》，利用国产材料，在现有的生产条件与设备情况下，试制成功用氧化锰代替氧化钛作为主体的焊药，节省了外汇，解决了生产中的迫切问题。机械制造系雷春发助教的《减少冷镦模变形，提高使用寿命的试验》，解决了第一汽车厂生产中存在的问题。一机部和铸工教研组合作的壳型研究小组共提出5篇报告，他们比较系统地研究了壳型铸造的工艺方法及寻找廉价粘结剂材料，为在我国机制工业中采用壳型铸造增加了可能性，这是一种新的特种铸造方法，可以提高铸件的精确度，从而减少大量机械加工的耗费，并可以节省大量的铸工车间基本建设投资。在北京农业机械厂正运用他们研究的成果，建立一个壳型铸造的工段投入生产。动力机械系魏克严助教的《解放牌汽车离合器基本性能探讨》报告，对第一汽车厂提出的问题很有现实意义。无线电系高荣坤助教的《测试电视设备的信号发生器》的设计，已被工厂所采用，并认为满意；刘耀祺助教的《正反馈的锯齿波电压直线化线路的工程计算》报告，所得的结果可以用来设计和分析实际线路。土木系吴建铣助教的《掺加复合促凝剂配制高强早期混凝土》报告，经过试验结果，提出了各种促凝剂的使用方法，对生产有帮助，材料力学教研组董亚民助教的《有孔平面问题（空心坝）的复连通性质对于光弹性实验结果的影响》报告，是分析了光弹性实验在空心坝中应用可能发生的误差，具有一定的实用意义。

以上这些研究题目所以能够取得一定的成绩，受到企业部门、科学机关、兄弟学校及本校教师的重视，主要是由于这些题目是比较结合中国实际情况而有的放矢地进行的结果。在进行这些研究时，经过实验工作或对我国实际资料的分析工作，因而具有充分的科学根据。

还有一些研究工作对结合教学工作开展科学研究提供了良好的例证。例如机械制造系林连清等助教，在苏联专家萨洛夫同志的指导下，自己设计并亲自动手制造了过去国内没有的混砂过程自动化的设备仪器，丰富了讲课及实验的内容，并为今后开展进一步的科学研究工作准备了条件。动力系热工理论基础小组的四篇报告，都是围绕着教学过程中发生的难题来进行专题研究的，对提高讲课质量、丰富教材内容都有直接的帮助。此外，以上所提到的不少专题研究对于提高讲课、实验、课程设计、毕业设计的质量都是极为有益的。例如关于壳型铸造方面，国外的文章是比较零散的，教师由于参加了科学研究工作，因而同学反映在“特种制造”课内关于壳型铸造部分讲课比较系统，并且是结合当前我国开展壳型铸造工作中存在的问题，听课时很感兴趣。

（四）这次科学报告会也突出地反映资产阶级科学路线的危害性，有些基础教研组由于没有贯彻执行科学研究工作与教学工作相结合、理论联系实际的方针，不但教学工作受到了损失，而且科学研究也很难真正开展。这些教研组在这次科学报告会中竟没有提出一篇科学报告。电机系从人力物力条件来讲，应该说客观条件是较好的，然而在这次会中仅仅提出了 6 篇报告，其中还有 2 篇是我校教师在苏联学习与进修时的研究结果，另外的 4 篇都没有或很少实验数据引证的，因而一般反映较差。无线电系一位助教所做的《电视光栅的几何和非直线性畸变的研究》，由于脱离实际，好高骛远、盲目崇拜“理论”的原因，在研究过程中，不听从苏联专家和教研组的意见，把研究内容转向了与电机本身较远，但数学较多的电子光学方面，所做的许多计算的最初假定与实际不符，所得结果又完全没有经过实验验证，因而不但使到会者不能满意，而且自己也没有信心肯定是否正确。

通过这次科学报告，也表明个别教师还缺乏踏踏实实、勤于动手、勤于实验及严肃认真的科学态度。例如土木系有 6 个教师合作进行的一个题目，其中竟有 4 人连机器仪表都不熟悉，不会使用。也有的教师，任意假定数据，或对某些关键性问题，不经试验即武断地做了结论，到会者表示不能满意。

另外，在某些系或教研组中，还存在着科学研究题目过于分散；个别教师在报告时不够虚心的缺点。总计全校有十一二篇报告反映较差。

（五）这次科学讨论会的特点是按照社会主义科学研究路线来检阅了一年半以来我校的科学研究工作情况，肯定了正确的方向，发现了不少问题，通过各系各组的对比以及群众性的讨论批评，使科学研究上两条路线的斗争更加生动化和深刻化了。而且初步开展了科学研究工作中的批评与自我批评及原则性的争论，这对于推动科学研究的开展，也是有重要作用的……

清华大学档案，全宗号 2　目录号 校 4　案卷号 58003

清华大学第二次科学讨论会闭幕词（节选）

（1957 年 12 月 21 日）

蒋南翔

同志们：

清华大学第二次科学讨论会，今天就要闭幕了。

在将近一个月的会议过程中，各系和各公共教研组分头进行了科学论文的讨论，比较全面地检阅了我校一年半来的科学研究工作。同时还着重地讨论了刘仙洲副校长代表学校所做的《坚决地沿着社会主义的道路，积极开展我校的科学研究工作》的报告，进一步明确了科学研究工作中的社会主义方向。

在这次科学讨论会中，共提出科学报告 104 篇，在会上实际报告了 91 篇。全校分 9 个组进行报告和讨论，共举行讨论会 37 次。参加这次科学讨论会的，除了本校教师、研究生和同学以外，还有兄弟学校、科学研究机关和企业部门的来宾共计 300 多个单位，1 000 余人。

在这次科学讨论会中，获得好评的科学报告约占 25%左右，其中有十余项研究成果，对国民经济和教学工作具有较大的意义，得到了产业部门、科学研究机关、兄弟学校及本校同志们的重视。例如机械制造系金希武教授的《一种新型的机床消振器》的研究，王遵明教授作了部分指导的铁道科学研究院王基厚工程师的关于《球墨铸铁车轮》的研究；动力系董树屏教授的《50 000 瓩机组蒸汽初参数选择的研究》；土木系陶葆楷教授的《工业区及城市雨水道设计雨量公式》的研究；化学教研组张子高教授的关于《六齐别解》的研究，等等。在年青教师中，也有一些同志做出了较好的研究结果。例如动力系讲师师克宽同志的《锅炉机组的动态特性》的研究；水利系讲师吕应三同志的《溢流厂房的水力学断面模型试验》的研究；机械制造系助教林连清同志的《混砂过程自动化》的研究；张连第同志的《陶质焊药的配制》的研究；无线电系助教高荣坤同志的《测试电视设备的讯号发生器》的研究，等等。但是也有 10%左右的报告质量较差。

特别要提到的，在这次科学讨论会中，各系和公共教研组曾热烈地进行了关于科学研究工作中的两条路线的讨论。各教研组一般都讨论了 4 次到 9 次，此外还举行了三次全校范围的大会发言。

在讨论中，大多数教师和广大同学，对于刘仙洲副校长的报告表示同意和热烈拥护。认为这个报告全面地总结了我校科学研究工作，深刻地指出了当前我校科学研究工作所存在的主要问题。很多同志过去看不出有什么两条路线的斗争，现在认识到这个斗争不但在学校中存在，而且也在自己所在的教研组内激烈地进行着。

在这次科学讨论会中明确了这样一个事实：凡是脱离了正确方向的单位，不管他们在口头上如何强调科学研究以及进行科学研究的条件如何有利，但是科学研究的成绩恰恰就较差。像杨津基同志在大会发言中所介绍的电机系的某些情况，就是一个比较具有代表性的例子。有些同志过去自觉或不自觉地坚持了错误的方针，现在认识到自己走错了路，必须改弦易辙。有的人说，自己好像已经是在社会主义列车的最后一节，如果再不注意，就很有被甩出去的危险。很多教研组也自己检查出来，资产阶级的科学研究路线，不但要危害科学研究工作，降低教学质量，而且会腐蚀和毒化人们的思想，给全校工作带来深重的祸害。

在这次科学讨论会中也明确了这样一个事实：凡是坚持了比较正确的方向的单位，他们的科学研究工作都获得了较好的成绩。过去有人认为机械、土木、水利、动力等系某些同志的研究工作，不过是工艺性问题，不过是搞些砂子、泥土或材料加工等，太实际了，没有理论，算不上什么科学研究。但是现在的实践却有力地证明，倒是这些同志走了一条比较正确的道路，踏踏实实地进行了研究工作，对科学事业和实际生产做出了一定的贡献。

科学上的两条路线的辩论，在某种意义上说，是我校工作中的一个思想上的革命，是我们学校进一步的社会主义改造。由于我们这次会议实事求是地肯定了我校科学研究工作所获得的成绩，同时也有凭有据地揭露了资产阶级的科学研究路线所造成的危害，从而帮助同志们弄清了真相，明辨了是非，这就使坚持为社会主义服务的正气得到伸张，一味追逐个人名利的歪风受到打击，在相当程度上促进了我校社会主义学风的发展。有的同志说，在第一个五年计划内自己没有搞好，下一个五年计划，一定要踏踏实实，重新作起。现在已经有很多同志在着手改进自己的工作，决心走社会主义的道路。有的要求积极担任教学工作，有的已经去着手整顿实验室工作，有的要求下工厂去参加实际生产，贯彻执行理论联系实际的方针。应该说，这些都是值得欢迎的好现象。

在这次科学讨论会中，什么是我们最重要的经验和收获呢？

第一，我们进一步认清了端正政治方向对于开展科学研究工作的重要意义。

大家可以清楚地看到，科学研究工作中的两条路线的斗争，主要不是表现在别的地方，而是表现在政治方向上——是全心全意为社会主义服务，还是一心一意为个人利益奋斗？凡是方向正确的地方，无论条件多么困难，工作都能获得开展；凡是方向错误的地方，工作就很少进展，甚至停滞和倒退。有些教研组不是教授少了，而是比其他许多教研组多；不是经费少了，而是放着用不完；不是助手少了，而是可以抽出相当数量的人员下放；然而那些单位的科学研究工作却开展得不好。为什么呢？他们已经自己检查出来，就是因为方向不对头，科学研究脱离了社会主义建设需要，理论脱离了实际。而另外一些教研组，教授很少，甚至没有，主要依靠年青教师；经费不多，但从企业部门争取到帮助；人手不足，依靠企业部门派来干部支援；这样他们也就把科学研究工作开展了起来。

这种鲜明的对比说明什么问题呢？这说明：政治方向是否正确，是决定科学研究工作成败的第一个先决条件。

…………

第二，我们进一步认清了理论联系实际对于开展科学研究工作的重要意义。

理论脱离实际是旧中国科学界和知识分子的普遍现象，这是当时的社会制度及经济条件所决定的。但是直到现在，我们学校还有不少教师沉溺在这种旧中国遗留给我们的腐朽的传统影响下。他们片面地强调理论，鄙视实际，影响所及，就在我校教师中间产生了一种相当流行的错误的评价科学的标准。他们认为抽象理论愈多，则科学价值就愈大；数学公式愈多，则理论水平就愈高。有人甚至认为如果不运用许多复杂的数学公式，就根本算不得科学研究。事实上，衡量科学价值的标准，决不是“抽象理论”的多少，更不是“数学公式”的有无，而是要看你所进行的科学研究是否符合社会主义建设的要求，是否符合客观存在的规律。那就是说，真正有价值的科学研究，是要能够为社会主义建设的当前需要或长远利益服务，是要理论结合实际，是要有充分的科学根据，是要有可靠的资料及实验数据作为依据，最后也是最重要的，是要经得起实践的考验。根据这样的标准来评价科学价值，我们就不难识破那些从任意的假定出发，虽然充满了数学公式，但却不符合实际情况和不能解决实际问题的所谓“有理论”的科学论文，其实是毫无价值的。也就不难看出那些脱离目前及长远的社会需要，只想“找冷门”“钻空子”去达到“世界水平”的研究道路，其实是一条死胡同，没有发展前途。如果脱离了社会主义的需要，如果经不起实践的考验，则所谓“科学水平”“理论价值”，等等，也就只能成为没有实际意义的空谈了。党中央提出我国科学技术要在若干年内达到世界先进水平的伟大号召，这决不是仅仅指某几个人或某几篇论文的达到较高水平，而是要求全国科学技术水平的普遍提高，要求我国能够依靠自己的力量来解决本国社会主义建设中所提出的各种困难复杂的科学技术问题，足以与世界各工业先进国家并驾齐驱。如果离开了社会主义的建设而幻想我国科学技术达到世界水平，那就像离开了巩固的基础而希望在沙滩上建立摩天大楼。旧中国的科学技术为什么没有达到世界水平？这决不是由于我国缺少了几位牛顿、爱因斯坦那样的天才科学家，而是由于整个国家处在半殖民地地位——政治上的不独立和全国经济、文化的极端落后。“皮之不存，毛将焉附？”离开了整个国家高度发展的生产水平和工业水平，那么全国科学技术水平的提高有什么依据呢？

当然，社会主义的新中国，要比过去任何历史时期更加需要科学技术，同时，也更加有利于科学家的产生和成长。但是如果离开人民的需要，离开集体主义的原则和社会的支持，只想孤军奋斗，个人“成名”“成家”，那他就恰恰不能在新中国的科学园地上，生根发芽，开花结果。现在我国正处在轰轰烈烈进行社会主义建设的伟大时代，中国人民完全有理由要求新中国的科学技术，能够最大限度促进社会主义建设事业的发展，造福于人民；要求新中国的科学工作者，能够成为自觉地献身于我国社会主义事业的爱国者和革命者。这也正说明新中国的科学事业和科学工作者，是负有崇高的使命，要比任何资本主义国家的科学事业及资产阶级的科学家更值得自豪。

第三，我们进一步明确了在知识分子中继续进行思想改造的重要意义。

这次科学讨论会所揭发的大量活生生的事实，使许多人更深刻地认识到资产阶级思想的严重危害性。资产阶级思想从科学研究这个阵地上侵袭进来，泛滥起来，可以在短短一年多的时间内，把一个教研组甚至一个系的科学研究工作弄得进展极少，并且使教学质量下降，使不少人的思想受到腐蚀……重理论轻实际，只知计较个人得失，很少考虑社会主义需要的不健康的思想，并且公然提出所谓“先专后红”实际是“要专不要红”的口号。如果这种错误倾向不能纠正，就将大大影响新中国培养干部的政治质量，就将给我国社会主义建设事业造成祸害。

改造思想的目的，就是要使新中国的知识分子都能成为又红又专的劳动者，更好地为社会主义建设事业服务。很多人提出“先专后红”、“多专少红”，这是把“红”和“专”对立来，其实二者有区别又有联系，不是互相排斥而是相辅相成的。“只专不红”或“只红不专”都不能适应社会主义建设的需要，只有“又红又专”，德才兼备，才能为社会主义建设事业作出最大贡献。就我们学校目前的情况来说，主要的偏向不在于不愿意“专”，而在于不愿意“红”，但是在新中国，是否关心和忠于社会主义建设事业，这是一个科学工作者能否作出成绩的首要前提。

思想改造是一个艰巨的过程。从这次科学讨论会所揭发出来的事实可以看到，资产阶级思想侵蚀着我们工作的许多方面，要克服这些思想，还需要展开长期的思想斗争。我们今后的任务，就是要通过理论学习和实际锻炼等各种方式，继续加强思想教育和自我改造的工作，逐步地做到使所有的教师和学生，都成为又红又专的工人阶级知识分子，成为社会主义的优秀建设者。

青年教师的培养和提高，是值得我们特别重视的一个问题。许多实际经验告诉我们，在青年教师如何成长的问题上，也存在着两条不同的道路。

一条是资产阶级的道路。一切从个人的名利出发，只是热衷于个人的进修，做“大科学家”，在三十岁前就“成名”。他们片面地崇拜书本知识，崇拜抽象理论；看不起教学工作，看不起实际生产，并且养成了一种轻视劳动人民的贵族习气和只知道崇拜外国资产阶级科学家的殖民地心理。这是半封建半殖民地社会流传下来的“遗毒”，对于发展新中国的科学研究和青年一代的成长，极端有害。所谓“学好数理化，什么也不怕”，“两耳不闻生产事，一心专攻理论书”，在我校青年教师中是很有一些醉心的信奉者。凡是不幸而走上了这一条道路的人，实际上就为资产阶级的糖衣炮弹所击中，他们对个人得失斤斤计较，对集体事业漠不关心，好高骛远，不切实际，结果是工作没有做好，业务水平也未能提高，弄得两头都落空。这次科学讨论会中所检查出来的若干失败教训，就是最好的说明。

一条是社会主义的道路。一切从社会主义的需要出发，首先是以自觉的主人翁态度对待自己的工作，积极完成教学任务；同时也善于抓紧时间进行业务学习和科学研究工作，善于在日常的劳动中间积累知识经验。他们不但重视书本知识和提高理论水平；而且更注意实际工作的锻炼，使自己能在积极参加实际生产斗争的过程中成长起来，真正成为红色的专家。我校有不少同志走了这一条道路，他们在实践中证明了这条道路的正确性和可能性。由于他们关心集体，忠于职责，在政治上和业务上都严格要求自己，这就使他们能够不但出色地做好了工作；同时在业务上也获得了迅速的实实在在的提高。

我们学校的青年同志应该选择哪一条道路呢？当然，我们满怀热忱地希望大家走上社会主义的康庄大道。

除了上述三个对于全校具有比较普遍意义的问题外，最后我们还必须指出，在学校的领导工作中，也存在着很多缺点。这里要特别提到的，是学校过去在坚持党的方针政策上，还做得不够坚决。例如在招考研究生和选拔教师等干部政策上，注意政治质量不够，未能更好地贯彻阶级路线；在建立实验室等工作上，执行勤俭办学的方针做得比较差。同时了解情况不深入，因而不能比较及时地发现和纠正工作中的许多缺点。这些毛病都要在今后努力加以改正。

同志们，在我们科学讨论会的期间，刘少奇同志代表党中央在中国工会第八次全国代表大会上向全国人民提出了历史性的光荣任务，他说：“我国工人阶级和我国人民在今后十年到十五年内的基本任务，就是要在优先发展重工业的基础上，实行工农业同时并举的方针，把我国建成一个具有现代工业、现代农业和现代科学文化的社会主义强国。”“在十五年后，苏联的工业，在最重要的产品的产量方面，可能赶上或者超过美国，我们应当争取在同一期间，在钢铁和其他的重要工业产品的产量方面赶上或者超过英国。那样，社会主义世界就将把帝国主义国家远远地抛在后面。”党中央的这个伟大号召，对我校的教学工作和科学研究工作，也是指出了具体的奋斗目标。我们的任务就是要为建成这样一个社会主义强国培养又红又专、德才兼备的工业建设人才；同时还要把解决祖国社会主义事业所提出的科学技术问题，作为我校科学研究工作的努力方向。让我们全体师生员工团结起来，在高等教育部的领导之下，积极为完成国家交给我们的光荣任务而奋斗！

（1957 年 12 月 21 日）

清华大学档案，全宗号 2　目录号 校 4　案卷号 58003

清华大学第二次科学讨论会发言汇编目录※

（1957 年 11—12 月）

（按发言次序排列）

无线电系科学研究中两条路线的斗争 … 电视教研组副主任 陆大绘
揭露与批判在科学研究工作中的资产阶级
个人主义思想 ………………………… 建筑系副主任 吴良镛
电机系教师中重"理论"轻实际的作风
必须改正 ………………………… 高压教研组主任 杨津基
坚持科研中理论联系实际的原则 …… 机械制造系副主任 王遵明
接受教训，坚决走社会主义道路…… 普通物理教研组主任 刘绍唐
水利系水工结构教研组在进行科学研究
工作上的一些体会 ……………… 水利工程系主任 张任
在科学研究工作中必须理论联系实际，
发扬集体主义精神 ……………… 土木工程系副主任 杨式德
动力机械系一年多来科学研究工作的
成就与问题 ………………………… 动力机械系主任 庄前鼎
理论力学教研组科学秘书 官飞发言（略）
马列主义理论教育工作中两条路线的
斗争 …………… 马克思列宁主义基础教研组副主任 艾知生
关于苏联共产党在发展科学中的领导作用的
几个问题 ………………………………… 苏联专家 翟可夫
清华大学第二次科学讨论会闭幕词 ……………………… 蒋南翔

清华大学档案，全宗号 2 目录号 校 4 案卷号 66015

教育部杨秀峰部长在清华大学第三次科学工作讨论会上的讲话（摘要）

（1958 年 12 月）

一年来清华大学的工作是有显著的成绩。首先是在领导思想上方向明确，贯彻了党的教育工作方针和团结改造知识分子的政

策；贯彻了群众路线；同时，对于教学、生产劳动与科学研究的互相配合，也安排得比较好，既大力开展了生产运动，又抓紧了教学工作和科学研究，工作作得比较踏实，特别是善于抓住国民经济的重要研究题目，组织各方面协作，善于在工作中调动一切积极因素，来完成党的任务，这是一个好的经验。党的六中全会制定的1959年国民经济计划，是一个更大跃进的计划，明年清华的任务也更大，希望大家能深入地进行一次讨论，十分指标，要有十二分措施，争取作出更大的成绩。

清华大学档案，全宗号2　目录号 校4　案卷号66015

蒋南翔校长在清华大学第三次科学工作讨论会上的讲话（摘要）

（1958年12月）

一年来我校科学研究工作所以能够取得成绩，首先是由于我们国家在党的多快好省的总路线的照耀下，工业、农业和整个社会主义事业获得了大跃进，社会主义大跃进推动了我们学校的教育工作和科学研究工作。其次，是我们学校坚决执行了党的教育与生产劳动相结合的方针，并在科学研究工作中坚决地贯彻了党的群众路线，正确地调动了一［切］积极因素；第三，是因为我们有了过去几年教育改革的工作基础。在过去几年教育改革的过程中，提高了教师的政治、业务水平；加强了学生的全面训练和独立工作能力；准备了必要的物质基础。所有这一切，就为今年我校的科学大跃进准备了条件。

我们的一切成绩都和党的领导分不开，过去几年清华党委一贯地坚定地坚持了党的科学方向。曾经有一个时期，校内校外、党内党外，都有人说清华的科学研究工作搞晚了，搞糟了，但是学校党委始终坚定地坚持了必须在思想改造的基础上，在教育改革的基础上开展科学研究工作的原则。实践证明，党委所坚持的这一原则，不是妨碍而是促进了我校科学研究工作较快的进展。

这次会议的任务，主要是讨论科学工作中方针性的问题，因为这对我们具有最重要的意义。

清华大学档案，全宗号 2　目录号 校 4　案卷号 66015

清华大学 1958 年科学研究工作的总结

——在第三次科学工作讨论会上的报告

（1958 年 12 月 29 日）

刘仙洲

（一）一年来我校在科学研究工作中所取得的主要成就

(1) 在改变思想和党的教育方针方面

自去年年底我校举行第二次科学讨论会以后，一年以来，在全国工农业大跃进的形势下，在党的教育方针光辉照耀下，我校整个科学研究工作的面貌已经发生了根本的变化。不仅在数量、质量、速度和规模上，它都大大超过了往年，更重要的是从实际工作中彻底改变了我校科学研究工作的政治方向和做法，极大地鼓舞了我校师生员工向科学进军的信心和干劲。一年前，不少人还把科学研究当作个人求名得利的阶梯，现在则普遍认识到科学研究一定要为社会主义建设服务；一年前，科学研究还是少数人进行的少量工作，现在则是广大教师、学生、职工轰轰烈烈进行的共同事业；一年前，人们还觉得科学研究是高不可攀的事业，现在则是打破迷信，解放思想，敢想敢干，群众中的创造发明不断涌现；一年前，人们还觉得科学论文只是少数专家的“天才杰作”，现在人们已认识到科学论文不过是进行了科学研究及生产实践之后的总结。

回顾我校科学研究工作向前跃进的过程，使我们深刻地体会到：全国工农业生产“大跃进”的形势，社会主义的政治思想革命及党的教育方针对科学研究工作的巨大推动作用。

全国农业生产“大跃进”促进了全国工业生产的“大跃进”，而全国工农业生产“大跃进”又推动了全国文化科学技术的“大跃进”。于是全国生产建设波澜壮阔的局面就一浪接一浪地掀起了学校科学研究工作的高潮。工农业生产不断向学校科学研究工作提出新的要求，促使学校科学研究工作加速发展并为它服务，而学校科学研究的成果又能及时地在工农业生产建设中得到应用，并通过生产实践接受严格的考验。同时生产实践又不断丰富研究成果的内容和向它们提出新的要求。如此互相促进，就使学校科学研究工作跳出了过去的小圈子，走上了无限广阔发展的道路。

从去年年底开始，我校先后进行了十多次群众性思想运动，如科学研究两条道路的大辩论，教学两条道路的大辩论，双反，插红旗拔白旗等。在这些运动中，大鸣、大放、大字报、大辩论，全校性大会、小组会、座谈会、报告会、谈心会、讨论会应有尽有，人人都充分发表了自己的意见，搞透了思想，这就为我校科学研究工作的跃进，打下了思想基础。

一年来，我校很多教师和同学都深刻地体会到党的领导、政治挂帅是一切工作获得成功的关键；都体会到集体主义、群众路线是科学研究中贯彻多快好省总路线的重要保证；都体会到劳动实践是知识的源泉，生产是科学发展的基础；批判了鄙视劳动、脱离实际、为个人名利搞科学研究的资产阶级思想，扭转了过去不愿参加劳动，一心想钻入“象牙之塔”的歪风；立志要做一个又是工人，又是工程师，又是科学工作者的共产主义劳动者。

党的教育方针是促进学校科学研究工作大跃进的另一根本因素。自从我校今年二月根据党中央的精神，坚决而尽快地上了学校搞生产劳动的马以后，不仅在校外进行了生产劳动，而且在校内大办工厂，大搞生产劳动。生产工作的开展，又推动了科学研究及教学改革等运动，并且使科学研究、教学改革、生产运动及思想运动等逐步形成一环套一环，一浪高一浪，互相推动，互相促进的新气象，新局面。我校科学研究工作也正是在这种虚实结合，校内外互相促进的条件下获得了大跃进。

(2) 在提高科学研究质量和新产品试制方面

就科学研究及新产品试制来说，根据最近的统计，今年我校已完成了 902 项。我们一方面在原子能、无线电电子学、自动控制等新的科学领域内进行了研究工作，另一方面使科学研究和国内工农业大跃进直接结合起来，在校内外大协作之下，在机械制造、动力机械、发电、水利、土建等方面解决了一系列当前经济建设中迫切需要解决的关键性技术问题；支援了钢铁、机械、粮食三个“元帅”和电力、交通两个“先行”。

我校接受国家经济委员会、水利电力部、中共北京市委的委托，在校内 6 个系的师生员工，校外 15 个单位的大力协作下，奋战两个多月，建成了一座容量为 2 000 瓩的燃料综合利用电厂。它为我国各中小城市电力工业的发展及各人民公社很经济的达到电气化创造了一个很好的经验。

又如铸工教研组，根据“以铁代钢、以铸代锻”的方针，大力开展了球墨铸铁的研究工作，将球墨铸铁试用于铁轨、汽轮机主轴及叶轮、混凝土中的铁筋、土铁球墨铸铁刀具等方面，其中球墨铸铁铁轨及汽轮机叶轮等已由国家技术委员会和国家经济委员会在本校分别召开了现场会议。

我国第一台用电子计算器控制的程序控制铣床，在我校机械制造系、电机系、自动控制系和北京第一机床厂的合作下，初步设计试制成功。这种机床是世界上近几年来发展起来的尖端技术。这对我国机械加工全面高度自动化将是一个很好的尝试。

其他如200周波交流计算台，射电天文望远镜，电子感应加速器，电子模拟计算机，半导体硅，聚四氟乙烯，高压反应筒，钣极电渣焊，土电器，微型汽车，高标号烧粘土水泥，纸风道，过水土坝，天然铺盖，中小型摄谱仪等已初步试验成功的项目，也都具有一定的经济和科学意义。

以上所说的几项仅是我们完成项目中的一部分，另外，我们还部分完成或正在进行着一些具有重大国民经济意义及较高科学水平的科学研究项目，例如巨型水利枢纽及电力系统，新型发电设备，首都重点建筑工程，徐水人民公社建筑规划、设计及当地建筑材料的研究，旋转深耕犁，以及原子能、无线电电子学、自动控制等方面的许多研究工作。

(3) 在科学研究队伍的形成和科学研究条件的改进方面

一年来我校已开始形成一支有战斗力的科学研究队伍。这支队伍，不仅包括教师，而且还包括了同学和职工。我校绝大多数的教师和部分职工投入了科学研究工作的战斗中。通过这些工作的实践，他们不仅在生产知识和科学水平方面大大的丰富和提高了，而且积累了组织及进行科学研究工作的经验。信心大为加强，干劲更加充沛。更主要的是找到了正确的科学研究方向和途径。与过去不同，我校大量同学也积极地参加了科学研究工作，他们在工作中不仅学到了丰富的实际知识及生产技能，还进一步深入地理解了所学的理论知识。过去有些理论知识虽然学过，但往往体会不深或不会应用。今年参加了科学研究工作以后，他们不但能掌握这些理论，而且常常还能提出一些独创性的见解。学生通过科学研究工作，也提高了他们的独立工作能力，不仅学会如何选择任务，收集资料，深入实际，进行调查、试验、分析及总结等科学研究的工作方法，而且还使他们的眼界大为开阔，思想得到解放，劳动锻炼得到加强，负责精神得到提高，对劳动人民的感情大大增加。这一切都给同学们在未来建设祖国社会主义的工作中打下良好的基础。

学生参加生产劳动的结果，使他们不仅是学生，也是一支劳动大军，同时还是一支科学研究的新生力量。高等学校的这个转变，大大加强了全国的科学研究的力量，为今后科学研究工作的跃进提供了有利的条件。这支科学研究力量还具有它自己的许多特点，首先是一支拥有年长教师、年轻讲助、学生、工人及技术人员等人数众多的科学研究队伍，而且是便于互相配合及协作的一支队伍。

一年来，我校在科学理论、教学质量及学术气氛方面也有了很大的提高和改进，有些科学研究成果已经总结提高到理论的阶段。编写科学论文、技术资料及教学参考书的群众运动已经形成了。到现在为止，我校编写了科学论文，技术资料和教学参考书共计 207 种，这些论著已不是过去某些脱离我国实际东拼西凑的东西，而是经过亲身深入实际进行调查、研究、试验、分析，作出的科学总结。本年的科学研究工作也大大促进了全校的学术气氛，现在在车间里、实验室里、教室里经常看到人们聚集在一起，讨论着科学技术问题，在校内举办或参加校外的科学报告会也更加经常了。

学校大办工厂、大搞生产使我校科学研究的物质条件也得到了改进。过去有不少仪器设备只能依靠校外单位制造或向国内外定购现成产品，现在用自己的劳动来制造，不仅能节约国家的资金及外汇，缩短得到的时间，而且便于设计及制造具有创造性的仪器及设备，为试制新产品和进行开创性科学研究工作创造了有利条件。此外，学校所办工厂还起着中间工厂的作用，使科学研究成果更符合于生产的要求。

总之，在我校一年来科学研究工作的实践中，进一步证明了党对科学研究工作的领导是迅速发展我国科学技术事业的根本保证……

（二）一年来我校在科学研究工作中所取得的主要经验

(1) 必须坚决贯彻执行党的教育与生产劳动相结合的方针

在去年我校举行第二次科学讨论会的时候，对科学研究工作中存在着两条道路的斗争曾作过深入的辩论。绝大多数的师生员工基本上都有了正确的认识。但是在思想上辩［辨］明科学研究工作的两条道路，并不等于在实践过程中就没有问题了。有少数人在辩论中虽然口头上承认，心里却仍有怀疑，甚至个别人还有抵触情绪。

学校在校内外大搞生产、在校内大办工厂，一方面使科学研究工作与国家工农业大跃进获得了密切的联系，大大推动及检验着科学研究工作，并直接为科学研究工作提供了物质条件及基地；另一方面，绝大多数人都亲身投入了这一工作，并通过工作，有效地提高了思想和业务。

在学校开始搞生产的时候，有人说："勤工俭学、大搞生产，在中等技术学校还可以，如果高等学校也搞，就是浪费时间，得不偿失"，"学校里又搞生产又搞学习，一定会降低教学质量及科学水平"。但正是这些自认为"高明"的人，在生产实践面前遇到困难往往束手无策，因而不得不承认自己书本知识的片面性。

与此同时，他们的崇拜者和同情者也就不得不重新考虑问题了。以我校今年二、三月间开始搞生产的情况为例，机械制造系个别教师设计的工夹具投入生产后，80％以上要返修；电机系教电机设计的教授在制造出转速只达到规定转速的一半的电动机时，好久找不出原因来；土木系某些教师在课堂上可以大讲施工，但到了施工现场，有人却连线也不会放，砖也不会砌。事情已经很明显，看得起生产也好，看不起生产也好，不进一步学习是不行了。思想和业务同样都需要进行改造和提高的问题，开始在一些人的头脑里自觉地提出来了。

学校大搞生产、大办工厂的结果，不仅从生产中提供了一些具体的科学研究课题，同时更重要的是因为与企业部门取得了更密切的联系，了解到很多在国家生产中存在的重要科学技术问题，因此也就跳出了“从书本中来，到书本中去”的状态，打开了学校的围墙，使学校科学研究与全国工农业生产结合起来，使人们对待科学研究，在思想认识上和实际行动中，逐步走上为社会主义建设服务和理论联系实际的道路。又因为这些任务都具有重要的国民经济意义，所要解决的问题也比较具体，所以就大大增强了人们研究的责任心和干劲。

学校办工厂还起着另外一个极其重要的作用，那就是它可以分担“中间工厂”的作用，使研究工作可以及时地投入实践中加以试验，并在试验中求得不断改进，最后达到工业生产的要求。这样可以提出比较完整的技术资料，并迅速地推广到工业生产中去，使它及时在生产中发生应有的作用。过去在学校试验室里搞科学研究，即使有少量的产品得到成功，但在投入大量生产时，往往还会发生很多问题。所以在学校里办工厂，有使研究成果更加接近生产实际的好处。

以铸工教研组为例，今年三月间开始接受生产锅驼机上的球墨铸铁曲轴和连杆各四千套任务的时候，有的教师自以为遍读了国内外球墨铸铁的文献，在实验室里也曾做过多次成功的试验，生产这种单拐曲轴有什么困难！但是实践是那样无情，当实际生产时，每天都大出废品！发生球墨铸铁的质量不稳定：铁水温度提不高，球化处理不稳定，工艺方案有缺陷等等一系列的问题。摆在平时对熔化、合金、工艺理论讲得头头是道的某些教师和学生面前的是“急需解决的生产任务”，因此就必须认真地解决这些问题，虚心与工人们合作，向生产实践学习。经过师生工人共同努力，苦战一个多月，失败了多次，先后试验过十多种工艺方案，才制造成功，并稳定下来了。在这一基础上接着研究试制比较复杂的汽车和拖拉机上的五种曲轴和凸轮轴，就不太困难了。这个教研组过去在球墨铸铁研究方面曾作过不少努力，而且也获得了一些成果，但由于过去在教研组内不搞生产，其成绩是比较有限的。只有在今年春天开展生产工作后，他们的球墨铸铁科学研究工作才像雨后春笋一样，为球墨铸铁攻下了很多新的应用阵地，如球墨铸铁铁轨、铁筋、汽轮机主轴及叶轮等，都具有重要的国民经济意义及相当高的科学水平。一年以来，铸工教研组的师生工人已完成了20项科学研究课题，编写出版了18篇科学论文。现在他们尚在继续努力，为土铁利用、全民办电、交通运输等事业进行着大量的科学研究工作。

有些人片面理解党的教育与生产劳动相结合的方针，认为学校大批生产一般产品或把学生调到校外作一般劳动力使用就可以了，很少考虑充分发挥高等学校的特点及长处。这样做，虽然可以完成一些生产任务，但对提高教学质量及开展科学研究工作好处较少。这对高等学校的中心任务是不符合的。而且从长远看，培养不好各种生产战线上的领导干部，对整个国家的生产说，也是不利的。我校因为坚持了生产与教学及科学研究互相结合的原则，既搞了不少一般生产，也进行了大量的科学研究工作，同时在教学工作上也获得了显著的跃进，这样就使学校整个的工作起了深刻的变化。以电机系为例：他们派出了工作队支援邯郸、登封等县的工业建设，还在学校内进行了一般生产，解决了校内外的迫切需要，同时又进行了具有先进水平的交流计算台及电力系统动态模拟的建设工作，为开展超巨型的三峡水电站和电力系统等研究工作初步创造了实验研究的条件。这样就使电机系更充分地发挥了它的潜力，为国家的生产贡献了力量，教学及科学研究工作也得到了提高。根据上面的这些经验，我们认为：学校必须是教学、科学研究和生产的联合基地。只有三者密切结合，才能很好地发挥它应有的作用，并完成它全部的任务。

（2）必须从社会主义建设需要出发来确定科学研究任务

在第二次科学讨论会时，我们已经辩［辨］明并进一步体会了党的科学研究方针，那就是说科学研究任务应该根据社会主义建设的需要来决定；理论应该联系实际；科学研究中应该发挥集体力量；科学的评价标准不是抽象的理论的多少，更不是数学公式的有无，而是是否符合社会主义建设的要求，是否符合客观存在的规律。一年来的实践证明党的这些原则具有伟大的指导意义。过去资产阶级知识分子从个人名利及狭隘个人兴趣出发，在书本中绕来绕去，苦于找不到研究题目，或者抓一些无关紧要的问题，进行一些数学游戏之类的理论脱离实际的研究。今年则是广大师生深入了实际，与全国工农业生产有了密切的联系，从实际生产及自己的实践中，遇到了很多需要解决的问题，因而就发生了如何根据学校特点，选择对国民经济有重大意义的研究课题的问题。

一年来，我校选定的科学研究任务，基本上都是服务于“元帅”“先行”与对国民经济建设及国防事业具有重要意义的新技术的研究工作。这些项目不仅为当前社会主义建设所迫切需要，而且有些还具有为生产发展开辟新途径的探索性意义。

在选定任务时，我校对尖端科学技术一直给予了很大的重视。因为尖端科学技术在我国建设事业及国防事业中占着极重要的地位。例如一年多来，在原子能应用、无线电电子技术及三峡水利枢纽等方面，我校就进行了不少工作。另外，尖端科学技术是一般科学技术发展的高级阶段，所以重点抓住尖端科学技术，就可以带动相当广泛的科学技术提高，因为尖端科学技术的新发展，往往就向许多其他科学技术提出新的要求。例如，我校抓住了长江三峡水利枢纽工程和电力系统的研究任务后，水利、电机等系的科学研究及生产工作就有了纲，就有力地带动了这些系的研究工作，我们在安排人力、物力时，也总是把尖端科学技术任务，摆在重要的位置。

在重点抓住尖端的同时，我校也搞了许多一般技术。因为一般技术是尖端技术的基础。离开了一般技术，尖端技术就不容易甚至不能发展。电子计算机控制的程序控制铣床初步试制成功的全部过程，给上述观点作了有力的说明。我校机械制造系过去尝试制造程序控制机床的议论酝酿了一、二年之久，但却连一台简易的机床都没有生产出来。实行勤工俭学以后，他们在七月一日献礼以前，先试制出了五台不同类型的机床。在这样一般生产的基础上，积累了经验，就在不到三个月的短短时间内，按期于“十一”胜利的试制成了这一尖端产品。其次，因为尖端技术与一般技术并不是截然无关、机械分开的，它们是相互关连、相互促进的。以工程物理系进行的加速器制造过程为例，如果没有机械制造系及电机系在机械及电机方面的一般技术的支持，就会寸步难行。更不可能在较短的时间内完成试制任务。反过来，如果没有原子能科学的发展，就不能利用同位素进行探伤及土工试验。最后我们还应当认识到一般技术与尖端技术的关系并不是永远不变的，而是可以转化的。如铸工教研组所进行的球墨铸铁工作，原本是一般的科学技术，但当他们完成了球墨铸铁铁轨汽轮机主轴及叶轮等世界创举性的工作以后，球墨铸铁方面的研究工作就进入了尖端科学之列。

在选定科学研究任务时，还有一个“土洋并举”的问题。党的“土洋并举”的方针，应当在学校的生产、教学及科学研究工作中得到充分的反映。有人认为“土就是低级”、“土办法就是穷办法，只能济一时之急，不能作长久之计”。这是不正确的。土办法实际上是结合我国具体资源、设备、技术条件，土生土长的办法，往往具有切合我国具体条件的独创性。在开始阶段，某些土办法未免在若干方面表现得简陋一些，但是随着事物的发展，今天简陋的办法，明天也许就会变成完整的办法，所以我校在向科学技术进军的过程中，一方面学习了世界先进技术，一方面也进行了土办法的生产及生产科学研究工作，因为这些土办法符合全民办工业的要求，易于广泛而迅速的推广，所以也具有重要的国民经济意义。

土洋并举当然并不意味着“为土而土”。例如我校建立的燃料综合利用试验电厂，不仅为全民办电，农村电气化作出了贡献，同时它也取得了一些土洋并举的经验。在这项工作中，先后提出了一百多项技术革新及合理化建议，大大地加快了建厂速度，节约了建厂投资。

在选定科学研究任务时，还应当考虑到学校教学的特点。学校是培养人的场所，学校开展科学研究工作又是提高教学质量的重要手段，所以在选定科学研究任务时，必须考虑到学生通过这些工作所要达到的学习效果，以及学生在参加这些工作时应具备的条件及应参加的时间。一年来，我校已经在这方面积累了一些经验，涌现了不少好的例子。实践证明，只要我们思想明确，就能很好地安排这一工作，而且可以胜利地完成这两方面的任务。

要使科学研究为社会主义建设更好地服务，就要在技术上不断革命，把工作做到能推广的阶段，并不断总结提高到理论的阶段，掌握它们的规律，以便指导实践及接受实践的考验。但要推广及总结，就必须把工作做彻底，做完整。不能把工作停留在初步研究或试验阶段。也不能停留在实验室的小量样品生产阶段。而应该把需要解决的设计、试验、理论、生产、检验等一系列工作进行到能够推广总结的阶段。工作推进到一定阶段时，就应该加以总结，写出科学报告、技术资料或规范、教学参考书或普及册子等。特别重大的还应该举行现场会议，组织参观等工作，以便尽快地使科学研究成果在建设中发生作用，并不断提高。我校在向科学技术进军的过程中，总是朝着这样一个目标前进。现在有些工作已经初步达到了这样的要求。今后我们还应该进一步加强这方面的工作。一年来，我校在领导部门及有关企业单位的领导及协助下，开过五次现场会议，对于促进科学研究工作及推广科学研究成果起了一定的作用。

(3) 在科学研究工作中必须坚持党的领导，走群众路线

在第二次科学讨论会时，我们曾就科学研究的集体性及计划性问题进行了讨论。一年来，我们在这方面有了很大的进步。个别人或少数人的力量总是有限的，而研究任务又是繁重而多样的，因此一方面要充分发动群众，大搞群众运动；另一方面也要全面规划及统一领导，根据任务轻重缓急，组织起来，有计划地发挥集体的智慧和力量。

因为当前的科学研究任务多是国民经济建设中重大与尖端的项目，科学技术水平要求较高，任务又较紧迫，工作中遇到的困难又较多，所以在进行研究时必须将重点项目，组成大兵团作

战，有计划、有组织、有步骤地猛攻科学堡垒，以便更快地完成任务。

在组织起来进行科学研究工作的时候，应该实行党组织领导下的教师、学生和工人的三结合。

一年前人们还觉得科学研究工作似乎只能是少数“专家”“教授”能做的事情，青年教师是不能问津的，作为被“加工对象”的学生更摸不上边。但是这几个月的实践已经把这些陈腐的观点彻底粉碎了。在这一阶段的工作中，不但青年教师及高年级学生做出了很多的成绩，而且低年级学生也做出了令人满意的结果。例如水利系三年级学生在为该系所完成的具有创造性的过水土坝实验中，创造了十多种面板，获得了不少成绩。所以学生、特别是高年级学生，是科学研究的一支重要力量，他们虽然知识及经验还有限，但他们人数众多，而且绝大多数对党的方针政策接受较快，思想束缚较少，勤于动手，干劲很足，在科学研究上，他们常常能够打破框框。所以我校的很多科学研究工作中都吸收了学生参加，有的还是其中的重要骨干。这样做既有利于对他们的培养，又有利于科学研究的开展。

教师是我校科学研究工作中的一支指导力量。大多数年长的教师，一年来先后投入了生产及科学研究工作的群众运动中，并起了良好的作用，有些还起了重要指导作用。实践证明，年长教师的理论知识一旦与实际相结合，个人一旦与群众相结合，就可以在科学技术上发挥更多的作用。在教师队伍中，大多数已经是解放后毕业的年青教师，他们一般具有与学生一样的特点，而且知识及经验比学生多，很多年青教师在科学研究工作中起了重要的作用。

高等学校工人及技术人员的数目虽然不多，但是他们在科学研究工作中也起着重要的作用。他们一般思想觉悟较高，有技术，有实际生产经验。所以他们不仅可以制造或指导别人制造出科学研究所需要的重要设备，更重要的是他们还能够在科学研究中提出一些实际可行的办法或者具有启发性的概念，正好弥补了教师和学生缺乏技术及实际经验的缺点。同时，他们还以自己的劳动态度对同学的思想教育起着良好的作用。

我们组织起来后，还要经常进行务虚工作，以便随时明确工作中的方向、方法及指标，另外还有互相启发、互相学习、互相促进的作用。否则就不能及时发现并解决存在的问题，也很难发挥集体的智慧及鼓舞我们的斗志。有人也许认为科学研究工作中开开业务会议及科学报告会还可以，还有什么虚可务？其实不然，例如我校水利系在三家店水库的设计中，泥沙组的成员，开始时不从调查研究入手，而是从创造一个解决一切问题的公式入手，因而钻进了杂志文献堆里。甚至水土保持组的成员搜集了资料给他们送上门去，他们还置之不理，结果是任务没有按期完成。与此同时，水土保持组则做出了较好的成绩。于是一场所谓“泥水之战”（意思是泥沙组与水土保持组之争）的务虚会就开始了。起初人们还觉得这是设计方法的程序问题，但经过整整的三天的辩论后，问题清楚了。原来成名成家的思想又把他们引向资产阶级的科学研究道路上去了！问题弄清楚以后，工作紧跟着也就前进了。在务虚会中，可以帮助我们从现象中发现问题的本质，透过具体技术问题看到政治思想问题，并自觉革命。

在工作过程中，要防止过去只关门查资料做实验的偏向。必须经常深入实际及群众，向实际和广大群众请教，向能人请教，向“外行”请教。水利系今年毕业班165个学生，在进行毕业设计及相应的科学研究工作时，为了深入实际，进行调查研究，一共跑了约十八万里路之多。平均每人跑了一千里以上。建筑系和土木系在进行首都重点建筑工程的初步设计竞选中，不仅仔细讨论分析了世界各国最大建筑的优缺点，我国许多建筑物的特点及风格，并且还向建筑工人、钢铁工人、农民以及许多其他方面的“内行”及“外行”请教。实践证明：这种经常务虚，深入实际，向群众请教是科学研究的正确方法。

经验证明：协作是猛攻科学堡垒，多快好省地完成重大科学研究任务的重要因素，同时也是科学研究工作走群众路线、发挥集体作用的一种重要形式。近代科学技术多是几门科学的综合成果。因此只专长一个部门的工作者，在单独进行科学研究工作时，常常遇到很多困难，而组织协作就可以使困难大大减少。特别是像我校这样的多科性工业大学，组织各系或各专业之间的协作，就更加便利及重要。在重大的科学研究项目中，一年来，各专业教研组之间协作加强了，各公共教研组与各专业教研组的协作大大增多了。这样做，不仅在科学研究工作中做出了成绩，而且在教学质量方面也起了很大推动作用。此外，协作还可以在人力、物力上互通有无，互相支援，因而可以促进任务的加速完成。又组织与校外单位的协作是发挥各自特长的重要手段。在今年的科学研究工作中，有很多事实说明，这种协作是有效地发挥双方人力物力的良好途径。如我校燃料综合利用电厂，所以能够在短短的两个多月内全面投入生产，正是由于充分发挥了校内外协作的关系。在这一工程任务中，校内在党委领导下，组织了动力、电机、工程化学、土木、建筑、机械等六系师生大协作，校外则在经委和市委的领导下，得到了良乡修造厂等 15 个单位的有力支持。

今年二月以来，我校也为全国 45 个县市 150 个单位完成了生产及科学研究任务 400 多项。工作量达 182 万工时。在座的本校同志们一定很清楚的记得：一年以前我校某些实验室之间互不合作“壁垒森严”的情形及其所造成的损失！所以自今年以来，我校在这方面的进步也是很大的。今后还要继续加强这方面的工作。

（三）克服缺点，改进工作，争取明年科学研究工作的更大成就

…………

(1) 进一步贯彻科学研究为社会主义建设服务的方针政策

一年来，在党的领导下，经过一系列的思想革命与生产及科学研究的实践，我校科学研究的方向已经基本走上了社会主义的道路。但是在具体工作中还有少数同志没有将这一重要原则的贯彻执行提到足够重视的高度。例如有个别人在选定及评价科学研究时，不是首先根据社会主义建设的需要来考虑，而是对所谓“尖端”的兴趣特别大。对当前有重大国民经济意义的项目不够积极。是的，我们对尖端科学研究是很重视的，但是我们所以对它重视，一方面是因为它对当前国民经济及国防事业具有重大的意义；另一方面又因为它对科学事业的将来具有极为广大的前途。盲目地“为尖端而尖端”的思想，实质上仍是资产阶级“为科学而科学”观点的另一种表现。对这种思想我们必须加以克服。

为了更好地为社会主义建设贡献力量，一年来我校总是按照把科学研究工作做到能够推广及不断总结提高到理论阶段的原则来进行，而且绝大多数的同志们也是按照这一要求进行了工作。但是有人认为产品及研究成果做出来就可以了，还要写文章、做总结、组织推广等，费时间多，收获不大，而且还妨碍其他工作。这种看法也是片面的。我们知道，实验室产品与工业产品之间有一个很大的距离，做出产品到总结到理论之间还有一定的过程。所以写文章、作总结，既可巩固和提高已取得的工作成果，又便于推广交流，它的意义是很大的。特别是在高等学校，这种提高到理性认识阶段的总结，对培养干部的工作也具有重大的

意义。

另外将科学研究的成果尽快地编写入教学资料或教科书中，也具有极重要的意义，特别是在结合我国实际的教科书还非常缺乏的今天，这一工作的意义就更加突出。所以我校随着生产及科学研究工作的开展，已经形成了写书之风，并且已经在这方面取得不少成绩。今后我们还应大力开展这方面的工作。

为了更好地为社会主义建设服务，必须做好科学研究的情报及宣传工作，过去我校在这方面的工作做得很不够，今后必须大力加强。

情报工作的重要意义首先在于根据党的科学技术发展方针，及时了解研究科学技术的发展动向和我国经济建设对科学技术的具体要求。其次，在于及时了解与学习国内各厂、矿、企业部门、兄弟学校、科学研究机关的先进经验。另外，我们也要经常注意了解世界各国重大的科学技术动态及成就。宣传工作的重要意义，首先在于及时向党和人民汇报我们的科学研究工作，迅速推广我们已经取得的成果，以便最快地在国民经济中发生作用。其次，在于推动我们总结经验，鼓舞我们的干劲。

在进行科学情报及宣传工作的过程中，必须注意迅速及时、准确及全面的要求；防止草率、空洞及作假报告等不良现象。为此，就须充分发动群众，使科学情报宣传工作变成人人所关心的工作，另外各系也应指定一定的专人负责。

（2）进一步使科学研究工作与教学及生产工作密切结合起来

在高等学校里大力开展科学研究工作是提高教师理论水平和搞好教学工作的重要基础；而学生参加科学研究工作的结果，不仅提高了理论学习的水平，还有效地培养了他们进行开创性工作的能力。同时，科学研究的成果又不断丰富了教学内容。这一论点，已为一年来的实践，进一步用许多生动的事例证实。所以就是从提高教学质量的角度来看，我们也应该积极地开展科学研究工作。

一年来的实践证明，组织学生，尤其是高年级学生，参加科学研究工作，不仅对开展科学研究工作极为有利，而且也是培养高质量学生的一种很好方式。但是学生毕竟还是学生，而不是科学研究专职干部，所以如何结合科学研究工作有效地培养他们是一个需要经常注意的问题。科学研究工作一般分工较细，容易深入一点，但在全面了解方面就可能不够，所以在同学参加科学研究工作的过程中，应该注意抓紧他们的技术讨论及交流工作。必要时还应进行专题讲授，使他们在工作过程中，不仅能够掌握自己所担任的工作，而且还有意识地从培养他们的角度组织他们了解研究工作的其他部分。有时，还应加以轮换。我们不仅要通过具体研究工作，使他们学会如何做，而且还要使他们懂得为什么这样做。那就是说，要使他们既有实践，又学到理论。过去我们曾对资产阶级知识分子只有书本知识、缺乏实际知识的片面性进行过深刻的批判，但是我们一直认为理论是很重要的。我们反对的只是脱离实际和不切合实际的理论。因为理论只有与实际结合并经得起实践的考验后，才是真正的理论，才值得重视。而且也只有与实际结合后，理论才能不断提高。我校许多科学研究工作不仅具有重大的国民经济意义，而且也有较高的科学水平，不正是很好的说明吗？

一年来，我校在进行科学研究工作的过程中，很多同志对学生的培养工作给予了很大的重视，并做出了不少成绩。但也有个别同志对使用学生有兴趣，对培养他们缺乏足够的注意，理由是怕影响科学研究工作。这种理由是站不住的。首先学生是来校学习的，所以我们有责任通过科学研究工作把他们培养得更好，而不是专为使用他们的劳动力。其次，不注意培养的结果，必然会使他们的科学理论及科学研究能力停留在一定的水平，因而对科学研究工作也是不利的。另一方面，也有些教师与学生不了解“重点突破带动全面”在学习中的重要意义，因而贪多求快，要求学生对各方面都有所了解，而不肯在科学研究工作中下苦功夫重点深入，以致体会不深。觉得做科学研究工作与全面学习矛盾很大。这当然也是很不正确的。马克思早已讲过“在科学上是没有平坦的大路可走的，只有那在崎岖小路的攀登上不畏劳苦的人，有希望到达光辉的顶点”。希望这些同志能够从这句名言中得到应有的启发。

在工作中必须注意教学、科学研究及生产工作三者密切结合的问题。事实已经一再告诉我们，结合得好，三者就可获得全面跃进；单打一的结果，常常是在各方面都做不好。这些经验很宝贵，我们应该加以很好的总结及提高。此外，在生产工作中应该大力开展技术革新工作，我们应该力争技术革新工作变成学校所办工厂的重要特征之一。

(3) 加强组织领导，充分调动一切积极因素

一年来，我校在勤俭办科学方面也有了较多的改进。但是现在还存在着一些缺点。对管理工作重视不够，经济观点不强。例如有些同志在进行工作之前不但没有精打细算，甚至连一些必要的准备工作都没有做好就“上马”了，结果造成不少返工、窝工、报废、使用不当、损坏设备等浪费现象。今后在工作中应该特别珍惜我们仅有的技术力量及物力，把这些有限的人力及物力安排在最需要的地方。

…………

× × × × ×

同志们！我校是建立在祖国首都的一个多科性工业大学，既具有一定的人力和设备，又具有多种专业互相配合的优越条件。

科学研究工作，对校内说，它对教学和生产都有很大的提高作用，对校外说，更可以与不少的企业部门合作，共同为祖国的社会主义建设事业服务。这一工作的正确地积极地进行是我校完成祖国交给我们的光荣任务的一个主要方面。我们相信在党的正确领导下，一定能够进一步调动一切积极因素，并多、快、好、省地完成1959年的各项科学研究任务。同志们！让我们用更大的成就来迎接伟大祖国的十周年吧！

《新清华》第398期，1959年1月14日

清华大学第三次科学讨论会发言汇编目录※

（1958年12月—1959年1月）

（报告按发言先后次序排列）

清华大学档案，全宗号 2 目录号 校 4 案卷号 66015

反右倾，鼓干劲，为继续深入地贯彻执行党的教育方针而斗争

——清华大学 1959 年教学、科学研究和生产工作总结报告（节选）

（1959 年 12 月 10 日）

刘仙洲

同志们：

我代表校务委员会作一年来的教学、科学研究和生产工作的总结报告，请大家讨论。

我们这次会议是在这样的情况下召开的：中华人民共和国成立已经十周年了。十年以来，全国人民在党中央和毛主席的领导下，胜利地进行了伟大的社会主义革命和社会主义建设，创立了我国历史上从来没有过的伟大事业，我国的面貌发生了极为深刻

的变化。1958年，党提出了“鼓足干劲，力争上游，多快好省地建设社会主义”的总路线，全国人民掀起了史无前例的社会主义建设高潮。总路线、“大跃进”和人民公社运动，发出了万丈光芒，我国社会主义革命和社会主义建设事业正在一日千里地前进。

…………

我们这次会议的任务是：根据党的总路线和八届八中全会关于反右倾、鼓干劲的精神，总结我校一年来贯彻执行党的教育方针的经验；肯定成绩，检查工作中存在的缺点；确定今后的工作方向和任务……

（一）一年来工作的简单经过和主要成绩

去年十二月初，我校在大炼钢铁之后，根据学校开展生产劳动以后的新情况，整顿了教学秩序，把教学、科学研究和生产工作进行了统一的合理的安排。随后举行了一年一度的教学研究会和科学报告会。两个会议均以贯彻执行党的教育方针，实行教学、科学研究和生产三结合为中心内容，全面系统地总结了1958年的工作，肯定了成绩，总结了经验，以充分的事实证明了党的教育方针的正确性。同时批判了在教育方针问题上的观潮派和反对派的错误论点。二月初，学校召开了第二次党代表大会，总结了从1956年第一次党代表大会以来校内开展两条道路斗争的历史经验，对1958年贯彻执行党的教育方针的工作作了充分的估计，会议着重指出兴无灭资是学校工作中的长期斗争任务。在党代表大会之后，又召开了职工代表大会，表扬了在去年“大跃进”中积极拥护党的教育方针、成绩优异的先进分子和单位，在群众中树立了好榜样。

这三个会议，在党内外统一了思想，进一步调动了群众的积极性，为今年的继续跃进，从思想上打下了基础。

我们经过了将近三个月的务虚，从思想上“整军”之后，就从三月开始务实。

在三月初，我们同时抓了毕业设计和科学研究以及生产上马的工作。对毕业设计进行了安排，向全体应届毕业生提出了“学水八、赶水八、超水八”，和进一步贯彻“真刀真枪，结合实际和全面完成培养目标”，作为对毕业设计的要求。同时，召开了科学和生产的规划会议。在会议期间，我们在全校范围内进行了六查（查规划，查措施，查质量保证，查组织管理，查教学、科学研究和生产的三结合，查科学作风）。现在看来，“六查”对保证今年的毕业设计和生产、科学研究的高速度、高质量的发展起了很大的作用。

七、八月间，我们在总结一年来实践经验的基础上，修订了全校各专业各年级的教学计划，进一步贯彻执行了党的教育方针，对教学、生产劳动和科学研究以及学生生活都作了全面安排，使教学、科学研究和生产更紧密地结合起来。

由于学校大力开展了生产和科学研究工作，必须搞好协作关系，必须贯彻勤俭办学的原则。为此，我们又召开了检查协作关系的会议，检查了各种浪费现象。现在，全校正在深入地学习党的八届八中全会的决议。

我校在贯彻执行党的教育方针的工作中，紧紧地抓住了以下几个环节，即：贯彻执行党的教育方针，必须开展两条道路的斗争；必须跨上生产劳动之马；必须正确地组织教学、科学研究和生产的三结合；必须走群众路线，开展广泛深入的群众运动；必须抓紧培养新生力量和三联基地的建设；必须组织起来，开展校内外共产主义大协作。经验证明，我们在这些方面的工作，都是正确的，而且是有成效的。

我们在这一年里有哪些主要的成绩呢？

第一，全校师生员工的政治思想觉悟进一步提高了，党的领导和马克思列宁主义的思想阵地进一步加强和巩固了。

去年九月以来，我们开展了共产主义教育运动，学习了党的六中全会关于人民公社的决议，开出了哲学和社会主义概论两门课，全体师生都参加了系统的学习。同时，还结合国内外形势，进行了时事政策的学习。全校同志参加了校内外的生产劳动，如大炼钢铁、人民公社和兴修水利的公益劳动；在校内，参加了大量的结合专业的各种生产劳动。通过政治运动和系统的政治理论学习，通过生产劳动的实践，我校绝大多数同志的政治思想觉悟进一步有了提高，广大知识分子进一步看清了社会主义的光辉前途和人民群众的伟大力量，进一步加强了自我改造的信心和决心。“跟着党，走社会主义道路”，今天有更多的人得出了这样的结论。可以这样说，在我们学校，社会主义思想正在逐日上升，不断地扩大和巩固它的阵地。资产阶级思想的市场正在日益缩小。

第二，由于我们对教学、科学研究和生产进行了全面的安排，比较完满地实现了“三结合”，既抓紧了理论学习，又加强了生产劳动和科学研究，就使理论教学密切联系了生产和科学研究的实际，生产和科学研究又丰富了理论教学的内容，三者互相促进，互相提高，因而大大地提高了红专统一、理论与实际统一的教学质量。学生在学习期间，就通过生产劳动和科学研究工作，直接为社会主义建设服务，同时又受到了作为一个工程师的全面训练。

毕业设计是考察我们培养干部质量高低的一个重要环节。今年，1 400 多个毕业同学响应了学校所提出的“学水八、赶水八、超水八”的号召，吸取了水利系 1958 年毕业班的经验，在教师的指导和有关企业单位的协作下，一共完成了177项全部是结合实际的毕业设计任务。解决了不少比较重大的科学和生产中的问题。这些项目对发展我国国民经济和提高我校教学和科学水平均有重大的意义。

第三，科学研究工作，在去年大跃进的基础上有了很大的进展。我们在批判了科学研究的资本主义方向之后，在工作中坚定地贯彻执行了联系实际，面向生产，同时又注意了重大而有长远意义的理论性科学研究的方针。在工作中，要走群众路线，大搞群众运动。今年春天，我们在去年大跃进的基础上，举行的科学研究工作中的“六查”会议，提倡鼓足干劲与严格的科学分析相结合，把全校力量组织起来，各系和各专业密切配合，集体作战，进行了309项科学研究任务。在这次会议上将要提出的科学论文和报告共600余篇。这个数目为旧清华时代十七年的四倍。一年多的经验证明，我们将不仅能够很好地完成培养高质量干部的任务，而且一定能够同时为国家的科学事业作出应有的贡献。

第四，在生产方面，我们围绕着科学研究和建设校内生产和科学研究基地的任务，完成了300多万元总产值的任务。学生参加生产劳动23万工作日。我们初步摸索出了一套管理学校生产和在生产中实现教学要求的经验。

生产劳动和科学研究的开展，也促进了新兴科学技术专业的迅速发展和成长。我校在去年“大跃进”中增设的塑料、计算数学等五个新专业正在迅速成长起来。这些新专业的教学、科学研究和生产的队伍及基地正在形成。许多新专业和原有的专业并肩作战，互相促进，共同提高。大搞生产劳动和科学研究工作，充分地调动了我校的一切有利条件，使我校能够以更高的速度提高科学水平和教学质量。开展生产劳动和科学研究工作，对基础课也提出了更高的要求，并促使理论教育随着生产、科学研究和专业教育的要求而不断提高，两者结合起来共同跃进。

随着生产劳动和科学研究的开展，一年来，我校进行教学和科学研究的物质条件也有了很大的发展。全校实验室和工厂车间都有了不少的扩充和发展，图书资料也大大增加。所有这些，都是进一步提高我校教学水平与科学水平的物质基础。我校的三联基地也正在迅速地建设起来。

第五，一年来，我校的新老教师在教学相长、共同提高的原则下，通过生产和科学研究实践的锻炼，在业务上也迅速的有所提高。应该说，青年教师的进步尤其显著。这是因为，他们一般能接受党的领导，思想上框框比较少，容易接受新鲜事物，一般能够按照党的总路线的要求办事，因而富于创造性。一年来的事实证明，他们在党的领导和培养下，将日益成为我校教学、科学研究和生产的骨干力量。

第六，在教学改革和实现教学、科学研究、生产三结合的带动下，全校文化、体育工作也有了蓬勃的发展，学校蓬勃的政治生活和紧张愉快的生产劳动和学习，使人们的精神面貌有了很大的改变。所有这些，就在学生创作的很多剧目、诗歌、歌曲中得到了反映。全校建立了上千人的学生业余文工团。一年来他们紧密地配合了各项政治运动和中心工作，进行了生动活泼的宣传鼓动工作。他们的演出受到校内外广大观众的热烈欢迎。

体育活动也已普遍开展起来，全校学生健康水平和运动成绩也有很大的提高。目前全校共有运动健将 4 名，一级运动员 40 名，二级运动员 300 多名。几年来打破了 16 项解放前的全国田径记录。今年北京市高等学校和西郊高等学校 36 项比赛中，我校获得了 28 项集体冠军和 50 多个单项冠军。全校有 18 名运动员代表北京市参加了第一届全国运动会，其中 11 人取得了名次，获得了 5 枚金质奖章。

第七，在行政工作方面，在学校日益发展、任务不断增加的情况下，广大职工同志们由于提高了政治思想觉悟，大大提高了积极性和工作效率，技术革新不断地涌现出来。全体职工的辛勤劳动，保证了学校工作的顺利开展。

第八，一年来，由于学校贯彻执行了党的教育方针，学校的大门从此打开了。我们同国家的社会主义建设事业，同国家企业和兄弟学校，都发生了密切的联系。我们的生产和科学研究的校外协作单位，据不完全的统计即有 120 多个。我校为这些单位作了很多工作，代兄弟学校培养进修教师 250 多名，接受了产业部门和兄弟学校旁听生 635 名，接受校外单位的生产和设计任务共计九十二万工时。校外企业部门和兄弟学校也给了我们很多的支持和帮助。学校与工厂企业、和兄弟学校合作关系的发展，是社会主义制度优越性的具体表现。我们在总结一年来的工作的时候，应当对所有与我校有协作关系的单位，表示衷心的感谢！我们相信，这种协作关系将不断地得到加强。

在总结一年来的工作的时候，我们必须指出，我们的成绩是同 1952 年以来学习苏联先进经验进行教学改革分不开的。学习苏联和兄弟国家的先进经验，是我们过去、现在和将来的坚定不移的方针。从 1952 年到现在，我校先后得到了苏联、民主德国、捷克、波兰等兄弟国家 50 多位专家的帮助，并且同苏联莫斯科动力学院和列宁格勒多科性工业学院建立了固定的联系，得到了他们兄弟般的巨大帮助。在这里，我们谨向苏联和其他兄弟国家的政府，和来我校帮助工作的专家们表示衷心的感谢！

我校一年来的工作是健康的。一切成绩的取得，是党的正确领导的胜利，是总路线和党的教育方针的胜利，也是党的群众路线和校内外共产主义大协作的胜利。

（二）基本经验

同志们，一年来，在党的坚强领导和全校万余师生员工的共同努力下，如前所述，我们的成绩是巨大的，经验也是丰富的。要在一个报告里全面详尽地总结这些经验显然是困难的。毛主席在去年指示说，高等学校要抓住三个东西：一是党委领导，二是群众路线，三是教育与生产劳动相结合。主席的指示是我们办好清华大学的三件法宝。因此，我们就从这三个方面来检查和总结我们一年来的工作。

（1）加强党的领导，坚持政治挂帅，是办好学校的根本问题。

关于这个问题，首先回忆一下我校解放以来的历史还是有益的。从 1949 年到现在，我们学校经历了三次大的跃进。即 1952 年的教学改革，1955 年创办大批新专业和 1958 年的教育革命。每一次改革和跃进都是党的领导和实行无产阶级政治挂帅的结果。1952 年上半年的轰轰烈烈的三反思想改造运动，为学校进行院系调整和进行教学改革，在政治上和思想上打下了基础。学校从此摆脱了资本主义的旧道路，走上了社会主义的新道路。1955 年随着国家第一个五年计划的顺利执行，并在农业合作化运动蓬勃发展的形势下，我校在胜利地进行了教学改革的基础上，创办了一批新专业。这些反映最新科学技术的专业，在清华历史上是从来没有过的。为了适应国家的需要，又必须在短期内办好这些专业，所以面临的困难是不少的。只是由于党的政治上的远见，克服了畏难的情绪，才能调集力量创办起来。1958 年进行的教育革命，是学校中最深刻最彻底的社会主义革命。我们连续两年取得了全面大跃进。大家都知道，这是在 1957 年进行的政治上和思想上的社会主义革命取得决定性胜利的结果，是贯彻执行党的教育方针的结果。这些事实雄辩地证明了加强党的领导，实行政治挂帅，对办好学校的极端重要性。

…………

一年来，我校在教学和科学工作中的马克思列宁主义思想领导进一步加强了，“六查”会议以后，科学研究从确定方向，工作步骤，组织力量以至工作态度和作风等各方面，党的领导都得到了进一步地加强。在教师和同学中都出现了不少自觉地“尊重唯物论，运用辩证法”，因而出色地完成了任务的事例。这些事实说明了党对教学和科学研究的领导是逐步地加强和深入了。因而也就促进了这些工作的全面跃进。

在业务领域中彻底实现党的领导，是我们建设共产主义大学的根本保证。这里不仅要求老教师要跟上形势，努力改造自己，下决心做一个工人阶级的知识分子。而且也要求年青教师自觉地进行思想改造，成为又红又专的知识分子。青年教师虽然是在解放以后成长起来的，但是一个知识分子要在灵魂深处彻底清除资产阶级世界观的影响是不容易的。只要两条道路的斗争还存在，人们如果不下决心彻底改造思想，少数人变成新的资产阶级知识分子的可能性就依然存在……

为了作到红专结合，我们全体同志就必须努力学习马克思列宁主义和毛泽东思想，自觉地进行不断革命。在学习中我们要采取两条腿走路的办法。第一，系统的政治理论和政策学习，加强理论学习与阶级斗争实际的联系，学习中采用民主方式鸣放辩论，是行之有效的学习方法。第二，自觉地参加群众性的政治运动和生产劳动，如参加全民炼钢，大搞群众性的科学研究和生产劳动和教学改革运动，实际上都贯穿着深刻的政治思想内容。又如在“六查”会议以后，各系各单位密切结合实际工作中暴露出来的思想问题开展的群众性讨论，实际上也都带有整风运动的性质。

政治挂帅就是服从党的政治思想领导……在党委领导下，实行了以校长为首的校务委员会负责制。去年以来学校充实了行政机构，加强了行政系统的作用。党内外政治上的团结不断地通过斗争得到加强。这是我们能够在党的领导下，以很高的速度向前迈进的根本保证。

(2) 不断发展办学的群众路线，深入开展群众运动，是多快好省地完成以教学、科学研究和生产为中心的各项任务的唯一途径。

……1958 年以来，我校教育革命和跃进的事实，完全否定了群众路线的反对派的论断。为了多快好省地进行各项工作，就必须最充分地调动人的积极性，发挥广大群众的集体智慧。一年来的经验证明，学生不仅是教育的对象，他们在党的领导下，同时又是推动学校一切工作前进的重要力量。两年来同学们以很大的干劲，参加了校内外各种生产劳动，他们还在教师的指导下，进行了具有一定水平的科学研究工作，写出了各种有用的资料、论文和教材；在教学中他们参加了实验室的建设，因而大大促进了教学质量的提高和新专业的成长。正因为他们是教育的对象，他们对教学的改进也能提出很多中肯的意见。有的专业的高年级同学更帮助教师总结国内的生产经验，充实了教学的内容，和教师共同讨论修改教学大纲，编写教材。职工同志们也不仅是为教学服务的工作人员，而且可以积极参与一部分教学工作和生产、科学研究工作。在这次科学报告会上，土木系实验员陈卓刍同志总结了一年来的科学生产工作，将提出他的科学报告，就是一个很好的例子。由此可见，将生产引进教育过程以后，职工同志们的作用将日益重要。

群众路线，丝毫不意味着抹杀或降低教师的主导作用。恰恰相反，教师的主导作用不是降低了而是更高了。这是因为，他们不仅仅是教师，而且要很好地组织和指导科学研究和生产工作。也就是说，他们不仅要在课堂上传授知识，而且要求逐步地成为又能进行政治思想教育，又能组织和参加科学研究和生产劳动的又红又专的知识分子。这就是要求他们努力走在前面，而不要落在后面。当然，群众发动起来了，群众的集体智慧和创造常常会超过专家。如一台程序控制机床要稳定运行和提高精度，就有50多个课题；密云水库的设计方案是集中了70多个比较方案的优点才作成的，这显然不是少数几位教师所能做到的。这就要求教师既当群众的先生，又要当群众的学生。过去有人常常叫喊党不重视科学研究，实际上他们是“叶公好龙”，不过是借以攻击党的领导，攻击教学改革而已。不然，为什么当群众起来大搞科学研究的时候，他们反而缩手缩脚不敢投身下去了呢？现在也还有些人不懂得专家只有与群众结合才能发挥最大作用，因而他们就不免有落在群众后面的危险。

为了贯彻执行群众路线，就要开展轰轰烈烈的群众运动。去年一年内我校有四次生产献礼和八一建厂，大炼钢铁，年终总结；今年又有“六查”会议等，都是通过规模大小不同的群众运动的方式进行的。做工作是如此，纠正工作中的错误缺点也是如此。这是因为“人多议论多，热气高，干劲大”。群众运动一出现，邪气下降，正气抬头，局面就为之一新。在群众运动中，发生一些局部的暂时的缺点，本来是工作中不到一个手指头的问题。但是有的人并不是这样来看待问题，他们既不赞成在学校里搞群众运动，尤其不赞成发动群众搞科学研究。在他们看来，似乎群众运动和质量不高有必然的关系。但是我们是历史唯物主义者，如果不搞群众运动，就不能破除专家路线，不能破除群众的迷信，党的方针也就不能顺利地贯彻执行，结果我们将仍旧走过去的冷冷清清的老路，所谓“质量”也就无从谈起。那些对群众运动指手划脚地说“走的快了”“搞乱了”的人，应该把今天和两年前的事实对比看看，究竟是谁对了呢？

当然，高等学校贯彻群众运动需要考虑到学校的特点，教学过程需要有相对稳定的（但不是不变的）教学秩序，因此必须使经常工作与突击运动很好地结合起来，把发挥群众主动性与必要的规章制度结合起来。但是这些特点决不能成为否定群众运动的理由。问题在于：对群众运动采取积极的态度还是否定的态度，是不断地从实践中总结经验，正确地领导群众运动呢？还是压制群众运动，给群众泼冷水呢？毫无疑问，历史唯物主义者是坚定地同群众在一起，是群众运动的坚决支持者。我们学校两年来教学质量、科学研究和生产获得全面的连续的跃进事实，充分说明了群众运动是有秩序的和健康的。在高等学校中群众运动必须成为工作中的常规。

去年到现在的经验证明：为了充分发挥群众路线的威力，还必须组织好校内外的大协作。正像现代战争中需要多兵种大兵团作战一样，在科学研究和生产中“攻克”重大的和尖端性的科学堡垒，也要依靠大协作。我们不仅不能“一个人，一间房，一本书”，冷冷清清地去做脱离实际的研究工作，而且要走出教研组、系、甚至学校的范围来组织大协作。我们学校是多科性的工业大学，人多，专业比较齐全，组织协作潜力很大。今年的主要项目也正是利用这个特点组织几个系甚至八、九个系的力量来进行的。这样不仅有利于任务的迅速完成，而且也通过相互交流，扩大了教师和同学的眼界，培养了集体主义思想。由于校外协作关系愈来愈密切，协作单位对学校提出要求，对我们的工作提出意见，校外的专家能人也在一定程度上参加了学校的教学和科学研究工作。因此，可以这样说，今天的学校已经不单是学校自己办学，许多单位也都在帮助我们办学了。

有人认为集体作战，结果是“集体放卫星，个人当了莱伊卡”。我们要问：如果不是依靠协作，有没有可能进行像密云水库这样的设计工作？有没有可能“真刀真枪”地进行规模较大的毕业设计？如果个人单干，就只能作一些规模很小，技术很简单的工作，个人的提高也就很有限了。现代的科学研究工作，综合性愈来愈大，很难设想一个人能够样样精通，能够高质量的完成比较复杂的工作。只有集体作战，高质量的完成生产任务，才有条件提高每个学生的质量。我们在毕业设计中还要注意安排每个人的工作，采取“轮换工作，互相校核，分工设计，集体讨论”等办法。在完成生产任务的同时，使每个学生全面完成培养目标的要求，提高每个人的毕业设计质量。一年来我校各专业毕业设计的丰收，有力地证明了这一点。

基础课的教师是学校教师队伍的一个重要方面。这一年来他们也开始参加了专业的生产和科学研究活动。通过这些工作使他们熟悉了专业，理论与实际相结合，对国家的生产建设和提高基础课都有很大好处。在建设新专业的工作中，协作也起了很大的作用。例如年青的化工系的仪器设备都得到了机械、电机等系的帮助，在教学上有80%以上的课可以与其他专业的课合开，因之就大大加速了成长的过程。反过来，新专业也可以并且将日益扩大它们对原有专业的促进作用。

为了发挥广大群众的积极性，我们还必须善于发挥群众中先进人物和先进集体的作用。任何群众运动中都必然要涌现出一批先进人物和单位，他们是贯彻执行党的总路线和教育方针的红旗手，他们用行动驳倒了各种右倾思想，在群众中树立了学习的榜样，将群众运动不断地推向前进。我们推广了水八班集体设计密云水库的经验，结果就使今年的全校毕业设计提高到新的水平，出现了今年全部结合生产做毕业设计的大面积丰收。

在贯彻执行了群众路线以后，学校的民主空气大大地浓厚了。这不仅表现在政治生活中的大鸣大放大辩论、摆事实讲道理的群众性的自我教育运动中，也同样使学术中的民主空气大大地活跃起来。我们许多科学研究和生产设计方案，都是在几个甚至几十个不同的方案互相比较和辩论以后总结出来的。学术上的发言权不再为少数人所“垄断”。有了群众路线，也就更好地贯彻执行了“百家争鸣”的方针，因而促进了群众性学术水平的提高……当然，科学研究工作同其他工作一样，有成功，也有时会失败，走一些弯路，这是难免的。我们只是对那些弄虚作假、以学术论文为资本去俘虏青年和骗取荣誉的人，才有必要开展严肃的批评。而对那些以老实态度从事工作的同志，尽管他们有这样或那样的错误缺点，则是通过同志式的批评以达到互相提高的目的。应该说，我们的共产主义学风还正在形成过程中，还有必要大大提倡，以促进创造性的学术空气的成长。

(3) 不断加强教学、科学研究和生产劳动的正确结合，以“三结合”为中心，推动学校工作的全面跃进。

教学、科学研究和生产三结合，是贯彻执行党的教育方针的基本问题，如果放松任何一个方面，就没有三结合，就等于取消了党的教育与生产劳动相结合的方针。关于这个问题，我们的做法是：

第一，从满足学生的全面培养的要求出发，对教学、科学研究和生产劳动进行全面的安排，并力求使教学、科学研究、生产三者密切结合起来。理论教学方面，力求联系实际，吸取生产、科学研究的最新成果，不断地丰富和提高理论水平，并力求使各个教学环节（如课程设计、毕业设计等）与生产、科学研究密切地结合起来。在生产劳动方面，学生除了参加一定的公益劳动外，尽量注意结合专业学习的要求，按照“循序渐进，全面培养”的原则，从低年级的金工等劳动到高年级的科学研究，从一种工种到多种工种，从勘测设计到施工组织管理工作，以便使每个学生都能够在生产劳动和科学研究中得到作为一个工程师所需要的全面训练。这样，使教学和科学研究、生产密切结合，在生产和科学研究中又照顾到全面培养的教学要求，使三者有机地结合起来。

第二，从全面提高教学质量出发，我们除依旧重视基础技术课和专业课以外，特别采取了抓紧两头的办法。基础理论课和毕业设计是学生学习过程中的一头一尾，开头必须打好坚实基础，结尾必须完成全面训练的要求。我们从 1952 年院系调整以来，不断地采取措施，加强基础理论课，并按照理论联系实际和贯彻辩证唯物主义的原则，进行了不断的改革。去年大搞生产后，对基础课提出了“联系实际，提高理论，结合专业，加强系统”的要求，因此，基础理论课的质量又有了进一步的提高。去年以来，数学、物理、化学等教研组共开出了 18 门新的课程，原有课程也修订了教学大纲，增加了新兴科学技术的章节、表演和实验，学生掌握了更深更广的基础理论知识，增加了解决实际问题的能力。

毕业设计是培养干部的最后一道工序。一年来的经验证明，它是教学、科学研究和生产“三结合”的结合点。去年的毕业设计有 70%是结合生产进行的。今年 1 400 多个毕业生的毕业设计全部是结合具体的生产和科学研究任务进行的。学生在集体参加毕业设计工作中，在个人重点深入的同时，适当地组织轮换工作，使培养目标所要求的各主要部分，每个学生都能亲自实践，然后集体讨论，这样就使每个学生既深入了一部分，又学到了全面。为了解决一个毕业年级的时间有限，同需用较长的时间去完成某些重大任务之间的矛盾，我们采取先后毕业班“接力赛跑”的办法，逐年连续进行工作。而指导教师则又起着承上启下的作用。去年设计研究和试制的程序控制机床、微型汽车和密云水库的设计等等，都是这样。这样做，毕业设计的质量必然一年高过一年。如土木系去年毕业生来晋炎设计的桅杆塔，今年选择同样题目的毕业生又超过了他；去年结合生产集体进行毕业设计表现最突出的班级只有一个水八，今年有更多的班级超过了水八。我们总结了两年毕业设计的经验，概括成以下四句话，就是：“真刀真枪，结合生产；组织起来，集体作战；接力前进，年年提高；重点深入，全面培养。”第一句话指的是方向，第二句话指的是在集体完成一项重大任务中的个人与集体的关系，第三句话指的是前后毕业班的衔接关系，最后一句话指的是个人既要完成生产任务，又要得到全面发展。

当然，进行结合生产的毕业设计决不能闭门造车，必须同校外有关单位协作，取得他们的帮助和指导，这对更好地完成生产任务和培养干部的任务，都有极大的好处。

第三，在新的基础上建立新的教学秩序。

学校开展科学研究、大搞生产以后，在某些方面打破了旧秩序和旧平衡，需要在新的基础上建立新秩序、新平衡。如果害怕打破旧秩序，不敢突破旧框子，实质上就是不要革命。反之，如果在革命中不及时建立新秩序，也是不行的。我校去年从生产上马以后，在某些方面打破了原来的秩序，当时少数人曾一度出现过忽视理论学习的偏向。在去年 9 月修订教学计划时，一度有个别人主张取消化学，拆散物理，以生产劳动代替专业课。但这种意见不为多数人所支持，党委及时纠正了这一类片面的观点，坚持在开展生产劳动和科学研究的基础上，及时建立新秩序，也就是“三结合”的新秩序。要求师生更加自觉和全面地实现“三结合”。今年春天，在整顿教学秩序的时候，也有少数人错误地理解为又要回到单纯读书了。有的人说：“生产行市看落，教学行市看涨。”我们也纠正了这种偏向，仍然没有放松“三结合”。生产和科学研究两个方面都没有松劲。作了一年的规划，并且与教学工作进行了统一安排，因而保证了今年工作的继续跃进。

总之，我们体会到，贯彻党的教育方针，必须建立“三结合”的新秩序。这种新秩序应当是不断革命与相对稳定的统一。这种秩序又必须是建立在以积极开展生产劳动和科学研究工作，和提高红专统一和理论联系实际的教学质量为前提，使教学、科学研究、生产紧密结合起来，而不是消极地砍掉生产、科学研究，或者削弱教学去建立教学秩序。否则就不能完满地贯彻执行党的教育方针。

第四，以“三结合”为中心促进学校工作的全面跃进。

实行教学、科学研究和生产劳动三结合以后，教学质量有了迅速提高，科学研究和生产有了很大的发展。学校的教学、科学研究、生产的三联基地也逐渐成长起来。人们在工作中也受到了良好的锻炼。

对贯彻执行党的教育方针，提高了教学质量这个问题，目前仍然有人抱怀疑态度。问题仍然没有完全解决。

我们体会到，党的教育方针的核心问题，是通过教育与生产劳动相结合的实践，进行人的改造。通过人的改造迅速地发展我国的社会主义科学和文化事业。因此，党的教育方针是我国深入彻底地进行社会主义革命和总路线的一个重要组成部分。

从红专统一的标准来衡量培养干部的质量。应该说，知识分子参加生产劳动首先有助于思想改造。学校的工作一旦同国家的社会主义建设事业结合起来，和劳动人民的生产劳动结合起来，就使知识分子走出了“象牙之塔”，投身到社会主义的、劳动人民的广阔天地。水利系的教师学生在参加密云水库的设计工作中，有许多人同民工同吃同住同劳动，他们比较深刻地体会到社会主义建设总路线、大跃进的正确性和人民公社的优越性，也初步懂得了什么是劳动人民的迫切要求，因而同劳动人民建立了深厚的感情。在汛期，他们奋不顾身地同民工军工一起抢险。这种对国家、对人民的责任感，成了他们又红又专的巨大动力。很多人更加热爱水利事业。有人认识到知识不足对生产可能造成的危害，就下定决心严格要求自己，不少的人回校后学习成绩有了显著提高。

很多教师、学生在生产劳动中，还注意按照总路线多快好省的要求，从实际出发而不是从抽象的理论出发去考虑工程技术问题。这就证明，总路线一旦深入了人心，人们因政治挂了帅，就能敢想敢干，富于创造性。许多学生在一个工程设计之前，往往首先务虚，深入群众作调查研究。建筑系师生设计的某大歌剧院，访问了工人、农民、梅兰芳和很多演员、乐师、舞台工作者以及剧场的工作人员。为了使剧场厕所设计的容量适当，学生就在现有剧场演出中间休息的时候，在厕所门前统计使用厕所的人数，观察拥挤的程度。应该说，这种工作方法在以前是难于想象的，也是少数资产阶级专家所做不到和不肯做的。从这里不难看出。红和专有着如何密切的关系了。

从专这方面来看，生产劳动和科学研究也促进了教学水平的提高。土木系从去年进行的粘土水泥的研究，到后来发展到用近代电子仪器研究水泥的微观结构和硬化理论；机械制造系进行的程序控制机床的研究和试制工作，带动了自动控制、电机等系若干个专业的科学研究向尖端技术发展。工程物理系和机械、土木、电机、自动控制等七八个系协作的一个重大项目，带动了各系有关专业的科学研究向着新技术方面发展。这许多科学研究成果，又随时反映到教材里去，促使教材不断地丰富，内容不断地革新和充实。可以设想，在这个基础上，以后将能够编写出很多适合我国需要的、有独创性的教科书。

我校的科学研究工作，既是提高教学质量所必须，同时也是我们的一项重要任务。科学研究的这一双重作用是统一的。一年多来，我校完成的科学研究任务，有很多项是有较大的经济意义和较高的科学水平。学校有相当数量的教师作指导，每年有上千的毕业生是科学研究的主力军，其他近万的学生作为生产大军又是科学研究的助手，此外，又有一定数量的技术工人的配合，再加上校外单位的协作和支持，就可以作很多的工作。

一年来，我校科学研究的“大跃进”，使我们更加清楚地认识到，面向生产，走群众路线是发展科学的正确道路。经过一年多来的摸索，目前多数专业已经确定了一个时期的主攻目标，并且在工作中形成了一支骨干力量。另一方面许多重大项目都有很大的综合性，必须坚决地组织集体力量，实行共产主义大协作。这就必须克服本位主义思想，使校内外联合起来，共同向科学高峰进军。

…………

一年来的实践证明，我们以教学、科学研究、生产为中心，推动各方面工作全面跃进，使我们学校各方面都朝气勃勃，各方面工作互相促进，不断提高，正是反映了党的社会主义建设总路线和教育方针在我们清华大学的伟大胜利。

总之，我们学校贯彻执行党的教育方针，实现了“三结合”，工作是大大前进了，不是后退了。这一点，已为我校绝大多数人所承认。今天少数对党的教育方针仍抱抵触和怀疑态度的人，在事实面前证明是完全错了。

…………

（三）今后的努力方向和任务

…………

我们的具体任务是：

(1) 深入地学习马克思列宁主义和毛泽东思想，树立共产主义的学风。

同志们，几年以前，我们就提出了“建设共产主义的清华大学”的口号，作为我们全校同志的奋斗目标。这个任务，是我们国家的社会主义建设和将来的共产主义事业的一个组成部分。

第一，建设共产主义的清华大学，必须进一步加强党对学校的领导，在全校师生员工中树立共产主义思想。因此，必须深入地学习马克思列宁主义和毛泽东思想，深入地贯彻执行党的八届八中全会决议，进一步加强政治思想战线上的工作，大力开展兴无灭资的斗争。

党教导我们，我国在整个过渡时期内的主要矛盾，是资本主义和社会主义两条道路的斗争。这个斗争，贯穿在社会生活的各个方面。在我们学校里，在教育方针上的两条道路的斗争，是这个斗争的一个组成部分。两条道路的斗争在意识形态方面，就表现为两种对立的宇宙观、人生观和两种思想方法的斗争。我们学校是知识分子成堆的地方，几年以来，虽然经过了不少的政治运动和思想改造运动，多数人的政治思想觉悟有了很大的提高，其中也有不少的人已经初步成为又红又专的工人阶级的知识分子，但是也有些人虽然有改造自己、走社会主义道路的愿望，但是他们今天仍有程度不同的资产阶级思想。一遇风吹草动，就本能地同无产阶级思想、同社会主义道路相对抗。最近在学习八届八中全会决议的鸣放辩论中，对总路线、“大跃进”、人民公社和大炼钢铁，以及在教育方针问题上所暴露出来的一系列的右倾思想，证明有些人还没有站在无产阶级立场，同六亿人民同呼吸，共命运，而是站在资产阶级个人主义立场，抵抗社会主义革命，反对党的领导。从这里就不难看出，当我们彻底地进行社会主义革命，最后消灭资产阶级和小资产阶级的个体经济的时候，垂死的资产阶级必然要进行疯狂的挣扎和反抗。因此，阶级斗争是不可避免的。虽然这个斗争的总趋势是一浪低一浪，但是斗争却是长期的，有时甚至是很尖锐的。在这个阶级斗争中，每一个人都应作出选择，是站在左边，还是站在右边，二者必居其一，中间道路是没有的。

实行无产阶级的政治挂帅，具体说，就是要服从党的领导，在思想上以党的社会主义建设总路线挂帅。为此，就要把贯彻党的八届八中全会的指示，作为我们政治思想工作的中心内容，反对一切与总路线相违背的资产阶级思想和修正主义思想。全体教职员工和同学必须以马克思列宁主义和毛泽东思想武装起来，下定决心，作一个彻底的、不折不扣的共产主义者。为此，必须清除奴化思想，贵族习气和市侩习气，自觉地参加各种政治运动和劳动锻炼，不断地进行兴无灭资的斗争，把自己逐步提高到共产主义者的水平。要做到对党无限忠诚，坚决地走社会主义道路，同劳动人民同呼吸，共命运。这是知识分子应该走的唯一正确的道路。

第二，必须发扬共产主义的协作精神，按照共产主义的原则办事。

一年多以来，由于学校贯彻执行了党的教育方针，学校的工作发生了很大的变化。旧日那种闭门读书，关起门来办学的时代已经一去不复返了。今天学校的工作已经和国家的社会主义建设，和工农群众的生产斗争联系在一起了。学校的教学、科学研究和生产工作都和校外发生了广泛而密切的联系。在校内，系与系、教研组与教研组之间，教学与行政部门之间也都有了广泛密切的联系。从这里可以看出，不进行协作，很多工作是难于进行的。

究竟以什么精神进行协作呢？资本家为了进行生产，他们也要进行“协作”，互通有无。但是他们“协作”的出发点是为了同它的对手竞争，谋取高额利润。在社会主义制度下，我们的一切协作，不仅仅是为了各自更顺利地进行工作和生产，更重要的是为了我们社会主义的共同事业。因此，我们需要社会主义的劳动竞赛，而反对资本主义的自由竞争。我们是实行互助而不是资本主义的损人利己。因此，我们必须大大提倡共产主义的风格，克服资本主义的思想残余。克服个人主义，本位主义，只顾自己，不顾别人，只顾局部，不顾整体的倾向。成本核算是必要的，但决不能成为损人利己的借口。在这个问题上，必须开展两条道路的斗争。

第三，树立共产主义的学风，还必须正确地开展学术批评，贯彻执行百家争鸣的方针。开展学术批评，是发展我国科学文化事业的一项重要工作。近一年以来，由于在学校各项工作中贯彻执行了党的群众路线，在大家集体创作中提出自己的方案，也对别人的方案提出意见，这本身就包含着自由争论和学术批评的内容。我们应该有意识地来领导这个工作，培养自由争论和学术批评的风气，建立共产主义的学风。同时，争取在百家争鸣的过程中，展开“兴无灭资”的斗争，把马列主义的红旗插进科学、文化的领域中去。

第四，树立共产主义的学风，还必须继续贯彻执行勤俭办校、勤俭办一切事业的方针。勤俭办一切事业是建设社会主义的根本原则，而勤俭办学校，对学生又有很大的教育意义。我们有些同志不注意这个问题，大手大脚，对公共财产毫不爱惜。这种现象，实质上是资产阶级思想的一种表现。这些问题，我们在今年检查浪费的运动中，已经进行了揭发和批判，但这个问题必须经常的予以注意。

(2) 进一步深入地贯彻执行党的教育方针，争取全面、更大的跃进。

…………

(3) 进一步加强队伍的建设和三联基地的建设。

一切工作都是依靠人做的。没有一支强有力的战斗队伍，是不能打胜仗的。我们的目标，就是要迅速地建设一支又红又专的，兵种齐全的教职工队伍。在教师方面，要继续帮助老一辈教师的思想改造工作，并经过教学与生产劳动相结合的实践，继续帮助他们克服业务上理论脱离实际的缺陷。我们要特别注意培养和提高青年教师的队伍。这是因为，今后学校的发展，我国科学能够迅速赶上世界先进水平，在很大程度上要依靠他们。看不起新生力量，压制新生力量的发展，对新事物在发展过程中的缺点指手划脚，百般挑剔，是剥削阶级的传统恶习。我们必须进行斗争，为新生力量的发展创造更顺利的条件。但是对于青年教师，必须坚持又红又专的要求，服从党的领导，走社会主义道路；要他们抛弃资产阶级的世界观和人生观，克服重业务轻政治的倾向。我们还必须有一支又红又专的教学辅助人员、一支政治觉悟很高，技术水平很高的技工队伍。要采取适当的措施，迅速提高他们的政治和业务水平。我们还必须十分关心行政职工队伍的成长，帮助后勤工作进行技术革新，减轻体力劳动，这是当前一项极为重要和有意义的工作。

在学校物质建设和实验研究基地的建设方面，我们将在国家许可的条件下，加速完成学校目前和近期规划所需要的主要建设任务。力争将主要的生产基地、实验室和科学研究基地在最短期间建设起来，并以先进的技术进行装备，为教学质量的提高和科学研究以及生产工作的发展创造良好的物质条件。同时，要进行校园的水系、绿化和校舍用房的建设。为实现上述任务，必须实行全校一盘棋，分别轻重缓急，主次先后，分期分项进行建设。我们的公益劳动，亦将有相当一部分投入学校建设工作。

× × × × ×

…………

《清华大学第十三次教学研究会 第四次科学报告会联合大会文件》

清华大学1959年科学研究及生产工作的总结报告

——在第四次科学讨论会上的报告

（1959年12月11日）

高景德

同志们：

我完全同意蒋校长的开幕词、刘副校长和李寿慈同志的报告。

1959年是我校贯彻执行党的教育为无产阶级政治服务，教育与生产劳动相结合方针的第二年，各方面工作又取得了很大的成绩和很多的经验。现在我想就我校科学研究和生产工作提出一些补充意见，请同志们讨论。

（一）一年来我校坚决贯彻执行了党的总路线和教育方针，在科学研究及生产工作方面取得了很大的成绩

在党的领导下，1959年我校在1958年“大跃进”的基础

上，继续鼓足干劲，贯彻执行了党的总路线和教育方针。在教学、科学研究和生产工作紧密结合的原则下，在校内外大搞协作，发动群众，集中优势兵力，以冲天干劲与科学分析相结合的精神，积极发挥生产劳动在教育革命中的革命作用，猛攻具有重大国民经济意义及较高科学水平的科学研究和生产任务，积极生产精尖设备仪器及成批产品。不仅迅速而良好地完成了科学研究和生产任务，大大推动了教学质量的提高，进一步发展和巩固了教学、科学研究和生产的三联基地，而且全校师生员工的思想和业务，也在战斗中得到了很大的提高，促进了又红又专科学生产队伍的培养工作，积累了领导和进行科学研究和生产工作的经验，马列主义的新学风也逐步成长起来。

今年我校共进行了309项科学研究工作。到目前为止，基本上都已完成或超额完成了原定的工作指标，发表了140篇科学论文或技术总结，编写出版了130余种教学参考资料，在这次科学讨论会上还要提出600余篇科学报告及论文。在生产方面，除了完成或超额完成了与科学研究密切结合的重大工程任务和新产品的设计、试制工作外，还在校内生产了机床近百台，电机1 000多瓩，发电近300万度，和为教学及科学研究工作使用的许多仪器设备，总产值约300余万元。在完成上述任务的同时，科学研究和生产基地也获得了很大发展和提高，不但原有的许多实验室、工厂、车间增添了新的设备及仪器，而且还新建和扩建了实验室、工厂、车间。例如以动态模拟和交流计算台为基础的电力系统研究实验室，以程序控制机床为基础的机械加工自动化研究实验室，以及塑料试制研究车间等，都是最近一年多从无到有地建立起来的。

1958年以来，随着科学研究和生产工作的迅速发展及不断跃进，现在已经找到了不少重大而长期的科学研究及生产任务，逐步形成了重点方向，不仅为我国社会主义建设贡献了力量，迅速地提高了整个学校的教学和科学水平，锻炼了干部，培养了学生，而且还促进了我校各系之间的有机配合，互相促进，共同提高。

随着重点方向的形成和工作水平的不断提高，组织和进行科学研究及生产工作的能力，也在这一年中获得了迅速的提高。不仅取得了教学、科学研究和生产工作密切结合以及大规模组织教师、学生、职工进行科学研究和生产工作的经验，也积累了贯彻执行冲天干劲与科学分析精神相结合、理论与实际相结合、完成任务与培养人相结合的经验。

同志们！以上就是我校一年来在科学研究和生产工作中所取得的主要成绩。这些成绩是我校师生员工在党的领导下，坚决贯彻执行党的总路线和教育方针，破除迷信，解放思想，敢想敢干，鼓足干劲，力争上游，努力劳动和钻研的结果，也是同多年来苏联专家的帮助分不开的。但是当我们获得了大跃进，并准备继续跃进的时候，在我们的队伍中总免不了有一些怀疑否定成绩的说法。他们说："一年来学校的科学研究和生产，只有速度，没有质量"，"学校的科学研究和生产，听起来，成绩巨大，看起来，琳琅满目；但仔细分析起来，就没有啥"，等等。总之，在他们看来，一年来学校的科学研究及生产工作是"有量无质"，"有速度，没有水平"，"有产品，没有理论"。事实究竟是怎样呢？

从1958年起，我校的教学和科学研究工作，与全国工农业生产取得密切联系，积极开展了工农业生产迫切需要解决的机械制造、动力机械、发电、水利、土建等方面的技术关键和科学技术发展迫切需要的原子能、无线电电子学、自动控制、化工等方面的新科学技术的研究工作。如电子计算机控制的程序控制机床、电子模拟计算机、电子感应加速器、非线性电阻、半导体硅、新型塑料、200周波交流计算台、微型汽车、高标号粘土水泥等的研究试制，球墨铸铁的新应用，钣极电渣焊，堆焊，过水土坝，天然铺盖等的研究，以及密云水库，新型巨型大坝，首都若干重点建筑工程，人民公社房屋建筑等的规划、设计和研究。这些工作虽然开始不久，但很快就取得了一系列具有较高水平的研究成果和产品。

以机械系、电机系、自动控制系和北京市第一机床厂等单位合作进行的电子计算机控制的程序控制机床的科学研究工作为例，去年初步研究制造成功两台程序控制铣床，今年对这两台铣床继续进行研究及提高，现在已经可以用一台计算机同时控制两台程序控制铣床，长时间连续自动加工某些复杂的零件。计算机的稳定性与机床加工的精确度有了很大的提高。与此同时，他们还开展了三种新的程序控制机床的研究试制工作，其中有一台程序控制座标钻床，目前已经稳定运行并生产了工件。在这台钻床上又进一步采用了一些新技术，例如装有一套能自动测量以保证加工精度的反馈装置，电子计算机则采用了半导体代替了一部分电子管。此外，他们还对液动机、步进电机等重要的技术关键进行了系统的试验分析，取得了不少成果。再如无线电电子学系和自动控制系在今年才开始进行的非线性电阻的试制及其在计算技术中应用的研究工作，他们不仅试制出了合乎要求的电阻，而且在计算技术中也进行了创造性的应用，他们的研究成果已在全国自动化学会上进行了讨论，得到了好评。这些研究项目都是过去曾被认为需要经过若干年的努力才能开始，并且还需要经过若干年才能获得一定的结果。另外，还有一些项目，已经先后投入了应用及施工，如我校研究设计的华北最大的密云水库已经拦洪，并且在今年的洪水期发挥了巨大的作用。再如，我校研究试制成功的交流计算台及电子模拟计算机，已经进行了许多研究及计算工作，并且得出了满意的结果。与过去那些只在书本上绕来绕去、苦于找不到题目，或者抓住一些无关紧要的题目进行一些数学游戏之类的所谓研究工作比较起来，不管在国民经济意义上，还是在科学水平上，都有着本质的差别。

当然，由于时间的短促，有些科学项目还只是完成第一阶段的工作，问题还没有最后彻底解决，例如有些新产品的稳定性、精确度、技术经济指标尚未完全达到最后要求；有些研究成果还未经过长期地、严格地实践考验；有些研究工作还没有来得及从理论上加以总结，等等。这是今后工作中需要解决的问题，也是工作中的正常现象。因为没有第一阶段，就没有第二阶段；没有简单，就没有复杂；没有初级，就没有高级。今年我校对1958年所进行的许多科学研究工作的继续提高及发展，不正是有力的证明吗？汽车拖拉机专业的师生员工，从去年七月试制成第一辆微型汽车以来，循着经济、可靠、方便、美观的设计原则，坚定地从我国实际出发，吸取了国内外的先进经验，以学习与独创相结合的精神，大胆进行了五种车型的设计和试验研究工作，并已由北京汽车修配厂、首都汽车公司修理厂等共试制出17辆微型汽车。一年多来，在设计试制过程中，他们共进行了21项专题试验，因而使发动机的功率从3.5马力提高到9.3马力，油耗由每马力小时580克降到300克。现在已经开始了跑车试验，有一辆已经跑了5 500公里，证明他们在设计中所采用的新结构是可靠的，汽车的爬坡越野等性能也是良好的。再如土木系所进行的高标号粘土水泥的研究工作，去年完成了实验室及中窑生产工艺的研究，并在年底建造了一幢一千平方米的粘土水泥试验楼，第一次将粘土水泥应用到土木工程承重结构上，进行长期观测试验，一年来的观测证明性能良好。同时，还在实验室中开展了粘土水泥硬化结构理论的探讨工作，也获得了一定的结果。今后他们还要继续深入，继续提高。这是人类认识客观规律的必然法则，也是科学研究工作极其正常的发展过程。有些人认为某些科学研究工作的水平在开始时不很高，在进行过程中发生过一些问题，以及短期内还不能立刻达到在生产中应用推广的程度，就是“有量无质”，“有速度，没有水平”，这种看法当然是错误的。

（二）在科学研究和生产战线上进一步加强党的领导，坚决展开反对资产阶级路线的斗争

与 1952 年教学改革时比较起来，我校现在的科学研究和生产工作的面貌已经发生了极其深刻的变化。不仅在科学研究和生产工作本身的数量、质量、速度、规模上有着很大的跃进，更重要的是在实际工作中确立了科学研究的正确方向和做法。

为什么我校能够在这样短短的六、七年中获得这样巨大的进步呢？最根本的原因就是因为全校师生员工在党的领导下坚决贯彻执行了党的方针政策，并在科学研究和生产工作中坚决而不断地与资产阶级倾向进行了斗争。1952 年教学改革以来，党坚持了科学研究的社会主义方向，根据为国家培养干部和发展科学的全面利益出发，确定学校每一个发展阶段的具体方针，指出了我校科学研究和生产工作中存在的思想问题和组织问题，以及解决这些问题的具体原则和方法。正因为这样，所以我校的科学研究和生产工作才能沿着一条正确的道路迅速前进。

在 1952 年院系调整期间，清华大学筹委会就提出并通过将来要成立研究部的决议。同年 10 月，刘副校长在新清华大学举行第一次开学典礼的报告里边也曾说过：“当本校各系充实以后，我们应当逐步地设置各种有关工程的研究机构，作各种工程进一步的研究工作。”可见我们新清华大学自开始以来就重视了科学研究工作。但是要开展科学研究工作，首先就需结合我国实际，

学习苏联先进经验，进行教学改革，以便尽快地把一所半殖民地、半封建社会的旧型大学改造为一所社会主义的新型大学，否则，就无法满足社会主义建设所迫切需要的干部培养的要求。在科学研究方面，当时不仅没有比较完备的实验设备，更重要的是教师队伍的思想及业务都必须首先通过教学改革进行深刻的改造。不解决这些问题，就不能解决科学研究的方向问题。在这一时期，由于党坚持了在教学改革的基础上开展科学研究工作的方针，因此，到 1954 年暑假，我校的教学改革工作已有了初步的基础，大大扩充和提高了教师的数量和水平，初步建立了一部分必要的实验室，同时教师的政治思想也得到了一定的改造。因而及时地提出了积极开展科学研究工作的要求，并在组织上采取了一定的措施。

自 1952 年到 1954 年不满两年的时间里，我校虽然担负着繁重的教学改革任务，但仍为国家经济建设进行了一些科学研究工作。到 1954 年春季已有 20 个教研组提出了 50 项科学研究题目，六十几顶专题报告和 10 项专题实验。例如：水利系曾为水利部进行了官厅水库、引黄济卫等模型试验；机械制造系进行了球墨铸铁的研究；土木系、电机系、动力系等也进行了一些结合实际的科学研究工作。

根据这样正确的方针继续进行的结果，到 1956 年 4 月举行第一次全校科学讨论会时，就提出了 117 篇报告。虽然总的说来，这次报告会的水平还不算很高，但已有十余项研究结果具有一定的国民经济意义和科学水平，如球墨铸铁、自动焊药、中国煤的分类、燃气的热力性质表、脉冲调节器、竹材利用，以及重力坝应力分析等的研究。与旧清华比较起来，已经有了很大的提高及发展。从 1932 年清华大学工学院成立到 1949 年解放时为止的 17 年间，清华大学在工程技术方面一共才发表过 150 多篇科学论文，其中有实验结果者还不到10%，而且除了少数外，大多数都是对已有科学成就的介绍或对某科学理论的综述。有些还是外国文献的直译。

在我国生产资料所有制方面的社会主义改造基本完成的形势下，和十二年科学规划的推动下，在我校已经初步完成了教学改革并已开展了一定科学研究的基础上，1956年及1957年，党强调了科学应该为社会主义建设服务，理论应该联系实际，并在科学研究工作中发挥集体力量等重要原则，领导全校师生员工和资本主义科学路线展开了坚决的斗争……正因为有了党的正确领导，所以我校的科学研究工作在这一时期又获得了进一步的发展和提高，取得了不少科学研究成果，例如在1957年11月所举行的第二次科学讨论会上，全校提出了104篇报告，其中有四分之一以上的报告如新型机床消振器、混沙过程自动化、陶质焊药配制、五万瓩机组蒸气初参数的选择、锅炉机组的动态特性、测试电视设备的信号发生器、工业区及城市雨水道设计雨量公式、溢流厂房的水力学断面模型试验以及六齐别解等的研究，均具有较大的国民经济意义和较高的科学水平。

在党的总路线和教育方针的光辉照耀下，在全国工农业大跃进的形势下，在政治上和思想上的社会主义革命取得决定性的胜利的前提下，从1958年起，党领导全校师生员工进行了教育革命，把生产劳动坚决引进学校，积极发动群众，破除迷信，解放思想，鼓足干劲，力争上游地大搞生产劳动，大搞科学研究工作，并以教学、科学研究和生产的三结合与教师、学生和职工的三结合为中心来促进全校各方面工作的全面大跃进。在这一年中，我校不仅在科学研究和生产工作方面完成了902项科学研究和新产品试制工作，编写了207篇科学论文、技术总结和教学参考资料，创造了三百余万元的产值，在数量、质量、速度、规模等各方面均大大超过了以往任何一年，而且更重要的是打开了学校的院墙，与全国经济建设取得了密切的联系，使教育工作与群众运动相结合，把学校推向新的教育革命的高潮。1958 年底，学校根据发展的新形势，举行了第三次科学讨论会和第十二次教学研究会，全面地总结了工作。今年春天和夏天则及时地举行了科学生产会议和经济工作会议。因而使全校师生员工的觉悟和认识更加明确，步调更加一致，教学、科学研究和生产工作的安排更加合理而有节奏，冲天干劲和科学分析精神结合的更加自觉和深入，并在与右倾保守思想不断展开斗争的过程中，获得了如前所述的 1959 年的继续跃进。

同志们，这就是我校几年来在党的领导下所经历的一条健康而迅速前进的道路。当然，在这条道路的前进过程中也遇到了不少困难，特别是资产阶级思想的障碍。在执行党的教育改革方针时，他们的借口是所谓“清华党委不重视科学研究”。在加强党对科学研究工作的领导时，他们的武器是所谓“党不懂科学，外行不能领导内行”。在执行党的教育为无产阶级政治服务，教育与生产劳动相结合的方针时，他们的武器是“学校搞生产劳动乱轰轰，既不利于科学发展，更妨碍着教学的正常进行”。总之，在他们看来，党的一切方针都是不合乎他们的口味的。的确，用资产阶级的世界观及人生观来看党的方针政策时，他们总是要反对的。因为党要领导我们迅速地向社会主义、共产主义前进，而他们的灵魂深处则是一个资产阶级的王国。但是历史总是那样的无情，它并不因为某些人的主观愿望而有任何改变，它总是按照客观发展的规律而不断前进，而以马克思列宁主义武装起来的党，则正是推动这种客观历史发展的先锋队和火车头。

同志们，几年来许多活生生的事实已经一再告诉我们，坚决跟着党走，用无产阶级的政治统帅业务，进行不断革命，我们就能不断取得跃进。离开了党的方针，哪怕是些许的动摇，我们的事业就必然遭受到损失。这就是几年来我校科学研究和生产工作中所取得的最重要的经验。

…………

（三）全面深入贯彻执行党的教育方针，进一步实现教学、科学研究和生产工作的密切结合

实现教学、科学研究和生产工作的密切结合是深入贯彻执行党的教育方针的基本问题。1958 年以来，我校在党的领导下，一直对这个问题给予了很大的重视，并且通过实践取得了丰富的经验。特别是找到真刀真枪进行毕业设计这样一个把教育与生产和科学研究工作结合起来的具体形式。有关这方面的问题，刘副校长和李寿慈同志已经进行了详细的说明，不再重复。现仅就科学研究和生产工作方面补充一些说明。根据一年多来的经验，我校大体上坚持了以下几条原则：

（1）在选择科学研究和生产任务时，我们根据全国一盘棋的精神，以抓当前具有重大国民经济意义的生产关键、抓我国及世界科学技术发展的趋向为原则，使当前需要与长远发展结合起来，由近到远，由小到大，逐步形成重点方向。但同时我们也充分考虑到学校的特点，如所选题目是否便于实现教学、科学研究和生产三者之间的结合，是否便于学生的全面培养，是否便于新老专业之间的协作，专业教研组和基础课教研组之间的结合，以及学校三联基地的形成等。另外，为了达到劳动锻炼和思想改造及培养低年级学生具有必要的生产技能的目的，我们还选择了具有足够份量的一般性生产劳动任务（结合专业的和不结合专业的），因为高等学校的科学研究和生产工作既有为社会主义建设直接贡献科学和生产力量的重要目的，同时也是提高干部培养质

量的根本措施。

（2）在决定科学研究和生产工作的计划并具体组织人力物力进行工作时，我们是根据教学、科学研究和生产工作有机结合的原则来统一领导，全面安排。在集中兵力保证重点兼顾一般的前提下，教研组根据具体条件，在一定时期内分别安排教师在教学、科学研究或生产工作中各有偏重，而不是平均规定每人每周做每种工作几分之几，而且这个账也是不易计算的。因为高等学校的重要特点之一，就在于教学、科学研究和生产工作的密切结合，有些工作既是教学工作又是科学研究和生产工作。对于学生参加科学研究和生产工作的时间及要求，我们是按照教育计划进行的，并根据学生不同年级、不同条件的特点及科学研究和生产工作的实际需要及可能进行统一安排，使之既能完成教学要求又能完成科学研究和生产工作。因为教学、科学研究和生产工作固然是三种不同性质的工作，但它们又是密切关联、相互促进的。正确处理及安排它们之间的关系，并善于把三者密切地、有机地结合起来是学校工作的最重要的特点。

（3）在学生参加科学研究和生产工作的过程中，我们还特别注意了实际锻炼和全面培养相结合的工作，因而规定学生在参加科学研究和生产工作时，必须写出合乎要求的技术报告或论文，并组织学生参加技术讨论及交流会议。必要时，还进行一定的专题讲授，以使学生在工作过程中不仅能够掌握自己所担任的工作，获得生产知识，学会进行科学研究的能力，而且还有意识地从培养的角度组织他们了解科学研究和生产工作的其他部分，还根据需要及可能进行适当的轮换。

（4）在进行科学研究和生产工作时，我们还充分注意了把完成当前的任务与长远的方向结合起来的工作。一年多来，我们本着自力更生为主和穷干苦干的精神，并在有关部门的帮助下，结合科学研究和生产任务，有步骤地进行了教学和科学研究试验研究基地和生产工厂的建设，因为这些基地的发展和巩固，是保证全面深入贯彻执行党的教育方针的物质基础。它不仅是有效提高教学质量的物质力量，而且也是迅速提高学校科学技术水平，为国家贡献更多更好的科学研究和生产力量的重要保证。为了使教学、科学研究和生产工作更好地结合，在进行工作的过程中，我们还经常在生产工作中坚持了既要完成生产任务，又要促进教学和科学研究的原则。当然首先还是为了更好地更有创造性地完成生产任务，而不是“为科学研究而科学研究”。同样地，在进行科学研究和教学工作的过程中，我们也经常坚持了联系实际，结合生产的观点。

一年多来，我校绝大多数系或教研组坚决而正确地贯彻执行了这些原则，并且取得了很大成绩。以我校本届毕业生（共4 400多人）的毕业设计为例，由于学校今年开展了较多的科学研究和生产工作，就为他们提供了真刀真枪进行毕业设计的有利条件。他们的毕业设计水平普遍有了提高，80%以上的毕业生获得了优良成绩，不少毕业生作出了具有相当高水平的科研究成果。在1958年以前，毕业设计一般是根据预先假定的题目及教学要求，让学生按照一般工程设计方法进行练习。这种办法对学生培养有很大好处，与解放前毕业生的水平比较起来，有了根本性的提高。1958年的毕业设计，大部分是根据教学要求结合生产任务进行的。由于生产任务的复杂性及要求严格，毕业生就必须进行一些实际调查研究工作及更加深入的钻研。经过这样的设计，他们的水平又向前提高了一步，其中有些已包括了研究内容，因而创造性地解决了一些工程技术问题。但总的说来，多数还是以现成方法解决工程问题为主，有创造性科学研究成果的只是少数。今年毕业设计的特点是不仅满足了教学要求，完成了实际工程的设计任务，而且普遍地增加了研究成份，其中有些科学研究比重很大，而且完成得很好，因而又有了进一步的提高。在前边所述的许多科学研究和生产工作中，毕业生都做出了重要的贡献。例如，非线性电阻在计算技术中应用的某些函数转换线路，就是毕业生初步提出，经教师修改补充后实现的。

再如焊接教研组，一年多来，由焊接简单的电线管及防爬器的任务开始，从小到大，中间经过锅驼机锅炉的成批生产，高压化肥反应筒（爆破压力达 1 505 大气压）及 2 500 吨水压机的蓄势器（由 6 个工作压力为 250 个大气压的高压容器组成）焊接研究试制工作的完成，进而结合毕业设计，集中优势兵力，完成了轧钢机钣极电渣焊，大型锻模堆焊、轧辊堆焊等世界先进焊接技术的研究及试制工作。在进行上述工作时，他们不仅贯彻了教学、科学研究和生产三者有机结合的原则，而且通过务方向、务政策和现场找关键问题，以及反复试验、整理分析、动手试制、总结理论等环节对学生进行了工程师的全面训练，因此取得了很大成绩。现在六个庞大的高压容器已经制成，经过试验即将交付生产。轧钢机机架焊接及电渣焊经验在许多地区已经推广，与第一汽车制造厂合作的锻模堆焊也已由一机部召开现场会议，进行了推广。一年多来，在完成上述任务的同时，这个教研组的教师和同学不仅前后发表了科学论文 28 篇，专集两本，而且还初步建立了焊接的生产及研究基地，因而为进一步提高教学质量，开展科学研究和生产工作提供了新的条件。

又如以交流计算台和动态模拟所组成的电力系统研究实验室，由于贯彻执行了学习苏联、自力更生的原则，在短短的一年中，即已完成了设计、试制、安装、调整等一系列工作，今年已先后投入运行，已为华北电力系统、江南电力系统等开展了科学研究工作，充分显示了学校建立科学研究基地的重要意义，它不仅可以为我校大力开展科研工作提供物质基础，而且通过实验室的建立，也迅速而有效地培养了教师与学生。

但是在贯彻执行这些重要原则时，并不是所有的教研组或所有的工作同志都是自觉的、有意识的。有人采取了怀疑观望的态度，还有少数人采取了否定或反对的态度。首先，他们认为“学校是高等学府，要结合生产实际，到工厂、工地实习就可以了。在校内大搞生产劳动和科学研究，只能增加矛盾，制造忙乱”。其次他们认为“学校的人力物力是常数，要这样搞科学研究和生产工作，就必然降低教学质量及学校的理论水平”。再其次，他们认为“教育、科学、生产是三种根本不同性质的工作，工厂、研究机构、学校各有分工。学校大搞科学研究和生产工作并建立相应的基地，就是越规办事”。总之，在他们看来，学校只能是照“老规矩”办事，学生上课、下课，教师备课、讲课，特别有造诣的教授带上几个已经有相当水平的讲师，根据自己的兴趣，从容不迫地进行所谓“高级理论”的研究。学生当然应该上课，下课，但是仅仅这样进行学习的学生，在毕业时又是怎样的水平！仅仅这样进行教学，又怎能培养出符合社会主义建设需要的高质量学生！教师当然应该备课、讲课，更应该探讨科学理论。但是一个人孤零零地、慢吞吞地工作下去，他的科学水平和教学质量又能以怎样快的速度来提高！更不用说给国家经常不断地提出许多具有重要国民经济意义和科学水平的研究成果。

…………

如前所述，既然在高等学校里非常需要大搞生产劳动和科学研究，那末，要求高等学校只搞教学工作和不建立相应的科学研究和生产基地的说法也就站不住了。对科学研究机构和工厂来说，高等学校建立相应的科学研究和生产基地，不仅不会妨碍他们之间的合理分工；相反地，倒是给他们提供了新的共同战斗的力量，为他们之间的分工协作和相互支持提供了更加有利的因素。当然，最主要的，还是对我国社会主义建设事业的好处，这也是党的两条腿走路的方针的一个具体内容。

在贯彻执行党的教育方针的过程中，还有另外一面的问题。这就是有些人不考虑学校的特点，把学校与研究机构和工厂等同起来，因而认为把学生送到工厂或工地去劳动就是万事大吉了，或者在完成生产和科学研究任务时没有教学观点，在完成生产任务时没有科学研究观点等，这当然也是错误的。因为他们把实践和理论、教育和生产劳动等同了起来。而党的方针则是理论与实际相结合，教育与生产劳动相结合。

贯彻执行党的教育方针的另一思想障碍，就是对学校大搞生产劳动的革命意义估计不足。一年多来，在这个问题上的争论是很多的。现在虽然已经没有人公开反对学校搞生产劳动了。但这种思想仍然用各种借口和形式表现出来。1959 年以来，就全校讲，虽然在生产劳动工作方面取得了更多的成绩和更大的进展，特别是学校的几个工厂，如综合机械厂、综合电工厂、实验电厂、设备仪器制造工厂等，均在教学及科学研究等工作中发挥了极为重要的作用。一年多来的许多事实一再证明，生产劳动是贯彻执行党的教育方针的关键，也是实现教育革命的最活跃的因素。对生产劳动的任何动摇或忽视，均会在工作中造成相应的损失，我们必须给以充分的估计和警惕。

（四）贯彻执行群众路线，大搞群众运动，进一步调动一切积极因素

一年多来，我校师生员工在党的破除迷信、解放思想、敢想敢干的共产主义风格的启示下，鼓足干劲、力争上游地进行了科学研究和生产工作。上万的教师、学生和职工组成了各种科学研

究集体和生产队伍，在校内外大协作下，在教学、科学研究及生产与教师、学生及职工的两个三结合下，分工协作，互相学习，互相促进，轰轰烈烈，势如破竹，各种过时的规章制度被打破了，传统的旧习惯被冲垮了，只有少数专家冷冷清清、慢条斯理地进行科学研究的局面改变了。研究任务不明确，就深入企业单位和现场进行挂钩和调查研究；研究设备缺乏，就自己动手想办法；问题不清楚，就查资料，向能人请教和组织起来务虚；人力物力不足，就组织校内外大协作。过去认为只有少数专家才能进行的科学研究和生产工作，现在年轻教师也干起来了，所谓“被加工对象”的学生也参加进来了，过去有人认为“只能动手”的工人和实验员也出起主意来了，并且先后做出了很多成绩，有些甚至是过去某些自命高明的人士们都不敢碰的科学问题，现在他们也做出了一定的成果。于是科学研究工作的神秘感被群众打破了，科学研究和生产工作开始在群众中生了根，并且日益壮大和发展着。

随着科学研究和生产工作的不断发展及跃进，我校发动并组织群众大搞科学研究和生产工作的群众运动愈来愈加深入。虽然在科学研究和生产工作中大搞群众运动为时不过一年多，但是由于党的正确领导以及群众的积极性和创造性，现在已积累了很多宝贵的经验，归纳起来，大体上有以下几条：

（1）在安排人力物力时，我们根据全校一盘棋的精神，首先集中力量，大搞重点科学研究和生产项目，但在保证首先完成重点项目的条件下，也兼顾一般，以便调动各方面可能调动的一切积极力量。另外，在积极发挥我校人力物力的同时，我们还充分注意了与校外单位的协作，以便互相学习和互相支援。

（2）在组织校内力量进行工作时，我们根据教学、科学研究和生产工作三者密切结合的原则，采取各专业相互协作、师生员工互相配合的多兵种大兵团联合作战的办法，以便发挥多科性工业大学的特点。在组织大兵团时，我们则坚持了教师、学生，职工的三结合，其中有些人员，主要是教师，是这个工作的具体组织者和指导者。通过他们，就可以把大批带有流动性的学生，和其他一些暂时尚不能用较多时间和力量来进行科学研究或生产工作的教师，吸收到这一工作中来，并有效地集聚和发挥这些人的科学力量。由于学校拥有人数众多的学生，因此结合教育工作有效地运用这批力量进行科学研究和生产工作，便成为学校工作中的一个极为重要的特殊问题。一年多来，我校根据任务的发展及要求，采取了高低年级分工配合，本届毕业生与下届毕业生相互接力等办法。这是一条极为重要的经验，今后必须继续予以发展及提高。

(3) 在进行工作的过程中，我们坚持了务虚和务实相结合、以虚带实的原则，经常了解和明确工作中存在的思想问题、组织问题以及技术关键等。为分清主次，明确主攻目标，提高工作的速度和质量提供保证。

同志们，一年多来的实践一再告诉我们，在科学研究和生产工作中不但可以大搞群众运动，而且也只有大搞群众运动，科学研究和生产工作才能获得蓬蓬勃勃、轰轰烈烈向前发展和跃进的局面。而上述的几条具体贯彻执行群众路线的经验，则是在我校具体条件下，大搞群众运动的主要原则。有许多系、教研组已经成功地执行了这几条原则，并且在实际工作中继续不断地丰富和发展着这些原则。特别是我校科学研究和生产工作已经发展到像今天这样任务重、规模大、要求高的条件下，需要动员更多的人力物力，运用各方面的技术力量来综合完成工作的时候，就格外需要加强这方面的工作。如我校已初步完成的大剧院的设计研究工作，为了能在这个剧院进行中、外各种大、中、小型戏剧的演出，并可保证 3 000 观众不用电声也能听好和看好的要求，需要解决有关建筑、结构、声学以及舞台机械化、电气化等一系列复杂而艰巨的科学技术问题，但是由于我校组织了建筑、土木、机械、电机四系六个专业的师生 200 余人，共同进行了这项艰巨任务。因此，在短短的一年内，便进行了 22 项专题研究，完成了设计、施工图纸 3 000 多张，提出了科学技术论文及专题报告 31 份。与此同时，还大大促进了建筑声学、结构及电测量等重要试验研究基地的发展。再如，水利系所进行的巨型坝型的研究工作，由于他们先后组织了 500 余人的师生员工的研究队伍，采取了人人提方案和打擂台的方式，集中了各种坝型方案的优点；进行了大量的试验研究工作，提出了 11 篇科学报告。在最近举行的一次全国性科学讨论会上，这个具有独创性的坝型得到了苏联专家和产业部门的好评。一年来，我校很多重大科学研究工作，所以能够迅速而良好地完成，就是因为我们贯彻执行了群众路线。

当然，由于我们还是第一次开展和进行这样规模的科学研究和生产工作，组织和领导群众运动的水平还不能很快适应工作的需要。因此，在工作中也出现过某些暂时的、次要的、局部的缺点。例如，在人力的安排上，有时未必完全适合于每一个人的情况，因而在一定的时期内，并未能很好地发挥每一个人应该发挥的作用。再如在工作的安排上，也有由于全面领导及安排不够，因而造成互相在工作上配合不够，甚至互相抵消力量的情况。但随着工作的迅速发展及经验的不断积累，这些缺点也就迅速得到了克服和纠正。这当然也是很自然的事情。但却有人抓住这些非本质的暂时现象，片面夸大、歪曲，甚至无中生有地提出一些没有根据的非难来怀疑或否定党的群众路线。他们说："什么都要依靠群众，难道专家就没有一点能力吗?"是的，专家的专长从来就是被大家所重视的，并且积极地发挥着他们的作用。但是这与大搞群众运动又有什么矛盾？有了群众后，不仅不会妨碍专家的作用；相反地，倒是可以更好地发挥专家的作用。因为专家的好意见可以更快的实现，专家意见中有某些不足时，可以得到群众的补充。当然，如果专家的意见不正确，自然也就没有必要要求群众来执行。把群众路线与发挥专家的作用对立起来，实质上就是认为群众不应该搞科学研究工作的另一说法。在他们看来，历史的真正主人是英雄，科学的创造者只是天才。群众只不过是一批“劳动力”而已。怪不得他们说：“群众搞生产可以，搞科学研究可不行”，“群众只能解决量的问题，不能解决质的问题”。但是，一年来，许多他们过去认为只能“出劳动力”的人，由于发挥了集体的力量和智慧，很快就做出了不少他们原来认为是“高不可攀”的科学研究成果。于是他们又改了口气，他们说“大搞群众运动使群众进步太快，应该给我更多的时间进行学习，等我学好后再来领导”。当然，学习总是会使人进步的，而且也是值得欢迎和鼓励的。但是，如果认为自己再闭起门来念几年书就可领导群众，是不现实的。因为一年来许多事实证明，在实际工作中和集体战斗中成长比一个人闭门读书快得多。这个事实当然也并不是每一个人都承认的，例如有人说“集体放了卫星，个人做了莱伊卡”。如果说每个人都做了莱伊卡，那么在这个集体中又是谁完成了任务？既然任务是这个集体的各个成员所完成，那么为什么这些人在完成任务的过程中没有提高和收获。有人又说“是有收获，但是我只造了仪器、做了实验和计算，水平太低”。那么什么样工作的水平才高呢？据说是理论的创造。要创造理论当然很好，但不做实验、计算和制造仪器，那么理论又由何而来？难道只靠“一间房、一柜书”就可创造理论吗？这条道路在两年前已经被全校同志在理论上及实践中否定了。

在组织大兵团作战的过程中，还会碰到本位主义的思想障碍。他们经常提出的借口是他们单位的特殊性，和其他单位组织在一块就是不结合专业，就是单纯为他人服务。当然，组织不当的工作也是可能有的，特殊性和实际困难在工作中也是应该加以照顾的。但是在很多情况下，不过是他们的一种借口而已。例如，电子计算机控制的程序控制机床，本来是工业企业电气化教研组的一项很好的科学研究工作，但却有人认为这是“改行”。那么，他们“改行”的结果如何呢？事实已经做了结论。这个教研组通过这项工作，不仅大大提高了教学质量，开展了科学研究工作，而且培养了一批干部，大大促进了该专业的发展。为什么他们要在这种好得很的事情面前提出这种说法来呢？这决不是一个简单的认识问题，而是与他们的本位主义、个人主义分不开的。随着我校科学研究和生产工作规模的不断发展，综合性任务将愈来愈大，需要组织起来共同进行工作的系和专业也愈来愈多，如不把这种本位主义反掉，我们的工作就不能更好地前进。

随着我校科学研究工作进一步向纵深发展的结果，各专业教研组已向基础课教研组提出了大量的基本理论性的研究课题，这是一个极为有利的形势和条件，基础课教研组必须勇敢地、坚决地承担起这些任务来。一年来，许多基础课教研组由于坚持了联系实际结合专业，积极开展科学研究和生产工作的原则，已经取得了很大的成绩，例如在程序控制机床及巨型坝型的研究工作中，他们不仅很好地完成了任务，而且也发展了理论。但也有少数基础课教研组的教师借口所谓“系统理论研究”来反对与专业教研组结合，有人甚至认为“结合专业进行科学研究工作不过是做做习题而已”。这种轻视实际和空谈理论的观点当然是错误的，也是与他们的资产阶级世界观和人生观分不开的。很多事实说明，不但不是“习题”，而且往往是极为复杂的科学问题，基础课的教师必须经过很大的努力才能获得一些初步结果，有的甚至不是一、二年内所能彻底解决的问题。当然，结合专业并不是拆散基础课教研组，基础课教研组也应该根据学校的特点，积极形成自己的重点方向，有步骤有计划地充实和建立一些必要的试验研究基地，逐步使自己成为全校科学研究和生产工作整体的一个有力的组成部分。

（五）反右倾，鼓干劲，为继续实现科学研究和生产工作的大跃进而斗争

随着我国工农业生产和科学技术的迅速发展，特别是在党的八届八中全会关于反右倾、鼓干劲的号召下，我国工农业生产和科学技术事业将会获得更加巨大的发展和跃进。我校在已经开展并取得了不少具体科学研究和生产成果，并积累了许多进行科学研究和生产工作经验的条件下，已有进一步为我国科学技术事业做出更多贡献的可能。为了完成这一光荣任务，我们觉得，首先应该加强对科学研究和生产工作的思想领导。同时还应该在1960年内进行和完成以下几方面的具体工作：

1. 进一步充实和确定全校和各系的重点科学研究方向。做好1960—1962年的科学研究及生产规划。努力完成或超额完成1960年科学研究和生产计划中规定的各项指标。对具有重大国民经济意义和较高科学水平的项目，要集中力量，积极发挥集体智慧；力争达到国内先进水平或国际水平。并积极做好科学技术报告的写作及交流工作，争取每项科学研究和生产工作都能做出具有较高水平的书面报告或论文。

2. 根据全校科学研究工作发展的需要，新建几个全校性的基础实验室或生产基地，同时也要结合重点科学研究任务和方向，继续扩建某些试验研究和生产基地。随着各系科学研究工作的开展和长远重点发展方向的确立而建立研究机构，争取在1960年内建立起一些研究所或研究室。

3. 结合工作，有计划地培养一支又红又专的教师队伍和科学研究及生产工作的骨干力量，其中包括实验员、技术员及工人的培养及配备。同时，还要进一步创造和发展培养研究生和进修教师的条件，为进一步扩大研究生的招收名额和提高研究生及进修教师的培养质量提供保证。

4. 进一步加强科学研究和生产工作的组织领导，特别要加强生产工作中的计划、经济、技术和安全工作。建立或修改一些必要的规章制度。

5. 扩大及加强与企业单位、研究机关和兄弟院校的合作和联系，建立固定而长期的协作关系。

6. 进一步学习苏联和兄弟国家的先进经验，加强和苏联及兄弟国家的联系。对我国有用的资本主义国家的科学技术成果也要积极予以吸收。

7. 加强科学研究和生产工作中的情报及宣传工作，健全情报及宣传工作的组织，争取做到情报灵通，宣传及时而准确。

同志们：这就是我校要在1960年进行和完成的科学研究和生产工作的主要内容。我们相信，我校师生员工在党的领导下，将会迅速而出色地完成或超额完成这些新的更加令人鼓舞的科学研究和生产工作。而且事实上，已经有很多同志提前开始了这一新的伟大的战斗。但是在这种伟大的群众性地向科学技术进军的前夕，也还免不了出现一些畏难、保守，甚至怀疑和反对的人。他们说："整天喊跃进，但到底有没有个谱?""今年已经够紧张了，明年还要跃进是不可能了"，等等。总之，在他们看来，今年的跃进和成绩已经够大了，已经到了不可逾越的水平。的确，今年跃进已很大。明年要取得更大的跃进，还会遇到新的困难，例如人力、物力上的困难，科学技术问题深入后的新困难，以及组织领导更大规模的科学研究和生产工作的新问题等。但是我们更应该看到明年跃进的有利条件。首先，全国人民在党的反右倾鼓干劲的号召下，已经掀起了新的跃进高潮；其次。因为我校师生员工在最近一个时期学习了党的八届八中全会的文件，思想更加明确，干劲更加充沛；第三，因为我们已经贯彻执行党的教育方针将近两年，已经取得了很多经验；第四，因为我们已经建立了一定的科学研究和生产基地，锻炼和成长了一批科学研究和生产的队伍等。总之，形势和条件十分有利，为什么我们不能做出比 1959 年更大的成绩呢?

同志们：让我们用实际行动来响应党的八届八中全会的反右倾、鼓干劲的号召吧！只要我们反透右倾、立下大志、下定决心、鼓足干劲，我们就一定能够获得更加丰富和重大的科学研究和生产成果，更快地登上科学的高峰！

清华大学档案，全宗号 2　目录号 校 4　案卷号 66015

第十三次教学研究会、第四次科学报告会联合大会文件目录※

（1959 年 12 月—1960 年 1 月）

（以大会发言先后为序）

1. 反右倾，鼓干劲，为继续深入地贯彻执行党的教育方针而斗争 ………………………………………… 刘仙洲
2. 清华大学 1959 年教学工作的总结报告 ………… 李寿慈
3. 清华大学 1959 年科学研究及生产工作的总结报告 … 高景德
4. 一年来党的教育方针在基础课的胜利 …………… 李卓宝
5. 贯彻党的教育方针，开展两条道路斗争中的几点体会 ………………………………………… 李酉山
6. 公益劳动和课外文体活动是培养全面发展共产主义

《第十三次教学研究会、第四次科学报告会联合大会文件目录》

在清华大学第五次科学讨论会上的报告

（1962 年 7 月 4 日）

刘仙洲

同志们：

从第四次科学讨论会到现在，已经有两年多的时间了。在这一段时间内，我校的科学研究工作又前进了一步。根据中央提出“调整、巩固、充实、提高”的方针以及党和政府有关高等学校的政策法令，我校调整了科学研究项目，并对 1958 年以来的工作进行了一些总结。现在请允许我借这次科学讨论会的机会，代表校务委员会就几年来我校科学研究工作的基本情况和今后我校科学研究工作中的几个问题提出一些意见，请大家讨论。

一、几年来我校科学研究工作的基本情况

1958 年以来，我校坚决贯彻执行了党的“教育为无产阶级政治服务，教育与生产劳动相结合”的方针，根据我国社会主义建设的需要和我校的具体条件，并在注意提高教学质量的前提下，积极开展了科学研究工作。我们的工作是有成绩的。

党的科学技术要为社会主义建设服务的方针，已经在我校科学研究工作中得到了贯彻执行。在科学研究工作中，脱离国家社会主义建设需要的现象，已经基本上得到了纠正。理论与实际的联系有了很大的加强。轻视实际、轻视生产的风气有了根本的转变。百花齐放、百家争鸣，科学技术工作的群众路线逐步得到了贯彻执行。参加科学研究工作的教师、职工、学生的积极性有了很大的提高。党对科学技术工作的方针政策已经为广大教师所接受。在学校中以教学为主，积极开展科学研究工作的原则，也已经体现在实际工作中。

正确地确定学术方向和研究项目是科学研究工作的首要问题。经过四年来的摸索，现在60%左右的工程技术、技术基础和自然科学方面的教研组已经基本上确定了学术方向和研究项目，并且已经做了不少工作。还有20%左右的教研组已经有了大致明确的学术方向，正进一步具体确定研究项目。其他教研组虽然目前还没有明确的学术方向和研究项目，但几年来的工作经验已为解决这个问题创造了条件。

在科学研究队伍方面，这几年来在数量上有较大的发展，在质量上有较快的提高。我校这几年在工程技术、技术基础和自然科学方面有80%以上的教授、副教授参加过科学研究工作。现在全校有159位教师参加指导研究生的工作。广大青年教师这几年也比过去更加广泛地参加了科学研究工作。我校脱产研究生的数量也由1958年的18人增加到现在的334人。因此，科学研究的学术领导和研究骨干都有了加强。实验技术人员和技工的队伍也有了增长，他们在科学研究工作中发挥了良好的作用。教师通过科学研究工作的锻炼，增加了生产知识，提高了科学理论和实验技术水平。实验技术人员和技工在实验技术、仪器设备的操作、维修和加工水平方面也有了提高。其中有一部分人还初步掌握了一些比较精密的仪器设备的操作、维修和制造技术。

在科学研究的物质条件方面，这四年来有了较大发展。目前实验室已由1957年的59个增加到81个。原有的实验设备都有了充实和提高。不少研究项目所必需的仪器设备已经基本具备。我校生产技术在某些方面已达到了能够制造一些比较精密的试验设备的水平。

科学技术工作的校内外协作，几年来也有了很大的发展。今年进行的148个研究项目中，与校外单位协作或接受产业部门委托的项目有84个，占56%。加强与校外研究部门和生产企业单位协作，对于我们正确地确定研究项目，加强理论与实际的联系，提高科学技术水平，创造了有利的条件。1957年以前，我校科学研究工作一般多局限于在一个教研组的范围内。这几年，教研组与教研组之间，系与系之间的协作也有了发展，这样就使我们能够利用多科性工业大学的有利条件，完成比较重大的和复杂的科学技术研究任务。

通过几年来的工作，我们在科学研究工作中取得了不少成果。在1958—1960年期间，虽然我们主要进行了摸索科学研究的学术方向和大力进行实验室的物质建设工作，理论工作和总结工作作的较少，但仅就科学论文而言，铅印出版的仍有331篇。平均每年110.3篇，为1952—1957年每年平均46.4篇的2.4倍，为解放前我校工程技术方面每年平均8.8篇的12.5倍。

1961年以来，我校对科学研究工作进行了调整，适当缩短了战线，更加注意了踏实严谨的科学作风和提高工作质量，结果使我校科学研究工作又取得了新的进展。

这一年多以来，我校共进行了190项科学研究项目，其中不少项目，取得了较好的成绩。以无线电电子学系为例，由于他们对科学研究工作抓得比较紧，研究方向和队伍都比较稳定，与校外单位建立了密切合作的关系，近一年多来，不少项目又取得了新的成绩。如两种半导体晶体管等三项已经应用或正在投入生产。半导体线路的电视、参量放大器等六项已经取得一定成果。再如土木建筑系测量教研组，虽然他们只有七位教师，但由于他们研究方向明确、题目固定，四年来，踏踏实实地进行了光速测距仪的研究试制工作，因而取得了比较好的成绩。试制的一种样机已经通过技术鉴定，并已交付工厂投入试制。目前他们正进一步进行性能更好的光速测距仪的研究工作。

第四次科学讨论会以来，理论工作和总结工作有了加强。全校出版交流的科学论文有210篇。这些论文，经过系和学校审查，认为具有一定的创造性。在这一时期，全校编写的论文和技术报告的数量则更多。例如，无线电电子学系去年年底，在全系科学讨论会上提出的报告有33篇，刊登清华大学学报的有13篇。自动控制系从1960年初起编写的科学论文和技术报告共65篇，其中提交全国性的学术会议的论文14篇。其他系也参加了不少校外的学术活动，并提出了报告。有些有经验的老教师，在科学著作方面付出了辛勤的劳动，作出了良好的成绩。例如，张子高教授完成了四篇论文和《中国古代化学史》专著的编写工作。刘仙洲教授完成了两篇论文和出版了专著《中国机械工程发明史》（第一编）。杜庆华教授提出了五篇论文，并写出了专著《夹层结构弹性理论中的若干问题》。青年教师在年长教师的指导或帮助下，也写了不少有一定水平的论文和技术报告，例如，程序控制机床研究组的青年教师写出了31篇；电力系统及电机研究组的青年教师写出了23篇；参加腹拱坝及拱坝研究项目的青年教师写出了22篇。在教材编写方面，有的教研组在有经验的教师指导下，总结了多年的经验，收集和综合了大量资料，在编写质量较高的教科书和教学参考书方面取得了成绩。

这里特别要说一说这次科学讨论会。我校从今年四月开始举行这次科学讨论会以来，各系都很重视这一工作。通过这次科学论文的报告和讨论，又进一步检阅了我校两年多来的科学研究工作，活跃了自由讨论的学术空气，促进了经常性学术活动的开展。

今年的科学讨论会是按学科分组，由各系和基础课委员会分别领导，由有关教研组负责准备的。涉及几个系的学科，则是由有关系共同组织报告和讨论的。

参加这次科学讨论会的是以本校人员为主。在北京市的有关兄弟学校、科学研究机关和企业部门的不少同志也参加了这次讨论会，有的同志还提出了报告。

在这次科学讨论会上，我校共提出了论文236篇，其中很多论文是结合生产实际问题的研究成果，也有一部分是基本理论和个人自选项目的研究成果。在这些论文中，有30多篇引起了较多的注意。例如钟士模教授提出的《旋转电机的电磁转矩》，赵访熊教授提出的《解高次代数方程的路斯表格法》，副教授李志坚和助教吴启明提出的《Sb_2S_3及PbS多晶薄膜的某些光电导现象》，讲师龙驭球提出的《用力法计算摺壳及柱壳》，助教张麟征提出的《异步电机的谐波转矩》等论文，都获得了较好的评价。此外，实验员王真吉提出了《快速继电器动作时间量测方法》的报告，获得了教师们的好评。

几年来，由于我们工作中缺乏经验，再加上对党的方针政策认识上有些片面性，工作作风上有主观主义，在科学研究工作中也产生了不少缺点和错误。其中大部分缺点虽然已经得到了克服，但是我们还应该进一步加以检查，从中吸取有益的教训。

在科学研究项目的安排上，在一段时间内存在过项目过多，战线过长，人力、物力过于分散的现象。重点项目虽然大多数是恰当的，但是也有个别项目，只考虑了需要，而对学校的具体条件考虑不够，存在着一定程度的盲目性。因此，一些项目不得不中途"下马"，浪费了人力物力。对任务指标有不切实际的过高过急的要求。"欲速则不达"，反而不利于又快又好地完成科学研究任务。总的说来，我校是注意了在提高教学质量的基础上，开展科学研究工作，实际上对提高教学质量和教师水平也起了一定的积极作用；但是，因为有些教研组项目安排过多，要求过急，在教学上，对学生的基本要求又有些注意不够，在一段时间内的实际工作中，对正常的教学工作就很自然地带来了一些不利的影响。

在贯彻百花齐放、百家争鸣的方针和执行群众路线方面，曾经发生过一些简单化的现象。主要是在1960年上半年技术革命和教育革命时，对一些本来属于学术问题和科学技术工作的具体做法问题，错误地当成思想问题加以批评，影响了一部分同志，特别是少数老教师的积极性，不利于科学技术问题的自由讨论。为了有计划、有组织地开展科学研究工作，科学研究项目既要有科学技术任务比较复杂的，需要人力、物力较多的重大的项目，也应该有需要人力、物力较少的科学研究项目。为了发挥少数有专长的教师的作用，还应该有个人的自选项目。这几年来，我们对于重大项目注意比较多，而对于适宜于少数人进行的项目或个人的自选项目提倡与注意得都不够。科学研究的主要力量是教师，同时，高年级学生，特别是优秀学生，在保证对他们的教学要求的前提下，参加一定的科学研究工作，使他们获得科学研究的初步训练，是有好处的。但是，在一段时间内，对学生在科学研究工作中的作用和要求，有偏高之处。群众路线是一切工作的根本路线，群众运动是群众路线的一种形式。科学技术工作在任何时候都必需扎扎实实，依靠日积月累的经常工作。我们在一个时期内，对科学研究工作中的群众运动有过某些片面的理解，以致在一些工作中产生过一些形式主义的缺点。

在科学研究的工作作风方面，不少研究项目中，存在过工作作风不够严谨踏实的问题。研究项目和方案的确定不够谨慎，缺乏周密的调查研究和认真地学习前人已有的研究成果。对工作的复杂性和困难常常估计不足，工作步骤和指标的确定没有留有余地。对设计实验数据和科学成果的估计，缺乏严格的审查。因此，有些项目就不能如期高质量地完成任务，甚至不得不中途改变任务。

在贯彻执行勤俭办科学方针的问题上，虽然这几年学校曾多次整顿了经济工作，但是由于在思想上解决得不深不透，对经费的使用和设备器材的购置控制不严，管理上又缺乏严格的责任制度，结果，在不少科学研究项目中有不同程度的积压浪费现象。还有些单位存在着本位主义思想，不适当地求全，盲目购置了一些仪器设备，也造成了一些积压浪费。这几年仪器设备损坏的数字是相当可观的。这是一个严重的缺点。由于安全工作注意不够，还发生过几次比较严重的事故，损坏了一些仪器设备和房屋建筑，造成了令人痛心的损失。在人力使用上，由于对农业为基础的方针缺乏认识，我校曾过多的任用了一些职工，而在科学研究工作中也有占用人力过多，不讲究工作效率，不注意劳逸结合的现象。

我们在实际工作中的缺点和错误还不止这一些。但是，与这几年我们工作的成绩比较起来，毕竟成绩是主要的，缺点和错误是第二位的。特别是我们在科学研究工作中贯彻执行党的方针政策方面，取得了不少经验，其中也包括一些反面的经验。在科学研究的具体组织工作方面，我们也取得了不少经验。这都是我们宝贵的财富。几年来，教师、职工的水平有了提高，物质条件有了增强，大多数教研组有了比较明确的研究方向。这都为今后我校科学研究工作打下了很好的基础，也为提高教学质量创造了有利条件。

二、今后我校科学研究工作中的几个问题

几年来，我校科学研究工作所取得的成绩说明，在我校这样的条件下，积极开展科学研究工作，不仅可以直接对我国社会主义建设事业做出贡献，而且正确地开展科学研究工作，对进一步提高教师的学术水平，不断提高教学质量也很有好处。因此，今

后我们必须在保证“以教学为主”的同时，继续积极开展科学研究工作。

虽然，由于我国经济上的暂时困难，必然会有经费、器材等方面给我们的科学研究工作带来一些实际困难，但是，我们也要看到我校科学研究工作的有利条件。我们学校的物质条件已经有了比较好的基础。我们完全有可能少花钱或不花钱做出很好的科学成果。为了提高教学质量和教师的学术水平，为了对国家社会主义建设事业做出更多的贡献，我们应当在已有的工作基础上，继续鼓足干劲，加强团结，调动一切积极因素，坚决贯彻党的各项方针政策，进一步克服工作中的缺点，努力提高工作质量，以勤俭办科学的精神积极开展科学研究工作，争取做出更多更好的科学研究成果，不断地提高学校的学术水平。

为了达到上述目的，我们应该注意下列几个问题：

(1) 在安排科学研究项目时，要体现国家建设的要求。首先要注意解决有重大国民经济意义的科学技术问题，特别是有关支持农业生产的问题。各有关专业对这方面的研究项目要积极予以安排。根据我校专业设置的情况，我们应该继续注意研究有关的新科学技术问题和加强基本理论的研究。技术政策的制定关系到国家建设各个方面的重大部署和生产技术各个方面的发展方向。我们对于制定技术政策有关的研究课题也应该十分重视。在安排科学研究项目时，我们还要注意加强与工厂和研究机构的协作。

(2) 认真贯彻执行百花齐放、百家争鸣的方针，大力开展我校的学术活动。

在学术问题上，在科学讨论中要积极提倡和鼓励大家发表不同的学术见解，提出不同的研究方案。自然科学的科学技术问题本身是没有政治问题的，虽然与世界观的问题有一定的联系，但是科学技术的是非问题，首先应该作为学术问题展开讨论，并且依靠实践来作结论。必须防止不适当地把学术问题贴上政治标签。我们要提倡学习辩证唯物主义，但是不能把学术问题与世界观问题混淆起来。这样才能使具有各种不同学术见解的人都能畅所欲言，自由争论，促进学术水平的提高。有关学术问题的一些工作问题，如科学研究项目、技术方案的确定、技术政策问题等也应该在自由讨论的基础上，由有关的领导做出决定。为了活跃我校的学术讨论，我们应该坚持定期的学术活动，鼓励大家在讨论会上自由地、充分地发表自己的意见。

(3) 加强理论工作，提高实验技术，大力提高科学研究工作的质量。

在我校科学研究工作发展到当前的条件下，加强理论工作和提高实验技术是很多项目的研究工作进一步提高的关键，并且也是提高指导研究生论文工作的重要条件。

我们应该积极进行有关试制或改进设备、元件、材料等生产问题的科学研究工作，但是在这些科学研究工作中，应该及时在理论上进行总结提高。总结提高是科学研究工作的攻尖登高阶段，必须认真对待。为了做好总结提高工作，应根据问题的性质，收集和研究有关资料，认真地进行分析。

对许多科学研究工作来说，准确可靠的实验数据是取得科学成果的首要条件。但就我校当前的实际情况而言，实验方法和实验技术水平，还处于比较薄弱的状态。工作作风也还不够严谨。少数同志还存在着轻视实验工作的思想。因此，我们要根据党和政府有关高等学校政策法令的精神，固定一批优秀教师来做实验室工作，充分发挥实验技术人员和技工的积极性，争取较快地提高实验技术水平。

(4) 加强经济工作，进一步树立勤俭办科学的思想。

勤俭办科学是一个长期的方针。在当前条件下，更是涉及到我们能否很好开展科学研究工作的重要问题。我们应该总结过去经济工作的经验，注意经济核算，克服一切浪费现象，把经济工作做好。争取少花钱或不花钱而多出科学成果。

根据教育部的指示，要做好清仓核资工作，充分利用现有物资，加强对实验设备的管理和维修工作，使仪器设备经常处于完善和可用状态，防止损坏和精度下降。各实验室之间仪器设备应该互通有无，互相借用，克服本位主义和怕麻烦的思想，充分发挥物资的作用。

实验室的技术安全工作，应该大大加强，建立责任制度，防止责任事故。

今后我校科学研究工作中还应该着重抓好下列几件具体工作：

（1）全面安排研究计划，进一步确定研究课题。

研究方向及任务确定后，要稳定下来，长期系统地工作下去，不要轻易变动。已确定的科学研究项目，要明确列出其中的研究课题。现在有些教研组编制的研究任务中，若干项目只是建造设备的问题或者为生产设计的问题，甚至只是教师的进修计划，而没有列出研究课题来，这些研究项目的负责人应该重视这个问题，努力加以解决。每一科学研究课题，都应该有切实可行的研究计划，并且要分阶段订出具体要求和指标。指标应该适当地留有余地，但是不能没有指标。现在还有一些教研组尚未明确科学研究的学术方向，这些教研组要争取在一年左右的时间内，把主要的研究方向确定下来。有些教研组虽然有了科学研究的方向，但还没有具体的研究任务和研究项目，也应尽快加以确定。

在保证教研组的主要研究项目的基础上，研究项目要大、中、小相结合，要支持教师根据自己在学术上的专长、兴趣和学术见解而自选的研究课题。学科上有联系的教研组，在学术方向和研究项目上，应该加强配合，密切合作。应该把教科书和教学参考书的编著，当作一项重要的科学研究工作，根据我校条件有计划地予以完成。

(2) 根据教学为主的原则和研究工作当前及进一步发展的需要，科学研究人员的队伍要力求稳定，并且努力提高科学工作人员的水平。

各教研组要根据具体情况，规定本教研组用于科学研究的教师工作量。工程技术、技术基础和自然科学教研组要求一般不低于本教研组教师工作量的10%。有条件的教研组可以根据党和政府有关高等学校政策法令的规定，比这个比例更高一些。必须保证所有参加研究人员的业务时间，使他们真正能够深入第一线，踏踏实实地进行工作。要为一部分学术造诣较深的教授配备助手。抽调青年教师做脱产和在职研究生的工作应该有计划地进行下去。实验技术人员和技工要在首先做好工作和完成生产任务的前提下，有计划地提高实验技术和生产技术水平。

为了进一步发挥教师职工的积极性，促进水平的提高，我们建议在教师升级时，首先应该考核教学工作成绩，同时也应该把科学研究的成就作为重要标准。在实验技术人员和技工升级时，应该把实验水平、技术水平和工作成绩作为重要标准，定期进行考核。

(3) 有计划地开展经常性学术活动，活跃全校学术气氛。

每一教研组都应根据自己的具体情况，有计划地展开经常性学术活动，每月应该不少于一次。对某些共同性的学术问题，有关的系和教研组可以联合举行学术活动（如力学、自动化、燃烧、传热、真空技术等）。全校以后坚持每年召开一次科学讨论会。同时也要积极参加校外的有关学术会议和请校外有关人员参加我们的学术活动。在加强经常性学术活动的基础上，要努力办好学报和本校人员的科学著作的出版工作。

(4) 加强科学研究的管理工作，改进科学工作作风。

在科学研究工作中，既要提倡敢想、敢说、敢干的风格，又要坚持严肃、严格、严密的作风。为此，要加强科学研究工作的计划管理。确定比较重大的项目时，应该有充分的论证和全部研究工作的规划。经批准后，方能进行。在研究设备的制造以前，必须有合乎规格的设计文件，并经审查批准。研究项目必须按计划提出经过审查或鉴定的产品、综述报告、技术总结、试验报告或论文等具体成果。不经过批准，研究项目不得停止。

× × × × ×

同志们，几年来我校全体员工在党的领导下，经过自己的辛勤劳动，在科学研究工作中已经做出了不少成绩，取得了一些经验，已为今后进一步开展科学研究工作打下了基础。我相信，在下一次科学讨论会时，我们将会提出更多更好的科学报告和成果。同志们，请允许我代表校务委员会借这一机会向大家几年来的辛勤劳动和所取得的科学成果表示祝贺，并预祝大家在今后的工作中取得更多更好的科学成果，为我国社会主义建设事业做出更多的贡献。

清华大学档案，全宗号 2　目录号 校 4　案卷号 66015

高举毛泽东思想的红旗
树立雄心壮志　攀登科学高峰
更好地为我国社会主义建设服务

——高景德同志在清华大学第六次科学讨论会上的发言（摘要）

（1965 年 2 月 28 日）

（一）几年来我校科学研究工作的情况及估计

我校科学研究工作，经过 1958 年到 1960 年的发展，从 1961

年起，根据党的“调整、巩固、充实、提高”的八字方针和《高教六十条》的规定进入了一个新的时期。

在这个时期内，在科学研究工作中，我校继续坚持了四方面的方针，即坚持了党的领导，坚持了科学研究工作为我国社会主义建设服务的方向，坚持了群众路线，坚持了教学、科学研究和生产的三结合。

在这几年内，我们从以下四方面改进了工作。

1. 调整了教学工作和科学研究工作，根据集中兵力、打歼灭战的精神，缩短了科学研究工作的战线。

2. 总结了 1958 至 1960 年大发展时期的工作经验，克服了群众运动中的某些形式主义的缺点，更加注意了实事求是的工作作风，提高了工作质量，注意了劳逸结合。

3. 加强了科学研究的管理工作。在三定（定方向任务、定队伍、定政策）的基础上，进一步加强了科学研究工作的计划管理和成果管理，加强了科研工作的校内协作，调整和健全了科学研究的队伍。

4. 通过清仓核资、五反运动和实验室整改，加强了实验室技术管理和经济管理，进一步贯彻了勤俭办科学的方针。

通过这几年的工作取得了以下四方面的成绩。

1. 取得了一批较好的科学研究成果。

（甲）“大跃进”时期上马的几个重大研究项目，现在已经基本拿到手。例如，自动控制系在 1959 年开始试制的每秒一万次的快速通用数字电子计算机等。

（乙）近几年新上了一批研究项目，进展很快，有些已经取得了较好的成果。例如，冶金系焊接教研组与上海汽轮机厂在 1962 年底开始合作进行的 6 000 瓩燃气轮机转子焊接，已通过部级鉴定。

（丙）研究试制成功一批新产品，有些质量较高。近两年来，我校研究试制成功的新产品有 87 项，其中有两项已列入国家发明创造记录。并有多项产品已移交工厂生产。在去年全国工业新产品展览会上，我校送展的六项产品中，有五项获奖。

（丁）加强了与校外单位的联系。1964 年与校外单位合作进行了 120 多个研究课题，其中有些项目完成得较好，为生产单位解决了一些重要的技术关键问题。例如，动力机械系热工教研组与四川化工厂合作解决了合成氨塔内件的传热问题，初步试验证明，可以提高氨的产量，有不小的经济意义。另外，一些教研组还进行了不少短期直接为校外服务的研究工作和技术工作。

（戊）加强了科学研究成果的总结工作，写出了一批科学论文和技术总结报告，其中有些质量较高。如三门峡水利枢纽泄流排砂底孔方案的试验研究等 23 项成果已在国家科委科学研究成果公报上刊登。

近几年在理论工作方面也有了加强，并取得了一些研究成果。

两年来，我校共印刷出版了科学论文、研究报告、技术总结 420 篇，参加校外学术活动 152 次，会上提出报告 283 篇。学报的质量逐年有所提高。从 1964 年起，已开始进行了国际交换。

近几年来，我校教师还编写和出版了一些专门著作、教科书和教学参考书，其中有些质量较好。例如，最近出版的张子高同志编写的《中国化学史》。

2. 加强了科学研究的组织领导工作

（甲）进一步加强了校、系和教研组对科学研究工作的行政领导，并且经国家批准，成立了高坝结构及水力学研究室等四个研究室。

（乙）加强了科学研究的计划管理和成果管理。在全校一盘棋的原则下，组织了全校的大协作，进一步促进了科学研究工作的开展。

（丙）充实和健全了科学研究队伍。初步形成了专职和兼职相结合的较稳定的科研队伍。通过几年来研究工作的实际锻炼，整个科学研究队伍的科学作风、实验技术、解决实际问题的能力和科学水平，都有了不少提高，同时，还成长了一些又红又专的骨干。

（丁）有几百名教师先后到实验室全时或大部分时间进行实验技术工作和实验室管理工作，使学校的工作及人力安排更加合理和有效。

（戊）与毕业设计、研究生培养等工作结合，有计划地组织学生和研究生参加科学研究，更好地调动了他们的积极性和创造性，提高了他们的培养质量，有些研究生、学生做出了较好的成果。

3. 科学研究工作的条件有了较多的改善。

（甲）建立了一批较新的实验室。许多实验室的物质条件，这几年，都有了进一步的充实、改善和更新，为我校开展科学研究工作创造了较好的工作条件。

（乙）加强了实验室的管理

由于加强了教师、实验员、技工的三结合，实验技术有了提高。开展了实验技术的交流，加强了仪器设备的管理和维修。实行了部分仪器设备的考核执照制度，颁布了使用执照，促进了全校仪器设备的互通有无工作。

（丙）调整和改组了校办工厂和车间，整顿了队伍，加强了生产管理。产品质量、工人技术水平和劳动生产率逐步有了提高。

（丁）加强了实验室和车间的安全管理工作，改进了科学研究工作的保密制度。

4. 通过几年工作的实践和不断总结，科学研究工作的经验在前一阶段的基础上得到了进一步的发展，对学校开展科学研究工作的客观规律的认识比较深入和全面了。许多教研组在处理教学和科学、科学和生产、理论和实际、校内和校外、教师和学生、重点项目和一般项目等的关系方面做得比较好，这些经验对我校进一步开展科学研究工作具有重要的意义。例如，1963 年在全校科研干部会上交流了冶金系焊接教研组和无线电系等单位的经验后，去年各系都有一些项目取得了较好的进展。

根据上述四方面成绩，可以看出，1961 年以来，我校一方面坚持了“大跃进”时期上马的重要项目，通过这几年的工作，终于把研究成果拿到了手；另一方面，又继续在原有基础上开展了一些新的研究工作，并取得了一些较好的成果，同时我校还坚持了“大跃进”时期的一些好经验，并进一步发展和摸索到了一些新经验。取得这些成绩的原因是，我校在党的领导下，坚决贯彻执行了《高教六十条》的规定的结果。但在我校科研工作中也还存在一些问题，这些问题是：

1. 我校的科学研究工作比起国际先进水平来说，还是落后的。在有些工作中我校已经有了一些结合我国实际的独创之处，但总的说来，我们的科研工作还处于以模仿为主的阶段。比起国内某些方面的先进水平来说，也有落后的地方。

2. 按国家对我校的要求和我校人力、物力、工作基础等条件来说，按成果与条件相比，我校的“单位面积”产量平均起来还不够高。校内各单位之间的工作也不平衡。

3. 在经济工作中，虽然过去几年努力贯彻了勤俭办科学的精神，有了较多的改进，但潜力还很大。轻视经济核算的思想和作风仍然存在，值得我们注意。

4. 在科学研究工作中，有些同志对党的方针政策领会不够，贯彻不够。例如有些同志对党的八字方针的积极意义了解不够，因而在工作中革命干劲不够充沛；对 1958 年“大跃进”以来的一些好经验，坚持得也不够。还有少数同志，对科学研究要为我国社会主义建设服务的方向发生过怀疑和动摇。我们都应本着一分为二的精神总结经验，改进工作。

上边我们回顾了 1961 年以来我校科学研究工作的总情况。可以认为，这几年，我校还是正确地贯彻执行了党的方针政策，并且根据全国的形势和我校的实际情况及时地调整了科研工作，使得符合当时的实际情况。正因为这样，所以这几年在实际工作中取得了较大的成绩，我们对学校进行科学研究工作规律的认识有了进一步的提高和深化。这对进一步开展科学研究工作具有很重要的意义。

（二）学习和运用毛主席思想，更加多快好省地促进我校的科学研究工作

如前所述，几年来，我校在科学研究工作中，取得了较大的成绩。取得这些成绩的主要原因，则是因为全校同志在工作中贯彻执行了政治挂帅和群众路线，把革命干劲与科学精神结合起来，本着自力更生与勤俭办科学的精神，开展了教学、科学研究与生产的三结合。从 1964 年春节主席讲话后，我校掀起了学习主席著作、学解放军、学大庆与学大寨的新高潮，积极进行了教育革命，对资产阶级的教育思想，特别是苏联教育思想的影响进行了清理，全校同志的思想面貌有了很大的变化，科学研究工作也有了进一步的发展。集中起来说，几年来的工作生动地表明，主席思想是我们一切工作的指路明灯，对科学研究工作的方向、方针与方法，对科学研究队伍的健康成长，都具有极大的指导意义。

我校的实际经验说明，要把主席思想学到手，就要在主席思

想的指导下，善于以一分为二的方法，通过总结自己的经验，学习别人的经验，自觉地不断地破除形而上学、烦琐哲学、唯心主义等资产阶级世界观的影响。这样，才能将主席思想真正学到手，并运用到实际工作中去。在这一年中，有些单位这样做了，工作就进展较快，取得成果也较多。这些事实，使我们进一步体会到，在科学研究工作中，能否自觉地结合实际，活学活用主席著作是工作能否多快好省的决定性关键。现在我们想根据当前我校科学研究工作中的几个主要问题，提出几点初步看法，请同志们讨论研究。

1. 在科学研究工作中必须坚持政治挂帅，走群众路线。

党教导我们，科学研究工作要做到多快好省，首先依靠政治挂帅与群众路线，这也是我校许多研究项目的实践所反复证明了的。

在科学研究工作中，要做好政治挂帅，就必须坚持“四个第一”，坚持人的因素第一。解决科学问题虽然要依靠技术和物质条件，但掌握和创造技术的则是“人”，而支配人的行动的则是思想。经验表明，我校的所有大小科学研究任务，包括一些技术水平较高和较复杂的任务，都是依靠广大同志们的高度的建设社会主义的积极性来完成的。不管这些任务开始时，多么困难，不管参加工作的同志多么年轻，对此技术多么生疏，但只要在党的领导下发动群众，沿着正确的道路前进，就可以在较短的时期内完成任务。

要做好政治挂帅，也就是要做好主席思想挂帅，就要用主席思想指导我们的科学研究工作的方向、方针与方法。这就是说，科学研究必须为社会主义服务，为阶级斗争服务，为国防与生产服务，而且在科学研究中还必须破除迷信，敢想敢干，尊重唯物论，符合辩证法。

人的正确知识从实践中来，人必须不断总结经验，有所发现，有所发明，有所创造，有所前进。这样，才能不断深入地掌握科学规律，从必然王国向自由王国前进；同时，学习主席思想的过程，还是一个改造我们的世界观，树立辩证唯物主义世界观，克服形形色色的资产阶级世界观影响的过程。因此，我们的科学研究工作应该既是活学活用主席思想的过程，也是改造主观世界和客观世界的统一过程。

对于科学研究工作中的群众路线，通过几年来的实际工作，我们有以下几点体会。

（甲）群众路线是一条符合科学研究工作客观规律的多快好省的路线……

（乙）在科学研究工作的群众运动中，首先要注意从政治思想上把群众发动起来，并且要把群众的革命热情首先落实到严格的科学作风上去……同时还要依靠群众制订符合客观需要的严格的规章制度，并使之变成群众自觉行动的准则……

（丙）在科学研究的群众运动中，集中兵力与专业分工有时是有矛盾的，因此，要注意把运动战与阵地战结合起来，以便在适当的时机，有准备地打好歼灭战。在经常的科学研究工作中，要有专业分工，这就是所谓打阵地战。但是在解决科学问题的过程中，出现的矛盾往往是复杂的，而且也不限于某一专业方面的技术问题。因此，在条件成熟时，组织大兵团，打歼灭战，就可以比较多快好省地完成任务。在这种运动战中，为了解决某一专业的尖端技术问题，往往需要解决许多有关专业的（不一定的尖端的）技术问题，这时，我们就应该打破某一专业研究人员只能从事某一范围工作的“框框”。一个革命者，只有革命这一行不能改，其他，只要工作需要，就可以改，要有碰到什么问题就解决什么问题的精神，而科研领导人，则更应该不局限于自己的专业，根据工作需要，自觉地扩大自己的眼界。这样，解决问题，就可能更加顺利，同时原专业的水平也才可能得到更快的提高。

（丁）根据我校的经验看来，群众路线贯彻的效果好不好的关键在于领导。在科学工作的领导中，首先要加强群众观点和民主作风。这就要求，科学领导人能够认识到，科学归根到底，还是通过广大群众的实践发展起来的，而自己的知识，既需要，也可能，通过总结群众的实践的经验与集体智慧来取得。因此，在领导工作中，要善于发扬技术民主。对于自己心中有底的工作，向群众交底时要注意用启发式，不要神乎其神地吓唬群众；对自己心中无底的工作，也要敢于发动群众，共同通过讨论与试验，使无底变为有底；而且还要在每件工作中都使群众能够看到自己的力量，珍视他们意见中创造性的萌芽；特别是受挫折时，要保护群众的积极性。

…………

2. 在科学研究工作中要把革命精神和科学态度结合起来。

我校科学研究工作的经验说明，要想多快好省地开展科学研究工作，就必须把高度的革命精神和严格的科学态度很好地结合起来。这样，才能使我们的主观认识和客观规律达到最大限度的一致；既敢于树立雄心壮志，攀登科学高峰；又能够少走弯路，最迅速地踏实地前进。但要把革命精神与科学态度正确地结合起来，我们体会到，就需要注意以下几点：

（甲）要有彻底的科学态度，就要与革命精神结合起来。

真正的革命精神是建立在对客观规律深刻认识的基础上的，没有科学分析的革命精神就可能违反客观规律，达不到预期的目的。但缺乏革命精神的所谓“科学态度”，就可能离开唯物辩证法；离开“一分为二”，而变成墨守成规；也可能看不见事物的发展和本质，而变成烦琐哲学；还可能看不到人的主观能动性在认识客观世界中的作用，而成为机械唯物论。

因此，在科学研究工作中，就要有冲天的革命干劲，就要有大胆革新、大胆制作的精神，勇于打破框框，不迷信洋人，不迷信书本，不受现状的束缚；而所有这一切，又都建立在尊重唯物论、重视实践和用革命精神去狠抓第一性资料的基础上。这样才能真正从实际出发，充分发挥人的主观能动性，按照客观规律办事。

（乙）能否真正掌握客观规律的重要问题之一，就是要真正掌握辩证唯物主义的活的灵魂，学会对具体矛盾敢做具体分析。

在解决科学问题的过程中，遇见的矛盾是很多的。如果不分清主次，不观察事物内部矛盾随着客观条件的变化而变化，就会落入形而上学与烦琐哲学的框框内。例如，一切工作必须从实际出发，但从实际出发并不等于迁就现状，因为客观实际是发展的，通过人们努力也是可以改变的。如果片面强调现状，而看不到国家的大好形势，看不到进一步发展的要求和主观能动性的作用，那么，即使能够做出一些研究成果，也往往不够先进，并在生产中不能发挥我们预期的效果。因此，在科学研究工作中，我们必须充分重视我们的主观和客观条件，但对条件不能采取形而上学的态度。条件少，就应想办法创造条件，问题困难，就应想办法克服困难，决不能采取等待的态度和迁就现状的态度。这样才有可能在客观实际可能的条件下，力争高标准地完成研究任务。

又如，在科学研究工作中，必须尊重客观规律，循序前进……

3. 在科学研究工作中必须实行教学、科学研究和生产的三结合。

1958 年以来，我校根据党的教育方针，在教学为主的前提下，积极开展了科学研究工作，并在科学研究工作中贯彻执行了教学、科学研究、生产三结合的原则……

这里，我们想提到的一个问题，就是在科学研究工作中，如果有研究生和学生参加时，一方面要注意努力完成任务，另一方面也要注意对他们的培养工作。要有计划地安排他们的工作，使他们在战斗中得到成长，要防止产生单纯使用的偏向。

此外，校办工厂、实验室是搞好三结合的物质基础之一，我们应该根据我校的具体情况，进一步加强这方面的工作。

4. 在科学研究工作中，必须贯彻自力更生、勤俭办科学的精神。

…………

（三）今后我校科学研究工作的努力方向和任务

1. 今后我校科学研究工作的奋斗目标

现在我国正面临着一个社会主义革命和社会主义建设新高潮的大好形势，工农业生产已经全面高涨，整个国民经济已经全面好转，并且将要进入一个新的发展时期。为了在不太长的历史时期内，把我国建设成为具有现代工业、现代农业、现代国防、现代科学技术的社会主义强国，就必须从我国的实际出发，发扬独创精神，大力开展科学实验，进行技术革命，促进国民经济的发展。这种形势已经向我校提出不少具体要求，例如，今年年初北京市各生产单位就向我校提出许多项研究课题，要求协作解决。为了适应这种形势的要求，我们应该在去年成果丰收的基础上，把我校科学研究工作推向一个新的发展阶段。现在我们想根据我校具体情况，提出以下两个方面的奋斗目标，请同志们研究讨论。

（甲）要根据国家的需要，从原有基础出发，抓住一些重要的、关键的科学技术问题，争取多快好省地、具有独创性地尽快赶上60年代国际先进水平，也就是要争取登上几个新的高地。

（乙）要更广泛地与生产单位建立密切的合作，在工农业生产建设新高潮中，在技术革命和技术革新的运动中，发挥我校应有的作用。

我们提出这两个奋斗目标的根据是：全校同志的社会主义觉悟不断提高，特别是去年学习了主席春节对教育工作的指示，学习了《九评》，学大庆、学大寨、学解放军，全校同志的社会主义觉悟和革命精神，有了进一步的发扬和提高，为开展科学研究工作打下了良好的思想基础。同时也因为我国的工业基础和科学技术水平正在高速地发展与提高，我校科学研究队伍的政治思想和业务水平也有一定的提高，物质条件比过去也有了充实，因而具备了更好地前进的条件。

2. 在具体安排科学研究工作时，应注意的几个问题。

在看到客观形势的需要和实现上述奋斗目标的可能的同时，在具体安排科学研究工作时，我们应当一方面在战略上树立雄心壮志，敢于胜利；另一方面，在具体工作中，还要有严格的科学态度，并应注意以下三个问题：

（甲）要通过调查研究，首先摸清我国社会主义建设中进一步发展的科学技术问题，参照世界科学技术发展的动向，找到“突破口”和攻占的目标，争取为我国攀登科学高峰和解决国民经济重大问题做出贡献。我们既要注意新技术的发展与应用，又要适当注意目的明确的理论研究工作，以为今后进行更富有开创性的研究工作提供理论指导。

（乙）要全校一盘棋，加强大协作，充分发挥多科性工业大学的特点。全校要逐步地确定几个高地，集中优势兵力加以攻占。这就要求加强全校一盘棋的思想，发扬大协作的精神，正确处理主角与配角的关系。攻占高地的过程，其实也是带动有关专业成长的过程。在必要的时候，还要打破专业框框与分工的界限，使“阵地战”与“运动战”结合起来，集中兵力打运动战。

（丙）要在全校集中兵力攻占几个重点高地的同时，各系的科学研究工作还要统筹安排，“大、中、小”结合。因此，要进一步发展与生产单位的广泛联系和协作，为解决当前生产问题作出应有的贡献。广泛参加直接为生产服务的科学研究工作，不仅可以多方面为我国工农业生产做出贡献，而且还可以使我校广大师生熟悉生产，得到实际锻炼，提高思想和解决实际问题的能力。而广大师生思想水平和技术水平的提高，又为攻占高地、攀登科学高峰准备良好的干部条件，反过来说，攻占高地、攀登科学高峰，又能使我校在我国的技术革命运动中发挥更大的作用。这两方面是辨证统一的关系。

3. 在完成上述奋斗目标时，在工作中首先要抓人的革命化。

要实现我们的奋斗目标，必须有一支过硬的队伍，因此首先要使我们的队伍的思想革命化。也就是，在进行科学研究工作时，要注意在改造客观世界的过程中，自觉地改造我们的主观世界。用主席思想武装我们的头脑，进一步克服唯心主义、形而上学、烦琐哲学等资产阶级世界观的影响，正确处理政治与业务、理论与实际、个人与集体、专家与群众之间的关系。

目前，全校教职工同学的革命积极性正在进一步高涨，各级领导还要注意提高政策水平，头脑要冷热结合，注意在学术上贯彻双百方针，注意在工作中听取不同的意见，调动一切可以调动的积极因素。在群众运动中，特别要注意劳逸结合，以便持久地发挥大家的积极性。

同志们，让我们在科学研究中，更高地举起毛泽东思想的红旗，坚持政治挂帅，坚持四个第一，自力更生，树立雄心壮志，奋发图强，发扬独创精神，为在不长的历史时期内攀登世界科学高峰、为实现我国四个现代化而做出我们应有的贡献！

清华大学档案，全宗号 2　目录号 校 4　案卷号 66015

在毛泽东思想的指导下 夺取科学研究和毕业设计的更大丰收

——蒋南翔校长在第七次科学讨论会、1966 年毕业设计动员大会上的讲话（摘要草稿）

（1966 年 2 月 28 日）

同志们：今天我准备讲五个问题。

毕业设计是重要的结合点

第一个问题：为什么把这次科学讨论会和 1966 年毕业设计动员会结合起来开？我校教学工作有两个重要的环节：基本训练和实际战斗训练。这两个环节是缺一不可的。1958 年以来，我们让学生参加真刀真枪的毕业设计，这是最集中、最生动的实际战斗训练。几年以来，我们从自己的经验中，愈来愈看清楚毕业设计的重要性。可以说，毕业设计是一个重要的结合点。第一，它是教学、科学研究、生产的结合点。第二，它是师生工人合作的结合点。第三，它又是阶级斗争、生产斗争、科学实验三大革命运动的结合点。因此，把科学研究工作和毕业设计工作结合起来，把我校主要的科学研究力量，用到毕业设计这个结合点上，就可以师生工人合作，配合作战，在最重要的阵地上，集中最强大的力量打歼灭战，从而取得最重要的战果。

在我国实现四个现代化的道路上，存在着困难、障碍、拦路虎，我校的科学研究和毕业设计工作，就是要去扫除这些困难、障碍，打掉拦路虎，推动三大革命运动前进。我们不要知难而退，回避困难，要有知难而进、寻难而进的革命精神和勇气。

以三大革命运动战士的姿态，来完成科学研究和毕业设计任务

第二个问题：以什么姿态出现在科学研究和毕业设计的战斗任务中。在科学研究和毕业设计的战斗任务中，可以有三种不同的思想境界。第一种是雇佣劳动的思想境界。如搞毕业设计，目的仅仅是为了自己通过毕业设计的答辩，取得一个好分数，以便在毕业以后，找到一个好的工作。这是旧的资产阶级工程师的态度。这种人正如十月革命胜利初期，苏联为了建设社会主义，用高薪聘请的美国工程师一样。这些美国工程师去苏联工作，当然不是为了建设社会主义，而仅仅是为了取得高工资。这种人是出卖知识，钞票挂帅，哪里报酬高就上哪儿，他们的精神境界是很不高尚的。今天在我们国家里，不关心工作的政治意义，只关心自己能够从工作中得到些什么的人，在思想境界上，同资产阶级专家是没有本质区别的。

第二种是红色工程师的思想境界。红色工程师的觉悟要比旧的资产阶级工程师高一点，他们有为社会主义建设服务的志愿。但是，他们仍然带有技术人员的局限性，一般只能对技术问题负责，政治还不那么挂帅。

第三种是三大革命运动的战士的思想境界。在科学研究和毕业设计的战斗中，他们不只是单纯解决科学技术问题，同时还自觉地做三大革命运动的促进派。许多在科学研究和毕业设计工作中取得显著成绩的师生，共同的特点都是具有这种精神境界。他们深入现场，与工人打成一片，同学习、同研究、同创造，做到了知识分子与工人相结合，促进了知识分子劳动化、工农群众知识化。这样，就打破了过去只对技术问题负责的旧框框，闯出了一条新道路。第一种境界是要反对的，第二种境界是不够的。我们今天需要的是第三种境界，要做三大革命运动的战士，既能完成毕业设计和科学研究的任务，又能在工作中突出政治，在思想政治领域中发挥创造性和主动性。这才是我们应有的高尚的思想境界和高姿态。

创造新经验，开辟新道路

第三个问题：要在三大革命运动的战线上创造新经验，开辟新道路。在社会主义革命和建设事业中，高等理工学校的科学研究工作，应如何更好地适应社会主义事业的需要，是一个最重要的问题……解放后，我们学习了苏联，对教学改革有帮助，教学质量也有所提高，但总的说还是照搬苏联的一套，缺乏独创精神，对于必须用毛泽东思想来指导高等学校的教育改革和科学研究工作，来开辟新的道路，认识还很不够。1956 年和 1957 年，在清华校内发生严重的争论，争论的焦点是：应该走哪条道路？有一种答案是倒退，让新清华退到旧清华，退到美国、西德的资本主义道路上去。另一种答案就是党中央在 1958 年提出的“教育为无产阶级政治服务，教育与生产劳动相结合”的教育方针。这是前进的方针，不断革命的道路。我们按照党的教育方针，抓住了毕业设计这一重要结合点，加以改造，推陈出新，由假刀假枪、纸上谈兵转到真刀真枪、实际作战。过去是一个人冷冷清清搞，现在是群众性地为国家四个现代化服务。从水 8 设计密云水库到今天的改造氨合成塔等项目的成就，都是坚持走这条道路的结果。

事实证明，只有坚持毛泽东思想挂帅，加强党的领导，走群众路线，知识分子与工农结合，师生教学相长，在三大革命运动中战斗成长，才能创造自己的经验，闯出自己的道路。

我们的学校不是风平浪静的世外桃源，在学校的政治思想、教学、科学研究、生产劳动等等各条战线、各项工作中，都存在着无产阶级和资产阶级这两种思想、两条道路的激烈斗争。我们不要回避这场斗争，而要积极参加，在斗争中得到锻炼成长。要站在新事物面前，不能踏步不前，更不能开倒车。我们要用毛泽东思想武装头脑，披荆斩棘，勇往直前，开拓新道路，为培养坚强的无产阶级革命事业的接班人，为促进生产斗争，为攀登世界科学技术的高峰，为创造高等教育事业的经验，努力作出自己的贡献。

在这个光荣而艰巨的任务面前，我们必须正确处理学习和独创的关系，既要虚心学习，又要善于独创。学习是为了独创，善于学习才能善于创造。学生刚进学校，比较多的是要学习，打好基础，然后在高年级再参加实际战斗，搞毕业设计。在科学研究和毕业设计工作中，也要虚心学习校内外先进单位的经验，向实际学习，向工人学习，向书本学习，学习一切先进的、有用的东西，但是更要敢于独创，结合实际走我们自己的道路，真正做到创造新经验，开辟新道路。

突出政治，用政治统帅业务

第四个问题：突出政治。要创造新经验，开辟新道路，首先要培养锻炼出新的人，新的思想。要在高等教育战线上和科学技术战线上打胜仗，首先要打胜政治仗。在科学研究和毕业设计工作中，不仅要解决科学技术问题，而且更重要的是培养锻炼人，在改造客观世界的实际斗争中改造人的世界观，政治与业务两者的关系必须正确处理，需要扎扎实实打好业务基础，但是更重要的是要突出政治。只有政治统帅了业务，业务问题才能解决得更好。因此，在理工院校，同样必须把突出政治放在第一位，把阶级斗争作为主课。

全校各部门、各单位、各系都要突出政治，在科学研究和毕业设计工作中要突出政治，就要：第一，解决科学研究，毕业设计的目的性问题。这个问题实际上就是工作动力问题、人生观世界观问题……第二，选择题目问题。我们的科学研究是为三大革命运动服务的，因此就要根据三大革命运动的客观需要和我们的主观力量，来选择题目。我们反对那种为科学研究而科学研究的脱离实际的资产阶级学风。第三，领导方法和工作方法问题。我们反对资产阶级专家路线，个人单干，闭门造车，死气沉沉的学院式的气氛和方法。我们提倡和坚持的是群众路线的方法。第四，在思想作风上，要实行三老四严：说老实话，办老实事，做老实人；严格的要求、严肃的态度、严密的组织、严明的纪律，反对马马虎虎，弄虚作假。

近几年来，我校有些系的研究成果多一些，有些系少一些，原因何在？不是由于业务方面的原因，而是由于政治方面的原因。这个问题很值得大家想一想。

在毛泽东思想的指导下，夺取科学研究和毕业设计的更大丰收

在高等教育战线上，在科学技术研究战线上的任务，最本质的就是用毛泽东思想来占领阵地，进行深入的兴无灭资的斗争。1958 年以来我校科学研究和毕业设计之所以取得很大成绩，归根结蒂是由于高举了毛泽东思想伟大红旗，坚决贯彻了毛主席的教育思想和党的教育方针。是在毛主席所提出的大兴调查研究之风，破除迷信，敢想敢干的思想指导下取得的。当前全民大学毛主席著作，各条战线上学毛主席著作有很大成绩，这是历史上从来没有的高潮。理论一旦被群众掌握，就变成了巨大的物质力量。今天是工农兵掌握毛泽东思想的时代，理论不再为知识分子所垄断。在这一形势下，我们高等教育战线上的知识分子学习毛主席著作是较落后的。

学习毛主席著作，第一，要老老实实地学，老老实实地用，在“用”字上狠下功夫。首先要学好“老三篇”：《纪念白求恩》《为人民服务》《愚公移山》，改造主观世界，解决世界观问题。要学好四篇哲学论文：《实践论》《矛盾论》《关于正确处理人民内部矛盾的问题》《人的正确思想是从哪里来的?》。以毛泽东思想为武器，来寻找科学研究工作中的规律性，更好地改造客观世界。在学习中首先要对照自己的立场和思想，想一想自己究竟坐在哪张椅子上，是坐在物质刺激的椅子上，还是坐在为革命为人民的椅子上。我们要做彻底的唯物论者，掌握革命的辩证法。要学会一分为二，肯定和发扬成绩，揭发和克服缺点。要学会分析和综合事物的能力，分析事物就是要正确认识客观世界，综合事物就是要革命地改造客观世界。第二，向解放军学习，向大庆人、大寨人学习，以及向各种先进单位学习。第三，向本校的先进单位、先进经验学习。

希望全校师生员工，更好地活学活用毛泽东思想，高标准要求，在科学研究、毕业设计中夺取更大的成就和胜利。

《新清华》增刊，1966年3月5日

第七次科学讨论会、1966年毕业设计动员大会文件目录※

（1966年2—3月）

六年的奋斗，四个方面的丰收

清华大学建造原子反应堆的初步经验总结（摘要）

中共清华大学委员会工程物理系总支

1966年2月

毛泽东思想的光辉照亮了我们科学研究的道路

——关于创造66型板塔的初步总结——

清华大学工程化学系化工原理教研组

1966年3月

毛泽东思想是攻占科学技术高峰的强大武器

——参加氨合成塔技术改造的初步体会——

清华大学动力机械系热工学教研组

1966年3月

突出政治　小厂办大事

上海德新冶炼厂党支部书记兼厂长陈鑫煜同志的报告（摘要）

1966年3月

清华大学档案，全宗号2　目录号 校4　案卷号66015

二、研究生教育

（一）研究生工作综合情况

清华大学一九五一年暑假拟招收研究生名额分配研究范围及指导教授一览表

（1951年5月）

系　别	研究范围	指导教授	最高名额 最低名额
数学系	运算微积	赵访熊	五人至〇人
	矩阵几何自守函数论	华罗庚	
	黎曼函数论 数论	闵嗣鹤	
	福利哀分析	程民德	
	群论	段学复	
物理系	统计力学及热力学	王竹溪	十人至五人
	量子力学	彭桓武	
	流体力学	周培源	
	X光及结晶构造	余瑞璜	
	金属物理	葛庭燧	
	应用电子学	孟昭英	

续表

系　别	研究范围	指导教授	最高名额 最低名额
化学系	有机化学	冯新德	三人至一人
	糠醛-锑果剂 聚合物		
	无机化学	严仁荫	一人至一人
	氯基化合物水解		
	物理化学催化作用	张青莲	一人至一人
	物理化学盐析作用	黄子卿	一人至一人
生物学系	动物营养	沈同	一人至〇人
	组织学及胚胎学	崔之兰	一人至〇人
	动物生理学	赵以炳	一人至〇人
	经济植物的培植	李继侗	一人至〇人
地质学系	矿物及矿物鉴定	孟宪民	三人至二人
	矿床学	冯景兰	二人至〇人
	地质学及古生物学	张席禔　杨遵仪	四人至三人
	地理组	不招	
心理学系	人类实验心理（心理电流反射与情绪）	周先庚	三人至二人
	动物心理（条件反射）	唐钺　孙国华	
	儿童心理（工农儿童智力发展）	沈履　吴天敏	
土木工程系	大地测量及航空测量	储钟瑞	一人至一人
	大地测量或普通测量	李庆海	一人至一人
	移动槽床的水力学	李丕济	一人至一人
	水文学	施嘉炀	二人至一人
	结构分析	刘恢先	一人至一人
	土壤力学	杨式德	一人至一人
	预加力混凝土	吴柳生	一人至一人
机械工程系	工程力学	钱伟长　张维	二人至〇人
电机工程系	电波学	常迵	一人至一人

续表

系　别	研究范围	指导教授	最高名额 最低名额
化学工程系	传热问题	朱亚杰	一人至一人
	液体燃料	武迟	二人至一人
	煤炭燃烧或氧化	侯祥麟	一人至一人
	合金制造及处理	赵锡霖	一人至一人
	偶氮条件	恽魁宏	一人至一人
营建学系	中国建筑	梁思成　刘致平 莫宗江	五人至〇人
	建筑设计	梁思成　周卜颐 吴良镛　郑孝燮	
	市镇计划	梁思成　吴良镛 周卜颐	
采矿工程系	采煤方法	卢焕云　孟宪民	一人至一人
	石油钻探	卢克君	一人至一人

以上共计六十一人（最高额）至三十三人（最低额）

清华大学档案，全宗号 2　目录号 校 3　案卷号 206

一年来研究生基本上按计划学习

（1954 年 11 月 12 日）

本校现有研究生共 218 人，其中三年级 8 人，二年级 203 人，一年级 7 人。一年多来，在专家的直接指导和本校教师的指导下，研究生都基本上按着各人的计划进行着学习，除了一部分因病等原因外，都完成了学习任务。院系调整以来已结业的共有 10 人。

1953 年夏高教部决定由本校培养 200 名研究生后，学校即邀请全体苏联专家就培养研究生的问题举行了数次座谈，决定了培养研究生的方针是：根据三年制大学毕业生的水平，先用一年到两年的时间补足苏联大学毕业生的要求，再用三年中剩下的时间进行一定的专业阅读和毕业设计，培养的目标是使研究生为能胜任高等学校教学工作的教师，并据此订立了研究生三年的学习计划。一年来研究生的学习基本上是按计划完成的。全体研究生都学习了俄文和马列主义基础，本学期起学习政治经济学。大部分一年级研究生随三年级学生听课，补习了大学中未学的专业课程（有一部分是在教师领导下学习，或自学后轮流作报告，或参加了一定的教学工作，在工作中学习）。今年暑期内，全部研究生进行了生产实习。有一部分（如水利和土木施工、发电、建筑、物理）研究生已经开始进行读书报告和课程论文的工作，有些研究生（如电真空、发送设备、电机电器、发电等）参加了建立新实验、新实验室的工作。差不多全部研究生都进行了课程设计，有些还参加了领导大学本科生课程设计的工作，有 20 人左右（包括工业建筑、建筑设计、机械制造工学等）已经提前进行了大学本科毕业设计的试做工作，有些人将进一步进行科学研究的论文工作。

上学期来工作中感到的问题是缺乏专门机构负责研究生的工作，没有严格的制度，思想工作做得不够。学校正在努力克服这些缺点，今年夏天起已设立了科学研究科，兼管研究生的工作，研究生也有代表参加了工会基层委员会。同时在本学期开学时召开了有关教研组主任会议，汇报和研究了研究生学习中存在的问题，并修改了研究生的学习计划。其他有关的问题正在请示高教部设法解决中。

《新清华》第 65 期，1954 年 11 月 12 日

关于研究生的工作
——本校苏联专家萨多维奇一九五五年三月十六日在全校研究生会议上的发言记录

（1955 年 3 月 16 日）

目前在中国的高等学校中，能按新的教学计划、教学大纲进行教学工作的教师非常缺乏，而培养高等学校的师资最有效的方法之一是培养研究生。

在规定的短短二～三年中研究生应完成一系列的任务：

（一）消灭由于旧制学校按照旧的教学方法进行教学所形成的知识缺陷；

（二）深入地学习将来要担任教学工作的课程；

（三）仔细地研究这些课程的各种教学方式（实验、习题、课程设计、毕业设计的指导等）；

（四）进行教学实习和生产实习；

（五）研究教研组的各项工作（教学组织工作、教学方法工作和学生工作，等等）；

（六）要获得进行科学研究工作的能力；

（七）应在政治思想方面提高，这是作教学和科学研究工作的一个主要条件。

这是一整套的培养研究生的任务，可见，教研组和研究生面临着重大的任务。我也曾企图减少一些研究生的工作，但是目前是不可能的。今后的研究生，他们可以不要进行第一项工作，也就是五年制的毕业生可以把它取消。生活将会使某些工作内容改变。

为了完成上述任务，研究生要在教研组的领导下，订出详细的个人学习计划，待在批准后必须全部加以实现。

教研组和教务处应为研究生组织：

（一）分班学习俄文、政治和社会科学等课程的学习。

（二）为学生讲的课程，研究生需要的也要去听，同时按照讲课教师的指示，深入独立地钻研本课程的补充材料。在苏联研究生也听教员的讲课，一般是听导师的课程，或导师指定的有经验教师的课。这种措施是非常有益的。我过去当研究生的时候就是如此。我在听课时也记笔记，记笔记的方法是把听到的内容记在练习本的一面，而另一面是独立地组织讲课教材，和摘录有关的文献。

（三）为研究生组织讲课、实验和课程设计的辅导。

（四）组织进行生产实习，在苏联叫作科学出差。

（五）教研组应吸收研究生参加对大学生的直接教学工作，作为教学实习。

（六）使研究生积极参加教研组的工作。研究生应知道教研组工作中的各个环节，哪怕细微的问题也应该知道。假如一个研究生学习得很出色，可是对教研组工作一点也不知道，将来出去工作将会发生很大的困难。我们要认识如何组织教研组工作，就应该参加到教研组的工作中去。教研组的活动是多种多样的。

研究生的培养方式应该是在教研组有经验教师领导下独立地进行工作。中国高等学校也和苏联的高等学校一样，培养研究生的基本方式就是研究生的自修。研究生应该具有独立钻研文献的能力，这对科学工作者是非常重要的。

在中国高等学校的一些研究生中存在着一种看法：认为培养研究生应和培养大学生一样。也就是说，得给他们指定专任讲课教师，专给他们写讲稿，把写好的讲稿献给他们。其他各种教学方式也需要如此进行。

但如果这样下去，就会把培养研究生的最主要任务——即独立钻研文献的能力取消掉。而这却是一个教学和科学工作者做好工作的重要条件。采取这种工作制度会遇到很多困难，于是乎有些研究生对自己的工作就怀疑起来了，丧失信心了。他们说："我们不会独立工作，不会收集材料，不会整理，不会分清主次，不会分析。这些工作最好还是由讲课教师来做。"

的确，慈母专为小孩准备好的食物是很容易咽下去的，但是要有一个条件，就是小孩愿意吃，而不去用舌头把它吐出来。但是我们培养的研究生还不是光会吃饭的小孩，而是会做饭的母亲，他将是很多小孩的抚养者。在苏联的高等学校中即使对于学生，也要培养他们的独立工作能力。关于大学生在高等学校如何工作，在卓洛塔廖夫专家的报告中已详细谈到，大概你们也已经知道了。研究生不是大学生，他是大学生的未来教师和导师，作为一研究生而无独立工作的修养，又如何能培养大学生独立工作的能力呢？因此不论如何困难，研究生必须训练自己具有这种能力。

研究生的工作一般是逐步地复杂的。通常，第一学年的研究生是听课，主要根据讲义或者为大学生编定的教科书进行深入的钻研，同时还按照导师的指示研究必要的补充资料。到了第二学年，研究生就得利用现有的本国的和外国的技术书籍（教学参考书，期刊上的技术论文，为工程师和科学工作者用的专门技术书籍），深入地、并且主要是独立地研究以前读过的一门或几门专门课程中的主要章节。因此，第二学年学习的基本任务是：

（一）扩大研究生在所学课程方面的眼界，使之达到精通业务的工程师和科学工作者的水平；

（二）培养研究生具有根据指定的一个问题选择必要技术书籍的能力，同时能加以整理、研究，并在这个基础上加以综合；

（三）按照指定的一个问题，把研究现有书籍的结果能够用口头或书面的形式叙述出来；

（四）具有编写讲课和报告的计划，编写讲课提纲、读书报告的能力；

（五）具有编写进行习题课、实验课的计划和拟定课程设计任务书的能力，等等。

写读书报告这个工作是进行科学研究的初步，在上述各问题中这是最难的一件工作。

二年级的研究生应该积极参加教研组的活动。目前有些同志对周围发生的事情都不感兴趣，只沉醉于自己的读书报告中，如在我校举行的全国工业与民用建筑和河川结构和水力发电站水工建筑两专业的经验交流会，就有很多同志没有参加这次会议。又如最近中央建筑工程部召开了建筑工程会议，听说张维教授已经进行了传达，而只有三个研究生听了传达报告。应该关心这些周围发生的事情，因为从教科书上得到的只是一九四九年、一九五〇年的成就，而这种会议讨论的是最新的工作。以后假如外面有技术性的会议，或展览会，可以派一两个研究生去听，或参观，回来向全体作传达报告。

现在再详细谈一谈研究生应如何写读书报告。我把这个工作分为几个阶段来说：

第一阶段——根据指定的题目收集必要的书籍和实际生产上的资料。收集资料是会遇到一些困难的，但大家熟悉情况以后，就不困难了。目前教研组编写的卡片还很少，教研组工作很忙，因而更需要研究生参加这方面的工作。研究生既然是教研组成员之一，就有责任做这方面的工作。

第二阶段——按照题目的各个问题，整理收集到的资料；

第三阶段——初步研究材料，写出简评摘要；

第四阶段——按照题目的章节深入研究文献资料；

第五阶段——写读书报告。

下面举例说明读书报告大致的轮廓：

（一）序言或引言：论证所提问题的现实性——即对于国民经济的意义，简单的历史介绍等（简单的历史介绍可以分为一个章节，视题目而定）。如果感到一开始就写序言或引言有困难，可以在写完本文以后再回过头来写，但仍应首先确定序言或引言中的思想。

（二）分章编写报告的本文并画出附图；

（三）推论和结论；

（四）本问题的参考图书，文献目录；

（五）目次。

任何问题没有深入研究以前总觉得非常简单，而当写完读书报告以后，却会发现不少问题。其中最感兴趣的问题可以在将来进行科学研究。当然今年对研究生还没有提出学术论文的要求，不久将来这个问题是要提出的。在目前情况下，你们可以在毕业以后根据读书报告中所发现的问题进行钻研，根据读书报告进行某些试验，因此在做完读书报告后还有很多工作可以做。

下面谈一下研究生的结业工作问题

从培养研究生的任务出发，也就是研究生应该掌握各种教学形式，目前还是做扩大的毕业设计最为合适，而不做研究生结业论文，当然还可能有例外，结业工作的内容和五年制大学生的毕业设计相同，但对其中有关部分进行深入的研究，如果一个毕业设计分为三部分，而第三部分为主要的，则第一、第二两部分和大学生的要求相同，而第三部分应进行深入的钻研。这一部分的内容由于时间限制，全部深入还是不可能的，应该对其中的某一个问题进行钻研，做出读书报告，做出结论，甚至可以达到学术论文的水平。如时间不许可，则可以将来继续做下去。

例外情况是有的：（一）对非专业教研组的研究生（如物理、材料力学），不必做毕业设计。（二）如以前做过毕业设计即可以作学位论文。有些同志没有做过毕业设计，而希望做学位论文，如他研究了焊缝中的问题，论文也做得很好，但毕业以后，进行教学工作时，仍然不能指导毕业设计，那就不好了。

结业工作前还要做结业实习，教研组应该在这方面做好准备工作，要使研究生能接触到结业工作中的问题，结业工作有无学术价值要看实习时和结业工作进行时工作得如何。这时的独立工作性更要提高。但这也并不是说不要领导，还是要有教师的指导。遇到问题时必须先找有关的文献，再去问教师。问时应首先谈出自己的见解，请求教师解答，教师不一定对一切问题都能立刻回答，重大的问题要经过讨论。

应该有八个星期的实习，和十六个星期的结业工作。

土木水利的研究生在实习以前应该与教师同时参加辅导本年度大学生的毕业设计工作，了解其中发生的困难。

（本文未经专家审阅，如有错误由记录者负责）

《新清华月报》1955 年第 2、3 期，1955 年 4 月 23 日

培养研究生的工作

（1956 年 2 月）

科学研究科

我校培养研究生的工作，三年来也有相当的发展。一九五二年院系调整时，清华有研究生 18 人，目前在校的已达 178 人，先后毕业的有 28 人，本学期寒假还有 44 人毕业。

根据高等教育部一九五四年的指示，目前研究生培养目标是教师，培养期限是2～3年，主要向苏联专家学习，并改善了入学办法。根据研究生入学的程度，各教研组制订了学习计划，其中包括：①学完马列主义基础、政治经济学，两门政治课，自一九五五年起，又为研究生开设辩证唯物主义和历史唯物主义，订为必修课。②补学在三年制大学中所没有学的主要课程，特别是苏联专家所开的专业课程，和有关的生产实习及课程设计。③补学俄文，要达到能自由阅读专业书籍的水平。④做专题阅读报告，培养开始作科学工作的能力；参加实验工作，使能独立地安排实验。⑤参加教学实习。⑥完成结业工作：考虑到他们没有做过毕业设计，因此暂时规定一般是做毕业设计（物理除外），但内容分量上比本科学生要求高，扩大有关与将来所教课程有关的专题部分。

一年半来，各教研组都按照这原则进行着工作，培养研究生的质量比以往提高。一九五五年暑假有18人毕业，毕业后一般能担任讲课工作，可以说已经达到高教部原订要求。本学期有44人结业，他们已经能掌握了本专业范围的知识，做了读书报告，深入了某些内容，参加了一些教学工作，获得了一些教学工作的经验。他们的结业工作做得比较好；设计内容一般用了苏联最新的科学成就，解决具有现实性的问题，有一定的创造性，得到了产业部门的工程师和苏联专家的赞扬。

根据目前中央的指示，要科学界在三个五年计划内接近世界水平，就必须培养出能进行科学研究工作、水平更高的教师或科学工作者，因此研究生的培养质量还应提高，研究生的培养范围也要扩大，在全校科学研究开展基础上，要充分发挥教授的作用，指导研究生，培养出一批副博士。

新的研究生的培养工作，对我们来说是一件新的任务，但是相信在党的正确领导下和高教部的具体指导下，一定可以完成这一工作，为祖国培养出优秀的教师和科学工作者来。

《新清华》(双月刊)，1956 年第 1 期

研究生招生工作已完毕
不脱产研究生批准 35 人
脱产研究生录取 12 人

(1957 年 1 月 29 日)

研究生科

我校培养不脱产研究生（原名不脱产副博士研究生，遵照高教部指示，今后取消“副博士”三字）工作，于去年秋后正式进行。有关培养办法及预试办法业经校务委员会讨论通过并分别公布。截至目前为止计有 48 位教师提出申请，其中大部分为讲师，极少数为年青助教，经批准者第一批计 35 人，另有 13 人由于导师尚未确定或因系新近申请尚未办理正式批准手续。

已批准之不脱产研究生，现正分别在导师指导下订制在研究生期间的学习及研究计划。学校原定期限为六年，部分同志因教学经验较丰富及业务基础较好，估计在三四年内即可提出学位论文。

不脱产研究生之学习科目包括哲学课，具有一定程度的两门外国语，以及有关论文方向上的两门业务基础课，与此同时进行论文方面的研究工作，但也可以先通过预试科目，然后进行研究工作，具体学习方案则由研究生本人在导师指导下订出经批准后执行。

我校根据高教部指示在 1956 年招收正规化研究生，原计划招收 20 个专业 26 名研究生。自公布这一个消息后，索取有关报

名资料者达600人之多。8月间开始报名。由于报名人数较少延至10月15日截止报名，计核准参加考试者有16个专业共39人，其中在职技术人员20人，在职教员8人，1956年大学毕业生11人，于11月中旬在全国范围内分7个考区举行考试，经评阅考卷并与导师反复磋商，最后取录11个专业12名研究生。在取录名单中，如按毕业年限分析，1949年毕业者1人，1952年、1953年毕业者8人，1956年毕业者3人；如按从事工作性质分析，则现任教师7人，技术员5人。

研究生学习期限一般定为四年，前二年学习哲学、外文及有关业务科目，后二年从事专题研究并写出论文。研究生是在导师指导下学习及工作，但在一定程度上是以自学为主，须具备独立工作能力才能收到较好的效果，学校规定研究生报到日期在2月上旬，目前正准备必要的安排工作。

《新清华》第169期，1957年1月29日

清华大学1951—1960年研究生人数统计※

（1961年1月）

科学生产处

年限	招生数			毕业生数	中途分配工作、转学数	备注
	二年制	三年制	四年制			
1951—1952年		19		11	0	
1953年		192		1	0	主要跟苏联专家学习
1954年		43		6	26	主要跟苏联专家学习

续表

年限	招生数			毕业生数	中途分配工作、转学数	备注
	二年制	三年制	四年制			
1955年		26		6	36	主要跟苏联专家学习
1956年	9	3		151	5	主要跟苏联专家学习
1957年	8	0	14	26	1	
1958年	0	0	2	5	13	
小计	17	283	16	216①	81	
1959年		95		5	7	
1960年		30		5	7	
合计	17	408	16	226②	95	

清华大学档案，全宗号 2　目录号 校 4　案卷号 66025

指导研究生的教师举行经验交流会

（1961年6月24日）

6月24日，学校举行了全体研究生指导教师和辅导教师座谈会，进一步明确研究生的培养目标和培养方法，加强教师的主导作用，并交流指导研究生的经验。

去年和今年年初，我校先后招收了两批研究生，共215名。校委会根据教育部的指示，制定了《清华大学培养研究生试行办法》，各系都有一位系主任直接负责研究生的工作，为每个研究生指定了指导教师和辅导教师。

① 经核算，应为206人。

② 经核算，应为216人。

今年3月开始，张维副校长和科学生产处对各系研究生的工作进一步进行了调查，分别找各系汇报工作，并和负责研究生工作的系主任和一些指导教师共同进行了研究与分析。在24日的全校指导教师和辅导教师座谈会上，张维副校长和科学生产处处长高景德同志先后报告了上一阶段研究生工作的情况和目前存在的问题，提出必须进一步明确培养目标和培养方法，加强教师的指导作用，并对如何具体安排研究生的学习问题提出了意见。精密仪器与机械制造系副主任邹致圻、工程化学系副主任汪家鼎、土木建筑系副主任杨式德等同志在会上介绍了自己的经验，谈到如何组织研究生的理论学习，以及科学研究指导教师怎样发挥主导作用等方面的体会。

《新清华》第602期，1961年7月3日

关于1961年抽调本校教师为脱产研究生或在职研究生培养情况※

（1963年8月）

科学生产处[1]

我校1961年10月抽调教师19人为脱产研究生，63名为在职研究生。他们的学习情况大体可分为四种类型：

1. 第一种情况：学习突出，研究生本人干劲足，时间抓得紧，课程考试大部分都已通过，成绩优秀，科学研究题目已确定且有了一定的开展；

---

① 原档案有名单有数字。本表按档案中标注的名单进行了统计。

2. 第二种情况：学习正常；

3. 第三种情况：学习进度缓慢；

4. 第四种情况：估计不能继续做研究生。

各种情况如下表：

系别	全校在职研究生				本校脱产研究生			
	一	二	三	四	一	二	三	四
机、冶	0	6	0	0	0	0	0	0
动农机	0	6	1	1	0	2	0	0
电机	2	2	1	0	2	1	0	0
土建	2	3	1	0	1	1	0	2
水利	0	2	1	0	0	2	0	2
无线电	0	5	0	0	2	2	0	0
工物	3	5	1	1	0	0	0	0
工化	0	4	0	0	0	0	0	0
数力	2	1	0	0	0	1	1	0
自控	1	1	4	5（任务重）	0	0	0	0
基础课	0	1	1	0	0	0	0	0
合计	10	36	10	6（1人出国除外）	5	9	1	4

清华大学档案，全宗号 2　目录号 校 4　案卷号 66023

我校研究生工作情况汇报（节选）①

（1963 年 8 月）

科学生产处

一、基本情况

1. 研究生人数：

我校自 1959 年 12 月大量招收研究生，截至 1963 年 6 月底止：

中途退学研究生 56 人

其中因考试不及格退学的 31 人

因病退学的 19 人

因其他原因退学的 6 人

在校研究生有：

脱产研究生 351 名（其中 19 名为本校教师在 1961 年 10 月抽调的）

在职研究生 63 名（1961 年 10 月由本校教师抽调的）

研究生分布情况如下表：

系别	脱产研究生数							在职研究生数				
	小计	1959 年 12 月	1961 年 2 月	1961 年 9 月	1962 年 4 月	1962 年 9 月	1963 年 2 月	小计	1961 年 10 月	1962 年 2 月	1962 年 9 月	1963 年 2 月
机械冶金	62	19	20	9	6	2	6	6	6			

① 1963 年 8 月 6 日—21 日清华大学党委召开了工作会议，讨论学校队伍建设、科学研究等问题。本材料是此次会议材料之一。

续表

系别	脱产研究生数							在职研究生数				
	小计	1959年12月	1961年2月	1961年9月	1962年4月	1962年9月	1963年2月	小计	1961年10月	1962年2月	1962年9月	1963年2月
动力农机	39	11	11	1	10	1	5	8	6	2		
电机	61	17	17	5	13		9	5	4	1		
土建	57	15	23	10	3	2	4	6	5	1		
水利	39	6	14	4	10		5	3	3			
无线电	33	5	1	17	2	8		5	5			
工程物理	20			12		8		10	10			
工程化学	14		1	11		2		4	4			
力学数学	15	5		5	1	4		3	3			
自动控制	4	1				3		11	10		1	
基础课	7		2				5	2		1		1
合计	351	79	89	74	45	30	34	63	56	5	1	1
	共计411名①											

① 经核算，应为414人。

2. 指导教师人数：

指导教师共有　169 人

其中：教授　　56 人

副教授　66 人

讲师　　47 人（1962 年以前教育部未规定指导教师一定是教授和副教授）

在 122 名教授和副教授中，本人的科学研究方向结合校、系或教研组科学研究方向的约 70 余人，占 122 人的 58%。

3. 本年度应届毕业生人数：

1959 年 12 月入学的研究生约有 70 人毕业，在今年八九月份进行论文答辩，估计比较突出的有 7～8 人，大多数为良好。

二、如何进一步提高我校研究生培养质量

…………

清华大学档案，全宗号 2　目录号 校 4　案卷号 66023

做攀登科学高峰的登山队

——蒋南翔校长和研究生谈又红又专问题

（1963 年 9 月 21 日）

9 月 21 日，蒋南翔校长向研究生作报告，要求大家努力做到又红又专，使自己成为攀登科学高峰的登山队员。参加报告会的有全体研究生和指导教师。

蒋校长说，党中央号召我们向科学进军，尽快赶上世界先进水平。这是一个很光荣的任务，需要依靠各方面的共同努力，而

研究生则是科学战线上的优秀后备军，应该成为攀登科学高峰的登山队。在旧中国，培养高级的科学技术人才的途径，主要是派遣留学生到西方资本主义国家去学习。现在我国科学技术方面的老专家，大部分就是解放以前在国外学习的。他们具有较高的知识水平，现在是我国高等教育和科学事业中学术上的领导骨干，是我国宝贵的财富，这一点是应该肯定的。但是，旧中国不能依靠本国培养最高级的科学技术人才，这是半殖民地旧中国教育不能独立的一种反映，我们决不能重复历史。在社会主义的新中国，我们应该努力做到自己培养最优秀的专家。当然，派人出国学习某些薄弱环节也是必要的，但只能是一种辅助的形式。

作为科学上的登山队，要有超过前人的抱负。这不是幻想。因为正像马克思所曾说过的，后人是踏在前人肩膀上前进的，完全有可能比前人取得更高的成就。同时，资本主义和修正主义思想教育出来的人，在指导思想上往往受马赫主义及其变种——实用主义的影响。实用主义是一种市侩哲学，它标榜真理的“有用性”，不承认真理的“客观性”，认为“有用”就是真理，能够成名得利就是真理，接受这种思想指导的人，就常常在“科学至上”“为科学而科学”的口号下，放弃、拒绝为人民服务、为社会主义服务的原则。他们只重视利害关系，不重视政治操守，只要“有利”，可以不惜为资本家和帝国主义反动派服务。我们都明确科学技术要为社会主义建设服务，为绝大多数人民服务，有崇高的目的，有伟大的动力，这正是我们社会制度的优越性所在。历史证明，社会主义国家在正确的思想指导下，能够以比较短的时间在科学技术上赶上先进的资本主义国家。我国目前的科学技术水平还比较落后，但从长远来看，随着国家建设的发展，我们一定能够在学习前人经验的基础上，接近和赶上世界科学技术的先进水平。

接着，蒋校长谈到，我们在战略上藐视敌人，在战术上要重视敌人，认真做好研究生的培养工作。他说，1962 年以来，党和政府更加重视这一工作，保证招收质量优秀的新生，严格遴选导师，管理工作也有了加强，这就为进一步提高研究生的培养质量创造了更好的条件。目前，研究生在三年学习期间，大体上是用一年半的时间掌握外国语、基础理论、专门课程等业务基础，用一年半的时间进行研究工作。我们设想，今后要不断提高要求，争取在不太长的时期以后，逐步做到部分学业优秀的学生在大学学习期间便能基本上打好研究生的上述业务基础，这样到研究生学习期间，就可以用两年半至三年的时间进行研究工作。为此，应该根据因材施教的原则，为一些学业优秀的学生创造条件，允许他们在学好大学课程的基础上提前学习和通过研究生的业务基础。这样，他们大学毕业以后，立即可以进行研究工作，更有利于在科学上创造新成绩。

蒋校长说，在提高业务水平的同时，还必须特别抓紧思想工作。目前，在学业优秀的学生中，政治上较好的人数比例，比一般学生要低一些。这种情况值得我们重视和警惕。政治上业务上都好，是可以做到的，但的确是比较困难的。这主要是由于我们还没有掌握它的规律。譬如业务和健康的矛盾，在封建时代就认为是不可克服的，文弱书生，肩不能挑，手不能提，被认为是理所当然。资本主义时代就前进了一步，认为业务与健康可以统一，在大、中、小学，都把体育课列为正式课程，但认为政治与业务的结合是不可能的。到了社会主义时代，应该更进一步。我们认为只要掌握了政治与业务相结合的规律，两者是可以统一的，如果不自觉，就会发生矛盾。如果在政治上很糟糕，奉行市侩哲学，就不可能有很高的成就。因此，研究生要自觉地努力提高自己的马列主义觉悟，并把它变为业务学习上的动力。指导教师和教研组在指导业务学习的同时，应该加强思想教育，提高思想性；党和团的组织在抓思想工作的同时，也要全面关心研究生的培养；只有两方面互相配合，才能共同培养出又红又专的人才。对研究生进行思想工作，主要的是进行共产主义理想的教育、政治路线的教育以及实际工作中的方针政策的教育。如果很好地对待这三个问题，我们就能够在正确的道路上前进，否则就有“翻船”的危险。此外，在业务领域中也要进行科学世界观的教育，只有具备辩证唯物主义的观点和方法，才能取得更大的成就。

蒋校长最后谈到了学风问题。他说，思想工作具体落实在研究生的培养工作上，就是要树立马列主义的学风，理论与实际统一的学风，要求教学、科学研究与生产劳动相结合。这对工科大学来说，具有更加迫切的意义。我们要重视理论，但不能片面地迷信理论。理论与生产实践相结合，才能得到检验，也只有在丰富的生产知识的基础上，才能创造出新的理论。1958 年以来，我们学校取得较大成就的科学研究项目，都与生产有关。如焊接教研组就从大量的焊接问题中摸索到裂缝是个关键问题。工科大学的科学研究工作离不开实践，就和光看书不能学会游泳、弹琴、打仗、医病是同样的道理。判断理论应以能否解决问题为标准。蒋校长说，在科学研究工作中，我们既不能像半殖民地的旧中国时代那样，一般是从杂志缝里找题目，不做实验，只写文章，也要防止把题目搞得太大，想“一口饭吃成胖子”。我们的科学研究工作要从社会主义建设的需要出发，从主客观的实际条件出发，逐步提高，就像登山要从地上一步步登上去一样。

《新清华》第 681 期，1963 年 11 月 2 日

认真贯彻高校研究生工作会议精神
加强研究生学习指导和思想工作
首批研究生已完成毕业论文开始答辩

（1963年11月2日）

一年来，我校根据教育部有关指示和高等学校研究生工作会议的精神，大力改进和加强研究生的工作，为今后进一步提高研究生的培养质量打下了较好的基础。

目前，全校共有脱产研究生和在职研究生400多人，包括70个研究生专业。担任指导教师的教授、副教授共有100多位。从去年开始，我校按照教育部的统一规定，在全国高等学校应届毕业生统一分配之前优先选拔研究生，这就显著地提高了新生质量。如本学期新入学的40多人，在政治思想、业务学习、身体健康等方面，都比较好。学校还正在研究根据因材施教的原则，将大多数学业优秀学生的培养与研究生的培养衔接起来，进一步提高研究生的入学质量。一年来，各个专业都为研究生制订了培养方案和部分课程学习大纲。方案规定了本专业培养研究生的基本要求，并对研究生的研究方向、应该学习的专业基础课程和专门课程、学习时间的安排等，作了一般规定。目前，指导教师正按照培养方案的要求，拟订新入学研究生的培养计划，并指导研究生拟定年度学习计划。此外，学校还在根据《高等学校培养研究生工作暂行条例》，制定研究生工作细则，以进一步加强研究生的管理工作。

与此同时，学校正在大力加强研究生的思想工作，教育他们正确处理政治与业务、个人与集体、理论与实际等方面的关系，努力做到又红又专。全校成立了研究生思想工作组，专门负责研究生的思想政治工作，团委会也成立研究生工作委员会，加强研究生的思想教育。9 月 21 日，蒋南翔校长向全体研究生和指导教师作了报告，要求大家政治挂帅，树立马列主义的学风，培养攀登科学高峰的优秀后备军。在讨论中，很多研究生都表示，一定要响应党和学校的号召，努力把自己培养成为我国赶上世界先进水平的科学代表队员。

今年年底，我校将有 70 多名首批正规培养的研究生毕业。他们在学习期间，先后完成了政治理论课、外国语、专业基础课和专门课程的学习，以及毕业论文的工作，目前正在进行答辩，不久将进行统一分配。已经进行答辩的 8 名研究生，都获得了四分五分的优良成绩。如冶金系任善之的论文《拖拉机球墨铸铁履带板的研究》，答辩委员会一致认为“具有创造性，试验数据正确，结论正确可靠，与论文主要内容有关的知识掌握得很好，表现了较强的独立工作能力”。有关部门已根据论文以铁代钢试制这种拖拉机履带板。再如土建系研究生许宏庄的《剧场舞台建筑设计问题的研究》的论文，内容丰富，论述较全面，工作中深入实际进行调查研究，作风刻苦，因而得出了数据正确、结论可靠、别具一格的作品。该论文对今后大中型歌舞剧院的设计人员有相当的参考价值。到会的校内外专家对该生的辛勤劳动和研究成果表示满意，给了较高的评价。

《新清华》第 681 期，1963 年 11 月 2 日

清华大学关于1964年研究生政治思想工作向教育部的汇报※

（1964年4月30日）

我校现有脱产研究生327人（已答辩毕业者未计入），其中党员有45人，占15%，团员有251人，占82%。大部分团员在大学时期都曾担任过团支委以上的干部，不少人还是党的积极分子。总的看来，研究生的政治质量比一般大学生要好些。

但是由于缺乏经验以及过去有一段时间内政治思想工作抓得不如教师和学生紧，研究生工作上还存在不少问题。1963年9月，校党委根据这一情况决定大力加强研究生的政治思想工作。当时对研究生的状况作了调查，发现主要问题有以下几方面：

1. 在思想工作的组织领导上，过去多数系是把研究生编入教师的党团支部，研究生没有自己独立的党团组织。研究生分散在各支部中的人数很少，往往被忽视，不能针对他们的思想情况做好深入细致的工作。再是同一系的研究生之间彼此不通气，许多共同性的问题不能进行交流和讨论。如组织研究生参加工农业生产劳动、发展党等没有统一的安排和领导。三是教研组支部有些活动不切合研究生的需要，研究生参加这些活动收获不大，反而增加了负担。

2. 在红专问题上，研究生对自己的政治要求还不够明确。有的人感到业务上压力大，要求也具体，就自觉或不自觉地放松了政治上的要求，认为研究生的唯一任务就是提高业务水平；有的人有自满情绪，认为拥护党拥护社会主义已经明确，政治上已经保险了，等等。此外，新入学的研究生对环境特点很不适应，觉得不像大学生时期有党团班会抓得很紧要求很具体，现在要靠自己摸索，心中无底。

3. 研究生有大量复杂而深刻的思想认识问题渗透在业务活动之中，例如科研方向是否符合社会主义建设需要，选题是否立足于国内校内的客观条件，研究中是否理论联系实际，工作作风是否严谨踏实，处处都反映着无产阶级思想观点和资产阶级思想观点的矛盾，而研究生对这些问题还往往缺乏自觉。甚至有些人滋长起知识分子的优越感，自认为特殊人才，在对待毕业分配等问题上，个人考虑较多。

4. 研究生在体育锻炼上缺乏适当安排，体质逐渐下降，发病率较一般学生高。此外，部分研究生对生活问题如婚姻恋爱等等，处理得也不够妥当。

针对这几个主要问题，我们做了以下的一些工作：

1. 调整了组织，建立与健全了研究生的党团支部。研究生党团支部的组织形式从具体情况出发，或按年级或按专业，在系一级由党总支、科研科和研究生党团负责人共同组成工作小组，以加强研究生支部和系教研组的配合，在校一级则由党委宣传部、科学处和团委配合研究生思想工作。从半年的实践看来这个做法大体上符合实际需要，有利于推动研究生的政治思想工作。

2. 反复进行了德智体全面要求的教育，明确了研究生的努力方向。1963 年 9 月由学校领导向研究生作了关于培养目标的报告，提出了又红又专的高标准要求，并在研究生中组织了联系思想的深入讨论，研究生普遍感到党和国家对自己要求很高，很受鼓舞，自觉地检查了忽视政治放松思想改造的问题。此后，利用年终总结、期末鉴定等机会，多次组织研究生讨论了红专结合、全面发展的问题，逐步形成了关心政治自觉革命的良好气氛。

3. 定期组织研究生参加校外生产劳动，规定研究生每年应参加一次。1963 年 10 月，组织大部分研究生（210 人）以三周的时间到公社参加了农业劳动和访贫问苦的阶级教育。绝大部分人感到很有收获，主要是：第一，对农村的阶级、阶级斗争有了比较具体的认识，体会到要加强自己的思想改造。第二，认识到研究生要克服特殊化、高人一等的思想，要和劳动人民同呼吸共命运。第三，加强了集体观念，促进了思想交流，开展了批评与自我批评，也形成相互关心帮助的好风气。

4. 引导研究生自觉地在业务领域中掌握正确的政治方向和学风。1964 年初，结合毕业论文的答辩，总结了几个科研方向正确、在科研过程中比较自觉地贯彻党的方针政策、理论能够联系实际、成绩优秀的毕业生的经验，通过校刊进行了介绍，此后并组织研究生联系实际讨论了科学研究工作中的一些重要的思想认识问题。

5. 改进了政治课的教学。负责研究生哲学课的教师比较深入地了解了研究生的思想情况，明确了所要解决的问题，如《实践论》的学习，研究生反映较好，认为明确了几个问题：一是要以实践作为衡量科学水平高低的标准，不能脱离实际盲目追求所谓高水平、创造性；二是要以改造世界作为认识世界的目的，科学研究应该为我国的社会主义建设事业服务；三是研究生的成长道路应当是理论联系实际，在战斗中成长。

6. 对毕业生进行了分配教育和毕业鉴定。1964 年初有数十名研究生毕业，由党委负责同志向他们作了正确对待国家需要，个人服从整体的教育，在充分讨论的基础上比较认真地进行了鉴定工作，肯定了成绩，提出了希望。已毕业的研究生一般都能够愉快地走上工作岗位。

7. 1964 年初成立了研究生课外活动工作小组，专门组织和领导研究生的课外活动。各系也配备了相应的干部。目前研究生的锻炼，人数多的系，已经组织起来，系际间开展了友谊赛；在研究生中，唱革命歌曲、开联欢会、看电影、听讲座等等的文娱生活也都丰富起来；生活卫生都有人管了。

以上简要地汇报了我校半年来所作的一些工作。研究生的政治思想工作现在还存在不少问题和缺点，例如掌握思想情况还不够深入，对不同年级、不同系别的人的特点还分析得不够，发展党的工作还刚刚在开始等等。特别是按毛主席的教育思想来衡量，差距还很大。目前正在研究生中组织学习毛主席对教育工作的指示，进一步加强政治思想工作，详细情形以后再整理上报。

清华大学档案，全宗号 2　目录号 校 4　案卷号 66023

清华大学关于设置研究院向高等教育部的报告※

（1964 年 7 月 24 日）

高等教育部：

1958 年以来，我校在教育部和市委的直接领导下，贯彻和执行了党的教育方针，坚持了政治挂帅和群众路线。自 1959 年起，在教学和科学研究工作进一步开展的基础上，开始较多地招收了研究生。经过三年多的培养，1964 年已有 60 多名具有一定独立进行科学研究工作能力的第一批研究生毕业，初步积累了一定的培养研究生的经验。

根据高等教育部关于设置研究院的精神，我校对试办研究院的问题进行了讨论，现将拟在我校设置研究院的初步意见汇报如后，请予审核并批示。

一、研究院的学制

为了较多地培养较高水平的科学技术干部，建议在清华大学试办研究院，研究院分研究院前期和研究院本部，以体现大学本科因材施教的原则，提高研究生入学质量。

（一）研究院前期主要招收高等学校（近期只招收本校学生，待取得经验后再扩大招生范围）大学本科已学完四年级课程的德、智、体全面发展，在学业上确系上等，有较强的独立钻研能力，有培养前途的学生，以使大学本科高年级优秀学生的培养工作和研究生的培养计划衔接起来，更有效地贯彻因材施教。研究院前期应根据研究院有关研究生专业的要求，在本科教学计划的基础上为他们制定单独的教学计划，使他们在研究院前期毕业时能够具有进行科学研究工作的扎实基础，而进入研究院本部后不再需要进行业务课程的考试，即要求能较熟练地阅读一种外文书刊并具备初步阅读第二外语书刊的能力，具有扎实的基础理论知识和专业知识，受到了较好的实验技能和某些科学研究工作的训练。

研究院前期学习年限为二年。入学后一年半进行一次总审核（或考试），除经录取进入本校研究院本部做研究生外，不做研究生的研究院前期学生，最后半年进行毕业设计，毕业时发给清华大学研究院前期毕业证书，参加国家统一分配工作。

（二）研究院本部研究生学习年限目前定为两种：由研究院前期毕业生考取研究生者，学习年限为二年，这两年除学习马克思主义哲学外主要从事科学研究及论文工作；由大学本科应届毕业生或在职干部考取研究生者学习年限仍为三年，入学后除了完成科学研究论文外，还需完成研究生培养方案中规定的必修课程。后者可采用自学或选修研究院前期的有关课程学习方式。

我们考虑将研究院分设研究院前期和研究院本部有下列几个好处：

1. 经研究院前期培养的研究生总的学习年限为八年（即大学本科四年，研究院前期二年，研究院本部二年）比现在培养研究生总的学习年限缩短了一年（目前大学本科六年，研究生三年共九年）。将来拟在中学和大学提高学习质量的基础上争取总的学习年限为七年（即大学四年，研究院前期一年半，研究院本部一年半）。

2. 大学本科高年级优秀生因材施教可以得到较为有效的体现，使大学本科优秀生的培养与研究生的培养衔接起来。在大学高年级时，首先挑选一批优秀生进入研究院前期，经过两年目的性更明确的培养后再进行一次更准确的选拔，从而使研究生的入学质量和数量有了可靠的保证。

3. 研究生实际进行科学研究的时间加长了。通过研究院前期培养后考入研究院学习的研究生已基本上具备必要的外文工具、必需的基础理论、专门知识和一定的实验能力，使他们进入研究院本部后，一开始即可集中精力进行科学研究和论文工作。而目前的研究生在三年的学习期间内花费了约一半的时间在外文学习和基础知识的学习上，实际进行科学研究的时间较短。

4. 通过贯彻因材施教的原则，可以为国家培养三种类型的科学技术干部：大学本科毕业生，有较强的设计能力，毕业后侧重从事工程技术方面的工作；研究院前期毕业生，有较深的理论基础，毕业后，侧重从事科学研究方面的工作；研究院毕业生，有较深的理论基础和一定独立进行科学研究工作的能力，毕业后侧重在高等学校或科学研究机关从事教学或科学研究方面的工作。

5. 学生在研究院前期和本部两阶段先后参加大学本科高年级学生班级集体和教研组研究工作集体（目前研究生自学阶段是个别进行的）这样可有利于加强思想工作和管理。

二、研究院研究生的培养目标

与高等教育部制定的《高等学校培养研究生工作暂行条例

(草案)》中规定的研究生培养目标相同。

三、研究院前期课程设置

为了达到研究生培养目标的全面要求，研究院前期应加强对学生的政治思想教育，学习马列主义理论和毛泽东著作；在外文训练方面应使研究院前期结束时，第一外国语已能熟练地阅读本专业及一般外文科技书刊；第二外国语能借助词典初步阅读专业外文书刊；加深和扩大基础理论和专业技术理论知识；加强实验技术的训练，掌握现代的量测技术和实验方法。

按研究生有关专业，为研究院前期学生制订教学计划。学习方式可以根据课程性质和要求采用单独开班或自学，或与大学本科班级合班上课并指定参考资料自学。

四、研究生培养办法

研究院本部研究生以教研组或研究组集体指导和指导教师个人指导相结合的办法进行培养。研究生学习期间应结合教研组科学研究方向，通过实际科学研究工作进行真刀真枪的训练，以达到培养的目的。

五、研究院招生规划及实现步骤

研究院本部及研究院前期的招生规模采取“先行试点，取得经验，逐步发展”的方针，拟于1965年首先在校内若干已有一定条件的系（教研组）或重点科学研究方向试办研究院前期。前期学生先从本校学完四年级的大学本科中选拔。预计在1970年研究院前期学生每年招生稳定在500人，两年合计在校人数为1 000人。研究院本部研究生每年招生稳定在250人，两年合计在校人数为500人。

六、研究院的组织机构

（一）研究院在学校党委和校务委员会领导下进行工作。研究院设院长一人，由校长兼任，并由一位副校长兼任研究院副院长，协助院长主管研究院日常工作。研究院下设研究生处协助院长处理日常工作。

（二）各系研究生工作在系务委员会领导下由一位系主任或副系主任负责主管研究生的培养工作。系设研究生科协助系主任处理研究生的日常工作。

（三）为了加强对研究院前期学生和研究生的培养工作，应有教研组负责研究、组织和制订有关研究生专业培养方案、研究院前期的教学计划和课程学习大纲；检查有关专业研究生及研究院前期的学习情况。

七、研究院编制，基建面积和经费

（一）研究院前期学生所需基建面积、教学经费应与大学本科学生计算定额相同。另外还需为前期学生单独开设某些课程，因此人员编制按大学本科定额增加25%。

（二）研究院本部

(1) 人员编制（研究生在校人数按500人计算）

教师编制：按教育部规定指导教师每人指导5名研究生，另外需有一定的教师进行课程答疑，故每4名研究生需有一名教师编制，共需125人。

实验员编制：每个研究生每年需有一名实验员配合进行实验三个月，即每4名研究生需增加一名实验员，共125人；

技工编制：每个研究生平均需加工工时约为500工时，每个技工每年工时为2 000工时，即每4名研究生需增加一名技工，共125人；

政治工作干部：每30名研究生配备一名政治干部，共17名；

研究生行政管理干部：每30名研究生配备1.5名行政管理干部，共25人；

生活后勤职工（包括炊事员、宿舍服务员、房屋修缮工人、供暖工人、设备器材供应等后勤职工）：按研究生500人和相应增加的教职工500人计算，共需100人。

以上总编制共计为517人。

（2）基建面积

① 研究生住房面积12平方米/人，共6 000平方米，折合人民币48万元（按80元/平方米计算）。

② 食堂生活用房建筑面积3平方米/人，共计1 500平方米，折合人民币13.5万元（按90元/平方米计算）。

③ 实验室建筑面积20平方米/人，共1 000平方米，折合人民币150万元（按150元/平方米计算）。

④ 设备工厂建筑面积2 000平方米，折合人民币18万元（按90元/平方米）。

共折合人民币230万元。

（3）经费

① 研究院成立投资费用共40万元（不包括基建经费）。包括：

甲、扩充现有设备工厂（为研究生加工）投资15万元。

乙、扩充现有印刷厂或成立打字间（为研究生打印论文）投资2万元。

丙、扩充现有或新建实验室设备费投资23万元。

② 基建面积投资230万元。

③ 每年培养研究生经费费用30万元。包括：

甲、每年行政费5 000元；

乙、研究生培养费500元/人·年；

丙、研究生书籍费40元/人·年；

丁、毕业论文答辩费100元/人（按每年毕业250人计算）。

总计　300万元。

八、本规划经高等教育部批准后，1964年下半年成立清华大学研究院筹备委员会，争取1965年上半年正式成立研究院并开始招收研究院前期生。

清华大学

1964年7月24日

清华大学档案，全宗号2，目录号 校4，案卷号66008

清华大学向高等教育部呈报1965年招收研究生的教研组名称表

（1964年9月15日）

签发：同意。何东昌。9月17日

文号：(64) 清文密字第224号

封发：1964年9月17日

事由：报送我校1965年招收研究生的教研组名称表

主送：高等教育部

正文：按（64）高一蒋究字第0365号通知，我校对1965年招收研究生的导师进行了复查，决定撤销×××等六名导师的招生计划。现将我校1965年招收研究生的教研组名称表一份送上，请审核。

清华大学

清华大学1965年招收研究生的教研组名称表

1964年9月15日

招 生 专 业	教研组名称	指导教师姓名及职务
机械零件	机械原理及机械零件	郑林庆 教授
金属切削机床	机械制造工艺及设备	邹致圻 教授 金希武 教授
机械制造工艺	机械制造工艺及设备	池去病 副教授
金属切削原理及刀具	机械制造工艺及设备	周家宝 讲师
陀螺仪与导航仪器	精密仪器	严普强 副教授 金国藩 副教授
光学仪器	光学仪器	金希武 教授 梁晋文 副教授 冯铁荪 讲师
铸造合金	铸工	王遵明 教授
铸造生产工艺	铸工	于震宗 讲师
焊接	焊接	潘际銮 副教授 苏 毅 讲师
金属压力加工原理及工艺	压力加工	王祖唐 副教授
金属学与金属材料	金属材料及冶金	陈南平 副教授
拖拉机	农业机械及拖拉机	蒋孝煜 讲师
汽车	汽车	宋镜瀛 教授
内燃机	内燃机	程 宏 副教授
热工量测	热工量测及自动控制	方崇智 教授
热工过程自动化	热工量测及自动控制	方崇智 教授
传热学	热工	王补宣 教授
工程热力学与工质热物理	热工	彭秉璞 副教授
燃气轮机	燃气轮机	敦瑞堂 副教授
锅炉	发电厂热力设备	董树屏 教授
电磁自动装置	电磁自动装置	蔡宣三 副教授 顾廉楚 副教授

续表

招生专业	教研组名称	指导教师姓名及职务
高电压技术	高电压技术及高压电器	杨津基　教授 王遵华　副教授 张仁豫　副教授
工业电子自动装置	工业电子学	童诗白　副教授
自动电力拖动	工业企业电气化及自动化	郑维敏　副教授
电力系统继电保护及自动化	发电厂及电力系统自动化	程　式　教授
电力网及电力系统	发电厂及电力系统自动化	王宗淦　教授 黄　眉　教授 张宝霖　副教授 茅于杭　讲师
电机电磁理论	电力机械	高景德　教授 萧达川　副教授
通风与空气调节	供热供燃气与通风	吴增菲　副教授
结构力学	结构力学	杨式德　教授 龙驭球　讲师
钢结构	工程结构	王国周　教授
建筑材料与制品	建筑材料	江作昭　副教授 胡多闻　讲师
给水工程	给水排水	陶葆楷　教授 顾夏声　教授
建筑历史及理论	建筑历史及理论	梁思成　教授
民用建筑	民用建筑设计	汪国瑜　副教授
城市规划	城市规划	朱畅中　副教授
水工结构	水工结构	张光斗　教授 张　任　教授 张宪宏　副教授

续表

招生专业	教研组名称	指导教师姓名及职务
水文水利计算及水利规划	水文及水能利用	施嘉炀　教授
水电站建筑	水电站机电设备	马善定　讲师
水力学	水力学	李丕济　教授 余常昭　副教授
土力学	工程地质及基础工程	陈樑生　教授
放射性同位素在工业方面的应用	物理	赵静安　讲师
应用弹性力学	材料力学	张福范　教授
理论物理	物理	徐亦庄　教授
固体力学	固体力学	张　维　教授 杜庆华　教授 黄克智　副教授
计算数学	计算数学	赵访熊　教授
一般力学	理论力学	贾书惠　讲师
反应堆金属学及金属物理	230	李恒德　教授 范毓殿　讲师
理论物理	210	张　礼　副教授
加速器	210	刘乃泉　讲师
原子反应堆	240	吕应中　副教授
化学工程学	120	汪家鼎　教授
特种塑料生产工艺与设备	140	徐日新　教授 周其庠　讲师
核燃料化学工艺学及其装备	120	滕　藤　副教授 朱永賸　副教授 徐志固　讲师
无线电技术	350	冯子良　副教授
无线电定位	350	陆大绘　副教授 茅于海　讲师

续表

招生专业	教研组名称	指导教师姓名及职务
线路通讯	360	吴佑寿　副教授 冯重熙　讲师
电子线路理论及技术	360	常　迥　教授
半导体材料与器件	310	李志坚　副教授 南德恒　副教授
电真空器件	330	韩丽瑛　副教授 张克潜　讲师
电子物理	330	陆家和　讲师
无线电物理	390	杨弃疾　副教授
自动控制系统及理论	自动控制理论	吴　麒　副教授
自动控制系统	510	章燕申　副教授
电子数字计算机	550	金　兰　副教授 周寿宪　副教授 李三立　讲师
微电机	530	钟士模　教授

清华大学档案，全宗号 2　目录号 校 4　案卷号 64015

清华大学报高等教育部 1966 年招收研究生计划中导师名单[1]※

（1965 年 7 月）

郑林庆　唐锡宽　金希武　金国藩　冯铁荪　邹致圻
韩至骏　陈克成　沈　钊　池去病　钟寿民　周家宝

① 本名单摘自清华大学档案：“清华大学 1966 年招收研究生计划表”（1965 年 7 月）。

严普强	靳怀义	潘际銮	苏　毅	李酉山	王祖唐
郑可锽	王遵明	黄惠松	邢家鲤	于震宗	陈南平
刘家濬	唐祥云	蔡祖安	徐旭常	方崇智	吴　勉
师克宽	彭秉璞	童景山	王补宣	任泽霈	容文盛
敦瑞堂	叶大均	林　灏	冯俊凯	董树屏	蒋孝煜
程　宏	朱志武	宋镜瀛	余志生	钱振为	黄世霖
郑维敏	夏绍玮	吕　林	王宗淦	孙绍先	黄　眉
程　式	张宝霖	茅于杭	高景德	章名涛	杨秉寿
王先冲	唐统一	蔡宣三	顾廉楚	张仁豫	王遵华
张节容	杨津基	吴维韩	童诗白	龙驭球	杨式德
籍孝广	滕智明	王传志	沈聚敏	陈肇元	陈致忠
顾夏声	许保玖	吴增菲	江作昭	李国鼎	吴良镛
蔡君馥	车世光	张昌龄	陶德坚	刘鸿滨	殷一和
黄报青	储钟瑞	何高毅	陈樑生	陈祖东	惠士博
裴觉民	夏震寰	李丕济	余常昭	施嘉炀	蔡安四
马善定	赵敬亭	张光斗	陈兴华	张　任	张宪宏
周　昕	廖松生	江丕权	官　飞	赵静安	诸国桢
徐亦庄	栾汝书	张万琪	郑思樑	蒋智翔	戴福隆
余兴坤	李恒德	刘迺泉	张　礼	许纯儒	何增禄
吕应中	陈泽民	滕　藤	汪家鼎	蒋维钧	徐日新
周其庠	王和祥	贾书惠	解沛基	张　维	杜庆华
黄克智	赵访熊	周力行	李志坚	南德恒	王天爵
韩丽瑛	马祖耀	陈克强	陈仁怀	张克潜	陆家和
冯庆延	何　炜	陆大绘	冯一飞	赵家和	茅于海
常　迥	冯子良	吴佑寿	冯重熙	杨弃疾	章燕申
王继中	石定机	方棠棣	钟士模	袁曾任	唐泽圣
金　兰	周寿宪	李三立	房家国	吕应中	胡大璞

马昌文　邱大雄　潘霄鹏　陈鹤鸣　林家桂　冯元琨
蒋祖珩　王儒评　熊家炯　曹栋兴　陈玲燕　薛大知
李国鼎　柯伟卿　陈心良

清华大学档案　全宗号 2　目录号 校 4　案卷号 67001

在职研究生情况①

（1965 年 10 月 7 日）

科学生产处

一、招生情况

在职研究生，从	1961 年 10 月开始招生	57＋14 人
	在 1962 年 2 月又招生	6＋4 人
	1962 年 9 月又招生	1 人
	1963 年 2 月又招生	1 人
	计四批招生	65＋18＝83 人

学制为 5 年。

二、研究生分布情况：全校 12 个系（包括基础课）都有在职研究生，最多的系为自控——11 人，工物——10 人，最少的为基础课——1 人。

三、在职研究生学习情况

已考哲学	33 人	51％
已考一外	40 人	62％
已考二外	30 人	46％
已考基础课	21 人	32％

① 本文涉及人名较多，编者做了处理。

已考专业课 9 人 14%

五门功课全考人数——7 人（其中有四人已毕业，交出了论文）

已考 4 门功课人数——8 人（缺专业课没考）

已考 3 门功课人数——17 人（哲学，一外，二外）

已考 2 门功课人数——4 人（一外，二外或哲学）

已考 1 门功课人数——4 人（哲学或外国语或基础课）

一门皆未考人数——24 人

65 人当中：

Ⅰ 进行较顺利的有 26 人 40%

Ⅱ 能继续搞下去，但时间少、困难多的有 16 人 24.6%

Ⅲ 不能继续搞下去的有 23 人 35.4%

…………

四、存在问题

1. 工作与研究生学习之矛盾：都服从了工作，暂停研究生学习。

① 工作需要干什么就干什么，200＃搞管理……

② 工作忙，学时得不到保证，自控系同志说这个在职研究生是业余的，没有 1/3～1/4 时间。

2. 毕业要求：

在职研究生达到什么水平才能毕业？

脑袋里有框框：如……反映：搞科研，完成了任务，取得了成果，但研究生毕不了业。

另外，……也要求太高，如……从 1962 年已领导一燃汽轮科研小组，在哈汽搞重油燃烧室，从设计、试验、调整到运行，已达到生产指标，已经摸索了一些规律，但说研究生应再总结一些基本规律才能写论文。

…………

冶金系也有此问题……科研总结已印出，教研组讨论论文份量够不够，意见不一致。

3. 考试要求：

有些人进展比较好，科研工作也做很多，但课程考的不多，而多数是基础课和专业课没考。此问题尤其在改革以后理论课考试抓不紧，好像只搞科研，实战就够了。包括有脱产研究生想法……

4. 学习年限：部分人五年毕不了业，其中包括社会主义教育。

到 1966 年 10 月能够毕业的约有 30 人（包括已毕业 4 人），另 23 人可能被取消（数字偏大一些）。约 12 人（或再多一些）需要六年才可毕业。

五、估计

按上述统计 2/3 人可按期或延缓一些时间毕业，有 1/3 被淘汰。

在职研究生制度可行不可行？

有人反映做不做一样，通过搞科研一样能达到培养要求……

有的人搞的题目变动次数多了（锅炉专业），认为毕业不毕业关系不大，只要搞科研、搞生产就行了。

学习《九评》以后有的人对在职研究生学习抓不紧了，有些搞不搞无所谓了，反正要参加科研。

从进展比较好的看，只要三结合好是可以培养出在职研究生的。

六、处理办法：

Ⅰ类——明确毕业要求，争取按期毕业。

Ⅱ类——安排工作予以照顾，1/3～1/4 保证上去。

Ⅲ类——调整，难以［进行］下去的申请退学，此工作于年底结束。

清华大学档案，全宗号 2　目录号 校 4　案卷号 59010

（二）研究生教育管理

清华大学研究所章程

——一九五〇年十二月四日第五十六次
校务委员会修正通过
（1950 年 12 月 4 日）

第一条　本大学为训练大学毕业生在广泛基础上对于专门学科有深入的了解，并培养其独立工作能力使能运用科学方法以解决问题，设立各研究所。

第二条　本大学各研究所主任由相关学系主任兼任。

第三条　研究所学生入学资格，以大学或独立学院毕业生经入学考试成绩及格录取者为限。

第四条　各研究所由所主任指定导师若干人，各担任指导研究之一范围，研究生于入校后必须于两个月内商同所主任认定导师，在导师指导下，订定学习及研究计划，经所主任同意后，交教务处备案，此后研究生在校学习及研究工作由导师经常监督指导。

第五条　研究生如于入校两月后，不能认定导师，或不能订定学习及研究计划，或认为研究所所指定之各研究范围无一与本人之旨趣相合者应即退学。

第六条　所主任应将研究生工作进行情况在每学期末向教务

处提出报告，如不能按计划进行者应申述理由。

第七条　研究生在本大学研究期限至少二年，在此二年内须修习该所规定之学程至少六十学时（研究院学程每星期演讲每小时相当于四学时）。

第八条　研究生应受之第二外国语考试，学科考试及论文考试，照本校所定硕士学位考试细则办理。

第九条　凡肄业已满二年，犹未应学科考试或虽应未能及格而愿继续在校研究者须经导师说明理由，所主任推荐与教务会议之核准。

第十条　凡肄业已满三年而未能应学科考试或应而未能及格者即令退学。

第十一条　凡肄业已满三年，学科考试已经及格而论文尚未完成，如愿继续在校研究，须经导师说明理由，所主任之推荐与教务会议之核准。

第十二条　研究生肄业期限最多不得超过四年。

第十三条　凡在本大学研究所研究满二年，修毕规定学程，成绩及格，第二外国语考试、学科考试及论文考试皆及格者，给予研究毕业证书，授予硕士学位。

第十四条　研究生各项考试均以七十分为及格，其学年平均成绩不及六十五分者即令退学。

第十五条　研究生在本大学研究一年以上而有成绩、中途自请退学者，得给予修业证书。

第十六条　研究生应遵守本大学一切规程。

第十七条　研究生不得兼任他项有给职务。

第十八条　依照中央人民政府教育部之规定，研究生得申请人民助学金。

第十九条　本章程经校务委员会通过，呈经教育部备案后公布施行。

附：硕士学位考试细则

第一条　硕士学位考试分左列三种：

一、第二外国语考试

二、学科考试

三、论文考试

第二条　研究生在第一学年内得随时向所主任请求应第二外国语考试，由所主任商同教务长约聘主试人员，订定考试日期地点及办法，并将考试日期于一星期前通知应考者，第二外国语考试不及格者得于三个月后请求补考，但补考不得过二次，至迟须于应届毕业年度之第一学期内考试及格。

第三条　第二外国语考试之目的，在考验研究生在本学科内所需要之第二外国语阅读能力，如研究生之工作范围内确无阅读第二外国语之需要，得由导师在研究生入学后二个月内，随同学习及研究计划提出，经所主任同意及教务会议通过免考。

第四条　经导师、所主任同意及教务长之批准，第二外国语考试得以修习第二外国语课程二学年成绩及格替代之，但该项请求须在研究生入学后二个月内提出方为有效，且所修第二外国语之学时不计入规定所必修之六十学时。

第五条　学科考试，至迟须于应届毕业年底度终了二个月前举行之，研究生欲应学科考试者须于考试前二月根据各所所定学科范围呈报教务处，由教务长商同各该所主任订定考试日期与地点，并于考试日期四星期前通知应试者，学科考试成绩不及格而满六十分者，得于六个月后请求补考，但补考以一次为限，学科考试成绩及格后方得请求应论文考试。

第六条　学科考试之目的，在考验研究生对于某一学科所具有之必要基础，并考验研究生对于其主修学科内容了解之深度。学科考试之内容规定为一门主科与一门副科，主科为该研究生研究工作所属之学科，副科为该系大学本部之某一基础学科。学科名目决定后，应由教务长商同有关各所所主任及导师订定范围及参考材料，于考试前四星期通知应试者。

第七条　研究生须于论文考试期前一个月，依照本校规定格式缮正研究论文及论文提要各两份（一份备送教育部复核，一份存校）呈送研究所提出论文考试委员会审查。

第八条　论文考试规定于每学年终了前举行，其考试日期及地点由所主任商同教务长决定，并于考试前一星期通知应试者。

第九条　学科考试及论文考试以口试行之，考试时间以三个小时为度，但考试委员会得增减之。

第十条　硕士学位考试委员会，包括学科考试委员会，及论文考试委员会，由校务委员会主任委员聘请校内外委员七人至十一人组织之，举行学科考试时以所主任为当然主席，举行论文考试时以研究导师为当然主席。

第十一条　研究生学科考试及论文考试之成绩，以出席委员投票之平均分数决定之，投票以一次为限，但出席委员中如有二人给予不及格分数，即以不及格论。

清华大学档案，全宗号 2　目录号 校 3　案卷号 206

清华大学研究生（师资进修生）培养计划草案

（1953 年 9 月 18 日）

教学研究科

一、研究生（师资进修生）以培养高等工业学校中的师资为目标。

二、研究生的培养期限为三年，如有特殊原因，需要缩短此年限时，在订计划前由教研组呈请校长批准之。

三、研究生由教研组确定开课目标，根据各人的原有基础，个别的或分小组的由教研组订出教学计划送经系内及教务处审查通过后由校长批准之。

四、研究生的理论学习时间（包括自学）每周平均为 54 小时。

五、研究生的教学计划内包括以下列项目：

1. 政治理论课程

第 1、2 学期：马列主义基础 210 小时，每周上课 4 小时，自学 3 小时。

第 3、4 学期：政治经济学 210 小时，每周上课 4 小时，自学 3 小时。

第 5 学期：辩证唯物主义与历史唯物主义 144 小时，每周上课 4 小时，自学 4 小时。

2. 俄文

第 1 学期：专业书籍阅读及句法分析，230 小时，每周 12 小时。

第 2 学期：专业书籍阅读及翻译练习，120 小时，每周 9 小时。

第 3 学期：专业书籍阅读及翻译练习，108 小时，每周 6 小时。

3. 基础课程的补习

按各人原有程度主要以自习方式补充基础课中的缺陷，特别是技术基础课程的缺陷，份量与要求由教研组具体规定。

4. 专业课程

以研究生本人拟开的专业课程为主，由教研组规定，依次学习几门专业课程（得随本科学生听课，但课外结合专业，有重点地加重自学份量，提高要求，或随教研组教师听专家讲课）。此外并随课程进行实验及课程设计工作。

5. 生产实习

在第二学期末进行一次，不少于 6 周；第三或第四学期末进行一次，不少于 8 周。

6. 考试：每学期考试期间为三周，有些工作的检查，以报告方式进行。

7. 毕业设计：有条件的教研组，可视研究生学习情况进行毕业设计。

六、教学实习与教学工作：

研究生须在教师领导下进行教学实习，由一般的辅导工作开始，经过课程设计辅导工作，备课工作，并可试行讲课。

研究生得因工作需要，抽出 15%～50%的时间，正式担任与所学专业结合的教学工作。此时研究生作为半时助教，得按工作份量，另行给予报酬。但教学工作须列入教学计划内，以求与研究生的学习起互相配合提高的作用。

七、成绩考查与毕业：

凡教学计划所规定的全部任务必须组织考试或考查（或提出报告审查），全部及格后始能毕业。研究生如有课程不及格者，另订办法处理。

附：本年度研究生订立教学计划的办法：

一、在第二、三周内由各系进行研究生原有程度了解的工作，并加以纪录。

二、在第二、三两周内有专家的系，可以订出正式的学习计划，无专家的系可订出暂时的计划，俟专家到校后再行修改。

三、研究生的马列主义基础及俄文学习自第二周开始。凡研究生随本科生听课者，亦即先行开始听课。

教学研究科制

1953年9月18日

清华大学档案，全宗号2 目录号 校3 案卷号206

清华大学讲师、助教进行副博士学位论文的几点规定（草案）①※

（1956年1月24日）

1. 凡本校各教研组讲师、助教已能胜任职务范围内有关的各项教学工作，教学质量优良，并满足高教部规定的教学工作量，并具有进行工作的一定业务基础，经本人向所在教研组提出申请，教研组主任审查，系主任同意，学校批准，可以进行副博士论文工作。

2. 申请人应该把副博士论文的工作作为提高自己业务水平的主要道路，同时也不应该忽视学校的教学工作。在进行过程中应该同时完成学校的规定工作量。如因进行科学工作需要，教研组而又有可能减轻其工作量者，得经教务处批准酌量减免。

3. 在提出申请论文时，必须提出下列文件：

甲、应具有二个外国语的阅读专业书籍能力，经过考试及格

---

① 原件未注明日期。据《清华公报》第21期刊载（1956年1月31日），1956年1月24日举行的清华大学1955－1956年度第四次校务（扩大）会议上讨论通过了“清华大学讲师、助教进行副博士学位论文的几点规定（草案）”。

(俄文考试由俄文教研组组织，其他外国语由教务处指定有关教师负责考试)。

乙、辩证唯物主义及历史唯物主义考试及格（本年度只要经常参加学习，在学位考试前补行考试)。

丙、在本专业范围内已能胜任教学工作，教学质量优良的证明（由教研组主任证明)。

丁、经过一门课程考试成绩优良（由教研组指定的主要课程)。

4. 申请人的学位论文工作一定要聘有导师指导，导师可以是苏联专家、本校教授、副教授或校外具有指导能力的科学家。导师由系主任提出，学校负责聘请。

5. 申请人在批准进行论文工作后，应在五十天内在导师指导下订定工作计划。经系主任同意，学校批准。

工作计划包括：

甲、阅读文献的主要目录和所需时间。

乙、具体题目确定的日期（不得迟于一学年以后)。

丙、是否进行科学出差，出差地点、期限和目的。

丁、论文工作进行估计要多少时间（初步估计)，何日完成。

戊、论文工作的主要实验设备，是否我们现有，或必须采购，估价多少。

己、论文工作是否要用〈与〉什么企业、科学单位合作或联系。

6. 在正式开始论文前，须经过1～2个专门问题的考试。

7. 申请人如经批准了进行副博士论文工作，教研组、系主任及全校行政部门应该尽可能减轻其行政事务工作。

8. 副博士论文工作从批准到完成至〈止〉，一般为两年半到三年半（注：申请人大约须投入3 000小时的工作量进行工作)。

9. 申请人在提出申请时，必须提出论文工作的范围。

10. 学位论文的质量要求能表明论文答辩者在这门学科方面具有一般的理论知识，在学位论文中各项问题方面具有专门知识以及进行独立科学研究工作的能力。

学位论文应包括总结性的综述前人的工作，本文及结论，并应包括文献参考目录及必要的图表。

11. 本规程经校务委员会通过，校长批准后施行。

清华大学档案，全宗号 2　目录号 校 3　案卷号 188

清华大学关于培养不脱产副博士研究生的暂行办法

——一九五六—五七年度校务行政会第一次会议通过

（1956 年 9 月 17 日）

1. 凡本校各教研组未获得学位的教师已能胜任业务范围内的各项教学工作，有一定成绩，并具有进行研究工作的一定业务基础及培养前途者，经本人提出申请由所在教研组主任根据本教研组具体情况提出意见（包括有无导师，教研组教学任务是否容许，本人政治及业务条件，参考资料及实验设备估计有无困难等），系务委员会讨论同意（公共教研组须由教务长同意）后，经校长批准，可在工作岗位上作为不脱产副博士研究生。

2. 申请人在进行研究的过程中，一般应同时完成教研组所分配的教学工作，如在论文工作进行的某一阶段确因实际需要而所在教研组又有可能时，经所在教研组提出请求并经系方（公共教研组由教务长）批准可免去其全部教学工作量，但最多以一年为限。

3. 不脱产副博士研究生的业务导师由苏联专家、本校教授、副教授或校外负有指导能力的科学家担任，导师人选由教研组主任提出，系主任（公共教研组由教务长）审查后报由校方负责聘请，导师人数一般为一人，但有特殊情况者可聘请几位业务辅导人。

4. 申请人应在批准之后的两个月内在导师指导下订出副博士研究生期限内的总计划（包括预试科目及预试时期），此项计划经教研组主任审查后，提请系务委员会讨论，由系主任批准之（公共教研组由教务长批准）。

5. 申请人的学位论文预试科目一般包括：

甲、辩证唯物主义与历史唯物主义；

乙、两种外国语；

丙、申请人所从事论文方向上的业务科目，此项应考科目一般为两门，由导师提出意见，经所在教研组主任决定，但对情况特殊者可免考一门或全部，减免科目需经系务委员会讨论、系主任批准（公共教研组由教务长批准）。

6. 学位论文的预试工作按第五条所列科目分别由有关教研组组织委员会担任，委员会一般由三人组成，具体人选由有关教研组提出，通过校长聘请之。

7. 不脱产副博士研究生的学习期限从批准到论文完成一般不得超过六年，如不能通过预试科目或在学习中途认为无培养前途者，由业务导师向所在教研组提出、经系务委员会讨论（公共教研组由教务长提出意见）、校长批准后得取消其不脱产副博士研究生资格。

8. 对学位论文提出的要求为：

应考科学副博士学位的论文应表现出应考者具有该门课程的

一般理论知识，有关学位论文问题的专门知识和独立进行科学研究的能力，后者应表现为获得新的科学成果。

学位论文可以是已出版的科学作品，也可以是优秀的高等学校教科书，后者应为应考者本人独立的科学著作或科学教学法著作并能满足对学位论文所提出的要求。

9. 有关科学副博士学位论文的答辩工作由科学研究处另订办法。

10. 本规定经校务委员会通过，校长批准后作为暂行办法试行之（前此有关文件失效），一俟将来高教部颁布统一规则，即按统一规则办理。

注：本办法中的“副博士”名称是暂用名，如果和以后部颁的有关条例名称不一致时，按国家规定处理。

《清华公报》第 30 期，1956 年 11 月 9 日

附：中华人民共和国高等教育部通知关于研究生的名称问题

（1957 年 3 月 25 日）

（57）教指黄字第 39 号

各高教局、处、全国高等学校：

在 1956 年高等学校招收研究生时，因国家的学位条例没有公布，研究生的名称尚未确定，而我部对四年制研究生与过去作为教师进修的二、三年制研究生在招生时需要有所区别，所以根据 1955 年 8 月 5 日国务院全体会议通过的《中国科学院研究生暂行条例》第二十一条“研究生在学位论文通过后即由研究所提请学部审查并报中国科学院批准其毕业，授予科学副博士学位”的规定，将招收的四年制研究生称为“副博士研究生”。这个名

称只表明经过四年学习后一般应达到副博士水平，至于是否授予副博士称号或其他称号尚待研究，我部在通知各校时，曾说明这个名称是暂用的。

暂用这个名称以后，在社会上引起了一些误解，在年制不同的研究生中也有意见，认为对四年制研究生没有必要冠以“副博士”名称。为了避免不必要的误会，我部经征求各方面意见并请示国务院后，决定不用“副博士研究生”这个名称，去年招收的副博士研究生一律称为研究生。在不用“副博士”这个名称后，各校所有四年制研究生的研究和学习仍照原定计划进行。至于学位名称和研究生结业后的学位授予问题，俟国家的有关条例颁布后，按规定办理。

1957年3月25日

中华人民共和国高等教育部印章

抄致：各高等学校所在省市党委。

清华大学档案，全宗号2　目录号 校3　案卷号57006

清华大学关于不脱产研究生预试暂行办法
——1956年12月28日校务行政会第五次（扩大）会议修正通过

一、凡经校长批准在教学岗位上进行学位论文的不脱产研究生，必须通过指定科目的预试，及格后，方能进行论文答辩工作。

预试科目包括：

甲、辩证唯物主义与历史唯物主义；

乙、两种外国语；

丙、两门本人所从事论文方向上的业务科目。

二、预试科目的考试可在申请论文答辩以前的任何时间进行，其具体日期由本人参照自己情况提出，经导师同意后列入研究期限之总计划内，经教研组审查，提请系务委员会讨论，系主任批准后执行之（公共教研组由副校长批准）。

三、预试科目的选择、考试标准及进行方式如下：

甲、辩证唯物主义与历史唯物主义，可就下列两种方式选择一种进行：

1. 过去已有基础，或有自学能力者，可申请哲学教研组指定参考书籍，在不少于一年的时间内自行阅读（或参加哲学教研组举办之讨论班），最后参加哲学的基本理论考试。

2. 随正规的哲学班上课，并阅读指定的参考书籍，参加该班的考试，此项成绩即为预试成绩（哲学班上课期限约 1 年至 1 年半，讲课 136 小时，自学 272 小时）。

乙、两种外国语：可就英、俄、德、法、日五种外文中选定一种为第一外国语，另一种为第二外国语。

1. 第一种外国语预试标准：

① 阅读速度——不查字典而能每小时阅读并口译专业书籍五千个符号（约为 16 开本的 2.5 页/小时）；

② 语法关系——了解正确。

2. 第二种外国语预试标准：

① 阅读速度——每小时阅读并口译专业书籍两千个符号（可查字典，约为 16 开本的 1 页/小时）；

② 语法关系——了解基本正确。

如应试人第二种外国语系随正规班上课，学习终了通过考试，该门外国语之开课教师能证明其阅读外语水平符合上项预试标准时，可以该课之考试成绩作为预试成绩。随班上课期限至少为一年。

丙、两门业务科目：具体科目连同考试范围，要求程度均由导师提出意见，由应考人所在教研组讨论后报请系主任（公共教研组由副校长）批准，并通知科学研究处备案。业务科目之预试，一般由主考人与导师就下列三种方式选择一种进行：

1. 预试前一周由主考人发给专题以便应考人准备应试讲演，考试时应试人不但应在讲演中表现出对所讲题目内容及最近的发展有相当深刻的了解及一定程度的组织能力，而且能回答考试委员所提出的应试科目范围内的其他问题。

2. 预试前一月由主考人发给专题以便应考人写出书面的专题报告，经主考人审阅认为满意，即可进行考试。考试时，应考人首先扼要的讲出所写专题报告中的主要内容及论点，在讲演中应反映出对所讲题目的内容及最近的发展具有相当深刻的了解及一定程度的组织能力，并能回答考试委员所提出的应试科目范围内的其他问题。

3. 主考人根据具体情况提出其他考试方式，在征得应考人所在教研组同意后进行之。此种方式也应能证明应试人已能满足上述两种方式所体现的要求。

四、预试工作由下列组织机构担任：

甲、辩证唯物主义与历史唯物主义之预试工作由哲学教研组负责组织。

乙、外国语之预试工作由应试人所在教研组负责组织三人委员会进行，组织成员中应有二人为应试的外国语的教师。

随正规外语班上课而以随班考试成绩作为预试成绩者，不另组织类似委员会之机构进行考试。

丙、业务科目之预试工作由该科目的专业教研组负责组织三人委员会进行，三人中应包括应试人之导师。

五、预试成绩按四分制评定，不及格之科目应在该科目考试后三个月内补考，如补考一次而成绩仍不及格时，由应试人所在系的系务委员会（公共教研组由副校长）研究是否应取消其不脱产研究生资格，研究结果呈请校长批准后执行。

六、符合于下列情况之不脱产研究生，可申请免试某些预试科目。

甲、已参加正规的哲学课学习，并已阅读规定的本课程的参考书籍，通过考试及格，持有证明其水平合格之文件者，可以申请免试辩证唯物主义与历史唯物主义。

乙、具备下列条件之一，可以申请免试第一种外国语：

1. 担任本办法第三条所列五种外文之一的翻译职务达一年以上并持有证明者。

2. 对五种外文中之某一种已具相当水平，导师及所在教研组证明其已达第三条乙项第一节所列之标准者。

具备下列条件，可以申请免试第二种外国语：

已有阅读五种外文中之某一种外文的能力，导师及所在教研组证明其已达第三条乙项第二节所列之标准者。

丙、凡已具备本办法第三条丙项对业务科目所规定的考试标准，持有充分证明者（例如讲稿、著作等），在征得导师同意后，可以申请免试一门或全部业务科目。

七、欲免试预试科目，须提出书面申请（申请书格式另订），经所在教研组同意，系务委员会讨论，系主任批准（公共教研组由副校长批准）后方为有效。有关文件应送科学研究处存案。

八、本办法经校务行政会议通过，校长批准后作为暂行办法试行之，一俟高教部颁布统一规则后即按统一规则办理。

附件：清华大学培养不脱产研究生聘请导师暂行工作条例

一、按照《清华大学关于培养不脱产研究生的暂行办法》导师职责计有下列数项：

1. 指导研究生订立在学习期限内的学习及论文工作总计划；

2. 对研究生的预试及免试科目提出意见；

3. 参加研究生业务科目预试；

4. 决定研究生的论文题目；

5. 领导研究生有关论文方面的工作；

6. 检查研究生在学习期限内的学习情况，每半年或一年向研究生所在教研组提出意见；

7. 审阅及评定研究生的论文质量；

8. 参加研究生的论文答辩，提出授予学位的意见。

二、督促研究生的预试工作，对预试科目的范围、参考书、参考文献，对预试方式及日期向研究生本人或有关方面提出意见。

三、指导研究生在研究工作开始之后的1～2年内确定论文题目。

四、导师应对研究生的学习期限提出意见，在学习中途如发现无培养前途者，得建议校方取消不脱产研究生资格。

五、指导研究生的工作，每年按76小时计算。

六、凡本校教授、副教授及苏联专家担任导师者其工作量一般计算在工作内不另致酬。聘请之校外导师之酬劳费按高教部统一规定办理。

七、本办法如有未尽事宜，得随时由科学研究处提请校长批准修正补充。

《清华公报》第33期，1957年1月26日

清华大学培养研究生工作试行办法

——1959年12月23日校务委员会
1959年第8次会议通过

1958年以来，我校在教学、科学研究和生产等工作的全面跃进中，开展了相当规模的科学研究工作。相应地为科学研究创造了一定的物质条件，成长了一批教学和科学研究干部，形成了科学研究集体，为培养研究生提供了有利条件。

关于研究生的培养问题，虽然过去几年已经有过一些经验，但在今天的条件下如何大批培养研究生还缺乏一套成熟的经验，根据教育部《关于高等学校培养研究生工作的几点意见》的精神，结合我校几年来培养研究生的具体经验和当前我校的实际情况，现就研究生的培养目标、培养方法、指导和考核等问题提出以下几点具体规定：

一、研究生培养目标

根据教育部指示："高等学校培养研究生的任务主要是培养又红又专的，在本门科学方面具有系统而坚实的理论基础，能够独立进行教学工作和科学研究工作的高等学校师资。学习年限一般定为三年，必要时，可适当延长或缩短。"

因此，研究生经过三年的培养和学习，应达到下列几方面的要求：

1. 政治方面：具有较高的马克思列宁主义水平；树立无产阶级的世界观，在从事科学研究和实际工作中能贯彻无产阶级观点、正确的群众观点、劳动观点和辩证唯物主义观点。

2. 业务方面：在本门学科方面具有系统而坚实的理论基础

和深入的专业知识，了解国家在社会主义建设中与本门学科有关的方针政策和发展方向。了解各国在本门学科的发展情况及趋向。具有独立进行和组织科学研究的能力。在外国语方面，达到至少能熟练地阅读一种外国语参考书的程度。

3. 教学方面：了解教学方法和环节，具有独立组织本门学科教材和讲授的能力，达到能够独立开课的水平。

二、研究生培养方法

党的教育方针是培养研究生的最高原则。因此在研究生工作中必须贯彻执行政治挂帅、群众路线和教学、科学研究与生产三结合的原则。

研究生入学后必须在指导教师指导下制定个人的三年培养规划及年度学习工作计划。规划及计划中应体现“实际锻炼与全面培养相结合”和“边干边学”的精神，既要防止只强调书本理论学习而不愿参加科学研究、生产和教学工作进行学习和锻炼的错误倾向，也要防止只强调参加实际工作而忽视必要的理论学习的片面观点。在政治方面则要贯彻系统的马克思列宁主义理论教育和参加政治运动相结合的“两条腿走路”的方针。

1. 马列主义理论学习和政治思想教育

研究生要深入学习规定的马克思列宁主义经典著作和毛泽东著作，学习中要贯彻理论与实际紧密结合的方针，学习时间每周六小时。学习方式以自学为主，定期组织讨论，写学习心得，并须通过考试，其具体安排由政治课教研组规定。

另一方面，研究生应作为教研组（或所在科学集体）成员之一，积极参加教研组（或所在科学集体）的政治学习和政治活动，在实际锻炼中提高觉悟。研究生在自己的科学研究、生产和教学活动中，应积极贯彻党的教育方针。研究生应定期（每年六月及十二月各一次）进行整风，每年（十二月）写思想总结及鉴定一次，用书面报告提交系、校各一份。

2. 业务学习

根据培养高等学校师资的特点，研究生以贯彻科学研究为中心的科学研究、生产和教学工作三结合的原则进行培养。即以结合国家科学研究任务，通过实际科学研究工作，边干边学为主要方式。因此，研究生入学后应立即参加所在教研组某个领域的科学研究工作，并作为该项科学研究工作成员之一，在教研组及指导教师的指导下，和辅导教师共同组织并带领一部分学生积极进行科学研究和生产工作。但在这个工作中，研究生应担负起较深入而系统的研究工作。在完成科学研究工作的过程中，研究生应结合需要有目的地阅读一些专题性文献或资料，同时也应深入实际，进行调查研究、实习、实验等。在工作告一段落时，必须写出相应的读书报告、科学报告或论文。另外，在参加实际工作的同时，要结合研究生的培养目标及科学研究的具体情况适当安排他们的理论学习时间，以保证毕业时在本门学科领域内具有前边所述的理论水平。

研究生培养规划中应规定一门或两门理论课程（与研究方向有密切关系的专业基础理论课程或与研究题目直接有关的专业理论课）的学习内容及要求，并于入学后二年内通过考试，其参考资料由指导教师指定。

研究生除参加和教师同样的公益劳动外，应尽可能结合科学研究工作进行生产劳动，每年总时间为一个月至一个半月。

研究生除了结合科学研究指导毕业设计、生产实习、课程设计等和适当参加教研组的教学活动外，还应结合本人培养规划中所规定的专业考试课程进行一些教学辅导工作，并试讲五节左右的课。

3. 外国语学习

研究生首先应该学好一种外国语，第二种外国语一般应该学习，但有特殊情况者可根据具体情况由教研组确定是否学习，学习第二外国语的研究生一般在第一外国语考试通过后，才能开始第二外国语的学习。

第一外国语通过标准（一般指俄文）：

阅读速度：不查字典能每小时阅读并口译专业书籍 4 000 个符号（约为 16 开本 2 页/小时）。

语法关系：了解正确。

第二外国语通过标准：

阅读速度：每小时阅读并口译（可查字典）专业书籍 1 000 个符号（约为 16 开本半页/小时）。

语法关系：了解基本正确。

第一外国语学习方式：分两类进行。

第一类：外文入学考试成绩在 50 分以上者参加。

学习方式：规定每个研究生应结合指导教师所介绍的专业外文书籍、文献进行阅读，第一年至少阅读 300 页（约 75 万个符号）。

由系内指定俄文水平较高的翻译或教师协同俄文教研组对本系研究生进行辅导和答疑每周至少一次，必要时可组织一些讲座。

第二类：凡外文入学考试成绩在 50 分以下者，由俄文教研组开俄文班学习，每周上课 4 小时，自学 3 小时，学习时间一年至一年半。

除此以外，在一年或一年半期间内阅读 100 页俄文专业书籍。

第二外国语学方式：由俄文教研组开班学习，每周上课 4 小时，自学 3 小时。

第一外国语一般应于入学后一年内通过考试，最迟者不得超过一年半。

第二外国语应在入学后两年内通过考试，最迟者不得超过两年半。

4. 科学论文

研究生的研究题目应该是教研组所进行的科学研究任务的一部分。

研究生在参加科学研究和生产工作的过程中，应该经常注意总结工作，一般每年应至少提出科学报告一篇，毕业时应提出具有新成果的科学论文。

三、研究生的指导

每个研究生均有指导教师一人，负责对研究生的科学研究工作和完成培养计划等方面给予指导和检查。另外还根据需要与可能设辅导教师1～2人，协助指导教师进行辅导工作。

在研究生整个培养过程中，指导教师要在不妨碍研究生独立钻研的原则下起积极的指导作用，同时也要注意发挥教研组（或所在科学研究集体）对研究生的指导作用，注意组织研究生参加教研组或校内外有关的学术活动。教研组应定期讨论研究生的工作，以体现专家与群众相结合的指导原则。

每个研究生均按其三年培养规划及年度学习工作计划进行培养。规划应在入学后三个月内制定，年度计划应在每年年初（一至二月份内）制定。上述规划和计划均应在指导教师指导下制定，经教研组审查讨论同意后，提交系主任批准，并送学校备案。

研究生的专业学习方式以自学、独立钻研为主，但在自学过程中，指导教师或其他指定人员应负责进行辅导及答疑。

四、研究生的考核工作

1. 研究生工作的检查，主要应由指导教师负责，指导教师和研究生每半年应向教研组提出书面报告一份，报告内应说明研究生完成培养计划的情况和指导教师对研究生的评语（评语中应说明研究生完成计划的质量、科学研究工作和教学的能力及修养等）经教研组讨论后分别送系、校各一份。

2. 每年年底由教研组对研究生进行全面鉴定一次，并以书面材料提交系、校各一份。

3. 研究生必须在按计划中各门课程所规定的考试日期以前参加考试。并在考前一个月向有关教研组申请考试（填表），以便进行考试准备工作。

4. 考试工作由下列单位负责：

政治课考试由哲学教研组负责组成三人委员会进行。

外国语考试由系负责组织三人委员会进行，委员中应有二人为外国语教研组教师。

专业基础理论课与专业理论课考试由该科目的专业教研组负责组织三人委员会进行，其中应包括应考研究生的指导教师。

5. 研究生考试不及格时只能补考一次，而且必须在考试后三个月内完成，过期不再进行补考。

6. 研究生入学后，在政治思想或业务上表现不良并不宜继续培养者，教研组、系应及时提出，经学校核准后，转报教育部取消其研究生资格，并另行分配工作。

7. 研究生结业时必须经过答辩和全面鉴定工作。

8. 研究生结业时，由研究生成绩审查委员会审查并提交校务委员会通过后，由学校发给证书。

五、其　他

1. 研究生待遇，按教育部规定办理。

2. 研究生假期与教师相同。

《清华公报》第 67 期，1960 年 2 月 5 日

清华大学研究生课程考试办法（试行草案）※

（1962 年 7 月 7 日）

一、研究生学习课程包括：马克思主义哲学；外国语；基础理论课程及专业课程和补充学习课程。研究生必修课程的考试，由有关教研组组织考试小组主持，考试方式和日期按研究生培养计划中的规定进行。补充学习课程的考核方式由指导教师决定。

二、由政治课教研组和外国语教研组分别组织研究生马克思主义哲学和外国语的学习，并组织考试小组主持每个研究生的考试。脱产研究生至迟应在一年半内，在职研究生至迟应在两年半内，通过哲学和第一外国语的考试。脱产研究生至迟应在两年内，在职研究生至迟应在四年内，通过第二外国语的考试。研究生外国语考试的具体办法，按《研究生外国语考试暂行规定》进行。

三、研究生在导师和有关教师指导下学习必修的基础理论课程和专业课程。各门课程都应制订学习大纲，明确规定学习的具体要求和必须阅读的有关文献。脱产研究生至迟应在一年半（二年）内，在职研究生至迟在三年（四年）内通过一门（全部）必修基础理论课程和专业课程考试。

研究生基础理论课程和专业课程的考试小组一般由三人组成，其中应包括课程的主讲教师和应考研究生的指导教师。考试

小组的成员由应考研究生所在教研组或该科目的教研组主任于考前一个月提出，经系主任批准后报科学生产处备案。

凡须邀请外系有关教师为考试小组的成员时，由科学生产处开邀请书，由系派人与有关教师联系。

四、研究生必修基础理论课程和专业课程考试一律采用口试方式进行；如有计算内容，可先进行计算后再口试，考试时间一般为三小时。

五、研究生补充学习课程的考核方式由指导教师确定，并由负责评定成绩的教师将考核结果书面通知系科学生产科备案。

六、应考研究生在考前一个月应填写“研究生课程考试申请表”送所在教研组。由该教研组的科学秘书协助教研组主任组织考试工作。考试完毕后，由考试小组主持人负责填写“研究生课程考试成绩通知单”一式两份并由考试小组全体成员签字，于考后一周内交系科学生产科一份，一份交科学生产处备案。

七、研究生考试成绩一律按五分制评定。如考试不及格时，可在考试后三个月内补考一次，如仍不及格，即令其退学，另行分配工作。

1962 年 7 月 7 日

清华大学档案，全宗号 2　目录号 校 4　案卷号 65028

清华大学研究生论文答辩的暂行规定

——1962—1963 年度第 10 次校务委员会通过

（1963 年 5 月 10 日）

一、研究生在规定的学习期限内，应通过全部课程考试，完成毕业论文并经指导教师评阅，教研组、系主任审查同意后，可以报学校申请答辩。

二、研究生在规定的学习期限内虽通过全部课程考试，但不能按期完成毕业论文或毕业论文经指导教师评阅和教研组讨论后认为不合格的，经系主任审查送主管研究生工作的校长批准后发给“清华大学研究生肄业证书”，不进行答辩。

三、研究生在规定毕业时间以前（入学后三年或批准延长学习期限期满以前），应将毕业论文和论文摘要写好并填写“清华大学研究生毕业论文答辩申请表”（填表1内序号1）送交指导教师审查并请指导教师对其论文写出学术评议书（表2）。申请答辩的研究生均应在教研组会议上报告论文的内容，经教研组会议讨论认为合格后，由指导教师对研究生的外文水平、理论基础以及独立进行科学研究工作的能力提出意见（填表1内序号2），由教研组主任填写对研究生的论文的学术水平评议及毕业的意见（填表1内序号3）后，向系和学校推荐该生参加毕业论文答辩。

教研组将上述材料一并送交主管研究生工作的系主任进行审查（亦可由系成立相应组织，协助系主作进行审查工作），并决定是否同意该研究生参加答辩。

凡经教研组或系审查不同意参加答辩的研究生均按第二条规定办理。

经教研组推荐和系审查批准参加答辩的研究生应将论文修改定稿后，复写一式四份和论文摘要一份，在规定学习期满前送交科学生产处研究生科（研究生可持本系科学生产科介绍信到科学生产处联系办理毕业论文的装订及论文摘要的印刷手续）。

四、凡经系批准同意参加答辩的研究生，由主管研究生工作的系主任会同有关教研组主任及指导教师按论文性质提出考试委员会及论文评阅人初步名单（填表1内序号4），经校长批准后由学校备函正式聘请。

考试委员会设主席一人（一般由研究生所属系主任或副系主任担任，但该研究生的指导教师，不得担任考试委员会主席），委员4～9人，由造诣较深的校内外教授（研究员）、副教授（副研究员）或专家担任（校外委员一般不少于三分之一），并指定其中二位委员为论文评阅人，其中至少一人由校外专家担任。该研究生的导师不得担任论文评阅人。论文评阅人聘定后，由系将论文及“清华大学研究生毕业论文评议书（空白表）”送交论文评阅人评阅。评阅人于一个半月内阅完研究生的毕业论文，并写出学术评议书。

考试委员会设秘书一人，由研究生所在教研组秘书担任，协助系组织答辩事宜。

五、答辩日期由系确定，一般应在毕业论文寄给评阅人后的二个半月内进行，并在答辩前一个月将研究生毕业论文或毕业论文摘要送考试委员会及有关校内外单位（名单由系提出）征求意见。

考试一般以公开方式进行。有保密性质的论文答辩，由系提出意见，经学校第一科同意后，只在适当的范围内进行答辩。

六、研究生通过答辩的标准是：研究生的毕业论文经过答辩以后表明对本专业具有较坚实的基本理论和较深入的专门知识，论文应有一定的创造性；具有独立进行科学研究工作的能力。

七、论文答辩的程序一般为：

1. 主席宣布开会，并宣读参加答辩的研究生的有关材料，包括研究生的一般情况，学历与经历；必修课程考试成绩；曾作过哪些研究工作和发表过哪些文章；指导教师和教研组对该研究生毕业论文水平的学术评议等。

2. 研究生报告论文的主要内容（约半小时）。

3. 评阅人宣读论文评议书。

4. 研究生回答评阅人提出的书面问题。

5. 评阅人和考试委员提出问题。

6. 研究生回答提出的问题。

7. 其他列席的同志提出问题，研究生回答提出的问题。

8. 考试委员会举行秘密会议，对考试成绩讨论并表决。表决以无记名投票方式半数以上通过。

9. 主席宣读考试委员会对论文的评语和表决结果。

八、系在答辩结束一周内应将答辩委员会的决议和记录以及有关材料（如论文三份，论文摘要十份，研究生个人业务档案，指导教师和教研组对研究生论文的学术评议书，指导教师和教研组对研究生学习情况及毕业意见和清华大学研究生毕业论文答辩申请表）送学校主管研究生工作的校长转校委会审查批准，经校委会批准毕业的研究生，由学校发给“清华大学研究生毕业证书”。

九、研究生毕业论文答辩不及格的，发给“清华大学研究生肄业证书”。如经考试委员会同意，经学校主管研究生工作的校长批准后分别按以下两种办法处理：①在指导教师指导下对论文补充和修改，于半年内补行答辩一次，如仍不及格，由学校发给“清华大学研究生肄业证书”；②先由学校发给研究生肄业证书，研究生在工作期间重新修改毕业论文，并在一年内（从答辩日计算起）由研究生向学校申请补行答辩，经学校审查批准后可补行答辩一次。答辩及格后，由学校再补发“清华大学研究生毕业证书”。

不论上述何种情况，研究生只能补行答辩一次。

十、经答辩通过的毕业论文，由学校送交校图书馆及研究生所属系的系图书室各保存一份。研究生本人可以保存一份。机密性质的毕业论文，只保存在学校指定的机密资料室。

十一、研究生的结业鉴定工作应在学习期满前进行，以便报教育部和国家计划委员会考虑分配工作。此项工作由科学生产处会同人事处进行。

十二、研究生完成论文后在准备答辩期间和在答辩后等待国家分配工作期间，教研组可以安排他们继续进行科学研究工作或教学工作。

十三、在国家关于研究生毕业考试办法未颁布前，本校研究生毕业论文的答辩工作暂按本规定进行。

注：附表格式（略）。

《清华公报》第112期，1963年5月21日

清华大学研究生工作暂行细则[①]

（1963年11月）

根据中华人民共和国教育部《高等学校培养研究生工作暂行条例（草案）》的精神和《关于高等学校制订理工农医各专业研究生培养方案的几项原则规定（草案）》，《关于高等学校研究生政治理论课的规定（草案）》，《关于高等学校研究生外国语学习和考试的暂行规定（草案）》，《关于高等学校研究生学籍处理问题的几项规定（草案）》，《关于高等学校研究生的经费，人员编制和研究生的助学金及其他生活待遇问题的几点规定》等规定，结合我校自1959年以来培养研究生的具体工作经验，为进一步加强我校研究生管理工作，特制定《清华大学研究生工作暂行细

① 这是学校印发的一本小册子，经查找，未得其批准的校务工作会议与批准时间。

则》，简称《细则》。1962年后入学的研究生的管理工作均按本细则试行。待取得进一步经验后，再加以补充和修改。

一、序

1. 建立和健全研究生培养制度是我国自力更生地培养较高水平的高等学校师资和科学研究人员的一项根本措施。高等学校培养研究生是为国家培养攀登科学高峰的“登山队”，优秀的后备军。培养研究生的工作已成为我校一项重要而光荣的任务，它标志着我校教育工作的新阶段。

2. 培养研究生工作可以促进我校教学质量和学术水平的提高，也是促进我校教师提高科学水平的重要途径。我校各教研组应本着祖国社会主义建设事业的需要，努力提高教师的科学水平，有步骤、有计划地改善和创造招收研究生的条件，努力提高培养研究生的工作质量。

3. 我校各教研组、指导教师、研究生以及有关同志，均应很好地了解本细则中的规定，了解对研究生的培养目标、方法和步骤，并使研究生在入学以后尽快地熟悉学校对其培养要求，做到思想明确，步骤、方法清楚，从而能自觉地做到定期、定质、定量的完成学习和培养质量。以期通过大家共同的努力，创造出更有成效的培养研究生的具体经验。

二、招生工作

1. 根据《中华人民共和国教育部直属高等学校暂行工作条例（草案）》和《高等学校培养研究生工作暂行条例（草案）》中规定，各校招收研究生，均由教育部根据国家当前和长远的需要、学校的科学研究工作基础和导师的指导力量加以制定。为了更好地保证研究生的培养质量，我校凡已具备下列培养条件的教研组可以申请招收研究生。

(1) 教研组的科学研究方向已经形成，而且有若干科学研究题目已经进行了相当的工作，能够分出若干适合研究生进行研究的论文题目。

(2) 教研组已有一定的指导力量。招收研究生的指导教师由学术水平较高的、造诣较深的教授、副教授担任。他们所从事的科学研究方向与教研组的科学研究方向一致，而且本人切实在进行研究工作，并有科学研究成果或论文发表（公开或内部发表），表现出确实具有较高的学术水平；或所从事的科学研究方向虽与教研组的科学研究方向不一致，但已从事过多年的科学研究工作，已有较丰富的科学研究经验，发表过较多的著作或论文，可以从其研究的方向内分出足够水平的题目给研究生研究；指导教师的其他条件（例如工作时间能否保证、是否愿意招收研究生等）也应一并加以考虑。

(3) 教研组、系已具备基本的实验研究条件。

(4) 具有经学校批准的该专业研究生培养方案及课程学习大纲。

2. 研究生的招生工作，由中央教育部统一组织。我校各教研组，凡拟招收研究生者，由教研组主任于每年三月底以前提出下年度招收研究生计划，并同下列材料一并交系、学校审批后报中央教育部批准后执行。

(1) 招收研究生计划表。

(2) 招收研究生的指导教师简历表（已经批准招生的指导教师不需再交）。

(3) 招生专业的研究生培养方案及课程学习大纲（已有学校批准过的方案及课程学习大纲者不需再交）。

3. 招收研究生必须严格保证质量，宁缺毋滥。凡按照教育部规定，参加我校研究生入学考试，经政治审查和健康检查合格，学业考试成绩符合本校录取标准者，方可录取为本校研究生（脱产研究生或在职研究生）。

4. 为了做好招收研究生的工作，我校每年均组织招生委员会（由主管研究生工作的副校长，有招生任务的系主任及有关处室负责同志组成），负责研究和推动当年度的研究生招生工作。委员会下设招生工作组（由研究生科、学生科、行政、生活处办公室、印刷厂及有招生任务的系科学生产科担任研究生具体工作的干部组成）具体进行招生工作。

入学考试命题的评分工作：基础课应由相应基础课程教研组主任，组织水平较高的教师 2～3 人组成命题评卷小组。招收研究生的指导教师，应对该专业所考的基础课试题提供参考意见，但不一定作为小组成员。专业课程的考试，一般也应组织命题评卷小组，小组长应由相应的教研组主任或指导教师担任。各门课程命题评卷小组成员由相应课程教研组主任提出初步名单，报教研组所在系系主任批准后送学校备案。

各门课程试题，一般由系（教研组）为单位组织审查。

5. 招生工作组按考生的政治条件、健康状况、入学考试成绩和指导教师、教研组主任、系主任对录取的意见，经人事处进行政治审查后，根据教育部规定的录取标准，提出研究生初步录取名单送招生委员会审查后报校长及校务委员会批准并报教育部备案。

6. 被录取的考生，应持学校发给的研究生录取通知书，按指定日期来校办理入学手续，如因故不能按期报到，须事先向学校请假批准，逾期不来校报到者取消研究生学籍。

7. 新生入学时，必须进行政治、健康的复查，必要时可以进行业务水平的抽查。不合格者，经校长批准，取消入学资格，并报中央教育部备案。政治复查由系人事科负责，健康复查由校医院负责，业务抽查由指导教师负责，复查工作应在研究生报到后一个月内进行完毕。

健康复查不合格的新生，如本校校医院认为经短时期（半年或一年内）的休养可以痊愈并达到新生健康标准的，经本人申请，可保留入学资格一年。保留入学资格的新生不能享受在校研究生的一切待遇，并应于报到后一个半月内办理离校手续，否则即取消入学资格。

保留入学资格的新生，应于下一学年开学以前再进行健康复查，合格的，免试入学，不合格的，取消其入学资格。

三、培 养 工 作

1. 研究生的培养工作应该有计划地进行。每个研究生必须有指导教师。必要时，可设辅导教师，协助进行工作。培养研究生的教研组应根据专业特点和教研组的具体条件，制定本专业研究生培养方案（规定本专业研究生的基本要求、研究方向、专业基础课、专门课、学习时间的安排等）和课程学习大纲（规定本专业研究生应修课程的具体内容及参考资料）。

研究生培养方案和课程学习大纲在申请招收研究生时由教研组制定并提出，经系务委员会审查同意后报主管研究生工作的校长批准，并报中央教育部备案。

2. 研究生培养方案是同专业研究生共同的基本要求。研究生入学后，指导教师除按照该专业研究生培养方案的要求外，为了扩大和充实研究生的知识，配合研究生的论文工作，根据专业的需要和研究生的具体情况，还可以指定研究生选修一些其他课程（考核方式由指导教师确定）。指导教师应根据因材施教的原则，理论联系实际的精神，采取系统理论学习和科学研究工作相结合的办法，使研究生既能系统深入地掌握本专业的基础理论、专业知识和国内外有关的重要科学成果，又能获得独立进行科学研究工作的能力的培养要求，结合研究生具体情况，为每个研究生制定培养计划。培养计划包括“研究生培养计划”（脱产研究生学习期限为三年，在职研究生学习期限，1963 年以前入学的为五年，1963 年以后入学的为四年）和“研究生年度学习计划”。

研究生学年起迄时间，自 1962 年开始统一规定为：

秋季入学者，由 9 月 1 日起至翌年 8 月底止；

春季入学者，由 3 月 1 日起至翌年 2 月底止。

研究生培养计划和研究生年度学习计划的制定和审批手续为，由指导教师负责提交教研组主任和主管研究生的系主任（或由系主任领导的专门小组）批准后执行并报学校备案。非经同样手续，不得改变。（计划经系主任批准后，由研究生本人填写一式五份：一份由研究生保存，一份交指导教师，一份交教研组主任，一份交系科学生产科，一份交学校科学生产处研究生科。）

完成制定和审批培养计划的时间：

第一学年，秋季入学者应在当年 11 月底以前，春季入学者应在当年 5 月底以前完成；

第二、第三学年，应在每年放暑假或放寒假前一个月内（秋季入学者应在 7 月底以前，春季入学者应在 12 月底以前）完成下年度的“研究生年度学习计划”的制定和审批工作。

3. 研究生课程学习，包括政治理论课、外国语、专业基础课、专门课，都应有课程学习大纲，由政治教研组、外语教研组、研究生所在系科学生产科分别印发给研究生自学时参考。研究生课程学习以自学为主，必要时，个别课程经系主任批准后可以启发性讲授方式进行。有关课程名称、学习时间、顺序、考核方式及考核最迟期限等均按研究生培养方案和研究生培养计划中的规定进行。

各科课程学习及考核办法

（一）政治理论课程学习、考试和政治思想工作

1．研究生的政治理论课，包括：(1) 马克思列宁主义理论；(2) 形势教育和思想政治教育报告。

2．马克思列宁主义理论课，主要选读马克思列宁主义经典著作和毛泽东著作，同时也选读部分当前国际共产主义运动中的重要文件。（学习大纲由哲学教研组拟定印发给研究生自学参考。）学习这些著作和文件的方式以自学为主，适当安排报告、讨论和答疑。要求研究生自学时做读书报告，哲学教研组定期进行检查。

3．马克思列宁主义理论的学习总时数为200小时（包括自学、讲课、答疑、讨论在内）。

4．马克思列宁主义理论课的学习时间规定安排在第一学年。脱产研究生应在入学后一年内（因特殊原因经哲学教研组和学校批准至迟应在一年半内），在职研究生至迟应在两年内通过考试。

5．马克思列宁主义理论课学习和考试工作由哲学教研组负责组织考试小组主持考试。研究生应在入学后一个月内（即9月底或3月底以前）填写“研究生政治理论课学习申请表”由系科学生产科收齐后送哲学教研组，以便编组学习。考试在每年学习结束后一个月内举行（约在每年的7月中旬），研究生应根据自己的学习情况，在考试一个月以前填写“研究生政治理论课考试申请表”，经系科学生产科收集后送哲学教研组进行考试的准备工作，如有特殊情况不能在7月参加考试者，可以申请缓考，经哲学教研组同意后在9月份内再安排一次考试。考试完毕后半个

月内由考试小组填写“清华大学研究生政治理论课考试成绩通知单”，经哲学教研组送科学生产处及系科学生产科后，由系科学生产科通知研究生本人。

6. 研究生政治教育报告，主要是向研究生做国内外形势、党的路线方针政策和共产主义道德品质的报告。研究生原则上同本科学生或教师一起听报告，讨论时则可以由研究生单独编组进行，也可以同所在教研组教师一起进行。形势教育和思想政治教育报告和讨论时间不计入上述第 3 项所规定的时数之内。平均每周以 2 小时计算。

7. 政治思想工作

(1) 研究生除应努力学习马克思列宁主义、毛泽东著作、国内外形势和方针政策以外，还应通过一定的生产劳动，实际工作锻炼和批评、自我批评，逐步提高思想觉悟。

(2) 为了加强对研究生的政治思想工作，校设立研究生思想工作组，系设立相应的研究生工作小组。

8. 生产劳动

研究生的生产劳动主要是参加工农业劳动或公益劳动。

研究生除平时参加校内公益劳动外（累积时间一般每年不超过一周），每年约在 11 月和 6 月内，由学校集中组织两次农业劳动，每次劳动时间 2～3 周（包括路途时间）。

研究生可根据自己的学习和科学研究工作情况，征得指导教师同意后每年任选一次参加劳动，并列入研究生年度学习计划内。

（二）外国语学习和考试

1. 研究生应掌握两种外国语。研究生入学时只考第一外国语，根据各专业指定的语种参加考试，达到以下水平方得录取：(1) 比较牢固地掌握 2 000 个以上单词及词组，其中常用基本词能汉外互译；掌握基本的语法知识，能独立理解科技书刊中的一般语法现象。(2) 具有初步的汉译外的能力，能将较简单的汉语句子译成外语，语法基本正确。(3) 能藉助词典正确通顺地笔译中等难度的科技材料，每小时达 1 500 个印刷符号以上。

2. 研究生根据科学研究工作的需要，经指导教师同意，可从俄、英、德、日、法五种语言中任选两种作为第一和第二外国语进行学习（一般以俄语或英语作为第一外国语）。

3. 研究生通过外国语的要求

第一外国语：

(1) 掌握 3 000 个以上单词及词组，其中常用基本词汇能汉外互译。

(2) 掌握基本的语法知识，能在阅读时熟练应用，熟悉常见的外国语特有的表达法，并能将较简单的汉语句子译成外语。

(3) 能熟练地阅读有关本专业及一般的外文科技书刊。

(4) 能藉助词典正确通顺的将语言现象较复杂的本专业的外文材料译成汉语，笔译每小时达 2 000 个印刷符号以上。

研究生按上述要求通过第一外国语之后，还应该继续提高第一外国语水平，在毕业时，应达到具有初步的外语写作能力，能用外语写本专业有关材料的简单摘要，并能将较简单的短文译成外语，而且语法基本正确。

第二外国语：

(1) 掌握 1 200 个以上单词及词组（不包括科学术语和国际共同词）与基本语法知识，能在阅读时应用。

(2) 能藉助词典阅读中等难度的专业书刊，每小时笔译速度达 1 000 个以上印刷符号。

4. 研究生外国语学习方式

第一外国语学习方式：凡入学后未能立即按上述 3 项的四点

要求通过第一外国语的研究生，需补修第一外国语，由外国语教研组为研究生开设第一外国语课程，一方面应继续提高语言基础，选读语言现象较为复杂的典范性文章，进行分析讲解，并有一定数量的汉译外的练习；另一方面应加强阅读实践，除由外国语教研组指定必读材料外，由指导教师指定一定外文文献阅读材料，由外语教师定期检查、解答问题并有较经常的外译汉练习，此外，还应有一定数量的汉译外或写作的练习。

为研究生开设的第一外国语课程，一般应在研究生入学后一个月内（即 9 月或 3 月内）开设，开班学习期间为半年，每周上课时间为 4 小时，学习总时数（包括课内外）为 200 小时。

研究生入学后虽未能立即按上述 3 项四点要求通过第一外国语，但基础较好的，由本人申请，经指导教师和外国语教研组批准，可以不随班学习，而通过自学方式提高，除由外国语教研组指定必读材料外，主要由指导教师指定外文阅读材料并进行检查，外国语教研组对这一部分研究生，每周应固定 1～2 单位时间进行答疑和质疑，并指定完成一定的翻译练习。

凡申请不随班学习的研究生必须在入学后一个月内（即 9 月底或 3 月底以前）填写“研究生第一外国语自学申请表”，经指导教师签注意见后，送交外国语教研组批准。

第二外国语学习方式：外国语教研组每学期初（9 月初和 3 月初）应根据需要为未学过第二外国语的研究生新开设英、德、日、法等外国语学习班，开班学习时间一般为一学年，每周上课四小时，学习总时数（包括课内外）为 400 小时。

未学过第二外国语的研究生，应努力争取在入学后半年内通过或接近通过第一外国语考试要求，以便争取在第一学年第二学期开始就能开始学习第二外国语。申请手续，可由研究生本人填写“研究生学习第二外国语申请表”于每年 6 月或 12 月底以前送外国语教研组，外国语教研组在8月或2月底以前将批准结果通知研究生所在系科学生产科后，通知研究生分班学习。

凡具有一定的第二外国语基础的研究生，经指导教师及外国语教研组批准后，可根据程度插班修读一学期或采取自学方式。申请手续为，由研究生本人填写“研究生插班（或自学）第二外国语申请表”，于每年6月或12月底以前送交外国语教研组，以便组织学习或答疑并参加相应的第二外国语学习班的期末考试。

如有特殊原因，需将入学考试的外国语语种改为第二外国语，另选其他语种作为第一外国语的研究生，经指导教师及外国语教研组批准后按第二外国语通过论。其修读第二外国语的学时可用于学习第一外国语。

5. 研究生第一、第二外国语考试

考试工作，由学校批准研究生外国语考试委员会组成的外国语考试委员会负责统一掌握研究生外国语通过标准，讨论并确定命题、评分标准和评定成绩。外国语考试题目应反映第3项规定的要求。考试一般采用笔试形式，考试时间为三小时，成绩以四级分制或百分制评分。考试完毕后半个月内由考试委员会填写“清华大学研究生第×外国语考试成绩通知单”，并由各系考试委员会负责写总评语与评定成绩，最后由外文教研组送交科学生产处再由研究生科将成绩通知研究生所在系及研究生本人。

外国语考试委员会由外国语教研组的教师二人及各系外国语水平较高的教师1～2人组成。

具体进行命题及评定成绩时，如研究生所考语种与系考试委员所专长的语种不同时，可由系考试委员会组织其他教师协助进行，系考试委员负责审查。

研究生外国语学习及考试工作由外国语教研组负责组织。

研究生的第一、第二外国语考试，每年举行三次（12月、

3 月、9 月的下旬各进行一次)。研究生可以根据自己的学习情况在考试的前一个月（即 11 月、2 月、8 月的 15 日以前）填写“清华大学第外国语考试申请表”送交外国语教研组，以便进行考试的准备工作。

研究生第一、第二外国语考试均不能以外国语课程学期或学年结束时的考试来代替。

研究生凡入学后未能立即通过研究生第一外国语考试的，应最好在入学后半年内，至迟不能迟于入学后一年内（在职研究生最好在半年或一年内，至迟不能迟于一年半内）参加第一外国语考试。

研究生应在入学后一年半内（在职研究生应在两年内）参加第二外国语考试。

研究生毕业时第一外国语是否达到具有初步的写作能力，应由指导教师和研究生所在的教研组主任，通过研究生所写的外语的论文摘要等方式加以检查和评定。

外国语教研组应根据本规定，结合本校具体情况，制订词汇和语法等方面更为具体的学习要求、学习资料，印发给研究生准备考试参考之用。

（三）专业基础课程、专门课程学习和考试

1. 学习专业基础课的目的是使研究生较全面地掌握本专业各个研究方向所共同必需的基础理论和知识，学习专门课程的目的是使研究生深入地掌握某一个研究方向所需的专门理论和知识。

2. 研究生应根据本专业的“研究生培养方案”、“研究生课程学习大纲”统一要求的基础上，以及指导教师按因材施教的原则所制定的“研究生培养计划”中所规定的课程、进度、检查方式和检查日期进行学习和考核。学习的内容和要求，一律根据有关课程的学习大纲中的规定进行（专业基础课程和专门课程由有关教研组制定，经主管研究生工作系主任批准后送学校备案，并由系印发研究生学习参考）。学习以自学为主。

3. 研究生专业基础课和专门课的考试必须由考试小组主持。

研究生所在教研组接到研究生填交的“清华大学研究生专业基础课或专门课考试申请表”以后，在一个月以内由该教研组秘书协助教研组主任组织考试工作。考试小组至少由三人组成（内确定一为主考人），其中应包括该课程所属的教研组主任（或他所推荐的教师）、负责该课程的教师和应考研究生的指导教师。考试小组的成员由应考研究生所在教研组主任与指导教师商量提出，经主管研究生工作系主任批准后，由教研组秘书填写“清华大学研究生课程考试成绩通知单”在考试前一周送系科学生产科及科学生产处备案。

凡需邀请外系有关教师为考试小组的成员时，由科学生产处开邀请单，由研究生所在系（教研组）派人前往联系。

4. 研究生专业基础课和专门课的考试，一律采用口试方式进行；如有计算内容，可先进行计算后再口试。考试时间一般不超过三小时。

考试成绩可以按五分制或百分制评分。考试范围一律按“研究生课程学习大纲”中规定，严格要求。

（四）研究生课程补考

研究生各课程考试（包括政治理论课，第一、第二外国语，专业基础课和专门课）中有不及格者时，累计只能补考一次。如有特殊原因，才可以申请第二种课程的补考（一种课程只补考一次）。申请时，由研究生本人写申请书，并经系主任审查同意，报校长批准后方得进行。补考期限一般规定在考后三个月以内进行，研究生有一门课程不及格或超过规定的考试期限，无故不参加考试者，经校长和校务委员会批准，取消研究生学籍。

（五）研究生课程答疑与选听本校外系课程

研究生课程学习以自学为主，对于专业基础课程和专门课程，有关教研组（包括本系及外系）均有义务指定水平较高的教师进行答疑。答疑时间每月 1～2 次，每次按 2 小时计算。答疑工作量可按每人每次 2×（3～6）小时计算（括弧中数字系考虑答疑教师准备时间）。

研究生培养方案中所规定的课程，如需外系教研组答疑或旁听本校外系有关课程时，系科学生产科应尽早提出，并组织有关的研究生填写“研究生申请外系教研组答疑任务表”或“研究生学习外系课程申请表”，经指导教师同意由系科学生产科转主管研究生工作的系主任审批（如需听机密专业课程时则还须经过研究生所在系人事科签注审查意见并经第一科审批）后，于每学期末（1 月或 7 月 31 日以前）负责送交科学生产处转教务处进行安排，过期不予办理。

（六）申请到校外旁听课程

研究生申请到本市外校旁听课程时，首先由系科学生产科或研究生本人了解本市外校确实开设该门课程，且内容时间都符合培养计划中规定的要求，经指导教师认为必须外出旁听时，可在每学期末（即 1 月或 7 月 31 日以前）由系科学生产科或研究生本人填写“研究生到本市外校旁听课程申请表”，经指导教师、系主任审批后送交科学生产处集中与外校联系。

（七）论文工作

1. 研究生的论文工作是使研究生在科学研究方面受到全面训练，获得独立进行科学研究能力的重要环节。研究生应该在指导教师指导下，有计划地通过阅读文献资料，生产实习的调查研究和参加有关的科学研究工作；以使研究生能全面地了解该科学研究方向的情况和科学发展的方向。教研组应组织研究生在教研组会议上提出论文选题报告和讨论，以便使研究生能在指导教师的指导下，教研组集体帮助下，逐渐形成自己的论文题目。

2. 研究生论文选题应考虑下列几个方面：

(1) 必须面向我国社会主义建设当前和长远需要。

(2) 尽可能结合教研组科学研究方向，最好能成为教研组主要科学研究的一个部分。

(3) 考虑到指导教师的专长和实验室已具备的物质基本条件(如实验设备、资料等)。如需自制设备时，还应考虑到经费、完成加工的时间是否影响到论文工作的顺利进行。在可能范围内，争取校外工厂、工地、机关的协助和帮助。

(4) 论文的工作量和要求水平是否满足毕业的要求和在规定的学习期限内是否可以如期完成。

3. 研究生论文题目的范围应该争取在入学后一年内确定，至迟在入学后一年半内确定。研究生在指导教师指导下初步确定论文题目以后，由研究生本人填写“清华大学研究生论文选题申请书”，并在教研组会议讨论后，经教研组主任审批，送系主任批准后报学校备案。论文题目一经批准，不得任意更改。研究生论文题目批准后，研究生应该尽速拟定论文工作计划（包括论文工作各阶段的主要内容、要求、进行方式和完成期限等）列入“研究生年度学习计划”内。

4. 论文工作期间，研究生除了得到指导教师经常性的指导和检查外，教研组主任应要求研究生在教研组会议上进行阶段性的报告，以接受教研组集体的检查和指导。

5. 从事论文工作的时间一般至少为2 500～3 200小时。

（八）实习性教学工作

1. 研究生主要是通过课程学习和科学研究工作，提高学术水平，为独立地在大学本科进行教学工作打下较好的基础；同时，也应该通过一定的实习性教学工作，对大学本科的教学实践有直接的初步的体会，锻炼组织教材和表达能力。实习性教学工作的形式可以是试讲、指导实验或实习、指导课程设计、辅助指导大学生毕业设计（毕业论文）等。教研组和指导教师应根据专业的特点和研究生的情况，采用以上一种或二种形式进行有效的培养。实习性教学工作一般应结合课程学习和科学研究工作有计划、有目的地进行，并安排在第二学年度或第三学年度学习计划内。

研究生还应适当参加教研组主要的教学活动（如教学大纲讨论、教学方法、经验交流等），以便增加教学经验。

2. 实习性教学工作时间（包括准备的时间和参加教研组教学活动的时间在内）一般总共为200～400小时。

3. 凡已有一定的教学经验的研究生，实习性教学工作应予免除。

4. 实习性教学工作完毕后研究生应提出书面总结。实习性教学检查，由指导教师及教研组主任或有关课程主讲教师负责，并在结束时给予书面评定。

四、研究生论文答辩的规定

1. 研究生在规定的学习期限内，通过了规定的全部课程考试，完成了毕业论文以后，应将毕业论文和论文摘要写好并填写“清华大学研究生毕业论文答辩申请表”一并送交指导教师审查，经指导教师同意后对其论文写出学术评议书送请教研组主任组织研究生在教研组会议上报告论文的内容，并进行讨论，最后并由教研组主任召集有关教师根据研究生整个学习的情况和论文的质量讨论是否推荐该生参加答辩，由教研组主任填写对研究生的论文的学术水平及毕业的意见，向系、学校推荐该生参加毕业论文答辩。

教研组将上述材料一并送交主管研究生工作的系主任进行审查（亦可由系成立相应组织，协助系主任进行审查工作）决定是否同意该研究生参加答辩。

2. 研究生在规定的学习期限内虽通过了规定的课程考试，但毕业论文经指导教师评阅和教研组讨论后认为不合格者，经系主任审查送主管研究生工作的校长批准后发给“清华大学研究生肄业证书”，不进行答辩。

经教研组推荐和系审查批准参加答辩的研究生应将论文和论文摘要修改定稿，持本系科学生产科介绍信到科学生产处办理印刷手续。

3. 凡经系批准同意参加答辩的研究生，由主管研究生工作的系主任会同有关教研组主任及指导教师提出论文考试委员会及论文评阅人初步名单，经校长批准后由学校备函正式聘请。

论文考试委员会设主席一人（一般由研究生所属系主任或副系主任担任，但该研究生的指导教师不得担任论文考试委员会主席），委员 4～9 人，由造诣较深的校内外教授（研究员）、副教授（副研究员）或专家担任（校外委员一般不少于三分之一）并指定其中二位委员为论文评阅人，其中至少一人由校外专家担任。该研究生的指导教师不得担任论文评阅人。评阅人应于一个半月内审阅完研究生的毕业论文，并填写“清华大学研究生毕业论文学术评议书”。

考试委员会设秘书一人，由研究生所在教研组秘书担任，协助系组织答辩事宜。

4. 答辩日期由系确定，一般应在毕业论文寄给评阅人后的二个半月内进行，并在答辩前一个月将研究生毕业论文或毕业论文摘要送考试委员会各委员及有关校内外单位（名单由系提出）征求意见。

考试一般以公开方式举行。有保密性质的论文答辩，由系提出意见，经学校第一科同意后，只在适当的范围内进行答辩。

5. 研究生通过答辩的标准是：研究生的毕业论文经过答辩以后表明对本专业具有较坚实的基本理论和较深入的专门知识；论文有创造性；具有一定的独立进行科学研究工作的能力。

论文答辩成绩应根据该论文的内容有否国民经济意义；学术上创造性的大小；实验（计算）方法和实验（计算）数据是否正确；逻辑推理、理论分析和结论是否严谨正确；研究生对论文的内容，理论基础及有关知识掌握透彻程度；文字表达能力；研究生独立进行科学研究工作的能力等方面，以“优秀”“良好”“及格”“不及格”四级分制评定成绩。

6. 论文答辩的程序：

（1）主席宣布开会，并宣读参加答辩的研究生的有关材料，包括研究生的一般情况，学历与经历；必修课程考试成绩；曾作过哪研究工作和发表过哪些文章。

（2）研究生报告论文的主要内容（约半个小时）。

(3) 指导教师宣读指导教师和教研组对该研究生毕业论文的学术评议书。

(4) 评阅人宣读论文评议书。

(5) 研究生回答评阅人提出的书面问题。

(6) 评阅人和考试委员提出问题。

(7) 研究生回答提出的问题。

(8) 论文考试委员会秘书宣读校外单位的书面意见和问题。

(9) 其他列席的同志提出问题，研究生回答提出的问题。

(10) 论文考试委员会举行秘密会议，讨论考试成绩和评语，并进行表决。表决以无记名投票方式半数以上通过。

(11) 主席宣读考试委员会对论文的评语、成绩和表决结果。

7. 系在答辩结束一周内应将考试委员会的决议、记录和有关材料［论文3至10份，论文摘要10份，研究生个人业务档案，指导教师、论文评阅人对研究生论文的学术评议书，研究生毕业论文答辩情况报告表（一式二份）］以及清华大学研究生毕业论文答辩申请表等，送学校主管研究生工作的校长和校委会审查批准，经校委会批准毕业的研究生，由学校发给“清华大学研究生毕业证书”。

8. 研究生毕业论文答辩不及格者，一般按第2项规定办理。如经考试委员会同意，经学校主管研究生工作校长批准，可以在指导教师指导下对论文补充和修改，于半年内（从答辩日计算起）补行答辩一次，如仍不及格，由学校发给研究生肄业证书。也可以先由学校发给研究生肄业证书，研究生在工作期间重新修改毕业论文，并在一年内（从答辩日计算起）研究生向学校申请补行答辩，经学校审查批准后可补行答辩一次。答辩及格后，由学校换发“清华大学研究生毕业证书”。

9. 经答辩通过的毕业论文，由学校报送教育部一份，交校图书馆及研究生所属系的系图书室各保存一份。研究生本人可以保存一份。机密性质的毕业论文，只保存在学校指定的机密资料室。

10. 研究生在毕业以前应进行一次毕业鉴定。

11. 研究生完成论文后在准备答辩期间和在答辩后等待分配工作期间，由教研组安排他们继续进行科学研究工作或教学工作。

12. 在研究生毕业国家考试办法未颁布前，本校研究生论文的答辩工作暂按本规定进行。

五、指导教师、教研组主任、系主任及校长、校务委员会的职责

1. 指导教师在培养研究生工作中职责：

(1) 结合业务指导工作对研究生进行思想作风的教育和科学作风的培养。

(2) 指导研究生制定研究生培养计划和年度学习计划。

(3) 解答学习中的疑难并检查研究生的学习情况。

(4) 指导研究生确定论文题目，指导和检查论文工作情况。

(5) 每学年末向教研组提出研究生学习情况、业务鉴定报告。对研究生的论文提出学术评议书。

指导教师指导研究生的工作，应计入工作量。工作量按《清华大学教师工作量暂行规定》计算。

研究生的业务指导，主要以指导教师为主，但必须把指导教师指导和教研组集体指导结合起来。在研究生独立地进行科学研究工作时，指导教师负有帮助选题、指点、答疑和评价的责任。导师可在培养方案统一要求的基础上，根据因材施教的原则，对不同情况的研究生提出不同的要求，在一定时期，注意组织研究生在教研组进行选题报告、科学研究工作大纲以及阶段性科学报

告等活动，以便研究生得到教研组集体的帮助。

2. 教研组主任在培养研究生工作中职责：

(1) 组织制定研究生专业培养方案及课程学习大纲。

(2) 审查和检查研究生培养计划、年度学习计划、科学研究计划的执行情况与审批毕业论文题目。

(3) 提出本教研组每年招收研究生计划和课程考试小组成员名单。

(4) 组织研究生进行实习性的教学工作、生产劳动及生产实习。

(5) 定期召集指导教师讨论关于研究生学习及思想作风方面的情况和问题。每年对本教研组研究生每人进行一次全面鉴定并向系、校提出“研究生年度鉴定报告”。

(6) 凡指导教师不能直接指导的课程，教研组主任应向有关教研组联系约请水平较高的教师负责答疑。

(7) 审批和组织教研组集体听取和讨论研究生选题报告、论文工作计划、阶段性科学报告、论文成果报告并交流培养研究生工作经验等，以便发挥集体指导的作用。

3. 系主任在培养研究生工作中职责：

(1) 培养研究生的系应该有一位系主任或副系主任领导研究生的招生和培养工作。

(2) 定期召开教研组主任会议，讨论研究生学习、思想和健康情况。

(3) 制定本系研究生招生计划及审查指导教师名单。

(4) 审查各专业研究生培养方案和课程学习大纲。

(5) 批准研究生培养计划、研究生年度学习计划以及论文题目。

(6) 批准课程考试小组成员名单并组织各门课的考试。

(7) 提出研究生论文考试委员会成员及论文评阅人名单，组织研究生论文答辩工作。

(8) 督促教研组和指导教师完成培养研究生的培养工作，对研究生学籍处理提出意见。

(9) 总结交流培养研究生工作经验。

4. 校长、校务委员会在培养研究生工作中职责：

(1) 定期召开系主任会议，讨论研究生学习、思想和健康情况。

(2) 批准研究生招生计划及研究生录取名单。

(3) 审查各专业研究生培养方案、课程学习大纲，各系研究生指导教师名单并报教育部批准。

(4) 制定研究生工作的规章制度。

(5) 处理研究生的学籍问题。

(6) 批准研究生论文考试委员会及论文评阅人名单。

(7) 审查批准研究生毕业名单。

(8) 领导科学生产处进行上述工作和有关研究生的日常工作。

六、在职研究生

1. 培养在职研究生是提高本校青年教师学术水平的重要措施之一。凡有指导力量的教研组应当充分意识到迅速提高青年教师的科学水平和教学质量的意义，积极地、有计划地招收和培养在职研究生。

2. 凡本校教师（一般暂不招收校外单位的在职人员）于大学毕业以后有两年以上教学或科学研究经验，或具有大学文化水平工作三年以上的在职人员能胜任本业务范围内的各项工作，有一定成绩并具有培养前途者，由本人提出申请，经所在教研组主任及系主任同意，通过入学考试、健康检查和政治审查合格后，可录取为本校在职研究生。

在职研究生的报考、录取手续与脱产研究生相同。

3. 在职研究生的培养年限一般规定为四年（1963 年以前入学的为五年）。教师被录取为在职研究生后，在学习研究生必修课程期间，一般可以减免 1/4 左右的教学工作量，教研组在安排教学工作时，可适当考虑与研究生的课程学习和科学研究工作结合起来。在职研究生至迟应在三年内通过规定的专业基础课和专门课的考试。担任党团工作或行政工作的人员做在职研究生时，由于学习与当前工作难于结合，故在前三年学习基础课程期间可按工作可能情况减免 1/4～1/3 的工作量，以便有充分的时间进行学习。在职研究生学习的最后一年（即第四年）可以申请全部脱产，以从事毕业论文的写作工作。

4. 在职研究生的培养目标、学习内容和要求、考核方式、学习的物质条件保证等，与脱产研究生完全相同。

七、学籍管理

1. 学校科学生产处下设研究生科，协助主管研究生工作的校长进行和处理有关研究生的日常工作。

2. 各系科学生产科应有干部协助主管研究生工作系主任进行日常工作并有职员兼管研究生学籍管理工作，为每个研究生建立一套个人业务档案。研究生个人业务档案应包括下列材料：

(1) 报考研究生登记表。

(2) 研究生入学考试成绩。

(3) 研究生入学登记表。

(4) 研究生学籍成绩卡片。

(5) 研究生培养计划。

(6) 有关研究生请假、休学、复学情况。

(7) 研究生经费使用情况。

(8) 研究生课程考试成绩单。

(9) 研究生年度工作计划和执行情况报告。

(10) 指导教师对研究生所做各种评语。

(11) 教研组对研究生年度的全面鉴定报告书。

(12) 研究生学习过程中所写的实习报告，劳动锻炼总结，实习性教学总结，工作报告，科学报告，论文题目选题报告，论文工作计划，论文，论文摘要，指导教师、教研组和论文评阅人对研究生论文的评议书，论文答辩记录和表决结果等。

研究生的人事档案由学校人事处统一保管。

3. 关于延长学习年限问题：研究生应努力在规定的年限内完成学习任务。研究生到高年级时（一、二年级一般不考虑延期问题），如课程学习成绩优秀，在毕业论文工作中有突出表现，通过适当延长学习期限，可能达到较高水平，或有其他特殊原因而不能按期完成学习任务的，可考虑适当延长学习期限，但最多不得超过一年。其批准手续是：凡延期在六个月和六个月以内的，由研究生本人或指导教师或教研组提出申请，经系主任审查同意后报校长批准并报教育部备案；延期六个月以上的，经校长审查同意后报教育部批准。

4. 凡具有下列情况之一者，均应由系填“研究生学籍处理申请表”报学校审查后并报教育部取消研究生学籍：

(1) 研究生培养方案中规定的必修课程中，有一门考试不及格；或指导教师和教研组讨论认为该研究生没有培养前途，并经主管研究生工作校长批准者。

(2) 研究生不能完成学习计划，难以继续培养；或脱产研究生在两年内（在职研究生在三年内）不能通过全部考试（除有特殊理由曾得到学校批准外）经指导教师提出，校长批准者。

（3）因病休学一年而不能复学者。

（4）未请假或请假未准离校每年累计达一个月者。

（5）严重违反学校纪律或犯有其他重大错误或品质恶劣，情节特别严重者。

凡被取消学籍的研究生，由学校报教育部重新分配工作。等待分配工作的研究生，在教育部分配方案下达以前，由所在教研组和系分配其临时担任教学、科研或其他工作。

5. 研究生因病或其他原因必须中断学习者，必须事先请假，研究生请假的批准权限规定如下：

（1）请病假：需有校医院诊断书（如在外埠可由当地医疗机关证明），时间在两周以内由指导教师批准，将假条报系备案；两周以上一个月以内由系主任批准；一个月以上者，报科学生产处转主管研究生工作校长批准。

（2）请事假：凡因事必须请假者，一般应事先请准，不得事后补假。时间在一周以内由指导教师批准报系备案；一周以上两周以内由系主任批准；两周以上报科学生产处转主管研究生工作校长批准。

（3）因公请假：任何单位、个人都不能随意停止研究生的学习，调做其他工作。如因特殊需要，三日以内由系主任批准，三日以上由科学生产处转主管研究生工作校长批准。

研究生不论因何请假，时间长短均应先取得导师同意。

（4）研究生请假期间对课程学习和科学研究工作的影响应由自己设法弥补，如因病请假时间过多，按期毕业困难者，经校长批准可适当申请延长学习年限。

（5）为保证研究生在校学习期间能集中精力完成学习任务，鼓励晚婚。女生一经怀孕后应立即休学一年。

(6) 研究生因病或其他原因暂时不能坚持研究生学习者，由研究生本人书面提出并填写“清华大学研究生休学申请书”（如因病休学需有医院诊断书），经指导教师、教研组主任、系主任签署意见后送科学生产处转主管研究生工作校长批准。

(7) 经校长批准休学的研究生，由科学生产处发给研究生休学证明。研究生休学期满后，应持此证明到科学生产处办理复学手续（因病休学者复学时还需有医务机关证明确实可参加全时学习）。如因某种原因，虽休学期满但仍不能复学者，由研究生提出书面申请并附有关证明，经系科学生产科签署意见后送科学生产处转主管研究生工作校长批准后才能继续休学。过期不办复学手续或继续休学手续者，按自行退学处理。

(8) 研究生休学，一般以一学期为限。期满不能复学，可继续申请休学，但休学时间累计不得超过一年。休学期满而不复学，或休学超过一年者，即按退学处理。

(9) 经批准休学的研究生学习年限可以顺延。

6. 研究生由于健康不佳，或家庭经济负担过重，或其他种种原因不能继续学习者，可以申请退学，即由研究生本人提出书面申请并填写“清华大学研究生退学申请书”，经指导教师、教研组主任、系科学生产科和系主任分别签署意见后，送科学生产处转主管研究生工作校长批准并报教育部备案。

7. 研究生入学后，一般不能转专业和改换导师。如因专业调整或导师调动以及某种其他原因必须转专业或改换导师的，需由系主任提出经校长同意后转教育部批准。其中只改研究方向者由系主任同意报校长批准。

8. 从每年高等学校应届毕业生中考取为脱产研究生者，不得改为在职研究生；从本校在职人员中考取的脱产研究生，如需改为在职研究生或在职研究生需改为脱产研究生者，经原系提出，报校长同意后报教育部批准。

9. 对品学兼优的研究生应给予表扬和奖励；对于品质恶劣和违犯学校纪律的研究生，应分别轻重给予下列处分：

(1) 警告。

(2) 记过。

(3) 留校察看。

(4) 勒令退学。

(5) 开除学籍。

给予警告、记过、留校察看处分的由系主任提出，校长批准。给予勒令退学、开除学籍处分的由教育部批准。

10. 脱产研究生和在职研究生入学时应填写“清华大学研究生入学登记表”，其后每学期开学后两周内（9 月 1 日至 15 日和 3 月 1 日至 15 日）由研究生本人到科学生产处办理注册、报到手续及办理下年度领助学金手续。每学年第一学期注册时应同时将有关的材料交上存入研究生个人业务档案内，材料包括：上年度完成计划的书面报告，下年度的学习工作计划，上年度经费决算和分析下年度经费预算，及有关的技术报告（如阶段性科学报告、选题报告、实习报告等）。逾期不来注册报到达一个月者按旷课自动退学处理。没有注册的研究生不能领研究生助学金。

八、加工、科学出差、论文实习及经费

1. 研究生在毕业论文题目选定以后，所设计的试验仪器及设备需要投入加工制造者，应备好全套设计图纸、加工说明书（按工程画要求）并填写“研究生论文实验工作加工任务申请书”经指导教师审查，实验室主任审核，教研组主任和系主任批准后，可到科学生产处生产科或本系工厂（工间）办理加工手续。

2. 指导教师、实验室主任、教研组主任及系主任审批研究

生毕业论文的加工项目时，请充分考虑必要性与设计图纸的正确性，以免投入加工后造成人工、时间、材料的浪费。同时还应考虑这些设备在学习要求的期限内是否有完成加工的可能性。

3. 研究生如需申请学校加工（本系工厂或金工间能加工者不必向学校申请）时，必须考虑到论文工作顺利进行的要求，尽早提出，并由研究生本人持“研究生论文实验工作加工任务申请书”及有关技术资料到科学生产处生产科办理加工手续。

4. 科学生产处生产科接到研究生加工任务书并投入加工后，若发现工艺不合理或图纸有错误无法进行加工而造成废品时，应由研究生及所在系负责，同样要付以在加工过程中所用的人工费及材料费。

5. 为使加工质量满足设计要求，在加工过程中，根据需要，研究生可亲赴加工单位充任设计代表与工厂技术员共同进行工作。

6. 研究生在整个学习过程中，由于科研或论文题目的需要，拟到本市或外埠进行调研、短期出差收集资料或论文实习时，由研究生本人事先拟定出差（实习）具体要求与对方联系好后，填写“清华大学研究生科学出差（实习）申请表”由指导教师签署意见后，送系科学生产科转主管研究生工作系主任批准。

7. 研究生培养经费申请及使用的规定

(1) 研究生培养经费，只能用于与培养研究生直接有关的费用，主要包括：进行科学研究和毕业论文工作所需的材料费，试剂费，加工费，必要的书刊仪器设备添置费，科学出差（实习）费及论文纸张印刷费等。

研究生的毕业论文题目如属系或教研组的科学研究题目（指单独有科学研究经费的项目）的组成部分时，则研究生的科学研究费用可以全部或部分由有关的科研项目经费中开支。

(2) 研究生的培养经费每人每年平均定额 400 元可以跨年集中使用。但根据专业性质、论文题目和已有的设备条件，研究生每人的培养经费可有所不同。

(3) 脱产研究生书籍费每人每年为 40 元。在规定范围内由研究生购买科技书刊，凭单据到科学生产处研究生科签字后，到财务科报销。

(4) 研究生在培养期间内，根据论文工作需要，经指导教师同意，可以申请出差 1～2 次，旅费按大学生实习待遇办理，实习期间一般不准住招待所。出差前必须做好准备工作；出差结束后，研究生必须写出书面报告，经指导教师签署意见后，送科学生产处备案并存入研究生个人业务档案内。

(5) 研究生根据论文工作需要，可以向科学生产处研究生科申请下列用品：

(a) 论文用纸，每份约 150～200 页（16 开页）（草稿纸自己解决）。

(b) 论文摘要用纸 20 页（16 开页）。

(c) 复写纸（或蜡纸）。

(d) 绘图纸等。

有关论文的抄写（或刻蜡版）和描图工作均由研究生本人负责。

(6) 论文经费申请及使用手续：

(a) 在每年 1 月底以前由系根据每个研究生的具体情况提出研究生培养经费预算申请表，送学校审批。预算总数应不得大于研究生人数×400 元。

(b) 研究生使用经费时，凡在已批准的个人预算内（购买器材时需先由实验室主任核对后）经指导教师或主管研究生工作的系主任批准（100 元以下由指导教师签字，100 元以上的由系主任签字)，即可按财务制度直接向财务科办理支用手续。

(c) 各系科学生产科每月 5 日以前应将上月份本系“研究生经费的使用情况月报表”报科学生产处备案。

(d) 每年 9 月中旬全校进行一次研究生经费调整。

九、生 活 待 遇

1. 研究生利用实验室、资料室和图书馆，以及参加教研组的学术活动等方面，享受与教师同样的便利条件（本校研究生佩带红色校徽)。

2. 应届大学毕业生考取的脱产研究生按教育部统一规定标准发给研究生助学金。

3. 在职干部考取的脱产研究生的助学金，按教育部规定发给原薪的 80%。

4. 在职研究生于学习期间（包括最后一年申请脱产专门从事论文工作期间）工资照发。

5. 脱产研究生假期回家乘坐火车可凭研究生证及假期火车票减价优待证享受购买减价优待的火车票。

6. 脱产研究生，如个人生活或家庭发生特殊困难，有充分理由者可以申请学校给予适当的补助。

7. 研究生的粮食定量标准和其他生活待遇，如副食品、布票、旅差费等与大学生相同。

8. 研究生的住房，一般与单身助教相同，从 1962 年以后入学的研究生住宿集中。学校不解决脱产研究生家属住房问题（本校在职人员考取的脱产研究生已有家属住房者除外)。

9. 研究生在校学习期间享受公费医疗与大学生相同。

10. 凡在职干部考取脱产研究生的，病休期间的待遇，可在其入学前原工资的基础上，按《国家机关工作人员病假期间生活待遇试行办法》中的有关规定扣发。凡没有参加过工作的研究生病休在半年以内者，头一个月助学金照发，从第二个月起按本人所领助学金的70%发给；病休超过半年在一年以内者，从第七个月起则按本人所领助学金的60%发给。研究生在休学期间参加其他工作取得工资待遇的，则停发其人民助学金。研究生在休学期间继续享受公费医疗待遇。

11. 凡被取消学籍或经校长批准退学的研究生，在等待教育部分配工作期间本人能全时在校担任教学、科学研究或其他工作者，研究生助学金照发，一直到办理离校手续完毕为止。

12. 研究生退学后，如不能全时工作，或因病休养待病愈分配工作者，头一个月助学金照发，从第二个月起减发助学金50%。其助学金及公费医疗待遇，一般以一年为期，最长不超过二年。

13. 研究生是国家有计划培养的人才，必须服从国家统一分配，为社会主义建设服务。对不顾国家需要，无理坚持个人要求，经过教育不改，拒不服从分配的毕业、肄业或退学的研究生，自学校正式通知时起，超过三个月仍然不接受分配的，经学校人事处负责人向他宣布，国家不予分配工作，限期离校。如果在三个月之内有所悔悟，愿意服从分配的，在给予适当批评后，仍然可以按原计划分配工作。凡宣布不予分配工作后，超过三个月又要求工作的，即作一般劳动就业问题由当地劳动部门处理。

14. 毕业、肄业的研究生在等待分配工作期间，由教研组安排研究生进行科学研究工作或教学工作，助学金照发。不能全时工作者，助学金减发办法按教师因病减发工资办法处理。

15. 在职人员考取的研究生，在毕业、肄业或中途退学后，均回原单位，不参加国家统一分配。

清华大学档案，全宗号2　目录号 校4　案卷号65028

关于在研究生培养工作中贯彻“少而精”减轻研究生学习负担提高学习质量的几项补充措施

——1963—1964 学年度第 10 次校务会议通过

（1964 年 7 月 18 日）

为了进一步学习和贯彻毛主席的教育思想，使研究生在德、智、体诸方面生动活泼地主动地得到发展，以培养研究生成为又红又专又健康的、富有创造性的、全面发展的革命干部，特制订本补充措施。

一、研究生课程考试的补充办法：

（一）外国语考试：

1. 外国语（包括第一、第二外国语）只考外译中，不考中译外。

2. 外国语考试题目分两部分：

共同部分：全校按两种类型命题，考生自选一种类型；

专业部分：各系根据研究生专业类型可以是一种或几种，由外国语考试委员会与各系研究具体确定。

3. 外国语考试时研究生可以查阅字典。

4. 研究生第一外国语在入学后半年内参加考试或第二外国语在入学后一年内参加考试，及格者计入成绩，不及格者不计入成绩。研究生不在上述时间内参加外国语考试时仍按《清华大学培养研究生工作暂行办法》中有关规定办理。

（二）政治理论课考试可以采用写总结或心得方式。不及格者，可以补写一次。

（三）业务课程考试：

1. 一般规定为二门，最多不超过三门。超过此数者，应加以调整。

2. 研究生入学后，教研组和指导教师在为每个研究生制订研究生培养计划时，应使研究生论文工作尽早开始，论文工作应与理论课程学习交叉进行。

3. 业务课程一律采用开卷考试。开卷考试方式根据各课程的性质加以确定，可以采用早给题目，由研究生准备专题报告，最后用答辩方式进行考试；或临时发给题目，研究生可以翻阅参考书进行考试；也可采用其他适合该课程的考试方式。

4. 研究生入学后九个月内参加第一门业务课考试或入学后一年三个月内参加第二门业务课考试时，及格者计入成绩，不及格者不计入成绩，研究生不在上述时间内参加业务课考试时仍按《清华大学培养研究生工作暂行办法》中有关规定办理。

5. 其他属于补充性质的课程的学习，只进行平时学习检查，一律不进行考试或考查。

（四）各课程考试的具体方式均应列入学习大纲，以便研究生及早了解。

二、专业基础课和专门课程学习大纲的修订：

研究生学习业务课程的目的：①使研究生对其所从事的科学研究方向和文献阅读具有必须的基础理论和专门知识；②培养研究生具有正确的学习方法；③培养研究生活学活用书本知识的能力。因此，在修订研究生课程学习大纲时应根据活学活用“少而精”的原则，使研究生在德、智、体诸方面生动活泼地主动地得到发展的精神，在调查研究大多数研究生实际执行情况的基础上，对已有的研究生课程学习大纲进行研究并提出修订方案。如原研究生培养方案中课程设置不妥时，也可以提出课程设置的新方案及其学习大纲，经校、系批准后执行。

三、在研究生培养工作中进一步贯彻劳逸结合的原则：

（一）教研组和指导教师在安排研究生学习和研究任务时，每周应按 48 小时考虑。

（二）研究生每天应保证睡眠 8 小时、身体锻炼 1 小时，晚上一般应在 10：30 至迟 11：00 熄灯睡眠。由团委会负责组织。

（三）在 1964 年暑假内对全校脱产研究生宿舍进行调整，集中住宿。由生活管理处负责执行。

（四）在研究生中积极开展文娱体育活动。由团委会负责组织。

附注：此补充措施作为《清华大学培养研究生工作暂行办法》（1963—1964 年度第四次校务会议通过）的补充，该培养办法规定仍然有效。

《清华公报》第 129 期，1964 年 7 月 25 日

关于讨论《清华大学关于改革研究生培养工作若干原则规定（讨论稿）》的通知

（1965 年 1 月 3 日）

科学生产处

（64）科办字第 98 号

各系、教研组、指导教师及研究生：

自 1959 年开始，我校在开展教学、生产和科学研究的基础上按计划较多地招收了研究生。经过几年来的工作，已自力更生

地培养出一批具有一定的独立进行科学研究能力的毕业生，初步积累了一些经验。但是，在研究生培养工作中还存在着不少问题。主要是在培养过程中，思想政治工作中的四个第一不够落实；课程学习内容偏多，业务负担过重，影响了研究生的全面发展；一部分论文工作未尽可能地纳入教研组集体研究项目真刀真枪地进行；部分教研组没有很好地发挥对研究生的集体培养作用。这些问题说明，研究生的培养工作还须进一步进行改革和摸索经验。

现就有关研究生招生工作、思想政治工作、加强集体培养、改进研究生业务培养和考核办法等问题提出若干原则规定。本规定（讨论稿）已经校长工作会批准，请在有关人员中进行讨论，并根据实际情况和这个原则规定（讨论稿），采取措施，开始试验。本原则规定（讨论稿）将在广泛讨论的基础上，进一步修改，并由校务委员会通过后正式试行。

此致

敬礼

科学生产处

1965 年 1 月 3 日

附：清华大学关于改革研究生培养工作的若干原则规定（讨论稿）

为了进一步贯彻毛主席的教育思想，现根据我校几年来研究生工作的经验和问题，特制订本原则规定。

研究生培养工作应正确地按照“政治第一，集体培养为主，实际锻炼为主”的原则加以改革，以利研究生在德、智、体诸方面生动活泼地主动地得到发展，成为又红又专、有创造性、有科学研究能力的无产阶级革命事业的接班人。

一、改进招生工作

（一）研究生招生工作应进一步贯彻阶级路线。在首先保证政治质量的前提下，挑选业务基础较好，自学能力和工作能力较强，身体健康的考生入学。

（二）研究生按专业招生，入学后由教研组确定指导教师。

（三）批准教研组的招生计划时，学校应审查教研组的思想政治工作基础和科学研究条件（科学研究方向明确，已形成研究集体，积累了一定的科学研究经验，具备基本的实验研究条件，目前正进行着某些科学研究工作）。经学校批准后，科学研究方向和教研组科学研究方向不一致的教师也可以招收少量的研究生。

（四）积极招收生产单位推荐的有实际工作经验的在职干部为研究生。试行帮助生产单位培养不脱产研究生，录取后由教研组负责指导，但在原单位进行研究工作。

二、在研究生培养过程中，必须把思想政治工作放在首要地位，为此，应加强研究生的思想政治工作，并注意组织他们参加实际斗争，促进革命化与劳动化。

（一）组织研究生参加社会主义教育运动，把阶级斗争作为一门主课。除 1961 年和 1962 年 4 月入学的研究生不作统一要求外，今后凡未参加过社会主义教育运动的研究生均应参加一期“四清”或“五反”运动，时间约半年。

（二）研究生在学习期间应坚持参加生产劳动。三年中生产劳动时间可以集中一次安排（约三个月），也可以每年安排一次（约一个月）。从 1965 年起入学的研究生，如未经过劳动实习或劳动锻炼的应按中央高等教育部规定，在劳动实习后，再开始研究生学习。

（三）研究生的政治理论课是思想政治工作的一个重要组成部分，应根据中央批转《关于高、中等学校政治理论课工作会议两个文件》的精神，进一步加强对毛泽东思想的学习和贯彻理论联系实际的原则。

（四）研究生在学习期间，应安排他们担任适当的社会工作。

（五）学校和系应选派脱产或半脱产干部，加强学校和系研究生思想工作组的工作，以加强研究生的经常思想政治教育。

三、教研组应加强对研究生的集体培养，同时也要发挥指导教师的指导作用。

（一）教研组应建立和健全集体培养研究生的工作制度。有研究生的教研组，应在教研组内（或科学研究集体）或有关的几个教研组成立研究生培养工作组，在教研组领导下，定期讨论研究生的培养工作，既抓思想，又抓业务，同时关心研究生的健康情况。研究生培养工作组一般由教研组主任，党支部委员、指导教师和有关人员组成，经系审查批准，报学校备案。

（二）指导教师应在教研组的领导下，从研究生的实际情况和全面发展的要求出发，努力负责地进行指导。

如果指导教师和研究生培养工作组有不同意见时，教研组或指导教师得将问题提交系、学校研究解决。

四、改进研究生的课程学习和考核办法

（一）研究生的业务培养应很好地贯彻因材施教的原则，从研究生本人的实际情况出发，确定具体的培养要求。

（二）业务课程学习的目的，是使研究生在其所从事的科学研究方面具有必要而扎实的基本理论、专门知识和自学能力。为此，应该根据研究生的实际水平，结合研究方向的需要，按照“少而精”的原则制订业务课程学习大纲。学习大纲应由研究生培养工作组和教研组审查通过，经系批准后报学校备案。

业务课程学习一般不超过两门。政治理论课、外国语和业务课的学习总时数，一般不超过 2 000 小时。有困难时，可以不安排实习性教学工作。

在具体制订每个研究生的培养计划时，如果研究生的理论基础和自学能力较好，可以免修或少修课程。

（三）研究生的第一外国语应达到能够比较熟练地阅读本专业的外文书刊的能力，第二外国语应达到初步阅读本专业的外文书刊的能力。某些专业的研究生或个别研究生有特殊困难时，经学校批准，可以只要求第一外国语。

今后要逐步提高第一外国语的入学程度，使研究生在入学时就已达到第一外国语要求的水平。

（四）课程考试方法应按主席思想加以改革。为此，指导教师和有关课程的辅导教师应关心和检查研究生平时自学的情况，帮助研究生明确课程学期大纲的范围和深度，使研究生对学习的要求心中有底。业务课程一般采用开卷考试的方式，或在考前给题目，由研究生准备专题报告，然后进行考试。外国语考试不单独进行语法测验。

研究生入学后，一般应尽早通过课程考试，以便及早参加科学研究工作。

五、加强研究生科学研究工作的实际锻炼

（一）研究生的业务学习时间，应该大部分用于科学研究工作。研究工作必须贯彻理论联系实际的原则，注意从我国生产实际需要出发，研究解决生产实际问题。

（二）研究生应尽可能参加教研组的集体研究项目，但每个研究生都要有独立的研究内容和重点，并应有专人定期进行检查。

经系和学校同意，少数研究生可以在指导教师个人指导下，单独进行某个题目的研究工作。

（三）在可能条件下，应鼓励研究生到生产现场进行科学研究工作，并在可能时，聘请有实际经验的工人或工程师参加指导工作。

（四）研究生应将研究成果总结写成论文。与别人合写的论文，每个研究生应该有独立负责撰写的部分。内容可以是研究工作的技术总结或科学报告。论文文字力求扼要、通顺。

六、研究生学习结束时，应进行一次全面审查，其中包括政治思想鉴定，平时学习成绩、工作鉴定和论文评定等方面。

（一）政治思想鉴定：由教研组研究生培养工作组协同系研究生思想工作组进行。

（二）工作鉴定：由教研组研究生培养工作组组织有关人员对研究生的实际工作能力（包括自学能力、科学研究能力、工作作风、组织能力等）进行鉴定。

（三）论文评定：对研究生提出的论文，应首先在教研组一定范围内组织报告和讨论，认为合格后再印发校外有关方面征求意见，并邀请有实际工作经验的专家审查（一般为二人，但如国内无合适的专人，经学校批准，也可以不请校外专家审查）。最后，由教研组根据各方面对论文的意见，并主要按论文对解决实际问题的作用和水平等评定成绩，一般不再举行答辩。

根据教研组对研究生全面审查的结果，系务委员会应审查并确定是否同意该研究生毕业，并报校务委员会审批。

七、贯彻劳逸结合的原则，增进研究生的健康

（一）在安排研究生学习和科学研究工作时，应留有余地，每周按 48 小时安排。

（二）研究生应有正常的生活秩序，经常参加体育锻炼，积极开展文娱活动，注意清洁卫生，保证睡眠八小时，做到劳逸结

合，不断提高健康水平。

（三）学校应组织研究生定期进行体格检查。

八、改进研究生学籍处理办法

（一）研究生入学后，在政治思想上表现不良，不宜继续培养者，教研组、系应及时提出，经学校核准后，转报中央高等教育部取消其研究生资格。

（二）研究生课程不及格时，应加强指导或适当修改学习大纲，允许研究生进一步学习和准备，再参加考试。因学习不努力，以致课程重考后仍不及格者，得取消其研究生学籍，按肄业分配工作。

（三）政治思想表现好，学习努力，但学习上确有困难的研究生，经系和学校批准，可以适当延长学习期限，也可以适当降低业务要求，学习一定期间后按结业分配工作。

（四）因健康原因不能继续学习的研究生，得根据有关规定进行处理或分配工作。

（五）毕业审查不合格的研究生，按结业分配工作。

九、脱产研究生学习期限一般仍为三年，但应积极探索缩短研究生学习年限的办法。可以试行从大学本科已学完三、四年级课程的学生中挑选一些思想政治好，业务基础、自学能力和工作能力较强的学生作为研究生的预备生，适当变更其教学计划，使大学本科学生的培养和研究生培养工作衔接起来，缩短研究生培养年限。对这些学生在大学毕业前半年应进行一次审查（或考试），以便在未被录取为本校研究生时，最后半年仍能进行毕业设计。

十、为了摸索更加适合我国社会主义革命需要的新的研究生培养办法，各系经学校批准还可研究试验半工半读等改革方案。

十一、本规定经校务委员会通过后试行。过去我校培养研究生的规定、办法与本原则规定有矛盾时，均按本原则规定执行。

清华大学档案，全宗号2 目录号 校4 案卷号66028

关于安排研究生工作中一些问题的通知

——校务委员会1965—1966学年度第七次会议通过

（1966年4月28日）

科学生产处

参加社会主义教育运动的研究生即将陆续回校。对他们回校后的休息、总结和学习要加强领导，切实安排，其内容和时间安排与大学生同，不另行规定。他们的生活与体检等也与大学生相同。

现根据校务委员会1965—1966学年度第七次会议讨论的精神，对全体研究生的学习和研究工作中一些问题通知如下：

（一）研究生的培养工作，应认真贯彻执行我校关于改革研究生培养工作的若干原则规定及第七次科学讨论会的精神加以安排。

1. 在研究生的培养工作中必须贯彻执行“政治第一”的原则。为此，要大力加强对研究生的经常政治思想教育，特别要加强在业务工作中的政治思想工作。教研组和指导教师对研究生的指导也应把研究生的政治成长放在第一位。

2. 研究生的研究工作应安排在重点科学研究项目中，并尽可能将若干研究生组织在同一个科学研究项目里，以便集体作战和实现实际锻炼为主与集体培养为主的精神。少数研究生因特殊情况不能安排在重点科研项目时，其研究题目应根据第七次科学讨论会关于选题的原则加以确定。

3. 研究生在学习过程中应以实际锻炼为主，首先参加集体作战，做出科研成果，在做出科研成果的基础上撰写论文。论文的内容可以是研究工作的技术总结或科学报告。对论文的份量和水平的要求应符合实际，保证质量。

4. 在研究生参加科学研究实际锻炼和集体作战的同时，教研组和指导教师一定要对研究生加强培养，对其研究工作要加以具体指导，以便他们在研究工作中学习成长。

5. 业务课程学习门数、内容和时间，应结合研究工作，按照“少而精”的原则加以安排。

6. 在研究生学习和其他活动的安排中，应认真贯彻执行劳逸结合的原则，以利研究生在德、智、体诸方面生动活泼的发展。

（二）关于参加社会主义教育运动及劳动实习计划的安排：

1. 1964 年 9 月以前入学有研究生参加社会主义教育运动的时间应计入规定学习年限之内。

2. 1965 年 9 月录取的研究生，按高教部规定入学前先安排劳动实习一年（包括参加一期社会主义教育运动在内），在参加劳动阶段可根据不同专业特点，安排适当的专业学习，学习时间 1～2 个月。他们回校休息、总结和学习讨论以后，即可安排专业学习。

1965 年 9 月录取的研究生，因已参加过社会主义教育运动而留校参加劳动的，应于今年 4 月底结束劳动。进行劳动总结后，即安排专业学习。

3. 1965 年 9 月录取的研究生，少数因科研工作需要未能参加当年组织的社会主义教育或劳动实习的，应按 1965 年 9 月入学计，并按此来安排他们的研究生学习计划。关于他们的参加社会主义教育运动或劳动实习问题，以后另行研究和安排。

（三）研究生的学习和研究工作应按期完成，以保证培养质量，并使之按规定年限毕业。

1. 一年级研究生（1965 年 9 月入学的）及 1965 年录取准备于 1966 年 9 月正式入学的研究生，必须坚决保证在三年内毕业。

2. 二年级研究生（1964 年 9 月入学的）要根据他们的实际情况安排研究工作，力争在三年内毕业。对确有困难需要延长学习年限的须报学校审批，但最长不得超过三年半。

（四）毕业班工作及毕业考核：

1. 毕业班的研究生（1963 年 9 月以前入学的）已经参加了社会主义教育运动，目前正陆续回校。系和教研组对他们的结业工作应逐个研究、安排和落实。毕业论文的撰写和审阅应讲求实效，使之能够保证质量，尽早毕业。

2. 研究生的毕业考核工作仍按学校规定，进行全面审查，做三个鉴定，即政治思想鉴定、工作鉴定和论文成绩评定。

（五）研究生工作的组织领导应进一步加强和落实：

1. 各系的研究生思想工作组和有关教研组的研究生培养工作组应进一步加强和落实，其成员名单及时间安排应于近期内报学校备案。

2. 研究生工作应纳入系和教研组的工作计划，定期进行讨论研究和进行总结。

（六）各系和教研组应根据我校关于改革研究生培养工作的若干原则规定和第七次科学讨论会的精神，对研究生工作进行总结，并结合本单位具体情况提出具体措施，报学校备案。

科学生产处

1966 年 4 月 28 日

《清华公报》第 154 期，1966 年 5 月 7 日

（三）研究生名单

清华大学1950届投考研究生通告及投考学生名单※（1950年7月11日）

教务处①

七月八日，教育部召开“毕业生工作分配座谈会”决定，凡本年度毕业生欲投考本校或他校各研究所者，统须于七月十一日以前登记并获得教务长同意，方准报名参加研究生入学考试并报告教育部备查。兹本校登记手续业经办竣，特检同名单送请 备文即行报 部为荷。此致

文书组

附名单及通告

公元一九五〇年七月拾一日。

国立清华大学教务处章

周培源（签名）

国立清华大学本届毕业生登记投考本校研究所学生名单

姓　名	毕业系别	投考所别	备　注
林在旭	电机工程	电机工程	
周光淦	社会	社会	

① 研究生名单包括入学名单和毕业名单，均取自清华大学档案馆现有馆藏及《清华公报》等资料。其中，部分年份的毕业名单缺失。编者将现有的毕业名单刊选出来，以便读者查阅。

续表

姓　名	毕业系别	投考所别	备　注
徐锡申	物理	物理	
蔡树棠	物理	物理	
顾高墀	航空工程	航空工程	
唐稚松	哲学	哲学	
钟朝武	物理	物理	
王意宏	政治	政治	
黄导	生物	生物	
程庆昺	历史	历史	
陈耀松	土木工程	土木工程	
史光筠	机械工程	机械工程	
周景良	哲学	哲学	
水泗誉	哲学	哲学	

以上计十四名

公元一九五〇年七月十一日

国立清华大学本届毕业生登记投考他校研究所学生名单

姓名	毕业系别	投考校别所别	备　注
李文彦	地学	中国人民大学财经研究室经济地理组	
申维丞	地学	同上	
谭钰贞	地学	同上	
毛清献	物理	北京大学物理学研究所	
郭达	机械工程	北京大学西方语文学研究所	教务长曾劝其不考研究院而去参加造船工作（该生第二志愿），他说他的志愿在搞好西语，如果志不在造船而去造船是一种不负责态度，故仍愿报考研究院。

以上计五名

公元一九五〇年七月十一日

清华大学档案，全宗号 2　目录号 校 3　案卷号 206

清华大学呈中央教育部文：保送我校研究生及研究实习员第一批计许孔时等 37 人※（1952 年 6 月 25 日）

兹谨根据　钧部（52）高一字第 362 号函及附发选拔通知及附表，保送我校一九五一学年度暑假的研究生及研究实习员计许孔时等共三十七名。各生均经本校各系班会、系主任、教务处、人事室、医院及党委会审查，认为合于继续培养为研究生及研究实习员的条件。其中极大多数为团支委一级干部，一般学业优良(在七十五分以上)，少数的平均分数且有超过九十分者。谨将各生姓名及拟保送之处所名单开列，连同表格册七份，一并呈送即祈 鉴核呈尊办。

又按名额分配，历史系原可保送研究生一名，惟以我校历史系毕业生共有五名，政治思想均不甚开展，我校决定不予保送，可否将此一名额让与北大，拟请钧部与北大进行协商。

又名额中尚有中文系一名、经济系五名、营建系二名、化工系五名、土木系一名、电机系三名、机械系七名，共廿四名，因填表手续尚未竣事，明日继续送上。

又，我校生物系四年级学生金元桢一名，学业成绩优异，政治情况在三反后表现尚好，他的专业是生理生化，他要求入科学院生理生化研究室。按照 钧部规定，生化研究生必须由化学系毕业生中保送，但我校生化学生一向在生物系训练，如交错保送无问题，请 与人事部商洽后以电话通知我校，当即将该生保送。并此申明，统祈 核示，谨呈

中央人民政府教育部

附名单 二份 表格 卅七份 呈要

清华大学档案，全宗号 2　目录号 校 3　案卷号 207

清华大学一九五一年度暑期保送研究生名单

中国文学系：　蒙树宏②

数学系：　许孔时①　萧树铁①

物理学系：　项志遴①　唐孝威①　孙汉城①　陈志诚①　张家琨①　胡仁宇①　田德诚①　孟宪振①　刘顺福①　叶式辉①　浦富恪①　虞昊①　谌织孙①

化学系：　顾长立①　顾国英①　庄亚辉①　冀朝铸①　缪雪如①　戴行义　王新瑞　徐曾基　李文杰　蒋硕建

生物学系：　徐秉烜①　金元祯②

地质学系：　陈庸勋①

心理学系：　季楚卿①

气象学系：　殷宗昭①　潘怡航①

经济学系：　胡宗德②　戴健群②　云冠平②　江拥勤②　谭振樵②

土木工程学系：谭家骅①　龚思礼①　修学纯①　高伯扬①
机械工程学系：陈滁新②　张顺天②　李铁生②　袁希骅②
陈志新②
徐作华②　潘君骅②　徐　材②　刘振东②
化学工程学系：林　依②　张馥良②　华保定②　奚祖威②
顾文虎②　梁文杰②
营建学系：　李德耀②　林志群②
此二人因手续不全留待与第三批送
航空学院：　张炳暄①　陈大光①　迟家俊①

附注：姓名下有① 符号系于六月廿五日（第一批呈报），有②者系于六月廿八日（第二批）呈报。

清华大学档案，全宗号 2　目录号 校 3　案卷号 207

1952—1953 学年研究生招生数及名单 (1952.9—1953.8)※

1953.3 入学（3 人）

建筑设计：
唐益韶　　杨伯明　　沈仪贞（女）

清华大学档案，全宗号 2　目录号 校 4　案卷号 58004

1953—1954学年研究生招生数及名单（1953.9—1954.7）※（节选）

（一）1953.9入学（188人）

（1）水工结构（18人）：

陈才旺　迟耀瑜　徐枋同　王鸿兴　沈家荫　潘长龄
任德林　吕际盛　张廷汉　王开治　李宗健　沈保康
赵代琛　杨樾　赵振国　黎保琨　高莲士（女）
凌均忆

（2）水能利用（11人）：

薛登魁　孙培华　陈升平　曾昭阳　程则久　裴觉民
董子敖　周士昌　陈怀先　陈益林　曾佑澄

（3）工业建筑（5人）：

刘宝箴　葛如亮　王菊人　左濬沅　叶歆（女）

（4）建筑设计（9人）：

童晋昌　温福钰　孙树源　朱松涛　徐金芳（女）
刘之颖（女）　邓林翰　董旭华　竺士敏（女）

（5）钢结构（11人）：

刘宏志　陈谔　顾耀祖　郭蔚铣　曹绍圣　周浩森
陶全心　马庆如　王肇民　崔友庄（女）陈继祖

（6）铸工（7人）：

王义虎　崔醒民　朱承兴　郑来苏　王维聪　刘友鹏
刘树藩

（7）电器（12人）：

雷良钦　顾美言（女）　张德馨　王宝龄　张节容　程肇基

戴自炘　方棣棠　朱祖慈　吴健昌　戈以荣　张汉杨

(8) 工业企业电气化 (3 人[①])：

柳克俊　戴宗达

(9) 工程材料 (9 人)：

陈庆佑　曹侃　金同稷　毛国祥　麦守义　刘砚田

郑达谦　张誉　李望贻

(10) 热力设备 (12 人)：

成嘉式　李守恒 (女)　康继兴　邵锡奎　徐旭常　孙燕莘

刘明杰　步恒祎　黄觉雏　林国经　郑体宽　朱德懋

(11) 建筑施工 (21 人)：

刘玉佩　蔡金德　马海龙　李荣湘　郑云秋　朱文熙

任汝述　夏允宝　赵文源　李英明　郑汉民　林学仁

沈荣全　王铁荪　马连生　周志刚　廖德章　袁光裕

李名奇　左兼金　谭达洲

(12) 建筑史 (4 人)：

萧铿　刘先觉　梁友松　高亦兰 (女)

(13) 无线电工程 (7 人)：

徐秉仁　秦炳铨　潘维翰　王同煦　冯裔云　冯重熙

易钟炳

(14) 压力加工 (6 人)：

郑祖炳　谭天祐　刘颖桢　李冠嵩　封茂春　汤达

(15) 机制工 (10 人)：

何家兴　王则豪　石伯平　骆君涛　孙健　韩至骏

于復曾　戚炘　王延超　端木时夏

(16) 物理 (7 人)：

---

① 原材料有误，名单为 2 人。

周士谔　欧震亚　李一匐　张培林　丁俊华　王以炳
应昌华
(17) 城市规划（3人）：
吕俊华（女）　程敬琪（女）　英若聪
(18) 焊接（9人）：
陈丙森　陈伯蠡　张连弟　俞尚知　李荣思　邓金生
苏毅　张人豪　包芳涵
(19) 给水工程（1人）：
陈志义
(20) 发电厂（6人）：
任元　王世缨　袁渭明　姚筱亦　徐继悌　茅於杭
(21) 机床（9人）：
刘宝勋　杨良栋　吴云峰　李传乾　陈兆年　李德庆
易锡麟　吴圣庄　薛祖德
(22) 动力经济（1人）：
周宣诚
(23) 建筑物理（1人）：
沈天行（女）
(24) 建筑机械（1人）：
韦镇球
(25) 电真空（5人）：
王欲知　陈仁怀　马瑞霖　范隽元　魏志源
(26) 土力学（1人）：
沈世杰

(二) 1954.3入学（9人）

(1) 工业建筑：

赵柏年　　章又新　　熊振

（2）机床：

陈庆生

（3）建筑设计：

陆震纬　　熊明　　王开先

（4）建筑史：

时雍

（5）物理：

徐炎

清华大学档案，全宗号 2　目录号 校 4　案卷号 58004

1954—1955 学年研究生招生数及名单（1954.8—1955.7）※（节选）

（1955 年 3 月（寒假）不招生）

1954.8 入学（35 人[①]）：

汽车（6 人）：

汪明德　　李国华　　张朝煌　　杨嵘　　姜衍礼　　吴业森

钢结构（5 人）：

曾庆元　　平世才　　刘锡良　　陆陶（女）　　徐瑞麟

压力加工（8 人）：

李光霁　　于士源　　张震梓　　周振镳　　戴学耕　　陈幼曾

齐松存　　董宗鲁

① 此数字为编者统计。

机床（2 人）：

陈文良　陈浩

电力系统自动化（1 人）：

李瑞源

发电厂（1 人）：

盛寿麟

水工结构（1 人）：

张镜剑

机制工（5 人）：

薛实福　王载庭　蔡建国　王先逵　李岩

建筑设计（1 人）：

翁致祥

城市规划（2 人）：

罗宝钿　闵玉林

热力设备（3 人）：

方嘉旋　齐起生　郭方中

清华大学档案，全宗号 2　目录号 校 4　案卷号 58004

1955—1956 学年研究生招生数及名单 (1955.8—1956.8)※（节选）

（一）1955.9 入学（28 人）：

(1) 焊接（7 人）：

王锬　庄鸿寿　贺耀华　陈志孝　章瑞溥　罗志昌

崔维达

(2) 铸工（7 人）：

李中柱　刘冀琼　胡彭生　刘运文　徐天培　蔡小初　戴正五

(3) 电子管（3 人）：

赵安祥　张学申　史宝华

(4) 电视（3 人）：

刘耀骐　高荣坤　杨不晦

(5) 高压工程（8 人）：

边肇祺　周泽存　马力忠　缪始森　叶蜚誉
袁梅珍（女）　丁淑蓉（女）　邵方殷

(二) 1956.3 入学（4 人）：

高压工程（1 人）：

颜怀梁

城市规划（3 人）：

赵炳时　陈保荣（女）　巩国权

清华大学档案，全宗号 2　目录号 校 4　案卷号 58004

1956—1957 学年研究生招生数及名单 (1956.9—1957.8)※

(一) 1956.9 入学（9 人）

①生产过程自动化：

叶修盛　孙礼慧（女）　张忠怀　姚仲实

② 热力设备自动化：

史炎椿　朱煜亮　徐春荣　谢新民　葛齐光

（二）1957.2 入学（14 人）：

铸造合金：

邓良澄

燃气轮：

叶大均

发电厂：

韦德高　薛华成

电力拖动：

吴培根

电子管：

朱伯章

结构力学：

杨焕文　项忠权

给排水：

钱易（女）

建筑史：

王其明（女）

材料力学：

卢文达　刘霆

化学：

杨根

电机：

王绍华

清华大学档案，全宗号 2　目录号 校 4　案卷号 58004

1957—1958 学年研究生招生数及名单
(1957.9—1958.8)※

(一) 1957.9 新招研究生：

接收设备：

赵震平　尹达衡　高葆新

燃汽轮：

钱壬章　叶柏生　柯玄龄　赵士杭　叶季生

(二) 1958.3 新生

燃气轮机：

俞守勤

汽车：

蔡世芳

清华大学档案，全宗号 2　目录号 校 4　案卷号 58004

1958—1959 学年研究生新招生数
(1958.9—1959.8)※

本年度未招收研究生

清华大学档案，全宗号 2　目录号 校 4　案卷号 58004

1959—1960学年研究生招生数及名单

1960年2月22日※（节选）

1959年9月入学，共95人。1960年寒假（1960年3月）未招生。

程序控制：

张斯文（女）　项海筹　杨家振　郑子廉　唐摄镇

倪蕙蓉（女）　李力钧

凤孟玉　胡永盛

金属学及热处理：

萧玉麟　曹正明　吴颖思

焊接：

王之伦　潘昌年

铸工：

李利君　杨宝平　左保华　刘庆元　任善之

金属压力加工：

陈延杭　陈康年　冯长印

仪器：

张祥春

机械零件：

康炳昌

刀具：

李世铎

410：

顾毓沁（女）

汽车拖拉机：

李文铉　赵六奇　孙之郁　刘峥

燃气轮机：

魏玉冰（女）　周礼蔚（女）　杨天枢

热力设备自动化：

金以慧

锅炉：

曾瑞良

热工：

林兆庄

发电输配电：

卢强　罗静仪（女）　郑长寿　刘取　李振然

高电压技术：

罗志昌　王克超　萧平之

工业企业电气化：

孙伯娜（女）　谢秉枢　张崇实　张瑞华　虞孟起

周文成　李述经

电机：

金启玫（女）　黄士鹏

电器：

胡天畏　张良甫　萧仁山

电工基础：

余世杰

无线电技术：

阮倜　江长荫　吴亨伟（女）　王承训

董荔真（女）　王至刚

自动控制：

杜海传

力学：

尹岐纲　黄爽凯　周春田　刘宝琛（女）　叶清环（女）

建筑物理：

李晋奎

建筑学：

吴光祖　张耀曾　许宏庄

施工：

黄聚琛

钢筋混凝土结构：

张岐宣　杨宝淑（女）　乔有年（女）　龚绍熙　张澍曾

建筑材料：

沈琨

结构力学：

黄振国　何健丽（女）

钢木结构：

陈芮

施工：

曹崇厚

暖气通风：

刘先喆　丁慧英（女）

水工结构：

濮家骝　彭守拙　王綦正

水能利用：

谈为雄　陈敏中（女）

水力学：

张伯崇　黄霖恩

给排水工程：

陆雍森　兰淑澄（女）

清华大学档案，全宗号 2　目录号 校 4　案卷号 58004

1960 年 9 月招收研究生名单※①

1960.9 招收：29 人

(1) 工程地质：

李冬田

(2) 测量：

庞有泉　刘汉泉

(3) 农用动力：

於景复

(4) 汽车拖拉机：

卢希果

(5) 特冶：

马金良　张鸽媛（女）

(6) 光学仪器：

胡士骧

(7) 机制自动化：

李谋　曹志超

---

① 这份招收研究生名单和后面 1961 年 2 月录取研究生名单及 1961—1962 学年入学研究生名单，在人名上有重复，档案原件如此。

(8) 超声波：

张大安　夏廷文　段成云　郑志佳

(9) 焊接：

胡百僖

(10) 建筑机械：

陈宗琦（女）

(11) 机械学：

何秀明（女）　刘立　朱传镳

(12) 陆地水文：

周乃晟（女）

(13) 城乡建筑工程：

林荣兴

(14) 城乡规划：

吕振沄

(15) 无线电技术：

金泽　朱万群（女）　孙金壇

(16) 工化系：

乔金龙　李洙天

(17) 工物系：

刘田康

(18) 发电厂：

洪佩孙

清华大学档案，全宗号 2　目录号 校 4　案卷号 58004，64020

1961年2月入学研究生名单
(89人)※（节选）

机制（20人）：

王荣荣（女）	胡铭丽（女）	只佩儒	陈心昭
林在琅	曹志超	李谋	贺士荃（女）
刘泽九	何秀明（女）	朱传镳	鹿安理
胡百僖	马金良	胡士骧	谢迪克
周平安	朱君贤	孟庆美（女）	陈美怡（女）

动力（10人）：

王贻如（女）	李洪波	芦希果	朱倩（女）
王绍铣（女）	冯锡曙	吴曾评（女）	赵琪（女）
周培森	裘昌詠		

电机（16人）：

洪佩荪	李蒙	王尧臣	萧如鸿
鲍清洋	董人麟	黄涵洲	吴弘
夏凯（女）	沈锡越（女）	张则惠	祝寿熙
熊光楞	谢振德	郭賔生（女）	刘维勤（女）
张五球（女）			

土建（23人）：

严慧琍（女）	胡泊	陈宗琦（女）	徐培福
孙慧中（女）	韩淑兰（女）	吕振沄	杨士萱
邓元庆	甘伟林	王炳麟	李孝美（女）
张锦秋（女）	庞有泉	刘汉泉	刘希曾（女）
汪心冽（女）	林龙	徐坚如	赵文鸾（女）
李国洋	王鏻	臧宣武（女）	朱琨

水利（13 人）：

谢志锋　李隆瑞　唐泽眉（女）牛道昌
乔润德　薛金才　彭天玫（女）杨美卿
李幼龄（女）虞石民　雷志栋　周乃晟
唐仑　李冬田

无线电（1 人）：

孙金坛

工化（1 人）：

李洙天

物理（2 人）：

张大安　郑志佳

清华大学档案，全宗号 2　目录号 校 4　案卷号　64020

清华大学 1961 年录取的研究生名单（187 人）1962.2

程序控制：

陈心昭　吴鹤初　王荣荣（女）胡铭丽（女）
王之慧（女）只佩儒　林在琅　曹志超
李谋　黄晔　袁金城

机械设计：

郭丽华（女）贺士荃（女）刘泽九　何秀明（女）
刘立　朱传镳

金属压力加工：

金涤尘　金炯石　金元生　石力开

铸工：

谢迪克　　周平安　　孟庆美（女）陈美怡（女）

焊接：

周文瑛（女）　鹿安理　　胡百僖

特种冶金：

马金良　　张鸽媛　　王乐铭　　黄祥发

光学仪器：

胡士骧

汽车：

於景复　　王贻如（女）　李洪波

汽车发动机：

卢希果　　何春泉　　朱倩（女）

拖拉机及农用机械：

潜学尧　　王昭銚（女）　冯锡曙

热电工程：

朱国懿（女）

热工量测及自动控制：

赵琪（女）　周培森

燃烧学：

吴增评（女）　周应虎

燃气轮机：

裘昌咏　　吴安

工业企业电气化：

刘维勤（女）　熊光楞　　郭寘生（女）洪小平

张五球（女）　朱果敏（女）　仲斯选

发电输配电：

高曙（女）　邬学三　　李蒙　　洪佩荪

高压电工程：

吴弘　　夏凯（女）　　沈锡越（女）张则惠

祝寿熙　　罗承沐

基本电工：

蔡耀陆

电机：

萧如鸿　　王尧臣　　鲍清洋　　董人麟

黄涵洲

340：

孙金壇　　朱协卿　　陈戈林　　张奇

居德华

310：

严忠琛　　陈天鑫　　夏武颖

350：

洪一民　　王汉生　　胡志刚

360：

姚麟光　　潘宗后　　孔宪正　　傅耀明

370：

冯祖伟

110：

乔金龙　　徐志昌　　袁伟　　严诗钧

高广达　　张大年

120：

毛复兴　　王家驹　　何培炯　　陆九芳

祝寿焜

130：

吴棣华　　陶增智　　秦永宁

140：

李洙天

640：

杨炳尉

630：

江善标	樊天蔚	俞宁辉	

210：

刘田康	张源芳	谭彩云	张承铨
王遐龄	孙祖训		

220：

谢振德	傅瑞峰	史训良	赵鸿宾

230：

刘永桢

240：

陈仁济	许汉铭	高祖瑛（女）	黄均国
吕应运	石永康	汪道刚	王寄蓉（女）

施工：

陈宗琦（女）	陈新民	朱琨	

钢筋砼结构：

徐培福	孙慧中（女）	韩淑兰（女）	

建筑材料：

赵文鸾（女）	李国泮	王鑅	

结构力学：

顾登寿	臧宣武（女）	崔京浩	朱志达

暖气通风：

白葆侠	胡泊	汪训昌	杨增鄂（女）

给排水：

刘希曾（女）

0303：

朱瑞麟　　严慧琍（女）

民用建筑：

吕振沄　　杨士萱　　邓元庆

城市规划：

甘伟林　　林荣兴

建筑物理：

王炳麟

工业建筑：

李孝美（女）

建筑历史：

张锦秋（女）

测量：

庞有泉　　刘汉泉

工程结构：

汪心洌（女）　林龙　　徐坚如

钢结构：

金惠祺（女）

建筑学：

方展和　　苏则民　　刘益蓉（女）

水工结构：

虞石民　　李幼龄（女）

水能利用：

周乃晟（女）　雷志栋

水力学：

谢志峰　　李隆瑞

水利施工：

乔润德　　薛金才

工程地质：

李冬田　　　　唐仑

水电站机电设备：

唐泽眉（女）　姜之琦

930：

彭天玫（女）　牛道昌　　　　杨美卿

物理：

夏廷文　　　　张大安　　　　郑志佳　　　　段成云

350：

金泽　　　　　朱万群（女）

结构力学：

李达权

精密仪器：

蒋鸿昇

清华大学档案，全宗号 2　目录号 校 4　案卷号 58004

1961—1962 学年研究生入学名单 (1961.9—1962.8)※（节选）

(一) 1961.9 入学（75 人）

机制（9 人）：

王乐铭　　　　黄祥发　　　　金涤尘　　　　金炯石

金元生　　　　石力开　　　　黄晔　　　　　袁金城

蒋鸿昇

动力（1人）：

安继生

电机（5人）：

罗承沭	仲斯选	朱果敏（女）	陈丕璋
戚庆成			

土建（10人）：

崔京浩	裘宗濂	金惠祺（女）	朱志达
甄文铎			
杨增鄂（女）	汪训昌	苏则民	刘益蓉（女）
周莲溪（女）			

水利（4人）：

杨诗秀	李荣湘	张楚汉	陈希哲

无线电（17人）：

严忠琛	陈天鑫	夏武颖	曹培栋
洪一民	胡志刚	王汉生	傅耀明
孔宪正	姚麟光	潘宗后	朱雪龙
张奇	朱协卿	居德华	陈戈林
冯祖伟			

工化（12人）：

徐志昌	袁伟	严诗钧	高广达
张大年	毛复兴	王家驹	何培炯
陆九芳	祝寿焜	秦永宁	吴棣华

数力（5人）：

江善标	樊天蔚	俞宁辉	杨炳尉
张之立（女）			

工物（12人）：

许汉铭	高祖瑛（女）	吕应运	张源芳

谭彩云	赵鸿宾	史训良	傅瑞峰
孙祖训	汪道刚	石永康	王寄蓉（女）

（二）1962.4入学（44人）

机（6人）：

严文诰	蓬铁权	张治务	邢小琳（女）
袁礼福（女）	鲍洪法		

动（9人）：

马千里	诸葛镇	范天民	顾人一
华泽钊	许炳松	赵湘杰	王南时
朱绮红（女）			

电（13人）：

王文威	施大申	陈欣欣（女）	胡方纲
韩英铎	陈陈（女）	干福麟	吴如松
严正名	李伦蔚	王凤翔	赵良炳
王森			

土建（3人）：

吴瑞林	吴秀水	龙腾锐

水利（10人）：

关仁卿	吉鸿藻	靳慧慈（女）	潘光在
刘致彬	王莲芬（女）	冯家和	邓锡华
王湘生	彭龙生		

无（2人）：

朱正中	范崇澄

数力（1人）：

杨德元

清华大学档案，全宗号2　目录号 校4　案卷号64020

1962—1963 学年研究生入学名单 (1962.9—1963.8)※（节选）

（一）1962.9 入学（30 人）

机（2 人）：

朱仲雄	吴元强		

动（1 人）：

张政

土建（2 人）：

何玉如	周逢（女）		

无（8 人）：

史常忻	胡汉南	彭应宁	邹理和
胡思超	周忠铉	黄侃	刘卫民

自控（3 人）：

周远清	刘连棣	房景蕤（女）	

工化（2 人）：

焦荣洲	叶树仁		

数力（4 人）：

王正	秦权	姚振汉	江秉琛

工物（8 人）：

童德春	宋世战	李冠兴	邱学良
郭枕宇	奚树人	李兴中	霍裕昆

（二）1963.2 入学（34 人）

土木建筑系（4 人）：
钢筋混凝土结构专业：刘西拉　江见鲸
给水排水专业：葛惠珍（女）
0303 专业：张坤民
水利工程系（5 人）：
河川枢纽水工建筑专业：郦能惠　王士强　陈虎
水力学专业：吕贤弼　谭颖
动力机械系（3 人）：
热工量测专业：陈道龙
锅炉专业：钟之英　程兆芬
农业机械系（2 人）：
汽车专业：刘裕昭（女）　林敢为
精密仪器及机械制造系（2 人）：
金属切削机床专业：徐丰仁
金属切削原理及刀具专业：康德元
冶金系（4 人）：
铸造合金专业：芮开元
铸造工艺专业：张伯明
锻压原理及工艺专业：胡开平
锻压设备专业：朱楚德
电机工程系（9 人）：
电力网及电力系统专业：林龙文　章贤
高电压技术专业：孙嘉平　郑健超
电工原理专业：张钟华
电机专业：姚若萍（女）　卢楚銮

工业电子学专业：周栋生
工业企业电气化专业：吴澄
基础课委员会（5 人）：
一般力学专业：陈新福
无机合成专业：陈德余
应用弹性力学专业：赵兴华
数学专业：胡冠章　施妙根

清华大学档案，全宗号 2　目录号 校 4　案卷号 64020

1963 年 9 月入学研究生名单※（节选）

土木建筑系（2 人）：
钢结构专业：姜学诗
结构力学专业：周闻一
水利工程系（1 人）：
土力学地基基础专业：周锜
动力机械系（1 人）：
热力学和传热学专业：沙曾炘
精密仪器及机械制造系（2 人）：
光学仪器专业：何琪莹（女）
陀螺仪及稳定装置专业：汤鹤龄
冶金系（6 人）：
铸造合金专业：周锦华　王贵明
金属学及金属材料专业：尤德宣　陈妙农（女）
焊接专业：宋宝瑞　陈剑虹

无线电系（12 人）：
无线电物理专业：陈秉义　陈冠虎
无线电技术专业：屈连佐　程蝉　张杰儒　陈国聪　杨自诚
电真空器件专业：李融　王汝馨
电子物理专业：戴平湖
半导体材料及器件专业：刘昌砚　陈家驹
自动控制系（5 人）：
刘舜心　和　统　赵先恒　包承忠　郑家履
工程物理系（2 人）：
王瑞馨　王世清
工程化学系（5 人）：
盛兆琪　顾树川　杨承勋　陈中平　彭正光
工程力学数学系：(7 人)
高玉臣　孙树勋　黄宝宗　任文敏　朱荣桂　何宇功
史畏三
基础课委员会（2 人）
应用弹性力学专业：景士都　何子健

清华大学档案，全宗号 2　目录号 校 4　案卷号 64020

1964 年秋季入学研究生名单

土木建筑系：
万学文　程声通　罗维崑　曾传钧
萧贵福　王昌明
水利工程系：
曾肇京

动力机械系：

倪慎祥	王林江	张继培	陆知明
张铨			

精密仪器系及机械制造系：

原俊安	于诚义	胡志强	黄志潜
朱勤	梁肃	刘震华	王曾荣
沈福金			

冶金系：

丁培璠	于家瑗	朱国璋	王芸

电机工程系：

王祥珩	谭建成	周剑雄	吴景信
曾庆禹	萧运鸿	周胜宗	曾大雄
朱希曾	徐振学		

无线电电子学系：

李三全	黄玉海	任叔云	徐康兴

自动控制系：

章渭臣　孙洪涛　张宗洵

工程物理系：

王志富	周纪康	伍绍祖	高筱华（女）
袁镇海			

工程化学系：

雷夏	孙扬名	黄瑞和	吴国是

工程力学数学系：

孙在鲁	吴用舒	吴有生	李成喜
倪火才			

《清华大学一览》（1964—1965 年度）

1965年入学研究生名单

原大学毕业专业	人数	姓　名
建筑学	5	赵春生　袁镔　陆强　许安之　吴亭莉（女）
建筑材料与制品	2	吴建中　孙玉德
03	1	李怀珠
给水排水	1	宋炳暄
河川枢纽水工建筑	5	徐温安　汪恕诚　张国祥　孙申初　张道富
水电站动力装置	2	胡敦渝　曾德安
汽车	3	刘维麒　任共赏　江建民
拖拉机	1	胡绍梅（女）
燃汽轮机	2	张金香　蒋洪德
热物理	1	刘瑞田
锅炉	4	艾春林　韩梦弼　赖光楷　于占富
热工量测及自动控制	3	吴官正　蒋伯雄　何慰祖
铸工	2	匡家震　杨继宏
焊接	4	刘昌星　王元兴　王侠生　黄辰奎
压力加工	1	连家声
金属学及金属材料	2	章和泰　陆宗仪
有色合金	1	田振业
电机	3	童本正　王庚林　郑清明
发电厂及电力网	3	聂光启　王心丰　毕玉璞
工业企业电气化	6	赵川乔　竺子芳　王自强　殷文明　陈顺舟　王学山
电磁自动装置	1	邓时省
高电压技术	1	车念坚
电真空器件	5	宋盘兴　包起雷　夏兆骏　李伯春　胡昭复
半导体	5	陈弘毅　刘振隆　张学忠　金德霖　杜晋生（女）
无线电技术	9	楼希澄　陈西虹　赵庭政　李文臣　徐守时　王家圭（女）　王觉生　刘启文　周承材

续表

原大学毕业专业	人数	姓　名
无线电物理	1	顾树棣
金属学及金属物理	2	牛树盈　戴遐明
实验核物理	5	麦祖荫　王宝意（女）　范国英（女）　张祥　李林忠
反应堆工程	1	黄坚持
理论物理	1	刘德顺
加速器	1	姜同文
工化系	2	栾贵时　刘云清
一般力学	2	沈兴武　朱乃励
固体力学	1	鹿振友
计算数学	1	张大洋
应用力学	1	吴洁华（女）
机械制造工艺及其设备	3	邓肇南　李中和（女）　王贤松
光学仪器	4	周明业（女）　李进宝　魏克忠　徐毓娴（女）
精密仪器	3	徐王全　栾恩杰　汪明
自动控制	6	陈春玉　陈缅仁　纪尚坤　陈良志　阮于东　钟湘浙
自动控制元件	1	王英瑜（女）
电子数字计算机	4	鲁国才　陆慰椿　华平澜　顾微
共112人		

清华大学档案，全宗号2　目录号 校4　案卷号68021

本校在职干部脱产研究生名单※（1965年）

系别	教研组	研究生	入学年月	指导教师	研究生研究方向
动力		安继生	61.10	宋镜瀛	无轨电车拉动系统的负荷
电机		王森	62.4	高景德	电力系统
		戚庆成	61.9	杨津基	高压（大气过电压）
		陈丕璋	61.9	高景德	同步电机的损耗
水利		杨诗秀	61.9		
		李荣湘	61.9		
		张楚汉	61.9		
		陈希哲	61.9		
土建		裘宗濂	61.9	杨式德	壳体塑性计算
		甄文铎	61.9	籍孝广	钢砼超静定杆件，塑性内力计算
		周莲溪（女）	61.9	许葆玖	给水处理
		陶德坚（女）	61.9		
数力		杨德元	62.2		程序设计自动化
		张之立	61.12	张维	弹性体推动及气动弹性
无线电		朱雪龙	61.9	吴佑寿	通讯理论
		唐坊栋	61.9	南德恒	晶体管
		朱正中	62.4	陆大絭金	雷达
		范崇澄	62.4	张克潜	微波电子学
机械	铸工	张家骏	61.10	于震宗	熔模铸造
	焊接	陈丙森	61.10	潘际銮	焊接接头工艺强度
	压力加工	俞新陆	61.10	李酉山	水压机强度及刚度
	冷加工	梁关培	61.10	严普强	齿轮滚刀
		张伯鹏	61.10	金希武	液压自动系统
		王旭蕴（女）	61.10	刘仙洲	

续表

系别	教研组	研究生	入学年月	指导教师	研究生研究方向
动力	汽车	徐大宏	61.10	宋镜瀛	汽车悬架
	量测	杜建寰	61.10	方崇智	快速温度量测
	燃烧	蔡祖安	61.10	林鸿荪	两相气体燃烧理论
	热工学	罗棣菴	61.10	王补宣	空气在高温差下流过光滑圆管时的放热
	热电	曹柏林	61.10	冯俊凯	直流锅炉
		徐秀清	62.3	董树屏	
电机	电机	高子伟	61.10	高景德	同步电机参数
	电工学	周礼杲	61.10	唐统一	交流量测
	工企	高龙	61.10	郑维敏	程控用控制及随动系统
	高压	薛家麒	61.10	杨津基	绝缘子放电
	电工基础	马信山	61.10	王先冲	电磁场的工程应用
土建	工程结构	过镇海	61.10	吴柳生	钢砼双向板受力性能
	建筑施工	李兴焴	61.10	张典	预应力结构施工技术
	建筑材料	吴建銚	61.10	胡多闻	砼混合物流变性质
	工程结构	陈聃	61.10	王国周	
	施工	韩守询	61.10	杨曾艺	砼施工
	测量	杨德麟（女）	62.3	储钟瑞	光速测距技术
水利	水工结构	吴媚玲（女）	61.10	张光斗	砼重力坝温度应力
	水电站	赖敏儿（女）	61.10	李丕济	水轮机水力学
水利		林翔岳	61.10	施嘉炀	
无线电	390	王朴中	61.10	杨弃疾	天线
		程佩青	61.10	吴佑寿	通讯
		张雪霞（女）	61.10	杨弃疾	无线
	340	殷志强	61.10	刘聪宝 陈克强	陶瓷与金属的活性封接
		高以智	61.10	李志坚	受激光（原为电真空，现为半导体）

续表

系别	教研组	研究生	入学年月	指导教师	研究生研究方向
自控	510	王继中	61.10	钟士模	
	510	张钹	61.10	章燕生	高精特种控制系统
	570	袁曾任	61.10	钟士模	不变性原理在随动系统中应用
	570	林尧瑞	61.10	吴麒	自动控制理论及系统
		胡道元	61.10	金兰	
	550	房家国	61.10	周寿宪	磁储存器
		王尔乾	61.10	李三立	
		唐泽圣	61.10	钟士模	
	570	岳震五	61.10	钟士模	测量技术
	570	冯元琨	61.10	钟士模	控制系统
	570	郭仲伟	62.9	吴麒	极位控制
工化	140	高万良	61.10	徐日新	含氟塑料
	110	邓勃	61.10	徐志固	核燃料中微量稀土元素测定
	110	俞芷青（女）	61.10	汪家鼎	含铀褐煤的综合利用
	120	柯伟卿	61.10	汪家鼎	核燃料化学再处理工艺过程
工物	210-3	陈世猷	61.10	张礼	加速器
	240	王大中	61.10	吕应中	
	240	罗经宇	61.10	吕应中	
实验核物理	210-2	熊家炯	61.10	张礼	中子物理
工物	应用物理	陈学俊	61.10		
实核	210-1	安继刚	61.10	何增禄	发光探测器
实核	210-1	张万铸	61.10	陆大糸金	毫微秒脉冲技术
	220	应纯同	61.10	余兴坤	串级理论
控	210	刘桂林	61.10	何增禄	
核材料		张宏涛	61.10	李恒德	

续表

系别	教研组	研究生	入学年月	指导教师	研究生研究方向
化学	140	孙以实（女）	61.10	徐日新	有关丙烯腈纤维改性
数力	640	过增元	61.10	王补宣	热质交换
	640	刘才铨	61.10	周力行	发动机燃烧热物理
	固体力学	王勗成	61.10	张维	壳体强度和稳定
		王学芳（女）			
		张涵信		郭永怀	
基础课		景士都	63.2	钱伟长	
动力		焦树建	62.3	吴承康	
		蒋滋康	61.10		

清华大学档案，全宗号 2　目录号 校 4　案卷号 59010

清华大学 1947—1954 年毕业研究生名单（1954 年）

一、清华历年毕业研究生统计（1947～1954）※

毕业年度	总数	其中工科
1947—1948	3	0
1948—1949	6	0
1949—1950	2	0
1950—1951	5	1
1951—1952	21	1
1952—1953	4	4
1953—1954	7	7

二、毕业研究生名单（1947～1954）※

1947—1948

陈镇南	上海	哲学研究所
钟一均	广东五华	政治学研究所
韩明谟	江苏铜山	社会学研究所

1948—1949

王忠	云南峨山	中国文学研究所
周礼全	湖南乾城	哲学研究所
徐亦庄	上海	物理研究所
陈宁生	江西铅山	生物学研究所
张澜庆	江苏仪征	地学研究所
黄显经	安徽无为	社会学研究所

1949—1950

穆广文	安徽阜阳	历史研究所
黄祖洽	湖南长沙	物理研究所

1950—1951

丁名楠	浙江绍兴	历史研究所
王寿华（女）	江苏崑山	历史研究所
迟宗陶	山东莱阳	数学研究所
孙执中	湖北嘉鱼	社会学研究所
徐正棻	江苏宜兴	土木研究所

1951—1952

戈革	物理系
容保粹	物理系
王安周	化学系
叶绚（女）	心理系
杨津广	心理系

林在旭	电机系
周妙中（女）	中国文学系
应锦襄（女）	中国文学系
周祖谟	中国文学系
袁疆（女）	外文系
乔佖	外文系
胡宗鳌	外文系
黄爱	外文系
苏天辅	哲学系
韩光焘	哲学系
唐稚松	哲学系
贾维诚	历史系
胡文彦（女）	历史系
余经武	历史系
胡福彩	政治系
谢雪桥	政治系
1952—1953	
史光筠	机械系
解广润	电机系
王光埙	石油系
郑永基	石油系
1953—1954	
陈风家	力学系
顾璆琳	力学系
冯铁荪	机制系
吴宗泽	机制系
冯庆延	无线电

陈兴华　　水利系
王敦华　　水利系

清华大学档案，全宗号 2　目录号 校 4　案卷号 58004

清华大学 1955 年暑期准备毕业的研究生名单※ 1955 年 3 月 7 日

本学期（暑期）准备毕业的研究生名单　　1955.3.7

系别	教研组	专业	姓名	学习期限	结业工作	备注
机械制造	机械制造工学	机械制造工程	骆君涛	二年	毕业设计	本校需要留下
机械制造	机械制造工学	机械制造工程	戚忻	二年	毕业设计	
机械制造	机械制造工学	机械制造工程	孙健	二年	毕业设计	
机械制造	机械制造工学	机械制造工程	于复曾	二年	毕业设计	
机械制造	机械制造工学	机械制造工程	端木时夏	二年	毕业设计	本校需要留下
机械制造	机械制造工学	机械制造工程	王延超	二年	毕业设计	
机械制造	机械制造工学	机械制造工程	石伯平	二年	毕业设计	

续表

系别	教研组	专业	姓名	学习期限	结业工作	备注
机械制造	机械制造工学	机械制造工程	王则豪	二年	毕业设计	本校需要留下
无线电	无线电工程	接收设备	冯重熙	二年	毕业设计	本校需要留下
无线电	无线电工程	接收设备	冯畲云	二年	毕业设计	本校需要留下
建筑系	工程技术	工业建筑	蔡君馥（女）	二年半	毕业设计及论文	本校需要留下

清华大学档案，全宗号 2　目录号 校 4　案卷号 58004

一九五五——一九五六年度寒假毕业研究生名单

——二月廿三日一九五五——一九五六年度第五次校务会议审查通过

（1956 年 2 月 23 日）

一、金属切削机床及刀具专业：

吴圣庄 薛祖德 易锡麟 陈兆年 李德庆 李传乾（华中工学院进修研究生）

二、发电厂专业：

徐继悌 姚筱亦 袁渭明 王世缨 任元 盛寿麟（交通大学进修研究生）

三、工程结构专业：

王肇民 马庆如 陶全心 周浩森 郭蔚铣 顾耀祖 陈谔 陈继祖

（大连工学院进修研究生）

四、建筑施工：

周志刚 马连生 王铁荪 沈荣全 廖德章 谭达洲

水利施工：

李荣湘 蔡金德 马海龙 朱光熙 任汝述 夏允宝 李英明 郑汉民 林学仁 袁光熙

五、给水及排水专业：

陈志义

《清华公报》第 23 期，1956 年 3 月 16 日

一九五六年暑假毕业研究生及学生名单※

——一九五五—一九五六年度校务委员会第十一次会议记录（节选）

…………

四、通过一九五六年暑假毕业研究生及学生名单

（一）研究生（修业三年）

1 机械制造工程专业　五名

王先逵　蔡建国　薛实福　李岩　王载庭

2 铸造工程及其机械专业　三名

王维聪　刘树藩　刘友鹏

3 金属压力加工及其机械专业　八名

封茂春　齐松存　李冠嵩　汤达　董宗鲁　陈幼曾

刘颖桢　谭天佑

4 焊接工程及其设备专业　六名

张连弟　俞尚知　罗志昌　章瑞溥　邓金生　李荣恩

5 金属切削机床专业　二名

刘宝勋　杨良栋

6 热力发电设备专业　八名

孙燕萃　邵锡奎　康继兴　林国经　徐旭常　李守恒

黄觉雏　朱德懋

7 汽车专业　三名

姜衍礼　吴业森　杨嵘

8 起重运输机械专业　一名

韦镇球

9 动力经济专业　一名

周宣诚

10 电机与电器专业　七名

张节容　戈以荣　方棣棠　程肇基　王宝令　戴自忻　吴健昌

11 发电厂及电力网专业　一名

茅于杭

12 无线电工程发送设备专业　二名

潘维翰　秦炳铨

13 电子管制造工艺专业　二名

陈仁怀　王欲知

14 施工专业　一名

李名奇

15 工程结构专业　四名

崔友庄　曹绍圣　刘宏志　曾庆元

16 土力学及基础工程专业　一名

沈世杰

17 河川结构水电站的水工建筑专业修业三年　十三名

吕际盛　王开治　李宗健　沈保康　王鸿兴　任德林　沈家荫

高莲士　杨樾　黎保锟　赵振国　张廷汉　赵代琛

18 水能利用专业　六名

程则久　董子敖　陈怀先　孙培华　曾昭杨　裴觉民

19 建筑学专业　四名

唐益昭　竺士敏　邓林翰　董旭华

20 城市规划专业　一名

英若聪

21 建筑史专业　三名

高亦兰　刘光觉　梁友松

22 建筑物理专业　一名

沈天行

23 物理专业　一名

应昌华

（二）本科毕业生（修业四年）

…………

《清华公报》第 29 期，1956 年 10 月 9 日

1956—1957 年度寒假毕业生名单（节选）

（一）研究生

吕俊华（女）　建筑系　建筑学专业　城市规划专门化　3 年制

王开先　建筑系　建筑学专业　民用建筑设计专门化　3年制

陆震纬　建筑系　建筑学专业　民用建筑设计专门化　3年制

熊　明　建筑系　建筑学专业　民用建筑设计专门化　3年制

刘耀骐　无线电系　电视专业　2年制（高教部57工辛珊字第85号通知提前半年毕业）

高荣坤　无线电系　电视专业　2年制（同上）

杨不晦　无线电系　电视专业　2年制（同上）

（二）本科生

…………

《清华公报》第38期，1957年9月14日

清华大学1958年暑期毕业研究生名单

——1958年9月12日1957—1958年度第28次校务会议补行通过

一、无线电电子学系电真空器件专业电真空器件工艺专门化（三年制）二人：

史宝华　赵安详

二、土木工程系工业企业电气化专业生产过程自动化专门化（二年制）四人：

张忠怀　孙礼慧（女）　叶修盛　姚仲实

三、动力机械系热力发电厂专业热力设备自动化专门化（二年制）五人：

史炎椿　朱煜亮　徐春荣　谢新民　葛霁光

《清华公报》第 54 期，1958 年 10 月 10 日

清华大学 1964 年第一批毕业研究生名单

——1963—1964 年度第六次校务委员会通过

（1964 年 1 月 3 日）

（共 30 人）

土木建筑系（5 人）：

民用建筑专业：许宏庄　李晋奎　张耀曾

通风及空气调节专业：刘先喆

建筑历史及理论专业：吴光祖

水利工程系（1 人）：

水工建筑专业：濮家骝

动力机械系（2 人）：

热力学与传热学专业：林兆庄

热力发电厂自动化专业：金以慧（女）

冶金系（7 人）：

铸造合金专业：任善之　左保华　刘庆元　李利君

金属学及金属材料专业：陈康年　曹正明

锻压设备专业：陈延杭

电机工程系（12 人）：

电力系统继电保护及自动化专业：李振然　郑长寿

电力网及电力系统专业：卢强

电机专业：刘取　金启玫（女）　黄士鹏

电磁自动装置专业：张良甫　肖仁山
高电压技术专业：胡天畏　王克超　罗志昌　肖平之
无线电电子学系（3 人）：
350 专业：阮倜
360 专业：王承训
390 专业：江长荫

《清华公报》第 123 期，1964 年 1 月 14 日

1963—1964 学年度（补）部分毕业研究生名单

——校务委员会 1964—1965 学年度第八次会议通过

（1965 年 4 月 24 日）

（共 38 人）

土木建筑系（8 人）：
通风与空气调节专业：丁慧英（女）
结构力学专业：黄振国
建筑材料与制品专业：沈琨
钢筋混凝土结构专业：陈芮（女）　张岐宣　张澍曾
何健丽（女）　龚绍熙
水利工程系（5 人）：
河川枢纽水工建筑专业：张伯崇　王溱正　彭守拙
水电站水工建筑专业：陈敏中（女）

水文水利计算及水利规划专业：谈为雄
动力机械系（3人）：
燃气轮机专业：杨天枢　魏玉冰（女）
流体力学专业：俞守勤
农业机械系（2人）：
拖拉机专业：赵六奇　刘峥
精密仪器及机械制造系（4人）：
金属切削机床专业：李力钧　杨家振　唐摄镇　张斯文（女）
冶金系（6人）：
铸造工艺专业：杨宝丰
金属学及金属材料专业：萧玉麟　吴颖思（女）
焊接专业：潘昌年　王之伦
锻压原理及工艺专业：冯长印
电机工程系（4人）：
电力网及电力系统专业：罗静仪（女）
电工原理专业：余世杰
工业企业电气化专业：谢秉枢　虞孟起
无线电电子学系（1人）：
无线电技术专业：董荔真（女）
自动控制系（1人）：杜海传
工程力学数学系（4人）：
固体力学专业：刘宝琛（女）　黄爽凯　周春田
热物理专业：顾毓沁（女）

《清华公报增刊》(17)，1965年5月6日

1963—1964学年度（补）结业研究生名单

——校务委员会1964—1965学年度第八次会议通过

（1965年4月24日）

（共3人）

土木建筑系　建筑施工技术专业：黄聚琛

动力机械系　燃气轮机专业：周礼蔚（女）

农业机械系　内燃机专业：孙之郁

《清华公报增刊》（17），1965年5月6日

1964—1965学年度部分毕业研究生名单

——校务委员会1964—1965学年度第八次会议通过

（1965年4月24日）

（共30人）

土木建筑系（1人）：

通风与空气调节专业：胡泊

动力机械系（1人）：

热工量测及自动控制专业：周培森

农业机械系（1 人）：

拖拉机专业：冯锡曙

精密仪器及机械制造系（7 人）：

金属切削机床专业：胡铭丽（女） 只佩儒 李谋

机械学专业：朱传镳 刘泽九 何秀明（女）

机械制造工艺学专业：陈心昭

冶金系（4 人）：

铸造合金专业：周平安 朱君贤

铸造设备专业：谢迪克

锻压设备专业：金炯石

电机工程系（8 人）：

电力网及电力系统专业：洪佩孙 李蒙

高电压技术专业：祝寿煦 吴弘 夏凯（女） 沈锡越（女）

电机专业：萧如鸿

工业企业电气化专业：熊光楞

无线电电子学系（1 人）：

电真空器件专业：孙金壇

工程物理系（1 人）：许汉铭

工程化学系（3 人）：张大年 徐志昌 袁伟

工程力学数学系（1 人）：

固体力学专业：叶清环（女）

物理教研组（2 人）：

超声波专业：郑志佳 张大安

《清华公报增刊》（17），1965 年 5 月 6 日

(四) 工程力学研究班、自动化进修班

中华人民共和国高等教育部答复大连工学院工程力学研究班有关问题※

（1956 年 9 月 5 日）

（56）工辛乃字第 1924 号

大连工学院：

8 月 25 日机字第 3234 号给我部工业教育司来函悉。关于工程力学研究班的简要情况答复如下：

根据国务院科学规划委员会的建议并经国务院批准，决定在清华大学举办工程力学研究班，初期分设流体力学与固体力学两个专业，每年共约招生 120 人左右。此外每年根据辅导工作的需要及房舍可能容纳的人数，吸收高等学校力学方面的教师二、三十人进修。

工程力学研究班学员来源，拟从各专业四年级中选调数理基础较好的学生，专门培养两年，结业后除少数继续作学位论文外，其余即分配至科学研究机关和高等学校担任研究工作或教学工作。学习内容主要有数学、理论力学、固体力学（包括材料力学、弹性力学等）、流体力学、力学实验、哲学、论文阅读。关于外国语，准备开设英文课（学员入学时俄文最好已有一定的基础）。师资问题主要由中国科学院力学研究所及清华大学负责解决。

目前因房舍问题未解决，该班尚不能确定何时开学。关于学员的选调及接受教师进修问题，我部以后另行通知。

中华人民共和国高等教育部印

1956 年 9 月 5 日

抄致：各高等工业学校

清华大学档案，全宗号 2　目录号 校 1　案卷号 57005

关于开办生产过程自动化进修班和力学研究班所必需具备的条件草案

（1956 年）

一、条件：

1. 学员、教师及工作人员：

学员　生产过程自动化进修班（以下简称自动化班）学员 126 人（内高教部进修教师 26 人）（其中有部分学员并做助教工作）。

力学研究班（以下简称力学班）120 名。

以上学员人选由高教部、科学院及清华大学协商确定后，由高教部统一掌握不再增加。

教师：除已由科学院、清华大学派人兼任外，自动化班尚须讲课教师 6 人，力学班缺助教 25 人，拟由高教部抽调。

工作人员：自动化班 13 人（其中包括实验员 2 人，须中技毕业或大学程度）。

力学班 19 人（其中包括实验员 10 人，须中技毕业或大学程度，计电机无线电类 4 人，机械制图类 6 人）。

以上人员尚无着落，应确定由何部门供给。

二、用房：

共需用房建筑面积 7 600 平方公尺，（见附件一）目前尚无着落，建议：

1. 呈报国务院专案批准建筑面积 7 600 平方公尺，并下达设计、施工、材料供应等有关部门作为紧急措施保证在 1957 年 3 月份开工，8 月份完工（如能提前更好，但需解决房屋基础及上部结构冬季施工问题）。

2. 该项建筑在清华大学校址内修建，建成后交清华大学掌握，统一调配使用。

（以下估计为略数，实际购置时尚有更改）

3. 家具	力学班	自动化班
单人床	155	145
二屉桌及三屉桌	215	265
椅子	241	292
书架	124	83
文卷柜	13	3
阅览桌	3	3
饭桌	20	18
凳子	160	150
共计经费	15 069 元	14 550 元

两项共计 29 619 元

4. 图书设备：

尽量利用科学院和清华大学现有的图书设备，估计尚需添购一部分，计

自动化班 设备费 60 万～90 万元

图书费 3 万元

力学班：设备图书费共 113 万元，本年度应提用

设备费 60 万元

图书费 1 万元

以上各项条件系就开办自动化班及力学班各一班计算，如果逐年增加班次，上述条件也要相应的增加。

三、开办的时间问题：

以上各项准备工作如果确定专门部门负责立刻抓紧进行，估计学员、教师及部分行政人员的调集，家具的购置在今年内可以解决，但新建用房须 1957 年 8—9 月才能使用（如不采取紧急措施，连此时间也不能保证），因此开办时间有两个方案：

1. 俟新建用房完工后再行开办，估计在明年 9 月左右。

2. 由科学院暂拨用房作为教师、工作人员及学员的生活用房，在清华大学上课（因教室不够可能晚间上课），先行开班，明年 9 月新建用房完工后再迁入新房，在这期间内所有生活问题由科学院负责解决。此时还应解决学员教师往返科学院及清华大学之间的交通问题。

附件一：用房面积的估计：

1. 住宿用房：平均按每人 12 平方公尺计

309 人×12 平方公尺/人＝3 700 平方公尺（未考虑浴室、饭厅等用房）

2. 实验室、图书资料室、教室等 3 500 平方公尺

3. 办公室　　　　　　　　400 平方公尺

以上共计　　　　　　　　7 600 平方公尺。

清华大学档案，全宗号 2　目录号 校 1　案卷号 57005

清华大学附设自动化进修班、力学研究班班务会议章程（草案）

（1957 年）

会议定名为清华大学附设自动化进修班、力学研究班班务会议，本班根据高等教育部及中国科学院　月　日联合指示附设在清华大学。①

班务会议的职责为根据联合指示贯彻本班的培养目标，经常领导检查督促本班的工作并通过清华大学向高等教育部及中国科学院汇报工作。

班务会议的委员由联合指示指定。

班务会议每四周开会一次，必要时得召开临时会议或扩大会议。

班务会议根据联合指示设立常务委员三人，具体领导本班的工作，并向本会经常提出报告。

会议章程经本班班务会议通过，经清华大学校务委员会批准，呈高等教育部、中国科学院备案。

附：班务会议委员名单：

钱伟长（兼班主任）	清华大学
钱学森	中国科学院力学研究所
张　维	清华大学
陆元九	中国科学院自动化研究所

① 高教部及中国科学院 1957 年 1 月 30 日联合指示成立生产过程自动化进修班及工程力学研究班。

钟士模　　　　　　清华大学

杜庆华　　　　　　清华大学

班址暂设：北京西直门外博物馆路59号，中国科学院植物研究所院内。电话2，3727。

清华大学档案，全宗号2　目录号 校1　案卷号57005

本校附设自动化进修班、工程力学研究班开学

（1957年2月25日）

根据国务院科学规划的紧急措施，高等教育部和中国科学院合作在本校设立的自动化进修班和工程力学研究班，经过长期筹备已在上月25日正式开学。

这两个班将培养我国在自动化和工程力学方面的科学和教学力量。自动化进修班有120位学员，大部分是产业部门抽调的工程师，学习期限为一年。工程力学研究班的学员也有120位，包括各高等学校的青年教师、产业部门和科学院的工作人员以及清华、哈工大、交大等校调出的四年级学生，学习期限为两年。讲课由中国科学院力学研究所、自动化研究所和清华、交大等校教师担任。现已成立班务委员会，负责领导这两个班的工作。因本校缺乏必要的房舍，班址暂借西郊动物园内中国科学院昆虫研究所旧址。

《新清华》第172期，1957年3月2日

中华人民共和国教育部
关于选拔工程力学研究班第三届学员的通知

（59）人密发字第214号

中央有关部门、有关省、市、自治区高教（教育）厅（局）：

国务院责成中国科学院及我部在清华大学举办的工程力学研究班，现继续招收第三届学员，共招收110名，于12月间开学。

关于该班第三届学员的来源问题：①经国务院9月17日国二陆字第241号文批示，从17所有关高等工业院校中抽调有关专业在校五年级学生60人，这些学员结业后，仍由国家统一分配工作。②从高等工业院校力学教师中及有关业务部门技术干部中抽调50名学员，这些学员结业后，仍回原单位工作。

请中央有关部门及有关省、市、自治区高教（教育）厅（局）接通知后，即按分配的名额及《清华大学工程力学研究班第三届选拔办法》（均见附件）通知所属单位进行选拔。

为了实现今年招生任务并保证质量，各单位在选拔时，应从政治、业务和健康三方面慎重进行挑选，特别是政治条件应严格进行审查（清华大学将派人至有关单位协助进行审查）。同时，各单位可多选拔几名，以备递补落选名额。

学员登记表每人填写一份（格式见附件），连同体格检查证明一并由选送单位于11月15日前直接送至清华大学最后审查，审查结果及开课日期由清华大学通知有关单位。

附件：① 清华大学工程力学研究班第三届学员选拔办法。

② 清华大学工程力学研究班第三届学员名额分配表。

③ 清华大学工程力学研究班学员登记表。

中华人民共和国教育部

1959年10月27日

抄送：国务院文教办公室、国家计划委员会、国家科学技术委员会、中国科学院、清华大学

附件：清华大学工程力学研究班第三届学员选拔办法 （1959年）

一、培养目标：培养具有社会主义觉悟，身体健康，具有力学基础的力学工作者。学员结业后可担任：

① 高等学校的力学教师；

② 工业企业部门有关力学的设计人员；

③ 科学研究机构的初级研究人员。

二、学员来源和结业后的工作分配：

① 各高等工业院校机械、动力、航空、造船、土木、水利、电机、无线电等专业的五年级学生60名（个别可是四年级的优秀学生），毕业后由国家统一分配工作；

② 各高等工业院校力学教师35名；

③ 工业企业部门的具有高等学校本科毕业水平的工程技术及设计人员15名。②、③两项学员毕业后仍回原单位工作。

三、学员条件：

① 政治条件符合学习机要专业的要求；

② 业务条件：学习成绩优良，初步掌握一国外文（俄文或英文）；

③ 身体健康，能坚持学习。

四、学习的主要内容：

① 固体力学专业：哲学、政治经济学、弹性力学、塑性力学、弹性动力学、分析力学和振动理论、高温金属机械性质、薄

壁结构力学、力学实验、数学、流体力学、专题研究和论文。

② 流体力学专业：哲学、政治经济学、流体力学概论、高速空气动力学、黏性流体力学、机艺理论、水动力学、分析力学和振动理论、数学、弹性力学、力学试验、专题研究和论文。

五、修业年限：二年。在职教师和工程技术及设计人员的学员学习二年期满后，其专题研究和论文可回原单位结合工作进行；学生学员学习二年期满后即分配工作，其专题研究和论文视工作需要，可至有关分配单位进行，亦可在清华大学进行。

六、学员的选拔和录取手续：

学员的选拔由各单位根据教育部分配的名额和规定的选拔学员的条件，自行选拔。为了保证质量，各单位须对所选拔的学员进行严格审查，并将审查意见及档案材料和体格检查证明于11月15日前送至清华大学最后审查，合格者由清华大学通知各有关单位。

清华大学档案，全宗号2　目录号 校1　案卷号59009

工程力学研究班及自动化进修班第一届学员名单※

（1957年）

第1届力学班（1957年）入学名单※

学　号	姓　名	性别	年龄	籍　贯	选派单位	本原单位职别	政治面目	备注
57力001	潘先觉	男	27	浙江绍兴	交通大学	助教	中共党员	
57力002	刘蝉锦	男	22	福建福州	交通大学	助教	群众	
57力003	李赉宜	男	24	广西桂林	武汉水利学院	助教	青年团员	
57力004	朱之墀	男	20	浙江	交通大学	学生	中共党员	三班

续表

学　号	姓　名	性别	年龄	籍　贯	选派单位	本原单位职别	政治面目	备注
57 力 005	金贤明	男	22	江苏嘉定	交通大学	学生	青年团员	三班
57 力 006	汤福坤	男	21	江苏南海	交通大学	学生	青年团员	三班
57 力 007	陶乃堃	男	24	浙江绍兴	交通大学	学生	青年团员	三班
57 力 008	王勖成	男	25	江苏扬州	交通大学	学生	中共党员	三班
57 力 009	吴锦如	男	20	浙江嘉兴	交通大学	学生	群众	三班
57 力 010	杨文熊	男	21	上海市	交通大学	学生	群众	三班
57 力 011	沈季敏	男	21	江苏崇明	交通大学	学生	青年团员	三班
57 力 012	陈烈民	男	20	江苏苏州	交通大学	学生	群众	三班
57 力 013	袁维本	男	23	江苏崇明	交通大学	学生	群众	三班
57 力 014	潘文全	男	24	江苏盐城	交通大学	学生	中共党员	三班
57 力 015	陈纪鸿	男	22	福建福州	交通大学	学生	中共预备党员	三班
57 力 016	蔡国琰	男	28	浙江温州	大连工学院	助教	中共党员	
57 力 017	贾欣乐	男	24	辽宁	大连海运学院	助教	群众	
57 力 018	曾秋苇	男	24	江西	武汉河运学院	助教	中共预备党员	
57 力 020	周芃生	男	26	四川涪陵	北京矿业学院	助教	中共党员	
57 力 021	李　炜	男	22	山东阳谷	武汉水利学院	助教	青年团员	
57 力 022	朱有华	女	23	浙江海盐	北京铁道科学研究院	研究实习员	青年团员	
57 力 023	林培源	男	23	广东	北京铁道科学研究院	研究实习员	青年团员	
57 力 024	朱毅麟	男	23	浙江湖州	北京钢铁学院	助教	青年团员	
57 力 025	陈文起	男	22	福建福州	北京钢铁学院	学生	青年团员	三班
57 力 026	吴崇德	男	21	南京	北京钢铁学院	学生	青年团员	三班
57 力 027	彭希瑜	男	26	湖北红安	第三机械工业部		中共预备党员	
57 力 028	陈兆浜	男	25	广东	一机部四局动力机械研究所	技术员	青年团员	

续表

学号	姓名	性别	年龄	籍贯	选派单位	本原单位职别	政治面目	备注
57力029	张行	男	24	天津	北京航空学院	讲师	青年团员	
57力030	田常贞	女	28	山东黄县	北京工业学院	助教	中共预备党员	
57力031	鲍汉沧	男	26	福建	一机部二局机床研究所	技术员	青年团员	
57力032	张健培	男	24	广东中山	华东水利学院	助教	中共预备党员	
57力033	赵文漪	女	23	湖北	华东水利学院	助教	中共预备党员	
57力034	赵润元	女	21	湖北	华东水利学院	学生	中共预备党员	三班
57力035	孙珏							
57力036	王增华	男	29	营口市	东北工学院	讲师	青年团员	
57力037	唐佩韦	男	24	浙江	民用建筑设计院	技术员	青年团员	
57力038	赵瑛琪	男	26	广东	北京地质学院	助教	青年团员	
57力039	邱瑞祺	男	24	福建	北京石油学院	助教	群众	
57力040	刘家伦	男	25	江苏	南京工学院	助教	群众	
57力041	宋忠保	男	25	浙江绍兴	西安建筑工程学院	助教	中共党员	
57力042	陈伏	男	20	四川	建工部建筑科学研究院	实习生	青年团员	
57力043	周丽珍	女	25	安徽	建工部，北京工业建筑设计院	技术员	中共党员	
57力044	徐望枢	男	24	浙江平阳	长春汽车拖拉机学院	助教	中共党员	
57力045	陈炳新	男	24	广东新会	水电科学研究院	技术员	青年团员	

续表

学　号	姓　名	性别	年龄	籍　贯	选派单位	本原单位职别	政治面目	备注
57力046	李成喜	男	22	辽宁	北京钢铁学校	教员	中共预备党员	
57力047	李永甲	男	27	广东丰顺	华中工学院	助教	青年团员	
57力048	舒　玮	男	24	云南	天津大学	助教	青年团员	
57力049	李康先	男	24	广东	上海造船学院	助教	青年团员	
57力050	王福纯	男	24	辽宁	国防工程建筑部	技术员	青年团员	
57力051	符之孝	男	24	广东文昌	水利科学研究院水工所	助教	青年团员	
57力052	林明华	男	25	浙江	北京勘测设计院	技术员	中共党员	
57力053	庄表中	男	23	上海	浙江大学	助教	青年团员	
57力054	吴民权	男	20	江苏松江	华东化工学院	学生	青年团员	三班
57力055	顾学甫	男	21	上海	华东化工学院	学生	群众	三班
57力056	戴幹策	男	23	江苏泰兴	华东化工学院	助教	中共党员	
57力057	潘芬芬	女	20	浙江乐清	同济大学	学生	青年团员	三班
57力058	庄最清	男	21	浙江	同济大学	学生	中共党员	三班
57力059	寿楠椿	男	24	南京	同济大学	学生	青年团员	三班
57力060	郑际嘉	男	27	湖南宁远	华中工学院	助教	青年团员	
57力061	陈妙福	男	24	上海	同济大学	助教	群众	
57力062	刘国樑	男	22	吉林省	哈尔滨工业大学	学生	中共党员	三班
57力063	汤任基	男	22	江苏崇明	哈尔滨工业大学	学生	群众	三班
57力064	李希靖	男	21	江西武宁	哈尔滨工业大学	学生	青年团员	
57力065	程　铨	男	23	哈尔滨	哈尔滨工业大学	学生	群众	

续表

学号	姓名	性别	年龄	籍贯	选派单位	本原单位职别	政治面目	备注
57力066	邓振瀛	男	28	北京	哈尔滨工业大学	学生	群众	三班
57力067	蔡玄晖	男	23	山东	哈尔滨工业大学	学生	青年团员	三班
57力068	黄惟勤	女	23	汉口	哈尔滨工业大学	学生	青年团员	三班
57力069	陈长庚	男	22	江苏	哈尔滨工业大学		青年团员	
57力070	刘公望	男	23	江苏奉贤	中国科学院机械电机研究所	研究实习员	青年团员	
57力071	宋雅桐	女	23	沈阳市	哈市中国科学院土木建筑研究所	研究实习员	青年团员	
57力072	李荷	男	24	天津市	哈市中国科学院土木建筑研究所	研究实习员	青年团员	
57力073	何泊勋	男	25	浙江余姚	哈市中国科学院土木建筑研究所	研究实习员	中共党员	
57力074	于希哲	男	25	黑龙江	中国科学院水工研究室	研究实习员	青年团员	
57力075	陈明	男	25	广东大埔	中国科学院水利研究所	研究实习员	中共党员	
57力076	谢省宗	男	21	福建	中国科学院水利研究所	研究实习员	青年团员	
57力077	许慧已	女	25	江苏江浦	中国科学院动力研究室	研究实习员	中共党员	

续表

学　号	姓　名	性别	年龄	籍　贯	选派单位	本原单位职别	政治面目	备注
57力078	黄济扶	男	25	陕西白河	中国科学院动力研究室	研究实习员	群众	
57力079	孙钟英	男	22	上海	中国科学院机电研究所	研究实习员	青年团员	
57力080	范本尧	男	21	江苏崇明	上海造船学院	学生	青年团员	三班
57力081	张兆顺	男	21	上海市	上海造船学院	学生	青年团员	三班
57力082	严　震	男	26	江苏崇明	上海造船学院	助教	青年团员	
57力083	洪钟瑜	男	20	上海市	上海造船学院	学生	青年团员	三班
57力084	施玉山	男	22	江苏崇明	南京工学院	学生	青年团员	三班
57力085	高　致	男	25	上虞	南京工学院	学生	青年团员	三班
57力086	朱正洪	男	21	浙江镇海	天津大学	学生	青年团员	三班
57力087	张登霞	女	23	陕西	天津大学	学生	青年团员	三班
57力088	李志恒	男	22	河北清苑	天津大学	学生	青年团员	三班
57力089	吕德鸣	男	29	广东新会	西安航空学院	学生	中共党员	三班
57力090	秋长鋆	男	21	浙江	西安航空学院	助教	青年团员	
57力091	程盘庆	男	22	江苏武进	西安航空学院	学生	青年团员	三班
57力092	周维贤	男	25	江苏武进	西安航空学院	助教	群众	
57力093	蔡念谦	男	21	上海市	第二机械工业部第四研究所	技术员	青年团员	
57力094	孔超群	男	26	浙江	军事工程学院	助教	中共预备党员	
57力095	王伟复	女	22	安徽	武汉水利学院	助教	青年团员	
57力096	范赋群	男	26	江西南昌	华南工学院	助教	青年团员	
57力097	徐铭陶	男	22	四川宜宾	重庆大学	助教	青年团员	
57力098	郑百哲	男	21	辽东临江	北京航空学院	学生	青年团员	三班
57力099	李永年	男	26	重庆	成都工学院	讲师	中共党员	
57力101	朱学仁	男	29	河北宛平	大连工学院	讲师	群众	

续表

学　号	姓　名	性别	年龄	籍　贯	选派单位	本原单位职别	政治面目	备注
57力102	于天祺	男	26	山东潍县	华东化工学院	助教	群众	
57力103	刘礼顺	男	30	江苏	重庆建筑工程学院	讲师	九三学社	
57力104	张炘宇	男	31	湖南长沙	中南土建学院	讲师	群众	
57力105	杨延篪	男	27	广东大埔	交通大学	讲师	青年团员	
57力106	戴宗恕	男	26	江苏镇江	哈尔滨工业大学	助教	中共候补党员	
57力107	郑兆昌	男	23	江苏常熟	清华大学	助教	中共候补党员	
57力108	张如一	男	22	上海	清华大学	助教	青年团员	
57力109	裘宗濂	男	25	浙江嵊县	清华大学	助教	青年团员	
57力110	刘延柱	男	20	南京	清华大学	学生	中共预备党员	三班
57力111	沈观林	男	21	浙江绍兴	清华大学	学生	青年团员	三班
57力112	尹祥础	男	21	江西永新	清华大学	学生	青年团员	三班
57力113	林　逸	男	24	江苏兴化	清华大学	学生	青年团员	三班
57力114	李毓隽	女	24	上海	清华大学	学生	群众	
57力115	李纯儒	男	20	广东召山	清华大学	学生	青年团员	三班
57力116	李德昌	男	21	江苏兴化	清华大学	学生	青年团员	三班
57力117	陈九锡	男	21	江苏六合	清华大学	学生	青年团员	三班
57力118	何积范	男	19	浙江余姚	清华大学	学生	青年团员	三班
57力119	章光华	男	22	江西南昌	清华大学	学生	中共党员	三班
57力120	张涵信	男	21	江苏沛县	清华大学	学生	青年团员	三班
57力121	钟俸俄	女	22	湖南	清华大学	学生	青年团员	三班
57力122	陈　实	男	26	湖北应城	南京航空学院	助教	中共党员	
57力123	洪善桃	男	24	江苏南通	同济大学	助教	中共党员	
57力124	赖国璋	男	22	广东大埔	大连工学院	学生	青年团员	三班
57力125	蔡敏学	男	22	江苏无锡	北京航空学院	学生	青年团员	三班
57力126	李德鲁	女	24	江苏兴化	大连工学院	学生	中共党员	三班

第1届自动化进修班（1957年）入学名单※

学号	姓名	性别	年龄	籍贯	选派单位	本原单位职别	政治面目	备注
57自002	刘诚孚	男	24	河北怀来	电力工业部	技术员	青年团员	
57自003	陈允济	男	21	上海市	电力工业部	技术员	中共党员	
57自004	林永华	男	30	福建平潭	食品工业部	教师	青年团员	
57自005	黄扬源	男	26	福建	食品工业部	教师	中共党员	
57自006	李民选	男	27	河北阜城	轻工业部	技术员	青年团员	
57自007	庞分岩	男	29	广西	冶金工业部	工程师	群众	
57自008	江培基	男	36	苏州	冶金工业部	工程师	群众	
57自009	高祖绶	男	24	浙江杭州	冶金工业部	工程师	青年团员	
57自010	吴钟万	男	30	辽宁辽阳	冶金工业部	工程师	群众	
57自011	刘士中	男	30	河北安平	南京工学院	讲师	青年团员	
57自012	史　维	男	25	江苏宜兴	南京工学院	助教	青年团员	
57自013	何叔玺	男	28	江苏	南京工学院	讲师	群众	
57自014	吴永生	男	25	四川	北京钢铁学院	助教	中共预备党员	
57自015	刘宏才	男	26	江苏镇江	北京钢铁学院	助教	中共党员	
57自016	高铭学	男	26	辽宁新民	大连工学院	助教	青年团员	
57自017	赵业浩	男	28	湖南	电机制造工业部	工程师	青年团员	
57自018	吴少卿	男	27	湖北武汉	电机制造工业部	技术员	中共党员	
57自021	陆丽华	女	22	广东三水	哈尔滨工业大学	助教	青年团员	
57自022	胡治笙	男	30	江西南昌	煤炭工业部	工程师	群众	
57自023	朱长有	男	26	山东	煤炭工业部	工程师	青年团员	
57自024	李德富	男	32	营口市	煤炭工业部	工程师	群众	
57自025	潘隽德	男	32	上海市	煤炭工业部	工程师	群众	
57自026	顾　楠	男	26	浙江嘉善	化学工业部	副科长	青年团员	
57自027	王双华	女	29	江西萍乡	化学工业部	副科长	中共党员	
57自028	万学达	男	29	湖北	化学工业部	副科长	青年团员	

续表

学　号	姓　名	性别	年龄	籍　贯	选派单位	本原单位职别	政治面目	备注
57 自 029	叶以雄	男	35	广西隆安	化学工业部	专业组长	群众	
57 自 030	赵万程	男	33	浙江海宁	化学工业部	工程师	群众	
57 自 031	安阁英	男	25	河北丰润	哈尔滨工业大学	助教	青年团员	
57 自 032	沈沛霖	男	24	浙江嵊县	第二机械工业部	设计员	中共党员	
57 自 033	郑仁贵	男	30	福建福州	第一机械工业部	技术员	青年团员	
57 自 034	杨忠祥	男	27	江苏仪征	第一机械工业部	工程师	青年团员	
57 自 035	董必钦	男	24	湖南	第一机械工业部	技术员	中共党员	
57 自 037	李海青	女	22	山东	浙江大学	助教	群众	
57 自 038	王骥程	男	28	浙江镇海	浙江大学	讲师	中共预备党员	
57 自 039	陈彦萼	男	24	浙江	华东化工学院	助教	青年团员	
57 自 040	童忠镶	男	23	浙江慈豁	科学院	研究实习员	青年团员	
57 自 041	顾伯忠	男	21	浙江绍兴	科学院	研究实习员	群众	
57 自 042	汪　云	男	21	江苏江阴	科学院	研究实习员	群众	
57 自 043	强德生	男	22	江苏无锡	科学院	研究实习员	青年团员	
57 自 044	朱连生	男	24	江苏镇江	科学院	研究实习员	青年团员	
57 自 045	刘承熙	男	22	江苏无锡	科学院	研究实习员	中共党员	

续表

学　号	姓　名	性别	年龄	籍　贯	选派单位	本原单位职别	政治面目	备注
57 自 046	袁渭明	男	24	广东中山	科学院	研究实习员	青年团员	
57 自 049	王传贤	男	30	浙江	科学院	助研	群众	
57 自 050	邓士衡	男	27	广东	科学院	研究实习员	群众	
57 自 052	壮　志	男	25	江苏	科学院	研究实习员	青年团员	
57 自 053	徐民宗	男	33	江苏	科学院	技　佐	群众	
57 自 054	牟平恕	女	22	四川重庆	科学院	研究实习员	中共党员	
57 自 055	吴德禹	男	23	山东	天津大学	助教	群众	
57 自 056	徐炳辉	男	23	浙江杭县	天津大学	助教	青年团员	
57 自 058	韩建勋	男	26	江苏镇江	天津大学	助教	青年团员	
57 自 059	钱洁文	女	23	广东三水	天津大学	助教	青年团员	
57 自 061	刘德溥	男	28	湖北	中南矿冶学院	助教	青年团员	
57 自 063	瞿重华	男	44	江苏常州	建筑材料工业部	工程师	中共党员	
57 自 064	黄　清	男	23	江西	华中工学院	助教	群众	
57 自 065	侯福柱	男	23	河北	华中工学院	助教	群众	
57 自 066	李绍姜	男	26	湖南新邵	华中工学院	助教	中共党员	
57 自 067	杨春娥	女	24	辽宁	华中工学院	助教	青年团员	
57 自 068	韩福田	男	31	山西定襄	北京石油学院	讲师	群众	
57 自 069	袁　璞	男	23	河北徐水	北京石油学院	助教	青年团员	
57 自 070	胡道渊	男	36	四川	大连第二海军学校	教研室主任	群众	
57 自 071	陈循介	男	32	江苏江阴	第一机械工业部	工程师	青年团员	
57 自 072	郑　峻	男	26	福建长汀	第三机械工业部		青年团员	

续表

学　号	姓　名	性别	年龄	籍　贯	选派单位	本原单位职别	政治面目	备注
57 自 073	金根洪	男	28	江苏苏州	第三机械工业部		群众	
57 自 074	刘志民	男	26	抚顺市	上海交通大学	助教	青年团员	
57 自 075	潘渭清	男	23	浙江	上海交通大学	助教	青年团员	
57 自 076	林渭勋	男	22	广东澄海			群众	
57 自 077	李怀祖	男	23	江西临州	交通大学	助教	中共党员	
57 自 078	特古斯	男	26	黑龙江太来	东北工学院	助教	中共党员	
57 自 079	管士淚	男	23	北京市	东北工学院	助教	青年团员	
57 自 080	詹克钧	男	26	辽宁	东北工学院	助教	青年团员	
57 自 081	丁修堃	男	25	江西	东北工学院	助教	中共预备党员	
57 自 082	王　宁	男	28	云南保山	第二机械工业部	技术员	青年团员	
57 自 083	胡树堃	女	24	浙江绍兴	电力部	技术员	中共党员	
57 自 084	谢邦泽	男	23	四川成都	电力部	技术员	青年团员	
57 自 085	曾东立	男	35	福建	石油工业部	工程师	群众	
57 自 086	陈诙南	男	30	广东	石油工业部	付室主任	群众	
57 自 087	董佩瑞	男	29	天津	石油工业部	技术员	青年团员	
57 自 088	丘光谛	男	23	江西雩都	石油工业部	技术员	青年团员	
57 自 089	凌志亭	男	33	浙江	石油工业部	技术员	群众	
57 自 090	黄自如	男	34	湖南长沙	冶金工业部	副科长	群众	
57 自 091	王建勋	男	31	内蒙古临河	交通大学	讲师	中共党员	
57 自 092	何钺	男	24	江苏	交通大学	讲师	青年团员	
57 自 093	郭锡达	男	28	沈阳	东北工学院	助教	中共党员	
57 自 094	汪渲臣	男	29	山东泰安	东北工学院	讲师	青年团员	
57 自 097	瞿缵超	男	30	湖南	冶金工业部	技术员	群众	
57 自 099	林玉老	男	25	福建	哈尔滨工业大学	学生	青年团员	

续表

学　号	姓　名	性别	年龄	籍　贯	选派单位	本原单位职别	政治面目	备注
57 自 100	辛培庚	男	29	辽宁	哈尔滨工业大学	学生	群众	
57 自 101	田在勤	男	24	陕西	哈尔滨工业大学	学生	青年团员	
57 自 105	张基岚	男	23	河北	北京工业学院	研究生	中共党员	
57 自 106	张鹏程	男	28	上海	北京工业学院	助教	青年团员	
57 自 107	李靖慧	女	22	河北	北京工业学院	研究生	青年团员	
57 自 108	宋国荣	男	26	浙江上虞	第一机械工业部	工程师	青年团员	
57 自 109	徐宗达	男	25	吉林梨树	哈尔滨工业大学	助教	群众	
57 自 110	方裕孚	男	23	吉林长春	哈尔滨工业大学	助教	群众	
57 自 112	陈文镗	男	27	福建福州	第二机械工业部		群众	
57 自 113	芦寿松	男	27	上海	第二机械工业部		青年团员	
57 自 114	吴源达	男	24	江苏	哈尔滨工业大学		青年团员	
57 自 115	池去病	男	33	浙江平阳	清华大学	讲师	群众	
57 自 116	李聿茂	男	22	浙江宁波	北京工业学院	讲师	青年团员	
57 自 118	张幼春	男	27	浙江杭州	冶金工业部	技术员	青年团员	
57 自 120	姚春荣	男	28	辽宁	电机部	工程师	青年团员	
57 自 121	陆景耕	男	27	江苏苏州	化工部	计量仪器	群众	
57 自 123	黄　章	男	25	广东	北京矿业学院	助教	青年团员	
57 自 124	渠川璐	男	23	天津	北京航空学院	助教	青年团员	
57 自 125	黄健章	男	23	广西	北京航空学院	助教	青年团员	

清华大学档案，全宗号 2　目录号 校 1　案卷号 57005

一年多来的工程力学研究班工作（节选）

（1959年）

1956年根据我国十二年科学技术发展远景规划，国务院决定由教育部（当时的高等教育部）与中国科学院在清华大学设立工程力学研究班。力学研究班学员的培养目标是：培养具有社会主义觉悟，掌握力学理论基础和试验技术，具有解决工程实际中力学问题能力的力学工作者。学生来源有三方面：

（一）在职的高等工业院校的教师；

（二）工厂及企业部门的在职技术干部；

（三）高等工业院校的四年级以上学生。

工程力学研究班共设有固体力学和流体力学二组。学习期限是两年至两年半。学习的内容包括：政治学习，基础理论课及专业理论课学习，并结合生产实际进行专题研究工作。担任力学研究班教学工作的是中国科学院及清华大学指定的一些研究人员和教师。

工程力学研究班从1956年底开始进行筹备，1957年2月第一届学生120人入学。第一届力学班的学员，经过两年的培养，已在1959年初毕业。进修教师和在职干部，已回到原单位，其他学员则由国家统一分配到全国各地高等学校、科学研究机关及工矿企业单位。在工作中大多数已成为力学工作的骨干力量，得到各方面的好评。在第一届力学班的教学工作中，各兄弟院校在人力上给予了很大的支援。第二届于1958年9月开学，已经进行一段理论学习和专题研究。第三届也于1959年11月开学，现在正在进行理论学习。

…………

1958年大力贯彻执行党的“教育为无产阶级政治服务，教育与生产劳动相结合”的方针，使力学班的教学和科学研究与生产实际紧密地结合起来，获得了巨大的跃进。第一届和第二届的专题研究，直接从国民经济各部门接受了若干项研究任务，在与各生产单位的紧密合作下，取得了很大的成绩，不但为国家的社会主义经济建设解决了许多急待解决的科学技术问题，而且大大地提高了教育质量，培养了学员的理论联系实际的、具有一定独立解决实际问题的能力，提高了学员的政治觉悟和思想水平。

1959年下半年，对于党的八届八中全会文件的学习和反右倾的斗争，使全班同志们又一次受到了深刻的教育，全班同志们对于教学、科学研究的社会主义方向和每个人的红专道路，认识得更清楚了，党的“立大志，下决心，鼓干劲，登高峰”的号召给了全班同志们极大的鼓舞。他们正信心百倍地在党的领导下，为争取更大的跃进而奋斗。

《清华大学一览》1959年

力学研究班学员64人毕业（节选）

（1960年7月9日）

本校附设工程力学研究班第二届学员64人已全部结业，9日举行了毕业典礼。

这批毕业的学员是在1958年9月入学的。两年来，他们除了深入地学习力学理论以外，还参加了生产劳动和结合国家任务的科学研究。他们还与工程力学数学系配合……积极地投入了兴无灭资的两条道路的斗争，从而使他们在政治上、业务上都得到全面的成长。

在毕业典礼上，力学班班主任、科学院力学研究所副所长郭永怀，以及张维副校长，力学班副主任杜庆华，工程力学数学系副主任、党总支书记解沛基同志等都参加了大会。

第二届力学班学员中多是来自生产部门和高等学校，他们毕业以后将回原单位参加工作，其余的学员都满怀雄心，表示坚决服从分配，到祖国最需要的地方去。

《新清华》第557期，1960年7月16日

工程力学研究班第二届毕业学员名单

——1959—1960年度第21次校务会议补行通过

（1960年7月27日）

郑祚馨　王秀根　吴松盛　程兆雪　陈留祥　王升润
罗明晖　连桂森　孙同雎(女)杨珍华　李永锡　时爱民
闻庆芳　沈天耀　韦绍祥　杜震凡(女)顾随安(女)王绍宏
周兴华　吴翼斌　于文勤　胡庆康　高永祥　呼和敖德(女)
濮国宣　朱文重　南永极　郎福元　林家骥　冯钧一
张秀明　陈玉良　陈华丽　崔巍山　阮慎基　万锦堃
郭柏坤　王禧田　张　识　彭钧早　郭万镇　马淦林
老洪恩　楚崑亮　侯国器　殷家驹　王云祜　李希生
杨友义　廖训照　李文昌　沈根龙　韩最顺　刘青峰
张兆机　张祖枢　杜长泰　余寿文　许翥中　翁乐陶
吴文林　林源亮

《清华公报》第73期，1960年8月23日

工程力学研究班一〇六人毕业

（1962 年 1 月）

教育部与中国科学院在我校设立的工程力学研究班，今年一月又有一〇六人毕业。工程力学研究班是一九五七年设立的。现有流体力学、固体力学两个专业。到目前为止，共有三届毕业生，为国家培养了三百多名工程力学工作者。

这个研究班和全校一样，一九五八年以来，由于认真贯彻了党的教育方针，教学和专题研究工作结合生产劳动，取得了很大成绩。近一年内进一步加强有关基础理论学习。去年秋季开学以来，在日常教学工作和专题研究工作中，加强了基本训练和总结答辩。

工程力学研究班的学员，一般都是在职的高等学校教师、有关工厂及研究设计机构的技术干部和高等工业院校修业四年以上的学生。

《新清华》第 621 期，1962 年 1 月 20 日

清华大学附设工程力学研究班第三届毕业生名单

——1961—1962 年度第 7 次校务委员会通过

（1962 年 1 月 17 日）

（一）正式毕业生（共 101 名）

流体力学专业（45 名）

李正秀（女）　张焕泉　王新英（女）　潘依光

王允鸿	王正哲	田玉山	冯振兴
徐金忠	李　镇	孙富春	张秀珍（女）
林忠欣	石明磊	陈月林	李元旦
张文斌	林治楷	万明俭	先大明
吴翘哲	俞士莲（女）	赵昌令	周作元
朱世国	郑淑诚	江瑜书（女）	陈英石
林圣芬（女）	陈学球	章思炎	边恺元
李善贞	岑人经	王金海	许学裕
冯联植	丁希尧	孙其东	王欲明
陈欣谦	刘惠枝（女）	秦贵治	陈建基
李其华			

固体力学专业（56 名）

王　凯	梁有余	孙锁泰	江德宁
韩名宝	陆明万	李运德	赵致中
曹富新	许经民	林克宝（女）	刘润桐
李德葆	倪行达	吴毓熙	章涵江（女）
刘希珠	林　图	张伟林	马仲才
吕　瀛	卓晓燕（女）	杨爵懋	王德秀
严兆大	常俊民	顾再仁	雷田玉
陈相振	张国民	董先敬	雷国璞
刘乐善	鲁守来	关伯陶	陆佑方
范东生	程地润	袁祖培	唐玲敏（女）
李家宝	张润生	刘会瑶	邓宗瀛
胡兆安	刘文秀（女）	张雪谊	李大之
张延教	靳东来	山永寿	蔡俊官
毕　谦	付才高	杨富国	杨双朝

（二）肄业期满分配工作（5名）

流体力学专业（2名）

李春华　　孟玉铎

固体力学专业（3名）

孟翔荣　　金宗跃　沈亚鹏

《清华公报》第87期，1962年2月23日

三、实验室工作

(一) 实验室工作概况

水力枢纽举行开工典礼

（1953 年 10 月 22 日）

本校水力枢纽开工典礼于十月二十二日下午在航空馆东工地上举行。参加典礼的有蒋校长、刘副校长、学校的四位苏联专家、各行政单位和各系的负责同志、教师、水利系二、三年级学生、全校各班代表及工人等共约六百人。

首先由刘副校长讲话，刘副校长在祝贺工程的开工之后，明确地指出了这一工程的重大意义。他说：我国水力资源是极丰富的，而今天开发的还不到全部资源的百分之一。今后水利事业需要大大发展和提高。水力枢纽完成后，同学们由此可以学习苏联的先进经验，使理论更联系实际，因而成为真正有用的水利建设人才。刘副校长更报告了中央水利部将以技术、行政干部及技术工人来帮助我们建造，这将保证我们的工程有更好的质量。

继由水利系主任张任讲话，他从水力枢纽的设计及准备工作中，说明如何从实践中体会到学习苏联的重要性。

接着苏联专家高尔钦柯介绍了水力枢纽的组成，它对培养水利干部的作用，并着重指出工程虽小，但是和大的水力枢纽构造完全一样，是个综合的很复杂的建设工程，要求很高的质量。

最后水利部派来帮助我们的同志——官厅大坝指挥所甲等劳动模范林伯诜同志，本校工人代表海德龙同志及学生代表张开同学等相继发言，他们都为水力枢纽的建造而感到欢欣鼓舞，并坚决表示做好工作，保证质量。

典礼在军乐声中结束。工人、学生开始了劳动，工人飞跑着运土，学生有组织地迅速地筛洗着石子，扩音器播出悠扬的音乐，工地上洋溢着一片劳动热情。四周红旗招展，大字标语醒目地写着“学习苏联先进经验”、“百年大计质量第一”、“劳动创造世界”。

明年，我们将看到按照苏联的大型水力枢纽规格建造的一座小型水力枢纽树立在小河上。教师们，学生们，将在这里研究和学习。

我们的水力枢纽虽只发出十数千瓦的电力，坝长仅五公尺，但由此而培养出的干部却将从事祖国的巨大水力资源的开发，把自古以来人们称为“洪水猛兽”的灾害变为造福人民的源泉。

《新清华》第16期，1953年10月27日

水力枢纽及露天试验场介绍

（1954年6月29日）

一、修建经过

水力枢纽及露天试验场（按苏联原文直译又为露天水力实验综合）在去年十月初开工，今年六月初全部竣工，即可进行教学及科学研究工作。

一九五三年六月，苏联专家高尔竞可建议修建露天水力实验

综合，呈请高教部批准后即成立了露天水力实验综合筹备委员会，在高尔竞可专家及倪克勤专家的指导下，由有关各教研组合作进行设计工作。水文及水能利用教研组研究洪水流量及设计水力发电站；水力学教研组计算洪水分流及回水曲线，并进行水工模型实验；土壤力学及基础教研组进行地质钻探，并研究水库水位上涨对现有建筑物沉陷的影响；给水及下水教研组计划沿河下水道的改线；工程材料及钢筋混凝土结构教研组设计水电站厂房；结构力学及钢木结构教研组设计闸门；建筑设计教研组设计水力枢纽及厂房建筑图样；水工结构教研组设计露天水力实验综合总的布置及构造。由本校基本建设委员会负责施工，在施工中也得到电机系及机械制造系金工厂的帮助。高尔竞可专家对设计及施工给予详细的指导，关于冬季施工问题，萨多维奇专家也给予指导。为了加强施工力量，约请中央水利部工程总局派技术干部及工人前来协助。

二、工程布置及构造

水力枢纽位于校河上，包括滚水坝二孔，在右孔装有双扇弧形闸门，宽二公尺，高一公尺半；左孔装有平面闸门，其下坝身内有泄水孔设口，也装有平面闸门。在滚水坝上游设有铺盖，下游设有护坦及海漫，护坦可装设各种式样的消能物。滚水坝及泄水孔的最大总泄洪量为十五秒公方。在滚水坝右侧为进水闸，设有拦污栅及挡水板，以便取水供露天试验场应用。在滚水坝左侧为水轮机装置及水工结构的大试验槽，在左侧为固定的水力发电站装置（出电七瓩）。在最左端为抽水机站，以便在枯水时由下游向上游抽水，供给露天试验场用水。

水力枢纽的正常挡水位为 42.8 公尺，工作水位 42.7 公尺，上游形成水库，有效蓄水量为七千立方公尺，可供试验用水及水轮发电机用水调节之用。水力枢纽挡水结构的全高为5.6公尺，正常挡水水头为2.5公尺。

为观测水力枢纽内滚水坝的工作情形，在右端进水闸下设有廊道，通至滚水坝中，设有玻璃窗，可观察泄水孔的水流情形。并设置测压管，以便测量泄流时轮廓面上的水压力、泄流时消能物所受的水动压力及测量经坝身下及边墩后土壤中的渗透压力。在水轮发电机的水轮机槽室墙上设有玻璃窗，藉以观测水流进入水轮机情形。在水力枢纽结构物的顶上设有若干标点，以便观测结构物的沉陷及移动。水轮发电机的尾水道内设有增压闸门，以便在洪水时增加水轮发电机的工作水头。

露天试验场在水力枢纽下游东岸，是梯形的，平均宽约二十二公尺，长约十八公尺，面积为一千八百平方公尺。露天试验场上游边为引水槽，与水力枢纽的进水闸相连，引水槽设计有一排挡水板，通至量水槽，量水槽最多可设四个，以供露天试验场四个试验应用，试验场右边及下游边为土坡，将来需要时尚可扩大试验场的面积。

露天试验场工作水头为1.2公尺，最大应用流量1.0秒公方，估计全年工作时间除冬季外可有七八个月。

三、功　用

（一）水力枢纽

1. 教学上的：

1）课程实验为水工结构课程可进行闸的开启程序及泄流实验，滚水坝及泄水孔泄流实验，坝下游消能设备实验，滚水坝及水电站下游水流性能实验，坝底及边墩绕流渗透压力实验等。为水能利用课程可进行水轮发电机运用情形的实验，水轮机性能实验，水库调节实验，增差泄流实验等。

2）水力枢纽运用实习闸门的运用及管理，水工结构的维护，其沉陷、移动、渗透压力等的观测等实习。

3）教学示范讲课过程中实地水力枢纽的综合，各种水工结构物的布置及构造，在土基上修筑水工结构物的特点，闸门及启门设备的布置及构造，进水闸、水轮机及抽水机等的装置及运用情形等。

2. 科学研究上的：

1）供给露天试验场用水。

2）同学科学研究小组进行各种水工结构物的研究，如泄流、消能、渗透、水轮发电机、抽水机性能等。

3）教师及研究生结合产业部门的需要进行水工结构的科学研究工作，例如试验槽内可试验十万瓩以上的水轮机装置，如能提高效率百分之二，可增加出力二千瓩。大连工学院郭洛瓦捷夫斯基专家说这个试验槽价值极大，对国家水力试验发电建设将起巨大的作用，苏联的古比雪夫水电站等都会在这种大型试验槽内试验。

（二）露天试验场

1. 教学上的：

课程实验为水工结构课程可进行水力枢纽综合实验，水力枢纽施工改流实验，治理结构实验等。为内河航道课程可进行船闸实验等。

2. 科学研究上的：

1）同学科学研究小组进行各种水力枢纽综合及施工改流的试验。

2）教师及研究生结合产业部门的需要进行水力枢纽综合及

施工改流等研究。在这个试验场可试验水头高一百公尺，前缘长二千公尺，流量十万秒公方的水力枢纽。将来黄河、长江上下游的巨型水力枢纽都可以在此试验。如挡水前缘更长，尚可扩大试验场面积。

有了露天水力实验综合在教学上可加强结合实际，充实课程实验的种类及内容；通过这些原型试验，使同学更能深入掌握水工结构课程的理论与方法，对枢纽的布置及结构物构造获得感性知识，并学习水力枢纽的运用管理，同时认识模型试验对水工结构的重要性。

在科学研究方面，露天水力实验综合提供了优良的条件。教研组有了物质条件逐渐展开科学研究工作，今后将努力学习苏联，在科学研究上从头做起响应党和政府的号召，为祖国水利建设服务。在最近将来黄河长江等的水利建设将逐步进行，我们将争取在科学技术方面贡献一些力量。

我们深深地感谢苏联国际主义精神的热情帮助。今后应加紧学习苏联，充分利用露天水力实验综合，以便提高教学质量，逐步开展科学研究工作。

《新清华》第 50 期，1954 年 6 月 29 日

实验室建设工作在发展中

（1954 年 9 月 28 日）

随着学校教学改革的深入，五年来我校实验室的建设工作正飞跃的发展中。在一九四九年，我校目前所有的几系里总共有十二个实验室。一九四九到一九五二年的三年中增到十八个。院系调整以后在苏联专家的帮助下大力进行建设工作，一九五二年里

全校已增到三十五个实验室。到本学期，各系已有的和正在建立的实验室达到四十六个了。实验室内的教学设备五年以来在党和政府的关怀下作了较大的补充，一九五三年扩充设备的投资就占以往全部教学设备总值的百分之三十五，一九五四年投资额又超过一九五二年的一倍。这样高速的发展就使我们建立了较大规模的水力枢纽，建立了我国工业学校历史上还没有过的许多新型的实验室，如土木施工实验室等。这些投资改变了旧有实验室的面貌，像机械制造系的实习工厂内数以十计的各种高速自动机床充满车间的每一角落，代替了以往破旧的皮带车床。

由于苏联专家的帮助和教师们的努力，各实验室已明确了目的和任务。在实验课本身也起了深刻的变化，绝大部分的基础课和专业课的实验内容都已根据苏联教材或专家的意见进行了重新审定。教师们根据先进经验体会了实验的要求，改写了实验指示书，编制着实验卡片，并积极提高同学们进行实验的能力。职工们根据教师的指示改装或制作了很多实验仪器，协助重新安排实验。全校的教学设备已进行过全面清点和调配。各实验室制定了各种规章，建立了仪器设备的使用与维护的制度，加强了技术保安方面的教育。如何提高设备的使用率，已成为实验室工作人员经常研究的课题。

根据我校设置专业的需要来估计，今后三年中将有近四十个新的实验室急待建立起来，现有的四十六个实验室中新的还刚建立需要大力扩充，旧的还需要继续改革，各实验室现行的各项制度还不完善。各项仪器设备还没有发挥最大效率，因此今后将有加倍多的任务需要我们来完成。中央高教部关于清华大学的决定中指示我们要“除充分利用现有设备外并注意扩充新的实验设备，有计划地以最新的科学成就及仪器设备来装备全校的实验室”。这决定给予我们以极大的鼓舞。为了保证这一指示的执行，各教研组将在本学期进行制订教学设备扩充五年计划的工作。这是整个学校全部建设计划的一个重要的部分，也是做好实验室建立工作的关键。提高教学质量和提高仪器设备的使用效率，是今后做好建立实验室的工作的努力方向，全校教师和职工将满怀信心地完成建好实验室的重大任务。

《新清华》第59期，1954年9月28日

加强实验室工作

——刘仙洲副校长在第七次校务扩大会议上的报告摘要

（1955年5月8日）

同志们：今天举行的校务扩大会议，主要是要讨论“建立实验室工作”。蒋校长让我提出一些说明和意见来，供大家参考。

（一）实验室工作在全校工作中的重要性

1. 学校实验室工作是教学工作中一个重要项目。在学校中使学生得到理论联系实际的重要方式是实验课，学生对于新学的知识，在实验中得到的印象最深，常使他们终身不忘。实际工作的技巧，也非在实验室获得不可。所以建立实验室工作，对于保证教学工作的完成和提高教学质量是有极重要的意义的。根据去年十一月的统计，在我们要开的388门课程里边，有237门有实验课，几乎达到全部课程的三分之二，我们实验室搞的好不好，将有多么重要的关系，就可想而知。

2. 其次是对于学校科学研究工作的重要性，就技术科学说，真正的科学研究工作绝大部分是离不开实验室的，所以实验室搞

的好不好，直接对于提高我国的科学水平，间接对于提高教学质量，都有很大关系。

3. 就经费和干部来看，建立实验室所用的经费，在全校经费里边是占很大的百分比的，这项工作如果做得合理，用同一数额的经费、可使效率大大提高，若粗枝大叶的做得不合理，不但要浪费国家的资财，同时效率反而降低。就节约的意义看，稍一不注意，发生错误的影响就比着其他单位全年的节约工作都多，如节煤、收回药瓶等。又就人事室的统计，现在直接担负实验室工作的干部，连最近招收的练习生 33 人计算在内，已有 157 人。根据人事室和各系详细研究的结果，今后两年以内，还需要增加 139 人。就是说两年以后，担负实验室工作的专职干部，将要达到 296 人，也占全校职工人数很大的比例数，所以就全校经费方面和工作干部看，实验室工作也是极重要的一项。

因为对于教学质量、科学研究，和经费、干部的数量都有很大的关系，所以在过去两年多以来，每当制定一学期或一学年的工作计划时，学校都特别指出来，要重视建立实验室的工作。经教务处教学设备科和各系同人们的共同努力，苏联专家的热诚帮助，和高等教育部的大力支持，拨给相当数量的重点设备费。截到目前，我们全校实验室进展的情况如下。

（二）院系调整后我校实验室工作进展的情况

在院系调整的时候，我们的实验室是很差的，一共只有 17 个，里边的设备，至少有一部分是相当落后的。萨多维奇专家曾说过，我们实验室的设备，大半都可以送到博物馆去了！杰门节夫专家也说过，我们要学的科学技术是最先进的，但是我们实验室的设备是很落后的。这是当时实验室的实在情形。到一九五三年五六月以后，高教部大力的支持我们，给我们拨了相当数量的重点设备费，到一九五三年年底，我们的实验室就扩充到35个。到现在，已经到42个。就是在两年多的时间里边，我们实验室的数目，增加了147%，差不多相当原来的两倍半。

又在两年多的时间里边，我们教学设备的价值增加了200%。相当原来的三倍。

就目前各实验室的实际情况说，可以把42个实验室分成下列三大类：

1. 基本上已经完成，稍加补充，就能全部按教学计划开出应做的实验的，共计七个。

2. 已有相当基础，但是仍需要继续加以扩充的共计十七个。它们已能按教学计划开出一部分应做的实验，但是还不能全部开出来。所以不能全部开出来的原因，有两方面：有的是因为设备的种类还不够多；有的是因为设备的数量或套数还不够多。所以还需要在种类上或数量上继续加以补充。

3. 原来毫无基础，现在正在建立的，共计十八个。每个实验室都到了一部分设备了。还有一部分定购了还没有到，或是自己做的还没有完成。

以上共计是四二个。但是我们要知道：真正基本上完成的只有七个。其余有的是部分完成，有的是正在建立。所以在二三七门有实验课的课程里边，全部开齐的只有九九门，能开出一部分的有三十四门。不能开出的还有一〇四门。好在不能开出的，绝大部分是将来要开的。

又根据我们现有专业的要求（再增加专业还不算），到一九五八年以前，我们至少还需要新建九个实验室，方能满足课程的要求（共计为五一个）。

就以上的情形和需要看起来，我们在今后三几年以内，在继续扩建和新建实验室方面的工作还是相当繁重和艰巨的。

（三）过去的成绩

就以上的情况看，在过去两年多以来由于校党委的领导，教务处，教学设备科和各系同人们的共同努力，使全校实验室由原有的一七个扩展到现在的四二个，不但数量上大大的增加，质量上也大有改进。截到目前应当开的实验课基本上都已开出来。

除此以外，我们还做了多年没有做过的大清点工作，建立了一些财产管理制度；开始订立实验室发展计划，对危险性物品加以集中管理，有不少的实验室对于改建工作，对于仪器保养，对于验收重要仪器的手续，对于自制仪器，对于培养干部等各方面，更摸索到了一些很好的经验。水利系的土力学实验室和土木系的测量仪器室，更被评选为优良工作单位。这些成绩都是应当加以肯定的。

（四）存在着的问题

在过去两年多以来，我们对于实验室的建立和整理是有一定成绩的。但是因为我们过去没有建立实验室的经验，我们教学工作任务又很紧，教学辅导人员又失之薄弱，结果使我们在整个实验室工作进行的过程里边发生了若干的缺点，直到现在还存在着一些问题。

根据过去已经知道的和最近深入的了解，我们的缺点和问题，似乎有以下几项：

1. 因为教学工作太忙，过去多数教研组对于实验室的领导不够强。各位有经验的教师对于实验室的关心和帮助也多嫌不够。没有给实验室工作以应有的重视。进行的速度，有的失之太慢。应当请教专家的，没有抓紧时间请教。等专家一回国，可能更增加困难。

2. 在扩建和新建各实验室的过程中，有不少计划不够准确和考虑不够周密的地方。如要求实验室的面积失之过多；购置的仪器有少数失之不必要的精密，和过分复杂，以致容易发生损坏，非有很高的技术经验才能运用，结果等于不能应用（如冷阴极射线试波器）；购置的机器，能量失之太大，在教学上利用率很低，只适于生产部门采用（如制钉机）；购置的半成品或药品过于宽打［如银棍，铜筒，某种药品（由原定请购 1 800 克主观地增加数量经逐级负责人最后增到 6 000 克）］；及订制尺寸搞错（如水力枢纽的排水管）等。结果不但不适用，并浪费了国家的资金。

3. 对于设备的管理保养上，粗枝大叶，不够严肃，不够细心。如在热处理的电炉里边把砖烧化了，以致搞坏了它的炭极；新到的剪床，没有安装好就冒然先行使用，致剪刃口破坏；精密的块规使它一部分生了锈；在实验室电炉里边烤烧饼吃等等。

4. 对于所有消耗性的材料，一般多是领出去就算报销了，至于它是怎样消耗的和消耗的量是不是合理，能不能多用作几次实验等，则注意的比较少。金工厂和锻工室牟思祥老师傅对这一点有相当好的经验可以推广。

5. 管理制度，有的还没有定，有的定了也多流于形式。执行的并不严格。或对外严，对内随便。教学设备科，更少实际的检查工作。一项仪器损坏了，按规定应当向教学设备科报告，可是有的根本就不报告。另一方面呢，实验室把损坏单送到教学设备科，设备科批上“吸取经验，赶快修理”几个字送回去，事情就算结束了！至于是不是“赶快修理”、甚至是不是“修理”，都不管了。对于一件应该做的事缺乏认真的追到底的精神。

6. 对于整理清洁和保安防火等多注意的不够。

7. 各实验应当悬挂的图表和模范人物的照片失之太少。

8. 学校对于各实验室负责人员的培养和重视不够，一位筹建实验室的人员或一位负责管理实验室的人员，他的任务比一般教课的教师还重要，过去我们曾经注意到各系实验室的扩建或新建的工作，但是我们没有对于负责这项工作的人选，予以应有的重视和帮助。

目前，我们各实验室工作人员的情况是这样：

实验员……………39 人

技术员……………12 人

练习生……………73 人

新招的练习生……33 人

共计……………157 人

其中初中和小学程度的占 110 人。

按工作的年龄说，或按经验说，四年以上的只有三个人，两年半以上不到四年的有十五个人。其余 139 人，工作经验都不到两年。新招的 33 个，更是正在学习。

总平均年龄是 23 岁。

前天我同人事室谈起，按绝大多数是青年说，倒是很有培养前途，就是目前还多不大顶事儿。这种情况不要说和苏联比，就是和哈尔滨工业大学比，我们也是太薄弱了。

（五）今后我们应当注意的事项

在整个教学改革工作的任何环节，对于我们都是生疏的，再加上任务重，工作忙，发展快，时间迫促，有时不容许做很精细的研究和考虑，各方面发生一些缺点，甚至错误，似乎是难免的。在目前我们只好这样原谅自己。不过最要紧的是我们应当严肃的认识缺点，认识错误，并坚决的加以改正。

针对着我们以上所提出来的问题，我愿意提出几点今后应当注意的事项来，供同人们参考：

1. 我们应当充分认识实验室工作的重要性并明确实验室的发展方针。认识它是教学工作中极重要的一环。对于提高教学质量和发展科学研究具有决定性的意义。今后应根据教学计划上的培养目标在保证开出教学计划的实验课，同时准备有关的科学研究工作，和贯彻精简节约的方针下，继续前进。

2. 应加强对实验室工作的领导。对于目前执行任务有困难的管理人员，应由教研组主任或由教研组推定相当的教师加以大力帮助。各实验室应由系做统筹工作，一面更请党团工会加以协助。今后系主任教研组主任应经常对所属实验室加以检查。

3. 要严格的贯彻精简节约的方针。我们都知道，今年是我国执行第一个五年计划的第三年，全国人民在中国共产党和毛主席的领导下，将有计划的更大规模地进行以重工业为中心的社会主义工业建设，同时为着解放台湾和保卫我们的祖国，还必须迅速加强我们的国防力量。可是我们能够使用的资金是有一定限度的。在这种情况之下，国家对于培养工业建设人才迫切需要的教学设备，仍给我们以大力的支持。一九五四年度，国家给我们的教学设备费相当一九五二年度的 161%，就能充分的说明这一点。不过经费的总额总是有一定限度的。在我们学校很快的发展的情况下，它决不能满足各方面理想上的要求。所以我们应当一方面根据教学工作和科学研究工作的需要，以最新的设备装备我们的实验室，另一方面又必须严格的贯彻精简节约的方针，使一定数量的资金，发生最高的效率。不然的话很可能使最急需的设备，反倒不能购买，影响我们的教学和科学研究工作。

贯彻精简节约方针的具体措施，主要的有下列各点：

在购置设备时，个别的能自行制造或购买零件自行装配的，即自行制造或自行装配；但是需要声明，如果自己做反不经济，也不要强调自己做。必须购置的则对于规格，大小，利用率及购价等，精细的加以考虑；少购置过分精密，过分复杂，运用时容易损坏的（这一点也不要做的有了偏向。有条件的教研组，为教学或科学研究，一定需要某种精密仪器并有把握能运用时我们还是要买，不然又落后了）；不购置能量过大只适合生产部门大量生产用的设备；不购置在教学上利用率很低，同时在生产实习时容易看到的；不购置价值过高，购一件就影响购置其他设备很多件的。以上都是直接领导实验室的教研组应当首先考虑的。

系对于各实验室所提出的请购单，教务处教学设备科对于各系所提出的总请购单，均应审慎的加以统筹工作，以免重复。最后再由校长审核批准。这样我们今后发生的错误一定可以大大的减轻。

在管理和使用上，不但要制定严密的管理规程，并须认真的执行和做必要的检查。务使减轻损坏率，减轻消耗率，提高使用率；并注意保安防火及保养工作。哈工大一位专家说："设备的保养工作在学校比在工厂还重要，因为设备一有损坏，就不能进行实验。待修好以后，实验时间已过，学生已没有时间去补做。"我想这是很对的。我们土木系测量仪器室在仪器保养方面有很好的经验和成绩，可供各实验室参考。

4. 对于迫切需要，但一时无法购置的设备，应想种种具体办法，克服困难。在这方面，我们无线电工程系有很好的经验，他们对于买不到的设备，或设法自制；或买零件自行装配；并曾通过和产业部门的联系，在他们库房里边找出来，然后请他们价让给学校。这可能不是一般都能做到的，但是要搞好关系，一定是可以得到不少帮助的。千万不要存等待思想，或轻于付之"无可奈何"！过去对于这一类设备，有时引起实验室和教学设备科的互相埋怨。一方面说：我们请购了，不给我们买；一方面说：

我买不到，没办法。彼此埋怨半天，一点也解决不了问题。还是由系里多想办法，由教学设备科加以协助比较好。在我们整个建立实验室工作的过程里边，这种互相协助，想种种办法克服困难的精神是很要紧的。

5. 建立新的实验室或改建旧的实验室，都应当直接间接的设法请教专家，并制定详细的分期建立计划，更要力求按照计划执行。我们水利工程系改建水力学实验室所采用的分期建立计划，是一个极好的例子。回头请李丕济先生向诸位报告一下，供各系参考。

6. 严格建立实验室规则及操作规程等。这些规则或规程，不只是为了保护设备，对于培养同学们将来到工作岗位上去能严格的遵守工厂各项制度和领导工厂工作，都有很大的教育意义。

7. 要经常保持实验室和设备的清洁。有些实验室，这类工作，最好让同学自己做。例如在金工厂，每次实习完毕后，可让同学们自己清扫。使他们养成习惯，对保护设备和将来到工厂去工作，还有很大的好处。

8. 希望各实验室逐渐增加上应有的图表和能够得到的本专业模范人物的照片。

9. 实验室干部的培养问题。培养实验室的干部也是我们建立实验室工作中的一个重要问题。我们原有157位，最大部分的文化水平和技术经验都失之低，刚才已经说过。但是我们又没有办法增加大批文化和技术水平高的。所以和我们大力培养青年教师一样只有采用自己培养的办法，才最切合实际。我们人事室正在进行草拟一种培养计划。大致是文化水平的培养，设法由职工业余学校的高中班负担，技术课和实验技术由所属的系自己拟定计划自己培养。在这方面我们水利系土力学实验室已经有很好的经验和成绩，回头请陈仲颐先生报告一下。

对于将来要增加的干部，希望多由各产业部门中等技术学校的毕业生里边想办法，根据我们同各产业部门的联系看，可能性越来越大。进行这一项工作，希望各系多加注意，进行的有希望以后，再由人事室协同办理。不要专等人事室去做。

又关于教学辅导人员的名称等级和升级制度，过去毫无规定。也是一个大缺点。人事室也正在考虑制定，使练习生有一定的前途。现在有六七年的练习生，影响新来的练习生的情绪很大。

整个培养实验室干部的工作，希望各系予以重视并付出一定的力量来。

以上提出的九点意见是目前根据过去的缺点或错误，所想到的应当注意的问题，可能很不够全面。希望各系，各教研组，各实验室的同人们加以参考，考虑成熟以后并希望对于已制定的或正在制定的实验室发展计划，重新加以审查。如果原订的认为已经很合理，就不必修正，如认为有可以修正的，就加以适当的修正。然后由各系汇总于教学设备科。更希望各实验室均制定必要的规则和工作计划，并认真的执行。各实验室改进的有一定成绩以后，由学校举行经验交流大会，互相学习，使成绩更加提高。又最好都争取参加本年度的优良工作单位的评选。因为就过去的经验看，这样更能发挥我们集体前进的力量。

我们全校的实验室工作是很困难很艰巨的。希望同人在思想上充分认识这一项工作的重要性，在党的领导下，团和工会的配合下，加强团结，克服困难，并随时随地的贯彻精简节约精神，共同完成祖国交给我们的光荣任务！

《新清华月报》1955年第4期，1955年6月20日

关于实验室工作

（1956年2月29日）

教学设备科

新的教学制度的特点之一是理论联系实际，因而实验实习在教学环节中占着很重要的地位。三年以来随着教学改革的深入，我校实验室的建设工作有了较大的发展，逐步能适应一九五五年以前所已设置专业全部教学计划中三分之二课程内实验课的要求。从数量上看，现有的实验室（包括正在新建的）已达四十六个，二年后将增至五十一个，增加到三年前的三倍。仪器设备增加到四倍；实验课已开出一九五五年度前所设［备］专业全部教学计划及大纲规定的四分之三。从质量上看，过去我们实验室设备陈旧，好比“博物馆”，而今天通过购置和自已制造仪器设备，已经逐步能接近当前科学的先进水平。实验室的工作也有了很大提高。

三年前实验室是不被人重视的，实验室主任被视为“冷门”，大多由刚毕业的助教担任，实验室工作人员为数极少，而且业务水平也差。实验室的发展往往只表现在每年如期无计划地购置一批仪器设备。但目前工作面貌已起了根本改变：实验室主任由教研组内有经验的教师担任（有的由主任兼），教学辅助人员在数量上也有了增加（但质量还待继续提高），每个实验室都已经根据教学计划与大纲的要求及精简节约的原则制订了发展计划，因此两年来发展一般是正常的；此外，实验室的管理工作也逐步走向正规化，两年前进行了全校教学设备的清点，建立了专人负责的财产管理制度。一年来开始健全实验室的各种规章制度，降低了设备的损坏率，加强了消耗物资的管理。本学期起各实验室开始制订实验室年度工作计划。实验室的建设和管理工作水平正不断提高。

特别重要的是，三年来全校教师和工作人员，在思想上对实验室的认识有了很大改变。许多教师批判了过去轻视实验的思想，亲自动手建立实验室，日以继夜地投入大量劳动。今天在人们的思想里，实验室已被视为教研组的心脏，它不仅能使学生掌握实验工作能力，验证所学的理论知识，熟悉新型仪器设备及测量方法；而且它还是培养学生独立工作的主要场所，也是教师们开展科学研究的重要基地。

在建立实验室工作中取得一些成绩的原因，归纳起来有以下三方面。

一、学习苏联经验，从思想上明确了实验室的重要性。高等教育部在一九五四年关于清华大学工作的决定中就指出："必须注意扩充新的实验室设备。"在苏联专家指导下，并学习了兄弟学校的经验，本校教师和学校各级领导都认识到实验室在教学和科学工作中的重要性，把建立实验室当作中心任务之一，投入大量人力物力，急起直进，力求克服过去学校实验室极端落后的现象。这才保证了实验室的迅速发展。

二、建立实验室必须有正确的方针并订好周密的计划。经过苏联专家指导，明确了在拟订建设计划时必须贯彻"保证教学及科研工作的要求及厉行精简节约"的方针，按教学计划、大纲及实验指示书设计、购置或制造设备；要考虑科学研究的发展需要；并按教学改革进度推出发展计划。在订计划时既反对单纯节约观点，忽视了为教学及科研工作创造良好条件的要求；同时也要反对不切合实际的盲目追求"世界标准"的思想。这就保证了实验室建设工作的顺利发展。一九五四年底水力学实验的改建是个较好的典范。

三、建立实验室必须要动员各方面的力量。建设实验室的各个环节，从设计、添置，到验收、安装等工作，工作量是浩大的，经验证明只有动员一切可能的力量：苏联专家、教师、进修人员、研究生、实验室职工、全校各级行政人员以至学生科研小组，有效地组织他们，配合实验室建设工作，才能使工作得到迅速的发展。此外还必须努力争取外援：要抓住一切可能请教校外苏联和中国专家，吸取弟兄学校好的经验，并在人力与物质上大力争取企业部门的帮助。

四、在建立实验室过程中必须注意及时地相应加强管理工作，并加强组织工作，发挥群众积极性，提高工作效率，才能提高实验室建立和使用的效率。同时注意施工中的节约，使能达到好、快、省的要求。

以上这些经验都是三年中摸索积累的，应当很好利用它们来指导今后实验室建设工作。

在今明两年中，我校建立实验室的任务将超过过去任何年度，两年内要基本上建成三十余个实验室，新设置专业的实验室也将着手筹建。任务是艰巨的，我们认为应当注意加强以下四点：

第一，必须做好重新修订实验室发展计划的工作，并在全面规划后制订年度计划。一九五四年底制订的发展计划起了指导建设、坚定发展步伐、推进工作的作用。但限于当时的教学改革的进程与认识水平，有的计划还不够成熟，已不能满足今天教学工作，特别是科学研究的要求，必须加以修订。关于在修订时如何考虑为科学研究创造条件的问题，科惹夫尼柯夫专家曾说过："考虑科学研究对实验室的要求，必须结合教研组的任务、发展方向及教师力量等条件进行，否则必然会造成不切实际。"在苏联学校里教学实验与科学研究是相互结合的。教学实验是科学研究实验的基础，科研实验开扩着教学实验的范围。实验室必须要考虑科研工作的要求，但当教学实验毫无基础以前，一般还谈不到科学研究。全面规划只能是概括的、指导性计划，因此必须在全面规划下订立年度实施计划，具体指导当前的工作。经验说明，好的年度实施计划不但能使领导心中有数，还能组织工作人员的力量，解决各环节互相配合问题，成为彼此督促相互检查的根据。今年将有二十个实验室进行重点建设，这些单位务必首先做好年度实施计划。

第二，通过科学研究，用最新的设备和仪器装备实验室，并充分发挥现有设备的作用，以进一步改善实验室的物质条件。过去几年在仪器设备的添置工作上有过一定的发展，采购了大批新型仪器设备，建立了自制设备工厂与安装队，但还不能满足科学和教学发展要求。必须进一步结合科学研究和学生的毕业设计等工作，设计与制造出更多更新的仪器设备；并加强自制仪器的设计与制造力量；提高物资供应的速度与质量，加强采购力量。除现有机械方面的仪器制造工厂应继续扩充并提高产品质量外，还要利用各系现有的技术力量建立其他方面的仪器制作及修检单位，担任全校教学与科研工作中的仪器制造与检修等工作。在这一工作中要通过各种与产业部门合作的方式，取得产业部门在设备、人力、制造力量上的帮助。这样才能创造条件促成实验室建设工作早日完成。

现有设备利用率的提高，也是加速实验室建立和发挥实验室作用的重要问题。例如机械制造系新式机床有一些还没有开动，有一些机器上缺乏必要的仪器，还不能进行实验工作，这些都要大力加以改进。另外有些贵重仪器还可以在各实验室之间调用以发挥更大效率。

第三，必须进一步在实验室的建立、管理与使用等方面厉行精简节约。厉行节约是社会主义国家积累资金的重要手段，而学校里做好节约工作直接用实例教育了学生，养成他们珍视国家财产的优良品质。目前在建立实验室中个别地还残余着贪多图大的想法，不愿精打细算：设备套数要多房屋面积要大；不愿钻研如何发挥现有设备及房屋的使用率；在建立过程中只愿完成任务不计较成本。我们的实验室发展很快，国家的投资逐年虽有增加但赶不上要求，像今年的投资数就比起各系的要求数字少五六十万元。要做好今年的建设工作除了按照重点分配的原则控制资金外，希望各实验室必须以少花钱，多办事，办好事精神重新审查投资计划，并在工作中的一点一滴里厉行精简节约。实验室的管理方面已有一定的基础，但还不够，实验室积压浪费现象还未消灭，保安条件有的还很差，贵重仪器的维护与使用还存在漫不经心的状态，以致损坏遗失现象不时发生。要消灭这些不良现象，一方面要加强经常的爱护国家财产的教育，克服粗率的工作态度，培养耐心细致的科学作风与遵守各种规章的习惯。另一方面要经常钻研如何改善保安条件延长设备使用寿命，严密专人负责保管等办法，加强制度，严肃纪律。消耗性器材除严密领用制度外，要制订定额使用办法，然后争取逐步降低。此外实验室的环境还不够整洁安静，只强调客观困难是没有用的。最好还是尽一切可能来改善它。

第四，要加强领导，培养干部，提高实验室组织工作水平。目前各实验室都已初具规模，职工人数一般已有五六人至十余人，还在继续增加。他们目前业务水平还很低，缺乏独立工作能力。如果加上每个人的职责不明确，工作制度不健全，他们的力量就很难发挥，直接影响实验室发展速度。因此必须加强领导，对他们作全面规划，明确每人的培养目标，订出具体计划，最好尽速根据不同水平培养出若干骨干来组织他们帮助水平较低者。务使除一般业余学习外先能基本上掌握全套教学实验内容，再进一步培养他们成为科学研究工作的助手。另一面还要加强思想教育工作，订立工作制度，加强考核。这些都要求实验室的领导同志不断提高组织工作水平。

我们相信，在广大教师职工学生的努力下，今后实验室的建立和发展工作，一定能取得更大成绩。

《新清华双月刊》1956 年第 1 期，1956 年 2 月 29 日

第一个五年计划期间（1953—1957）清华大学实验室建设情况（节选）

一、总的情况：

1. 实验室建筑面积发展情况：

情况＼年份	1952	1953	1955	1957	正在施工
实验室及工厂总面积（m^2）	17 670	17 500	40 323	45 350	45 000
平均每个学生使用面积 M^2/人	5.10	2.98		2.80	
实验室及工厂面积占全校%	14.61	10.75	18.33	17.5	

说明：

① 1952 年栏中全校实验室及工厂面积，是自 1911 年（民国元年）到 1952 年止 41 年内所建设的全部实验室面积。……

正在施工的实验室面积是一个近似数，但误差不很大，当这一部分实验室建成后，有一部分实验室将要从占用的教室中搬走，因此将来的实验室不能是 90 000m^2，而是较小数值。

② 计算每个学生的平均使用的“使用面积”是按照建筑面积减掉实验室楼的墙、走廊等以后真正可以利用的面积来算的，因此平均使用面积有较小数值。……

（以上实验室建筑面积数据来自基建委员会及总务处行政事务科。）

2. 五年内对实验室投资情况：

（万元）

财务年份	教学经常费	国内购置设备费	国外购置设备费	总　计
1953 年	12.20	170.43	50.60	233.23
1954 年	20.48	125.81	244.86	391.15
1955 年	20.47	144.41	159.60	324.48
1956 年	29.92	270.00	95.54	395.46
1957 年	30.00	160.00	90.00	280.00
总　计				1 624.32

说明：

表内数字均以万元为单位，这些数字中仅仅包括了直接用于实验室教学的经常费和设备费，而如医疗设备、家具等等设备费和实验室行政公杂费等费用没有计算在内，因此，这数字较财务科的结算数字小（相差 200 万元左右）。（表上的数字均来自实验室科结算账）……

3. 实验室数量的增长

系　别	1946	1952	1957
机制	2	1	9
动力	1	1	9
电机	2	4	12
无线电	2	2	10
土木	3	5	7
水利	1	2	7
建筑	0	0	1
公共	2	2	4
总计	13	17	59

说明：

① ……

② 目前的 59 个实验室中，很多实验室是包含了好几个小实验室的，而它的每一

个小实验室的规模就相当于1946年时的一个实验室，例如：(a) 电机系的拖动实验室，实际上包括：自动控制（能开16个实验），拖动（能开10个实验），自动学（能开3组36个实验）及生产电力机械装备（能开5个实验），4个小实验室。(b) 又如动力系的热工实验室包括：传热学（能开10个实验），工程热力学（下学期能开6个实验），热机学（能开3个实验）。机械系、水利系等就不一一举例了。

③ 内所统计的实验室还不包括工程物理系及其他新专业的实验室在内，资料室、模型室及设备工厂未包括在内。

（以上材料全由实验室科供给）

4. 在实验室内的教学辅助工作干部的成长：

时期 职称	解放前（1947）	解放后（1957）
实验员		206
技工		111
练习生		94
管理员		

说明：

五年内成长的这一批实验员，基本上能够在老师指导下准备实验，单独做一组实验，实验员本身也掌握了实验技巧……

5. 五年中建立了一个设备制造厂：

为了适应全校各实验室自制实验设备的需要，我校自1954年开始设立设备工厂，目前设备工厂的情况如下：

(1) 设备情况：

机工车间	有各种机床及机器	42台
木工车间	有各种机床及机器	6台
铸工车间	有小熔铁炉	1座
算尺小组	有小钻床	1台

(2) 人员情况：全厂共有人员 125 人

①

工种	机工车间	木工车间	铸工小组	算尺小组	总计
技工	22 人	3 人	2 人	1 人	28 人
徒工	18 人	0	1 人	2 人	21 人
壮工	3 人	0	1 人	0	4 人
共计	43 人	3 人	4 人	3 人	53 人

②

生产组长：3 人

技术干部：7 人

行政干部：11 人

③

培训班：

车工班：26 人

钳工班：19 人

铣磨工：6 人

(3) 目前全厂共有面积：1 500m^{2}左右。

(4) 目前全厂的制造水平：

五年中各实验室自制设备的大型零件，大部分是在设备工厂协助下制造的，例如：汽车实验室四大试验台除马达等设备以外的主要大零件，是在设备工厂制的，还有很多成套实验设备也是设备工厂制作的。其中有大型的成套设备如为水利系制的成套水轮机试验台，德国专家看后很满意，并表示感谢。其他还有精密的成套设备如无线电系的波长计，零件尺寸的精确度要求很高，在经过几次尝试后制造出来了。……

清华大学档案，全宗号 2　目录号 校 4　案卷号 57008

刘仙洲副校长向全体教师和实验室员工报告号召展开实验室工作的大辩论

（1957年11月13日）

目前实验室整改工作已经进入大辩论的阶段。11月13日晚上，刘仙洲副校长向全体教师和有关实验室的工作人员作了报告。

刘副校长在阐明了实验室在培养各种专业干部中的重大作用后说：自院系调整以来，国家给我们建设实验室的经费每年都是十分巨大的，这项经费经常占到全年经费的1/3。过去几年总计，这项经费已达到1 600万元左右。他说，过去三年国家所收的农业税每年平均约为30亿元，按5亿农民计算，每人每年交给国家的农业税约6元。按此数折合成国家给我们的实验室设备费，过去每年都相当于58万农民的农业税！若以一个县18万人口计算，就相当于三个多县的农民全部的农业税！

他继续谈到了过去五年多以来，由于党的领导，高教部的大力支持和各系、各教研组同志们的努力，实验室工作取得了很大的成绩：①基本上保证了各专业教学上的需要；②普遍提高了教学质量；③对今后开展科学研究创造了一定的物质条件；④培养了一批掌握实验技术的人才；⑤已经初步建立了一批设备相当好的实验室。在这里他谈到了我校的实验室就建筑面积和设备规模来说，无论与社会主义国家或资本主义国家的高等工业学校相比，都是相当好的。他说，前几天民主德国德累斯顿大学派来帮助我们的奥本脑斯教授说，在他们高压实验室所有的设备，我们的高压实验室都有；但是他还不知道我们还有订货未到。这完全说明了我们在为提高教学质量及开展科学研究上具备了较充分的物质条件，应该把我们的工作做得更好。

接着刘副校长指出实验室工作还存在着严重的缺点和错误，他分析了发生这些缺点和错误的原因：主要是实验室工作发展得太快，大家经验不够，加上经济观点较差，特别是缺乏勤俭建国、勤俭办校的精神。之后他举出很多具体例子来说明实验室工作中存在的缺点和错误。首先在计划购置方面，有追求“世界第一”不注意节约，片面地求多、求大、求全、求新，对实际上是否需要和利用率的大小缺乏认真的考虑。其次是：在计划购置时，缺乏认真负责慎重考虑的精神，以致货到以后，有的要返工，有的要求退货，有的甚至不知道是谁订的。

第三是在管理和制度方面存在着问题，例如实验室主任在实验室工作的时间太短，在工作中所注意的问题也多属技术性的，很少关心财产及财务工作。实验室工作未建立必要的制度，或有制度而未认真执行，以致在实验设备的收存、领用及借用方面，存在着遗失仪器设备及账目与实际资产不符的现象。在设备的使用上，也缺乏从制度上来保证一个严格的操作规程；对使用的人缺乏事先认真的指导，有的仪器，其中包括特别精密贵重的仪器，因此也被损坏。此外更有轻视仪器设备的维护和保养工作的现象，造成损坏或减小其精密度。保安和防火的教育及措施注意的不够。仪器设备的使用也有不当之处，有大材小用和喜新厌旧的现象，造成了不小的浪费。

第四，在思想和作风方面，有的教师轻视实际、轻视劳动，不愿意下实验室，更不愿意担任实验室工作，把实验室工作当作一种负担。有的教师即使勉强担任了也认为是一种“过渡”，缺乏理论联系实际的作风。这给实验员和练习生带来了不良的影响。部分教师缺乏整体观念，以致造成系与系之间，实验室与实验室之间不互通有无、各搞一套的现象，造成不少积压或浪费。

第五，有的同志对实验室的资产有公私不分，甚至损公益私的现象，例如用实验室的电子管为自己装配收音机，用实验室的窗帘做个人的床单，等等。他说，上述实验室工作的缺点和错误是很严重的，需要坚决地改，彻底地改。

接着他谈到这次实验室整改工作具有十分重大的政治意义：[第一,] 对群众是一次深刻的勤俭建国、勤俭办校的社会主义思想教育；[第二,] 同时也有很大的经济意义，通过这次整顿实验室之后，可以减少或免除积压浪费，可以为国家节约大量资金；第三，可以树立起理论联系实际的学风；第四，可以克服各级领导上存在的官僚主义，加强管理制度和工作人员的责任心。总之，实验室的整改工作是要在人们思想里划清社会主义和资本主义的界限，是贯串着两条路线的斗争的。他希望大家自觉地上好社会主义教育的这一课。

他最后谈到了下一步的做法。第一，已经经过充分发动群众，对实验室的问题进行了揭发，结束了第一阶段工作的各实验室，希望进一步发动群众讨论 8 个问题（已在本刊 231 期社论中提出），开展实验室工作的大辩论。第二，发动群众较晚，较差的实验室，希望继续解除群众顾虑，充分发动群众进行揭发。急起直追。但一定要把整改工作搞好，不要草率从事。

《新清华》第 233 期，1957 年 11 月 20 日

一定要管好实验室　我校举行第一次实验室工作会议

（1961 年 6 月 7 日、14 日）

6 月 7 日和 14 日，我校举行第一次实验室工作会议，总结和交流管好用好实验室的经验。参加会议的有各系系主任、党总

支书记、教研组主任、实验室主任等 400 余人。

院系调整后，特别是 1958 年进一步贯彻党的教育方针以来，学校的实验室有了很大发展。通过这次比较彻底的物资清查工作，各单位初步摸清了家底和工作中的问题，思想认识上有了提高，大部分实验室的面貌有了改变。今后的主要任务是如何管好和用好实验室，进行制度建设、队伍建设和思想建设，并在这个基础上努力提高质量。学校决定今后定期举行实验室工作会议，总结和交流实验室建设工作经验。

在第一次全体会上，高沂同志作了简单讲话。接着党委副书记何东昌同志就实验室工作作了报告。他在回顾了过去实验室工作的巨大成绩和存在的问题以后，着重说明了关于管好用好实验室几个认识上的问题。他首先指出：一切工作必须树立严格的节约观念。在实验室工作中认真做到精打细算，杜绝浪费。提高有关人员对国家财产的责任心，同时要从全局出发，防止和克服本位主义。充分发挥设备的作用。报告特别强调指出，实验室有什么样的作风，就会培养出什么样的人。每一个实验室都应该成为锻炼革命作风的熔炉，给学生以必要的“科班”训练。报告最后谈到如何提高质量的问题。他说，实验室的任务应该是：一方面加强理论与实际的联系，给学生打好巩固的基本训练，为毕业设计和毕业以后从事生产和科学研究作好充分准备；一方面直接为科学研究和生产服务。因此，实验室工作的质量应该能够反映生产和科学研究的严格要求。当前提高质量的关键是建立一支又红又专的实验室队伍，使他们充分掌握仪器设备的原理、使用方法和有关技术，会管、会用、会修、会教，成为有关实验的专门人才。

在第二次全体会上，电机、工物、土建、无线电、动力等系的同志，分别介绍了他们在学生作风教育、怎样进行系的经济工作、建立责任制、保管精密仪器和实验室的工作要求等方面的经验和体会。

会议期间，各单位都认真进行了讨论，很多同志并参观了电机工程系工业电子学和基本电工等管理比较先进的实验室举办的实验室工作经验交流会。

《新清华》第600期，1961年6月19日

在第二次实验室工作会议上的报告（讨论稿）

（1963年7月10日）

何东昌

同志们，我谨代表校务委员会就这次实验室工作讨论的几个问题做初步的总结，并对今后改进实验室的工作提出初步意见，请大家讨论。

（一）几年来实验室工作的基本估计和经验

1958年以来，由于贯彻执行了党的教育方针，我校实验室工作在中央教育部与北京市委的领导和重视下，得到了有关单位的大力帮助，经过广大教师、职工、学生的努力，取得了很大的成绩。实验室的规模有了相当大的发展，技术上有了进一步的更新；实验室专职队伍的骨干力量有了一定的加强；管理水平和科学技术水平有了一定的提高；几年来实验室负担了大量的教学和科学研究的任务；在这个过程中，我们积累了一些有益的经验。

几年来实验室工作中也发生过不少缺点。虽然我们在党的领导下，对执行勤俭办学的方针是坚决的。1957年以来，每年都抓了实验室的经济工作，但是仍发生了不少积压浪费现象。总的

说来，实验室工作人员队伍的力量、科学技术水平和管理工作都还不能适应实际需要。这些缺点和问题，固然在一定程度上由于缺乏经验，在实验室大发展的过程中是难以完全避免的。但是，在很大程度上还是由于我们主观上的原因所造成的。这主要是学校领导上过去对实验室工作的复杂性认识不足，领导工作不够深入，不够有力。在1960年以前有一个时期，对管理工作的集中领导抓得不紧。同时也还由于一部分同志在不同程度上存在着轻视实际，轻视管理和轻视经济的思想。

经过几年来的发展和整顿，除了少数新建的实验室以外，目前我校大多数实验室已经进入一个以提高管理水平和提高工作质量为主的时期。这就需要我们进行一系列更为细致、繁重的工作，如充实与提高实验室工作队伍的力量和水平，对仪器设备进行必要的充实和配套，大力加强经济和技术管理等等，以便最有效地发挥实验室在教学和科学研究工作中的作用。最近在实验室工作大检查中暴露出来的许多问题说明我们对建设好、管好和用好一个实验室的复杂性必须有充分的估计。要从实践中不断总结经验教训，肯定与推广成功的经验，认真地改正缺点，并且力争不重复或少重复过去的缺点。要努力争取在较短的时间内，以最少的代价学会掌握实验室工作的客观规律性。

根据最近全校实验室工作检查的情况和讨论的意见，这里初步地总结了几年来工作中的几点经验。这个总结还是比较粗糙的，而且可能有一定的片面性，需要大家补充和修正。

(1) 从实际出发，既考虑需要，又考虑可能，有计划、有重点地进行实验室的建设工作。

实验室的建设应该尽可能地适应教学和科学研究发展的需要，逐步地达到现代科学技术的水平。但是必须从实际出发。首先，要从国家的财力、物力的可能，有步骤、有重点地进行建设。其次，建设实验室的目的是为了使用，因此，不仅要考虑财政上的可能，还要考虑到使用、维修和管理等人力上的可能，考虑到工作人员的管理水平和技术水平需要有一定的成长过程。第三，要合理发挥仪器设备的作用，就要适当考虑到主要的仪器设备与辅助的仪器设备、精密的仪器与通用的仪器、仪器设备与基本建设条件的相互配合。否则就会限制仪器设备的利用，甚至造成浪费。因此实验室在购置主要的、精密的仪器设备时，应该特别慎重。

由于科学技术不断的发展，实验室的建设要在事先做出完全切合实际的计划是有困难的。但是我们应尽可能地周密地做好规划，既考虑需要，又考虑可能，力求减少实验室建设工作中的盲目性。

(2) 坚决执行勤俭办学的方针，既要质量好，又要节约人力和投资。

实验室的建设应该在满足需要的条件下。力求“精干”，必须处处精打细算，余地要留得适当，不能盲目求多、求全、求精。实验室之间应加强协作，互通有无，减少重复购置。这样不仅是为了节约物力，而且是为了最大限度地节约人力，多快好省地完成实验室的任务。完成任务必须与算经济账结合起来。教学实验与科学实验都要算成本账，做经济比较方案，只有这样，才能使勤俭办学的方针落实到具体工作中去。

教学实验与科学研究用的仪器设备要有适当的区别。教学实验是为了使学生通过实践掌握基本的科学实验的本领。所以，教学用仪器设备既要使学生有可能循序前进地掌握现代科学实验的基本功，有必要的精确性，又要尽可能牢固可靠，容易维修，便于没有经验的学生实际操作。

从实际条件出发，自制或自行装备仪器设备是保证教学和科学研究需要、又好又省地建设实验室的一个重要途径。这个方向应该坚持。但是，必须保证质量和计算成本，技术指标应该是可能达到的高指标，适当留有余地。

(3) 管好实验室，必须把经济管理和技术管理结合起来。

为了防止和克服浪费现象，贯彻勤俭办学的方针，必须有严格的、切实可行的经济管理工作。但是经济管理的许多环节如购置、验收、保管、领发、回收等等，又都有技术问题。这些技术问题如果处理得不好，就不能保证仪器设备和器材的质量和合理使用。必须有相应的技术管理措施。另一方面，如果维修、使用等工作中的技术管理做得不好：不仅会影响教学、科学研究的质量，而且还会造成严重的经济损失。所以加强技术管理正是为了从技术上从质量上保证做好经济管理工作。而采取必要的计算折旧、消耗等经济核算的办法，又可以促进使用、维修过程中的技术管理的改进。要管好实验室，就必须既抓经济管理又抓技术管理，使两个方面结合起来，相互促进。

实验室的管理工作中必须坚持安全第一的原则。

(4) 必须建立又红又专、既懂技术又懂经济的实验室工作的专职队伍。

要做好实验室工作，必须有一定的物质条件，但从根本上说，人是最重要的因素。要发挥人的作用，首先又必须政治挂帅。实验室工作人员的政治觉悟，应该表现在：热爱实验室工作；正确处理个人与集体、理论与实践、局部与整体的关系和树立艰苦朴素、严肃认真的工作作风。人的工作没有做好，其他一切都会落空。

实验室工作人员要做好经济和管理工作，就必须既懂科学技术、又懂经济，这是“专”的两个必要的组成部分。要懂得经济必须学习有关的政策、法令和必要的业务知识。在“专”方面的成长，主要靠在实际工作中学习，“在战斗中成长”，但是又必须具备必要的严格的基本训练。

(5) 管理工作要集中领导与群众路线相结合。

实验室的发展规划、财务、设备器材的采购必须采取全校集中领导与分级负责相结合的原则。权力下放过多过散，必然要造成积压浪费。为了有效地使用人力、物力、财力，要加强全校、全系的统一规划工作。精密、稀缺、贵重的仪器应有全校统一控制、分级管理、共同使用的办法。

实验室工作一定要走群众路线，充分发挥教师、职工和学生的积极性。但是群众的积极性必须与严格的管理制度相结合。管理制度的核心是责任制。管理制度的目的是使实验室最有效地为教学和科学研究服务，所以管理制度的制定必须经过有关人员讨论，做到切实可行。制度制定以后，要通过思想教育工作，使人人自觉地遵守制度。越是现代化和技术复杂的实验室，越是需要高度的纪律性。

教师要在实验室工作中起主导作用。为此，教师要虚心向实验室职工学习，并善于在工作中和大家打成一片。

(6) 实验室工作必须树立革命性与科学性相结合的工作作风。

实验室应当成为培养革命性与科学性相结合的良好学风的重要场所。同时，良好的学风对于提高实验室工作的质量有着决定性的意义。要在科学技术上攀登高峰，做科学实验必须要有不墨守成规，不迷信权威、敢于创造革新的精神。革新创造要经过充分的试验，锲而不舍。因此，科学实验要求有不怕艰苦和挫折、不厌弃平凡劳动、老老实实的科学态度。必须在实际工作的过程中和工作结果的鉴定时，严格地要求工作人员和学生，并且通过事实进行思想教育，形成风气。

随着科学技术的发展，实验室管理工作总是要不断遇到新的没有经验的问题。因此，必须在工作中要注意调查研究，“量七次、裁一次”，力求减少可能发生的盲目性。

（二）关于思想认识问题

在这一次实验室工作的检查中，大家在深入揭发缺点的基础上，分析了缺点产生的原因及其后果，在思想上进行了讨论。这是很必要的。只有从思想认识上解决问题，才能为改进工作打下较好的基础。通过讨论，大家对实验室工作的认识进一步有了提高。讨论主要集中在两个问题上：

(1) 重视科学实验，进一步树立理论联系实际学风。

为了使国家逐步实现农业现代化、工业现代化、国防现代化和科学技术现代化，其中决定性关键在于科学技术的现代化。科学技术的历史证明，生产斗争和科学实验是科学技术发展的根本源泉。科学技术上先进的国家，每年都用很大的人力、物力、财力进行科学技术的研究，其中大部分都是用以进行科学实验的。为了自力更生地、高速度地发展科学技术，党和政府对科学实验一贯的给予了很大的重视。最近党又向我们指出：要建立社会主义强大的国家，我们必须进行阶级斗争、生产斗争和科学实验三个伟大的革命运动。这就十分深刻地指出了科学实验在国家建设中的重大革命意义。实验室是进行科学实验最重要的基地，不但如此，在工厂、矿山、田间，还要依靠广大群众，在生产斗争中进行科学实验。开展有广大群众参加的科学实验的革命运动，将会有力地促进我们的国家改变一穷二白的面貌，实现四个现代化。作为一个工科大学，我们的科学研究的课题，绝大多数离不开实验工作，我们的学生，将来不论在研究机关或生产单位工作，都要以一定的方式参加科学实验工作。这就必须使他们具有一定的科学实验的本领。因此，不论是从科学研究或是从教学的需要看，我们都必须十分重视科学实验的工作。

1952 年教学改革以后，特别是 1958 年以后，由于贯彻执行了党的教育方针，教师广泛地参加了科学研究和生产实践，已经在很大程度上克服了旧清华那种轻视实验、理论脱离实际的学风。但是将科学实验作为建设社会主义强大国家的一项伟大的革命运动来看待，我们还是缺乏认识的。在一部分同志中不同程度地还存在着轻视实践，轻视实验和实验技术的思想。这些思想一方面与过去旧的传统没有完全克服有关，另一方面也反映了有些同志由于经验不足，不能从科学技术发展的总体上来认识实验工作的重要性。只有克服了这些认识上的片面性，我们才会认真地去改进实验室的工作，也只有重视了实验室的工作，我们才谈得上真正爱惜实验室的财产，认真地去贯彻勤俭办学的方针。

在理论与实验的关系上，有的同志感到，实验室工作是“矛盾多，担子重，效率低，成长慢”。要搞好实验室，的确要做比较繁重的工作。但是一个人的成长，归根到底应该服从于社会主义建设事业的需要，因此，所谓个人成长效率的高和低首先要从能不能为国家建设事业切实地做出贡献来看。大家知道科学理论的发展，要依靠科学实验提供精确的材料，理论或假设的正确性要依靠科学实验来验证。科学技术固然也可以在一定的限度内在理论上用逻辑推理的方法获得新的进展，但从根本上说，是离开不了科学实验的。在生产实际中，单纯地依靠理论分析能够解决的问题是比较有限的，通常是要在理论的指导下用科学实验的方法去解决新的科学技术课题。因此，如果我们希望在科学技术上真正对国家建设做出贡献，便只能用“不入虎穴，焉得虎子”的精神，去把实验室中可能是繁重的工作担当起来。在旧中国，工农业生产停滞、科学实验的物质条件很差。因此科学技术的发展是很缓慢的。当时科学技术人员即便有发展科学技术的真诚愿望，也常因为没有实验室条件而不能实现。少数在科学技术上有贡献的专家，他们的工作也往往是在国外完成的。在这种状况下，不论整个社会或个人，在科学技术上成长的“效率”确是很低的。解放以后，由于党和政府的重视，科学技术工作的物质条件，特别是实验室条件，有了很大改善，使科学技术工作人员有了“英雄的用武之地”。这是我们这一代搞科学技术的人真正的幸福所在，我们不能够身在福中不知福。

为了更好地为国家建设服务，学习和提高自己的愿望是正当的。但是学习有两种途径，一种通过书本，向前人学习和继承有用的间接经验，另一种是通过亲自参加实践，获得直接经验。贯彻执行党的教育方针以来的许多的事实证明，只有将这两种经验正确地结合起来，我们才能真正深刻地、而不是肤浅地，掌握有用的、而不是“书呆子式”的知识。要获得直接经验，就只有亲身投入到实践中去，经过多次的反复，经历成功和失败，掌握大量的感性知识，然后加上“去粗取精”的功夫，才能上升到理性认识。当然，这是一条比较艰苦的，好像是“效率”低的道路。但是，除此以外别无捷径。科学技术的实践应该包括生产斗争和科学实验。对学校教师说，参加科学实验不能代替参加生产斗争，但却是一种经常可行的方式。对一个青年教师来说，我们应当善于将扎扎实实的基本的理论进修与“真刀真枪”的实践正确地结合起来，只有这样才能切实和全面地成长起来。

从事实验室工作，还要正确地处理原理与技术的关系。有的同志认为懂得实验的原理，通过实验获得一些数据或材料，为理论工作作准备是必要的，但是对掌握仪器的性能、操作和维修技术、实验环境的布置，实验器材的准备等技术工作却缺乏应有的重视。我们知道，任何科学实验，即便是最简单的量的最精密的量测，都是有误差的。所以科学实验，就需要有十分严格的不带任何主观臆测的科学态度，才能可靠地判断实验结果的客观性。只有做到了这一点，我们才能算真正掌握了一个实验。正因如此，我们必须准确地仔细地进行科学实验的技术准备工作。这次实验室工作检查的许多事实说明，轻视实验的技术工作不仅会使科学实验的结果落空，而且会给仪器设备带来损害，给人力、物力造成损失。为了准备一个实验，常常要花很多时间去做有时是很繁重的技术工作。图省事而忽视技术工作，迟早会给我们造成更大的麻烦。有的同志认为实验技术工作是比较简单的，不值得花精力去钻研。固然实验技术有些是比较简单的，但是我们甚至还没有把简单的实验技术都切实地掌握起来。据说水力学有一个测临界雷诺数的教学实验，这是雷诺在 1883 年完成过的。但是这个教学实验经过几年来改进，现在在技术上还没有稳定下来。可见有些看来是简单的事情，并不一定是很简单的。实验技术本身是在不断发展的，是一个没有止境的学问。例如过去有的系的实验室中根本没有应用电子技术，现在都用上了。实验技术的改进与革新，常常会给科学技术的发展带来重大的影响。也有的教师同志认为，实验技术固然重要，最好由别人去搞。当然由于一个人精力有限，特别是某些实验室，实验技术涉及的专业很多，要求每个人全面地深刻地加以掌握是有困难的，因而需要有一定的分工。但是基本的实验技术则是每个从事实验工作的人都必需的，在实验室工作的教师，也只有具备了这些基本功夫，才能真正发挥自己的主导作用。掌握一些比较复杂的实验技术有一定困难，但是只要“一不怕，二虚心”，我们是可以学会的。

配合理论教学进行教学实验可以使学生通过实践更深刻地掌握理论，对提高理论教学质量有重要的作用。但是，教学实验毕竟不同于表演性实验，目的不仅是为了验证理论，还要使学生逐步掌握运用原理进行科学实验的方法和技术，养成严格的科学的工作作风，在毕业时达到科学实验训练的基本要求。目前不少教学实验由于片面强调验证理论，对基本实验技术的训练和科学工作作风的培养注意不够，以致学生在毕业设计的实验工作中暴露出许多弱点，甚至造成仪器设备的损坏。教学实验不同于科学研究，实验的结果都是已知的，实验的精确程度应该是教学上可能达到的。但是应该训练学生用严格的科学态度和准确的实验技术，把已知的结果当作未知的东西来求得。否则就可能产生凑数据、主观地解释实验现象等违反科学的做法，达不到验证理论的目的。我们应该努力培养学生热爱科学实验的风气。其中一个关键就是注意在教学实验中严格地要求他们，使他们通过实践领会到实验的重要性与复杂性。对学业优秀学生实行因材施教，应该把加强科学实验的能力作为一个重点。当然，要在有限的教学时间内实现科学实验的严格的基本训练，不是没有困难的。有的实验室的经验已经证明，只要负责实验的教师和工作人员努力钻研，提高实验水平，并且加强有关课程之间的相互配合，循序前进地在教学上加以安排，这些困难是可以克服的。

(2) 加强经济观点，贯彻勤俭办学的方针。

勤俭建国、勤俭办一切事业是我国社会主义建设的一个长期的根本的方针。大家知道，社会主义建设资金的唯一来源是依靠自己的积累。我国是一个大国，现在还是一穷二白的国家，要自力更生，多快好省地建设成为一个社会主义强国，只有在一切事业中厉行节约，反对铺张浪费。这几年来，我们学校的物质建设，特别是实验室的物质建设有了很大发展。这体现了党和人民对我们的殷切期望。要求我们为国家培养出高质量的建设干部，对科学事业做出更多的贡献。正因如此，国家给我们的条件越好，我们负的责任也更大。必须克勤克俭，埋头苦干，努力以最少的人力、物力，更多、更好地完成我们的任务，而没有任何大手大脚，铺张浪费的理由。

最近几年来，特别是去年清仓核资以后，经济管理不断有了改进，浪费现象得到了不同程度的克服。但从这次检查中揭露出的情况来看，物资器材、仪器设备还有不少浪费损坏，有的甚至是相当严重的。不少同志轻视经济的思想还没有完全克服，对由此而引起的经济、教学和科学研究的不良后果认识不足。因此必须在全校师生员工中反复深入地进行勤俭办学的教育，树立厉行节约、艰苦奋斗的革命作风。

有的同志认为“完成任务是算大账，讲究经济是算小账”。但是，一人一天如果浪费一分钱，全校加起来每天就是一百多元，一年就是好几万。所以即使从一个单位来看浪费不大，全校、全国点点滴滴累积起来就是一笔大账。何况实验室通常发生的浪费远不是一厘钱、一分钱的问题，许多仪器设备多用一小时，所消耗的电费、折旧费，往往就是几元、几十元。从全校来看，如果由于使用、维修不当、折旧率过高，实验室的固定财产每年平均折旧掉十分之一，81 个实验室中就相当于减少了 8 个实验室。所以算“小账”正是为算从国家的全局看来的一笔大账。从政治上来看，不注意节约对学生的培养会造成不良的后果，滋长了大手大脚、不爱护国家财产的思想和工作作风，将来就会给社会主义建设带来更大的损失。有的同志认为为了更快更好地完成任务，即使多花钱，甚至损坏一些东西都是值得的。姑且不论损坏了仪器，会直接影响教学和科学研究工作，给维修工作造成困难；就是为了一时方便，过多地购置仪器设备，造成了积压，结果也不只是多花了钱，而且还增加了管理维护的负担，浪费了人力。所以即使从一时看，从局部看，也许可以争取一些时间。但是从长远看，从全局看，却往往分散了人力、物力，只能是延误了工作的进度。正因为如此，要加强全校统一规划，减少不必要的重复购置，特别是贵重的，或国外进口的仪器设备的购置。并且在有关教研组之间发扬协作精神，制定必要的借用办法使仪器设备能够互通有无，共同使用。当然我们提倡勤俭节约，并不是与完成任务对立的，片面地强调少花钱、不花钱，以致工作质量不好，造成更大浪费。问题在于要把完成任务和注意经济正确地统一起来，力争多快好省地完成任务。

实验室要贯彻勤俭办学的方针就必须落实到严格的管理工作上，有的同志认为管理工作"要搞好，就要花时间，太麻烦"。实验室工作是集体的工作，没有科学的管理，就不可能进行严格的科学实验，也就谈不上什么业务水平。正像演戏要有前台的演员，也要有后台的工作人员，否则是演不了戏的。管理工作是实验室工作不可缺少的一个重要组成部分。这次揭露出来的很多情况说明，由于过去对管理工作思想上重视不够。不掌握管理工作这门学问，使不少仪器设备受到损伤、寿命缩短、精确度下降，结果不仅造成经济上的浪费，对教学、科学研究工作也带来了损失。搞好管理工作的确是麻烦的，但这些麻烦却是客观的需要。越是现代化的实验室，往往麻烦越多，我们不能采取"不承认主义"。怕小麻烦，不主动、自觉地去做好这些事情付出了代价以后还得被迫地去做，而且会造成更大的麻烦。当然搞管理工作是总要付出一定的时间和精力的，与科学技术工作会有一定的矛盾。但出路应该是认真钻研，努力提高工作效率成为管理工作的内行。从一些管理工作做得较好的实验室的经验来看，管理工作走上了正轨以后，这个矛盾是可以得到合理的解决的。

从事实验室管理工作既要懂得技术，又要懂得经济，并不是很简单的。拿一个工厂、一个车间来说，生产的水平在很大程度上取决于管理工作的水平，要有工程技术人员去从事管理工作。

我们的一个实验室，投资不比一个车间小。况且生产是比较定型的，可以设想有自动运行的“无人车间”，但很难设想可以有无人的实验室，可见实验室管理工作有它的复杂性。为了把实验室真正管理好，就必须懂得有关的科学技术知识，掌握实验室经济、技术管理工作的规律。认为管理工作“简单、没有学问”的看法是没有根据的。从目前的实际状况来看，我们实验室管理工作的水平还不高，有待于我们努力学习，不断总结经验，才能逐步掌握好这门学问。在管理工作和科学技术工作之间，可以有一定的分工，并且应该有人主要从事管理工作。他们的工作是教学和科学研究工作重要的组成部分，应该受到充分的尊重。但是在实际工作中，使用与管理是不能截然划分的，所以，在实验室工作的人员，都应有一定的管理责任，不能把管理工作完全推在少数人身上。

为了贯彻勤俭建国，勤俭办学，勤俭办一切事业的方针，必须进一步加强对学生的教育。作为工科大学的学生，由于他们将来要担负社会主义经济建设的重要责任，因此注意经济、讲究节约，对他们有着特别重要的意义，应该作为培养目标的一个重要的方面。我们应该加强勤俭节约、爱护公物的政治思想教育，并且通过教学工作、科学实验工作等各个方面来严格要求他们。这就首先要求教师和工作人员能够以身作则来影响学生。

（三）关于今后的工作

通过这一次实验室工作的检查，使我们进一步认识到实验室工作的重要性和复杂性。逐步地解决实验室工作中当前存在的许多问题，将会使勤俭办学的方针得到进一步的贯彻执行，大大促进教学质量的提高和科学研究的开展，促进教师和职工队伍的成长和新的学风的进一步发扬，对学校的建设有着重大的意义。为了做到这一点需要我们进行长期艰苦的工作。每个实验室都要从自己的条件出发，下决心争取做到一个具有先进的思想作风，先进的管理工作，先进的教学质量，先进的科学技术的单位。

要争取成为一个先进的实验室，首要的条件就是要有先进的思想作风。这就是重视实验室工作，正确地处理理论与实践的关系；发扬艰苦朴素的革命作风，贯彻勤俭办学的方针；提高共产主义觉悟，正确处理个人与集体、局部和整体的关系，热爱自己的工作，在工作中团结互助，在实验室之间互相协作，很好地为教学、科学研究服务。经过这次讨论，我们绝大多数同志的思想认识有了进一步的提高，这是我们今后改进工作的很重要的条件。但是，这些问题的彻底解决，还需要全校同志做长期的努力，在今后继续自觉地改造自己的世界观，提高觉悟水平。我们希望每一个实验室工作人员都能下决心在实验室工作中锻炼自己，做到“红在实验室、专在实验室”。

为了改进实验室的工作，在思想认识提高的基础上，我们还要做好以下几方面的工作：

(1) 实验室队伍的充实与提高。

目前全校每个专职的实验室工作人员平均所占的实验室使用面积和设备投资比 1957 年超过很多。从管理较好的几个实验室看，他们的专职人员一般比全校的平均数要高，人员也比较稳定。多数实验室则存在着人力不足，水平需要提高，骨干力量不够，有时还有调动过多、不够稳定等问题。因此，我们要根据《高校六十条（草案）》的有关规定，充实与加强实验室的力量。在当前的条件下，要做到这一点，除了充分发挥职工的作用以外，关键在于调一批教师到实验室去工作。

我们要在统筹安排教学、科学研究、生产和实验室各方面工作的前提下，下决心挖掘潜力，尽可能地加强实验室这条战线。

上学期动力机械系初步做了这样的安排，已收到了好的效果。除了个别规模很小的实验室以外，每个实验室都需要有专职的实验室主任和专职的教师，用大部分或全部时间做实验室的工作，否则一切工作都不容易落实。为了提高工作效率，专职教师原则上应该实行上班制度。

培养一个管理和技术骨干常常需要比较长时间的实际工作锻炼。因此，骨干力量要稳定，不宜轻易调动，必须的调动，应由学校和系认真地加以掌握。

各种不同的学科，实验室工作所占的比重可能不一样。但是为了加强实验室工作和加强理论与实际的联系，我们建议，有实验室的教研组，除了专职的教师以外，其他的教师最好也都能用一定方式参与实验室工作，中年和青年教师还要有一定的时间直接参加工作。今后青年教师的升级，除了要考核基本的理论修养以外（但不一定要开课），还必须有一定的实验室“工龄”，基本的实验训练，以及生产实际的锻炼。只有这样，我们才能进一步树立良好的学风，健康地成长教师队伍。

要采取措施有步骤地提高实验室工作人员的科学技术水平和管理工作水平。首先是加强有关科学实验的基本原理和基本技术的训练，并且在严格的基本训练的基础上，通过实际工作的锻炼，形成一定专长。此外，还应根据需要，有计划地开展有关实验技术的科学研究工作。在管理工作方面，也要通过经常的总结和交流经验，提高业务能力。

为了充分发挥参加经济管理工作的职工队伍的作用，应帮助他们做到又红又专。为此，要加强政治思想教育和业务培训工作，并且拟定合理的升级考核办法。

(2) 加强技术管理。

通过最近的检查所揭露的大量问题说明，技术管理工作十分重要但又相当薄弱。这种状况必须迅速地、有步骤地加以改善。

首先是建立技术管理工作中如使用、维修、保管、设计、制造等一系列环节的责任制。为了改善仪器设备的使用和维修状况。应该在有关人员中，组织关于基本和常用仪器的操作和维修技术的培训和考核，争取在不长时间内。这些仪器的技术管理工作能够过关。

目前学校的仪器设备，品种规格繁多，而且许多是国外进口的，订购配件比较困难，损坏以后常常不易修理。所以，一方面必须以预防为主，加强维护工作。精密、贵重、稀缺而又容易损坏的设备器材要控制使用，以便降低折旧、损耗。另一方面也要提高检修的能力。首先使实验室能够对常用仪器进行简易的修理工作，并且在全校范围内组织重点维修工作。仪器的修理工作要有领导地进行，以防止任意拆毁。为了保证仪器的精确可靠，还要加强基本仪器的校准工作。全校准备根据需要和可能，调整必要的人力和物力，逐步建立若干维修点和几种基本量的校验基准。

精密易损和技术复杂的重点设备的使用，必须特别慎重。应该通过总结经验教训，制订特殊的使用方法。最近全校为八线示波器制订的“使用执照”制度受到了大家欢迎，建议在有类似仪器的地方加以推广。这类办法不仅有利于加强技术管理，防止损坏，而且有利于重点设备在实验室之间相互支援和协作。

目前，有些实验室由于温度变化大，灰尘过多，地面振动，电压波动过大等，加上工作时的“马虎”作风，对一些比较精密的仪器危害很大，因此必须设法加以消除。“温、尘、振、电、马”这五害中，前四者都是实验室的环境条件问题。在这些问题得到比较彻底的解决办法之前，应该设法采取简易办法保护仪器。

要注意积累资料，建立技术资料的档案工作。这对于改进技术管理工作，积累和交流经验有重要的作用。

(3) 进一步加强经济管理。

几年来，特别是1962年清仓核资以后，经济管理工作有了不少的改善，当前加强经济管理工作，首先是要巩固清仓核资的成果，使设备器材的管理做到用而不乱，同时要坚决设法堵塞目前在工具和消耗器材的保管、回收等方面的漏洞。要进一步贯彻“集中领导，分级负责”的制度，使仪器设备和库存器材能够在全校范围内互通有无，以压低不合理的库存和减少重复购置。

为了使勤俭办学的方针能够落实到每个教学实验和研究项目，能够落实到人，要经过试验推行经济核算的办法。科学研究项目不仅要有预算，而且要有定期的结算。结算应包括设备的折旧、器材和电力的消耗等。已经定型的教学实验还可以试行定额管理的办法。

去年以来积压物资的处理工作有了一定成绩。但是遗留的仍占大部分，还要继续积极、妥善地加以处理。或者设法外调支持国家的建设，或者在校内根据需要和可能，加以利用，使死物变成活物，无用变成有用。这些物资在被处理以前，要妥善加以保管。努力防止和减少丢失、变质等新的损失。

(4) 加强对实验室工作的领导。

为了加强实验室工作，必须党政密切配合，下决心加强校、系和教研组对实验室工作的领导。

首先，要解决实验室当前存在的这些问题，估计要花几年的时间。所以，应该经过调查研究，制定一个大体的规划，以便分清缓急，有步骤地进行工作，使这次实验室工作的检查和讨论的收获，真正能够落实。

学校的有关领导部门和系一级要有人在今后抓紧实验室有关的工作。就工作方法来说，对主要的工作不但要抓，而且要抓紧，否则“抓而不紧，等于不抓”。将实验室工作抓紧它几年，问题才会解决得比较好。为此，校和系都要抓紧若干重点实验室，以便取得经验。我们建议试行校和系有关干部下实验室的办法，这对深入了解情况，发现问题，改进作风，可能都会有较大的好处。

要不断总结经验，逐渐完善实验室工作必要的规章制度。学校将根据最近的检查和讨论情况，对《清华大学实验室工作暂行管理办法》进一步加以修订。不仅考虑到管钱、管物，而且也包括管人、管技术。各个实验室也应根据学校的规定和具体情况，逐步拟定必要的各项具体制度。为了推动工作，总结经验，全校每年应争取召开一次实验室工作会议。

党组织和行政、工会、青年团组织都要注意加强实验室有关人员的思想政治工作。思想政治工作应吸取这次实验室工作讨论的经验，注意虚实结合，走好群众路线，通过对好人好事的表扬，对不良的现象开展必要的批评教育，推动又红又专的实验室队伍的成长。

同志们：科学实验是建设社会主义强大国家的一个伟大的革命运动。这是党对我们的号召。让我们共同为创造更多具有先进的思想作风，先进的管理工作，先进的教学质量，先进的科学技术的实验室而努力！

清华大学档案，全宗号 2　目录号校 4　案卷号 63008

没有实验室的水平，就没有学校科学技术的水平

——蒋南翔校长在第二次实验室工作会议上的讲话摘要

（1963年7月12日）

在7月12日本校第二次实验室工作会议闭幕式上，蒋南翔校长谈到了实验室工作中的几个重要问题。下面是这个讲话的摘要：

（一）没有实验室的水平，就没有学校科学技术的水平

从这次会议的讨论中可以看出，实验室对科学研究工作起着决定性的作用。可以说，没有实验室的水平，也就没有我们学校科学技术的水平。毛主席在《实践论》中指出："你要知道梨子的滋味，你就得变革梨子，亲口吃一吃。你要知道原子的组织同性质，你就得实行物理学和化学的实验，变革原子的情况。"这说明，只是看到，没有亲身实践，就不可能很好地继承前人的知识。这与只背琴谱，不会弹琴；只看游泳书，不会游泳；是同样的道理。如果实验室的水平不高，实验数据不确切，我们就不能真正验证原理，也不可以判断别人的结论正确与否。

我们学校经过解放初期的思想改造和1952年后的教学改革，为开展科学研究工作打下了基础。1958年贯彻执行党的教育方针，不仅提高了教学质量，也在更大的规模上开展了科学研究工作，同时实验室也有了很大发展。目前，我们要求在过去几个阶段经验的基础上，进一步提高教学质量和科学研究工作的水平，就必须狠抓实验室这一重关键。有些高年级的学生，有一半学时

是在实验室中进行实验，实验室的水平对教学质量有很大影响。实验室工作也是提高科学研究水平的重要一环，搞得不好就会拉科学研究工作的后腿。因此，在今后的工作中，我们应该把实验室建设作为学校建设的重要内容之一。我校的实验室应该努力做到思想作风先进、管理工作先进、教学质量先进、科学技术先进。

（二）必须抓紧实验室的四项基本工作

要建设先进的实验室，是一项很复杂很艰巨的任务，需要长期努力，踏踏实实地工作。

在实验室的工作中，要抓紧以下几个问题：首先，要做好规划，将各项任务全面排队，明确实验室工作的要求，然后很好地安排人力、物力。第二，要进行经济核算，重视成本。这不仅仅是一个经济问题，也是一个教育问题。工程师在工作中应该具有经济观点，我们在学校里就要在这方面对他们进行训练。第三，要重视技术管理，做好采购、保管、出纳、操作、维修等工作。否则，仪器损坏了，或者精度下降，不但造成经济上的损失，也影响到实验工作的水平。很多单位都强调自己动手制造和维修仪器，这不只是节省了经费和缩短了时间，从长远来看，也必须做到自力更生。科学研究所用的仪器，特别是精密仪器，有相当一部分都是自己设计和制造的，这些仪器往往要几年以后才能成批进行生产。如果把希望寄托在进口别人的仪器，我们就会永远落在别人的后面。只有立足于国内，我们才能赶上世界科学技术的先进水平。第四，要建立一支教师、实验员和技工三结合的专业队伍。资产阶级国家大学的教师也下实验室，但不可能像我们这样，大家在党的领导下，分工合作，发扬民主，充分发挥每一个人的积极作用。这是我们社会主义制度的优越性所在。

把上述几方面的工作逐步做好，我们就能一步步地提高实验室的水平，更好地促进教学和科学研究工作的开展。

（三）人的因素第一

实验室工作和打仗一样，应该强调人的因素第一。搞好实验室，要有投资和设备，但这不是全部因素，甚至不是最主要的因素。如果实验室的设备很先进，但是管得不好，做不出成果来，就不能算是先进的实验室。据说，实验室中有温（温度变化大）、尘（灰尘过多）、振（地面振动）、电（电压波动过大）、马（马虎作风）等“五害”，如果我们解决了前四害，但“马大哈”的作风仍旧没有改掉，那么实验室的面貌也不会改变。相反，如果有又红又专的人，没有设备就可以自己制造，仪器坏了就可以自己修理，落后的实验室也可以变成先进的实验室。目前，有些实验室的设备水平还不够好，但更重要的是人的工作赶不上设备的水平。所以，我们在实验室的工作中不能只有物的概念，没有人的概念，而要把人和物结合起来考虑，特别强调人的因素第一。

（四）向先进单位和先进人物学习

这次会议总结了一些好的经验。每个系都有一两个在经济管理、技术管理等方面做得较好的实验室。这次会议还表扬了一批教师、实验员和技工，他们都是安心工作、刻苦钻研、作风良好的代表。我们应该向这些先进单位和先进人物学习，把他们的经验变成全校的经验。希望大家与他们并驾齐驱，后来居上，力争把我校实验室的工作，提高到新的水平。希望我们全校同志，在新的阶段，创造更多更好的新的经验。

《新清华》第 673 期，1963 年 7 月 24 日

本校举行第二次实验室工作会议※（节选）

（1963 年 7 月 10 日、12 日）

本月 10、12 日晚上，本校在两个多月讨论的基础上，举行了第二次实验室工作会议，总结和交流工作中的经验。参加会议的有全体教师、实验室职工和有关的行政干部。杨秀峰部长和蒋南翔校长出席了会议。出席会议的还有中共中央华北局宣传部副部长杨述以及国务院文教办公室、中央教育部、中共中央宣传部教育处、中共北京市委大学科学部、市教育局高教处等单位同志。

在第一次会议上，校务委员会副秘书长何东昌代表校委会作了报告。

…………

在何东昌同志报告以后，各系和基础课委员会的十位同志在会上发了言。他们先后汇报了本单位在经济管理、技术管理、建立专业队伍等方面的经验和教训，并介绍了一些热爱实验室工作的新老教师和实验室职工。

这次还宣布了校务委员会通过的 29 位实验工作优良奖状获得者的名单，其中包括 3 位教授、副教授，6 位讲师，10 位助教，7 位实验员，2 位技工和 1 位实验室管理员。他们都能以实验室为家，认真踏实地工作，并做出了良好的成绩。当蒋校长向他们一一发奖的时候，全场响起阵阵掌声。

蒋校长在会上作了重要讲话。他谈到了实验工作的重要意义和搞好实验室工作应该注意的几个问题。（讲话摘要另发）

杨秀峰部长在会议最后委托蒋校长向大会致意，希望今后把实验室工作搞得更好一些。全场以热烈的掌声，表示决不辜负领导上对我们的期望。

会后，全体教师和实验室职工都对蒋校长的讲话和何东昌同志的报告进行了讨论，正在拟定具体措施，为创造更多的先进的实验室而努力。

《新清华》第 673 期，1963 年 7 月 24 日

全校举行实验员代表会议※（节选）

（1963 年 9 月 9 日）

继 7 月中旬我校举行的第二次实验室工作会议以后，为了进一步发挥实验员在实验室的建设和教学、科学研究中的作用，提高实验室的技术和管理水平，校行政和工会于 9 月 9 日起联合召开了实验员代表会议。出席这次会议的有实验员代表 132 人，另有参加实验室工作的 149 位教师也列席了会议。

党委第一副书记刘冰，副书记高沂、胡健、何东昌、艾知生等同志也出席了会议。

出席会议的，还有校行政、工会以及各系、处、教研组等有关方面的负责人。

党委第一副书记刘冰、副书记胡健在会上讲了话。党委副书记、校务委员会副秘书长何东昌同志，代表学校党委和行政，向代表们作了报告。

…………

《新清华》第 677 期，1963 年 9 月 21 日

在又红又专的道路上前进

——高沂同志在实验员代表会议上的讲话（摘要）

（1963 年 10 月 14 日）

本月十四日，全校于 9 月 9 日开始的实验员代表会议胜利闭幕。副校长、党委副书记高沂同志在会上讲了话。

高沂同志首先说，这次会议开得很好。代表们听了学校几位领导同志的报告和讲话以后，联系当前的国际国内形势，进行了民主的充分的讨论，对科学实验在国家建设和我校工作中的重要地位问题，搞好实验室工作必须实行教师、实验员、技工三结合问题，实验员又红又专的成长道路问题，进一步统一了思想，提高了认识。代表们还本着搞好实验室，提高实验技术，提高实验员的积极性出发，对实验员的工作、政治和业务学习以及生活福利问题，提出了一些建议，学校和有关部门都应当很好地研究这些问题，逐步地、切实地加以解决，属于思想认识方面的问题，凡是这次会还没有完全解决的，应在以后组织大家讨论，在提高思想的基础上，统一起来，以便从虚到实，尽可能多解决一些问题，更充分地调动实验室全体工作人员的积极性，为学校的科学实验工作做出最大的贡献。

高沂同志说，实验员代表会议应当作为一个好制度肯定下来。它是领导与群众经常保持联系的一种组织形式，便于上下通气，及时解决问题；它又是讨论工作，交流经验，改进工作的一种组织形式；同时，也是发扬民主，开展批评自我批评，进行评比和自我教育的一种组织形式。因此，这种会一年要开一次。大会以后，经常保持代表小组的活动。这就给代表提出了一件光荣的任务，就是本着毛主席的指示，在工作中起骨干作用，带头作用，桥梁作用。

然后，高沂同志着重从思想上讲了三个问题。

第一，工作问题。

高沂同志说，几年来，学校实验室的建设和工作，在党和政府的关怀下，提供了很好的条件，经过实验室的教师、实验员和职工的努力，做出了很大的成绩，无论在装备方面，实验技术方面，管理方面，都有很大的改进和提高，为学校提高教学质量，提高科学研究水平，做出了不少贡献。许多教师和实验员同志们热爱实验室工作，安心平凡劳动，坚持又红又专的方面，也得到了迅速的成长，如农机系的袁大宏同志、无线电电子学系的姚季同志等，就是突出的例子。在我们的国家，凡是为社会主义作出贡献的人，他就是一个光荣的人，应当受到表扬和尊敬。

高沂同志说，我们已有的成绩还远远不能适应国家和学校的需要，我们还必须加倍努力。他说，目前还有什么东西妨碍我们的工作前进呢？

第一个问题，是对实验工作重要性的认识问题。

有人说，实验室工作不重要。人家瞧不起，没“出息”。高沂同志说，什么工作重要，什么工作不重要？重要与不重要的标准是什么？看来大家的认识还不一致。他说，社会是一个整体，劳动必须有分工，任何一种工作、劳动都需要互相配合，不可缺少，因而就都是重要的，不能笼统的对比一个农民的劳动重要还是一个科学家的工作重要。党把科学实验作为我国三大革命运动的一项伟大革命，是有巨大意义的。这是因为，没有科学实验，就不能发展科学，而没有科学，我国就不能实现现代化工业，现代化农业，现代化科学技术和现代化国防的伟大历史任务。实验室是科学实验的重要阵地，对于我们工科大学来说，又是学校工作的一个重要支柱，没有任何理由轻视这件工作。

高沂同志问道，为什么还有人有这个问题？原因在于，有的同志不是从总体利益、从国家的需要出发，而是从个人的利害得失出发，这样，对于什么重要，什么不重要，就没有正确标准了。

第二个问题。是关于贡献大小的问题。

高沂同志说，在我们国家，每一个人在社会分工中都应当力争作出最多的贡献。这是好事，应当成为我们不断提高自己的动力。但是，人的能力有大小，岗位有不同，也应该承认贡献大小也有不同。在这个意义上说，只要努力了，贡献小一些，也并不是坏事。问题在于，有些同志不谈今天应该对国家做出什么贡献，而空谈将来的“大贡献”，他们不是立足今天，把现在的工作搞好，而是立足于明天。高沂同志说，很难设想，如果一个战士在冲锋陷阵的时候一心想当将军，他又怎么能当一个将军呢？一个熟练工人，如果不再想干“重复性”的劳动，一心想作工程师，那么精密的新产品又由谁去制造呢？因此，每一个人应该脚踏实地，首先把现在的工作做出出色的成绩，这样，就能够得到最好的成长，这是将来做出更大贡献的最坚实的基础。

第三个问题，关于前途问题。这个问题在实验员中听说也是一个问题。每一个人都要有理想，有志气，要有一个好的发展，这是正当的，是好事。但是，对这个问题必须有正确的理解。在我们社会主义国家，个人前途必须置于集体前途之中，国家前途和个人的前途是一致的，不能离开国家的社会主义的前途谈个人的前途。

在旧中国，广大劳动人民受剥削受压迫，很少人能够受教育，即使受到了教育，甚至是高等教育，仍然没有前途。在旧社会人们所谓的前途，揭开来看是个饭碗问题，人们去工作或者学习，实际上是为了抢到一个饭碗。今天，我们国家为青年提供了优越的工作、学习和生活条件，指出了明确的发展方向，这在旧社会是做梦也梦不到的，而我们的一些同志却不体会。问题在哪里？揭穿了说，恐怕这些同志追求的前途是高地位、高待遇，是追求现在还要利用、保留，将来要取消的资产阶级法权。这些同志正是以这个标准来衡量自己的前途的，显然是不正确的。一个真正具有革命理想和革命志气的青年，关心的不是地位和待遇，而是对人民做出了多少贡献。

以上三个问题是有联系的，如果认识清楚了，无论是做什么，都应该脚踏实地，埋头苦干，不计较个人得失，甚至有失无得，也毫不顾惜。这是一种高尚的风格，一种正确的工作态度，是我们所赞成和提倡的。反之就是待遇第一，将来第一，能否学到东西第一，一句话，是个人得失第一。有这种“第一”思想的人。工作就不安心，这山望那山高，把眼前工作当成“暂安处”，等等。这是我们所不赞成的。

除上面三个问题外，实验室工作中还有一个教师、实验员和工人的三结合问题。这方面也有不少单位做得较好，积累了一定的经验。但总的来看，还需要大大前进一步。搞好三结合需要三部分人有一个共同的思想，那就是把实验室工作搞好。在这个前提下，实验室主任又是搞好三结合的枢纽，他应当把工作计划好，安排好；把人组织好、用好、教育好；把设备仪器的技术、经济工作管理好。不要做甩袖掌柜的。实验室主任和在实验室工作的教师还要注意发扬民主，尊重实验员和工人职权。实验员也要尊重教师，尊重工人，不能两头瞧不起。总之三部分人都要主动，各展所长，互补所短，共同搞好实验室的建设和发展。

第二，学习问题。高沂同志说，学习是好事，旧社会人们生活朝不保夕，学习更谈不到。我们今天条件很好，为了更好地工作，应当学习。但是有一个为谁学习和如何学习的问题。旧社会是“学而优则仕”，即学习是为了做官，爬在人民群众头上作威作福。我们今天，学习是为了更好地工作，为了建设社会主义。新旧社会的学习目的不同，对工作和学习的位置摆法也就不同。抱着前一种学习目的，就是学习第一，工作第二，工作为了学习。抱着后一种学习目的，而是工作第一，学习第二，学习为了工作。前者是空谈提高，后者是在战斗和工作中成长。我们提倡后一种学习，不赞成前一种学习。他说，今后要根据工作需要，和实验员的工作情况，使大家的学习要有计划、有组织，不能自流不管。

第三，思想改造问题。高沂同志说。几年来实验员同志，在政治上是有进步的，但要不断进步，就要提出思想改造的任务。高沂同志说，现在国内外存在着激烈的阶级斗争，人人都需要进行思想改造，有人认为这只是大知识分子的事，自己的问题不大，是不正确的。

高沂同志在分析全校实验员的状况时谈到，全校的实验员多数出身于剥削阶级和小资产阶级家庭，一少部分是工农出身。剥削阶级和小资产阶级出身的同志，自然会有各种非无产阶级思想的影响，要提高觉悟，就要进行改造。工农出身的同志要想不忘本，也要不断改造。高沂同志说，如果有人认为自己的非无产阶级思想似乎并不严重，因而忽视它，放松了改造工作，任其发展，也许要比思想问题虽多，但认识了，并且抓紧改造的人，发展的后果要坏得多。

高沂同志最后说，希望这次会成为全体实验员又红又专的促进会，希望大家在又红又专的道路上更好地成长，对我们国家和学校的科学实验工作做出更大的贡献。

《新清华》第680期，1963年10月24日

1949—1964年清华大学实验室概况※①

（1964年10月）

一、1949年清华大学实验室概况（工学院）

1964年10月整理

序号	系别	实验室名称	实验室面积（m^2）	仪器设备总值（万元）
Ⅰ	土木工程			
1		道路实验室*	200	
2		材料实验室	300	
3		卫生工程实验室	200	
4		土木实验室	100	
5		水利实验室	860	
6		测量实验室	100	
Ⅱ	机械			
7		热工实验室	1 200	
8		实习工厂（木，机，铸，锻工间）	1 000	
Ⅲ	电机			
9		电路及电机实验室	350	
10		电磁实验室	300	
11		电报电话实验室*	100	
12		无线电基础实验室	200	
Ⅳ	航空系			
13		航空发动机实验室*	800	
14		风洞实验室*	200	
Ⅴ	工化系			
15		化工实验室*	1 000	
16		普通化学实验室	1 000	

注：“*”系1952年院系调整时，调出之实验室。

① 为便于阅读，编者对材料先后顺序做了调整。

说 明

1. 解放前清华大学是综合性大学，1952 年院系调整后为多科性工业大学。为了和以后实验室发展情况在相同口径下对比，本材料只统计旧清华大学工学院的实验室。

2. 由于没有找到可靠材料，本表是找了一些了解当时情况的同志回忆而整理的，可能会有些出入。特别是设备仪器和实验室面积的估计不易很准确。

3. 1949 年（即临解放前）工学院共有 16 个实验室，其中 5 个（注有“*”者）在 1952 年院系调整时已调出。当时理学院，农学院等也有实验室，基本上都在院系调整时调出，但普通物理实验室留下了。因此，如果作为解放前后实验室发展情况的对比，当时的实验室应该算做 12 个。如果把调走的 5 个也算进去，则总数是 17 个。

整理人：蒋景华

二、1952 年（院系调整后）实验室概况　1964 年 10 月整理

序号	系别	实验室名称	实验室面积（m^2）	仪器设备总值（万元）
Ⅰ	土工工程			
1		材料实验室	300	
2		土工实验室	100	
3		给排水实验室	200	
4		测量仪器室	100	
5		道路实验室 *	200	
Ⅱ	动力机械			
6		热工实验室	1 200	
Ⅲ	机械制造			
7		金相实验室	80	
8		金属工学实习工厂	2 609	

续表

序号	系别	实验室名称	实验室面积（m^2）	仪器设备总值（万元）
Ⅳ	水利系			
9		水利实验室	860	
Ⅴ	电机工程			
10		电路及电机实验室	350	
11		电磁测量实验室	300	
Ⅵ	无线电系			
12		无线电基础实验室	200	
13		实用无线电	100	
Ⅶ	普通物理			
14		普通物理实验室	1 500	
Ⅷ	普通化学			
15		普通化学实验室	1 000	

＊注：该实验室于1954年调出。

说　　明

1. 院系调整后，学校有实验室及实习工厂共15个，其中道路实验室后来已调出，金属工学实习厂后来于1958年转入生产单位。当时的实验室按13个计算（这样便于和以后实验室发展情况对比时口径相同）。

2. 当时尚有高压电器，暖通，结构力学等正在酝酿单独成立一实验室，但管理上还附设于别的实验室，故未计入。在1955年刘校长在第七次校务委员会上的报告中说“院系调整的时候，我们实验室是很差的，共有17个”。在这17个中，可能计入上述三个实验室和表列的除实习工厂以外的14个。

3. 1952年时，全校实验室仪器设备总值约200万～250万元。根据1954年11月6日《清华大学工作检查汇报》第0066页：“1953—1954年度内，从国内及国外订购的仪器设备（国外订货尚未到）约等于以往所有全部教育设备的总值。”在第0121页：“在过去两年的投资约500亿元。”可见在1953年初的全校仪器设备总值约500万元左右。1953年前后每年的教学设备费投资250万左右，故推算1952年院系调整后仪器设备总值约250万左右，这和根据实验室大设备仪器，回忆估计大致相近。

4. 根据1957年行政处行政事务科提供的资料，1952年我校实验室占有面积17 670m^2。但据1954年11月6日清华大学工作检查汇报，在1954年底实验室面积为11 263m^2，实习工厂2 609m^2，合计13 863m^2（建筑面积）。估计1952年不可能有17 670m^2，1954年前扩建实验室约3 000m^2（铸工、金属切削、土建基地、电工学等），1952年约有8 000m^2。

整理人：蒋景华

三、1953年末清华大学实验室概况　　1964年整理

（抄自档案室《清华大学工作综合汇报（4月）》附表，1954年11月6日报教育部）

序号	系别	实验室名称	实验室面积（m^2）	仪器设备总值（万元）
Ⅰ	机械制造			
1		金属学实验室改称铸工实验室		
2		金属工学实习工厂		
3		金属切削实验室△		
4		机械零件及原理模型室△		
5		公差实验室		
Ⅱ	动力机械			
6		热工实验室		
7		汽车拖拉机实验室		
Ⅲ	电机系			
8		基本电工实验室		
9		电机实验室		
10		高压实验室		

续表

序号	系别	实验室名称	实验室面积（m^2）	仪器设备总值（万元）
Ⅳ	无线电			
11		工业电子学实验室		
12		电子管试验实验室 *		
13		发送实验室△		
14		真空室△		
15		量计基础实验室△		
16		电子管量计△		
17		放大整流△		
18		接收设备 *		
Ⅴ	土木工程			
19		测量仪器		
20		土力学试验室		
21		工程材料试验室		
22		道路试验室		
23		给水下水工程试验		
24		结构实验室		
25		施工实验室△		
26		木工工厂△		
27		暖气通风实验室 *		
Ⅵ	水利工程			
28		水力学实验室		
29		工程地质△		
30		水文仪器陈列室△		
31		水力枢纽△		
Ⅶ	建筑系			
32		建筑物理实验室 *		
Ⅷ				
33		普通物理实验室		
34		普通化学实验室		
35		分析化学实验室△		

注：有“△”者为新建的实验室，共13个。有“*”为正建的实验室，共5个，其他为已有的共17个。1953年末全校共有35个实验室。

整理人：蒋景华

四、1962年全校实验室概况

到1962年4月，全校共有实验室81个。实验室面积43 812m²，仪器设备总值3 593万元，其中万元以上的贵重精密仪器设备418件（价值1 346万元，占总设备值的37%）。实验室共有职工547人（其中：实验员330人，技工109人，其他人员108人）。

1958—1962年是第二个五年计划期。这五年中国家对我校实验室共投资6 298万余元（其中包括教育部、北京市及各部门科研协作拨款，直接由教育部支付的外汇款。但不包括房屋建设拨款）。是第一个五年计划（1952—1957）期间的3.87倍。实验室个数增加不很多（增15个，增22%），但仪器设备有较大充实提高，新建的大多是近代和比较近代的先进实验室。例如：原子能、同位素、电子计算机、电子显微镜、动态模拟、仪器分析、特种材料鉴验、精密特殊元件试制研究等方面的实验室。在此期间仪器设备增添了2 369万余元，到1962年4月仪器设备是1957年末的3倍，其中精密贵重和比较近代的仪器增加得较多（仪器设备增长值比投资数少，原因是901、911等工程未完工，仪器设备未转入固定资产，各实验室也都有类似情况；其次，校系都储存了一些器材；另外有些是科研消耗费用，1960年后部分项目下马、半成品也造成一些损失）。在此期间，东西主楼、工程物理馆等陆续建成，实验室（电机、无线电）搬家将原有房屋让出，加上学校开展勤工俭学建立工厂，让出金属工学实习厂及铸工、压力加工等一些面积（约5 000m²），因此从总数来看实验室面积没有增加，经过调整房屋质量有改善。

在此期间学校建立了综合机械厂、电工车间、电子车间、模拟机车间，扩大了设备工厂。学校自制仪器设备能力有很大提高，原子能、电子计算机等先进设备中许多关键元件和工艺是学校内部解决的。在这一阶段实验室建设中的主要经验是：①资金要重点使用，有计划地充实提高实验室。②自己动手，自己装备自己，解决物质条件，培训有经验的人员。③抓好作风建设，建立一支又红又专的实验室工作人员队伍，力求人员稳定，配备好的主任。

在此期间，党委对实验室工作很重视。1957 年以来每年都在某一阶段（一个月或几个月），用整风的办法，集中全校师生员工力量，总结检查一次实验室工作，深入贯彻党的方针政策，开展兴无灭资的思想斗争。①1957 年 10 月整风“反右”后，开展双反期间，校系领导亲自动手，发动教师职工到实验室总结检查工作，开反浪费展览会，进行理论联系实际，勤俭办学等问题的讨论。（两个月）②1959 年 3 月，科学讨论抓六查，也查了实验室工作。同年 7 月，全校开展以实验室为重点的反浪费，反本位主义一个月。③1960 年党委成立三反办公室，也着重抓了实验室的经济管理（2 个月）。④1961 年 2—7 月抓物资清查，在此基础上召开了第一次实验室工作会议。高沂同志讲了话，何东昌同志作了报告，总结了过去工作，提出今后重点是抓好管理，加强技术管理。六个实验室发言介绍经验，组织了参观。⑤1962 年 2—8 月抓了清仓核资工作，进一步摸清了家底，健全了账册，抓了责任制。通过这些工作，实验室的建设和管理沿着健康轨道发展，科学勤俭的风气也逐步在形成，教职工的思想认识有提高。另外，历年来积压浪费还一直不断有发生，无组织无纪律也未绝迹，实验室管理所要解决的是资产阶级和小资产阶级思想和作风问题，需要长期和反复的思想教育工作，绝不能当事务工作看。实验室管理要发动群众，建立责任制是有效方式，不能光靠少数管理人员来管。

整理人：蒋景华

五、1964 年清华大学实验室概况

（一）1964 年 7 月统计表

序号	系别	实验室名称	建立年月	现有仪器设备总价值（万元）	实验室使用面积（m^2）	实验室性质	实验室主任		实验室职工人数			
							正	副	实验员	技工	其他	合计
Ⅰ	机械制造											
1		程序控制机床	1958	44.33	580	科研	韩至骏	高　龙	5	2	2	9
2		金属切削	1954	70.80	500	专业	梁关培		4	4	0	8
3		机械原理及零件	1954	20.51	580	技基		唐锡宽 张锡嘉	5	1	1	7
4		公差	1953	88.95	275	技基	梁晋文	王盼田	4	0	0	4
5		810	1961	36.06	242	专业	靳怀义		4	3	1	8
6		820	1960	（41.58 已包括在公差中）	380	专业	李达成		2	4	2	8
7		9003 *		140.00	790	科研	常世民	杨友龙 胡永盛	2	36	5	42
Ⅱ	冶金											
8		金属学	1953	114.23	1 620	专业	吴彭友	刘秀瀛	12	7	3	22
9		铸工	1954	52.48	1 263	专业	柳百成		3	7	1	11
10		压力加工	1955	71.91	1 458	专业	刘　庄		3	7	1	11
11		焊接	1955	82.00	1 109	专业	张连弟	沈德永	7	4	1	12
Ⅲ	动力机械		1934 年建系馆									

续表

序号	系别	实验室名称	建立年月	现有仪器设备总价值（万元）	实验室使用面积（m^2）	实验室性质	实验室主任		实验室职工人数			
							正	副	实验员	技工	其他	合计
12		热工	1946（1934＊）	29.11	576	技基	任泽霈	成玉骏 林兆庄	3	5	0	8
13		热工量测及自动化	1956	45.02	312	专业	师克宽	吕崇德 王家桢	5	4	0	9
14		燃烧	1960	10.59	252	技基	张慰钧		2	2	0	4
15		燃气轮	1957	58.12	810	专业	叶季生		4	4	0	8
16		锅炉	1963	59.82	838	专业	鲁钟琪	张雅明 金茂芦	6	5	0	11
17		试验电站＊		185.99	1 004	科研	林　灏	毛健雄	0	9	0	9
Ⅳ	农机											
18		汽车	1954	44.83	982	专业	余志生	蔡景泉	3	4	0	7
19		内燃机	1955	53.88	532	专业	孙大立	黄　实	4	3	0	7
20		农机及拖拉机	1955	37.02	556	专业	伦景光	袁大宏	5	2	0	7
Ⅴ	电机		1934年建系馆						3△			3△
21		电工学	1955	25.53	600	技基	杨福生	郭景藩	4	0	0	4

续表

序号	系别	实验室名称	建立年月	现有仪器设备总价值（万元）	实验室使用面积（m^2）	实验室性质	实验室主任		实验室职工人数			
							正	副	实验员	技工	其他	合计
22		基本电工	1953（1954*）	43.61	620	技基	陆瑶海		3	4	0	7
23		工业电子学	1954	44.40	480	技基	吴白纯	朱亚清	6	1	0	7
24		高压	1956（1954*）	139.69	1 558	专业	张仁豫	王昌长	7	1	0	8
25		电机	解放前（1934*）	32.25	420	专业	李发海	王竹茹	6	0	0	6
26		电磁自动装置	1954	14.22	330	专业	蔡宣三	甘小杰	2	1	0	3
27		工业企业电气化	1955（1954*）	47.79	540	专业	吕　林		5	0	0	5
28		发电及输配电	1954	30.74	510	专业	孙绍先	王维俭	3	0	0	3
29		电力系统	1958	73.72	690	科研	茅于杭	韩　毅 王仲鸿	10	1	0	11
		全系电源室		8.30	180				1	0	0	1
Ⅵ	土木、建筑		1920 年建系馆						1△			1△
30		测量	1930 年前	27.20	254	技基	王雄风	高登仑	4	0	0	4

续表

序号	系别	实验室名称	建立年月	现有仪器设备总价值（万元）	实验室使用面积（m^2）	实验室性质	实验室主任		实验室职工人数			
							正	副	实验员	技工	其他	合计
31		结构力学	1952	8.40	140	技基	支秉琛		2	0	0	2
32		建筑材料	1930	49.00	771.5	专业	关振铎		8	1	0	9
33		土木施工	1954	42.40	700	专业	佟一哲		3	0	0	3
34		工程结构	1954	46.00	900	专业	王传志	来晋炎	6	4	0	10
35		给水排水	1946	17.5	1 000	专业	王继明	蒋展鹏	4	0	0	4
36		0303	1961	11.9	200	专业	陈志义	俞　珂	3	0	0	3
37		暖气通风	1955（1954*）	15.8	748	专业	赵荣义	吴爱贞	4	0	0	4
38		建筑物理	1954	8.8	90	技基	车世光		2	0	0	2
Ⅷ	水利系								4△			4△
39		水力学	1946（1938*）	12.18	860	技基	李丕济	惠遇甲	6	0	0	6
40		土力学及工程地质	1948	10.22	440	技基	陈樑生	丁金粟	15	0	0	15
41		水工电测量	1954	13.77	121	技基	张训时		4	2	0	6
42		水工结构	1954	29.48	1 400	专业	陈兴华	曾昭扬	8+2	0	0	8+2
43		930	1960	3.18	80	科研	裴觉民	姚汝祥	2	0	0	2

续表

序号	系别	实验室名称	建立年月	现有仪器设备总价值（万元）	实验室使用面积（m^2）	实验室性质	实验室主任		实验室职工人数			
							正	副	实验员	技工	其他	合计
44		水能利用	1955	6.69	300	专业	马善定	杨诗秀	4	0	0	4
45		水力机械	1956	7.68	268	专业	梅祖彦		5	0	0	5
Ⅷ	基础课											
46		普通物理	解放前（1930—1935*）	63.90	4 800	基础	王文鉴	晏世贤 欧振亚	21	2	0	23
47		普通化学	解放前（1930—1935*）	19.40	1 227	基础	薛　华	谢谓根	10	0	0	10
48		理论力学	1960	11.98	150	基础	李方泽	王　正	2	0	0	2
49		材料力学	1954	74.00	650	基础	戴福隆	杨宗发	10	0	1	11
50		数学实习室	1955（1954*）	8.78	68	基础	关　治		1	0	0	1
51		外语电化教学室	1960	4.95	24	基础	施肇震		1	0	0	1
Ⅸ	工程物理											
52		210—1(56)	1956	55.40	418	专业	王经瑾	范天民	4	1	0	5

续表

序号	系别	实验室名称	建立年月	现有仪器设备总价值（万元）	实验室使用面积（m^2）	实验室性质	实验室主任		实验室职工人数			
							正	副	实验员	技工	其他	合计
53		210—2(57)	1956	46.00	759	技基	叶立润	陈迎棠	4	2	0	6
54		210—3(58)	1956	76.10	481	专业	袁道生	孟照光	6	0	0	6
55		210—4(59)	1957	26.10	429	专业		谢铭广 吴学超	3	0	0	3
56		220(60)	1957	53.86	510	专业	李一匋		3	2	0	5
57		230(61)	1957	70.60	1 014	专业	张效忠	袁尧品	4	0	0	4
Ⅹ	工程化学								1△			1△
58		110 工艺	1957	8.65	432	专业	杨树屏		3	0	0	3
59		110 分析	1959	26.99	253	专业	邓　勃		3	0	0	3
60		120	1957	31.42	580	专业	廖史书		5	0	0	5
61		130 工艺	1958	6.87	200	专业	陈邦和	邓正龙	3	1	0	3
62		130 分析	1959	6.41	137	专业		（刘殿求）	1	0	0	1
63		物理化学	1956	8.33	270	技基	王雪冰	钱万成	1	0	0	1
64		化工原理	1957	11.50	200	技基		张成群	1	1	1	3
65		高分子及有机化学	1959	8.04	640	专业	哈润华		2	0	0	2
66		高分子物理成型加工	1959	33.51	337	专业	李　松	童筱芳	1	0	0	1

续表

序号	系别	实验室名称	建立年月	现有仪器设备总价值（万元）	实验室使用面积（m^2）	实验室性质	实验室主任		实验室职工人数			
							正	副	实验员	技工	其他	合计
67		801	1958	7.79	200	科研	孙世仁		2	0	0	2
68		701	1959	54.03	790	科研	赵　镛	顾世英	8	2	0	10
Ⅺ	工程数学力学								6△			6△
69		610	1959	73.46	500	专业	席葆树	沈天跃	8	3	1	12
70		620	1959	85.14	800	专业	周辛庚	金观昌 袁维本	8	4	0	12
71		630	1959	85.00	95	专业	陈昌炤		0	1	1	2
72		640	1957	44.32	344	专业	金德年	朱德忠 孟桂荣	7	1	0	8
73		650	1962	12.10	80	专业	丁文镜		1	0	0	1
Ⅻ	自动控制								3△			3△
74		510	1956	54.25	345	专业	王亚光	高毓忠	3	3	0	6
75		520	1962	29.4	246	专业	石定机	杰述祖				
76		530	1957	65.12	410	专业	林尧瑞	周普谓	2	0	0	2
77		550	1957	73.69	590	专业	胡道元	吴企渊 朱家维	8	1	0	9

续表

序号	系别	实验室名称	建立年月	现有仪器设备总价值（万元）	实验室使用面积（m²）	实验室性质	实验室主任		实验室职工人数			
							正	副	实验员	技工	其他	合计
78		570	1959	38.40	262	专业	岳震五	张炘中	3	1	0	4
79		911	1960	94.40	360	科研	房家国	郑衍衡	9	0	0	9
XⅢ	无线电系								2 *＋2△			2△＋2 *
80		310	1956	87.00	1 000	专业	王天爵		8	4	0	12
81		330	1953	142.00	1 360	专业	陆家和		6	4	0	9＋1
82		340	1953		2 550	专业	殷志强	姚　季	10＋1	7	0	18
83		350	1958	159.00	1 100	专业	李章华	武元桢	9	1	2	12
84		360	1958	75.35	292	专业	尹达衡		2	2	0	2
85		370	1955	35.01	500	专业	王振通	吴相钜	5＋1	0	0	5＋1
86		390	1960（1954 *）	102.00	260	专业		马锡冠	3	0	0	3
XⅣ	试验化工厂											
87		102	1960	50.00	800	科研	胡大璞	郑富裕 曹栋兴	5	0	0	5
88		114	1961	30.00	300	科研	马昌文	钟大辛	3	0	0	3
XⅤ	电子显微镜	89 *	1959	18.72	110	科研	应根裕	蔡丽英	2	0	0	2

（二）概况简述

据1964年10月统计，全校共有实验室86个，（另有3个已经有相当规模并已开始工作，但尚未经校务委员会批准，未统计在内）。其中：解放前建的8个，解放后到第一个五年计划末期间（1949—1957）建的48个，1957—1964年期间建的30个。

到1964年10月为止，全校实验室共有仪器设备总值3 569.91万元，实验室使用面积54 248平方米。有仪器设备4万余件。

在1964年10月，实验室职工人数有583人，其中：实验员435人，技工123人，其他人员25人。此外，经常在实验室工作的教师有658人，其中有141人侧重于实验室的管理工作。

在86个实验室中，基础课实验室6个，技术基础课实验室16个，专业教学及科学研究实验室56个，主要开展科学研究的实验室8个。根据1964年10月统计，全校已开出教学实验1 202个，占应开的1 406个的85%。在一个学年内到实验室工作的有185万人时。平均每一实验室2万人时。平均每周每一实验室500人时（约10节课）。

在86个实验室中，按规模（仪器设备总值）分，Ⅰ类（80万元以上）11个，Ⅱ类（50万～80万元）20个，Ⅲ类（30万～50万元）22个，Ⅳ（30万元以下）35个。

（三）统计表附注

1. 本材料的统计数字是根据1964年10月报教育部的教供二表统计而得。教供二表上没有的数字，是另行统计的，如实验室职工人数是根据1964年9月发至各实验室填报的“清华大学实验室工作人员名册”统计的。

2. 本材料统计的历年建成的实验室个数，不能反映当时实有的实验室个数，而只能反映现有的实验室分别是在哪一年建成的。其中的差别在于历年实验室都有分合，数字有较大变动。

3. 本材料统计的实验室仪器设备总值 3 569.91 万元，而设备科统计的仪器设备固定资产值 4 842.31 万元。其中的差别在于：设备科还包括了 86 个实验室以外的全校工厂（732.35 万元）、设备科库存（140.92 万元）、各系器材室库存（85.87 万元）、试验化工厂（262 万元）、电子显微镜（18.72 万元）、体育、音乐、照相、工程画模型、350-2（22.7 万元）等。

4. 关于实验室建立年代，各系原报表所填年月有差错，经与《清华公报》18 期（1955 年 11 月 23 日）所登实验室主任名单及 1954 年 11 月 6 日《清华大学工作检查汇报》（档案室存）第 0070 页记载实验室名单核对，已用铅笔字注在有关实验室［建立］年月［一栏］上面，打有“*”号。

5. 实验室名称后，打有“*”者，是已经有相当规模，尚未报校务委员会正式通过成立的实验室（共 3 个）。

6. 实验室职工人数栏内，打有“△”者，系刚来之新实验员，当时在系尚未分配到实验室。无线电系人数栏内，数字右上打“*”者，指该系仪器室的二个实验员。

7. 试验化工厂实有实验室 6 个。本表所列二个是校委会正式通过的。试化厂全厂有实验员 89 人，技工 127 人。属这二实验室的实验员 8 人，技工人。

整理人：蒋景华

清华大学档案，全宗号 2　目录号　校 4　案卷号 64008

（二）实验室管理

清华大学仪器设备外借暂行条例

（1954 年 11 月 10 日）

1. 为帮助各产业部门解决技术设备上的困难，我校一般教学设备在不影响教学工作正常进行的原则下，可以借给校外单位短期使用，但必须依照本条例执行。

2. 凡精密、贵重、易损、难于移动或没有重份而为教学经常使用之仪器设备一般不借出校外，此项原则应由各试验室主任负责掌握。

3. 如产业部门因特殊困难而必须使用我校第二条所规定之不出借仪器设备时，须经校长办公室与有关试验室联系视情况审查同意后，在该试验室由专人负责指导其使用，以协助需用单位完成紧急而必需的任务。

4. 校外借用单位必须持正式公函来我校校长办公室接洽借用事宜，经校长办公室与教学设备科联系同意后，持校长办公室介绍信至有关单位接洽，有关单位并应即将接洽结果汇报校长办公室。

5. 凡借出仪器设备均须经试验室主任同意，系主任（或公共教研组主任）批准，同时各单位须指定专人负责点交并对其说明使用该项仪器之注意事项。点交毕由借用单位派来之同志开具正式借条（包括名称、规格、附件、有无损坏、残缺或性能不良等情况及归还日期），留借出单位存查。

6. 借用单位必须按规定日期归还，归还时经试验室所指定之专人负责验收无误后取回借条（借出单位应将验收结果报告校长办公室）。

7. 借用单位必须选派了解所借用之仪器设备的干部来我校进行借用或归还事宜。借用单位应妥善保管所借之设备仪器，负责使用的技术干部必须依照所附之操作说明书或使用注意事项进行工作，不得违背，更不得拆卸。

8. 如在借用单位借用期间发生遗失或损坏现象及由于使用不当致使所借仪器设备受到损失，应由借用单位负完全责任（说明原因并给予赔偿）。

《清华公报》第 3 期，1954 年 11 月 10 日

实验室有毒药品管理办法

——四月十二日，一九五四—一九五五年度第十八次校务行政（扩大）会议通过

（1955 年 4 月 12 日）

一、各实验室应负责鉴别有毒药品的性质，按烈性毒品及一般性有毒药品分别处理。

二、凡烈性有毒药品如氰化物、汞、汞盐、氧化砷、铅盐等统由校卫队集中保管，各单位需用时应填写使用申请单经教研组主任及系行政秘书批准始能领用，使用时必须有专人负责，使用后填写使用情况汇报表报销。上列物品如有特殊需要不能集中者应经教务长批准。

三、一般毒性药品及危险性物品如硫酸、金属钠、黄磷、乙

醚，麻醉性药品等由本部门建立专用账册指定专人负责保管，必须存放在加锁之铁箱（或坚固之木柜）内，使用时必须填写使用申请单（二份），经本单位负责人批准，一份作为领用凭据，一份送校卫队备查，每月由危险物品检查组负责检查一次保管与使用情况。

《清华公报》第10期，1955年4月14日

关于试验员、练习生培养工作上的几点决定
——一月廿四日，一九五五—一九五六年度第四次校务（扩大）会议通过
（1956年1月24日）

一、各系成立教学辅助人员（包括职工）领导小组。

（一）组成：

各系在系行政领导下，由行政秘书、工会组织、团支部等共同组织领导小组，形成一个核心，统一领导系内教学辅助人员，研究各阶段具体工作，使各项工作步调统一，并经常协助行政对全体教学辅助人员进行政治思想教育工作及进修的督促和检查。

（二）职责：

1. 协助行政管理人事工作，考查劳动纪律及每月考勤考绩。

2. 进行经常的政治思想教育工作。

3. 业务学习、政治学习、文化学习的组织与督促。

4. 统一安排教学辅助人员的活动计划。

领导小组一般由系行政秘书负责，掌握全面的情况。

二、试验员、练习生业务学习的组织。

（一）具有中技毕业程度的试验员的学习组织。

1. 培养目标：

① 在最近一年内熟悉业务、熟悉试验室工作，使成为教师的助手，辅导试验，同时打下准备转入夜大学学习的基础。

② 在二至三年内做到具有独立进行各项试验的能力，同时能协助教师做部分的指导工作，并作为教师科学研究的助手。

③ 在今后若干年内分批地培养成为具有夜大学毕业水平的，并能精练掌握试验室全部技术，同时配合科学研究的试验室工程师。

2. 培养方法：

① 由各试验室及教研组帮助订立计划，在与各试验室工作没有矛盾的情况之下跟大学部上一门有关的专业课程。必要时，经批准可以占用生产时间，但每周不得超过六小时。

② 利用业余时间学习有关业务方面的技术知识。

③ 利用业余时间系统学习政治课和基础课。目前先学习俄文及政治。

3. 时间安排：

学课 \ 每周学时 \ 学期 \ 学年		1956	
		2	1
政治	讲课或讨论	2	2
	自学或准备	1—2	1—2
俄文	讲课	2	2
	自学	2.5	2.54
总计	讲课	4	4
	自学	3.5—4.5	3.5—4.5
	学时	7.5—8.5	7.5—8.5

星期 \ 学课 \ 时间	上午	下午	晚上
1			俄文
2			政治学习
3			
			党团活动
5			俄文
6			文娱活动
日			学习

每星期算七个晚上，去掉一个晚上的文娱活动，一个晚上的党团活动，还有五个晚上，除一部分时间作群众活动外，可利用十二至十五小时。

（二）具有初中毕业程度的练习生的学习组织。

1. 培养目标：

练习生可按照工作需要和他们的能力基础分不同种类培养之。

① 试验员：经过一个时期的培养，在现在的基础上培养速度跟得上实验室发展的要求的则可培养为实验员。

② 技师：一部分练习生根据实际情况可培养他们为能掌握几种精巧的制作和特种技术的技师。

③ 资料员及绘图员目前在资料室工作的或已经经过绘图方面训练的，则可培养为资料员及绘图员。

④ 教研组的行政助手：根据教研组需要可提拔一些练习生培养做教研组行政助手。

2. 培养方法：

① 我校练习生一般都在夜校学习文化课程，已经读了一年半。由于他们的基础知识不够，因此业余时间着重于高中课程的学习，使他们再经过三年能读完相当于高中数理化各科。

② 各系及教研组按需要可组织他们帮助他们学习必要的技术知识，必要时经过批准，可以利用生产时间，但每周不得超过六小时。

③ 为适合培养方向的多样性，部分课程采用选课制，业务忙的系及教研组经过批准在夜校可缓修一门文化课程，程度较差的可参加低班进修。

3. 时间安排：

课 \ 学年 / 学期 / 每周学时		1956		1957		1958	
		2	1	2	1	2	1
政治	讲课	2	2	2	2	2	2
	自学	1—2	1—2	1—2	1—2	1—2	1—2
物理	讲课	3	3	3			
	自学	2	2	2			
三角	讲课	2	2				
	自修	2	2				
几何	讲课			3	3		
	自修			2	2		
代数	讲课				3	3	3
	自修				2	2	2
化学	讲课					3	3
	自修					2	2
总计	讲课	7	7	8	8	8	8
	自修	5—6	5—6	5—6	5—6	5—6	5—6

星期 \ 学课时间	上午	下午	晚上
1			学习
2			政治学习
3			学习
4			党团活动
5			学习
6			文娱活动
日			学习

每星期用五个晚上可达十二至十五小时。

（三）学习制度：

1. 必需遵守学习纪律。

2. 按照规定参加期中及期终考试，中技班不及格者不得入夜大学，高中班不及格者不得升班。

3. 学习成绩必须记入记分册里，中技生随大学部听课成绩优良者将来夜大学可以免修，高中班学习成绩优秀者毕业后可保送入夜大学。

4. 学习成绩为晋级参考。

（四）试验员与练习生的职责：

1. 共同职责：教学辅助人员均需负有以下几项共同职责：

① 教学辅助人员在实验室主任领导下经指定有担负实验室的行政管理、财产管理及技术管理的职责。

② 热爱实验室，对实验设备仪器进行经常的检查、维护和保管并负责保安防火。

③ 高级实验员有培养低级实验员的责任。

2. 高级试验员（或称试验室工程师）的职责：

① 熟练精巧的掌握试验室各项实验，技术上进行全面指导。

② 从理论上及技术上配合教师进行科学研究或试探性的试验，指导同学科学研究及教学试验。

③ 掌握本单位试验有关的国家规范和材料性能，根据要求能试探性地设计新仪器和指导制作新仪器。

3. 一级试验员的职责：

① 协助教师编写实验教材、安排实验课程、担任实验课的具体技术指导、批改实验报告（但必须经有关教师签字）。

② 各种设备仪器部分技术上的设计、修理与安装工作。

③ 精确掌握实验室各种试验的示范操作及表演。

④ 掌握实验室仪器的样品规格，熟悉材料的各种性能。

⑤ 协助教师科学研究中的具体工作及协助教师技术上辅导同学科学研究。

4. 二级试验员的职责：

① 仪器的检查、检修、校准、保管维护。

② 实验的准备及事后的具体工作。

③ 协助教师安排实验、辅导实验、配合教师作科学研究中的具体工作。

④ 一般的示范和表演。

⑤ 绘图工作及部分的设计工作。

⑥ 各种资料的整理及统计。

⑦ 必要的行政管理工作。

5. 练习生的职责：

① 设备、仪器、器具的清理、保管、出纳、检查维护及简单的修理制作和清洁工作。

② 配合作实验的准备工作及善后工作。

③ 各种实验、科学研究的一般辅助工作。

④ 一般的抄写制图工作。

⑤ 必要的行政管理工作。

关于增加教研组及试验室行政助手的决定

为了减轻各教研组教师及试验室主任的行政杂务工作，同时加强教研组与试验室事务工作的组织与管理起见，各教研组可配备一位（大的教研组教师有四十位以上的可配备两位）行政助手，各试验室可从原来试验员或技术员中间增添一位主任助理，以管理行政工作。

为了加强行政工作的组织、订立严密的工作制度和统一工作方法，对院系教务员、总务员、统计员、教研组行政助手、资料员、实验室行政工作人员等的工作方法、表报、抄写、资料整理、保管工作制度及保安防火等采取轮训方法以提高其业务水平。

附：各系（教研组）教学辅助人员领导小组名单

机制系	倪敏强	赵　濮	肖　青	卢应昌	
动力系	周力行	张雅明	张景文	张德禄	
电机系	龚为斑	王绍维	刘绪东	杨海先	宋树中
无线电系	蒋挺乾	潘泰珊	陈梅蕾	李文华	
水利系	张清可	宋毅夫	陈德泉	黎光辉	王君莲
土木系	唐昭曾	卢存忠	丁奎元	李振荣	
建筑系	宋泽芳	卢贤丰	林　洙	唐武元	
化学教研组	宋心琦	周　昕	张迺璐	刘志鹏	
物理教研组	张　谅	陈　烨	何国华		

《清华公报》第 22 期，1956 年 2 月 24 日

清华大学实验室工作试行办法

——1961—1962 年度第 14 次校务委员会原则通过，第八次校务行政会议修改定稿

（1962 年 4 月 20 日）

一、实验室的基本任务和设置

（一）实验室是贯彻执行党的教育方针，加强理论联系实际，进行教学实验、科学研究的实验实习场所。实验室的基本任

务是：

1. 按教学计划开出实验实习。

2. 完成科学研究的试验任务，取得实验成果。

3. 对学生及有关人员进行科学作风、勤俭节约和爱护公共财物等教育。

（二）全校实验室根据教学、科学研究的需要，由学校统一布局，进行设置。实验室分一般实验室、专题实验室和中心实验室三种类型。一般实验室是以进行教学实验为主的实验室。专题实验室是以进行专项科学研究试验为主的实验室。中心实验室是学校集中设置满足全校有关各系共同需要的实验室。

（三）实验室的建设和发展必须考虑物质条件和技术力量成长情况，有计划有步骤地进行。计划及规划方案须由教研组或系提出，经系或学校批准后执行。其修改同。

（四）实验室在建设和发展等一切工作中都必须贯彻勤俭办学的方针。

二、实验室的组织领导

（五）全校实验室按其类型不同，分别由学校、系和教研组领导：

1. 一般实验室：是教研组的组成部分，由教研组负责领导。

2. 专题实验室：由主管该项科学研究任务的系或教研组负责领导。

3. 中心实验室：由学校主管实验室的处、系或委托一个教研组负责领导。

4. 接受国家或有关部门的委托与校外进行合作的实验室，由学校或委托有关系与校外单位签订正式协议，具体规定协作关系。

5. 进行校内重大任务而协作建立的实验室，由校内有关单位签订协议，具体规定协作关系。

（六）实验室设主任一人，由科学水平较高并具有丰富教学经验的教师担任，协助教研组主任全面负责领导实验室的工作。视工作需要可设副主任 1～2 人，协助实验室主任开展工作。在实验室中进行的教学、科学研究的实验实习工作须在实验室主任（副主任）的统一安排下进行。实验室主任（副主任）可以专职或兼职，兼职的工作时间一般不少于一个教师工作量的三分之一，其任命或调动由实验室所属领导部门提出，经校务委员会批准。实验室主任应按规定的工作量上班，处理职务范围内的工作。

实验室主任应对实验室工作人员的工作情况和全面成长情况定期进行考查。

个别工作性质较复杂和规模较大的实验室，经系务委员会批准，可以成立分室，设分室主任，在实验室主任统一领导下进行工作。分室主任的任命或调动由系主任批准。

实验室可根据工作需要设立工作组，协助实验室主任领导各项工作。

（七）实验室对校内各单位，可以按学校有关规定，直接联系工作。实验室对外单位联系工作，必须经系及学校有关单位批准。

三、实验室的工作人员

（八）实验室应有固定名额的编制。实验室工作人员包括：实验室主任（副主任），实验工程师、实验技师、实验员、技工、练习生（或徒工）等及固定在实验室工作的教师。

实验室工作人员的基本任务是：

1. 完成教研组规定的教学工作，协助有关人员完成科学研究工作，并不断提高实验的质量。

2. 管好、用好、维修好实验室的设备仪器和其他国家财产并不断提高实验室的管理水平。

实验室工作人员应努力学习，不断提高政治思想觉悟和工作水平，模范地执行政策法令和规章制度，逐步精通有关实验技术，熟悉设备物资管理供应工作，树立严格踏实和艰苦朴素的工作作风，成为又红又专的技术人材。

（九）有关教研组应按实验室工作需要，安排一定比例教师长期固定在实验室工作。这部分教师在实验室工作的时间一般不少于2/3工作日，并应遵守实验室工作的上班制度。实行上班制有困难的实验室，经系主任批准可另作适当安排。教研组应对上述教师在实验室的工作做具体安排，并给予必要的工作条件。

（十）实验室应在教研组的统一安排下，按照学校有关规定，通过实际工作锻炼和其他有效措施，有计划有重点地培养实验室的工作人员，并随着实验室工作人员工作水平的提高。根据学校的有关规定，报请学校提升他们的职务名称。实验室工作人员的岗位应比较稳定，调作非实验室工作人员时，须经学校有关部门批准。

（十一）实验室的实验实习、设备管理、后勤供应和各项行政管理工作（接待、资料、保安、保密、清洁等），应由实验室工作人员专人负责，明确规定职权范围，贯彻责任制。并在加强政治思想教育的基础上，开展评比工作，逐步实行奖惩制度。

教师、学生应尊重实验室工作人员的职权，遵守制度，协助搞好实验室的管理工作。

四、实验室仪器设备的购置及使用

（十二）实验室仪器设备的购置必须以发展规划为根据，并充分考虑已有条件，有计划地进行。购置计划须经系、校两级批准，购得的仪器设备必须严格验收，及时指定保管人，并作好财产登记。

（十三）实验室的仪器设备，应经常处于完善的可用状态，确保可靠性与精密度，并不断提高仪器设备的使用水平。新购置和制成的仪器设备必须及时安装、调正投入使用。损坏的必须及时修复。仪器设备在不使用的期间必须采取严格措施加以保护，并派专人负责。

（十四）实验室仪器设备必须按精密程度分级使用。精密的和基准仪表不得作一般量测用。能用一般仪器设备的工作，不得使用精密仪器。精密、贵重、稀缺的仪器设备必须由专门的人掌握和指导，正确使用。有关使用人员必须经过考试合格取得证明。精密、贵重、稀缺的仪器设备的使用和维修都要有记录。

（十五）全校仪器设备要互通有无，充分利用。实验室、系和学校有关单位应制订细则加强集中统一调配和相互借用等管理工作。积压呆滞的仪器设备必须及时报系和学校处理。

（十六）实验室在完成基本的教学、科学研究工作的前提下，经系或校领导批准，应该接受校内外其他单位委托的试验试制等任务，并分别制订合理标准收费。收入应及时上缴学校。

五、实验室管理工作

（十七）实验室的工作必须有计划、有准备、高质量、高效率、经济、安全地进行。为此必须建立必要的、简明的、切实可行的管理制度。

1. 实验室应拟订学年工作计划，经教研组讨论通过，系或学校批准执行。提交实验室的临时性任务须得到实验室主任或所属单位负责人批准方得执行。

2. 实验室必须执行严格的技术管理。试件、试剂和测试仪表工具要有鉴定制度。每学期末必须对下学期需用的仪器设备全面检查校验一次。仪器设备要有操作规程。测试结果有正式的记录和书面总结。实验室应逐步建立必要的技术档案资料。

3. 实验室的仪器设备必须做到有专人管理，专业队伍维修，贯彻责任制。所有仪器设备的动用或搬移均须征得管理人员同意。由于失职或违章发生损坏丢失和浪费等情况应按赔偿制度进行赔偿，必要时给予处分。严重的损伤事故须由有关主管进行全面检查，并报学校处理。

4. 实验室应逐步建立药品、材料的消耗定额。

5. 实验室的所有财产必须有账可查。账物相符，每半年全面清点一次。实验室及系、校有关部门应建立仪器设备账、在制品账、器材账及经费收支记录。仪器设备的收入、借出必须有制度。经费收支要有预算、决算和成效总结。

6. 实验室的工作应绝对保证安全，并建立安全教育和保安监护制度。

7. 实验室应按有关规定保守国家机密。

8. 实验室应经常保持整齐清洁，并按技术和保健要求，建立必要的清洁卫生制度。

9. 实验室应适时地向教师、职工、学生交待有关的方针政策和管理规章制度，并进行必要的考查。通过考查始得进行工作。对违章行为应进行教育，必要时停止其工作。情节严重者，报学校予以处分。

（十八）为及时总结和交流经验，每年召开实验室工作会议一次。系必须按季度或按学期召开会议研究实验室工作。

六、实验室各项管理办法的批准和修改

（十九）清华大学实验室管理工作试行办法经校务委员会批准后执行，其修改同。

（二十）各实验室应视工作需要制订管理细则，经实验室所属领导单位批准并报学校备案后执行。

清华大学档案，全宗号 2　目录号校 4　案卷号 64009

清华大学实验技术人员职务名称及其确定与提升办法的暂行规定

（1962 年 4 月 17 日）

为了充分发挥实验技术人员的积极性和创造性，加速培养和建立一支又红又专的队伍，特制定本暂行规定。

一、实验技术人员的主要任务是在教研组的领导下协助教师积极做好实验室教学、科学研究工作，设备物资管理、供应工作和行政管理工作。实验技术人员应努力学习马列主义及毛泽东著作，不断提高政治思想觉悟，兢兢业业地做好工作，模范地执行与实验室工作有关的政策法令和规章制度，并且深入钻研业务，逐步精通本专业有关实验技能、实验办法和实验原理，树立严格踏实和艰苦朴素的工作作风，成为又红又专的技术人才。

二、实验技术人员的职务名称定为：实验工程师、实验技师、实验员和练习生。

三、确定与提升实验技术人员职务名称时，应根据思想政治条件、工作成绩和工作态度，进行全面考核，凡工作成绩卓著或对实验工作有显著贡献的可以优先提升。

四、经过三年以上实际工作锻炼的练习生，或者经过一年见习期考查的中等技术学校（或高级中学）毕业生，工作成绩良好，并具有下列业务条件的，可以确定或提升为实验员。

（1）能够协助进行有关实验，并且有协助总结、整理实验结果的能力。

(2) 能够正确地掌握有关的基本量测技术、操作技能以及某些一般仪器设备的维修、校验和调正技术。

(3) 熟悉实验室有关设备、仪器、器材的性能规格和供应管理工作。

(4) 具有相当中专技术学校毕业的文化水平，并初步掌握有关实验的专业知识。

五、经过四年以上实际工作锻炼，工作成绩良好，并具有下列业务条件的实验员，可以确定或提升为实验技师：

(1) 能够进行和辅导有关实验，并且有总结、整理实验结果或研究改进设备仪器和量测方法的能力。

(2) 能够熟练地掌握有关量测技术、操作技能以及某些一般仪器设备的维修、校验和调正技术，并能正确掌握某些高级精密设备仪器的操作技术。

(3) 能够组织实验室的技术和管理工作。

(4) 具有中等技术学校以上毕业的文化水平，并能掌握有关的专业知识和专业基础知识。

六、经过五年以上实际工作锻炼，工作成绩良好，并具有下列业务条件的实验技师，可以确定或提升为实验工程师：

(1) 专长某方面实验技术，并提出过具有一定水平的技术报告，或者在实验技术方面有较大的贡献。

(2) 能够配合有关教师，设计有较高水平的实验。

(3) 能够全面的指导有关教学实验和实验室的技术管理工作。

(4) 中等技术学校以上毕业的文化水平，并能比较系统而深入地掌握有关的专业知识和理论知识。

七、确定与提升职务名称时，对于上述业务要求，可能因实验技术人员的工作安排不同而有所侧重。

对于长期从事实验室工作，工作成绩卓著，工作态度良好，并有丰富实验经验的技师，经过考核，确有较高工作水平者，虽然没有技术报告或者较高水平的设计成果，根据工作需要，也可以提升为实验工程师。

八、确定与提升职务名称时，应以平时工作成绩和工作态度为主，在平时考核的基础上，经过必要的考核（特殊情况可以例外）并且在征求群众意见后，由领导提名，按下列规定履行批准手续：

(1) 确定与提升为实验员的，由教研组提名，系务委员会批准，报人事处、科学生产处备案。

(2) 确定与提升为实验技师的，由系行政提名，校长批准。

(3) 确定与提升为实验工程师的，由教研组和系推荐经人事处、科学生产处联合提名，校务委员会批准。

九、本暂行规定经校务委员会通过后试行。

附件：清华大学向教育部人事司报送《清华大学实验技术人员职务名称及其确定与提升办法的暂行规定》的公函

受文单位：教育部人事司

抄报：教育部工教一司、生产供应管理局

发文号：清工（62）校办发字第48号

转发时期：1962年6月16日

为了充分发挥实验技术人员的积极性和创造性，加速培养和建立一支又红又专的教学辅助人员队伍，特制订《清华大学实验技术人员职务名称及其确定与提升办法的暂行规定》一种，业经我校 1961—1962 年度第 14 次校务委员会原则通过，第 14 次校务行政会议修改是稿，拟在校由公布试行，特先检报一份请审核批复。

清华大学校印

1962 年 6 月 15 日

清华大学档案，全宗号 2 目录号校 5 案卷号 62019

清华大学有毒物品安全管理规定

——1962—1963 年度第 11 次校务委员会通过

（1963 年 6 月 14 日）

一、为加强对有毒物品的管理，以保证安全，特重新修订 1958 年校委会通过颁布的有毒药品及易燃危险物品管理办法。

二、本规定范围内之有毒物品包括教学、科学研究、生产、生活所需用的一切剧毒和其他有毒的化学药品及金属（放射性物质另有规定），具体品种详见附表。

三、有毒物品之采购：

各单位不得自行出外采购有毒物品，应由系（处）根据实际需要提出申请，经第一科审查安全措施及需用量后才能按正式手续介绍出外联系采购。采购人员必须政治可靠并经系（处）人事部门审查同意。

四、有毒物品之保管：

（一）剧毒物品购进后应在当日交第一科集中代为保管。各系（处）根据实际需要经第一科批准可以存放不超过一周的用量。各实验室、车间等基层单位不得存放剧毒物品，已配制成溶液的剧毒物品经第一科批准发给证明可自存一星期用量。

（二）大量的一般有毒物品由系（处）集中保管，各实验室、车间等基层单位根据需要经系（处）安全组批准可存放少数用量。

（三）一切有毒物品的保管必须指定专人负责，保管人员应经系人事部门审查批准后报第一科备案。存放有毒物品的地点必须安全可靠，并锁在铁柜或坚固的木柜中，物品的分类和账册必须清楚，并建立严格的出纳和保管制度，经一科审查合格才能存放。

五、有毒物品之使用：

（一）实验室、车间等基层单位需用有毒物品时由单位行政负责人提出申请，经系安全干事批准后始可领用，剧毒物品应在当日配成溶液。

（二）使用有毒物品必须在有安全防护设施的室内进行，并制订切实的安全操作规程，有关人员必须严格遵守执行。使用人员要事前进行安全教育，了解有关预防、急救等安全知识和操作规程报一科检查批准才能使用，领用量应严格控制，学生实验使用毒品时必须在有经验的工作人员指导下进行。

（三）有毒物品使用应及时将使用情况向系保管人汇报（剧毒物品在三天内汇报每次领用量的使用情况）。用过的有毒物品和废水应进行安全处理。

六、本规定经校务委员会批准后由第一科检查监督执行。对不遵守规定的工作人员应严肃处理，严重违犯者应予处分。

附：剧毒物品名称表

（一）无机剧毒品

氰化钠	氰化钾	氰化钙	氰化银
氰化钴	氰化锌	氰化铈	氰化铜
氰化汞	氰熔体	氰氢酸溶体	氰化银钾
氰化铜钠	溴化氰	氯化氰	淬火盐
酰酸	砷酸	砷硫钠	砷酸铵
砷酸钙	砷酸铜	砷酸钾	砷酸钡
砷酸铅	砷及其他化合物	焦砷酸	亚砷酸钠
亚砷酸钙	亚砷酸铜	亚硒酸钠	亚硒酸钾
亚硒酸锌	亚硒酸铜	亚硒酸锆	亚硒酸及其盐类
亚硒酐	硒粉	硒合剂	硒及其盐类
氯化硒	氯化亚醯硒	氯化汞	碘化汞
硝酸汞	硫酸汞	硫氰酸汞铵	氟氢酸
铊			

（二）有机剧毒品

氰化□	四乙基铅及其溶液	硫酸二甲脂	氯化乙基汞
氯碳酸钾脂	硝酸三氯甲烷	乙酸乙基汞	磷酸乙基汞
对甲基石风苯胺乙基	马钱子碱	含硫有机磷类	砷类化合物
敌死通	硝酸士的年	富民农	1605 乳剂
3911	1059 乳剂	1440	磷酸三甲酚脂
氟磷异丙脂			

《清华公报》第 115 期，1963 年 6 月 28 日

实验技术工作委员会的任务

——1963—1964 年度第三次校务委员会批准

（1963 年 11 月 29 日）

1. 讨论和研究本校实验室技术管理工作中带有共同性的问题，提出改进工作的建议；审议全校有关实验室技术管理工作的计划和规章制度；审议或参与重大技术管理措施的拟定。

2. 讨论和研究实验室人员的管理、培训、考核、提升等工作中有关方面的问题，提出建议。

3. 组织全校实验技术和管理经验的交流；主办“实验技术与管理”刊物。

《清华公报》第 121 期，1963 年 12 月 14 日

清华大学《实验技术与管理》刊物编审出版办法

——1963—1964 年度第三次校务委员会通过

（1963 年 11 月 29 日）

1. 为加强本校实验技术和管理经验的总结交流，试办清华大学《实验技术与管理》刊物（单行本）。

2. 本刊物的组稿与编审工作由实验技术委员会负责，确定出版计划，对每期刊物内容进行审查。日常的联系工作由科学生产处负责。

3. 凡投送本刊稿件，须经教研组初审同意，并由学校实验技术工作委员会邀请专人审查后，确定是否刊登。无论刊登与

否，原稿一律退还本人。稿件经本刊录用后酌致稿酬。

4．稿件审查应考虑三方面：（1）政治审查；（2）学术审查；（3）保密审查。同意印发的稿件，在内容上要求：（1）政治上没有错误；（2）有推广参考价值；（3）有可靠的实践或理论根据，结论（或提出的问题）明确；（4）文字简洁通顺，图表整齐。

5．稿件的印刷、校对计划由科学生产处与印刷厂具体安排，稿件的校核工作一律由作者负责，发行工作由科学生产处负责。

6．凡印发交流的稿件一律免费赠送作者单行本 5 份，所在实验室 20 份，如需要更多时，应事先通知科学生产处，并付成本费。

7．每期刊物根据内容分发有关实验室及有关单位，个人需要时，应事先至系科研生产科登记，报科学生产处，稿件出版后来科学处付款取件。

8．本办法经校务委员会通过后施行。

《清华公报》第 121 期，1963 年 12 月 14 日

清华大学实验技术管理人员职务名称及其确定与提升办法的暂行规定

——1963—1964 年度第 8 次校务会议修改通过

（1964 年 3 月 17 日）

一、实验技术管理人员的主要任务是与教师、技工密切配合，做好实验室教学、科学研究工作，管好实验室，为建立具有先进的思想作风、先进的管理工作、先进的教学质量和先进的科学技术的实验室而奋斗。

二、实验技术管理人员应努力学习马克思列宁主义及毛泽东著作，不断提高政治思想觉悟和业务水平，树立革命的、科学的、民主团结的、艰苦朴素的作风，争取成为思想作风好、完成任务好、钻研业务好、勤俭节约好和团结互助好的“五好”实验技术管理人员。

三、实验技术管理人员的职务名称定为：实验工程师、实验技术员、实验员和练习生。确定与提升职务名称时，应主要从三个方面进行考核：

（一）思想觉悟和政治态度。

（二）工作成绩和工作态度。

（三）技术和管理水平。

同时对工作资历也要适当考虑。

四、实验技术管理人员确定或提升职务名称时，在政治思想上必须符合下列条件：

（一）拥护党的领导，拥护社会主义。

（二）认真贯彻执行党和国家的方针、政策、法令和学校的规章制度。

（三）要求进步，关心集体。

（四）遵守劳动纪律，爱护国家财产，工作认真负责。

五、实验技术管理人员提升职务名称的年限为：练习生升实验员三年以上。实验员升实验技术员五年以上。实验技术员升实验工程师七年以上。但表现突出或有特殊贡献者不受此限。

六、实验技术管理人员各职称的技术与管理水平标准如下：

（一）分配在实验室工作的初中毕业生或高中肄业生，其职称确定为练习生。

（二）具备相当高中毕业文化水平的练习生或见习期满的中技（或高中）毕业生，确定或提升为实验员时，其业务水平至少应达到：

（1）能够协助准备实验，正确维护一般仪器设备。

（2）初步理解一般的实验及仪器设备的原理、掌握正确的操作方法。

（3）熟悉仪器、设备、器材的规格和供应、管理工作。

（4）掌握必要的工艺、绘图、运算技能和编写技术报告的能力。

（三）确定或提升为实验技术员时，其业务水平至少应达到：

（1）能正确地进行实验、整理结果及解答技术问题。

（2）全面掌握本室常用仪器设备的验收、使用、管理、维护、校准（或调整）、检修技能和有关的理论知识。

（3）能全面负责本室的管理工作和组织正常运行。

（4）能进行部分实验装置的设计、改进质量和拟订相应的技术管理规程的工作。

（四）确定或提升为实验工程师时，其业务水平至少应达到：

（1）有丰富的实验经验、专长某方面实验技术。

（2）能拟订水平较高的试验方案，独立完成实验装置的设计、施工（加工）指导、组织调整运行。

（3）在提高本单位管理水平方面有过较开创性工作。在实践中见到成效。专长某方面仪器设备的维护、调整、检修工作。

（4）深入掌握与实验有关的理论知识，了解本专业实验技术领域中国内外动态。

七、凡服从工作需要，长期专门从事管理工作或某方面实验技术工作，而在该方面确有显著成绩，且在其他业务上接近第五条中相应的水平，也可提升职称。

八、提升手续：在平时考核的基础上，由领导提名，征求本单位人员意见，按下列手续审批：

(1) 确定或提升职称为实验员的，由教研组提名，系务委员会通过报人事处、科学处审查批准。

(2) 确定或提升职称为实验技术员、实验工程师的，由系提名，校务委员会通过。

九、本规定经校务委员会批准后执行，其修改同。

《清华公报》第126期，1964年3月26日

清华大学放射性工作管理办法

——1963—1964年度第8次校务会议通过

（1964年3月17日）

一、为了使用放射性物品过程中的安全，保证工作的顺利进行，根据国务院批准的《放射性工作卫生防护暂行规定》，并结合我校情况，制定本管理办法。凡我校所属各单位在进行放射性工作时，必须符合《放射性工作卫生防护暂行规定》及本管理办法中的各项规定。

二、为加强我校的放射性卫生防护工作，学校成立放射性防护室（简称防护室），负责对放射性实验室进行预防性及经常性的卫生防护监督；管理和监督放射性物品的申购、使用及储存；进行放射性的安全教育与技术检查等工作。

各系应按工作需要建立放射性防护组（简称防护组），或指定专人负责本单位的放射性卫生防护工作。

三、各单位不得直接向外订购放射性物品。凡教学、科学研究及生产中需要购置放射性物品时，必须报防护室审批安全技术措施，然后按学校规定手续向外订购。

凡向校外单位借用、领用放射性物品时，也须在事前报防护

室审批，同意后才能将放射性物品运入校内。

四、凡使用放射性物品的各系（组）实验室（车间）必须报防护室审批。经检查合格，发予“放射性工作许可证”后才能进行放射性工作。各单位应根据本管理办法制定放射性工作的各项规程，报防护室审批。

五、全校放射性物品应由防护室集中管理，各系（组）需要使用放射性物品时须按手续向防护室申请领用。各单位应指定专人保管和领用放射性物品，保管人必须政治可靠，责任心强，并有一定的业务知识，经第一科同意后由系主任任命。

六、领用的放射性物品应按期归还。各单位领用的放射性物品不得擅自分割和改装；不得擅自互相转借；如果发现丢失放射性物品，负责单位应立即报防护室，并组织人员寻找。凡发生严重事故应立即报防护室。

七、带有放射性物品的装置、成品或废物，必须按放射性物品管理，未经防护室批准，不得自行处理。

八、各系（组）应对从事放射性工作的人员加强安全教育和技术训练。防护室将定期进行考核，不合格者不得参加放射性工作。从事放射性工作人员必须进行就业前的及定期的体格检查。

九、本管理办法的执行情况由防护室负责检查。凡发现有违反本管理办法者，防护室有权停止其工作；凡发现有违反本管理办法的单位，防护室有权收回“放射性工作许可证”，对情节严重的单位或工作人员报经校务委员会批准，给予适当处分。

十、在执行过程中，如本管理办法与《放射性工作卫生防护暂行规定》有抵触时则按防护暂行规定执行。

本管理办法经校务会议通过后执行，修改时同。

《清华公报》第126期，1964年3月26日

(三) 实验室有关人员名单

各系及基础课实验室正副主任名单

——1961—1962 年度第 18 次校务委员会通过

(1962 年 6 月 19 日)

系(基础课)名称	序号	实验室名称	主任	副主任
土木建筑工程系	1	建筑物理实验室	车世光	
	2	工程结构实验室	王传志	来晋炎
	3	结构力学实验室	支秉琛	
	4	施工实验室	张　典	孙惠镐
	5	测量实验室	王雄风	高登仑
	6	给水排水实验室	王继明	蒋展鹏
	7	暖气通风实验室	赵荣义	
	8	建筑材料实验室	关振铎	
	9	0303 实验室	俞　珂	
水利工程系	10	水工结构实验室	陈兴华	
	11	水能实验室	谷兆琪	
	12	水力学实验室	李丕济	惠遇甲
	13	机电设备实验室	梅祖彦	
	14	工程地质及土力学实验室	陈樑生	丁金粟
	15	电测实验室	张训时	
	16	930 实验室	裴觉民	姚汝祥

续表

系（基础课）名称	序号	实验室名称	主任	副主任
动力、农机系	17	热电工程实验室	鲁锺琪	张雅明 朱聘冠
	18	燃烧实验室	张慰钧	
	19	热工实验室	任泽霈	成玉骏
	20	热工量测及自动化实验室	师克宽	吕崇德 王家桢
	21	燃气轮机实验室	叶季生	
	22	汽车实验室	余志生	蔡景泉
	23	发动机实验室	孙大立	黄　实
	24	农业机械实验室	伦景光	袁大宏
	25	试验电站	林　灏	毛健雄
精密仪器及机械制造系	26	程序控制机床实验室	张伯鹏	高　龙
	27	机械制造工艺、机床、刀具实验室	梁关培	
	28	公差实验室	梁晋文	王盼田
	29	光学仪器实验室	李达成	
	30	精密仪器实验室	靳怀义	
	31	机械零件、原理实验室	吴　昆	张锡嘉
冶金系	32	金属学实验室	吴彭友	刘秀瀛
	33	铸工实验室	柳百成	
	34	焊接实验室	张连弟	
	35	压力加工实验室	刘　庄	何德誉
电机工程系	36	电机实验室	高子伟	王竹茹
	37	电力系统实验室	茅于杭	韩　毅
	38	发电及输配电实验室	孙绍先	王维俭
	39	高压实验室	张仁豫	王昌长
	40	工企实验室	吕　林	吴陆威
	41	工业电子学实验室	吴白纯	朱亚清
	42	电磁自动装置实验室	蔡宣三	甘小杰
	43	基本电工实验室	陆瑶海	
	44	电工学实验室	杨福生	郭景藩

续表

系（基础课）名称	序号	实验室名称	主任	副主任
无线电电子学系	45		王天爵	
	46		陈克强	殷志强 姚　季
	47		武元祯	
	48		高葆新	马君榴
	49		王振通	周宏辉
	50		金　兰	郑衍衡
自动控制系	51		张毓凯	
	52		张　钹	高忠毓
	53		林尧瑞	
	54		李三立	吴企渊 朱家维
	55		岳震五	张炘中
工程物理系	56		王经瑾	张万铸
	57		陈泽民	叶立润
	58		陈世犹	袁道生
	59		刘桂林	谢铭庆
	60		李一甸	蒋同远 陈弟恭
	61		范毓殿	徐世江
	62		胡大璞	郑福裕
	63		邱大雄	钟大辛
工程化学系	64		杨树屏	
	65		廖史书	
	66		龚智儒	
	67		李维梓	
	68		雷良恒	
	69		李一圭	

续表

系（基础课）名称	序号	实验室名称	主任	副主任
工程力学数学系	70			
	71		沈　熊	沈天耀
	72		周辛庚	金观昌
	73		金德年	朱德忠
	74		丁文镜	
	75		吴家勋	蒋维杜
基础课	76	物理实验室	王文鉴	晏思贤
	77	材料力学实验室	戴福隆	杨宗发
	78	理论力学实验室	李方泽	王　正
	79	外文电化教育实验室	李家卿	
	80	计算实验室	关　治	
	81	化学实验室	薛　华	谢谓根

《清华公报》第 96 期，1962 年 7 月 6 日

实验工作优良奖状获得者名单（共 29 人）

——1962—1963 年度第 12 次校务委员会通过

（1963 年 7 月 5 日）

土木建筑系：

储钟瑞（教授）　过镇海（助教）　唐绍华（实验室技工）

水利工程系：

李丕济（教授）　孙华顺（实验员）

动力机械系：

焦树建（讲师）　李孟范（实验员）

农业机械系：

黄　实（实验员）

精密仪器及机械制造系：

许锡诏（助教）　王盼田（实验员）

冶金系：

张连弟（讲师）　张国定（助教）

电机工程系：

陆瑶海（讲师）　邓泰林（实验员）　沈飞英（实验室管理员）

无线电电子学系：

冯重熙（讲师）　赵家和（科学研究科科长）

自动控制系：

吴企渊（助教）　周普渭（实验员）

工程物理系：

袁克昌（助教）　安继刚（助教）

工程化学系：

翁锡瑁（助教）　姚慧娟（实验员）

工程力学数学系：

袁维本（助教）　李福贵（实验室技工）

基础课：

薛　华（副教授）　欧震亚（讲师）　戴福隆（讲师）

实验化工厂：

蒋祖珩（助教）

《清华公报》第 116 期，1963 年 7 月 10 日

校长办公室公布组织机构变动及干部任免名单

（1964 年 4 月 1 日）

（64）校布字第 11 号

兹将 1963—1964 年度第 9 次校务会议通过的有关组织机构变动及干部任免事项公布如下：

一、组织机构变动：

动力机械系：

热电工程实验室改为锅炉实验室

无线电电子学系：

增设 330、390 两个实验室

工程化学系：

增设物理化学实验室

110 实验室分为分析、110 及 801 三个实验室

140 实验室分为高分子化学及有机化学、701 和高分子物理及成型加工三个实验室

二、干部任免事项：

任命：

土木建筑系：

佟一哲　　为施工实验室主任

吴爱真　　为暖气通风实验室副主任

陈志义　　为 0303 实验室主任

俞　珂　　为 0303 实验室副主任

水利工程系：

曾昭扬　　为水工结构实验室副主任

马善定　　为水能实验室主任

杨诗秀　　为水能实验室副主任

动力机械系：

金茂庐　　为锅炉实验室副主任

精密仪器及机械制造系：

唐锡宽　　为机械原理及机器零件教研组副主任

电机工程系：

李发海　　为电机实验室主任

无线电电子学系：

陆家和　　为 330 实验室主任

殷志强　　为 340 实验室主任

李章华　　为 350 实验室主任

武元桢　　为 350 实验室副主任

尹达衡　　为 360 实验室主任

吴相钜　　为 370 实验室副主任

马锡冠　　为 390 实验室副主任

自动控制系：

王亚光　　为 510 实验室主任

周普渭　　为 530 实验室副主任

胡道元　　为 550 实验室主任

房家国　　为 911 实验室主任

王鼎兴　　为教务科副科长

工程物理系：

范天民　　为 210-1 实验室副主任

叶立润　　为 210-2 实验室主任

陈迎棠　为 210-2 实验室副主任

袁道生　为 210-3 实验室主任

孟昭光　为 210-3 实验室副主任

吴学超　为 210-4 实验室副主任

张效忠　为 230 实验室主任

袁克昌　为 230 实验室副主任

工程化学系：

王雪冰　为物理化学实验室主任

钱万成　为物理化学实验室副主任

哈润华　为高分子化学及有机化学实验室主任

李　松　为高分子物理及成型加工实验室主任

童筱芳　为高分子物理及成型加工实验室副主任

赵　镛　为 701 实验室主任

顾世英　为 701 实验室副主任

孙世仁　为 801 实验室主任

杨树屏　为 110 实验室主任

邓　勃　为分析实验室主任

陈邦和　为 130 实验室主任

邓正龙　为 130 实验室副主任

张成群　为化工原理实验室副主任

李维梓　为科学生产科科长

工程力学数学系：

陈昌熠　为计算实验室主任

席葆树　为 610 实验室主任

袁维本　为 620 实验室副主任

孟桂蓉　为 640 实验室副主任

基础课委员会：

欧震亚　　为物理实验室副主任

施肇震　　为外语教研组电化教学实验室主任

实验化工厂：

曹栋兴　　为 102 实验室副主任

马昌文　　为 114 实验室主任

免去：

土木建筑系：

张　典的施工实验室主任

孙惠镐的施工实验室副主任

俞珂的 0303 实验室主任

动力机械系：

朱聘冠的锅炉实验室副主任

精密仪器及机械制造系：

张伯鹏的程序控制机床实验室主任

吴崑的机械零件、原理实验室主任

冶金系：

何德誉的压力加工实验室副主任

电机工程系：

高子伟的电机实验室主任

吴陆威的工企实验室副主任

无线电电子学系：

陈克强的 340 实验室主任

殷志强的 340 实验室副主任

武元桢的 350 实验室主任

高葆新的 360 实验室主任

马君榴的 360 实验室副主任

周宏辉的370实验室副主任

自动控制系：

张　钹的510实验室主任

李三立的550实验室主任

金　兰的911实验室主任

工程物理系：

蒋同远的220实验室副主任

张万铸的210-1实验室副主任

陈泽民的210-2实验室主任

陈世猷的210-3实验室主任

袁道生的210-3实验室副主任

刘桂林的210-4实验室主任

范毓殿的230实验室主任

徐世江的230实验室副主任

叶立润的210-2实验室副主任

工程化学系：

陆懋荣的科学生产科科长

李以圭的130分析实验室主任

龚智儒的130工艺实验室主任

李维梓的140实验室主任

雷良恒的化工原理实验室主任

工程力学数学系：

吴家勋的计算实验室主任

蒋维杜的计算实验室副主任

沈　熊的610实验室主任

基础课委员会：

李家卿的外语教研组电化教育实验室主任

校长办公室（印）

1964 年 4 月 1 日

《清华公报》第 127 期，1964 年 4 月 27 日

校务委员会关于表扬五好教研组和四好实验室的决定（附名单）

——1963—1964 年度第九次校务会议通过 ※

（1964 年 3 月 27 日）

近一年来，全校的教师和实验室工作人员，在国内外大好形势的鼓舞下，在毛泽东思想的指导下，在党的领导下，深入贯彻党的教育方针，努力提高教育质量，取得了许多新的成绩，涌现了一批先进的教研组和实验室。为更高地举起毛泽东思想红旗，进一步调动群众革命的积极性，不断提高教育质量和科学水平，校务委员会决定：号召全校的教师和实验室工作人员，为争取成为五好教研组（政治思想好，教育质量好，完成任务好，队伍成长好，四个作风好）和四好实验室（先进的思想作风，先进的管理工作，先进的教学质量，先进的科学技术）而奋斗。

校务委员会决定表扬的五好教研组和四好实验室名单

——1963—1964 年度第九次校务会议通过——

五好教研组

基础课委员会高等数学教研组

中共党史教研组

冶金系焊接教研组

水利工程系水工结构教研组

无线电电子学系 350 教研组

四好实验室

冶金系金属学实验室

电机工程系基本电工实验室

《清华公报》第 127 期，1964 年 4 月 27 日

清华大学关于试行实验技术管理人员职称制度向高等教育部人事司的报告※

（1964 年 5 月 27 日）

清人干字第 133 号

高等教育部人事司：

自 1963 年 7 月 2 日教育部冯司长口头通知：同意我校试行实验技术管理人员职称以后，我校就开始酝酿提升职称的工作，并根据部拟的提升办法草案，着手拟订具体提升办法。经过反复酝酿后，今年 3 月第 8 次校务委员会讨论通过了具体提升办法和提升名单（4 名实验工程师，58 名实验技术员）。现特将校委会通过的具体办法和提升名单报部。

我校这次试行实验技术管理人员职称制度是在 1963 年开展五反运动、加强社会主义思想教育，进一步提高实验技术管理人员的思想觉悟基础上进行的。在讨论提升办法和酝酿提名的过程中，大家比较一致认为：实验人员的努力方向应该是“又红又专

的实验技术管理人员”。提高的途径主要靠结合工作锻炼，“战斗中成长”。衡量水平主要看三条：（1）工作成绩和工作态度。（2）思想觉悟和政治态度。（3）兼顾技术水平和管理能力。在遴选提升人选时着重从长期的工作表现来考核以上三条。具体工作过程采取了在干部中通过讨论标准和典型人物统一了认识。然后上下结合，由领导提名，群众讨论。先党内酝酿，后党外干部酝酿，在正式宣布以前大部分都经过群众评议。领导提名和群众意见基本上是一致的。这次被提升的人员中，大都是政治上比较好，工作一贯勤勤恳恳，能够服从工作需要，干一行、钻一行，几年来受到比较全面锻炼，成长较快的实验技术人员。许多人都是几年被学校表扬的优良工作者。特别是提升为实验工程师的，大都有一定专长，能解决一些比较复杂的实验技术问题。

这次提升办法和提升名单公布以后，大家反映努力方向更明确了，“有了具体标准、活的榜样”，有的人反映学校重视实验员的工作。“要求很高，自己还差的较远”，表示要更加努力工作。总的看来是进一步调动了实验技术管理人员的积极性。

以上报告，是否恰当，请指示。

清华大学

1964 年 5 月 27 日

附：

1. 清华大学实验技术管理人员职务名称及确定与提升办法的暂行规定。①

2. 提升为实验工程师名单。

3. 提升为实验技术员名单。

---

① 见第 657 页《清华大学实验技术管理人员职务名称及其确定与提升办法的暂行规定》——1963—1964 年度第 8 次校务会议修改通过（1964 年 3 月 17 日）。

附2：提升为实验工程师名单：（共4名）

姚　季　　杜继祯　　陈　谦　　袁大宏

附3：提升为实验技术员名单：（58名）

裘灼镁	孙祥泰	卢存忠	谢镇芝	王玉庭	张达成
王君莲	李未显	黄九如	孙华顺	董曾南	孙厚钧
张清可	李孟范	韩礼钟	黄　实	倪佑民	刘纪霖
王盼田	张永芳	王龙飞	李梦兰	闫　德	沈德永
卢明远	陈慧芳	艾守琪	邓泰林	李正球	李文华
王关贤	周　正	王竹茹	周智白	冯庚烈	黄胜军
梁任秋	黄铭珠	张登崙	朱秀珍	吴家庆	周邦卫
陈启鼎	郑祜卫	陈绍明	孙国琦	陈维忠	严习元
赵荣久	周普渭	王怡德	邹文虎	李木兰	刘志鹏
郑润生	刘书田	何国华	付云鹏		

清华大学档案，全宗号2　目录号校5　案卷号64024

校务委员会表扬的安全工作先进单位和安全工作积极分子名单

——1963—1964学年度第10次校务会议通过追认

（1964年7月18日）

一、安全工作先进单位名单：

动力机械系热工量测与自动控制实验室
电机工程系工业企业电气化实验室
无线电电子学系电真空实验室
工程物理系 210-3 实验室
综合机械厂机装车间
工程化学系高分子化学实验室
土木建筑系结构力学实验室
工程力学数学系 630 实验室
精密仪器及机械制造系 820 实验室
自动控制系 911 实验室
材料力学实验室
设备工厂维修组
行政处供应科火炉供暖小组
生活管理处生活科汽车房
印刷厂装订车间
精密仪器及机械制造系、冶金系及综合机械厂义务消防队

二、安全工作积极分子名单：

精密仪器及机械制造系：黄凯日
动力机械系：王永祥
电机工程系：梁任秋　李正球
无线电电子学系：龚　信　段修明
土木建筑系：唐绍华
水利工程系：王振华
工程化学系：范奎城
综合机械厂：杨广志 刘秀杰
设备工厂：张继田
印刷厂：王静贞

行政处生活管理处：顿惠增　李敬元　郝文芳　王耀山
岳　忠　陈广利　洪惠穆

《清华公报》第129期，1964年7月25日

校务委员会关于表扬1964年安全工作先进单位的决议

——校务委员会1964—1965学年度第10次会议通过

（1965年5月21日）

一年来，我校安全工作有了显著成绩，保证了我校各项工作的顺利进行。在安全工作中涌现出一批先进单位，校委会决定表扬电机系电力系统实验室等十个单位，发给“安全工作先进单位”奖状。

校务委员会号召大家向这些先进单位学习，总结经验，提高认识，再接再厉，把安全工作做得更好，切实地保证教学、科学研究、生产和行政后勤等工作的顺利进行。

附：1964年安全工作先进单位名单

土木建筑系建筑材料实验室

水利工程系水工电测实验室

精密仪器及机械制造系公差实验室

电机工程系电力系统实验室

无线电电子学系310实验室

工程物理系210-3实验室

工程化学系130工艺实验室

教务处印刷厂

科学生产处设备工厂机修组

行政生活处汽车房

《清华公报》第138期，1965年6月14日

四、生 产 工 作

学校生产办公室已成立

（1958 年 2 月 14 日）

为了贯彻“三勤”方针，加强学校对生产的领导，2 月 14 日，本学年度第 11 次校务委员会决定成立生产办公室，并决定由校长办公室主任解沛基同志兼主任，科学研究处副主任张儆同志任副主任。生产办公室自该日起已开始积极展开工作。

《新清华》第 261 期，1958 年 2 月 26 日

动力系发电厂已开始试运行

（1958 年 2 月 23 日）

为了使动力系的发电厂很快地发出电来，动力系“热力发电”专业的同志们，打破了陈规过春节，热情地投入了这一工作中。在除夕那天，技工和实验员同志们一直工作到下午 6 点，初二和初三又接着干，在校的教师们有的和工人一齐干活，修设备，装仪表，有的连夜赶着画图，编印运转规程，有的到处奔走联系，调拨人力，设备，购买煤、油等物。同学们在准备考试的期间也抽出时间来帮着编了几百个阀门号码及运送煤等工作。他们就这样用不平凡的劳动度过了这个有意义的春节。

在这一工作中，动力系热工学和汽车实验室的同志以及系办

公室的工作同志们也积极地配合支援，他们都提出要当促进派的口号，在试运转以前把一切准备好。动力系以外的其他单位也给以大力支持，例如本刊今天发表的设备工厂的同志们就用革命的干劲在春节的两天半中一气完成了10套高压阀门。如果由动力系实验室自己来做，做这样的活儿得一个月的工夫。电机系一听说动力系需要变阻器，马上打开箱子来，让他们挑，要多少给多少，并协助解决和电力系统并列的技术和设备问题。石景山发电厂还派来一位司机和一位司炉来作技术指导。这都是社会主义互相协作的具体表现。

这台汽轮机年岁已久，已很久没运行过，1956年改装了一下，又安装了新的锅炉，但主要是为学生实验用。当发出电来后，还要考虑它的出路问题，用到什么地方？过去有两个用途，一个是用带灯泡的灯箱，另一个是利用水电阻，把电送到池子里，都是白白浪费掉。大家都感到很可惜，可是想不出更好的出路。勤工俭学、教学结合生产的方针提出后，问题解决了，将来正式发出的电大可派用场了。这台汽轮发电机可发电200千瓦，将来正式投入生产后，可解决一部分学校的用电，部分地满足实验室及生产的需要。

2月23日试运行开始后，校行政及党委会的领导同志们都来到了现场，并对在场的教师、职工、同学讲了话，动力系主任庄前鼎也讲了话，发电厂厂长董树屏及技工刘崇珉相继发言，感谢学校及系领导的关怀和支持，表示以后要更努力工作，继续克服困难，及时解决试运行中发现的故障和问题，争取早日正式供电，并提出保证以后作到安全生产，不断提高出力，降低煤耗。

动力系的同志们正满怀信心地向新的胜利迈进。

《新清华》第261期，1958年2月26日

机械制造系和市第三地方工业局等订立协议承担大批产品的设计加工制造任务

（1958 年 2 月 26 日）

机械制造系已在 2 月 19 日年初二那天和北京市第三地方工业局初步订立协议，承担数种产品的设计、加工或制造任务，并帮助他们研究解决一些产品制造中的技术问题。同时，他们还和其他单位进行了多次联系，了解到数十项可以承担的生产任务。系里已在 24 日召集各实验室主任和老技工会议，对这些任务进行了研究。目前已经确定制造和试制的产品有：活塞环、小车床、活塞梢、马达、测力器、滚刀、各种插刀、滚轴轴承的内外圈、三轮车轴皮的壳模铸造等。他们还正在估工估料，最后确定产品的种类和数量，并算出今年的总产值。

此外，系里还接受了大批技术服务任务，目前已有 25 000 小时的设计和测绘工作（任务已排到 6 月份），除自行车、缝纫机、小马达等以外，还有脚踏发电机、聚光灯、粮食加工机器等。

为了顺利完成这些任务，系里成立了以邹致圻副主任为首的生产办公室，以各实验室为生产车间，按产品种类分成许多专业小组。目前，生产和试验的准备工作正在紧张进行，办公室经常接到送料和送样品的电话。3 月 6 日第一批任务开工，每天将有部分同学参加生产。

《新清华》第 261 期，1958 年 2 月 26 日

生产办公室召开会议讨论当前校内的生产工作

（1958年2月26日）

2月26日，生产办公室召集各系负责生产的干部会议。人事处、总务处、工会、实验科和财务科、供应科的负责同志也出席了会议。

会上就最近全校勤俭办生产的任务、应注意的问题作了报告和讨论。目前的主要任务有三：第一是对外建立联系，摸任务，摸潜力，摸问题，充分做好生产前的各种准备工作，并于三月底以前订出年度计划。第二是要鼓起革命干劲，组织人力，物力，抓紧领导产品的试制工作，争取3月15日以前制造出一批较高质量的产品送全国工业展销会展出。第三是从3月7日到17日组织一批同学进行试生产。

根据目前“三勤”方针贯彻的情况，会上特别强调了求实与革命干劲相结合的精神。由于经济工作是一个十分具体而复杂的工作，大家都缺乏经验，因此在鼓起革命干劲的基础上，必须实事求是地考虑，缜密地安排，特别要抓紧生产组织工作，能订下合同的就订下，以便迅速投入3月6日开始的试生产及安排本年度的计划。具体工作中的困难，如材料供应问题，必须鼓起革命干劲，打破常规，加以突破。在试生产前要认真做好各种技术准备和财务管理，应加强安全生产的宣传教育，并采取具体措施，加强有关人身安全和仪器设备的保安工作，订制好各种必要的操作规程。各实验室在开工试生产时，应由系（组）勤工俭学工作组负责进行安全检查，报请学校生产办公室发给开工证。同时，在组织试制任务过程中应注意培养学生中的生产骨干，摸索组织勤工俭学的经验，并发现和解决技术和组织工作中的薄弱环节，为今后勤工俭学和生产的“大跃进”创造有利条件。会上肯定了生产、教学、科学研究相结合的方针，并将不断创造具体的经验。

到会的同志们都一致同意上述意见。邹致圻、艾维超、董树屏、汪坦等还就生产中的安全问题、财务制度问题、原材料问题等发表了很多意见，这些意见都大大有助于最近工作的开展。

《新清华》第262期，1958年3月1日

无线电系将制造20余种产品，首批同学60人参加试生产

（1958年3月1日）

无线电系已决定在今年制造和试制20余种产品，其中10余种是国内尚未正式生产过的新产品。

无线电系一向重视自已制造实验设备。几年来，先后制造的各种仪器设备价值199多万元。在党提出勤俭办学、勤工俭学的方针后，系里决定大力开展生产活动，并立即成立了生产办公室，拟出今年的生产计划。过去已经试制成功、今年内将进行生产的有电阻真空计、理想二极管、玻璃真空泵、真空系统、电离真空计、稳压电源、音频振荡器、真空管电压表示波器、脉冲示波器、微波电源等等；今年将结合科学研究进行试制的有冷阴极闪光管、其他多种特种电子管、电视量测用脉冲示波器、扫频仪、电视测试讯号发生器、噪音发生器、标准微波接收机，其他微波量测设备等20余种。他们正在连夜准备样品，参加3月15

日在北京举行的全国工业展览。

系的生产办公室正在积极进行生产和试制的准备工作，如添置某些必要的设备，增加必需的技术力量，与兄弟系建立协作关系，以及和校外企业“挂钩”等。同时拟定学生参加生产的计划，准备从二年级开始，每人在不影响课内学习计划的情况下，抽出一定的时间参加金工、焊线、玻璃粗活等工作，暑期中分别不同年级不在校生产三周或四周，毕业设计也要结合着生产进行。从3月5日到15日，将有首批同学50人参加试生产。

《新清华》第262期，1958年3月1日

建筑系，多样化，勤工俭学也不差

（1958年3月1日）

建筑系也已初步规划了“三勤”的工作。教师们和高班的同学和土木系合作承包一些基建设计，如铁路东教学大楼的中央部分，2 000平方米的阶级教室，还有校外某单位10 000平方米的厂房、南口农场的规划设计等，预计今后每年可完10 000平方米的设计任务。低年级的同学将参加学校的修缮工程，如修家具、安装玻璃、土方工程、砌墙等。要让每个同学从一年级开始，逐步学会土建工程的一套。此外，他们还准备制作石膏模型、设计工艺品，并成立美术服务组，为全校各单位的产品外貌进行美术设计。

《新清华》第262期，1958年3月1日

动力机械系遍地开花，五个生产组展开五个十万元的大竞赛

（1958 年 3 月 1 日）

在发电厂开始试运行和汽车修理部开工的推动下，动力机械系各个教研组都纷纷行动起来。经过反复讨论，五个生产组分别提出了十万元产值的指标，和“多、快、好、省、安全、带好徒弟”六个条件，展开了全面竞赛。

热电厂小组除现已开始试运行的一部发电机外，准备连续修复其他几部汽轮机，全部发电量靠近 300 千瓦。锅炉小组准备改装和安装学校的供热锅炉，改装实验室的发电用的锅炉，生产高质量的蒸馏水（相当于市面再蒸馏的质量）。

汽车小组在汽车修理部开工后，还准备接受校外的汽车试验；将现有的 10 多部大小汽车组织起来，和学校汽车房联合成立运输站，担负学校并接受校外的运输任务；和校外有关单位联合成立拖拉机站，为附近专业生产合作社耕地等。

传热设备小组的计划是，制造圆球及平板导热设备各三十套，水力积分仪，湿蒸气干度计等。仪表制造小组将制造各种热工仪表。他们争取在三月十五日全国工业展览会上展出自己制造的改进式水银温度计校验台，压力表校验台，负压校验台。现在正和各方面联系，了解各种仪表的供求情况，确定试制什么新仪表。目前已确定试制 эпп-09 型自动电子电位计，它测量温度又快又准，并且可以以它为基础发展一些新仪表。在机械馆前面的“勤工俭学”壁报上，人们可以感到一股震人的劲头。汽车拖拉机和发动机实验室已首先突破十万元的关口，向全系提出了挑战，保证完成 12 万元产值的指标。工人们贴出大字报，保证搞

好教学和完成生产指标。同学们写给系里大批决心书，要求参加勤工俭学的活动，把自己培养成又红又专的社会主义的劳动者。

《新清华》第262期，1958年3月1日

机制系接受国家大量生产任务
制造锅驼机及蒸汽机六百余台

（1958年3月6日）

机制系的教职工这两天显得特别紧张和忙碌，他们正在为国家赶着准备完成一批紧急而艰巨的任务。这批任务便是要在今年6月底以前制造出500台锅驼机的全套设备（包括蒸汽机和锅炉），另外生产150台蒸汽机和3 350多台蒸汽机中球墨铸铁的铸件，供给其他兄弟学校。

为了从许多方面来保证今年农业的“大跃进”和大丰收，北京市今年承担的锅驼机的生产任务由4 000台一跃而为10 000台，单是各高等学校就分配到4 000台，同时必须于6月底以前交货。这些锅驼机除供给北京郊区农村以外，还要供给甘肃及河南一部分需要。为此，中共北京市委特于三月二日（星期日）召集北京市各高等学校有关负责人开会。我校有关负责同志参加了这个会议，并接受了上述任务。

这是一个非常紧急而艰巨的政治任务。除生产准备工作及制成后试车时间外，从三月上旬正式投入生产时算起，平均每天要生产10台全套的锅驼机。机制系的教职工在了解了完成这批任务的重大政治意义以后，受到了极大的鼓舞，他们正在大力挖掘潜力，准备利用原来的设备条件来完成这项任务。

现在准备工作正在紧张进行。为了适应生产的需要，重新建

立了必要的组织机构，如生产计划调度组，技术组，供销组，总务组，财务组，检查组等，并将各实验室作为车间单位，将铸工锻工、焊接实验室与金属工学铸工、锻工、焊接合并成为一个车间，基本上按生产单位组织起来。劳动力的组织工作是极其复杂的。将来正式投入生产后，如每个同学每周劳动 4 小时，每周将需要 3 000 多同学参加劳动。现在正在外面领导生产实习的教师也急需调回投入生产，系里已分别发出电报敦促他们返校。三月三日，还组织了 30 多位教师到通用机械厂去学习生产经验，他们要完成一查三定的任务：查图纸，定工艺路线，定机床和定工时定额。他们回来后制订了全部生产计划。

三月五日将开始试制，试制成功后即正式投入生产。

《新清华》第 263 期 1958 年 3 月 6 日

学校负责同志和苏联专家检查各系生产情况

（1958 年 3 月 9 日）

在全校开始试生产后的第三天——三月九日，学校检查了各系的生产工作。参加这次检查的有陈士骅、张维副校长、校长助理高沂和陈舜瑶等学校负责同志，各系系主任和基础课教研组主任，以及本校苏联专家齐斯佳阔夫、鲍里索夫、斯捷潘诺夫、马尔金等同志。

大家分成两路来到各系的生产车间和实验室，到处都在热火朝天地忙着生产，有些常年沉睡的机器都开动起来了。各个生产单位的同志向学校负责同志汇报了生产的情况，收获和问题，表示有信心在三月十八日以前试制出第一批产品。汽车修理部的同志说，我们已经修好三辆汽车出厂，三月十五日以前还要再修出三辆。土木系的一部分同学正在自动搅拌机旁预制教学大楼的构件，他们第一天只制成两块，第二天就增加到十四块。他们表示，还要争取每天二十块的生产成绩。

苏联专家们在看了以后说，清华大学已经开始走向理论联系实际的生动活泼的局面；教师、工人和同学们的生产热情很高，物质设备条件也很好，一定能够取得很大的成绩；进行生产可以使学校工作更加接近实际，而且是社会主义教育的一种形式，今后要千方百计地发展下去。专家们并就检查中发现的问题提出了一些宝贵的参考意见，如选择工作类型时应考虑到如何为提高教学质量服务；有些系的产品种类大同小异，如果加强联系和配合，则能降低成本，提高生产效率。

《新清华》第 265 期，1958 年 3 月 13 日

机制系提前三天基本完成 650 台锅驼机

（1958 年 6 月 22 日）

机械制造系在 22 日基本上完成了 650 台锅驼机的生产任务，比原定计划提前三天。首批锅驼机已在 24 日运往旱情严重的山东省。

为了支持农业“大跃进”，今春许多工厂和高等学校都在大量制造农村所迫切需要的锅驼机。本校机制系接受了 650 台锅驼机的任务后，就把各实验室组织成一个中型机械制造厂，从三月开始全力进行准备工作，四月中大批投入生产。参加生产工作的有机制系五年级和四年级的同学、教师和工人共一千人。在开始的一个阶段，由于缺乏经验，技术人员存在各种资产阶级思想，生产进展迟缓。经过了双反等运动，深入批判了轻视工人、轻视

实际以及个人主义思想，做到政治挂帅，并展开了劳动竞赛和技术革新运动，生产就以高速度前进，许多工序的生产率成倍上升。特别是在总路线提出以后，大家干劲更足，“七一”献礼台上捷报频传。铸工车间、压力加工车间等早在五月以前就完成了650台锅驼机的任务，并为各兄弟学校和厂矿供应了3 000多台锅驼机的球墨铸件，机装车间的任务最重，原定25日完成全部零件加工，但经过讨论，大家一致决心提前在22日完成。第四工段和第五工段改进了工具和操作方法，先后在15日和17日提前完成任务。

由于缺乏滚珠轴承和钢管，目前锅驼机的装配工作进展较慢。一俟材料来到，即可立即送往旱区支援抗旱斗争。已经装配出来的蒸汽机都达到七匹马力以上，超过了七匹马力的定额。

《新清华》第314期，1958年6月27日

全校以九十项新产品向党的生日献礼※

（1958年7月1日）

在“七一”前夕，全校以雷霆万钧之势掀起了一个向党献礼的生产运动。在短短两周内，各系破除迷信，以敢想敢说敢做的共产主义风格试制成功90种新产品，其中有35项已达到全国先进水平，33项赶上了世界水平。许多过去连想也不敢想的“尖端技术”产品，现在已经刻上了“清华大学制造”的标牌。

这次试制的产品，无论就数量和质量上说，都以机械制造系为最。他们在提前基本完成650台锅驼机的制造任务之后，立即和设备工厂协作，制成了半自动仿形表板铣床等六种具有世界先进技术水平的机床和液压仿形刀架，试制成功球墨铸铁铁轨，球

墨铸铁曲轴等新产品，还研究成功了失蜡铸造，壳型铸造等最新工艺。此外，还有北京一号和北京二号焊条和五种焊药以及电容式点焊机。

电机系这次制成的主要是电子仪器，共有十余种，有两台非线性电子模拟计算机、宽频带脉冲发生器、高电压脉冲示波器、防雷分析仪、毫秒量测仪等。他们还在一周之内突击出来一台小型冲床。

无线电系也制成了十余种电子仪器，包括实验用时分隔多路通讯系统，三套电视设备，大众化电视接收机，高级脉冲示波器，闪光管等。

动力机械系提前在“七一”制成了万能底盘式拖拉机，还有“敢想式”锅炉和磨煤粉机，万能电子电位计和电子——液动混合式自动调节器。

土木系这次也赶出几种新产品，如土水泥、多斗挖沟机、透气测定仪等。

基础课教研组在生产上也不是无能为力。化学教研组和物理教研组分别制成了重铬酸等六种铯盐和小型自准式摄谱仪。

向“七一”献礼中的优秀产品，已参加 7 月 1 日开幕的北京市红专跃进展览会，这些优秀产品的照片和其他产品将在学校展出。

自从 3 月份开展勤工俭学活动以来，先后有八千多位同学、教师和职工参加了生产劳动，一共制造了 200 多种产品，生产品的产值在一百万元以上。就工业生产方面来说，各系和教研组试制了一些国内尚未生产的精密仪表和精密机器，承担了适于大量同学参加的成批生产任务，为校外进行了一些设计和测绘任务。这不仅有力地支持了国家建设，促进我国工业技术向世界高峰挺进，而且大大推动了师生走上又红又专的道路，提高了教育质量，并为科学研究创造了有利的条件。目前，全校正在勤工俭学的基础上，进一步讨论实现半工半读的规划。

《新清华》第 316 期，1958 年 7 月 1 日

建筑工程公司“七一”成立

（1958 年 7 月 1 日）

标志着向共产主义前进的清华大学建筑工程公司已在 7 月 1 日正式成立了。与此同时，公司承办的第一期工程（修建本校露天游泳池工程及小学校）亦举行开工典礼。

参加典礼大会的除了土木系建筑系师生员工以外，还有工程物理系物 9 同学和机械系的焊 0 同学共约 2 000 多人。张维副校长、公司经理杨曾艺教授、土木系主任陶葆楷、建筑系副主任汪坦、体育教研组主任马约翰、夏翔先生和土木系党总支书记陈英同志等都参加了大会。

大会在鞭炮声、锣鼓声和《歌唱祖国》的歌声中开幕。张维副校长把公司的“门牌”揭幕举起，绕场一周以后，向大会致词庆贺。他说，公司的成立是具有历史意义的事，它标志着我们向共产主义迈进。他代表学校向土木、建筑两系师生祝贺，祝贺他们在党的生日开始正式做工人。他表示希望这个公司能在半年到一年内赶上北京的建筑公司，到二年成为先进的公司。当他问大家“有没有信心？”时，会场上响起了坚决的回答“有！”

接着公司经理、土木系副主任杨曾艺同志讲话。他说：我们公司是取得市委、校党委的积极支持，并得到北京建设局批准和帮助。我们公司不仅是建校力量，也是北京市建设力量之一。我们有信心在一年半内达到北京市先进建筑公司的水平。他说，我

们的公司除了盖一般的住宅、厂房和大型的火力发电站以外，还能盖起高级的高楼（市建筑局已准备二年后，把长安街的高楼部分承包给清华建筑公司），这时全场响起暴风雨般的掌声，“劳动万岁！”“共产党万岁！”的口号此起彼落，经久不息。

今天在会上讲话的还有建筑系副主任汪坦、体育教研组主任马约翰先生和第一代工人代表，他们一致祝贺公司的诞生。会上还收到了物9房9等数十个单位和班的贺信与决心书。清华附小的少先队员还向大会致词与献花。

在大会进行期间，由暖9暖0等组成的公司第一批上班的工人（暖通专业大队）向大会报喜。这支队伍苦战二天二夜，超额完成新建物理馆的全部长达250米长的管道通风系统。

最后陈英同志代表土建两系党总支向大会表示祝贺。他说，公司的成立是向共产主义迈进的第一步，我们不仅是劳动锻炼，而且还要在思想上培养有工人阶级的思想感情。他说，我们不是伸手派而是双手派，要把公司在我们的双手中建造发展起来，成为全国先进公司之一。他说，游泳池的施工是我们千万事业中的开始，我们保证提前完成任务。

大会结束后，新工人们马上涌入工地，热火朝天地修建游泳池。这个游泳池位于“荒岛”南面。游泳池是贯彻多快好省的方针由土木系同学设计，全校师生义务劳动修建。游泳池四周是用虎皮石砌挡土墙，大部分材料是就地取材的废料。从7月1日起这里每天将要轮流接待三批工人来此地劳动。连日以来，从早至晚，同学们都分批在这里劳动。他们不怕脏臭，跳入池挖污泥，展开劳动竞赛。工程正在迅速进展中。

（本刊记者陈玉良）

《新清华》第317期，1958年7月7日

水利设计院等三机构成立

（1958 年 7 月 1 日）

7 月 1 日上午，水利系全体师生员工以抑止不住的激动心情抬着五色缤纷的标语牌、决心书和礼物，奏着民间乐曲，锣鼓喧天，爆竹震地，一齐涌向大礼堂向党祝寿，向党献礼。

献礼大会开始，水利系系主任张任同志宣布今天成立水利设计院、水利工程公司和水工仪器制造厂三个机构，分别由张光斗、张任和宋侃夫等同志负责。顿时场内掌声雷动，锣鼓喧天。他说到这三个机构的具体任务。设计院结合毕业设计承担水利建设的勘测、设计工作，成立有一、二十部钻探机的勘测队。工程公司担任所设计工程的施工工作，同学在实习中做工人，参加劳动，达到五级工水平。水工仪器制造厂为生产与科研服务，制造水轮机、流速仪等测量仪器，电阻应变仪等电测仪器，同学进大学后就学习金工、木工参加制造这些仪器。将来学校又是设计院，又是研究院，又是工厂又是施工单位。他们要培养成能文能武，又红又专，能解决实际生产问题的社会主义的建设者，全系争取三年自给自足。

水利系党总支书记李恩元同志发言中说："我们今天决心要建立共产主义大学，向党的生日献礼。"他说，将来全体教师学生都是工人，经过六年劳动，要求达到五级工的标准；还要参加农业劳动。教学计划安排二分之一时间参加生产劳动，二分之一时间理论学习。最后他希望大家真正改造自己成为工人阶级知识分子。

师生员工纷纷上台表示决心，向党献礼。水能教研组赵敬亭同志以兴奋的心情报告了在四、五天内以自己劳动制成了流速仪向党献礼。水工教研组陈兴华同志保证昌平区六个水库设计任务从原定六周提前于二周半全部完成，并要求在设计院成立后，争取接受第一批设计任务。木工间薛振山老师傅谈到金工间和木工间同志的兴奋心情，并代表全体金工、木工决心和大家一起很好工作，全心全意为祖国服务。电测间实验员李未显把提前半年试制成功的坝内温变遥测仪作为向党献礼。在会上他们都提出了自己的令人鼓舞的跃进规划。

水8同学徐培忠以水利设计院第一批工作人员的身份，完成了昌平等八个水库设计来向党报喜。她代表全体水8同学表示要提前十天交出图纸，争取接受新任务，并坚决服从毕业分配。水9同学代表管馨和水工同学代表陈宝玉表示了他们的决心。最后水利系团总支书记朱爱菁代表全系六百多个共青团员向党献礼，要做党的忠实助手，无限忠诚于共产主义事业，在半工半读中做促进派，随时准备接受党所交给的任何任务。

大会在“劳动万岁!”“中国共产党万岁!”等口号声中散会，全体师生员工亲眼看见三个机构的白牌挂在新水利系馆大厅前面。

（陈希哲）

《新清华》第317期，1958年7月7日

科学处支部关于全校建厂的建议※

（1958年8月11日）

党委：

科学处支部讨论了当前全校建厂工作情况，特提出以下建议，请党委审议。

科学处支部

1958年8月11日

一、1958的全校重点建厂（战略）任务指标（第一本账）

（一）综合机械制造厂

1958年底制成：C618车床300台（机制各车间制成）；130×800车床60台（设备工厂制成）。

1958年10月1日前制成：C618车床100台；130×800车床10台。

（二）土建公司及设计院

1. 保证土电厂9月1日试运转，9月15日正式投入生产。

2. 9月1日前开工兴建综合机械制造厂的重型车间约3 000平方米，10月底前完工。

3. 10月1日前开工兴建综合机械制造厂的铸工车间约4 000平方米，11月底前完工。

4. 11月1日前开工兴建综合机械制造厂的冷加工车间约5 000平方米，12月底前完工。

5. 学生宿舍：争取年底前完工。

（三）电工厂

1. 360台份的全部电机、电器。

2. 9月15日以前全部完成土电厂的输配电及电器安装任务。

（四）土电厂

1. 保证9月1日试运转，9月15日正式投入生产，包括：发电，水泥，炼油，化肥部分。

2. 争取第二套机组（更合适于地方工业）在年底前正式投入生产。

（五）其他建厂任务：在调动一切力量保证完成全校重点建厂任务前提下，鼓励各系（组）继续动员群众，发扬穷干、苦干的精神多快好省地建系建厂。

科学处支部认为，完成以上任务，根本的问题是政治挂帅，破除迷信，敢想、敢干。我校是一个多科性工业大学，充分发挥多科性工业大学的特点，保证重点建厂任务完成的可能性是存在的，而在校内只有发扬共产主义协作精神，才能更充分地发挥多科性工业大学的特长，这是能否按期完成建厂任务的关键。另外强调自力更生，积极创造条件，不再坐失时机是十分必要的。但自力更生决不排斥主动争取外援。有了计划，需要采取更坚决措施。我们建议：党委责成各有关工作组在9月20日前经过充分研究，提出保证完成重点建厂任务的措施，呈请党委批准。

二、校内外协作原则：为了保证建厂任务，早日全部实现半工半读，加强校内外协作是有十分的必要性，经过初步酝酿，特提出以下原则，请党委审议：

（一）为了加强校内协作，［我们］认为

1. 凡是重点建厂任务应作为全校的中心任务，各单位凡是有能力有条件的必须坚决支持。

2. 为了进一步调动一切力量保证重点任务，生产办公室有权调动各系组实验室之设备、器材及人力。

（二）加强对外协作：

1. 必须坚持互助互利的共产主义协作原则。

2. 对外协作宜有重点地进行，不要联系面太广太多，以致不能很好地照顾及执行协议。

3. 国家建设中的重大措施，需要技术上支援，经学校统一考虑，应无条件地全力支持。

（三）在具体工作中必须注意：

1. 各种对外协作项目、合同、协议必须经学校统一批准。

2. 对校外各单位既不轻易提出要求，亦不随便承担义务，非必须提出条件的决不提出，凡不可能接受，不勉强接受。

3. 各单位人员在对外联系协作任务时未经领导同意不能轻易提出允诺条件，有关本单位协作的项目必须事先请示本单位领导，有关系间的协作项目必须事先请示有关系领导及学校领导。

三、为了加强校内协作，保证建厂任务，除原有生产组织外，建议成立以下组织。

(一) 燃料综合利用发电厂：

成立临时党总支或党的工作委员会

书记：蒋企英

副书记：李志忠、张芳榴

(土建一人)

土木系负责炉渣水泥生产、普化负责炼油及化肥生产，派人参加委员会。

(二) 综合机械制造工厂：

成立建厂工作组

组长：王震寰

副组长：刘小石或陈英 李麟谟

(电机一人)

(三) 运输：

成立运输工作组

组长：史国衡

副组长：韩银山　高　原

注：

① 组员名单由各组正副组长拟定提出

② 生产办公室派人分别参加各组

③ 尖端和基建已另行成立工作组

清华大学档案，全宗号 2　目录号　党 1　案卷号 58068

综合利用电厂发电了

（1958 年 10 月 10 日）

由国家经委、水利电力部、北京市委委托我校建设的试验综合利用电厂，已在 10 月 10 日晨 5 时 52 分发电了。装置在关帝庙里的功率为 2 000 瓩的汽轮机组，稳定地达到了 3 000 转的转速，运行情况正常。与此同时，化工车间的干馏煤堆已经出焦、出油。由原油中提炼汽油、轻柴油、酚等物质的焦化釜开始试运行。

从九月底锅炉机组、汽轮机组试运行以来，参加试运行的师生、师傅和工程师们，日夜奋战，克服了缸瓦管口漏水、汽机本体振动、主汽门不好使、主油泵轴瓦损坏等一系列困难。国家经委水利电力局杨局长连续几天在工地指导工作，水利电力部北京修造厂、石景山发电厂、北京技术改进局、北京基建局、天津第三发电厂等单位都派来总工程师、工程师、车间主任及老师傅等参加试运行及检修工作。

《新清华》第 358 期，1958 年 10 月 10 日

要有秩序的炼钢，党委决定成立工地指挥部

（1958 年 10 月 30 日）

我校炼钢生产经过 26 号“卫星日”的努力，有了很大提高，进行简短修整后，目前已进入一个新的阶段。根据前阶段的生产经验，和从我校条件出发提出的“土洋结合，先土后洋，以洋为主”的方针，党委炼钢指挥部对炼钢问题作了研究，认为目前急需解决有秩序地进行生产问题。即从领导上看，要有全面观点，

一手抓钢，一手还要抓其他，不要抓了钢忘了其他。前阶段各级党组织对钢的生产都全力以赴，这是正确的，目前已取得了一定经验，应当把炼钢工作和其他工作加以合理安排，实行分兵领导。从劳动力的组织上看，群众发动起来以后热情很高。要加以合理的调配，经常保持一定数量的劳动队伍，尽量使更多的人得到劳动机会，使炼钢、学习、工作等都能得到照顾。为此党委决定成立工地指挥部，由周维垣、张儆、林泰三位同志组成。党委将定期讨论炼钢工作。

《新清华》第369期，1958年10月30日

生产办公室关于重点扩建或新建四个工厂规划草案呈党委的报告※

（1958年11月22日）

党委：

现将我校1959年内重点自行扩建或新建的四个工厂规划草案和初步审查意见报党委审查批示：

（1）无线电器材厂

（2）综合电工厂

（3）冶金厂

（4）综合机械厂

这四个厂对于保证全校明年的重大科学研究工作有很密切的关系，同时也是我校贯彻执行教育与生产劳动相结合方针、实行半工半读，解决校内劳动场所的重要组成部分。各总支最近都已经进行了规划。但如何才能多、快、好、省地把这些工厂建立起来，边建厂、边生产，满足学校全面跃进的需要，还是当前规划

工作中迫切需要解决的问题。经过讨论，生产办公室认为各总支在规划中应进一步考虑以下问题：

1. 学校各厂 1959 年的生产任务，主要应是为了满足重点科学研究和教学任务的需要。

2. 建厂工作，应全面规划 1959 年各厂建设规模和速度，应根据需要与可能订出生产纲领，有步骤、有阶段地进行。

3. 在目前物质条件异常困难情况下，应大力贯彻自力更生精神，并积极争取一切可能的外援。

4. 建厂必须贯彻勤俭方针，并从现有条件出发，先土后洋，土中出洋，由小到大，边建厂、边生产，争取尽速的满足生产需要。

5. 劳动力应全面安排。原则上应在系内自行解决。

根据上面所提的原则现分别就各系规划提出初步审查意见如下：

(1) 无线电器材厂

1. 为了配合明年重点科学研究对于无线电器材零件的需要，无线电器材厂的建厂工作应积极进行。建厂工作应在充分利用现有条件的基础上，自力更生。

2. 请无线电系总支召集有关单位共同研究，迅速确定生产任务（包括品种、数量、完成日期）。

3. 考虑当前生产和建厂工作中的具体条件，企图一举而解决全部设备问题的现实意义不大，建议首先利用无线电系现有人力、物力，即日开始生产，并采取边生产、边建厂的方针逐步扩大生产能力。

4. 因扩大生产需要增添的机床设备，希分别轻重缓急，以土为土，先土后洋，土中出洋，并根据物资条件作好统一安排，逐步增加。

（2）综合电工厂

1. 电机系电工厂 1958—1959 年发展规划根据党委指示提出“自力更生、土洋结合、先土后洋”的建厂方针，并采取继续发动群众鼓足干劲力争上游，开展技术革新运动，建好办好电工厂的措施是好的。

2. 考虑明年的实际情况（物资设备和加工力量），建议电机系、自动控制系总支研究一下综合电工厂明年生产指标（1）、（3）和（4）等项，以便把建厂速度和生产任务放在切实可行的基础上。

3. 关于自制设备，希根据生产需要，从可能条件（器材、加工力量）出发有步骤、有计划的提出任务，在全校统一排队。

4. 考虑半工半读需要，可否接受一定的中小型电机生产任务，争取一些材料克服原材料没有的困难，并在配合重点科研任务的同时大力开展试制工作。

（3）综合机械厂：

1. 加强政治思想工作发动群众做好生产管理，充分发挥现有人力、物力、财力组织生产并继续争取市委支持在明年把三个车间建起来。

2. 考虑本系及外系学生半工半读的需要，建议研究接受一定批量的生产任务（品种和数量请总支决定），既利于教学与生产劳动相结合又利于向市委争取支持解决原材料不足的困难。

3. 充分发掘现有生产潜力的可能性很大，建议研究大力开展技术革新，并考虑搞一些必要的土机床，提高生产能力，以便继续大力支持全校科研项目。

（4）冶金厂：

1. 目前学校生铁供应紧张，影响各项科研、生产和教学任务，希望大小高炉抓紧炼铁，争取日产 5～7 吨灰口铁并稳定生产（炼铁所需之焦炭考虑由土电厂供应）。

2. 炼钢厂希首先在现有条件下，抓紧把生产搞起来，根据市委供料炼钢。正常生产后，希结合科学研究，开展技术革新，提高炉龄。

3. 关于轧钢设备，应结合科学研究，根据物质条件和校内外对钢材的需要做出规划早日投入生产。

以上意见是否得当，请党委批示。

生产办公室　1958 年 11 月 22 日

清华大学档案，全宗号 2　目录号 党 1　案卷号 58068

清华大学 1958 年生产工作的总结

——在第十二次教学研究会上的报告

（1959 年 1 月 8 日）

高　沂

（一）一年来的主要收获

在全民整风和反右派斗争等一系列的政治思想革命运动取得伟大胜利的基础上，在党的社会主义建设总路线的光辉照耀下和全国工农业生产“大跃进”的形势下，在教育部、中共北京市委的直接领导下，我校从去年二月开始，坚决地贯彻执行了党的教育为无产阶级政治服务，教育与生产劳动相结合的方针。在教学、科学研究、生产三结合的原则下，各系和公共教研组均无例外地开展了大规模的生产劳动。根据我校的情况，我们的生产工作是坚持了两条腿走路的方针。这就是要符合专业要求的生产劳动和一般性的体力劳动并举，以结合专业的生产劳动为主；尖端科学技术与一般产品的生产并举，以提高教学和科学技术水平为主；校内与校外并举；土法与洋法并举，不断地进行技术革新。

在将近一年的时间中，我校在国家有关部门的指导和许多企业单位的协助下，全校共完成了大小生产任务856项，试制成功了329种新产品。在校外，我们支援了45个县、市和150个企业单位，完成了182万工时的设计、测绘、制造和施工任务。在这些项目中，有支援三大“元帅”的，有支援两个“先行官”的，还有北京市的重点建筑工程的设计和某些中等城市的规划和人民公社的规划设计任务。在尖端科学技术方面，也做出了不少的成绩。还应当特别提到的是，全校师生员工积极地参加了全民炼钢运动，既炼了钢，也炼了人。此外，我们还参加了十三陵水库修建工作、百花山的植树造林和帮助人民公社秋收等各种校外的义务劳动。

为了更好地贯彻执行党的教育方针，适应教学、科学研究和生产相结合的需要，我们在原有的实验室和实习工厂的基础上，逐步扩充和新建立了一批工厂和车间作为生产基地。特别是党委在八月初提出学校大办工厂、建立生产基地的任务以后，全校掀起了办厂的高潮。在几个月的时间内，扩建和新建了64个工厂、车间，如燃料综合利用试验电厂、综合机械厂、综合电工厂等，还成立了三所工程公司和设计院。

学校开展生产劳动有力地促进了教学质量的提高和科学研究工作的蓬勃发展，同时也对国家的经济建设直接做出了贡献。知识分子经过生产劳动锻炼，他们的人生观和世界观，他们的思想感情和生活方式，都发生了很大的变化。

总之，生产劳动进了学校之门，使学校的面貌发生了极其深刻的变化。在政治思想、教学、科学研究、生产以及文娱体育工作上都获得了全面的大丰收。

这就是我校在将近一年来贯彻执行党的教育方针，大搞生产，大办工厂以后的主要收获。这些成绩是与我校绝大多数同志在党的领导下，热烈地拥护党的方针，积极地参加生产劳动分不开的。可以说，党的教育为无产阶级政治服务，教育与生产劳动相结合的方针，已经掌握了群众，已经在实际工作中显示了它的巨大威力，发出了万丈光芒。实践也同时证明，党的教育方针是学校实行共产主义改造，消灭脑力劳动与体力劳动的差别，培养红专干部的唯一正确道路。

（二）在生产劳动中贯彻执行党的教育方针的几点经验

1. 贯彻执行党的教育方针，必须开展两条道路的斗争

在我们贯彻执行党的教育方针，开展生产劳动的过程中，道路并不是平坦的。学校应不应该搞生产，以及怎样搞生产，始终是问题争论的焦点。在去年二月开始进行勤工俭学生产劳动的时候，就有些人反对和怀疑党的这一方针。他们不赞成在学校里搞生产。他们说，“高等学校搞生产是浪费时间，得不偿失”；“体力劳动只能使人四肢发达，头脑简单”；“搞生产劳动只能降低教学质量”等等。但是党委坚决地贯彻执行了党的方针，领导全校跨上了生产之马，在校内外大搞生产，在校内大办工厂。现在，许多事实证明，党的方针是完全正确的。过去曾经反对和怀疑党的方针的人，现在多数已经改变了他们的看法；但是也还有少数人仍有保留，他们用另外一些说法来反对和怀疑党的方针。他们说：“生产劳动对红有利，对专则不然”；“集体放了卫星，个人则做了莱伊卡”，等等。也还有些人，他们对我校生产劳动的成绩估计不足，甚至有个别人抓住了具体工作中的某些暂时的和局部的缺点片面地加以夸大，似乎开展生产劳动的结果，已经降低了理论学习的水平，只能学到一些片面的生产知识。关于这些问

题，在科学研究和教学总结报告中，已经作了明确的回答，这里只简单地讲一点意见。

我校自1952年教学改革以来，同学们的理论学习和生产知识都有了很大的提高。这是我校实行社会主义改造、向理论联系实际方面跨进的第一大步。但是，由于学校在1952年以后还没有像今天这样的开展生产劳动，旧中国遗留下来的教育脱离生产劳动、理论脱离实际的影响还没有彻底清除，同学们学了理论以后，虽然也参加生产实习和实验，但由于他们学习的过程与生产实践的联系还不够密切，对理论仍然体会不深，学到的实际生产知识和技能仍然不多。开展生产劳动以后，同学们在劳动中学到了生产知识和技能，深入地理解和掌握了理论，正是因为理论和实践结合起来了，就在教学、科学研究、生产中往往能提出一些创造性的意见，因而摆脱了过去那种单纯由教师向同学灌输书本知识的被动状态。今天同学们可以通过生产实践，主动地学习到过去那种教学方式所学不到的东西，这就使理论与实践、学习与独创有机地结合了起来。还有，生产任务往往是综合性的，需要几个不同的专业配合进行，既需要生产技能，又需要理论知识，也需要对国家的经济技术政策有所了解。所以通过生产劳动，就有条件学习得更全面、更深入。此外，同学们参加工厂的管理工作，还可以提高他们的组织和管理生产的能力。

在教师方面，他们在劳动中也提高了思想水平和业务能力，这对提高教学质量也具有很大的作用。

同学参加生产劳动，使学习与生产斗争的实践和国家的社会主义建设联系起来，学习的目的性更加明确了，干劲也更大了，并且对生产劳动是自然科学知识的源泉，是理论的基础加深了体会。

所以同学的学习质量是大大地提高了，而不是降低了。一年来的很多事实已经一次又一次地证明，反对和怀疑党的方针的人是错了。

在贯彻执行党的教育方针这个问题上，继续开展两条道路的斗争还是十分必要的。一方面，必须同反对、怀疑党的教育方针，轻视劳动，轻视生产实践的思想倾向作斗争，因为资产阶级的世界观和人生观有着长期的阶级根源和历史根源，决非一朝一夕所能解决。因此在今后贯彻执行党的教育方针过程中，还会有长期的斗争，我们必须给以足够的重视。另一方面，也要注意防止可能产生的忽视与教学、科学研究相结合的片面的“生产观点”。

2. 为了更好的全面地完成学校的各项任务，必须正确处理生产劳动中的几个关系问题

（1）正确处理生产劳动与教学、实践与理论的关系。生产劳动与教学、实践与理论是矛盾的统一，处理好了、相辅相成，处理不好就不能达到预期的效果。因此正确地解决这个问题，是我们的首要任务。这里有三方面的问题需要解决：其一，应根据不同年级和不同的专业，按照学习的要求，具体规定劳动与学习时间的比例关系；其二，选择的生产任务要与教学的要求配合得好，同时注意尽可能地按计划生产，以适应按计划学习的要求；其三，特别是在完成一定的生产任务之后，要根据教学的要求及时进行总结。总结的过程也就是培养多面手的过程，是将实践上升到理论的过程，也是准备将生产实践中所获得的新东西运用到教学中去的开端。

（2）符合专业要求的生产劳动与一般性的体力劳动的关系问题。

一年来，我校既从国家的经济建设和国防建设的需要出发，同时也从学校的培养干部的任务出发进行了生产劳动。其中有一部分体力劳动（如修建十三陵水库，植树造林，下乡秋收等）不

是与教学有密切联系的，在校内某些劳动也属于这一类。学校搞生产的目的，是为了更好地培养干部，为此，在安排生产劳动时，应该使符合专业需要的劳动占主要地位。但在一定条件下，即使有一部分劳动与专业学习要求并不结合，但却是全民性的社会主义建设任务，也是国家的政治任务，也应该积极地参加。这种劳动对提高人们的政治思想觉悟也极其有益。此外，所谓符合专业需要的劳动，也不能了解得太窄、太死。一项生产任务从整体来说虽然是符合专业需要的，但是从若干部分来说，就不一定完全是这样。因此，我们在安排生产劳动的时候，总是根据精一通多的原则，定期轮换工种。通过所谓“重复劳动”，使每个人熟练一部分，是精一，又是通多的基础；同学参加多项工作，并且在教师的指导下集体总结工作，交流经验，取长补短，对每个人的精一是补充，更是通多的重要方式。通多又反转来促进精一。这样循环往复，就可以达到培养多面手的目的。这里应当指出，生产劳动结合专业需要的程度对低年级与高年级同学应有所不同。低年级同学除了参加工程基本训练（如金属工学、测量等）有联系的劳动之外，应当较多地参加一般性的体力劳动和某些辅助性的劳动。

(3) 校内与校外劳动的关系问题。

校内校外的劳动，应根据专业性质的不同而各有所偏重。如土木、水利等系，大部分生产劳动应在校外进行；机械制造、电机、无线电电子学等系，主要宜在校内进行劳动，同时也适当地在校外进行一些劳动。

教师和同学参加校外劳动，使学校的教育同全国的工农业生产密切地联系起来，同社会生活和人民群众的生产斗争密切联系起来，有助于知识分子的思想改造。通过校外的生产劳动，还可以广泛地吸收和总结人民群众的技术革新和发明创造的经验，进一步丰富学校的教学和科学研究的内容。这就形成了校内外互相交流，互相促进的局面。这是单纯的校内劳动所不能代替的。

但是，除了应在校外进行一些生产劳动之外，还必须大力开展校内的生产劳动。在这个问题上，曾经有些人反对在校内大办工厂，进行生产劳动。他们说，教学要与生产劳动相结合，就到国营企业去结合好了，不需要另立门户；也有人说，校内办厂搞生产，永远也赶不上国营企业。如果我们按照这种观点去做，实质上是会削弱教学与生产劳动的结合，而不会增强这种结合。因此，我们主张在开展校外的生产劳动的同时，大力开展校内生产，有计划地根据国家建设的需要和教学的要求开展科学研究和生产工作，充分发挥多科性工业大学的各种技术力量和设备的优越条件，这样的条件，往往是企业单位所不具备的。而且在校内搞生产，就更有利于使生产密切地与教学的需要相结合，既能完成一定的生产和科学研究的任务，也全面地完成了培养干部的任务，这是校外劳动所不能代替的。

(4) 计划性与灵活性的关系问题。

搞生产，必须根据学校的特点，有计划、有组织地进行，在可能范围内要制定切实可行的生产计划，并按计划办事。我们应该根据国家经济建设和教学、科学研究的要求，在一定时期完成一定的生产任务，并相应地进行一系列的生产准备工作和劳动组织工作。有人借口学校与企业不同，关系复杂，不同意有计划和有组织地去进行生产，不力争按计划办事，这对完成生产任务和教学任务都是不利的。这是生产工作中的一种散漫习气，必须改进。但是另一方面，又必须在情况发生变化的时候，相应地调整生产计划，不要坚持做那些一时力所不及或原材料确实有困难的生产任务。特别是校内办生产要考虑到与教学、科学研究结合，有的生产任务本身即是科学研究。因此需要在安排计划时应在生产进度、产品种类等方面允许有一定的灵活性。这与校外的工厂的生产是有所不同的。

(5) 与校外企业单位的协作问题。

一年来与我校协作的单位很多。经验证明，协作是促进科学技术和生产发展的有效方式。校外很多单位大力支持了我们，我们也为校外单位做了不少事。今后应当继续发扬这种共产主义的协作精神。为了加强对外协作工作的领导，今后重要的协作任务，须统一由学校掌握。

3. 加强领导，改进管理，建设基地，大力发展校内生产

(1) 为了使学校成为教学、科学研究和生产的联合基地，并使生产成为三者的有力的结合点，必须进一步建设校内的生产基地。过去我校在这方面做了一些工作，但还不够。我们有了生产基地后，就可以更加充分地发挥学校的潜力。

在建设生产基地时，必须贯彻全校“一盘棋”的方针，根据教学、科学研究、生产的需要和人力物力的情况，实行全面规划。一方面，全校要有几个重点厂（如综合机械制造厂，电工厂，无线电元件厂，燃料综合利用试验电厂等），这些厂的规模要大些，建成后要为全校服务。另一方面，各系或教研组，可以根据专业的要求，办一些较小的工厂或车间，为本单位的教学、科学研究服务。全校性的重点厂由学校统一地规划，各系的其他工厂或车间由各系提出，经学校批准。在建厂过程中，应根据勤俭办厂的精神，按照需要和可能，分别轻重缓急，有步骤地进行。

建厂的方针应该是穷干苦干巧干，土洋并举，并根据需要逐步提高。

一切工厂，不论土洋，应无例外的开展技术革新的工作。这是减轻体力劳动，提高劳动生产率的重要措施，同时，也是使生

产、教学和科学研究密切结合的有效方式。技术革新的课题往往就是科学研究题目，技术革新的成就常常是教学的新内容。对这项工作应该予以很大的重视。

(2) 改进经营管理工作和加强经济核算制。

我校搞生产的时间还不到一年，对如何管理生产还缺乏经验，在管理工作中存在很多缺点，今后应补好这一课。这是办好工厂的一项重要工作，同时也是培养干部的一个重要方面。我们要求同学们不仅要精通技术，也一定要有管理企业的本领和全面的政策观点及经济观点，没有这些，就很难成为一个好工程师。在目前，加强管理工作的首要任务是：第一，贯彻执行民主集中制的管理原则，走群众路线，发动群众管理企业；第二，要实行各种定额管理制度，逐步建立经济核算制；第三，建立一系列的生产责任制度，消灭无人负责的现象；第四，不断地提高产品质量，加强质量检查，要求制造出质量高、技术精的产品；第五，贯彻勤俭办生产的原则，根据同学们的劳动时间的分散和流动性的特点，组织好生产，克服人力物力的浪费现象。

(3) 加强劳动保证工作和安全措施。

这是一件非常重要的工作，我们必须坚决采取预防措施。一方面要加强安全操作的教育，严格执行操作规程；另一方面，要大力改善防护设备，加强安全措施。今后各工厂及车间应当定期检查生产中的安全工作。

(4) 加强生产中的思想政治工作，是完成生产任务的根本保证。

学校开展生产劳动以后，同学和教师的思想面貌的变化是巨大的，大多数人们已经改变了过去那种鄙视生产劳动和劳动人民的观点，初步认识到劳动光荣和生产实践的重要性。很多优秀的党团员和积极分子在生产劳动中以自己的模范行为教育了大家，很多同学因表现突出而参加了共青团。在生产劳动中先进集体不断地涌现出来，人们歌颂着劳动，争取在劳动中锻炼自己，共产主义劳动的萌芽在各处生长起来。为了让这些萌芽更好地壮大和成长，为了更好地在劳动中改造知识分子的思想，还必须不断加强政治思想教育工作。目前在生产劳动中有两种片面观点。一种是“劳动好，就是思想好”，“参加生产劳动就能改造思想”；另一种观点认为经过一年来的政治运动和参加生产劳动，“同学的劳动态度已基本上没有问题了”。这两种观点都是对资产阶级思想影响估计不足的表现。1958 年 10 月以后，在全校共产主义教育中有人提出“脑力劳动和体力劳动分工论”，“体力劳动消灭论”，“劳动痛苦论”等错误观点，正是说明在生产劳动中进一步加强政治思想工作是非常必要的。

以机械制造系为例，他们从去年二月开展劳动生产以来，曾进行了两次“小整风”，工作做得很好。第二次“小整风”以前，该系综合机械厂的几个主要车间的生产任务老是完不成，废品多，安全及机床损坏事故不少，同学们的思想比较混乱，有“自费劳动吃亏论”，“体力劳动浪费时间论”等。少数同学还强调参加劳动只是为了学技术，因而借口反对“重复性劳动”，对有些重要任务也不愿接受；极少数同学的劳动态度很差，有人只想干“按电钮”的活；有人一边开着机床一边念着俄文；也有人在工作中懒得动手而用脚去踢机床手柄。在“小整风”开始时，有些人对这些错误的认识很差。经过参观先进工厂，大鸣、大放、大字报和大辩论后，群众展开了在大量事实面前深入的讨论，普遍提高觉悟。有的同学说这是他“终生难忘的一课”。就是在这样“小整风”的基础上，全厂开展了以技术革新为中心的高产运动，生产上不断出现了新的跃进，热火朝天地开展了生产竞赛。机械制造系的例子极其深刻地说明了，加强共产主义劳动教育，在生产劳动中做好政治思想工作，是贯彻教育与生产劳动相结合方针的重要组成部分，而经常务虚与定期“小整风”则是在生产劳动中进行政治思想教育的一种有效方式。

（三）调动校内一切积极因素，为全面完成今年的教学、科学研究和生产任务而斗争

过去的一年，在党的领导下，我校的全部工作都有了一个大跃进。我校1959年的教学、科学研究和生产任务更加繁重。为了要保证完成这些任务，向国庆十周年献礼，仍须进行更艰苦的努力。最根本的问题是依靠党的领导，政治挂帅，鼓足干劲，充分调动一切积极因素。这是完成各项任务的根本保证。

我们的一切工作，必须坚决依靠党的领导，实行政治挂帅。在1959年，我校必须进一步贯彻执行党的教育为无产阶级政治服务、教育与生产劳动相结合的方针，争取作出更大的成绩，创造新的经验。

我校的新老教师，多数是积极的，一年来在实际工作中有很大进步。他们是教学、科学研究和生产工作中的指导力量，其中一部分又是生产中的组织者，应该进一步发挥他们的作用。同学们应该很好的向他们学习，向他们请教。

在生产劳动中，同学们是一支主力军，高年级同学又是一支重要的科学技术力量。他们在生产劳动和科学研究工作中绝大多数积极努力，思想上没有或者很少框框，敢想敢说敢做。我们应当十分珍惜这支力量，十分注意安排他们的学习、劳动、科学研究工作和他们的生活，帮助他们在劳动、学习中成长得更好。

我校的广大职工有的直接参加了生产工作，有的则是生产工作的后勤部队。他们是学校工作中一支重要的力量，一年来他们的贡献很大。我校的全体技术工人，他们在教学、科学研究和生

产中，同教师、同学合作，作出了不少贡献。我们应当切实地帮助全体职工、技术工人在工作中逐步地提高政治和文化水平，以便更好地发挥他们的作用。

一年来的工作，进一步锻炼了我校师生员工的队伍，进一步加强了师生员工的团结。在新的一年中，全体教师、同学和职工一定会进一步团结起来，共同努力，在工作中作出更大的成绩。

同志们！一年来，我校在党的社会主义建设总路线和党的教育方针的光辉照耀下，学校大搞生产，大办工厂，已经取得了不少成绩。但是我们开展生产劳动还不到一年，经验还不多，生产基地还没有完全建立起来。特别是我们的成绩与国家的需要和科学技术发展的要求距离还很远，我们必须努力工作，谦虚谨慎，力戒浮夸，认真克服工作中存在的缺点。我们相信，在党的领导下，在1959年一定能取得比1958年更大的跃进，尽快地把我校建成为教学、生产、科学研究的三联基地，为进一步正确贯彻党的教育方针，为国家培养又红又专的社会主义建设干部，为国家的经济建设和国防建设事业做出更大的贡献而努力。

清华大学档案，全宗号2　目录号　校3　案卷号238

试验电厂数据统计※

（1959年12月16日）

建厂以来总发电量：

3 870 000度（截至1959年12月16日止）

毕业设计和科研项目：

共42项（动力电机两系）

进行教学活动：

1 660 人项（四系三个基础教研组）

发行丛书：

26 种，21 000 余套

设计资料：

4 200 套

参观人数：

13 000 人（包括 23 个国家）

《新清华》第 495 期，1960 年 1 月 1 日

1960 年 1—7 月各工厂主要生产指标完成情况统计公报

（1960 年 9 月 2 日）

科学生产处办公室

党中央向全国人民发出了“开展以粮为中心的增产节约运动”的伟大号召，结合国际国内斗争形势，更好地完成生产任务有极其重大的意义。为了开展厂际评比，我们发表了截至七月底上各工厂主要生产指标完成情况的公报。现在八月已过，九月下旬，是完成学校“十一”献礼指标决定性的一月，摆在全体生产战线职工面前的严重问题，不仅要保证完成规定的生产任务，而且还要争取提前和超额完成任务。希望各工厂车间发动全体职工

充分讨论，订出奋斗目标，积极采取有效措施，大战九月，出色完成“十一”献礼任务。

——科学生产处办公室

1—7 月份累计完成年计划指标

工　　厂	机钳工时		商品产值		总产值	
	4 月份一个月完成数占年计划/%	1—7 月累计/%	4 月份一个月完成数占年计划/%	1—7 月累计/%	4 月份一个月完成数占年计划/%	1—7 月累计/%
综合机械厂	9.2	52.3	4.3	22.2	10.4	51
设备工厂	13.7	51	3.4	30.8	15.1	53
动力系工厂	12	129	5.5	40.5	5.6	42
综合电工厂	18.3	55.5		24.2		32.8
综合无线电厂	9.3	71	0.7	23.6	8.3	46
水工仪器厂	15	59	15.4	53.5	16.3	55
土建系工厂	9.4	45.3	3.4	32.5	10	45
试验电厂	—	—	9.5	35.6	9.5	35.6
工程力学系工厂	21.7	72.5		22.6	13.7	53
工程物理学系工厂	12	70	3.8	17.4	6.1	26.5
工程化学系工厂	—	—	2.7	12.7	2.6	12.1
自动控制系工厂	10	38.6	—	17	28	73
公共教研组工厂	—	—	—	—	—	—
合计	13	55.2	5.6	21.8	11.5	41.3

注：四月份大搞技术革新技术革命群众运动，是完成总产值机钳工时较好的月份

《新清华》第 567 期，1960 年 9 月 2 日

1961 年的科学生产工作

（1961 年）[①]

1961 年，清华大学在科学生产工作中进一步深入全面地贯彻执行了党的“教育为无产阶级政治服务，教育与生产劳动相结合”和“调整、巩固、充实、提高”的方针，在总结我校三年大发展的经验基础上，积极开展了科学研究、生产、实验室和研究生培养工作。

一、科学研究工作方面

1961 年总结了三年“大跃进”的经验，提出今年更应集中兵力，缩短战线，埋头苦干，切实工作，深入贯彻中央“调整、巩固、充实、提高”的方针。在此基础上，以电机工程系为重点，深入地进行了调查研究，对任务、人力、成果等进行了较深入的分析，并制订了《1961 年科学研究任务安排原则（草案）》。对全校任务项目进行了重新部署和调整安排，增加了一批个人自选课题。全校共进行科学研究项目 120 余项，其中校掌握项目 22 项。10 月以后又进一步检查了科学研究项目的部署和安排，并在三年科学研究工作的基础上，对各系及教研组方向、任务、人力安排及使用进一步进行了调查和分析。这对今后更加结合教研组的实际情况，进一步加强管理和发挥潜力打下初步基础。

1961 年在集中力量保证重点的基础上，围绕重点科学研究项目，开始进行了系统的研究工作，完成了一些产品，编写了一

---

① 该时期学校的科学研究、研究生培养、生产工作、实验室工作等均由科学生产处主管。

批科学论文和技术资料。全年共出版交流了 71 篇科学论文及研究报告，出版了两期学报。同时，学术活动进一步有了开展。无线电电子学、动力机械、土木建筑工程等系开展了各种形式的学术活动，如小型科学报告会、科学讲座及学术讨论会等，交流了研究成果，活跃了学术空气。11 月间无线电电子学系还举行了全系科学报告会，按学科及专题分别进行报告讨论，共宣读了论文 30 多篇，并邀请了校外有关部门参加。同时，我校也参加了校外的学术活动。在全国自动化学会上，我校自动控制系、电机工程系等共提出了十多篇论文；在北京市机械工程学会上，精密仪器及机械制造系、冶金系、动力机械系共提出了 30 多篇论文报告。

二、研究生培养工作方面

为了进一步提高研究生的培养质量，这一年的招生工作进一步坚持了“宁缺勿滥”的原则。由应届毕业生中挑选优秀的学生参加研究生的入学考试。并招收一批教师为在职及脱产研究生。同时，为了加强研究生的理论课程学习，各教研组分别为研究生制定了理论课程学习大纲，指导研究生进行理论学习。为了加强研究生和指导教师的密切配合，在 5 月份分别召开了研究生及指导教师工作经验交流会，进一步明确了研究生的培养目标、培养方法。这样就更加充分地发挥了研究生的主动性和导师的主导作用。

下半年着手制定了有关研究生管理制度，如《研究生外国语学习及考试办法》、《研究生学习数学课程暂行办法》等，加强了制度管理。

三、生产工作方面

全校现有 3 个工厂、10 个系附属车间及维修间。本年内完成了 3 665 名学生的教学实习劳动，生产了 23 台 C618 机床，

152 台水泵，53 台 4.5 瓩电机，及 408 项教学科研单件设备仪器试制的任务。

为了充分发挥工厂车间的作用，加强领导，改进管理工作，更好地为教学和科学研究服务，校务委员会成立了“经济工作专题研究组”，从四月份起，对校内有关工厂、车间进行了重点深入的调查研究工作，总结自 1958 年以来贯彻教育与生产劳动相结合的经验，草拟了《清华大学工厂、车间管理工作试行办法(草案)》。

为了响应中央关于加强农业生产第一线的号召，全校生产战线动员了近 600 名复员军人回乡参加农业生产，同时还抽调了一些工人支持校内生活后勤部门，全校工厂、车间生产布局根据贯彻执行党的教育方针的原则，以及人力物力的状况，进行了相应的调整工作。

为了鼓励先进，带动后进，更好地调动生产职工的工作积极性，在加强政治思想工作，做好定额管理的基础上，经过重点试点和总结后，逐步推行了奖励制度。

年底对徒工出师后的评级工作进行了技术考核准备工作。

四、实验室工作方面

1961 年全校各实验室、工厂（车间）集中三个多月时间进行了一次仪器设备和一般物资的全面清查，初步查明了设备仪器等的使用管理状况，并且结合物资清查对师生员工进行了艰苦奋斗、勤俭节约和科学作风的教育。在物资清查工作的同时，校务委员会经济工作组在广泛开展调查研究实验室管理工作的基础上，拟订了《实验室管理工作试行办法（草案)》。

6 月，召开了第一次实验室工作会议，进一步明确了实验室工作的努力方向。交流了工作经验，并且根据实验室工作会议的精神，调整和加强了实验室的领导和管理力量。

在此工作的基础上。进行了实验室充实配套的规划。并且有重点地进行了充实配套工作，重点加强及扩建了一部分实验室，进一步提高了全校实验质量及实验室工作水平。

1961 年下半年加强了全校物资调剂、处理和实验室之间的协作工作。从而节约了经费，减少了开支。

《清华大学一览》1961 年

生产和后勤工作优良奖状获得者名单（共 41 人）

——1962—1963 年度第 13 次校务委员会通过

（1963 年 7 月 24 日）

综合机械厂：	关贵增（八级工）	郭惠增（七级工）	张代文（二级工）
设备工厂：	王亥辰（八级工）	周启善（木工）	金善亭（三级工）
印刷厂：	朱光升（二级印刷工）	白秀荣（女）（二级印刷工、车间副主任）	
行政处修缮科：	张怀忠（水暖工）	郝世明（木工）	李计锁（电焊工）
	顿惠增（电工）		
基建科：	徐宝庭（水暖工）		
供应科：	吕凤和（工人）		
生活处一区：	洪绍强（清洁工）	于国成（清洁工）	王学信（清洁工）
	贾　旭（炊事员）	贾德玉（炊事员）	
二区：	关秉志（炊事员）	洪惠穆（清洁工）	杨　成（炊事员）
	韩淑珍（女）（清洁工）		

三区：　　　荣德利（炊事员）　牛书田（炊事员）　吕新芳（女）（炊事员）

　　　　　　苏宝亭（清洁工）

四区：　　　王恩臣（清洁工）　张敬清（炊事员）

幼儿园：　　韩学钧（清洁工）

膳食科：　　王　庆（炊事员）

校园管理科：　刘继舜（清洁工）

生活科：　　路文祥（司机）　　刘文昌（清洁工）

水利工程系：　薛振山（八级工）

农业机械系：　蔡景泉（八级工）

无线电电子学系：王治家（六级工）

自动控制系：　彭书庆（清洁工兼门卫）

工程物理系：　王振宇（八级工）

工程力学数学系：房华邦（六级工）

体育教研组：　孙魁元（工人）

《清华公报》第117期，1963年8月12日

校长办公室关于综合机械厂改归科学生产处领导的通知

（1964年3月6日）

校长办公室

（64）校办字第43号

兹经1963—1964学年度第七次校长工作会议决定将原属精

密仪器及机械制造系领导的综合机械厂改归科学生产处领导。特此通知。

此致

各系（基础课委员会）

各处

校长办公室（印）

1964年3月6日

《清华公报》第128期，1964年6月12日

校务委员会表扬的五好单位和五好工人名单

——1963—1964学年度第10次校务会议通过追认

（1964年7月18日）

一、五好单位名单（共七个）：

行政处修缮科供暖队

科学生产处综合机械厂锻压车间

科学生产处设备工厂车工组

教务处印刷厂装订车间

动力机械系热工量测及自动控制实验室技工组

自动控制系附属车间电子焊接调整工段

精密仪器及机械制造系9003机修组

二、五好工人名单（14名）：

综合机械厂：	郭惠增	
设备工厂：	王亥辰	黄宗禄
印刷厂：	白秀荣	

修缮科水暖队：	刘洪文	张怀忠
基建科：	徐宝亭	
水利工程系车间木工：	薛振山	
动力机械系热工实验室：	张振清	
电机工程系电工厂：	吴国樑	
试验化工厂焊工：	张忠久	
无线电电子学系实验室：	梁培琥	
自动控制系车间：	赵荣久	
工程力学数学系实验室：	杨风河	

《清华公报》第129期，1964年7月25日

五、进修人员培养

清华大学外校师资进修办法（草案）

（1953 年 10 月）

教务处[①]

一、我校为协助其他高等工业学校教师学习苏联经验，凡我校聘有苏联专家的教研组得依照可能的容量接受外校师资参加教研组围绕一门指定的课程进修，期限为半年至一年。

二、上项进修教师门类名额经我校规定后呈由中央高等教育部对有需要的各校统一分配。

三、各校指派来校的进修教师应具有一定的业务基础及培养前途，并须身体健康及政治条件较好，如条件不合或中途长期患病者我校得随时要求其原校召还。

四、进修教师一般须主修一门主课，旁听一门或两门副课，主课须完成指定的作业，并参加考试，其进修计划应与教研组主任商订，并由系主任批准，送教务处及校长办公室备案。

五、进修教师一般不参加生产实习及课程设计。进修结束后，由本校审核成绩，作出鉴定，并发给进修证明书。

六、进修教师一般应参加本教研组活动。本校视教研组工作的需要，得请进修教师以一部分时间参加本校的教学工作。

七、进修教师在进修期间宜将工会会员关系转来本校。

---

① 撰文单位系根据归档案卷号判断。

八、进修教师持原校及中央高等教育部介绍公函及本人履历至本校校长办公室登记后，发给进修证，凭证到总务处办理食宿并向人事室领取校徽等手续。

九、进修教师来校前或来校时，应将本人人事材料送交本校人事室。

十、进修教师编制仍属原校，工资及福利费仍由原校发给，公费医疗费可由原校转来。其他书籍、讲义、文具费及生活费、烤火费自理。

清华大学档案，全宗号 2　目录号　校 3　案卷号 218

校长与外校进修教师举行茶会

说明进修的性质并在会上交流进修经验

（1954 年 2 月 16 日）

本月十六日下午蒋校长、刘副校长和外校进修教师举行了茶会。参加茶会的有各校进修教师一百多人，还有本校教务长、各系主任及有关教研组主任。刘副校长首先向进修教师说明清华举办师资进修班的经过。一九五二年底苏联专家初来校时，清华为了更多发挥专家作用，即主动邀请外校教师及工程师来学习，去年暑假前共有十一个单位共十五人来进修，现在有些已回去开课。后来向中央高教部建议，扩大名额至一〇八人，由高教部统一掌握。现在实际到校的已有一一二人（内二人为工程师），包括三十五个学校。此外还有产业部门及学校来旁听的已达三三二人。刘副校长对中央高教部颁发的《高等学校教师进修暂行办法》及本校的接受外校进修教师暂行办法做了详细解释，特别指出进修教师的任务是回校后能独立担任讲授某一门课的教学工作，这是最低要求，我们要共同保证完成，至于做课程设计及毕业设计要看具体条件来决定；同时希望大家不仅学习课程内容，还要学习苏联专家的观点方法和工作作风。刘副校长说明由于增加进修教师的基本建设面积及家具购置等费用，高教部没有另外批准预算，只能就清华现有的设备挤一下，所以在生活条件上不免困难一些，请大家谅解。

接着本校发电输配电教研组主任黄眉教授发言，他说明了三个问题：首先怎样发挥专家作用问题，他认为专家留在中国时间不长，必须组织人力，分工合作，把讲课、实验、课程设计、毕业设计这一全套都全面地学下来，使它能在专家所在的学校生根。假使专家指导设计太多，就要影响别的工作，这对学校、国家都是损失。其次他说明进修教师应该集中精力在一两门课程上，拿备课的精神来学习，写下教案、大纲；有的进修教师旁听课程太多，这样不但不合规定，而且效果并不好。最后他强调指出独立工作的重要性，向专家学习要先自己钻研、讨论过，把大家不能解决的问题提给教研组请问专家。这样既可节省专家时间，学习也较深入。水工结构教研组进修教师四川大学王毓泰教授接着发言，他感到清华除本身任务外还负担起为外校培养师资的任务，这是很光荣的。他看到清华教师们一边学，一边教，忘我地工作着，很是感动地说："我由原校派来，花了路费，停了工作，对学习的期望也是很大的。但是根据国家总的利益，要使重点学校能够向专家学到一整套。水工结构教研组的进修教师在专家和清华教师的指导帮助下课程设计都已做了，毕业设计由于专家时间不够，清华也只有三个人试做。我虽然不可能得到专家亲自指导做毕业设计，但是也可以通过观摩、收集资料等学到很多东西。"王毓泰教授并建议学校对每个进修教师订出具体的学习计划，将计划寄给原校，并对生活、资料等方面提了些意见。

接着施工教研组进修教师华南工学院罗润生同志介绍了去年他们进修的经验。首先是应该组织起来向专家学习，施工教研组的进修教师组织起来后集体讨论，互相答疑，订大纲，制幻灯片，以致观摩试讲，效果很好，这样不但减轻了专家的负担，而且更多发挥了专家作用。其次是参加辅导等教学工作，收获很大，不但不妨碍进修，而且可以学得更深入，缩短回去开课的准备时间。

最后蒋校长讲话，他谈到对于外校进修教师的工作，清华还存在许多缺点。原因是：在思想认识上，全校范围内还不够明确；在工作上有些可能解决的问题没有及时解决；同时也有客观上的原因，因为清华本身改成五年制，到第一届五年制学生毕业，现在只过了一年半，还有三年半的巨大教学任务要去完成，而目前又接受了一百多位进修教师，三百多位旁听人员，加上二百多位研究生，这是一件更生疏的工作，没有经验，而清华本身教师人力有限，能力不够，所以不免有缺点、错误。今后要求全校重视进修教师的工作，可解决的问题尽量给予解决，力量不及的地方说清楚，大家也一定会谅解。其次蒋校长说明学校立场、进修教师的立场和国家的立场是一致的。进修教师自己学好，回原校开课，在建设工作中发挥作用，这不单是个人的事，也是国家的事，所以清华对进修教师有一个最低要求，希望学校和进修教师共同保证完成；至于更高的要求，要看学校各教研组的具体情况和本人的条件而定。今天要充分发挥苏联专家的作用，最重要的是学校应有组织有计划地学习苏联的一套教学经验，以便专家回国以后我们还能独立工作，并将经验陆续传播给别校。互相交流，互相帮助。希望全体进修教师抱着同舟共济的精神，和本校教师一齐组织起来，分工合作，向专家学到更多的东西。

茶会在融洽的气氛中结束。

《新清华》第 33 期，1954 年 2 月 23 日

清华大学关于外校进修教师参加生产实习暂行办法

——一九五五年三月十日奉中华人民共和国高等教育部（55）工苏474号函批准施行

为解决进修教师生产实习问题，特根据高等教育部一九五三年十一月六日发布的《高等学校进修办法》和一九五四年五月十日《关于进修教师实习问题的几项规定》拟订进修教师参加我校生产实习暂行办法如下：

一、进修教师为巩固主修课程、取得领导生产实习的经验，可于每学年开始后提出要求参加我校生产实习指导工作或教师实习，由所在教研组根据具体情况决定其是否需要参加。如确属需要，即列入进修计划，经系审查交教务处批准。进修教师要求科学出差或单独实习非经我校特许者，一律不予办理。

二、进修教师依据批准的生产实习计划与我校实习师生一起实习，其实习地点、任务、期限应统由所在教研组决定。进修教师在实习期间需遵守我校各项有关实习的规章、制度，服从实习队统一领导。实习结束后，由进修教师所在教研组评定成绩，记入进修鉴定表。

三、参加实习的进修教师由原校依照中央统一规定及业务部门要求提供人事材料及审查意见，并加盖负责人印章，在实习开始前两个月寄交我校人事室初步审查后转有关业务部门审查。原校不按时办理此项手续或材料不完备者我校一律不代为向业务部门办理实习手续。如原校因故不同意某教师参加实习，则应按上定日期通知我校取消其实习计划，同时由原校将上述决定直接通知其本人。

四、进修教师实习期间的一切补助费用，一律按高等教育部规定的标准支付并由我校向高等教育部报销。

《清华公报》第9期，1955年3月23日

清华大学1955—1956年度接受外校进修教师办法

（1955年5月20日）①

一、来校进修教师的学习方式，分为以下四类：

甲类：

目的——在现聘有苏联专家教研组学习专家所开课程，以回校开课或辅导该课为目标。

方式——以听专家课为主，参加答疑和准备实验及各种教学法工作的活动。在教研组条件许可情况下，由教研组指导作课程设计。此外可旁听三门以下与本专业有关的课程，参加教研组的会议，并参加一定数量的教学工作（每年不超过150小时工作量）

期限——与专家讲课期限相同。（条件：最好能阅读俄文专业书籍）

乙类：

目的——在专业教研组学习本校教师讲授的主要专业课程，以回校开课或辅导该课为目的。

① 1955年5月20日，清华大学1954—1955年度第20次校务行政会扩大会上讨论通过了教务处提出的《清华大学1955—1956年度接受外校进修教师办法（草案）》，并决定报高等教育部备案。

方式——同上。

条件——以助教为限。

丙类：

目的——在已指导过学生毕业设计的教研组试做毕业设计。

方式——由本校教师指导进行毕业设计。

期限——半年至一年。

条件——学过主要专业课程，做过相应的课程设计及第一、二次生产实习，并以助教为限。

丁类：

目的——在基础课及基础技术课教研组学习本校教师讲授的课程及教学方法工作。

方式——以通过参加教学工作学习教学方法、同时提高业务水平为主。听本校教师讲课、参加领导习题课、实验课、答疑、考查，并协助进行考试工作，进行教学法工作，达到一定水平的助教可以进行试讲。担任教学工作量不超过每年三百小时，此外可旁听有关的课程一门并参加教研组会议。

期限——可与本课程开设年限相同。

条件——以助教为限。

二、进修教师名额规定为 194 人。其分配如附表。

三、接洽进修手续如下：

1. 由高等教育部统一分配名额。

2. 各校根据分配名额将进修教师之人事材料、业务基础及教学工作情况于八月一日前寄我校审查。

3. 由本校根据高考部规定名额及申请人条件审查将决定结果是否同意，于八月十五日以前通知各校。

4. 各校进修教师接到同意来校通知后始可来校，凡甲类教师在专家未到前暂留原校（最好学习俄文），等专家来后再行通知来本校。

进修教师名额分配表

类别	课程或专业名称	人数	条件	期限
甲	铸造工程	10	铸工教研组教师或铸工毕业生，最好能阅读专业俄文书	1～2年
	电子管	10	电真空教研组教师或该专业及物理专业毕业生，最好能阅读专业俄文书	1～2年
	高压工程	10	发电输配电教研组教师或该专业毕业生，最好能阅读专业俄文书	1～2年
	城市规划	10	建筑学专业方面教师或毕业生，最好能阅读专业俄文书	1～2年
	已有	约40		
乙	机械制造工程	5	由相当专业毕业的助教	一年半
	金属切削机床	5	由相当专业毕业的助教(本课已讲过一学期)	一年半
	发电厂及电力网	5	由相当专业毕业的助教	一年
	建筑机械及施工	5	由相当专业毕业的助教(本课已讲过半年)	一年
	工程结构	5	由相当专业毕业的助教(钢结构已讲过半年)	一年半
	给水排水	5	由相当专业毕业的助教(本课已讲过半年)	一年半
	水工结构	5	由相当专业毕业的助教	一年半
	水能利用	5	由相当专业毕业的助教	一年半
	无线电收发设备	5	由相当专业毕业的助教	一年半

续表

类别	课程或专业名称	人数	条　　件	期　　限
丙	机械制造工艺	2	做过本专业主要课程设计及生产实习的助教	半年
	无线电工学	2	做过本专业课程设计(来校需担任部分工作)	一年
	河川结构及水电站水工建筑物	2	做过本专业主要课程设计及生产实习的助教	半年
	工业及民用建筑	2	做过本专业主要课程设计及生产实习的助教	半年
丁	物理	8	该课程助教(本课已讲一学期,下学期来校亦可)	一年半
	水力学	5	该课程助教	一年半
	理论力学	5	该课程助教(下学期来校)	一年或一年半
	材料力学	5	该课程助教	一年
	数学	8	该课程助教	一年或二年
	工程画	5	该课程助教	一年
	机器零件	5	该课程助教	一年
	电工基础	5	该课程助教(本课已讲一学期,下学期来校)	一年或一年半
	建筑力学	5	该课程助教	一年半
	土力学及基础工程	5	该课程助教	半年或一年
	热工学(或工程热力学、传热理论)	5	该课程助教(普通热工学、传热理论自下学期开始,工程热力学自上学期开始)	半年至一年
	合计	194		

清华大学档案,全宗号 2　目录号 校 3　案卷号 215

培养进修教师的工作

（1956年2月）

科学研究科

一九五三年以来，先后到我校学习的教员和技术人员共318人，到一九五五年暑假回原单位工作的共219人。全校49个教研组中有40个都负担过这项任务。派来进修的单位中包括高等学校四十七所、生产部门七个、和一些军事部门。在本年度中除了各兄弟学校派来进修教师以外，高教部还派了四十三人作为代新建院校培养的教师。

进修教师的进修年限为半年到二年，一般说来在进修期间都完成了进修的任务：（一）进修教师掌握了将来所教课程的教学大纲所规定的内容和有关的教学方法工作；其中原来基础较好的助教回校后担任了讲课工作；（二）绝大部分进修教师参加了建立实验室的工作；（三）取得了本专业范围内的资料。另一方面进修教师在清华也加速了清华的教师改革工作：（一）协助建立实验室的工作：大部分进修教师参加了试作新实验和设计新设备，这样一方面促使进修教师的学习深入到具体内容中，另一方面可以在专家在华期间留下一套全的实验用材料，而其他兄弟学校可以在这个基础上取得必要的资料；（二）参加了教学法工作，和清华教师一同完成了教学法指示书和习题卡片等；（三）有少数进修教师，结合进修备课工作，担任了清华的教学工作，这样既完成了进修任务，也帮助清华解决了当前的困难。

从两年半的工作中，我们体会到培养进修教师要注意下列各点：

（一）进修教师要有明确的培养目标，并根据个人的具体情况订出进修计划。这一培养目标的确定，要根据原校的具体要求、清华的可能条件、进修教师本身水平和进修时间的可能性。以往多数学校派来的进修教师都有明确目的，因而收效较大；但有极少数目标不明确，或要求不适当的情况，就影响了进修工作的质量。因此自上学期起，我们就订出了四类不同的进修目标，事先与原校联系，在这一方面加以改进。

（二）在进修方法上，要参加教研组的工作，从实践中学习，并且组织起来，发挥集体力量，克服困难，创造更好的进修的条件。

两年来的事实证明了，要根本解决教研组主客观力量和进修教师要求之间有时不相适应的矛盾，进修教师参加教研组工作，是最好的方式。进修教师一般可以参加下面一些工作：直接教学工作、教学法工作、建立实验室、生产实习、教研组会议等。参加工作的进修教师都感到有很多收获。

由于我校当前许多教研组主要的问题是，如何用有限的人力，最大限度地担任起教学工作和教学改革所必须进行的各项工作，因此每一教师工作都是很繁重的；尤其是聘有苏联专家的教研组大都是新建立的，关键问题在于如何在专家留华的短短两年内，集体学到最多的东西，否则倘若专家一走，还留下许多未解决的主要问题，就不好解决了。因此，由各校来的大批进修教师，如果参加到这一集体学习中来，就能推动教学改革前进，而自己收获也更大更多；相反地如果袖手旁观，只是向教研组要东西，就会延缓改革速度，而自己收获也较小。

同时，只有通过教学工作的实践，才能更深入、更丰富地掌握所学的课程；而且教学法工作对于培养教师也是非常重要的一方面，这是进修教师的经验所证明的。

另一方面，参加工作的种类和分量，要适应进修的要求，也是应该注意的。

从目前工作做得较好的机械制造、压力加工、无线电发送、电器等教研组看，凡是进修教师参加了建立实验室和教学法工作的，教研组计划就能提前完成，向专家学到更多的东西。例如无线电发送教研组本校只有三位教师，但在半年中却完成了讲课、毕业设计准备和需时两千小时以上的建立实验室任务。教研组负责同志反映：要没有进修教师参加，这是不可能完成的，而这些工作不完成，专家今年一走，后果是不堪想象的。进修教师也反映：我们过去从来没有做过无线电发送方面的实验，而今天建立了实验室，回校工作就有底了。凡是进修教师参加工作的地方，本校教师与进修教师团结也较好。

进修教师组织起来，是参加实际工作的前提。进修教师组织起来才能发挥集体力量及时克服困难，否则教研组工作方面太繁多，可能有时对进修教师照顾不到。而且组织起来以后，许多业务上的问题也能通过集体讨论学得更深入。

（三）要重视思想工作，教研组要明确培养教师的积极意义，主动的关心他们，吸收他们到教学改革的工作中来；另一方面进修教师也要明确主动参加到教研组活动的积极意义，结合各教研组的实际情况，使进修获得较大效果。

（四）要加强检查，大部分教研组把这项任务列入了教研组的工作计划，而且提出了检查日期，这样工作比较有条理，进修教师也感到工作有依靠。反之也有个别教研组一学期也不检查一次，结果双方情况不了解，影响了工作进行，这一点也已注意改正。

本学期内，在以往的工作基础上，从下列三方面做了一些改进。

① 和原校联系，确定培养目标和要求学习的年限。

② 每一个进修教师有了个人进修计划，而且将这计划写回

原校审查同意。

③ 教研组确定了专人负责这工作。

一般的说，本学期这方面工作比较过去做得好；但是在个别教研组还缺乏必要的检查，计划还订得不够完全，有些只订了半年，希望今后这些问题能够很好的改进。

《新清华双月刊》1956 年第 1 期，1956 年 2 月 29 日

清华大学关于接收校外人员旁听专业课程办法

——八月十五日 1956—1957 年度第十九次校务行政会议通过

（1957 年 8 月 15 日）

第一条　为加强学术联系，协助与本校有密切业务关系的企业机关及与本校所设专业性质相同的高等工业院校的教师或工作人员，在原有专业的基础上继续提高科学技术知识水平，本校开设的部分专业课程，得依课程情况及教室容量接收一定名额的旁听人员。与本校有合作合同的单位，予以优先考虑。

第二条　何种课程可以接收旁听人员及接收的名额以及与教研组有业务关系可考虑接收旁听人员的单位，由本校各系的专业教研组，根据第一条所述精神，于开教学任务书的同时提出初步意见，并附每门课程的教学内容大纲一份，由教务处审查后统一办理，各教研组不自行接收旁听人员。

第三条　旁听工作每年一月五日至一月二十日、八月一日至八月十五日，各办理一次。由有关单位于上述时间内来函联系，

向我校保送旁听人员。由我校根据所能接收的名额及听课人员条件审核同意后，通知来校办理听课手续。为保证教学的进行，不接收私人的联系，名额已满或逾期者，均不予办理。

第四条　申请旁听之课程，仅限于与申请人员所学或从事之业务有密切的关系者，因此，旁听本人须具有相同专业或相近专业大学毕业，专门学校毕业从事工作二年以上，以及已具有学习该门课程之业务知识基础者。旁听课程以一门为限，中途不得改换旁听课程及旁听人员。

第五条　被批准旁听的人员，主管部门应给与旁听温课的时间。

第六条　旁听人员，来校旁听期间应服从本校领导，并遵守本校一切规章制度，否则取消旁听资格并通知主管机关。

第七条　旁听人员仅能按照本校同意的课程班级、时间及教室去听课，不得随意调换。如经调查有自动调换者，即取消旁听资格，讲课教师及本校工作人员必要时得请旁听人员提出旁听证明。

第八条　旁听人员除听讲课外，不参加有关的课程设计、实验、实习、考查、考试、辅导课及其他活动。如要求发给家庭作业习题由本人自做可向教师提出由有关课程的教研组决定。但不接受批改。旁听结束后不发给任何证件。

第九条　旁听人员来校办理旁听手续时，应交一寸半身免冠相片一张，领取旁听证，旁听证不得转借转让，旁听结束后应交回注销。

第十条　旁听人员旁听的课程如系使用讲义（包括图表），须按本校讲义发行办法，持旁听证与出版科联系办理，其他资料一概不发给。

第十一条　旁听人员的食宿交通自行解决。

第十二条　旁听人员在旁听课程结束后，希对该课程教学的改进方面提出建议或意见。

第十三条　被接受旁听人员的单位，如经本校请求，在可能条件下应对有关专业教研组提高教学及科学研究工作方面，给予帮助。

附注：本校各系举办的学术报告及短期的专门讲座（包括高教部委托本校举办的外国专家讲学）如有校外人员来校听讲，由有关的系自行办理，不列入旁听工作范围。

《清华公报》第38期，1957年9月14日

清华大学接受校外进修教师暂行办法

（1959年）

一、根据教育部1959年《关于高等学校教师进修工作的通知》的精神，结合我校具体情况，制定本办法。

二、我校为协助新建院校培养部分开课教师，每年接受一定名额的新建院校及各省市在本地区无力解决，而又迫切需要进修的其他兄弟院校部分教师来校进修，一般不接受中等专业学校的进修教师。

三、欲来我校进修或代培者，可采用下列方式之一进行：

甲类（代培师资类）：

根据代培目标，参加所属教研组，作为教研组成员之一，参加教研组有关教学及政治活动。由教研组领导，通过亲自参加教学工作中某些环节及生产劳动。经过一、二年的时间，达到掌握一、二门课程的整个教学过程各个环节的能力，以便能独立担当起所代培主修课程的教学工作。

乙类（进修提高类）：

（1）在我校聘有苏联或人民民主国家专家的教研组，以学习专家所开课程及参加部分生产劳动为主；

（2）在我校专业课、基础课或技术基础课教研组，以学习该教研组所开1～2门主要课及参加部分生产劳动为主。

上列（1）、（2）类及代培教师，在进修期间，可根据主修课的需要与可能，旁听1～2门有关的课程，并须参加担任适量的实际教学工作（如领导习题课、实验课、参加答疑、考查、考试、课程设计辅导、毕业设计辅导等）及教研组有关政治、教学的各项活动，以提高业务和政治思想水平。

四、进修年限一般为一年，特殊情况不得超过两年。

五、进修条件：

（1）政治条件：历史清楚，政治上进步，在历次运动中表现积极，思想作风好；

（2）业务条件：

甲类：在本门学科上具有大学毕业或相当于大学毕业水平。身体健康，有培养前途。

乙类：除具备甲类条件外，并须在本门专业上有二年以上教学工作经验。

六、根据教育部指示及我校条件，我校接受进修人员有一定名额限制，满额不再增加。各省市办的高等学校教师拟来我校进修者，须先经省市教育厅（局）统一安排审核，集中（或由选送学校介绍）将申请进修登记表（按教育部规定格式）及正式公函于每年7月15日至8月15日间寄交我校科学生产处。我校根据进修名额及条件，统一考虑，决定能否接受进修并通知选送学校。未接我校同意进修通知者，请勿来校。

七、凡经我校同意之进修人员，应在我校所通知规定的时间内持原单位正式介绍信来我校科学生产处报到，逾期不来亦不申明理由者，我校不予保留名额。学期中途一概不接受进修人员。

八、来校进修人员之食宿问题，按我校工作人员一般办法办理。进修期间所需一切费用，按教育部规定办理。进修人员的生活费用由原单位负责供给。

九、有关进修人员之各项工作，统一由我校科学生产处负责办理，进修人员在校学习及工作情况由我校视具体需要向原单位汇报。

《清华大学一览》1959 年

清华大学校外进修人员管理办法

（1959 年）

一、经本校批准之校外进修人员，须持原派单位正式介绍信，按规定时间来校报到。

二、凡接收校外进修人员的教研组，应指定专人负责进修人员学习上的指导及联系工作，定期检查和督促进修人员执行进修计划，并向科学生产处汇报（每学期结束后汇报一次）。

三、进修人员在报到后，应立即在所在进修教研组指定的教师指导和帮助下，根据本校接受校外进修人员办法、原单位的要求及本校教研组的条件，在不超过一个月之期限内制定好个人进修计划，确定进修课程（包括旁听课程），参加教学及生产劳动工作的项目、检查方式及进修期限等，并填写进修计划表一式四份，经教研组主任及指定教师审核签章后汇总交系（组）教务员转系主任批准后，交科学生产处审核批准。经核准的进修计划，由科学生产处转寄进修人员原属单位一份，科学生产处留查一份，其余二份由教研组及进修人员本人各存一份。

四、进修计划中如需听外系或别的教研组所开的课程，由进修所在教研组介绍至科学生产处与教务处联系办理听课手续。

五、进修计划制定后要严格执行，非经双方学校领导批准不得变动，如需要改变计划（如增加进修内容或延长进修时间等）时，由原校正式来信中申述理由，经所在教研组及科学生产处同意。

六、进修人员所学课程结束后，应即按计划规定检查方式进行考核，并将考核成绩，由教研组汇总，交系教务员登记。

七、进修人员因某些原因确实不宜继续培养者，所在进修教研组可通过科学生产处商请原单位调换或召回。

八、进修人员完成进修计划后，应即返回原单位，如因故需延长进修期限或中途离校者，均须由原单位正式来函申请，经我校同意后，方得继续进修或中途离校。

九、进修人员每一学期结束时应作进修情况小结，并复写二份，经所在教研组及系审阅后送科学生产处一份。另一份由科学生产处转送原单位。

十、进修教师应遵守本校规章制度。

十一、进修人员对进修期间的学习、日常生活等各方面工作的意见及要求，可向本校科学生产处反映或联系办理。

十二、进修结束后，所在教研组应对进修人员进修期间的政治思想、学习和劳动作出全面鉴定，并填写“进修人员结业鉴定表”一式二份，进修教师本人应写出进修总结报告，交教研组审阅后连同鉴定表一并送交科学生产处。

《清华大学一览》1959 年

中华人民共和国教育部关于选派教师参加清华大学200号工程实习进修的通知

（1960年11月11日）

教人密发字第386号

清华大学正在建造一座教学用的反应堆（代号是200号工程）。现拟吸收有关高等学校反应堆工程专业的教师参加实习进修，以培养这一方面专业的师资。

根据高等学校设置反应堆工程专业的情况和保证重点、照顾一般的原则，你校可选派这一专业中的教师□人参加实习进修。希即按照中国人民解放军总政治部、中央公安部《对国防尖端科学技术协作人员的政治条件的规定》的规定，审查提出参加实习进修的教师人选，并填写“高等学校教师申请进修登记表”（须由学校人事保卫部门和党委负责盖章），于十一月二十日前直接送清华大学。有关报到时间、地点和其他注意事项，由清华大学另作通知。

据清华大学反映，建堆工程分有六个部分，即1. 反应堆本体及第一回路；2. 反应堆电气及信号系统；3. 反应堆自动控制系统；4. 反应堆剂量防护系统；5. 反应堆启动及运转；6. 反应堆特殊通风及水处理系统。由于接受实习进修的人数有限，在每一部分实习进修的人数不宜过于集中。因此，对有关学校选派的实习进修人员，在每一部分只能安排1～2人。至于在实习进修过程中，如何既能有重点，又能照顾全面地进行学习，则由清华大学负责具体计划和安排。特此通知。

中华人民共和国教育部

1960年11月11日

抄报：中宣委、国务院文教办公室

抄送：二机部、清华大学（以上均附名额分配表一份）、三机部、有关省、市高教（教育）厅（局）（以上均附所属学校名额分配情况）

附：

参加清华大学200号工程实习进修名额分配表

选派学校	选派人数
上海交通大学	8～9人
西安交通大学	5～9人
哈尔滨工业大学	8～9人
南京工学院	6～7人
华中工学院	6～7人
重庆大学	6～7人
合肥工业大学	2～3人
北京航空学院	2～3人
西北工业大学	2～3人
共计	48～57人

清华大学档案，全宗号2　目录号 校3　案卷号218

进修教师情况[①]（节选）

（1961年1月5日）

（一）1952年以来，外单位到我校进修统计（不包括机要专业）

① 摘自清华大学科学生产处编印的《科学与生产》简报第92期（1961年1月5日）。

自1952年教改以来，我校对协助兄弟院校及生产、科学研究单位培养师资工作一直很重视。从1953年到1960年为止，我校共接收135所高等院校、21所中等技术学校和38个生产、科学研究单位派来的进修教师1 059名，先后已结业的884[①]名，目前（1961年元月）尚有78名教师分别在各系进修，他们进修年限一般为1～2年，通过进修1～2门主修课程，围绕主修课辅修1～2门课的部分内容，掌握并提高各个教学环节，结业后能单独讲授1～2门课程。此外尚接受过300多位同志到我校听专家短期讲课。

1953—1960年在我校进修及结业人数统计表（不包括机要专业）

年限	接受人数	结业人数	各年在校进修人数（每年12月统计）
1953	56	0	56
1954	165	22	199
1955	130	184	148
1956	157	95	210
1957	157	151	201
1958	188	234	160
1959	132	147	145
1960	74	141	78
合计	1 059	884[②]	

（二）1960年进修教师情况（略）

清华大学档案，全宗号2，目录号 校4，案卷号60008

① 经核算，应为974。

② 经核算，应为974。

清华大学接受进修教师规定

——1963—1964 年度第五次（扩大）校务委员会通过

（1963 年 12 月 27 日）

根据教育部《关于高等学校教师进修工作的通知》〔（59）人载培字第 408 号文〕的精神，结合我校具体情况，拟定本办法：

一、为协助兄弟院校培养师资，我校根据可能每年接受一定名额的定期进修教师。进修教师一般应为讲师以下大学毕业的人员。

二、接受进修的任务，每年由学校统一安排一次。接受的计划应由系或基础课委员会主任提出，经主管校长审核，报教育部批准后执行。

三、进修人员的具体分配方案根据教育部指示编制，不由派送单位直接交涉。进修要求及人员的条件须由我校事先审查。

四、进修的期限一般为一年，必要时由派送单位书面提出，经教务处审查并征得有关系和生活管理处同意后可适当延长，延长的时间一般不超过一年。

进修的起讫日期应随主修课程安排情况而定，自暑假后或寒假后开始。

五、对每位进修教师都必须单独制订进修计划。进修计划由教研组根据派送单位要求，本教研组的实际条件和“少而精”的原则进行安排，由系主任审定，报教务处备案。

（一）主修内容应以课程为主，不作毕业设计。主修课程一般规定为一门，必须增加时，亦不得超过两门，但这两门课程的内容必须是直接相关的，且由同一教研组开出。外出实习由原单位自行安排。

辅修课程份量应适中，与主修课程一起合计不超过 3～4 门，内容应与主修课程相配合（不安排外语学习）。

（二）进修方式除听课、答疑、作习题、实验和课程设计等外，可以参加本教研组有关的教学活动（其范围由教研组决定），教研组可根据进修教师的具体条件及进修要求，分配适当的教学工作任务，使进修教师得到一定的实际工作锻炼。

（三）教研组应按进修计划的规定对各项进修任务的成绩（包括分配的教学工作）进行审核，主修课程还必须有考试成绩；在进修期满时作出鉴定。

（四）教研组应确定一位有经验的教师（讲师及讲师以上）作为进修教师的联系人，负责对进修教师在业务上给以帮助。

（五）进修教师一般不参加教研组有关科学研究及生产的活动。

（六）进修教师的政治学习与本教研组有关教师一起进行，如进修人数较多时，也可以教研组或系为单位单独组成小组进行学习。

（七）进修教师一般不担任固定的社会工作职务。

（八）进修人员在生活上一般按本校同级单身教师的标准待遇，但本教研组的教师和各校有关单位的干部应经常在生活上加以关心。

六、有关进修教师的工作由教务处主要负责，学校生活管理处等有关单位配合；各系（基础课委员会）应由主管教学的系主任负责有关的经常工作，督促和检查进修计划的贯彻执行。

七、附则：

（一）学校可为有协作关系的工矿、企业等单位保留一定数量的技术人员进修名额，由教务处根据各系或基础课委员会事先提出的申请进行分配。待遇与进修教师同。

（二）本办法经校务委员会通过后执行，其修改同。

《清华公报》第 123 期，1964 年 1 月 14 日

中华人民共和国高等教育部关于今年安排进修教师的意见

（1965年5月18日）

（65）高人师载字第469号

中央有关业务部门，各省、市、自治区高教（教育）厅（局），全国重点高等学校：

为了进一步改进全国重点高等学校接受进修教师的工作，使安排的计划更加符合当前的实际情况，经征求有关部门的意见，确定各重点学校今年接受进修教师的计划，分别由各主管部门负责安排。对于我部直属院校接受进修教师的计划，根据目前的情况，本着安排少一些，培养好一些，切实达到提高进修质量的要求。我们初步考虑拟安排400人左右，主要是接受基础课、基础技术课和某些专业课等方面的教师进修。

为了能够达到上述要求，对我部直属院校接受进修教师的安排，拟采取按专业对口的办法进行具体安排。因此，请各直属院校，根据初步安排的接受名额，按照附表二的要求，拟订具体接受计划；请各省、市、自治区高教（教育）厅（局），按照附表三的要求，拟订所在地高等学校（包括中央业务部门领导的学校）的选送计划，如要求至其他重点高等学校进修的，请径报其主管部门。上述接受与选送计划，均要求在六月十日以前报部，以便具体安排。

附件：

1. 初步安排各直属院校置1965—1966学年度接受进修教师

的计划。（草案）

2. 直属院校 1965—1966 学年度接受进修教师计划表。（略）

3. 本地高等学校 1965—1966 学年度选送进修教师计划表。（略）

中华人民共和国高等教育部

1965 年 5 月 18 日

附件 1：

初步安排各直属院校 1965—1966 学年度

接受进修教师的计划（草案）

学　　校	接受人数	学　　校	接受人数
合计	400	四川大学	20
清华大学	20	兰州大学	15
天津大学	20	北京师范大学	15
西安交通大学	20	华东师范大学	15
大连工学院	15		
南京工学院	15		
浙江大学	15		
华中工学院	15		
华南工学院	10		
华东化工学院	10		
重庆大学	10		
北京大学	25		
南开大学	20		
吉林大学	20		
复旦大学	25		
南京大学	25		
山东大学	15		
厦门大学	15		
中山大学	20		
武汉大学	20		

清华大学档案，全宗号 2　目录号 校 3　案卷号 215

六、对外交流与合作

（一）接受外国留学生工作

学校决定成立留学生工作组※

（1957 年 3 月 27 日）

3 月 27 日下午陈士骅副校长召集了由党委会、团委会、校长办公室、教务处及总务处代表出席的会议，研究留学生工作问题。我校留学生共 36 人，其中朝鲜留学生 10 人、越南留学生 25 人、印度尼西亚留学生 1 人。他们一般都能在学习上钻研，生活上刻苦，与中国同学保持着亲密的友谊和互助关系。但是，由于远离祖国，他们在风俗习惯上、地理气候上以及语言上都感到一些不便，这给他们在学习上和生活上带来了一定的困难。会议研究了这种情况，决定成立留学生工作组，由上述各单位派代表组成，并由陈士骅副校长担任组长，即日起开始工作。党委会、团委会及学生会执委会即将召开会议，研究如何在学习上、语言上和生活上帮助他们。教务处早已在会前与各系及公共教研组取得联系，各系已设留学生辅导教师一人，各公共教研组已由负责学生工作的教师辅导留学生。教务处最近还将召开与留学生有关的教研组主任、秘书及教师的会议，研究进一步改进留学生的学习问题。总务处也将把进一步改善留学生的生活问题，提到议事日程上。

《新清华》第 176 期，1957 年 4 月 2 日

清华大学留学生工作报告（节选）[①]

（1957 年）

我校现有留学生 36 人，其中朝鲜 10 人、越南 25 人、印度尼西亚 1 人，分布在八个系，14 个专业，21 班，机制系 2 人、动力系 6 人、电机系 7 人、无线电系 5 人、土木系 8 人、建筑系 6 人、水利系 1 人、工程物理系 1 人；一年级到四年级均有留学生，一年级 15 人、二年级 16 人、三年级 4 人、四年级 1 人。留学生学习一般是积极的，时间抓得比较紧，学习很艰苦，这主要是受了中文水平的限制，上课听讲最多只能懂 70％，学习方法也连带着发生问题；很多不理解而是死背，故影响学习质量，一般学习成绩中常，其中也有突出的，如今年有 6 名获得学习优良奖状，在全部留学生所占百分数并不低，但个别同学基础过差，也有学习不够踏实的，由于学习紧张一般身体不太好。

我们对留学生工作还是重视的，开始只是在校长办公室、教务处、团委会、总务处指定人负责留学生工作，平时工作有了问题通过各系统解决，但是由于留学生人数不断增加，而且留学生分布很广；一年级与四年级的要求也不一致，故只靠几个人管理不及时，有时不通气，很难照顾周到，故需要加强领导及各级的负责制。本学期开始，成立了留学生工作组，由一位副校长担任组长，其他由校长办公室、总务处、教务处、党委会、团委会指定人参加，各系及公共教研组指定一位教师专门负责留学生工作，主要解决留学生学习及专业等问题，团委会亦有一个工作组，专门定期了解留学生学习、生活存在问题，反映有关单位设法解决，通过支部加强国际主义教育，搞好两个国家的关系。并

① 撰文单位系据归档案卷号判断。

且有意识在校刊表扬一些好的留学生，使得全校搞好留学生工作，这是给下一步搞好留学生工作创造一个很好条件……

清华大学档案，全宗号2　目录号 校3　案卷号280

中华人民共和国教育部
关于外国来华留学生参加生产劳动问题

（1958年9月20日）

（58）外密发字第309号

北京大学、中国人民大学、清华大学、北京师范大学、北京俄语学院、北京外国语学院：

全国各高等学校和中等专业学校为贯彻教育为无产阶级的政治服务，教育与生产相结合的教育工作方针，将根据具体情况，各自规定每个学生参加一定时间的生产劳动，关于外国来华留学生如何参加劳动的问题，经我部向中央请示，中央批准按照下述原则，注意掌握：

各校应对留学生进行政治思想工作，说明我们的教育方针和教育方法。外国留学生既到中国留学，就要求他们尊重我们的教育方针，教学方法并遵守学校校规。关于外国留学生如何参加劳动问题，按下列原则，分别处理：

第一，凡学校认为外国留学生必须参加的劳动，如属于结合专业必须进行生产实习的体力劳动等，留学生应一律参加。

第二，凡学校认为外国留学生可以参加也可以不参加的体力劳动，则采取自愿原则，由留学生自己决定。愿意参加的，和中国学生共同劳动；不愿意参加要求在校补习功课的，学校根据可能条件予以照顾，适当安排他们学习，帮助他们自学。

特此通知，请你校（院）按照办理。

1958 年 9 月 20 日

抄送：北京市委高校党委

清华大学档案，全宗号 2　目录号 校 3　案卷号 277

关于留学生工作情况及改善该工作的意见（节选）[①]

（1958 年 12 月 10 日）

一、几年来我校留学生人数不断增长，现有苏联、越南、朝鲜、印尼、阿联等五个国家共 45 名留学生在我校学习，其政治情况及各系分布情况见列表：

国家	人数	政治面貌		各系分布人数							各年级分布人数					
		党员	团员	机械	水利	土建	电机	工物	动力	无线电	一	二	三	四	五	研究生
苏联	4		4		1	3						1	3			
朝鲜	9	7	2			9							2	5	2	
越南	27	3	14	7	1	5	7	1	1	5		1	12	12	1	1
印尼	[4]			2	1				1		1	1	2			
阿联	1				1											1
共计	45	10	20	9	4	17	7	1	2	5	1	3	19	17	3	2

① 此文件为校党委办公室约请校团委、教务处、校长办公室的同志座谈了关于留学生工作，由校团委整理了一份呈送校党委的工作情况汇报。

现由团委会派同学组成留学生工作组，负责搞留学生工作，校长办公室、教务处、总务处等也都派有专人负责照管。不定期举行会议研究留学生工作，每个留学生都派有中国同学与之同住，帮助他们学习，关心他们政治思想和生活要求，但留学生工作中由于没有统一领导，存在问题很多，急待解决。现将留学生学习及政治情况汇报如下：

（一）学习情况：

1. 对半工半读的看法：

越南同学大部分是拥护半工半读的，表现在积极参加暑假的建厂劳动而且收获体会很多。……个别同学对半工半读怀疑，认为这对我们有利，而对他们不利，有的怕劳动多了，业务学得少了回国起不了工程师的作用。……朝鲜同学开始对半工半读很有意见，认为“半工半读对你们有利，我们吃亏了。”参加劳动不感兴趣，主要理由有三：(1) 他们大部分是劳动党员，经过阶段［级］斗争的考验，而且是劳动家庭出身，不必像中国同学一样通过劳动来改造自己；(2) 他们回国以后主要是搞技术和领导工作，在国外留学应该多学些知识，不必多劳动；(3) 朝鲜国内生产上机械化程度很高，目前中国繁重体力劳动较多，认为参加了好处不大。金日成首相来校参观后，他们参加劳动心情比以前舒畅，工作中也是积极肯干的。

苏联同学目前多数都是低年级，学习多，生产少，对于他们对半工半读的反映了解还不够……

清华大学档案，全宗号 2　目录号 校 3　案卷号 280

留学生毕业设计情况※（节选）

（1959年12月22日）

教务处

党委：

最近教务处根据南翔同志指示精神，抓了留学生毕业设计工作，召开了全校四、五年级留学生座谈会，会上由寿慈同志代表学校向留学生介绍我校教育革命情况，并明确学校对毕业班留学生参加毕业设计的原则，会后各系对留学生的毕业设计工作做了安排，由各系副主任主持召开小型座谈会，将系里的安排向留学生做了介绍，并听取了他们的意见。

我校应届毕业的留学生共15人（包括苏联、越南、朝鲜三国，分别在机、电、土、建、无、物六个系学习），根据目前安排的毕业设计题目，有7人做真刀真枪的生产任务，有5人真题假做，有3人因毕业设计尚未上马毕业设计题目未最后确定。毕业设计的做法有4人（苏、越）参加大兵团（已申请或准备申请……）。理论学习方面根据安排结果机、电、无、物、建等五个系都可以在不延长学制条件下，按1959年修订的教育计划完成全部课程和教学环节，不过上课次序与原计划有所变动。土木系所缺讲课、实习及课程设计较多，如暖0、给0都缺，六至七百学时课未上，房0有八门课，581学时未上，安排起来有些困难，部分讲课、实习需要单独补上。

从留学生反应看，越南留学生对我们贯彻教育方针进行教育革命是拥护的，这次他们听了寿慈同志报告后，又自己开了越南留学生小组会进行讨论，认为真刀真枪大兵团比较优越，并向越南大使馆请示，据他们说大使馆同意他们跟中国同学一起延长学制，参加大兵团，以便提高干部质量，最近他们组长来要求参加大兵团，并准备提出正式申请。越南留学生胡克绍说："我十分高兴能以自己一份力量参加中国社会主义建设，这机会十分难得，努力做好工作是我的愿望。"

苏联留学生房0莫实、贝京可，开始时对我们真刀真枪作毕业设计不够了解，但积极与中国同学一起参加了解放军剧院设计，这次座谈会后，他们说："我们相信三结合方针对我们也有利，能够巩固我们土木工程师的知识。"并正式提出申请继续参加解放军剧院大兵团作战。

朝鲜留学生原来对我校延长学制，毕业设计结合生产任务，大兵团作战就有意见……

针对以上情况，越南留学生现按不延长学制安排，苏联留学生因系1958年来的插班生，随我校延长的学制安排。目前主要是根据已定毕业设计题目和他们同意的方式抓紧他们进行设计工作；配备适当的导师，加强导师指导工作；有的题目上有留学生一个人做的，准备配一二个中国同学和他们一起做，没有上马的留学生，还要抓紧确定他们的设计题目。

对于朝鲜留学生，如果他们不进一步提出其他要求，准备仍按不延长学制，不参加大兵团（不延长学制，只能真题假做，或假题假做）的办法进行，加强导师指导，和抓紧补课，于明年8月15日结业。对于设计资料，拟由一科分别资料性质，凡属于没有保密性，根据国家规定可以出国的资料，由他们申请后按手续领取，同时，由系再进一步向他们说明学校采取以上这些措施的精神。

高年级留学生参加实习、设计是一个新问题，也是一个重要的问题，以后拟阶段性再进行检查和研究。

以上处理是否有当，请批示。

教务处

1959年12月22日

清华大学档案，全宗号2 目录号 校3 案卷号278

清华大学《关于外国留学生管理工作的几项补充规定》（草稿）

（1963 年 4 月）

一、外国留学生分配来本校学习的，均须经过新生入学考试，成绩及格，并有入学前三个月的健康检查合格证明的，始得入学。

二、本校外国留学生分二种年制。汉语水平较差及入学考试成绩低于我校新生录取标准，但基本上达到教育部规定重点学校新生录取标准的，编入五年制学习，五年制较六年制教学计划减少或免修政治、外文、公益劳动、部分辅助课和专业课，酌量减少生产实习次数，适当缩短毕业设计时间。

凡入学考试成绩基本上达到同年我校统一招收新生录取标准，汉语水平达到能随班听课的，可按志愿编入本科六年制，或五年制学习，编入六年制的按中国学生相同的教学计划（减免政治、外文、公益劳动）随班学习。

三、外国留学生入学后应按教学计划进行学习，遵守学习纪律和学校各种规定，按时完成教师指定作业，参加考试、考查。入学时每个外国留学生均须填写志愿书，保证执行学校各项规定。

四、外国留学生违反学习纪律和学校各种规定，考试、考查不及格的，原则上按本校教务通则同样处理。

（一）处理留级、降级可以酌量照顾。但是补考后累计有主干课两门不及格或确实无法跟班的，必须降班。

（二）如果不能按规定退学时，应降低培养要求，在学习达到规定期限后，发给肄业证书。但累计有六门或六门以上课程不及格时，留降级超过两次时应予退学或转学。

有关留降级退学或转为肄业的处理，经教育部批准。

五、外校外国留学生拟转入我校学习的，须经教育部同意后，参加相应班级转学考试及格，始得入学。

六、现在在校三年级及三年级以下的外国留学生本学期结束后，根据学业成绩、本人志愿，分别编入五年制、六年制学习。

清华大学

1963 年 4 月

附 1：教务处给蒋南翔校长的报告※

南翔同志：

最近我们根据外事工作会议精神，研究了外国留学生学习情况，按中央《外国留学生工作试行条例（草案）》，对今后入学的和在校的外国留学生，草拟了一个《清华大学关于外国留学生管理工作的几项补充规定（草案）》，拟请教育部批准后执行。

我校外国留学生学习情况见致教育部党组文。

补充规定中关于退学、降班由教育部批准是根据《外国留学生工作试行条例（草案）》定的。

报告以什么名义给教育部，请批示。

清华大学教务处

1963 年 4 月 11 日

附2：清华大学给教育部、高教局留学生司转党组的报告※（草稿）（节选）

清工（63）校办密发字第64号

教育部、高教局留学生司转党组：

我校现有在校外国留学生38人，以国籍分：越南27人、印尼4人、阿尔巴尼亚3人，老挝、尼泊尔、叙利亚、塞浦路斯各1人。以年级分：一年级7人，二年级8人，三年级19人，四年级2人，五年级2人。他们现在都按五年半制安排教学计划，低年级基本上随班与中国同学一起学习，四、五年级则有部分课程为他们单开。他们在校学习，大部分有困难。入学后，成绩全部在四、五分以上的仅4人，占10%，成绩全部及格、但跟班尚有不同程度困难的15人，占40%，曾有或经常有不及格课程，学习有相当大困难的19人，占50%，其中基本上每学期有不及格课程或已降班的8人。他们学习困难的主要原因有三方面：

（1）入学时，汉语水平差，上课听不懂，记不下笔记，看书很困难……

（2）中学业务基础差，……要跟经过统考入清华的中国同学一起上课困难很大。大部分外国留学生一门课的复习、作题时间要比中国同学多1～2倍，个别的甚至还要多。少数学生到毕业，究竟能学到手多少也有问题……

（3）还有少部分留学生学习不努力，常旷课，不交作业，不上自习……

在这种情况下，学校不得不为他们多配备不少教师，增加对他们个别辅导的时间，甚至为个别留学生单独开课。留学生中多数也还努力，每天学习到晚上 11 点，每周学习一般在 60 小时以上，而结果还是学不好。而且由于劳逸结合不够好，少数留学生入学后健康水平也有下降，这样政治上会有一定的不好影响。

我们研究了上述情况，认为为了保证外国留学生学习的基本质量，外国留学生入学时必须保证具有合格的汉语水平和基本的业务标准。入学后再按他们的水平，实事求是地确定培养要求；按照循序渐进的原则，严格执行教学计划，除外文、社会公益劳动不参加，政治课可以免修外，对他们的学习管理原则上应与中国学生一样，并在入学时给他们阐述清楚。为此我们根据中央《外国留学生工作试行条例（草案）》的精神草拟一个《关于外国留学生管理工作的几项补充规定（草稿）》随文送上，请予审批。

清华大学

1963 年 4 月

清华大学档案，全宗号 2　目录号 校 1　案卷号外 053

中华人民共和国教育部要求第一机械工业部安排清华留学生实习的公函※

（1964 年 2 月 22 日）

（64）高留学字第 96 号

第一机械工业部：

清华大学按照教学计划拟于今年 6、7 月间安排一批越南留学生分别到你部所属北京第一机床厂（二人）、沈阳变压器厂和沈阳高压开关厂（七人）、长春第一汽车厂（七人），作生产实习。现附去他们的生产实习计划表各一份，请尽可能予以安排。

结果请速函复。

附件：有关实习计划

中华人民共和国教育部

1964年2月22日

抄送：清华大学、北京市外办、辽宁省、吉林省外办（无附件）

长春第一汽车厂（附表二份），沈阳高压开关厂、北京第一机械厂、沈阳变压器厂（附表一份）

清华大学档案，全宗号2　目录号 校3　案卷号277

清华大学关于外国留学生、进修教师赴工厂实习呈教育部的报告※

（1964年3月13日）

（64）教办留字第82号

教育部留学生管理司：

（一）我校动力系热力发电专业的二名越南留学生（潘睿与阮士卯）的安装实习已征得北京电业管理局的同意，随同班中国同学一起于6月8日至7月19日前往石家庄电厂进行实习，现请求教育部再与水电部和石家庄外办联系，以便我校派人前往石家庄安排实习与解决住宿问题。

（二）我校电机系电机教研组的一名越南进修教师陈庆河，原计划前往上海先锋电机厂进行实习，现因上海先锋电机厂不能接受，改往北京电机厂，送上实习计划一份，请审查并给予联系。

清华大学

1964年3月13日

清华大学档案，全宗号2　目录号 校3　案卷号277

留学生工作组关于请求成立留学生办公室的请示报告※

（1965 年 3 月 6 日）

寿慈同志并转党委：

我校现有外国进修教师 7 人、大学生 44 人，来自 7 个国家，在 8 个系学习。静斋同住教师 6 人，大学生 46 人。

从发展看来，高等教育部规定我校留学生规模为 150 人。今年暑假毕业大学生 1 人，进修教师结业归国 2 人，而分配来校的，初步已定有越南大学生 5 人，朝鲜研究生 3 人、进修教师 2 人、大学生 1 人，其他国家估计还要陆续分配来校。这样今年九月留学生人数要超过 60 人。

根据南翔同志指示，要求在最近即行加强对在校的越南、阿尔巴尼亚、老挝、锡兰留学生的思想教育和形势教育，并把他们组织起来学习，在他们中间，适当开展批评与自我批评。

在社会主义革命形势下，在学校普遍进行教学改革的情况下，留学生工作的要求越来越细致，政策性很强。随着我校外国留学生人数不断增加，国别增多，不仅有大学生、进修教师，而且要来研究生的趋势，留学生工作也更将复杂起来。

根据以上情况，目前留学生工作组的形式已不能完全适应工作要求。因此，请求党委考虑在行政上成立留学生办公室，统筹处理有关留学生的经常行政工作（生活后勤工作、食堂等仍由生活处、行政处统一管理）。

以上意见，请予指示。如同意，拟提交校务委员会讨论通过。

留学生工作组

1965 年 3 月 6 日

附件：留学生办公室成员名单

邢家鲤（兼）朱志武（兼）陈舜琴（兼）潘敏贞（兼）陈林成（全时）宣传部一人（半时）

清华大学档案，全宗号 2　目录号 校 3　案卷号 286

校长办公室关于增设组织机构及干部任免事项的布告（节选）

（1965 年 5 月 26 日）

（65）校办布字第 9 号

兹将校务委员会 1964—1965 学年度第 10 次会议通过的增设组织机构及干部任免事项公布如下：

增设组织机构：

留学生工作办公室

任命：

邢家鲤为留学生工作办公室主任（兼）

…………

校长办公室

1965 年 5 月 26 日

《清华公报》第 138 期，1965 年 6 月 4 日

清华大学关于留学生发展规模及基建问题向高教部党组的报告※

（1965年6月7日）

留学生管理司并转

高等教育部党组：

现将我校外国留学生工作中有关发展规模、基建问题的报告送上请审查批示。

一、发展规模

现在我校共有阿尔巴尼亚、越南、老挝、尼泊尔、印尼、叙利亚、锡兰留学生及进修生共51人。最近先后接留学生管理司的通知，今年暑假后将入我校学习的留学生约30人，进修生及研究生5人，而今年暑期将毕业的留学生及进修生只3人，因此今年暑期后我校至少将有留学生80人。

由于形势发展，我校承担培养一定数量的外国留学生的任务是必要的，如以每年接受30人计，则5～6年在校人数约150人。前者留学生管理司曾指示我校，将留学生人数发展规模定为150人。根据我校任务较重的情况，150人的规模，已是很大的任务，目前我校管理工作水平和经验还不足以胜任这项任务。

鉴于目前留学生人数增加很快，我们请求在最近几年内，将我校接受外国留学生的规模仍按留学生司原指示所规定的，限制在150人左右，以利于积累经验。

二、基本建设

我校留学生现住在静斋（建筑面积2 109平方米），其可能容纳量为60人左右，今年暑期后增加的留学生人数的住处尚未着落，如果再增加人数，则困难更大。而留学生要求的居住条件较好，同时为了便于管理，又不宜分散居住，在我校生活用房和招待用房严重不足，中国学生居住条件拥挤的条件下，难于再为留学生挤出更多用房。

因此请求教育部给予我校以基建的条件，批准在1966年为外国留学生建成一幢包括食堂、浴室、俱乐部、阅览室等在内的宿舍楼。如以150人计则面积约6 000平方米，每平方米造价约以120元计，则投资约为72万元。请在1966年基建计划中给予批准，并拨给相应的材料。

以上意见，是否有当，请予批示。

清华大学

1965年6月7日

清华大学档案，全宗号2　目录号 校3　案卷号273

留学生工作办公室关于1966年接收留学生问题给党委的请示报告※

（1966年1月7日）

党委

南翔同志、胡健同志、艾知生同志：

我校1965年底共有外国留学生73人，1966年1月到7月将有不少人毕业离校。1966年7月底在校外国留学生人数预计为50人（大学生39人、进修生8人、研究生3人）。

1966年1月5日高教部留学生管理司通知，第一批分配给我校75个越南大学生（1966年9月入学），在今后还要陆续分配研究生、进修生和其他国家大学生来我校，预计 1966 年 9 月分配来校的新留学生共计约 100～120 人。

因此，到 1966 年 9 月在校外国留学生总数可能达到 150～170 人。

我们认为，我校接收一定数量的外国留学生是必须的，但是限于宿舍、食堂、干部、教师等条件，还不能大量接收。现将初步研究情况汇报如下。

一、宿舍问题：

现在留学生住静斋、强斋，女学生（4 人）住四号楼。静斋、强斋容量为 80 人左右。

如不扩大宿舍面积，则 1966 年 9 月我们可以接收 30 个新生来校。这情况此前已经反映给留学生管理司，留学生管理司认为接收太少，已明确表示不同意。如果扩大接收任务，则占用中国学生宿舍面积过大。如接收 50 个新生（连旧生总数到 100 人），则大约需占用三号楼全楼；如接收 100 人（连旧生总数到 150 人），则大约需占用新斋全楼。虽然同时可以将静斋、强斋交出做其他生活用房，但中国学生宿舍面积则压缩太多，无法做到。

我们曾为此向部申请过，为我校建造一幢留学生宿舍。但至今未得到肯定的答复。

二、食堂问题：

静斋现有留学生食堂可容纳 80 人左右。如扩大接收任务，食堂问题无法解决（现在中国学生食堂过于拥挤）。

如果留学生总数达到 100 人或更多时，我校必须另建留学生食堂，基建面积为 300 平方米（100 人用）到 400 平方米（150 人用），但是至今基建任务还没有落实的方案。

三、教师问题：

鉴于我校基础课教师力量薄弱，任务又重。我们请求学校向高教部申请，为基础课增加 20～30 个编制，以保证完成留学生的教学任务。

四、干部问题：

这两年留学生数目增加很快，1966 年 9 月更将较目前增加一倍。而现有主要管理干部全系兼职，远不能适应工作需要。

为此，我们请求党委考虑，在 1966 年春季就陆续补充一些留学生工作干部（包括学生中的政治辅导员）。这样可以在 1966 年 9 月前，使这些干部有可能通过参加工作了解情况、熟悉政策，接受一定的外事工作训练，以免在留学生大量增加时缺乏准备。

此外，届时还需要相应地补充一些工勤人员。

以上情况。请党委考虑，并请决定我校今年应接纳的留学生人数，以便及时上报留学生管理司，并及时落实应进行的准备工作。

留学生工作办公室

1966 年 1 月 7 日

主送：南翔同志、胡健同志、党委办公室

抄送：人事处、行政处、教务处

清华大学档案，全宗号 2　目录号 校 3　案卷号 286

留学生工作办公室关于争取减少留学生分配任务给党委及有关负责同志的报告※

（1966 年 1 月 17 日）

党委

南翔同志、刘冰同志、胡健同志、艾知生同志：

接高教部留学生司通知，1966 年度将有约 3 500 名越南学生，分配入各高等学校学习，其中第一批分配给我校 85 名大学生。留学生司同时通知，今年还将分配越南进修生、研究生和其他国家大学生各若干人来我校。因此，高教部今年下达分配我校的留学生任务将在120人左右。1966年9月，连同原已在校的，我校留学生总数将达170人。

由于我校学生生活用房过紧，除强斋、静斋外、难于再为外国留学生扩大宿舍及食堂。经请示胡健同志、艾知生同志后，将我校今年接受留学生任务总额定为70人，亦即包括越南及其他国家的大学生、进修生、研究生在内，1966年9月留学生在校总数不超过120人。

1月14日我们向留学生司汇报了学校党委的意见，同时详细具体地说明了我校房屋面积不敷，特别是学生生活用房紧张的情况，并且提到了陆定一副总理对我校学生居住条件太差的批评和要求。我们请求留学生司适当核减任务，或者帮助解决基本建设条件问题。

留学生司的回答是，中央指示，各地对越南提出要我国接纳留学生的要求应采取积极态度，中央要求各省、市、部门党委克服一切困难完成任务，因此，留学生司不同意减少分配人数，并要求我校全面考虑，尽快落实接受任务。至于基建问题，留学生司表示，在其他各校接收任务均较清华为重的情况下，为清华增加面积有较大的困难，短期无法解决。关于师资，留学生司同意向高教部政治部师资处提出，争取解决一部分。

我们考虑到，在学校各方面任务均极繁重、用房极端紧张的情况下，今年接收70名留学生，实已尽了最大的努力。因此，我们拟再次向留学生司陈述情况，尽力争取司里充分了解，力求减少分配任务。

以上意见，是否妥当，请指示。

留学生工作办公室

1966年1月17日

主送：南翔同志、刘冰同志、胡健同、艾知生同志、党委办公室

抄送：人事处、行政处、教务处

清华大学档案，全宗号 2　目录号 校 3　案卷号 286

越南留学生阮致涉回国后给中国同学来信的摘录

（1966 年 3 月 28 日）

清华大学留学生工作办公室

越南留学生阮致涉，系我校铸工专业 1966 年寒假毕业生，回国后分配到某工厂铸工车间工作。阮回国后曾前后给教师及同学来过几封信，现将阮给李仁仪的第三封信部分内容摘录如后：

……我开始工作已经近两个月，我在铸造汽车活塞小组工作。我到这小组的任务主要是了解生产情况，发现问题，并向工厂提出改进方法。按工厂一般情况，工程师到生产小组不直接动手，而站在旁边看工人操作。但是我在一定程度上已接受了毛主席思想，接受了中国共产党的教导，因此我要求直接参加劳动。这样，一方面可以深入了解生产情况，容易发现问题；同时有好条件了解工人的生活情况及他们的心情，这样也就能够改造自己的思想。近两个月，我和工人一样生活劳动，没有工程师及工人的差别。他们作什么，我也作什么。他们到什么时候下班，我也做到什么时候回家。每天平均劳动时间 10、11 小时。中午我跟他们一块躺在炉旁的木块上睡觉，晚上我经常到他们家里谈话。我这样作了一个阶段，得到工人的欢迎。有一天党小组长跟我说：“你是来到我小组的头一个工程师直接跟我们参加劳动和我

们有这样紧密的关系。你有很多很好的观点，你和其他曾到我小组的工程师的主要差别也在那地方。中国共产党已把你教育成一个很好的工程师。”当然这些话只是一个要求我达到的标准，我现在的思想水平、工作能力比他们这段评语还差得远……

留学生工作办公室

1966 年 3 月 28 日

清华大学档案，全宗号 2　目录号 校 1　案卷号 外 058

1953—1966 年留学生名单（节选）

1953 年入学留学生名单

金成浩（朝）　韩琼億（朝）　刘兴镒（朝）

洪谆兴（朝）　全遇赫（朝）

1954 年入学留学生名单

金永喆（朝）　丁玉鄰（越）　裴明标（越）

胡克绍（越）

1955 年入学留学生名单

国别	姓名	性别
朝鲜	朴震梓	男
朝鲜	全东进	男
朝鲜	郑相俊	男
朝鲜	金致谦	男
朝鲜	崔明锺	男
越南	武三郎	男
越南	阮金铢	男
越南	陈庆河	男

越南	阮挥淑	男
越南	阮尚志	男
越南	邓武交	男
越南	阮营田	男
越南	丁日坦	男
越南	阮文纯	男
越南	武必佩	男

1956 年入学留学生名单

潘清廉（越） 阮梦雄（越） 潘清高（越）

阮能恭（越） 阮维宁（越）

阮玉景（越） 阮文赠（越） 邓友质（越）

高文松（越） 郑和玲（越） 阮文显（越）

刘仲海（越） 沙佐诺（印尼） 朴正孝（朝）

1957 年入学留学生名单

潘庆（越） 康尔达（印尼） 陈日寿（越，进修）

黎山海（越，进修）

1958 年入学留学生名单

阮文敏（越） 莫实（苏） 贝京可（苏）

纪必乔（苏） 陆佐（苏） 阿克玛（印尼）

苏里泼多（印尼）达贺（阿联）

1959 年入学留学生名单

蔡明哲（印尼） 何森（阿联） 阮日清（越）

范清霄（越） 拉卡莎（西班牙）

1960 年留学生名单

姓名	国别
范文炳	越南
黎进焕	越南

阮花盛	越南
胡大众	越南
阮必进	越南
阮泰善	越南
阮致涉	越南
陈　欣	越南
阮春明	越南
范春光	越南
胡庭松	越南
武文长	越南
潘　睿	越南
陈金陵	越南
阮士卯	越南
陈德恭	越南
陈德河	越南
阮红日	越南
阮文海	越南
胡里奥	西班牙
范文槐	（越，进修）
范玉灯	（越，进修）
阮医苏	（越，进修）

1961 年入学留学生名单

张玉淑（越）	黄嘉逊（越）	黄如雪（越）
阮客幸（女）（越）	阮珠莺（女）（越）	阮洪柳（越）
塔帕（尼泊尔）	安代列斯（塞浦路斯）	皮特（保加利亚）

1962 年入学留学生名单

哈尔雅特诺（印尼）　阮文明（老挝）

饶尔果（阿尔巴尼亚）　　罗列塔（女）（阿尔巴尼亚）
查克里亚（印尼）　　巴甫洛（阿尔巴尼亚）

1963 年入学留学生名单

莱夫特尔·马尔加里蒂（阿尔巴尼亚）
巴依蒂姆·依斯拉玛依（阿尔巴尼亚）
塞伊多·塔尔塔莱（阿尔巴）
万努什·查瓦利（阿尔巴尼亚）
巴尔多克·查拉（阿尔巴尼亚）
科斯塔奇·马诺（阿尔巴尼亚）
克·普·雷格米（尼泊尔）
山德·巴哈杜尔·夏格亚（尼泊尔）
夏尔玛（尼泊尔）
李窝德·巴哈杜尔·卡尔吉（尼泊尔）
拉·焦希（尼泊尔）　　阮文治（越）
陈庆河（越）　　吴文饰（越）
陈有苑（越）　　胡克绍（越）
阮高盛（越）　　黄玉泰（越）
阮友宁（越）　　拉斯多诺（印尼）

1964 年入学留学生名单

蒂拉克斯里（锡兰）　　曾文团（越）　　杜桃海（越）
阮工贤（越）　　黄庭信（越）

1965 年入学留学生名单

纳拉雅（尼泊尔）　　莫蒂卡吉夏哥亚（尼泊尔）　　黎清雄（越）
阮富咏（越）　　黎红海（越）　　胡文明（越）
黄明爵（越）　　林道梧（越）　　阮公石（越）
林生（越）　　王鸿川（越）　　马玉山（越）
黄爱梅（女）（越）　　阮刻娥（越）　　高德勇（越）

杨文科（越）　武南山（越）　谢友晟（越）
阮文伟（越）　李文妞（越）　阮国俊（越）
农正（越）　阮玉鸠（越）　麻春庄（越）
阮文波（越）　阮贵泽（越）　郭凤万（朝）
崔光云（朝）

1966 年入学留学生名单

肖忠清（印尼）　吴万洙（朝）　许明瑞（朝）

清华大学档案，全宗号 2　目录号 校 3　案卷号 269

清华大学 1966 年 9 月外国留学生名单（节选）

国　　别	姓名（中、外文）	性别	留学类别	所学专业	来华日期	入学日期	预计毕业时间
越南民主共和国	张韦民	男	大学生	240	1965.9.13	1966.9	1971.7
越南民主共和国	阮过	男	大学生	240	1965.8.15	1966.9	1971.7
越南民主共和国	谢玉叶	男	大学生	240	1965.8.15	1966.9	1971.7
越南民主共和国	邓洪	男	大学生	210	1965.8.16	1966.9	1971.7
越南民主共和国	周红山	男	大学生	210	1965.8.13	1966.9	1971.7
越南民主共和国	阮名情	男	大学生	210	1965.8.13	1966.9	1971.7
越南民主共和国	陶国广	男	大学生	锅炉	1965.8.15	1966.9	1971.7
越南民主共和国	范永进	男	大学生	锅炉	1965.8.15	1966.9	1971.7
越南民主共和国	胡伯寿	男	大学生	锅炉	1965.8.15	1966.9	1971.7
越南民主共和国	陈知杰	男	大学生	锅炉	1965.8.15	1966.9	1971.7
越南民主共和国	裴光宣	男	大学生	锅炉	1965.8.17	1966.9	1971.7
越南民主共和国	阮英希	男	大学生	锅炉	1965.8.15	1966.9	1971.7
越南民主共和国	邓国良	男	大学生	锅炉	1965.8.15	1966.9	1971.7
越南民主共和国	裴光欢	男	大学生	锅炉	1965.8.15	1966.9	1971.7
越南民主共和国	阮克海	男	大学生	锅炉	1965.8.15	1966.9	1971.7
越南民主共和国	黎文温	男	大学生	锅炉	1965.8.15	1966.9	1971.7
越南民主共和国	阮文顺	男	大学生	锅炉	1965.8.14	1966.9	1971.7
越南民主共和国	阮　任	男	大学生	锅炉	1965.8.14	1966.9	1971.7

续表

国　　别	姓名（中、外文）	性别	留学类别	所学专业	来华日期	入学日期	预计毕业时间
越南民主共和国	陈文良	男	大学生	锅炉	1965.8.14	1966.9	1971.7
越南民主共和国	邓　谅	男	大学生	锅炉	1965.8.18	1966.9	1971.7
越南民主共和国	范玉桂	男	大学生	锅炉	1965.8.14	1966.9	1971.7
越南民主共和国	张文生	男	大学生	发电厂电力网及电力系统	1965.8.15	1966.9	1971.7
越南民主共和国	陈伯延安	男	大学生	发电厂电力网及电力系统	1965.8.15	1966.9	1971.7
越南民主共和国	阮文友	男	大学生	发电厂电力网及电力系统	1965.8.14	1966.9	1971.7
越南民主共和国	朱文敬	男	大学生	发电厂电力网及电力系统	1965.8.14	1966.9	1971.7
越南民主共和国	阮玉珪	男	大学生	高压电技术	1965.8.15	1966.9	1971.7
越南民主共和国	杨春明	男	大学生	高压电技术	1965.8.14	1966.9	1971.7
越南民主共和国	阮必和	男	大学生	高压电技术		1966.9	1971.7
越南民主共和国	陈重称	男	大学生	高压电技术		1966.9	1971.7
越南民主共和国	黎文安	男	大学生	自动控制	1965.8	1966.9	1971.7
越南民主共和国	胡士厚	男	大学生	自动控制	1965.8.15	1966.9	1971.7
越南民主共和国	吴友旗	男	大学生	自动控制	1965.8.15	1966.9	1971.7
越南民主共和国	阮　田	男	大学生	自动控制	1965.8.14	1966.9	1971.7

续表

国　　别	姓名 （中、外文）	性别	留学类别	所学专业	来华日期	入学日期	预计毕业时间
越南民主共和国	阮如庆	男	大学生	自动控制	1965.8.15	1966.9	1971.7
越南民主共和国	武大函	男	大学生	自动远动		1966.9	1971.7
越南民主共和国	黎氏海堂	女	大学生	自动控制	1965.8.15	1966.9	1971.7
越南民主共和国	阮氏玉欣	女	大学生	自动控制	1965.8.17	1966.9	1971.7
越南民主共和国	阮氏线	女	大学生	自动控制	1965.8.15	1966.9	1971.7
越南民主共和国	黄氏盛	女	大学生	自动控制	1965.8.17	1966.9	1971.7
越南民主共和国	潘氏秋	女	大学生	自动控制	1965.8.14	1966.9	1971.7
越南民主共和国	邓明创	女	大学生	自动控制	1965.8.14	1966.9	1971.7
越南民主共和国	黎清鸾	女	大学生	自动控制	1965.8.14	1966.9	1971.7
越南民主共和国	黎秋东	女	大学生	固体力学	1965.8.17	1966.9	1971.7
越南民主共和国	邓氏盛	女	大学生	固体力学	1965.8.14	1966.9	1971.7
越南民主共和国	阮氏贞	女	大学生	固体力学	1965.8.14	1966.9	1971.7
越南民主共和国	高春魄	男	大学生	固体力学	1965.8.15	1966.9	1971.7
越南民主共和国	武英俊	男	大学生	固体力学	1965.8.14	1966.9	1971.7
越南民主共和国	乐丹边	男	大学生	高电压技术		1966.9	1971.7
叙利亚	莫哈欣·哈桑·穆汉默德·海里法	男	大学生	河川枢纽及水电站建筑	1965.3.27	1966.9	1971.7
叙利亚	阿卜杜·拉扎格·侯赛因·欧斯曼	男	大学生	河川枢纽及水电站建筑	1965.3.27	1966.9	1971.7
尼泊尔	迪勒·巴哈杜尔·尼瓦	男	大学生	电机与电器		1966.9	1971.7

清华大学档案，全宗号 2　目录号 校 3　案卷号 269

（二）出国留学人员

教育部函我校涂光炽等赴苏留学的公文※

（1951年10月8日）

中央人民政府教育部（函）

（51）高四字第1287号

清华大学：

你校地质系讲师涂光炽业经我部会同中央人事部选派其赴苏联留学，现因工作需要，希将其有关行政材料（包括学业成绩单、行政鉴定及登记表格等），寄送我部一份为要。

中央人民政府教育部

一九五一年十月八日

学校关于教育部函的处理（节选）

附：教育部来函的附件※：

事由：你校地质系讲师涂光炽、助教张宗胤，机械系助教严普强、黄敦，机械系学生陆际清等五名，电机系学生章冲，采矿系学生徐铭英，化工系学生何伯荣等三名，化工专修班学生齐洁等十二名，生物系学生翟中和，土木系学生张有实等二十八名，业经我部会同中央人事部选派其赴苏联留学，因工作需要希将其有关行政材料（包括学业成绩单、行政鉴定及登记表格等）送部一份由。

…………

决定办法：

在回文教育部时同时呈向以上教及生的学籍、位置及薪水，以及其他有关问题之处理办法。

维代　十、十三

企孙

只问以下两点即可：（一）学生应否保留学籍。（二）教师应否保留原职。教师应停薪是并无问题的。

企　孙　十、十五

周培源　十、十五

国　衡　十、十五

清华大学档案，全宗号 2　目录号 校 3　案卷号 083

教育部通知我校关于选拔1952年度赴苏留学生的指示※

（1952年2月21日）

中央人民政府教育部指示

关于选拔一九五二年度赴苏留学生的指示

（52）留学字第046号

清华大学：

为着培养高级建设人才以适应今后国家建设的需要，中央人民政府决定一九五二年度选派一批优秀的青年学生、有专长的革命干部及教师赴苏联，学习先进的科学技术与经验。

根据一九五一年度派遣赴苏留学生的经验，派赴苏联的留学生，若不懂俄文，出国后学习非常困难，个别政治上有问题的及身体不够健康的学生，须抽调回国，这样在人力、物力上都有很大的浪费，并起了不好的政治影响。因此，一九五二年度派遣赴苏留学生的工作，采取“宁少勿滥”的方针。选拔办法，除在职革命干部及赴苏实习人员由中央各业务部门另外布置，自行选拔，分区参加统一考试外，各高等学校学生及教师的选拔工作，决定由各大行政区教育部会同人事部，根据规定的选拔条件，负责严格地审查政治条件，认真地检查体格，举行文化业务考试等工作。华北区由我部会同中央人事部直接办理。

赴苏留学生经选择合格后，先在北京俄文专修学校留苏预备部学习四个月，主要补习俄文，其次是补习政治课和业务课，暑假时举行出国考试，然后派遣出国。

希望你校立即按照指定的科系名额及《华北区一九五二年度赴苏留学生选拔办法》，公开地选拔合格人员，保送来部，参加统一考试。

附件如文

中央人民政府教育部

一九五二年二月二十一日

附件一：

一九五二年度选拔赴苏留学生清华大学保送报考名额科系分配表

科系名称	保送名额
航空	6
物理	2
化学	3
地质	4（研 1）
采矿	6
冶金	2
机械	5

续表

科系名称	保送名额
电机	3
土木（建筑）	3
心理	1
天文学	1（研）
水利	2
总计	38

注：上述数字包括高等学校指定科系之二年级学生及教师，两者的比例由各校根据具体情况来确定，但括号内（研）字人数必须是教师。地质科之（研）应选对石油地质有专长之教师一人。

附件二：

华北区一九五二年度赴苏留学生选拔办法

一、选拔条件——赴苏留学生必须具备下列条件：

甲、政治上经过审查，完全可靠，在学习和工作中一贯表现忠诚积极，思想进步、品质优良、纪律性强、有钻研精神及培养前途者。

乙、文化或业务水平合乎下列各项规定之一者：（略）

清华大学档案，全宗号2　目录号 校3　案卷号083

中央人事部通知我校保送留学生合格者公文及名单※

（1952年3月9日）

通　知

清华大学：

前由你处保送之留苏学生叁拾陆名，经我部审查合格者，计吴熙纯等贰拾柒名，现将报考介绍信随函寄去，希即转发，并请通知他们于本月十一日至十三日前往中央教育部报到（报到处设北京定阜大街辅仁大学二院留苏预备部），办理体格检查及考试事宜。

此致

中央人民政府人事部

一九五二年三月九日

附：中央教育部对报考学生膳宿规定

（一）住宿

一、原单位住在北京城内者，报到后仍住原单位。

二、原单位住在北京城外者，在考试期内（三天）由留苏预备部解决。

三、原单位在外埠者，其住宿（约二周）由留苏预备部解决。

（二）膳食

一、原单位在北京城内者，考试期内，午餐由留苏预备部供给。

二、外埠供给制干部，应按原待遇膳费部分标准缴纳，其不足部分，由留苏预备部补贴。薪金制干部，应按该部伙食标准缴纳膳费。

三、外埠及北京城郊学生，在考试期内可将原膳费领出，由留苏预备部办理，其不足部分由该部补贴；如中途不能领出者，经证明后由该部供给。

教育部审查留苏合格学生名单

吴熙纯　张遵逵　万大铃　黄胜年　吴　玖　董怀允

蔡起国　赵运昌　刘济瀛　杨　乂　萧树棠　刘　敦

胡朝元　蔡宣三　沈　浚　杨延昕　马怡载　许祖华

商　镇　敖　麟　顾以藩　陈厚群　林华宝　金　兰
章燕申　孙延禄　王如琳
以上计二十七名

清华大学档案，全宗号2　目录号 校3　案卷号083

中央人民政府教育部、中央人民政府人事部通知我校1952年第二批留苏预备生考试结果※

（1952年9月22日）

中央人民政府教育部
中央人民政府人事部通知

（52）留学张字第〇六六号

通知一九五二年第二批留苏预备生考试结果。

清华大学：

关于一九五二年第二批留苏预备生政治、体格审查结果及学科考试成绩，业已评定。兹将你校保送的报考生已被录取者通知如附件。希即转告该生等于十月三日至六日到北京俄文专修学校二部（石驸马大街旧师大二院）报到。

附：录取名单

中央人民政府教育部
中央人民政府人事部
一九五二年九月二十二日

选拔1952年第二批留苏预备生录取人名单

清华大学（38人）

大学生（38人）

2100	徐贻璜	2106	郑华安
2109	刘国坚	2110	忻元康
2115	孟宪康	2118	李美霞
2120	罗大山	2121	侯蕊涵
2138	王文钦	2139	胡安定
21456	须清华	2149	赵振民
2151	陈万阳	2152	李淑芳
2156	陈定保	2158	周之南
2161	李娥飞	2162	王振刚
2167	杨学甯	2168	马焯明
2170	杨志敏	2171	郭仲衡
2173	陈乃兴	2177	孔德堋
2179	管惟炎	2180	何章祥
2181	莫瑞洵	2183	钱绍钧
2184	朱高峰	2185	袁文光
2187	朱德耀	2188	孙顺义
2195	黄润乾	2198	胡　垲
2200	洪肇龙	2201	王可菊
2202	孙竞新	2386	顾瑞龙

清华大学档案，全宗号2　目录号 校3　案卷号083

一九五四年我校选派留学生工作情况报告①

（1954 年 8 月 4 日）

一、今年高教部指示，我校在大学一年级中选派留苏预备生 80 人，留学各人民民主国家学生 20 人，这些人都必须经过严格的政治审查及身体检查，然后才能参加考试。为了保证选派这 100 人在政治上是合格的，我们经过了一系列的政治审查步骤，最初挑选了 300 多人在内部进行审查，然后将其中政治上业务各方面比较好的学生 150 人进行了忠诚老实的动员工作，写自传、填表。把这些材料再一次审查以后，又去掉 50 人。后送市委高校党委会政治审查的大学生 100 人，其中党员占 5%，团员占 86%，群众占 9%，其中投考留苏的为 80 人，投考留各人民民主国家的为 20 人。最后经高校党委会审查、市委批准、身体检查、留学生考试等，选送留苏的 80 人中有 39 人录取留苏预备生赴俄专学习。其余未被录取的 41 人中，因政治审查不合格不录取者 30 人，因身体检查不合格不录取者 9 人，因考试不合格不录取者 2 人。赴各人民民主国家留学的 20 人中有 5 人被录取，其余未录取 15 人中因政治不合格不录取者 9 人，因身体检查不合格不录取者 3 人，因考试不合格不录取者 3 人，因又有一人因病未参加考试。

二、我校选送留苏预备研究生 12 人中经考试、政治审查及身体检查后录取者 4 人，未录取者 8 人中因身体检查不合格不录

① 此报告原件无受文单位。

取者 1 人，因政治审查不合格不录取者 7 人。

三、清华工农速成中学保送留苏的 5 人（全是党员），经政治审查及身体检查后全部合格，现已考试完，但未发榜，故不能决定录取名单。

中共清华大学委员会（印）

一九五四年八月四日

清华大学档案，全宗号 2　目录号 校 5　案卷号 54012

六位教师留苏

（1955 年 9 月 18 日）

为了提高师资水平，更直接地吸取苏联先进的教学经验，本学期我校选派了机械制造系副主任、机械制造工学教研组主任邹致圻教授，水利系副主任、水力学教研组主任夏震寰教授，水能利用教研组主任施嘉炀教授，施工教研组主任杨曾艺教授，基本电工教研组主任王先冲副教授，材料力学教研组讲师黄克智等六位同志赴苏联进修学习。在走以前，各有关教研组都召开了座谈会，对他们提出了希望和要求。学校也召开了欢送会。他们已于本月十八日启程赴苏联，学习期限一般为两年。

《新清华》第 105 期，1955 年 9 月 24 日

1951—1955年我校赴苏联进修生、研究生名单※

（1955年12月）

系别	姓名	所在学校	专业	出国年月	回国年月	备注
机械	邢家鲤	莫斯科汽车机械学院	铸工	1951	1955.7	已回国
	曹起骧	莫斯科汽车机械学院	金属压力加工工热及机器	1951	1955.12	已回国
	严普强	莫斯科车床学院	工具制造	1951	1955.底	
	章燕申	莫斯科包曼高等工业学校	精密仪器	1953.8	1956.8	
	刘家璿	莫斯科包曼高等工业学校	铸工	1955.9	1958.7	
	邹致圻	列宁格勒工业大学	机械制造工艺	1955.9	1957.9	
理论力学	贾书惠	列宁格勒工业大学	理论力学	1955.9	1958.9	
电机	王先冲	莫斯科莫洛托夫动力学院	电工基础	1955.9	1957.9	
	吴维韩	莫斯科莫洛托夫动力学院	高压	1955.9	1958.9	
	吴　麒	莫斯科莫洛托夫动力学院	拖动	1955.9	1958.9	
土木	杨曾艺	莫斯科土建学院	施工	1955.9	1957.9	
水利	施嘉炀	莫斯科动力学院	水力动力装置	1955.9	1956.9	
	费祥俊	莫斯科动力学院	水力动力装置	1955.9	1959.底	
	马善定	莫斯科土建学院	水能利用	1954.9	1957.9	
	张宪宏	莫斯科土建学院	水工结构	1955.9	1958.9	

续表

系别	姓名	所在学校	专业	出国年月	回国年月	备注
	夏震寰	列宁格勒多科性工业大学	水力学	1955.9	1956.9	
动力	蒋孝煜	列宁格勒多科性工业大学	拖拉机制造	1953.9	1957.9	
建筑	童林旭	莫斯科建筑学院	建筑学	1955.9	1958.9	
材料力学	黄克智	莫斯科大学	数学力学系	1955.9	1957.9	

清华大学档案，全宗号 2 目录号 校 5 案卷号 55015

解放后由英美回国留学生情况汇报（节选）

（1955 年）

人事室

一、概况：

解放后自英美归国留学生共 20 人，其中清华大学派出进修 7 人，院系调整来的 9 人，高教部及国务院分配 4 人。1949 年归国 5 人，1950 年 5 人，1951 年 6 人，1952 年 1 人，1954 年 3 人。目前担任副系主任工作者 2 人，教研组主任者 7 人，工会部门委员会主席 1 人，其他未担任行政领导工作 10 人。职别情况：教授 3 人，副教授 13 人，讲师 4 人。

二、目前表现及其在教学上起的作用：

在这 20 人中绝大多数的业务是比较好的，其中副系主任及教研组主任的业务更为较强，且工作积极，靠近党。他们在领导教学上是发挥相当作用的，教学效果很好，同学满意。其次在培养助教方面也起了一定的作用，能帮助助教解决业务上的问题，更有的教授对培养助教是比较重视的，如物理教研组主任徐亦庄正准备订培养助教计划。此外，他们原来外文基础是比较好的，学习俄文很快，同时学习苏联的态度都是积极的，因此在整个教学改革工作中起了骨干和桥梁作用。在个别副教授中也有业务及思想较差的……，通过工会小组进行批评帮助，现迟到现象也不存在，备课比以前认真了。

三、对分配工作及生活待遇方面的意见：

a. 工作分配方面：这些教师到校以后除个别以外都是按照专长和自愿分配的，因此问题不大。过去曾对此问题有过意见的，只是个别的……

b. 生活待遇方面：这方面的问题基本上无任何问题，主要原因有二：一、他们到校后工资待遇基本上和他们同年毕业的一样，业务好的，能力强的，有定的高的。二、我校住宿问题解决比较好，凡有家庭的每人有一所住宅，有的教授的爱人也在本校工作，因此生活问题也不大……

解放以后由资本主义国家归国留学生名单

王补宣	留美	清华派出进修	1949 年归国	教研组主任
徐亦庄	留美	清华派出进修	1951 年归国	教研组主任
万家璜	留英	院系调整	1950 年归国	
方崇智	留英	院系调整	1949 年归国	工会部门委员会主席
董树屏	留美	清华派出进修	1949 年归国	动力系副主任
郑维敏	留英	院系调整	1951 年归国	
郭世康	留美	清华派出进修	1951 年归国	
王传志	留美	院系调整	1950 年归国	
杨式德	留美	清华派出进修	1950 年归国	

续表

吴增菲	留美	院系调整	1950 年归国	
梅祖彦	留美	教育部分配	1954 年归国	
陈仲颐	留美	院系调整	1951 年归国	
周卜颐	留美	教育部分配	1950 年归国	
辜传诲	留英	派出进修	1952 年归国	
杜庆华	留美	院系调整	1951 年归国	
吴良镛	留美	清华派出进修	1951 年归国	建筑系副主任
许保玖	留美	国务院分配	1954 年归国	
冯俊凯	留美	院系调整	1949 年归国	
李恒德	留美	国务院分配	1954 年归国	
顾夏声	留美	院系调整	1949 年归国	

解放后至 1954 年由资本主义国家归国留学生统计表

来校关系	人数	担任工作	人数	职别	人数	归国年份	人数
进修	7	系副主任	2	教授	3	1949 年	5
院调	9	教研组主任	7	副教授	13	1950 年	5
分配	4	工会部门主席	1	讲师	4	1951 年	6
		其他	10			1952 年	1
						1954 年	3
合计	20		20		20		20

清华大学档案，全宗号 2　目录号 校 5　案卷号 55015

中华人民共和国高等教育部索我校派赴民主德国留学生毕业证件及论文函※

（1956年5月21日）

函索原你校机械系毕业生程瑞全、沈烈初二人毕业证件

（56）留许字第355号

清华大学：

一九五五年派赴德国留学研究生程瑞全、沈烈初系你校机械系毕业生。现因民主德国高等教育总署为进一步研究他们的学习问题，需要阅看他们的毕业证书及论文，请速寄我部，以便送德方参考。

中华人民共和国高等教育部

一九五六年五月二十一日

清华大学档案，全宗号2 目录号 校3 案卷号083

(三) 友好往来

蒙古人民共和国总理泽登巴尔等来校参观

（1952年10月14日）

本日下午三时蒙古人民共和国总理泽登巴尔等来校参观，应作准备。

校务行政会议要录

一九五二年十月十四日

清华大学档案，全宗号2 目录号 校1 案卷号 53003

金日成元帅来本校参观

（1953 年 11 月 17 日）

金日成元帅本月十七日来校参观，同来的有朴正爱、洪金熹、南日等。在新修饰的工字厅内稍事休息，由蒋校长介绍学校情况后，即由蒋校长、刘副校长陪同，参观了土木系材料实验室、施工教研组实验室、水力馆、金工厂和建筑系、图书馆等处。在建筑系，金日成元帅还参观了同学们和教师们的作品，如水彩画、工业建筑设计图以及颐和园测绘图等。

本校同志和同学们怀着亲切和敬爱的心情，以热烈的鼓掌和欢呼欢迎金日成元帅和他的战友们，金日成元帅所到的地方都有大批的同学自动结队欢迎，表达了新中国青年学生对朝鲜人民领袖的敬爱。

《新清华》第 20 期，1953 年 11 月 24 日

沙斯特罗阿米佐约参观民族学院清华大学（节选）

（1955 年 5 月 27 日）

本报讯　印度尼西亚共和国总理阿里·沙斯特罗阿米佐约和夫人及其他随行人员，由我国驻印度尼西亚大使黄镇和夫人、我国外交部礼宾司司长柯华陪同，在二十七日下午到北京西郊参观中央民族学院和清华大学。

…………

四时三十分，沙斯特罗阿米佐约总理到清华大学参观。清华

大学的学生们，冒雨列队欢迎贵宾。在蒋南翔校长和钱伟长教务长陪同下，沙斯特罗阿米佐约总理参观了水利馆，机械制造系的金工实习工厂和按黄河制作的可以发电七瓩的水力发电试验设备——水力枢纽，最后并乘汽车绕行校园内各处参观。沙斯特罗阿米佐约总理参观完毕后离开时，学生们欢呼挥手和贵宾们道别。

《人民日报》，1955 年 5 月 28 日

中华人民共和国高等教育部同意以《清华大学学报》进行国际交流事致清华大学函※

（1956 年）

事由：复同意你校以《清华大学学报》与苏联等兄弟国家重点学校交流，另对待资本主义国家赠送的期刊可参酌中国科学院采用的办法办理。

发往机关：清华大学

日期：1956 年 1 月 24 日

字号：（56）留许字第九六号

地址：北京西单新皮库胡同乙十二号

一九五五年十二月十六日清工（55）发特图字第〇七二号公函悉。关于你校拟以《清华大学学报》与苏联及匈牙利等兄弟国家十一院校进行交流事，我部同意。希将匈牙利、波兰等五个国家工业大学的校名补报部，至于你校收到各资本主义国家的赠送的期刊问题，我部意见，你校可参考中国科学院所采取的办法，即对各资本主义国家寄赠的刊物，一般均给予回片，表

示书刊已经收到。对其中某些你校需要的书刊，有意与其建立交换关系者，亦可主动回赠书刊。希根据以上办法考虑，如有需要建立交换关系者，可另报部。你校回赠的书刊可不限于学报，亦可以文化部公布可与资本主义国家交换、赠送的书刊进行交换。

中华人民共和国高等教育部

中华人民共和国高等教育部

（56）留许字第494号

你校学报（或院刊等）将与兄弟国家进行交换请同意国际书店向你校洽订，以便外送。

清华大学：

根据我国与各兄弟国家文化合作协定1956年执行计划，我部今年准备以你校《清华大学学报》（1956年1月份起全年各期）与苏联、德国、波兰、捷克、罗马尼亚、保加利亚、匈牙利、阿尔巴尼亚、蒙古、越南、朝鲜等11个兄弟国家进行交换。并已委托国际书店代办外送手续。为此，拟请你校将1956年（1月份起）出版的上述学报（或科学论集）逐期以23份寄送国际书店，以便外送。有关订购学报（或科学论集）的联系事项及费用等，均由国际书店与你校直接联系结算。

中华人民共和国高等教育部

1956年2月21日

抄致：国际书店

清华大学档案，全宗号2　目录号 校1　案卷号56009

钟士模参加国际自动化科学讨论会

（1956年）

最近，电机系钟士模教授代表中国出席了意大利国家科学研究院召开的一次国际性的有关自动化方面的科学讨论会。参加这次会议的有近20个国家的代表。钟士模教授从会上进一步了解到现代自动化方面科学进展的情况，感到我国在自动化方面在最短期间赶上世界水平是个光荣的也是迫切的任务。

《新清华》第136期，1956年5月7日

钱伟长被选为波兰科学院院士

（1956年6月12日）

本校教务长、中国科学院力学研究所副所长钱伟长教授，已在本月12日波兰科学院全体会议上被选为波兰科学院院士。他在去年曾到华沙参加过研究流体力学科学会议。

《新清华》第142期，1956年6月16日

张维参加国际桥梁会

（1956年6月16日）

土木系主任张维教授，已在本月16日和茅以昇等赴葡萄牙里斯本参加国际桥梁会议。他还将访问与我校建立联系的德国德累斯顿大学，并带去我校赠送的一批礼物。

《新清华》第142期，1956年6月16日

梁思成、程应铨赴波

（1956 年 6 月 20 日）

建筑系系主任梁思成教授和城市规划教研组主任程应铨，将于本月 20 日随中国建筑师代表团离京前往华沙参加全波建筑师会议。他们还准备与华沙建筑学院及莫斯科建筑学院研究今后在学术上建立直接联系的问题。

《新清华》第 142 期，1956 年 6 月 16 日

意大利归来

（1956 年 8 月）

本刊记者　林学熹

在前些时候一次校务行政会议上，刘仙洲教授谈了自己参加第八届国际科学史会议的经过和感想。

八月下旬，中国科学院竺可桢副院长（参加这次会议的中国代表团团长）、刘仙洲教授和李俨教授一起离开北京到意大利参加第八届国际科学史会议。除了他们以外，还有以个人名义参加的三位中国留英及留法学生。会议是三年召开一次，预定参加的有 32 个国家，可是实到的只有 24 个。社会主义国家如苏、波、捷、中及南斯拉夫也参加了。会议共提出了 363 篇论文，可以说，概括的代表了几年来各国学者在这方面的研究成果。

在科学史会议上

科学史会议分数学史、天文学史等八个专门小组进行，竺可桢副院长和刘仙洲教授参加了天文学史组，李俨教授参加数学史

组，他们都宣读了自己的论文。李俨教授的论文《古代中算家的内插法计算》、竺可桢教授的《二十八宿起源》都谈到了中国在这方面的发明与发现，引起了与会者的兴趣。留英与留法的学生也分别作了《中国小数记数发展史》及《道藏中的医学》的报告。刘仙洲教授作的是《中国在计时器方面的发明》报告，恰巧排在英国李约瑟教授的《中国天文钟》之后，两者内容基本上相同，但深度及论据不一。刘仙洲教授兴趣盎然的讲了这些差异。

李约瑟教授的论文主要根据我国北宋苏颂所作的《新仪象法要》，谈到苏颂的天文机构，并认为唐朝开元年间（纪元 725 年）中国已有机械性的报时机构。按刘仙洲教授的考证，我国在计时器方面的发明，除最早的日晷、漏壶以外，到东汉张衡（纪元 130 年）时就很可能开始利用齿轮系和凸轮机构来表示时间了，这比欧洲开始有机械性时钟的年代要早 1 200 多年。另外，他把李约瑟教授在自己报告中所提出的问题都作了解释。他的报告引起了与会者很大兴趣。李约瑟教授后来也承认了自己某些理解的错误。不过他的副手普来斯博士还“保留”自己意见，似乎中国的发明怎么会比西欧早好几百年呢？恐怕还没找到西欧的古代发明罢了。

热情的意大利人

中国代表在会议内外都受到代表们与当地人民的热烈欢迎。会议期间，竺可桢副院长被选入主席团，请他在开幕时发言，主持小组会，而且在最后一次分组会议上还挂上五星红旗。在一次宴会上，刘仙洲教授等碰见了美国代表，这些科学家很和气，好说话，还主动地向他们表示中美两国人民间是有深厚感情的，美国政府不承认中国的做法是不好的，他们很遗憾，并且希望有机会要来中国访问等。意大利人民都很热情的招待中国代表，即使是乡间的老大娘，当知道这是中国人时，就跑过来握手、表示亲热。街上碰到的人还会问你是否属于“毛”的中国人（以区别于蒋介石反动派），得到肯定的答复以后就很高兴地表示欢迎。有一次中国代表团参观达·芬奇城（意大利名画家达·芬奇的故乡，为纪念他以其名命名），全城的青年都来欢迎，他们争着往前挤，为的是能跟中国代表握手。

迎头赶上科学史的研究

在这次会议里的中国代表了解到各国对科学史的研究是很重视的，规模也很宏大。如英国的李约瑟教授正在写《中国古代科学文化史》，预计共十卷，达 1 000 万字，以一己之力从事这样宏大的著作，魄力是惊人的。意大利有专门的国立科学与技术博物馆，里面仅达·芬奇陈列室即展陈着他所发明的 128 项机械的模型。在苏联有自然科学与技术史研究所，所内共有二百多个工作人员，包括 15 个副博士，分物理学史等六个组进行研究，所内资料很丰富。中国在科学史研究上只有几年的历史，工作做得很差，因此必须迎头赶上，首先对本国科学史作更多的发掘、考证与研究的工作。

每月 170 元学费伙食费

在意大利和归途中，刘仙洲教授还参观了意大利披萨大学、罗马大学、苏联莫斯科动力学院、加里宁工学院等六个高等学校。意大利的学生学费负担很重，每月连伙食就得交 50 000 里拉（合人民币 170 元左右），当然劳动人民的子弟是很难问津的。普通教授月薪 70 000～80 000 里拉（合 200 多元），但如以一家四口计算，每月仅吃饭就去掉了 60 000 里拉，还有房租、水电等费用，生活条件之差可想而知。在苏联情况就不一样，但实验室等是很挤的。夏震寰教授（本校赴苏进修教师）曾笑着告诉他，去找教研组主任的时候，要请一位教师站起来才能绕过桌子走进去。回顾这些，刘仙洲教授觉得我们应该充分利用有利条件，办好学校，培养出更多高质量的大学毕业生。

《新清华》第162期，1956年12月11日

全校热情欢迎苏加诺总统来访（节选）

（1956年10月4日）

……苏加诺总统是在10月4日由陈毅副总理、杨秀峰部长等陪同来校参观的，并对全校同志，北京大学、地质学院、矿业学院和体育学院的同学代表共两万多人，发表了长篇的热情的演说。

苏加诺总统和他的随行人员由蒋南翔校长、刘仙洲副校长等陪伴进行了参观。……

《新清华》第153期，1956年10月11日

巴基斯坦总理苏拉瓦底来访

（1956年10月22日）

10月22日上午，巴基斯坦伊斯兰共和国总理苏拉瓦底和随同人员三十多人来校参观。在蒋校长和刘副校长的陪同下，他们参观了水利实验室、建筑系、电机系、无线电系、水坝、图书馆、机床实验室等地。随同来校的水利总工程师、工业开发公司主席等还与水利系教师进行了座谈。

《新清华》第156期，1956年10月27日

储钟瑞教授出席国际测量会议并提出论文

（1956 年 10 月）

测量教研组储钟瑞教授已在上月出国，参加国际性测量会议，并在会上提出他的论文《环路平差与结点平差的电学仪器》。他曾经以这个题目在今年校庆科学报告会作过报告，经过他和郑国忠同志半年多来继续研究，做了很多实验，已经制出了这个仪器。它的构造较轻巧，制作较易，价格不高，但可节省大量的平差计算工作，适用于一等水准网及一等导线网，只有 1 毫米以下的误差。

测量方面各产业部门对这个研究非常重视，曾就论文初稿进行讨论，并提出了意见。最后的论文已经写成。

《新清华》第 158 期，1956 年 11 月 10 日

清华大学与英国剑桥大学及美国麻省理工大学等 12 院校建立文化联系※

（1956 年 12 月）

函送我校与英国剑桥大学及美国麻省理工大学等 12 院校建立文化联系信件请转对外文化联络局审核后封发由

清工（56）校办字第 779 号

高等教育部留学生管理司：

我校拟与英国剑桥大学、牛津大学、伦敦大学皇家学院、曼却斯彻大学、爱丁堡大学、葛拉斯哥大学及美国麻省理工大学、

加省理工大学、意利诺大学、密雪根大学、哈佛大学、布朗大学等12院校建立文化联系，交换有关教学资料。兹备就致上述各校信件各一封（一式连同英文副本），请批转对外文化联络局审核后封发为祷。

附件如文

1956年12月1日

中华人民共和国高等教育部
关于清华大学与英美剑桥等12个大学建立交换教学资料联系事

（56）留艾字第1555号

对外文化联络局：

接清华大学1956年12月1日清工（56）校办字第779号函称：该校要求与英国、美国的剑桥大学、牛津大学、伦敦大学皇家学院、曼却斯彻大学、爱丁堡大学、葛拉斯哥大学及麻省理工大学、加省理工大学、意利诺大学、密雪根大学、哈佛大学、布朗大学等12个院校建立文化联系，交换有关教学资料。我部拟予同意。现将该校给上述各校的12件信转去，请你局考虑核发。

中华人民共和国高等教育部

1956年12月7日

抄送：清华大学

同意你校与英美两国的12个大学建立联系交换资料

（56）联5字第1659号

清华大学：

我局接高教部12月7日来函称：你校要求与英、美两国的剑桥等12个大学建立文化联系，交换教学资料。我局同意你校与前述各校建立直接联系。唯送出的资料应报请高教部党组审查批准。随函退回你校致对方的信件12件，请你校自行负责核发。今后有关交换的情况，请每半年抄告我局备查。

中华人民共和国对外文化联络局

1956年12月12日

抄致：高教部

清华大学档案，全宗号2 目录号 校1 案卷号 外047

中华人民共和国高等教育部关于参加印度加尔各答大学校庆事的函※

（1957年1月5日）

中华人民共和国高等教育部
关于参加印度加尔各答大学校庆事

（57）留艾字第3号

北京农业大学、兰州大学、复旦大学、武汉大学、南京大学、四川大学、中国人民大学、北京大学、清华大学、中山大学、云南大学、厦门大学、北京师范大学：

关于参加印度加尔各答大学校庆事，经与有关部门研商确定，由接到邀请的部分学校组成代表团，代表我国高等学校前往参加。代表团人选名单如下：

团　长　王亚南　厦门大学校长

副团长　陈士骅　清华大学副校长

团　员　严仁赓　北京大学校长助理

曲仲湘　云南大学生物系教授

周誉侃　中山大学物理系教授

谭丕谟　北京大学中文系教授

其余各校决定不派人参加，也不必单独拍发贺电。已将人选材料送部者，将原材料退回，其中出国人员审查表留部，以便以后有派遣出国任务时再用。

中华人民共和国高等教育部

1957 年 1 月 5 日

抄致：中央国际活动指导委员会、外交部、教育部

清华大学档案，全宗号 2　目录号 校 1 案卷号 外 047

清华大学对外文化联络工作情况汇报①※

（1957 年 5 月 10 日）

（根据高等教育部了解提纲编写）

一、关于对外交流资料工作：

1. 对外交流资料的主要情况：为了争取科学情报、扩大资料来源、并充分利用外来书刊，以满足向科学进军日益增长的需要起见，我们在 1956 年 4 月对解放以来收到的外国书刊进行了一番整理工作，经统计民主国家共有 8 国寄来过 67 种书刊，资本主义国家共有 21 国寄来过 116 种书刊，但其中连续寄来的较少，而且大都在 1953 年、1954 年以后就已停止寄来。这次（1957 年 3 月）我们又作了一次统计，计民主国家有 8 国寄来 44

---

① 1957 年 3 月 12 日，中华人民共和国高等教育部发出《关于了解对外文化联络工作事》的通知，并附对外文化联络工作情况了解提纲。5 月 10 日，清华大学校长办公室函报高教部《对外联络工作情况汇报》。此事见清华大学档案，全宗号 2，目录号 校 1，案卷号 外 003。

种书刊，资本主义国家有 16 国 61 种，但其中切合我校需要的为数不算太多。

在送出方面因为我校第一期学报印数较少，以前在资料交流方面除解放以前出版的科学报告（Science Report）根据补缺要求寄出一些外，几乎是只纳不出。自 3 月间第一期学报增印出版后已开始改变了上述被动情况。

此外我们曾经领导批准于去年 11 月间主动给英、美十二个著名大学去信洽索有关教学参考资料，并希望建立经常的交换出版物关系，有 10 个大学已经把他们的公报、手册、入学需知、情况介绍等寄来（有一校来信说已寄出，但尚未收到），如哈佛大学一次就寄来印刷精良的各学院情况介绍小册子 23 本，但美国麻省理工及英国葛拉斯哥两大学则始终尚无消息，我们已各寄赠第一期学报一册。

我们通过回国专家索来的苏联大学有关教学资料亦不少，而且对我们都很有用。

2. 对国外送来资料的处理办法。对外来资料如何充分利用问题，特别是如何利用校际间的交流和合作以发挥外来资料的作用问题的意见。

我们曾经在 1956 年 4 月间根据实际需要情况拟订了一个办法，外国所赠图书杂志概由图书馆负责登记后按下列原则处理：

（一）民主国家所赠书刊：

（1）切合本校需要的专业书刊编目后留图书馆或送有关系、组使用，复函致谢并酌情进行交换；

（2）一般书刊编目后留图书馆备借，并复函致谢；

（3）本校无用而其他学校需要的专业书刊收到后即转赠有关学校以期发挥最大效用，复函致谢时并向赠送机关建议今后请迳寄有关学校。

（二）资本主义国家所赠书刊：

（1）切合本校需要的专业书刊编目后留图书馆或送有关系、组使用，复函致谢并酌情进行交换；

（2）一般书刊经审查非反动性质的编目后开架阅览或入库备借并复函致谢；

（3）不切合我校需要的专业或其他书刊酌情转给其他有关学校，由接受学校负责研究，根据资料的性质区别，有参考或研究价值的资料，即由受理学校答谢对方；

（4）内容反动的书刊请示领导后予以封存不复。

以上第三条是根据高教部及对外文联意见修改的。

由实际工作证明上述处理办法是切实可行的，我们曾经给农大送去过两批资料，他们复函表示欢迎。也曾经给北大送过一批。

为了更好、更充分的利用外来资料，我们认为各校收到的资料，尤其是教学参考资料，如教学计划、教学大纲、教学法指示书、课程安排等，应择要复制互相交流。对自己不需要而其他学校有用的书刊资料应尽速转送出去，如我们向英、美十二个著名大学要来的资料，大部分都是文、理、法、商学院的，我们就转送出去了。

此外还建议相同类型的学校定期交换外国赠送的书刊目录，内部掌握，以利相互之间参考或借用。

3. 对我部过去发出有关向国外索取或交流资料的通知或规定如 1955 年 7 月 16 日所发机留 777 号文等，在执行过程中有何困难和意见？

对上面几个规定在执行时，群众反映不大。主要是清华地处首都，遇事电话与留学生司商量联系，可以随时得到解决。但一般估计可能感觉局限过紧，使开展对外联系办法规定得很严，一不小心就会犯错误，所以缩手缩脚干脆不作。也有的以私人名义，到处乱撞，这就是（57）留艾字第41号通知所说的各种情况了。我们希望：

（1）根据目前具体需要情况结合以前所发的各次指示拟订一个比较全面的对外联系办法，包括接洽公务及私人联系两方面，内容尽可能订得具体明确，切实可行。

（2）机留（55）字第777号通知中第五项要求“各高等学校接受外国交换或赠送的书刊及资料，应将其品名、数量及简要内容等报我部备查”一节，因简要内容的叙述由于文字及专业知识关系一般都做不到。我们就有很多的书刊因为没有人懂得捷克文、罗马尼亚文、埃及文、蒙古文等，根本无法利用。

4. 对国外交流资料有无泄密情况。一般说来也没有违反规定的地方。只是曾经通过一位出国进修教师以学校名义向所在苏联大学中要过教学计划等文件。

5. 对今后交流资料工作有何要求存在什么问题和困难？

（1）主要是感觉到自己可供交换的出版物太少。人家一来应是一大批，我们在第一次交换时还有些东西可送，以后就无以为继，学报期数出得太少。以批准出口的书刊进行交换，总不如以自己的出版物赠送来得恰当。建议今后多搞一些类似学校情况介绍画册那样的小册子。并批准专款翻印一些优秀毕业设计及其他资料。

（2）文字上的隔阂：如有一次一位阿根廷布宜诺斯艾利斯大学教育系主任用西班牙文向我们要资料，我们就很费周章，还有些资料由于文字关系根本看不懂，形成积压。

二、关于与国外高等学校建立联系：

1. 你校已与哪些外国高等学校（或其他单位）建立了联系？

（1）以学校名义建立联系的：

苏联：列宁格勒多科性工业大学

莫斯科巴乌曼工业大学

莫斯科莫洛托夫动力学院

莫斯科建筑学院

民主德国；德累斯顿高等工业学校

捷克：布拉克捷克高等技术学校

朝鲜：金策大学

保加利亚：索菲亚国立工学院

（2）以系或教研组名义建立联系的：

苏联：莫斯科汽车工程学院画法几何与工程画教研组与我校机械制造系工程画教研组；

朝鲜：平壤建设专门学校与我校建筑系；

罗马尼亚："亿翁·民库"建筑艺术学院与我校建筑系；

波兰：华沙工业大学通过中国建筑协会及波兰建筑协会与我校建筑系；

印度：印度建筑学院与我校建筑系；

埃及：开罗大学土木院建筑系与我校建筑系；

建筑管理处与我校建筑系；

埃及博物馆与我校建筑系；

印度尼西亚：印度尼西亚大学建筑系。

2. 在建立联系工作中的主要收获与经验；存在的困难和缺点，改进意见？

和外国相似类型的高等学校建立直接联系是有很多好处的，尤其是教研组之间的直接联系，能够很好的交流经验，解决具体问题，如我校工程画教研组与莫斯科汽车工程学院画法几何教研组就是很好的例子。在联系中，我们除感觉可资交流的出版物较少今后争取尽可能复印一些教师的科研成果及学生的课程设计、毕业设计准备外送外，主要的困难还在于文字隔阂，很多教师还不习惯利用这样的通讯关系来互相交流经验，亲切地研讨教学和科学研究上的问题。所谓联系，一般还只停留在校一级或系一级的正式交往，没有生动活泼地开展到教研组各个教师方面。我们将在校刊上宣传这一项工作的意义和重要性，同时明确可用俄文和苏联通讯，英文、德文或其他国文字（和苏联以外的国家通讯）通讯的办法，使有些还未能很好掌握俄文写作的教师不致感到无法措手。还有些国家的学校虽然通过大使馆明确了通讯联系的关系，但很久都无下文，如建筑系与几个亚非国家大学的关系就是这样。

3. 对今后如何进一步发挥建立联系的作用有何意见？

目前的相互联系方式主要是交换资料，但有些资料寄到之后，由于文字关系，如朝鲜金策大学最近寄来的一批朝鲜文资料，就无法利用，如果捷克高等技术学校和保加利亚索菲亚工业大学亦同样以捷、保两国文字的资料寄来，我们在利用方面还是很不方便的，这一问题还没有办法解决，同时是否可在通讯时提出如有俄、英、法、德诸文的译本时希望尽量附来的意见。

又今后国务院在签订中外文化协定规定我校与外国某大学建立直接联系之前，是否可先征询一下学校的意见。

4. 学校及教学与工作人员个人对外联系通讯的主要情况，存在的问题和解决的意见。

除回国留学生私人与国外联系通讯的情况我们不大掌握外，教师与回国专家保持联系的也不少。此外素昧平生通过某种关系建立友谊通讯的很少。有时也使我们不好应付，如莫斯科大学一位七十高龄的女食堂工作者通过孟昭英教授给我校女厨工写了一封信，我们膳食科就无法动员作复。

三、关于派出代表（团）工作：

1. 接待哪些外宾对学校的教学与科学研究有帮助？学校希望接待哪种性质的外宾并且希望参加何种国际性学术会议？理由是什么？

学校很欢迎外国工业建设或高等工业学校方面的负责人、工程师或教师，尤其是与我校专业有关的外宾来校参观、访问，并且希望他们对我们的教学、科学研究或实验室工作提出些意见，以便研究改进。

凡是与我们专业或某些教授研究的专题有关的国际学术性会议，我们都乐于参加。因为这正是观摩别人，衡量自己，鞭策促进科学研究的机会，如苏联今年将召开的十余个专题研究讨论会，凡与我校有关的，我们都准备派人参加。

2. 对外国邀请出席各种会议的邀请书有无积压现象？一般是如何处理的？对我部 1956 年 4 月 16 日机留（56）字第 303 号通知的执行情况如何？有何意见？

1956 年 2 月中旬我们接到意大利在米兰召开国际自动化讨论会的通知，当时由于对参加国际会议的重要性和意义认识不足，尤其是到资本主义国家开会，所以我们在接到邀请书以后，耽误了一些时间，直到 20 日才报到部里，当时领导上考虑到我国和意大利正在开展文化交流工作，决定派人参加，而报名截止期是在 2 月 28 日，所以感到匆促被动，虽然在 4 月 8 日至 12 日如期参加了会议，但联系工作是用电报传达，浪费了很多钱，嗣后记取教训，在接到外国邀请书后，已做到在一至三日以内经领导批阅后报部请示处理。

对高教部 1956 年 4 月 16 日机留（56）字第 303 号通知中第 2 项感到在执行时是有困难的，要学校负责搜集有关会议的性质、内容、历史等等有时不容易做到，我们认为民主国家或与我国有外交关系的资本主义国家是否可请驻外使馆或商务参赞处协助办理。如果是资本主义国家没有建立外交关系的国家就只有个别电询的方法了，就只怕答复有时不能令人满意。例如我校在考虑派人参加意大利在米兰召开的自动化讨论会的时候，我们曾电询是否邀请台湾参加，而他们的答复则是“台湾参加与否尚不能逆料”。

3. 你校在接待和派出代表（团）的问题上有何意见和要求？存在着哪些问题（包括组织工作、政治及业务等准备工作）应如何解决？

在接待代表（团）时，希望有关方面尽可能早些通知学校，对代表团的业务专长、政治面貌以及要求和接待方式等要详细明白地肯定，以便组织接待，做好准备工作。

在派出代表（团）的问题上：我们的意见是一般祝贺性的代表轮流派遣，不宜集中在某些学校身上，这样不但使个别学校感觉负担过重，也会使其他学校觉得出国观摩学习的机会简直不容易轮到，还希望对派出代表供应一定数量的外汇，使他们有机会就便代学校采购一些在国内无法购到的图书刊物。

四、关于出国教师工作：

1. 你校对选拔出国教师的工作有何意见？你校教师中是否能抽调一、二位适于派遣出国任教中国语法、会话、读本的教师（最好能用英文讲课）？

我校没有派过出国教师，也没有可以派遣出国任教中国语法、会话、读本的教师。

2. 你校对出国教师的业务领导及对其家属的照顾情况如何？有何困难问题？

没有这方面的问题。

五、对我部1951年6月4日转发的1951年5月31日中央人民政府政务院所发布的政秘字第354号《对外关系应遵守的四项规定》的命令执行情况如何?

起初大家对这些规定是不大明确的，有的系打听到某国驻华商务代表团带来了某项产品说明书时就要求学校备公函或介绍人前往洽索。我们根据规定办事，将公函送高教部通过外事机关办理。这样一来，费时较久，而且不一定能达到目的，有人反映直接要很快就可以得到。所以，在这方面，我们虽然在执行上不曾发生过偏差，但却使教师们感到不便。我们建议，今后是否可通过对外贸易部和各国驻华商务代表团取得联系，代为洽索资料。

六、在对外联系方面(包括对各驻华使馆、外宾、外国学校等)，有无失礼、泄密及不合乎规定手续的现象?

失礼事件：我校电机工程系一位教授在1956年3月17日参观对外贸易部1957年订货样本展览会时曾向大会提出问题五项要求与德国专家面谈，经展览会代为联系约定3月21日下午三时会谈。届时该同志因故不能赴约，事先电话未打通未及与展览会打招呼，事后展览会负责人来信提出意见，本校为了防止类似事件的再度发生当即进行处理，一方面通报各系、组强调今后教师因公与校外人员联系或与国际友人约会必须事先经学校同意，持学校介绍信前往且不得爽约，同时致函外贸部请转向德国专家致歉。

泄密事件：无。

不合乎规定手续事件：1953年8月间曾有我校建筑系二年级某学生，未经组织上同意擅自写信给德意志民主共和国总统威廉·皮克要求赠送手风琴一架。经外交部办公厅将原函送高教部转我校退还本人后，学校当即对其进行解释及教育。

七、有关对外文化联络工作的经验：

要有专人负责，及时总结经验，巩固成绩，改进缺点，提高质量。

1. 在接待外宾工作方面，应事先了解采访外宾的政治背景、专业、参观要求和外宾所属国的风俗习惯，尽可能组织懂得外文的教师担任招待工作，这样可以有较多的时间思索答问，还可以纠正一些因翻译疏忽可能造成的误解。

2. 在派出代表（团）的时候，希望有关方面对出国人员介绍一下被访国家的风俗、习惯、礼节以及忌讳等，避免代表有失礼或显得不“斯文”的地方。

3. 要使对外通讯联系适当地活跃起来，必须进行宣传工作，很多人认为一动不如一静，对开展对外通讯联系有顾虑，尤其是对资本主义国家。

八、你校有无专门机构或专人负责对外文化联络工作？

1. 接待外宾由我校校长办公室招待科负责。

2. 与外国通讯联系，出国代表（团）的准备工作，处理外国邀请等事件由秘书科兼管，俄文书信及与回国专家联系由专家工作组负责。交换出版物则由图书馆承担。

九、对我部领导对外文化联络工作方面的意见和要求。

1. 综合各校意见，制订一个较具体的对外联系统一办法，发各校遵照执行。

2. 组织对外联系经验交流会，请对外联系搞得比较活跃而且收获较多的学校介绍经验。

3. 学生的对外联系活动由团中央国际联络部负责领导，希望部里明确一下行政对这些活动掌握的范围。目前的情况是：学生私人对外通讯，校行政不易掌握，遇到交换资料或礼品（对方提出）时，学生无力负担向学校行政要求协助，学校亦无法解决。

4. 国家来件有时收不到或者是投递很慢。寄出的资料是否能够如数收到有时亦无法知道。今后比较重要的信件或资料是否可由驻外使馆代为转递。

5. 对外交流资料及相互赠送礼物，需要较多经费，希望部里拨给专款。

清华大学档案，全宗号 2　目录号 校 1　案卷号 56009

校长办公室关于与外国有关大学建立联系的通知

（1957 年 9 月 14 日）

为了加强与外国高等学校之间的学术与文化联系，经高等教育部指示或批准，我校（包括系、教研组、学生小组或教师个人）可与下列外国大学（相应单位或个人）建立直接通讯联系：

苏联：列宁格勒多科性工业大学；

莫斯科包乌曼工业大学；

莫斯科莫洛托夫动力学院；

莫斯科建筑学院。

民主德国：德累斯顿高等工业学校。

捷克：布拉格捷克高等工业学校。

朝鲜：金策大学。

保加利亚：索非亚国立工学院。

波兰：华沙工学院。

联系范围初步考虑如下：

Ⅰ　交换资料：应避免只索不赠，或一次要得很多等情况。建议第一次去信时可附去一、二份我校出版物，同时可请对方给我们寄来一些我们所急需的资料。交换内容可包括下列方面：

一、教学计划、教学大纲、教材、教学参考资料等；

二、学报、学术论文、科学著作、文献、设计材料等。

Ⅱ 交流经验：应以在国内目下急待解决而比较重要的问题为限。内容包括：

一、教学内容、教学方法、教学组织、教学制度中的问题；

二、提高师资、培养研究生中的问题；

三、开展科学研究工作，如确定科学研究的方向、选题、搜集参考资料、组织学术讨论等问题；

四、其他需要探讨的学术问题。

Ⅲ 联系手续：

一、凡属进行有关教学和科学研究工作的经验交流或交换一般性教学资料，须经校长批准。交换带机密性的资料和其他有关双方较重大的文化活动，须由学校转报高教部批准。

信件的起稿、缮写、翻译以及收集外送资料等工作原则上由联系人自行解决，经校长办公室审查后寄出。

二、对方答复问题、寄赠资料或提出问题、索取资料，均应向教研组、系、校长办公室逐级汇报，以便掌握情况，避免重复或混乱的现象。

各系、组或教师个人在执行时如发现问题，希望随时提出，以便研究改进。

《清华公报》第38期，1957年9月14日

卡达尔总理对清华大学万余师生讲话（节选）

（1957年9月28日）

新华社28日讯　卡达尔总理今天对清华大学的一万多师生说，今天匈牙利已经恢复了正常的法律秩序，经过匈牙利事件的

斗争，匈牙利人民的力量不是削弱了，而是更加坚强了。

在卡达尔总理讲这些话的时候，清华大学的师生们以长时间的掌声向匈牙利人民表示祝贺。

卡达尔总理和他率领的匈牙利人民共和国政府代表团的全体人员，今天上午由贺龙、曾涌泉、郝德青陪同参观了清华大学。贵宾们受到了高等教育部部长杨秀峰、清华大学校长蒋南翔和全校师生的热情欢迎。在参观以后，卡达尔总理在运动场上向师生们讲了话。

…………

蒋南翔在卡达尔总理讲话以前曾致词欢迎贵宾。

今天，贵宾们由主人们引导，参观了水力实验馆和水力枢纽站。在水力实验馆，卡达尔总理等仔细地观看了学生们为黄河刘家峡水库进行的模型试验。

…………

《人民日报》，1957 年 9 月 29 日

金日成首相来校参观（节选）

（1958 年 11 月 23 日）

以金日成首相为首的朝鲜民主主义人民共和国政府代表团，在周恩来总理和陈毅副总理的陪同下，23 日来到我校参观，全校师生员工以最大的热情对贵宾们表示欢迎。清晨，就有一队队的人群喜气洋洋地等候在学校各处。上午 10 点半钟，贵宾们来到学校。金日成首相下车后，与蒋南翔校长和其他等候欢迎的学

校负责同志一一握手，然后在群众的欢呼中来到二教楼休息室。蒋南翔校长首先向贵宾们介绍了我校在贯彻党中央教育与生产劳动相结合的教育方针方面的情况和所取得的成就。金日成首相以很大的兴趣询问了半工半读方面的许多问题。然后，贵宾们到电机、机械、水利、建筑、无线电、动力等系，参观了交流台、土电渣焊、微型汽车、三峡模型试验、建筑设计、无线电仪器、程序控制机床和土电厂，历时三个半小时。参观中，贵宾们对我校师生在教育与生产结合方面取得的成绩十分称赞，金日成首相和许多参加生产的师生进行了亲切的交谈。

参观完毕，贵宾们来到大操场，参加了我校师生万人举行的盛大欢迎会。

…………

《新清华》第 380 期，1958 年 11 月 25 日

本校成立中苏友好工作委员会

（1958 年 12 月 20 日）

为了加强中苏友好工作，20 日第七次校务委员会通过决定成立清华大学中苏友好工作委员会，负责和苏联高等学校的学术交流和友谊活动。

委员会由李寿慈同志担任主席，委员有庄前鼎、艾知生、李恩元、施嘉炀、梁思成、高景德、张礼、钟士模、解沛基、邹致圻、谭浩强。委员会下设立学术、群众活动、联络三个组。

《新清华》第 391 期，1958 年 12 月 23 日

清华大学中苏友好工作委员会
1959年第一季度工作计划

——1958年12月23日中苏友好工作委员会第一次会议通过

（1958年12月23日）

（1）元旦活动：给回国专家和苏联有关大学发贺年信（已由校长办公室发出）。

建议各系、各教研组和个人对苏联有联系的相应的系、教研组和个人贺年。请各委员通知联系单位。

元旦在校内与苏联专家和苏联留学生举办联欢会，由谭浩强与杨景福负责。

（2）托便人给莫斯科动力学院和列宁格勒工学院赠送球墨铸铁和水8同学毕业设计两种电影拷贝和学生课外活动的录音带，由谭浩强、杨景福负责（复制电影拷贝带与北京电影学院联系）。

（3）向苏联高等学校做一次电台广播，时间在二月份，由李寿慈、谭浩强负责。

（4）寄发《清华大学学报》，由杨景福负责。

（5）1959年科学研究计划及索取资料清单，暂定1959年一月寄出，由钟士模、王积康负责。

（6）我校教学计划汇编，暂定1959年二月完成后寄出，由李寿慈负责。

（7）科学研究工作经验总结大会文件，1959年一月寄出，由高景德、钟士模负责。

（8）教学与生产劳动相结合经验总结大会文件，1959年二月寄出，由李寿慈负责。

(9) 体育通讯比赛（先安排可在室内进行的项目如举重、游泳等），三月间，由谭浩强负责。

(10) 二月十四日中苏友好同盟互助条约签订九周年纪念活动：

1. 校刊出专号，要求各委员写文章，李寿慈负责。

2. 各系出墙报，由各委员负责联系。

3. 举行晚会，请曾在苏联学习的同志作报告，由李寿慈负责。

4. 举行苏联电影周，由谭浩强负责。

5. 发动群众开展友好活动，由各委员负责。

6. 苏联建设图片（包括苏联科技、文教成就和七年计划图片）展览，由杨景福负责。

附：中苏友好工作委员会各委员分工联系单位名单

邹致圻：联系机械制造系

庄前鼎：联系动力机械系

施嘉炀：联系水利工程系

梁思成：联系建筑系及土木工程系

钟士模：联系自动控制系及电机工程系

解沛基：联系工程力学数学系

张礼：联系工程物理系及工程化学系

高景德：联系无线电电子学系

李寿慈：联系公共教研组

《清华公报》第57期，1959年1月31日

清华大学1958年外宾接待工作总结（节选）

（1959年4月21日）

党委：

现将1958年外宾接待工作总结及1959年外宾接待工作计划一并送上，请指示。

一、外宾情况：1958年内我校共接待了41个国家的外宾149起，共739人。

按国家类型分：

社会主义国家：10国，80起，475人；

亚非民族主义国家：13国，28起，122人；

中南美国家：4国，5起，13人；

其他：14国，36起，129人。

按外宾的职业划分：

党政界27起；科学技术界45起；和平人士、工会、学生组织、青年团等各界人民团体42起；文教、体育、文化、新闻、艺术等各界32起；工商贸易界3起。

从以上的基本情况看来，我校所接待的外宾国籍很多，遍及全世界，他们从事的职业也具有广泛的代表性。做好外宾接受[待]工作，正确地向世界各国各界人士宣传我国的各项方针政策和实际工作，使他们在回国后正确地向其国内政府和人民报告新中国的各项成就，解释新中国的各项方针政策，这对于巩固和扩大国际上反对战争，反对帝国主义的统一战线，加强世界上和平力量的团结和社会主义国家之间的团结具有很重大的意义。

二、接待工作情况……

三、接待工作中的几点体会……

四、一九五九年外宾接待工作的计划……

校长办公室　1959年4月21日

清华大学档案，全宗号2　目录号 校1　案卷号 外003

校长办公室关于加强学校外事工作致学校党委的请示报告※

（1960年2月25日）

党委：

随着学校的迅速发展，我校与国外的联系日益频繁，学校外事工作范围也越来越广，以1958—1959年的情况来看，外事工作包括几方面：校内专家，来华留学生、实习生，外宾参观，中苏合作122项内我校参加部分，兄弟国家的学校与我校建立直接联系的友好往来，科学技术资料的交换等，教研组与回国专家的信件来往以及个人友好来往，教师、学生出国参加国际会议及进行友好访问，等等。

由于学校有半数以上的专业是属于机要性质的，非机要专业的科学研究任务中也有大部分是机密，考虑到国家在国际上的地位、学校在国际上的地位、保密的问题、政策掌握分寸问题、礼节问题等等，都非常值得注意。这两年来存在不少漏洞，有的与驻华使馆直接联系，有的单位把保密的任务在信中告诉国外，有的单位自行写信向苏联索取资料，有的单位对回国专家及苏联等社会主义国家有关单位来信迟迟不复，如铸工教研组专家萨洛夫很热情来信说他们教研所做了许多铸工自动机，如我们需要可将资料寄来，教研组迟迟未复，后来专家给校长贺信中表示不满。我校来华留学生44人六个国家，分布在八个系、二十多个专业，教育革命不断深入，上课、大小兵团作战、一条龙、生产劳动、科学研究等等，接触范围很广，处理不及时或者不恰当，影响很大。最近一连发生干部不掌握政策的问题，大量的私人来往的信件情况不明，有待深入了解。又如画报、科学合作说明书等翻译打字工作质量较差，一再返工修改，水平也还不高，极［亟］待提高。

在东风压倒西风的绝对优势，社会主义阵营的团结进一步加强，世界和平力量逐渐扩大，我国工农业、科学文化教育事业不断跃进，我校的外事工作尤其重要，急需加强党的领导，加强组织性纪律性的教育，在组织上加强集中统一，培养一批外事干部，掌握外事方针，提高外事工作水平，避免一切可以避免的漏洞和缺点。

为此建议：

一、在党委领导下成立外事小组，全面规划，掌握情况，检查及推动全校的外事工作，由校长秘书室、科学处、教务处、第一科、保卫科、团委会等单位组成。

二、各系指定一位党总支副书记负责外事工作，包括专家、来华留学生、外宾参观、与国外的友好来往的信件、对外资料的审查。

三、过去和现在聘请有外国专家及有来华留学生的教研组，或与其他国家联系较多的教研组，外宾参观较多的实验室，指定一位党员负责有关外事工作。

四、建立集中统一管理制度，除建立经常的汇报制度外，如果发现新的问题，及时反映领导，不能擅自处理，必要时由学校请求市委或中央决定。

五、每系指定一位有经验的俄文翻译同志负责该系的俄文翻译、校对工作，（包括画报、聘请专家说明书、中苏科学技术合作计划、来往信件等）。

六、各系配备一位专职或兼职俄文打字员，由校长办公室负责训练（包括俄文及训练打字技巧）。同时建议各处结合工作需要和长远培养又红又专的干部，选派适当人员参加该班俄文学习。

七、经常加强外事方针政策、保密、保卫的教育工作。三月召开一次外事会议，以后每半年。以上建议，是否可行，请批示。

校长办公室

1960年2月25日

清华大学档案，全宗号2 目录号 校1 案卷号 外005

多尔蒂科斯总统来我校访问

（1961年9月29日）

9月29日下午，古巴共和国多尔蒂科斯总统在习仲勋副总理陪同下来我校参观访问。贵宾们参观了土建、水利、机械、电机、无线电等系的一些车间、实验室和设备后，全校师生在大礼堂前举行了一万多人的盛大欢迎会。蒋南翔校长致欢迎词，多尔蒂科斯总统讲了话。陪同多尔蒂科斯总统来校访问的，还有古巴驻中国大使奥斯卡·皮诺·桑托斯，中国驻古巴大使申健等。

《新清华》第610期，1961年10月19日

在周恩来总理陪同下缅甸联邦吴努总理参观我校

（1961年10月13日）

10月13日，缅甸联邦吴努总理、藻昆卓外长由周恩来总理陪同来我校参观，受到了全校师生万余人的热烈欢迎。贵宾们到土建、水利等系参观后，全校师生万余人在大礼堂前，举行了盛大的欢迎会，蒋南翔校长致欢迎词后，吴努总理做了充满友情的讲话，他祝贺我全校同学将来都能成为德才兼备的中国人民的优秀儿女，在造福人民的建设事业中贡献出更大的力量。陪同贵宾来校参观的，还有外交部副部长姬鹏飞，中国驻缅甸大使李一氓等。

《新清华》第610期，1961年10月19日

清华大学副校长张维向加纳大学赠礼

（1961年11月27日）

新华社阿克拉27日电　国立清华大学副校长张维博士代表北京大学和清华大学在27日下午向加纳大学递交贺信并赠送礼物，祝贺加纳大学成立。

加纳大学临时大学委员会主席阿朗·奥弗里—阿塔（他也是加纳司法部长）和加纳大学副校长恩凯佐接受了礼物，并对北京大学、清华大学和中国人民表示感谢。

赠送的礼物中包括鲁迅著作，中国学生制作的鸟的标本以及这两个大学署名赠送的锦旗，旗上写着："祝加纳大学在发

展民族文化和教育中作出积极贡献和在科学研究中获得伟大成就”。

张维在贺信中说，“虽然我们两国远隔重洋，但是共同的历史命运已把我们两国人民紧密地联系在一起”。他强调说，“今年8月恩克鲁玛总统的访问我国和中华人民共和国和加纳共和国友好条约以及两国贸易、经济和文化协定的签订，进一步加强了我们两国人民的友好关系。”

张维接着说，“我深信：我们两国教育和文化界的友谊和合作将日益发展”。

《人民日报》，1961年11月29日

张维副校长参加世界科协代表大会以后返校

（1962年9月）

9月5日，张维副校长参加中国代表团，出席13日在莫斯科召开的世界科学工作者协会第七届代表大会。在这次大会上，北京大学副校长周培源当选为协会副主席，我校张维副校长当选为名誉秘书。

在这以前，中国代表团参加了由世界科学工作者协会组织的有关高等科学技术教育问题的专题讨论会。

张维副校长已在9月25日回到学校。

《新清华》第646期，1962年9月30日

我高等教育考察团抵达金边

（1965 年 11 月 20 日）

新华社金边二十日电　由清华大学副校长张维率领的中国高等教育考察团二十日乘飞机到达这里。

《人民日报》，1965 年 11 月 21 日